民族文字出版专项资金资助项目

༄༅། །སྦྲ་ཀན་ལམ་ཡིག་གསར་བསྒྱུར་དང་ཞིབ་འཇུག །

སྨེ་ཧུ་ཚེ་རིང་དོན་གྲུབ་ཀྱིས་བསྒྱུར་ཅིང་མཆན་འགྲེལ་བཏབ།

བོད་ལྗོངས་བོད་ཡིག་དཔེ་སྙིང་དཔེ་སྐྲུན་ཁང་།

图书在版编目（C I P）数据

《法显传》藏译及研究：藏文 / 次仁顿珠著. --
拉萨：西藏藏文古籍出版社, 2022.12
ISBN 978-7-5700-0765-3

Ⅰ. ①法… Ⅱ. ①次… Ⅲ. ①法显－传记－藏语②
《法显传》－注释－藏语 Ⅳ. ①B949.92

中国版本图书馆CIP数据核字(2022)第238564号

《法显传》藏译及研究

作　　者	次仁顿珠
责任编辑	拉巴扎西
终　　审	欧珠次仁
封面设计	格桑罗布
排　　版	索朗多吉
出版发行	西藏藏文古籍出版社
印　　刷	四川嘉创印务有限责任公司
开　　本	787×1092 1/16
印　　张	29.75
字　　数	316千
版　　次	2023年11月第1版
印　　次	2023年11月第1次印刷
书　　号	SBN 978-7-5700-0765-3(藏)
印　　数	01－2,000
价　　格	59.00元

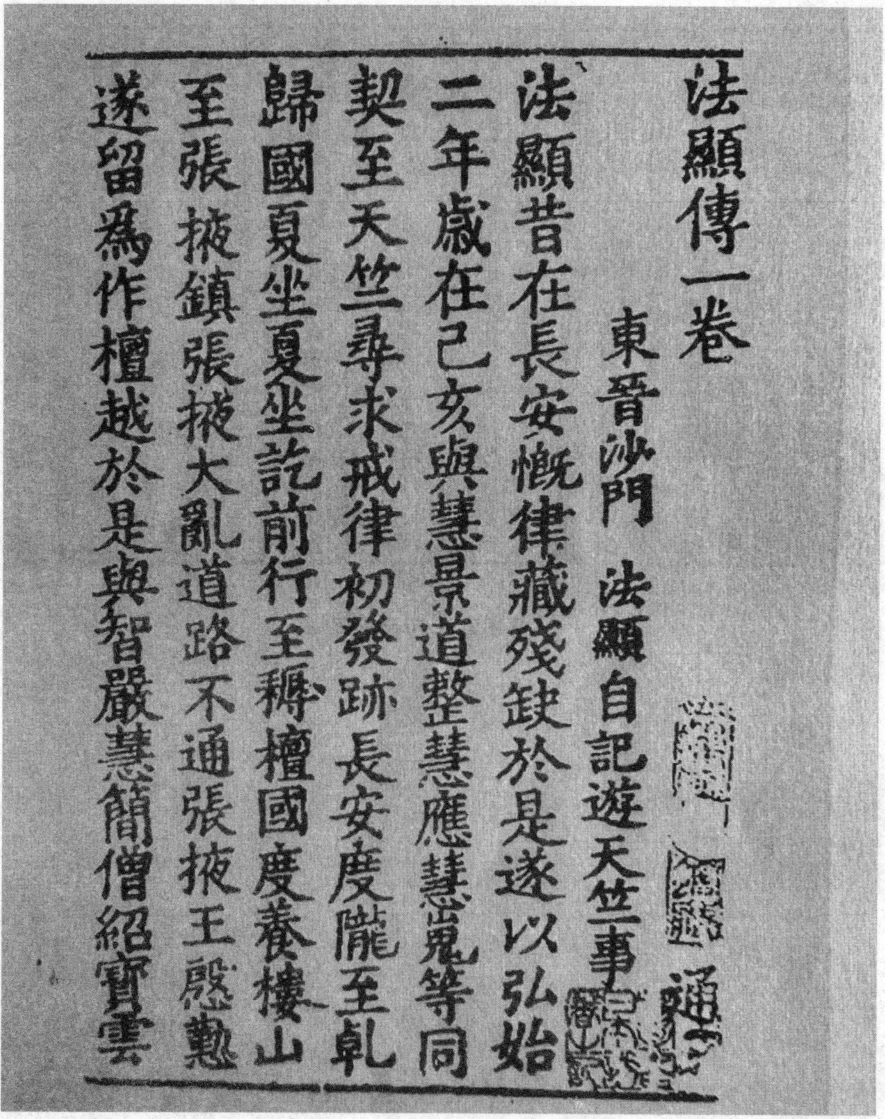

法顯傳一卷

東晉沙門 法顯自記遊天竺事

法顯昔在長安慨律藏殘缺於是遂以弘始
二年歲在己亥與慧景道整慧應慧嵬等同
契至天竺尋求戒律初發跡長安度隴至乹
歸國夏坐夏坐訖前行至耨檀國度養樓山
至張掖鎮張掖大亂道路不通張掖王慇懃
遂留爲作檀越於是與智嚴慧簡僧紹寶雲

ཧྥ་ཤན་ལམ་ཡིག་གི་རྒྱ་ཡིག་དཔེ་རྙིང་ཁྱི་མའི་དབྱ་རོག

法显传南宋思溪圆觉藏本

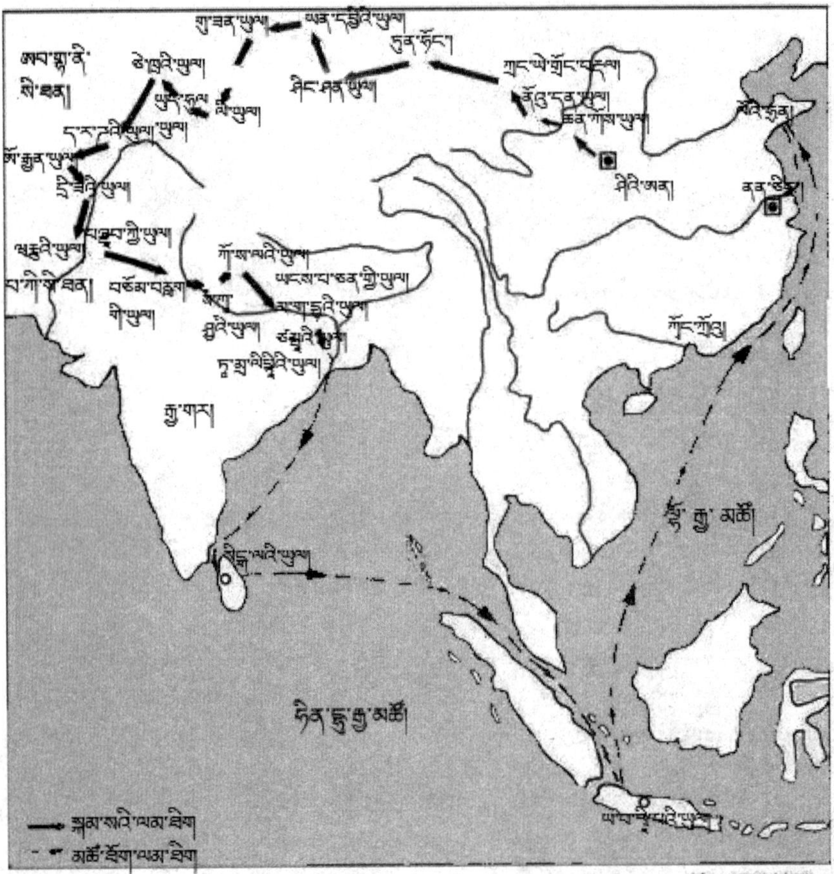

བཙུན་པ་ཐྲ་ཤན་འཕགས་ཡུལ་དུ་བགྲོད་པའི་ལམ་ཐིག

པར་རིས་ཡོང་ཁུངས་ནི་པའི་ཏུའུ་འཚོལ་གཞེར་དྲ་བ་ཡིན།

དཀར་ཆག

སྙིང་གཞི།

ན་མོ་གུ་རུ་བྷྱཿ

ས་ཕྱོགས་ཟླུམ་པོའི་ཤར་ཕྱོགས་འཛམ་དབྱངས་མ་ཧཱ་ཙཱི་ནའི་ལྷ་ལམ་ངོས། །
རྒྱལ་ཀུན་མཁྱེན་པའི་བདག་ཉིད་རྨད་བྱུང་ཐུགས་བསྐྱེད་ཆུ་འཛིན་ལས་འཁྲུངས་པའི། །
ལེགས་བཤད་རིགས་པའི་གཙུག་ལག་གཡུ་འབྲུག་སྔོན་མོ་ལྡིང་བའི་ང་རོ་ལས། །
ཡོངས་རྫོགས་གྲུ་ཆར་བཅུད་ཀྱིས་བསྐྱངས་པའི་པཏྨ་གྲུབ་གེ་སར་འཛུམ་པའི་ཞལ། །
ཁང་དྲུག་སྐྱེ་བོའི་གཙུག་ཏུ་མཆོད་འོས་འཕགས་པ་རྣམས་ལ་སྙིང་ནས་འདུད། །

གང་དེའི་ཕྱུན་ཚོགས་བྱེ་བས་རབ་བསྒྲུན་སྤེ་སྟོད་རིན་ཆེན་གཞལ་ཡས་ཁང་། །
ངོ་མཚར་བཀོད་པ་གངས་རིའི་རྒྱན་དུ་དྲངས་མཁས་གཉིས་སྐྱེས་ཤུ་ཀའི་དཔུང་། །
རྒྱ་བོད་སྐད་གཉིས་སྨྲ་བའི་བདག་ཉིད་ཆོས་གྲུབ་གཙུག་གྱུར་འཛིག་རྟེན་མིག །
གཞུང་ལུགས་ལྷུན་པོའི་སྤྱི་ལ་ལྷན་ནེར་འཁྱིངས་པ་བདག་ཅག་རྣམས་ཀྱི་མགོན། །
ཀྱེ་མ་ཤེས་རབ་རལ་གྲིས་རྫོངས་འཁྲུལ་འགྱུར་གྱི་དྲྭ་བ་གཅོད་པར་མཛོད། །

ཐུབ་བསྟན་རྒྱ་གར་ཡུལ་དུ་དར་བའི་ཚུལ། །
བོད་ཀྱི་བསྟན་བཅོས་ཕལ་ལ་ཤིན་ཏུ་མང་། །
འོན་ཏེ་མ་ནོར་འབྱུང་རབས་ལོ་ཚིགས་བཞིན། །
དུས་རིམ་བཟྡད་ཚེ་ཙཱི་ནར་བྱུང་བ་སྤྱི། །
དམ་ཆོས་འཚོལ་བའི་གནས་སྐོར་ཟིན་བྲིས་ཀྱང་། །

བདེན་པའི་གཤིས་ལ་ཉེ་ཞིང་འཇུག་བདེ་བས། །
རྒྱ་ནག་གནའ་བོའི་སྐད་ཀྱི་ལམ་ཡིག་འདི། །
ལྗོངས་ཀྱི་ཡིག་ཚང་བསྐྱེད་ལ་སྤྲོ་བས་བསྒྱུར། །

ཞེས་ཤིས་པ་བརྗོད་པའི་ཚིག་གིས་སྨྲུན་བསྒྲུས་ཏེ་གང་འདིར་སློང་བར་བྱ་བ་ནི། གནའ་བོའི་མ་ཧྭ་ཙི་ནའི་ཡུལ་དུ་ཧན་གུར་མིང་ལྡི་རྒྱལ་པོ་ཡུང་ཕིང་ཁྲི་ལོ་བརྒྱད་པ་①སྤྱི་ལོ་༦༥ལོར་སངས་རྒྱས་བསྟན་པ་དབུ་བརྙེས་པ་ནས་བཟུང་ད་ལྟ་ལ་ཐུག་ཏུ་དམ་པའི་ཆོས་ཀྱི་ཆུ་འགོ་རྒྱ་གར་འཕགས་པའི་ཞིང་སར་གཤེགས་ནས་ལམ་བར་གྱི་མཐོང་ཐོས་དྲན་རིག་ཡི་གེར་བཀོད་དེ་ཕྱི་རབས་སྐྱེ་བོའི་གསོས་སུ་བསྐྲུན་པ་ཆེས་སྔ་བ་ནི། ཅིན་ཤར་མའི་(东晋)དུས་ཀྱི་བཙུན་པ་ཆེན་པོ་ཐྲ་ཤན་གྱིས་མཛད་པའི་《སངས་རྒྱས་ཞིང་གི་དཀར་ཆག》གམ་རང་རེ་རྣམས་ཀྱིས་ཡོངས་གྲགས་སུ་《ཐྲ་ཤན་ལམ་ཡིག》ཏུ་འབོད་པ་ཉག་གཅིག་ཡིན། བཙུན་པ་ཐྲ་ཤན་འཚོ་ཞིང་གཞེས་པའི་སྤྱི་ལོའི་དུས་རབས་བཞི་པ་ནས་ལྔ་པའི་བར་ན་གནའ་བོའི་རྒྱ་ནག་ཡུལ་དུ་ཅིན་ནུབ་མའི་(西晋)རྗེ་བོ་བརྒྱད་ཀྱི་འཐབ་རྩོད་ཁྲོད་སྤྱི་ཚོགས་ཕྱོགས་ཁག་དབར་གྱི་འགལ་བ་རིམ་བཞིན་རྣོ་དར་ཅན་དུ་གྱུར་ནས་དམག་འཁྲུག་བར་མ་ཆད་པར་བྱུང་ཞིང་། རྨ་ཆུའི་རྒྱུགས་ཁུལ་བྱང་རྒྱུད་དུ་ལོ་རྒྱུས་ཐོག་གྲགས་པའི་ས་བཅད་རང་སྐྱོང་གི་རྒྱལ་ཕྲན་སིལ་མ་བཅུ་དྲུག་ཐོན་ཏེ། དེ་རྣམས་ཕན་ཚུན་དྲག་པོའི་དཔུང་གིས་འཐབ་མོ་ཡུན་རིང་བཀྱེད་མཐར་ཅིན་ཤར་མའི་སྲིད་གཞུང་ནང་ཁུལ་དུའང་དབང་ཆ་འཕྲོག་རེས་ཀྱི་སྒྱུར་བ་རྒྱུན་མི་ཆད་པ་བྱུང་། ལོ་རྒྱུས་ཀྱི་གཞི་རྟེན་དེ་ལྟ་བུའི་འོག་རྒྱ་ཡུལ་གྱི་སངས་རྒྱས་བསྟན་པའི་གནས་སྟངས་ཇི་ལྟ་བུ་ཡིན་མིན་ཐད་དེང་རབས་རྒྱའི་ནང་བསྟན་ཞིབ་འཇུག་པ་དགེ་རྒན་ཆེན་མོ་

① གུང་མགོན་པོ་སྐྱབས། 《རྒྱ་ནག་ཆོས་འབྱུང་》སི་ཁྲོན་མི་རིགས་དཔེ་སྐྲུན་ཁང་། ༡༩༨༣ལོ། ཤ་༥

རིན་ཅིད་ཡུས་ཀྱིས་《ཀྲུང་གོའི་ནང་བསྟན་ཆོས་འབྱུང་》དུ། "བཙུན་པ་ཧྭ་ཤན་རྒྱ་གར་ལ་ཕེབས་པའི་དུས་ནི་སློབ་དཔོན་ཀུ་མ་ར་ཛཱི་བ་གཞོན་ནུ་སྐྱོག་(鸠摩罗什)ཁྲང་ཨན་དུ་མ་བྱོན་གོང་གི་ལོ་གཉིས་ལ་འཁེལ་ཞིང་། སྐབས་དེ་ཤེད་ན་རྒྱ་ནག་ཏུ་ཐེག་པ་ཆེ་ཆུང་གི་རྒྱལ་བའི་གསུང་རབ་མང་དུ་དར་མོད་ཀྱི་འདུལ་བའི་དཔེ་ཆ་ཤིན་ཏུ་ཆ་མི་ཚང་བས་ཆིན་སྔ་མའི་སྐབས་(前秦)བཙུན་པ་ཏའོ་ཨན་(道安)ཡང་ཐུགས་ཕྱུང་སྐྱེ་སློབ་གཉེར་བ་སྒྲིགས་བཙུགས་ཀྱིས་འདུལ་བའི་དཔེ་ཆ་ཐ་ཐོར་འགའ་བསྒྱུར། འོན་ཏེ་འདུལ་ཁྲིམས་ཆ་ཚང་བའི་པོད་རྒྱས་པ་ཞིག་ད་ཏུང་བསྒྱུར་མེད་པར་སྣང་། སྔོས་སུ་སྐབས་དེ་ཤེད་ན་རྒྱའི་ཡུལ་ལ་སངས་རྒྱས་ཆོས་ལུགས་དར་ཞིང་རྒྱས་རྗེས་རབ་བྱུང་བའི་སྡེའི་གོ་བབས་མཐོན་པོར་བསླེགས་པའི་སྟབས་ཀྱིས་ལ་ལས་ཆོས་རྣམ་དག་བྱེད་ཏུང་ཕལ་མོ་ཆེས་ཁེ་ཕན་ཕོ་ན་དོན་དུ་གཉེར་ཏེ་ཁྲལ་འུ་ལག་ལ་གཡོལ་ཆེད་མི་ཟད་པའི་ལས་འབབ་ཞིག་བརྩམས་པས། སྤྱི་ཚོགས་སྟེང་དེར་མི་རངས་པའི་སྣང་ཚུལ་ཐོན་པར་གྱུར། དེའི་ཚེ་ཡང་དག་བསྟན་པ་སྐྱོང་ཕྱིར་དགེ་འདུན་དོན་གཉེར་ཅན་ཁ་ཅིག་གིས་འདུལ་བའི་སྡོམ་ཁྲིམས་ཚང་ལ་མ་ནོར་བ་གཏན་ལ་འབེབས་པ་གཙོགས་སུ་དགོངས་ནས་དམ་པའི་ཆོས་ཀྱི་ཆུ་འགོ་རྒྱ་གར་ཡུལ་དུ་འདུལ་བསྟན་ཁུངས་ཐུབ་བཙལ་ཏེ། རྒྱ་ནག་ཏུ་དར་བཞིན་པའི་སངས་རྒྱས་ཀྱི་བསྟན་པ་སྔར་བས་འཕྲུས་ཚང་ཇེ་ཟབ་ཏུ་གཏོང་རྒྱུ་ནི་བཙུན་པ་ཧྭ་ཤན་འཕགས་ཡུལ་དུ་གཤེགས་དགོས་པའི་ཐོག་མའི་ཀུན་སློང་ཡིན།"[1] ཞེས་གསུངས་པ་དེ་དང་ཡོངས་སུ་མཐུན་པར་བཙུན་པ་ཧྭ་ཤན་གྱིས་འདུལ་བའི་གསུང་རབ་ཁུངས་ཐུབ་འཚོལ་ཕྱིར་རྒྱའི་ལུང་ཨན་(隆安)ཁྲི་ལོ་གསུམ་པའམ་ཧུང་ཧྲི་(弘始)ཁྲི་ལོ་དང་པོ་སྟེ་སྤྱི་ལོ་༣༩༩ལོར་གང་ཉིད་དགུང་གྲངས་དྲུག་ཅུ་རྩ་གཅིག་བཞེས་པའི་སྐབས་ད་ལྟའི་ཧྲན་ཞིའི་(陕西)ཞིང་ཆེན་ཤིའི་ཨན་ནས་དབུ་བརྩམས་ཏེ་རིམ་པར་

① 任继愈主编:《中国佛教史》,(第二卷),中国社会科学出版社,2016年,第586-587页。

དེང་གི་ཀན་སུའུ་དང་། མཚོ་སྔོན། ཤིན་ཅང་། ཀསྨི་ར། པ་ཀི་སི་ཐན། ཨབ་ཧྒ་ནི་སི་ཐན། རྒྱ་གར། སིངྒ་ལ། སུ་མ་ཏྲ་རའི་གླིང་།(苏门答腊岛) ཡ་བ་དྭི་པ་(爪哇岛)སོགས་སྐབས་དེར་གྲགས་པའི་ཡུལ་སོ་གཅིག་ལ་དངོས་སུ་ཞབས་བཅགས་པ་དང་། དེ་དག་གི་སྟེང་དུ་ཐོས་པའི་ཡུལ་གཅིག་སྟེ་དཀྲི་ན་བཅས་ཁྱོན་ཡུལ་སུམ་ཅུ་རྩ་གཉིས་①ཀྱི་སྐོར་གྱི་བཀོད་པ་དང་བཙུད་ཀྱི་སངས་རྒྱས་ཆོས་ལུགས་ཀྱི་གཙུག་ལག་ཁང་དང་དེ་དག་ལ་གནས་བཅའ་བའི་དགེ་འདུན་པའི་ཞལ་གྲངས། ཐེག་པ་ཆེ་ཆུང་གི་ཆོས་གང་ཞིག་ཉམས་སུ་བླངས་ཚུལ། སྟོན་པའི་རྗེས་ཤུལ་གནས་མཆོག་དང་རྟེན་ཁྱད་པར་ཅན་སོགས་མངོན་སུམ་མཇལ་སྐལ་དུ་འགྱུར་རོ་ཅོག་དང་སྔོན་དུ་སོན་པ་ཅི་རིགས་སྤྱི་ལོ་༤༡༣ལོར་རྒྱ་ནག་ནང་ཅིང་དུ་ཕྱིར་ཕེབས་འཁོར་བྱུང་རྗེས་སྤྱི་ལོ་༤༡༤ལོར་ཡི་གེར་བཏབ་པར་མཛད།

དང་པོ། 《ཧྥ་ཤན་ལམ་ཡིག་》གི་རིན་ཐང་དང་ཁྱད་ཆོས།

གཅིག །ལོ་རྒྱུས་ཀྱི་རིན་ཐང་།

《ཧྥ་ཤན་ལམ་ཡིག་》ཧྲིལ་པོར་ད་ལྟའི་ཀྲུང་གོ་ཙམ་མ་ཟད་ཨེ་ཤེ་ཡ་དབུས་དང་། ལྷོ། ཤར་ལྷོ་བཅས་ས་ཁྱོན་ཆེ་བའི་ཕྱོགས་མཚམས་སུ་གནས་པའི་ཡུལ་དུ་མའི་དེའི་ཚེ་དེའི་དུས་ཀྱི་ས་ཁམས་དང་། འགྲིམ་འགྲུལ། ཆོས་ལུགས། རིག་གནས།

① འདིར་བསྟན་ཡུལ་སུམ་ཅུ་རྩ་གཉིས་ནི་《ཧྥ་ཤན་ལམ་ཡིག་》ལ་འཁོད་པ་བཞིན་བགྲོད་རིམ་ལྟར་ན། ༡ ཆན་ཀོས་ཡུལ། ༢ ནོའུ་དན་ཡུལ། ༣ ཤན་ཤན་ཡུལ། ༤ ཡན་དབྱིའི་ཡུལ། ༥ ལི་ཡུལ། ༦ ཛི་ཧའི་ཡུལ། ༧ ཡུད་ཧུལ་ཡུལ། ༨ ཅེ་ཁྲའི་ཡུལ། ༩ ད་ར་ཊའི་ཡུལ། ༡༠ ཨོ་རྒྱན་ཡུལ། ༡༡ སྭ་ཏའི་ཡུལ། ༡༢ དྲི་ཟའི་ཡུལ། ༡༣ ཏཀྵ་ཤི་ལའི་ཡུལ། ༡༤ སུ་ཏུ་ཁ་སུ་རའི་ཡུལ། ༡༥ ན་ག་ར་ཧཱ་རའི་ཡུལ། ༡༦ ལོ་ཧ་ནིའི་ཡུལ། ༡༧ ཕ་རྣུའི་ཡུལ། ༡༨ པཉྩབ་ཀྱི་ཡུལ། ༡༩ བཅོམ་བརྡུག་གི་ཡུལ། ༢༠ སཾ་ཀཱ་ཤྱའི་ཡུལ། ༢༡ སྣ་ཀེ་ཏའི་ཡུལ་ཆེན། ༢༢ཀོ་ས་ལའི་ཡུལ། ༢༣ རྣ་མའི་ཡུལ། ༢༤ ཡངས་པ་ཅན་གྱི་ཡུལ། ༢༥ མ་ག་དྷའི་ཡུལ། ༢༦ཀཱ་ཤིའི་ཡུལ། ༢༧ ཀཽ་ཤཱམྦིའི་ཡུལ། ༢༨ དཀྲི་ཙའི་ཡུལ། ༢༩ ཡུལ་ཆེན་ཙམྤཱ། ༣༠ ཏཱ་མྲ་ལིཔྟིའི་ཡུལ། ༣༡ སིངྒ་ལའི་ཡུལ། ༣༢ ཡ་བ་དྭི་པའི་ཡུལ་བཅས་ཡིན།

ཐོན་ཁུངས། དམངས་སྲོལ། དེ་བཞིན་སྤྱི་ཚོགས་ཀྱི་གནས་སྟངས་དང་དཔལ་འབྱོར་སྒྲིག་གཞི་སོགས་བརྗོད་བྱ་ཤིན་ཏུ་ཕུན་སུམ་ཚོགས་ཤིང་། གྲུང་གོ་དང་ཨེ་ཤེ་ཡའི་མཐའ་ཁུལ་དུ་འཚོ་བའི་ཉུས་རྒྱུད་ཚོ་པ་དུ་མའི་སྐོར་འགོད་ཡོད་ལ། ཡུལ་ཁག་དབར་གྱི་མཛའ་མཐུན་འབྲེལ་ལམ་དང་རིག་གནས་སྤེལ་རེས་ཀྱི་རིན་ཐང་ལོ་རྒྱུས་ཀྱང་གསལ་བས། ལམ་ཡིག་འདི་ནི་སྤྱི་ལོའི་དུས་རབས་ལྔ་པའི་དུས་འགོ་ཙམ་གྱི་ཨེ་ཤེ་ཡའི་ལོ་རྒྱུས་ཤེས་རྟོགས་བྱེད་པའི་དཔྱད་གཞིའི་ཡིག་ཆ་མེད་དུ་མི་རུང་བ་ཞིག་དང་། ད་ལྟའི་ཨེ་ཤེ་ཡའི་རྒྱལ་ཁབ་ཁག་དབར་གྱི་ སྔར་སོང་མཛའ་གཅུགས་མཚོན་པའི་ལོ་རྒྱུས་ཀྱི་དན་རྟགས་འགྲུལ་མེད་ཅིག་ཀྱང་ཡིན་པ་སྨོས་མེད་ལགས།

ད་བར་ལམ་ཡིག་འདི་ཉིད་ཀྱིས་རྒྱ་ནག་གི་བཀའ་བསྟན་ཁྲོད་གལ་ཆེའི་གོ་བབས་བཟུང་ཡོད་པས། ཀུན་གྱིས་གཙིགས་སུ་བཀུར་ནས་དཔྱད་གཞིར་འཛིན་མུས་ཡིན། ལྷག་ཏུ་དུས་རབས་བཅུ་དགུ་ནས་བཟུང་འཛམ་གླིང་ཤར་ནུབ་ཏུ་འགྲུལ་བཞུད་ཀྱི་སྐྱོར་བ་རྒྱ་ཆེར་བརྩམས་མུར་རྒྱལ་ནང་གི་ཞིབ་འཇུག་པ་ཙམ་མ་ཟད། ཡོ་རོབ་དང་ཉི་ཧོང་གི་དོན་གཉེར་ཅན་དག་གིས་གཅིག་མཇུག་གཉིས་མཐུད་དུ་ལམ་ཡིག་འདི་རང་སོ་སོའི་ཕ་སྐད་དུ་བསྒྱུར་ཅིང་། བརྡ་སྒྲིག་དང་ཞིབ་འཇུག་གི་འབྲས་བཟང་ལུ་གུ་རྒྱུད་དུ་སྤེལ་བ་དེས་ཀྱང་ལམ་ཡིག་དེའི་གལ་ཆེའི་རང་བཞིན་གསལ་ལེར་ཤེས་ནུས། རང་རེ་བོད་ལ་ཆ་མཚོན་ན་བསྟན་པ་ཕྱི་དར་གྱི་ཆག་ལོ་ཙཱ་བ་ཆོས་རྗེ་དཔལ་(སྤྱི་ལོ་༡༡༨༧ནས་༡༡༢༦༡བར་)གྱི་ལམ་ཡིག་དང་། གྲུབ་ཆེན་ཨོ་རྒྱན་པ་རིན་ཆེན་དཔལ་(སྤྱི་ལོ་༡༢༣༠ནས་༡༣༠༨ལོ་བར་)གྱི་ལམ་ཡིག །མན་ལུང་གུ་རུའི་(སྤྱི་ལོ་༡༣༥༨ནས་༡༤༢༨ལོ་བར)ལམ་ཡིག །ཇོ་ནང་ཏཱ་ར་ནཱ་ཐའི་(སྤྱི་ལོ་༡༥༧༥ནས་༡༦༣༤ལོ་བར་)《རྒྱ་གར་ཆོས་འབྱུང་》 པཎ་ཆེན་སྐུ་ཕྲེང་དྲུག་པ་དཔལ་ལྡན་ཡེ་ཤེས་(སྤྱི་ལོ་༡༧༣༨ནས་༡༧༨༠ལོ་བར་)ཀྱི་《ཤམྦྷ་ལའི་ལམ་ཡིག་》 བཙན་པོ་སྐུ་ཕྲེང་

བཞི་པ་བསྟན་འཛིན་འཕྲིན་ལས་(སྤྱི་ལོ་༡༧༥༥ནས་༡༨༣༨ལོ་བར་)ཀྱི་《འཛམ་གླིང་རྒྱས་བཤད་》མཁས་དབང་དགེ་འདུན་ཆོས་འཕེལ་(སྤྱི་ལོ་༡༨༠༣ནས་༡༨༥༡ལོ་བར་)གྱི་《གཏམ་རྒྱུད་གསེར་ཐང་》སོགས་སྐྱེས་ཆེན་གོང་མ་རྣམས་ཀྱིས་དཀའ་བ་བརྒྱ་ཕྲག་གདོང་དུ་བསུས་ནས་རྒྱ་གར་དང་། པ་ཀི་སི་ཐན། ཨབ་ཧྥ་ནི་སི་ཐན། ལི་ཡུལ། རྒྱ་ནག་སོགས་ཡུལ་གྲུ་དག་ལ་ཞབས་བཅགས་ཏེ་མཛད་པའི་ལམ་ཡིག་དག་དང་དེ་བཞིན་འཕགས་ཡུལ་ལ་ཕྱིན་སྐྱོང་བའི་བསྟན་པ་སྔ་དར་གྱི་ལོ་ཙཱ་བ་བཻ་རོ་ཙཱ་ན་དང་། ཕྱི་དར་གྱི་ལོ་ཙཱ་བ་རིན་ཆེན་བཟང་པོ། མར་པ་ཆོས་ཀྱི་བློ་གྲོས། འབྲོག་མི་ཤཱཀྱ་ཡེ་ཤེས། རྭ་ལོ་རྡོ་རྗེ་གྲགས། འགོས་ཁུག་པ་ལྷས་བཙས། ཁུ་སྟོན་བརྩོན་འགྲུས་གཡུང་དྲུང་། མཁས་གྲུབ་ཁྱུང་པོ་རྣལ་འབྱོར་སོགས་ཀྱི་མཛད་རྣམ་དུའང་རྒྱ་གར་ཕྱོགས་ལྷོ་དང་དེའི་ཉེ་འཁྲིལ་དུ་གྱུར་པའི་ཡུལ་གྲུ་ཁག་གི་སངས་རྒྱས་ཆོས་ལུགས་དང་འབྲེལ་བའི་སྟོད་བཅུད་ཀྱི་བཀོད་པ་མཐའ་ལ་དུ་ཡོད། འོན་ཏེ་གོང་སྨོས་འཕགས་ཡུལ་གྱི་སྐོར་བརྗོད་པའི་བོད་ཀྱི་ལམ་ཡིག་དང་རྣམ་ཐར་དེ་དག་ཐམས་ཅད་ནི། སངས་རྒྱས་བསྟན་པ་གནའ་བོའི་རྒྱ་གར་ཡུལ་དབུས་ཀྱི་ལྟེ་བར་གྱུར་པའི་མཐའ་བཞིའི་རྒྱལ་ཁམས་སུ་ས་ཁྱབ་རྫོ་ཁྱབ་བྱུང་རྗེས་རིམ་པར་ཁ་ཆེའི་དམག་དང་དེའི་ཆོས་ལུགས་ཟུང་གིས་ཞི་དྲག་སྦྱོར་བའི་སེམ་འཛུལ་ལན་གསུམ་བྱས་པ་བརྒྱུད། ཡི་ཡུལ་ལྷ་བུར་སངས་རྒྱས་བསྟན་པ་ལྷག་མེད་དུ་གྱུར་བ་དང་། ཡུལ་དབུས་མ་ག་དྷར་ཉམས་རྒུད་དུ་སོང་ཞིང་། སིནྡྷ་ལ་ལྷ་བུ་ལྷོ་ཕྱོགས་ཀྱི་ཐ་གྲུ་ཙུང་ཤས་ཤིག་མ་གཏོགས་སྔར་ནང་ཆོས་ཉི་མ་ཤར་བ་ལྟར་དར་བའི་ཡུལ་ཕལ་མོ་ཆེར་ནང་པའི་རྗེས་ཤུལ་མེད་ཙམ་ལས་མི་སྣང་བའི་དུས་སྐབས་དང་། དེའི་ཕྱིས་སུ་བྱུང་བ་འབའ་ཞིག་ཡིན་སྟབས་ལོ་ཟླའི་བག་ལ་ཞ་བའི་གནས་མཆོག་སོ་སོའི་ཐོག་མའི་ངོ་རིས་གཤའ་མ་ཇི་ལྟ་བ་མངོན་དུ་འཕྲུང་བར་དཀའ། དེས་ན་བཙུན་པ་ཟླ་ཤན་རྒྱ་གར་ལ་ཕྱིན་

པའི་དུས་ནི་གོང་ཞུས་རང་ཅག་གི་ལམ་ཡིག་དེ་དག་ལས་ཆེས་སྔ་བས། 《ཚྭ་ཤན་ལམ་ཡིག》འདི་ལ་བདེན་པའི་རང་བཞིན་ཆེས་ཆེ་བ་ནི་དོན་ལ་གནས་པ་ཞིག་ཡིན། སངས་རྒྱས་ཆོས་ལུགས་སྤྱིའི་འཕེལ་འགྲིབ་ལོ་རྒྱུས་ཆ་ནས་བརྗོད་ན། རང་རེ་བོད་ལ་གནས་བརྟན་སྡེ་པའི་ལུགས་ལྟར་ན་སངས་རྒྱས་འདས་པོ་༡༠༡༡སྔེ་ཕྱི་ལོ་༥༤༧ཙམ་ལ་ད་གཟོད་དམ་པའི་ཆོས་ཀྱི་དབུ་བརྙེས་ཤིང་། དེའི་ཚེ་ན་རང་རེར་སྤྱི་ལ་བཀོལ་བའི་ཡི་གེ་ཞིག་དར་མེད་པས་ལམ་ཡིག་ལྟ་བུའི་ཡིག་ཚང་ཅི་ལ་འོང་སྲི་མེད་དོ། །འོན་ཏེ་དེའི་སྔ་རོལ་སངས་རྒྱས་འདས་པོ་༡༥༨སྔེ་ཕྱི་ལོ་༥༡༥ཡོར་《ཚྭ་ཤན་ལམ་ཡིག》ཡི་གེར་བཀོད་ཟིན་ཅིང་། ལམ་ཡིག་དེར་ན་ལཱ་ཧོའི་གཙུག་ལག་ཁང་གི་སྐོར་ཡི་ནས་འཕོད་མེད་པ་དེས་རང་རེའི་ཡིག་ཆར་བཙུན་པ་ཚྭ་ཤན་ལས་སྔ་བར་ཕྱིན་པའི་སློབ་དཔོན་ཀླུ་སྒྲུབ་དང་ཐོགས་མེད་སོགས་ནཱ་ལནྡྰའི་གཙུག་ལག་ཁང་དུ་སློབ་གཉེར་མཛད་ཚུལ་གསུངས་པར་དོགས་འདྲིའི་བློ་བསྐྱེད་གསར་པ་ཞིག་སྤྲིན་ནུས། དེར་གསལ་བའི་ཙནྡྲ་ཛྙ་བོའི་སྐུ་བརྙན་དང་སྟོན་པའི་ལྷུང་བཟེད་ཀྱི་ཇ་ཆེའི་ལོ་རྒྱུས། སྟོན་པའི་བུ་སློབ་རྣམས་ཀྱི་རྗེས་ཤུལ། སྔོས་སུ་བསྟན་པ་གནས་པའི་གཞི་མ་དམ་ཆོས་འདུལ་བའི་གཞུང་སོགས་ཀྱི་བྱུང་འཕེལ་ཐད་རང་རེའི་ཡིག་ཆར་ཁ་གསབ་མཛད་ནུས་པ་མང་དུ་སྣང་བས། ལམ་ཡིག་དེའི་ལོ་རྒྱུས་རིན་ཐང་ནི་གཞལ་དུ་མེད་དོ། །

གཉིས། རྩོམ་རིག་གི་རིན་ཐང་།

སྤྱིར་འཛམ་གླིང་དུ་སངས་རྒྱས་ཆོས་ལུགས་ལོ་རྒྱུས་ཐོག་གནའ་བོའི་རྒྱ་གར་དང་དེའི་ཉེ་འབྲེལ་ཨེ་ཤེ་ཡ་དབུས་ལྷོའི་རྒྱལ་ཁབ་ཀྱི་སངས་རྒྱས་ཆོས་ལུགས་ཀྱིས་གཙོས་པའི་སྟོད་བཙུད་ཀྱི་བཀོད་པ་བརྗོད་པའི་ལམ་ཡིག་གྲགས་ཆེ་ཤོས་དང་རྒྱས་ཤོས་ནི་

ཐང་ཀུར་དུས་བྱུང་བའི་བམ་པོ་བཅུ་གཉིས་ཀྱི་བདག་ཉིད་ཅན། ཡིག་འབྲུ་ཁྲི་བཅུ་གཉིས་ཙམ་མངའ་བའི་《ཐང་སན་ལམ་ཡིག》ཡིན་པ་ཀུན་གྱིས་མཁྱེན་གཅིག་ཏུ་བཞེད། འོན་ཏེ་ལམ་ཡིག་དེའི་མ་ཕྱིའི་མཇུག་ཏུ་ཐང་སན་བླ་མའི་སློབ་མ་པན་ཅི་(辩机)ཡིས་མཛད་པའི་བསྟོད་ཚིག་ལས། "དགའ་མགུ་ཡི་རངས་ཆེན་པོས་ཟིན་བྲིས་ཇི་བཞིན་གོ་རིམ་སྤར་ཆགས་སུ་བསྒྲིགས་ཏེ་ཞང་ཤུ་ཡིས་བསྐུལ་བའི་སྐྱུག་ཤོག་བཀོལ་ནས་བྲིས་པའོ། །ཤེས་རབ་དཔལ་གྱིས་དབུལ་ཞིང་རྩོམ་ནུས་ཞན་པས་ལན་ཏེ་སྐོང་བའི་ཆ་དང་ཚིག་རྟོག་ཡོད་རིགས་ད་ཕན་མ་འཆོས་སོ"[①]ཞེས་དང་། "རྒྱ་གར་ཡུལ་ཁག་གི་མཐའ་མཚམས་དང་མངའ་རིས་མ་དབྱེ་བར་ཡུལ་རེ་སྨོས་ཁད་དེའི་རྒྱ་ཁྱོན་བྲིས་ཡོད་ཅིང་སྐབས་སྐབས་སུ་དྲུང་ཐད་དང་མཚམས་རེ་ཡོན་པོར་སྦྱོར་བའི་ཐབས་སྤྱོད་དེ་མཇུག་སྒྲིལ་བའི་རྗེང་མར་དངོས་དོན་ལ་གཏུགས་ཅི་ཐུབ་ཀྱིས་སླར་ལེགས་པར་ཞུས་རྗེས་ཕོ་བྲང་གི་འདུན་སར་གོང་མའི་སྤྱན་སྔར་ཕུལ་བ་ལགས"[②]ཞེས་པ་སོགས་ལས། 《ཐང་སན་ལམ་ཡིག》ནི་དོན་དངོས་ཐོག་ཐང་སན་བླ་མའི་སློབ་མ་པན་ཅི་ཡིས་ཐང་སན་བླ་མའི་ཟིན་བྲིས་ལ་གཞི་བཟུང་ནས་བསྐྱར་དུ་སྣོན་འཕྲི་ཞུས་ཏེ་མཛད་པ་རྫོགས་ནས། ལམ་ཡིག་ཕྱི་མོ་ཞིབ་ཏུ་མཇལ་བས་ལམ་ཡིག་དེར་པན་ཅི་རང་སྐེར་གྱི་སྦྱོང་བའི་རྫོགས་བཟོའི་ཆ་ངེས་ཅན་མཆིས་ཁར། ཚིག་རྒྱན་སྦྱོར་ཐལ་ཆེ་བས་ཟློལ་བསྟོད་ཀྱི་རྣམ་པ་ཅུང་ཟད་མངོན་པ་གསལ་ལེར་ཤེས་ནུས། དེ་དང་བསྡུར་ན་སྐབས་བབ《ཐྲ་ཤན་ལམ་ཡིག》ནི་བམ་པོ་ཆིག་རྐྱང་འབྲུ་གྲངས་ཁྲི་གཅིག་ལྷག་ཙམ་ལས་མེད་མོད། ཞིབ་ཏུ་བསླགས་ཆེ་ཚིག་གི་སྦྱོར་བ་ཤིན་ཏུ་བབ་ཆགས་

① རྒྱ་ཏྭ་ཚེ་རིང་དོན་གྲུབ། 《ཐང་སན་ལམ་ཡིག་གསར་བསྒྱུར་དང་ཞིབ་འཇུག》 བོད་ལྗོངས་བོད་ཡིག་དཔེ་རྙིང་དཔེ་སྐྲུན་ཁང་། ༢༠༡༨ལོ། ཤ་༤༣༧ནས་༤༣༨བར།

② རྒྱ་ཏྭ་ཚེ་རིང་དོན་གྲུབ། 《ཐང་སན་ལམ་ཡིག་གསར་བསྒྱུར་དང་ཞིབ་འཇུག》 བོད་ལྗོངས་བོད་ཡིག་དཔེ་རྙིང་དཔེ་སྐྲུན་ཁང་། ༢༠༡༨ལོ། ཤ་༤༣༨

ཤིང་། བཙུན་པ་ཧྭ་ཤན་ལ་མངོན་སུམ་མཐོང་ཐོས་བྱུང་བ་ཅི་རིགས་ཁོང་རང་ཉིད་ཀྱིས་ཡི་གེར་བཏབ་པ་ཞིག་ཡིན་ཕྱིར། རྗོད་བྱེད་ཚིག་རིས་ནས་དཀའ་སྤྱི་ཆགས་སྟང་གི་བརྩེ་དུང་ཟབ་མོ་ཞིག་གློག་པ་ཕོར་ངམ་ཤུགས་སུ་སྣེར་ནུས། དེ་ཡང་ལམ་ཡིག་ཏུ་བཙུན་པ་ཧྭ་ཤན་སྤྱི་ལོ་༤༠༢ལོར་ན་ག་ར་ཧཱ་རའི་ཡུལ་གྱི་གངས་རི་ཆུང་ངུ་སྟེ་ད་ལྟའི་ཨབ་ཧྒྷ་ནི་སི་ཐན་གྱི་གྲོང་ཁྱེར་ལྟེ་བ་ཛེ་ལཱ་ལཱ་བཱ་དའི་ལྷོ་ཕྱོགས་ཀྱི་སེ་ཧྥེ་དེ་ཁེ་(Safed Koh/塞费德科山脉)རི་རྒྱུད་བརྒལ་བའི་སྐབས། “རི་དེ་ནི་དབྱར་དགུན་ལྟོས་མེད་གངས་ཀྱིས་བསྐུབས་ཤིང་དེའི་བྱང་སྲིབ་ཕྱོགས་སུ་བགྲོད་པའི་སྐབས་འཁྱགས་རླུང་འཚུབ་མ་ལྡང་རྐྱེན་ཐམས་ཅད་དབང་མེད་དུ་ལུས་འདར་ཞིང་། ཧུད་ཛིང་གཅིག་ཕུ་ཟུངས་ཟད་ཅིང་ཚོར་བ་ཉམས་ཏེ་ཁ་ནས་དབུ་བ་དཀར་པོ་ཐོན་གྱིན་བདག་ལ་ད་ནི་ཁོ་བོ་འཚོ་བའི་ཐབས་མེད་པས་ལྷན་ཅིག་འདིར་འཆི་བ་ལས་ཁྱེད་ཅག་མུ་མཐུད་ཆས་ན་བཟང་ཞེས་གསུངས་ཁད་དུ་སྐུ་ཚེ་རྫོགས་པར་གྱུར། བདག་ཡིད་ཤིན་ཏུ་བརྣངས་ནས་ཧུད་ཛིང་གི་ཕུང་པོར་རེག་བཞིན་ཀྱི་ཧུད། ང་ཅག་གི་སྨོན་པའི་དོན་མངོན་དུ་མ་གྱུར་གོང་ཁྱོད་ཉིད་འདས་པ་ཅི་ལགས་ཞེས་སྨྲེ་ངགས་ཐལ་”①ཞེས་པ་ལྟ་བུ་བཙུན་པ་ཧྭ་ཤན་གྱིས་རང་ཉིད་དང་དཀའ་སྡུག་མཉམ་མྱོང་གི་ཟླ་བོར་བཅངས་པའི་ལ་རྒྱ་དང་བརྩེ་བ་མཚོན་པའི་ཚིག་སྦྱོར་དང་། ཡང་བཙུན་པ་ཧྭ་ཤན་གྱི་ལོ་༦༢༩ལོར་རྒྱ་གར་དུ་ཕྱིན་རྗེས་སྤྱི་ལོ་༦༣༠ནས་༦༣༣བར་ལོ་གཉིས་རིང་སིནྡྷ་ལ་སྟེ་ད་ལྟའི་རྒྱ་གར་ལྷོ་ཕྱོགས་ཀྱི་སི་རི་ལང་ཀར་བཞུགས་འཆག་མཛད་པའི་སྐབས། ལམ་ཡིག་ཕྱི་མོ་ལས“རང་ཡུལ་ནས་ཞལ་གྱིས་ཏེ་ལོ་དུ་མ་སོང་བའི་རིང་། རྟག་ཏུ་རྒྱུས་མེད་ཀྱི་སྐྱེ་བོ་དང་འགྲོགས་ཤིང་གཞན་ཡུལ་གྱི་ཆུ་ཀླུང་རི་བོ་དང་། རྩྭ་རྩི་ཤིང་སོགས་སྣང་ཡུལ་གང་འཛད་པ་ཡུལ་གྱི་ཉམས་མདངས་ཏིལ་ཙམ་མེད་ཅིང་

① 张巽校注:《佛国记》，中国旅游出版社，2016年，第71页。

ཀླུ་བོ་དག་ཀྱང་རང་དགར་བསྐྱོད་རྐྱེན་ལ་ལ་ཡུལ་དབུས་སུ་ལུས་པ་དང་། ཁ་ཅིག་འཇིགས་རྟེན་ཕྱི་མའི་ལམ་དུ་གཤེགས་པས་གང་ཉིད་སྐུ་ལུས་ཀྱི་གྲིབ་མ་དང་འགྲོགས་ཏེ་ཆིག་རྐྱང་དང་འཚོ་བཞིན་རྒྱུན་པར་ཐུགས་དགོངས་སུ་གེགས་བར་དེ་དག་ངམ་ངམ་དུ་ཤར་ནས་སྐྱོ་བའི་ངང་གནས་པའི་ཚེ། སློ་བུར་དུ་གཡང་ཏེའི་སྐུ་བརྙན་དེའི་གམ་དུ་ཚོང་པ་ཞིག་གིས་རྒྱ་ནག་གི་དར་ལས་བྱས་པའི་རྔ་གཡབ་སངས་རྒྱས་ལ་བསྙེན་བཀུར་བྱེད་བཞིན་པ་མངོན་སུམ་གཟིགས་པས་ཡིད་དབང་མེད་དུ་གདུང་སྡེ་ཞལ་རས་མཆི་མས་བཀབ་པར་གྱུར།"[①]ཞེས་སྐབས་དེ་ཤེད་དུ་ཐག་རིང་གི་ཡུལ་དུ་བཙུན་པ་ཕྲ་ཤན་གྱི་ཐུགས་ལ་འབྲུངས་པའི་ཕ་ཡུལ་གྱི་བརྩེ་སེམས་ཟབ་མོ་མཚོན་པའི་ཚིག་སྦྱོར་སོགས་ཀློག་པ་པོའི་ཡིད་སེམས་དབང་མེད་དུ་འགུག་ནུས་པའི་ཆེས་མཐོའི་རྩོམ་རིག་གི་རིན་ཐང་དེ་ལྟ་བུ་ནི་ལམ་ཡིག་གཞན་ན་མཇལ་བར་དཀོན།

གཉིས་པ། ཕྲ་ཤན་ལམ་ཡིག་གི་དེ་སྔའི་བོད་འགྱུར་མ་གཉིས་ཀྱི་མཚམས་སྦྱོར།

རྒྱའི་རྒྱལ་རབས་རིམ་བྱུང་དུ་ཐོན་པའི་《ཕྲ་ཤན་ལམ་ཡིག་》གི་རྒྱ་ཡིག་དཔར་མ་ད་ཕན་མཇལ་སྐབས་དུ་འགྱུར་བ་ཁྲིན་བཅུ་གསུམ་ཙམ་གདའ་བ་དེ་རྣམས་ཕན་ཚུན་ཡིག་འབྲུ་རེ་ཟུང་ཐ་དད་ཙམ་མ་གཏོགས་བརྗོད་དོན་ཕྱིར་ཁྱད་པར་ཅང་མ་མཆིས། དེ་ནས་དུས་རབས་བཅུ་དགུ་པའི་སྐབས་ཙམ་ནས་བཟུང་ལམ་ཡིག་དེ་རིམ་པར་ཕྲ་རན་སི་དང་། དབྱིན་ཇི། ཉི་ཧོང་སོགས་ཀྱི་སྐད་ལ་བསྒྱུར་བར་སྣང་། ཁོ་བོའི་ལག་ཏུ་སོན་པའི་《ཕྲ་ཤན་ལམ་ཡིག་》ཅེས་བྱ་བ་བོད་འགྱུར་མ་ཐ་དད་པ་གཉིས་ལྷན་གཅིག་ཏུ་བསྒྲིགས་པའི་གློག་རྡུལ་དཔར་མའི་དཔེ་དེབ་ཀྱི་སྔོན་འགྲོར་

① 张巽校注:《佛国记》，中国旅游出版社，2016年，第143页。

འཁོད་པ་ལྟར་ན། སྤྱི་ལོ་༡༨༦༩ལོར་དབྱིན་ཇིའི་ཆོས་ལུགས་རིག་པ་མཁས་ཅན་སློབ་དཔོན་རེཕརེནྜ་ཨེཙ་ཨཱེ་ཛཡེལ་ཞེས་པས་ལམ་ཡིག་འདི་ཉིད་རྒྱ་ཡིག་ནས་དབྱིན་ཡིག་ཏུ་ཕབ་བསྒྱུར་གནང་རྗེས་སོག་པོ་ཕུཏྲ་དའི་བླ་མ་ལོ་ཙྪ་བ་ཞིག་གིས་དབྱིན་འགྱུར་མ་①དེ་སོག་ཡིག་ཏུ་བསྒྱུར་བ་དང་། ཕྱིས་སུ་༡༩༡༨ལོའི་ཟླ་༡༠པར་སོག་པོའི་མཁས་པ་བློ་བཟང་རྟ་དབྱངས་ཀྱིས་སོག་ཡུལ་དཔལ་ལྡན་ཁུ་རལ་གྱི་གཙུག་ལག་ཁང་དུ་སོག་ཡིག་གི་འགྱུར་མ་དེ་ཉིད་བསྒྱུར་དུ་བོད་ཀྱི་སྐད་ལ་བསྒྱུར་གནང་སྟེ་མཚན་བྱང་དུ《ཆེན་པོ་ཏཱན་གུར་གྱི་བཙུན་པ་ཕཱ་ཧྲིན་འཕགས་ཡུལ་དུ་འགྲིམས་པའི་རྣམ་ཐར་རྒྱལ་བསྟན་འབྱུང་ཁུངས་ཀུན་གསལ་འཕྲུལ་གྱི་མེ་ལོང་》ཞེས་གསོལ། དེ་ནས་སྤྱི་ལོ་༢༠༠༨ལོར་བཀྲས་མཐོང་ཚེ་དབང་ཆོས་རྒྱལ་གྱིས་སློབ་དཔོན་རེཕརེནྜ་ཨེཙ་ཨཱེ་ཛཡེལ་གྱི་དབྱིན་འགྱུར་མ་དེ་སླར་ཡང་བོད་ཡིག་ཏུ་བསྒྱུར་རྗེས་རཀཿརིན་པོ་ཆེ་ཐུབ་བསྟན་ཆོས་དར་གྱིས་བསྐྱར་ཞིབ་དང་ཞུ་དག་མཛད་དེ་མཚན་བྱང་དུ《སངས་རྒྱས་པའི་རྒྱལ་ས་རྣམས་ཀྱི་དེབ་ཐེར་》ཞེས་གསོལ་ནས་དཔར་དུ་བསྐྲུན། ད་ལྟ་མཇལ་དུ་ཡོད་པའི《ཧྥ་ཤན་ལམ་ཡིག་》གི་བོད་འགྱུར་མ་དེ་གཉིས་ཀ་རྒྱ་ཡིག་ཕྱི་མོ་ནས་ཐད་ཀར་བོད་བསྒྱུར་མཛད་པ་མིན་པར། སྔ་མ་རྒྱ་ཡིག་ནས་དབྱིན་ཡིག་དང་། དེ་ནས་སོག་ཡིག་བརྒྱུད་དེ་བོད་ཡིག་ཏུ་ཕབ་པ་ཞིག་དང་། ཕྱི་མ་རྒྱ་ཡིག་ནས་དབྱིན་བསྒྱུར་མཛད་པ་དེ་ཉིད་སླར་བོད་ཡིག་ཏུ་ཕབ་པ་ཞིག་ལགས།

གཅིག །སོག་པོ་བློ་བཟང་རྟ་དབྱངས་ཀྱི་བོད་འགྱུར་མ།

བོད་འགྱུར་མ་དེར་བམ་པོ་གཅིག་གི་ཚད་ཙམ་པ་ཡིག་འབྲུ་ཁྲི་གཅིག་ལྷག་གདའ་བའི《ཧྥ་ཤན་ལམ་ཡིག་》གི་རྒྱ་ཡིག་ཕྱི་མོའི་བརྗོད་བྱ་དག་ལེའུ་བཞི་བཅུར་

① Herbert·A·Giles: The Travels of Fa-hsien (399-414A.D.)or Record of Buddhistic.

དབྱེ་སྟེ་ཕབ་བསྒྱུར་མཛད་ཡོད་ཅིང་། ལེའུ་རེ་རེའི་ཐོད་དུ་ལེའུ་དེ་གའི་སྡོམ་ལྟ་བུར་ཚིགས་བཅད་རྐང་པ་གཅིག་ནས་དྲུག་བར་གསར་དུ་བསྣན་པ་དང་། བོད་སྔ་མ་རྣམས་ཀྱི་ལུགས་བཞིན་བཅད་ལྷུག་སྤེལ་མའི་མཆོད་བརྗོད་དང་མཇུག་བྱང་ཡང་འཕར་མ་མཛད་ཐོག །ས་མིང་དང་མི་མིང་ཁ་ཅིག་སྐབས་བབ་ཡིག་ཆུང་གིས་ཞབས་མཆན་བཏབ་པར་སྣང་། རྒྱ་བོད་དཔར་མ་གཉིས་ཕན་ཚུན་གཤིབ་བསྡུར་བགྱིས་ཚེ་བོད་འགྱུར་མ་དེ་ཉིད་ལ་རྒྱ་ཡིག་ཕྱི་མོའི་བརྗོད་དོན་གཙོ་བོ་དག་ཕལ་ཆེར་མ་བསྒྱུར་བ་མེད་ཅིང་ཕྱིར་དག་ནོར་ཙུང་ཟད་གདའ་ཙང་། ཚིག་སྦྱོར་གོ་ནུས་ཤིང་བརྡ་སྤྲོད་ལུགས་དང་མཐུན། འོན་ཏེ་བོད་འགྱུར་མ་དེ་ཐོག་མར་རྒྱ་ཡིག་ནས་དབྱིན་ཡིག་དང་། དེ་ནས་སོག་ཡིག་ཏུ་བསྒྱུར་ཏེ་ད་གཟོད་སོག་ཡིག་ནས་བོད་སྐད་དུ་ཕབ་པས་ལན་པའམ། བསྒྱུར་བ་པོར་དཔྱད་གཞིའི་ཡིག་ཆས་དབེན་པའམ། ཡང་ན་གང་ཉིད་སོག་པོ་ཡིན་པ་སོགས་འགལ་རྐྱེན་ཅི་ཞིག་གིས་བསླད་པ་ཆ་མ་འཚལ་ཏེ། གང་ལྟར་དེའི་ནང་ཐོན་པའི་སྤྱི་ལོའི་དུས་རབས་ལྔ་པའི་ཨེ་ཤི་ཡའི་དབུས་ཁུལ་གྱི་ས་མིང་དང་། མི་མིང་། དེ་བཞིན་སངས་རྒྱས་ཆོས་ལུགས་ཀྱི་བོད་ཡིག་ཐ་སྙད་དུ་མ་ཞིག་བོད་ཀྱི་སྔ་དེང་ཡིག་ཚང་ཀུན་ན་མཇལ་བར་དཀའ་ཞིང་། སྐབས་ལ་ལར་བོད་སྐད་དུ་ཕལ་མོ་ཆེས་ཤེས་པ་དག་ཀྱང་རྒྱ་ཚོམ་དུ་བསྒྱུར་ཐོག །འགའ་ཞིག་ཏུ་རྒྱ་ཡིག་ཕྱི་མོའི་ཡིག་འགྲོས་ལ་གོ་ལོག་ཐེབས་པ་དང་། ཁ་ཅིག་ཏུ་ཕྱི་མོའི་དོན་ལ་ཆད་ལྷག་བྱུང་བ་སོགས་འགྱུར་སྐྱོན་འགའ་ཞིག་ཀྱང་སྣང་།

གཉིས། བཀྲས་མཐོང་ཆེ་དབང་ཆོས་རྒྱལ་དང་། རཀཿཤི་ཏ་བོ་ཆེ་ཁྲུབ་བསྟན་ཆོས་དར་གྱི་བོད་འགྱུར་མ།

བོད་འགྱུར་མ་དེ་ཉིད་སོག་པོ་བློ་བཟང་རྟ་དབྱངས་ཀྱི་འགྱུར་དང་བསྡུར་ན།

བམ་ཚད་ཡིག་གྲངས་ཉུང་ཁར་འགྱུར་སྲུས་ཞན་པའི་ཚོར་བ་ཞིག་ངམ་ཤུགས་སུ་སྐྱིན་ལ། མ་དཔེ་གཅིག་གི་འགྱུར་ལ་བར་ཁྱད་དེ་འདྲ་བ་ཨེ་ཡོང་སྙམ་པའི་ཚོར་བ་ཞིག་ཀུང་དབང་མེད་དུ་སྐྱེར་སྲིད་དེ། འགྱུར་དེར《ཟླ་ཤན་ལམ་ཡིག》གི་རྒྱ་ཡིག་ཕྱི་མོའི་བསྟན་དོན་རྣམས་ཤིན་ཏུ་ཁྲུ་བསྡུས་སུ་མཛད་ནས་བསྒྱུར་འདུག་པས་འགྱུར་ཆད་པ་ཡོན་ཆེ་བ་དང་། གོང་ལྟར་བསྒྱུར་བ་པོའི་མཆོད་བརྗོད་དང་བྱེ་བྲག་ལེའུ་དབྱེ་སྟེ་ལེའུ་རེའི་ཐོད་དུ་ཚིག་བཅད་ཀྱི་སྡོམ་ཡང་མེད་ཅིང་། འགྱུར་གྱི་རྗེང་མར་མཇུག་བྱང་གི་དོད་དུ་ཟུར་མཆན་གྱི་གཏམ་མཛད་ཡོད། དེའང་མ་དཔེའི་དོན་ཕྱིངས་སྐབས་བབ་ཡུལ་གང་དུ་བགྲོད་པའི་རིམ་པ་བཞིན་ཡུལ་མིང་དེ་ཡིས་ས་བཅད་སོ་སོའི་ཁ་བྱང་བཀོས་ཤིང་། སྤྱིར་རྒྱ་ཡིག་ལྟར་ན་དངོས་བསྟན་ཡུལ་སུམ་ཅུ་རྩ་གཉིས་ཙམ་ཡོད་ཅུང་། དེར་ཡུལ་བཅུ་གསུམ་གྱི་མིང་དེ་དག་གིས་བྱེ་བྲག་ས་བཅད་བཅུ་གསུམ་འཕྲུས་པར་བྱས་ཐོག་ཡུལ་ལ་ལའི་དངོས་གཞིའི་དོན་འཆད་པའི་སྐབས་ཡུལ་དེ་ཙམ་མ་ཟད། ཡུལ་གཞན་གྱི་སྐོར་ཡང་དེ་ནང་དུ་བསྡུས་པར་འདུག །གཞན་ཡང་བོད་འགྱུར་མ་དེའི་མཇུག་གི་ཟུར་མཆན་དུ"གནས་ཆེན་རྣམས་ཀྱི་མཚན་དང་རྒྱ་གར་དང་སིནྡྷ་ལའི་ཡུལ་མིང་མང་པོ་སློབ་དཔོན་དགེ་འདུན་ཆོས་འཕེལ་གྱིས་མཛད་པའི་གནས་ཡིག་རྒྱས་བསྡུས་གཉིས་དང་། དེས་མཛད་པའི《གཏམ་རྒྱུད་གསེར་གྱི་ཐང་མ》དང་། རྒྱ་གར་གྱི་བྱུང་རབས་མཁས་པ་པཎྜི་ཏ་ཛཧབལླེ་ནེཧྲུས་མཛད་པའི《རྒྱ་གར་གྱི་རྒྱལ་རབས》ནས་ངེས་པ་རྙེད་པའི་ཡུལ་རྣམས། སྟོན་པ་བཀའ་དྲིན་ཅན་དང་སྟོན་པའི་བསྟན་པ་ལ་དད་པ་རྣམས་ཀྱི་དོན་དུ་འགྱུར་བའི་འདུན་པ་ཤུགས་ཆེན་པོ་དང་བཅས།……བསྒྱུར།"[①]ཞེས་གསུངས་པའི་དཔྱད་གཞིའི་ཡིག་ཆ་དེ་གཉིས་པོ་གཙོགས་སུ་བཟུང་གནང་བ་དང་སྦྲགས།

① རྒྱའི་བཙུན་པ་ཟླ་ཤན་གྱིས་མཛད། སོག་པོ་བློ་བཟང་ཏ་དབྱངས་ཀྱིས་ཧོར་ཡིག་ནས་བོད་དུ་བསྒྱུར། རཀཿ རིན་པོ་ཆེ་ཐུབ་བསྟན་ཆོས་དར་དང་བཀྲས་མཐོང་བསྟན་འཛིན་ཆོས་རྒྱལ་གཉིས་ཀྱིས་དབྱིན་ཡིག

ཡིག་ཚང་གཞན་གྱིས་ཟུར་བརྒྱན་ཏེ་ཡུལ་ཁག་ལ་ཞབས་མཆན་བཏབ་མོད། བློ་ཕམ་པ་ཞིག་ལ་དེང་གི་རིག་ཚན་ཞིབ་འཇུག་གི་ཚད་ལྡན་གྱི་འགྲོས་ལྟར་མཆན་སོ་སོའི་ཡོངས་ཁུངས་ཇི་ལྟ་བ་བཞིན་བསྟན་གནང་མེད་པ་དང་། ས་མིང་འགའ་ཞིག་གོང་ཞུས་དཔྱད་གཞིའི་ཡིག་ཆར་ཡེ་ནས་རྙེད་དུ་མེད་ཅིང་། དེ་རིགས་ཕལ་ཆེར་དབྱིན་ཡིག་གི་སྒྲ་རང་སོར་བསྒྱུར་བ་མིན་ནམ་སྙམ། གང་ལྟར་ན་འགྱུར་མ་དེའི་རྗོད་བྱེད་ཚིག་སྦྱོར་འགྱུར་སྔ་མ་ལས་གོ་བདེ་ཞིང་བརྡ་སྤྱོད་ལུགས་དང་མཐུན་ཆེ་རུང་དེར་འགྱུར་ཆད་པ་ཆེས་མང་ཞིང་། སྤྱིར་སོག་པོ་བློ་བཟང་རྟ་དབྱངས་ཀྱི་འགྱུར་དང་བསྡུར་ཚེ་འགྱུར་སྐྱོན་མི་ཉུང་བ་ཞིག་མངོན་པར་གསལ།

གསུམ། རྒྱ་ཡིག་ཕྱི་མོའི་བརྗོད་བྱ་གཙོ་བོ་དང་བོད་འགྱུར་མ་གཉིས་པོའི་དཀར་ཆག་གཤིབ་བསྡུར་རེའུ་མིག

ལམ་ཡིག་ཕྱི་མོ།	སོག་པོ་བློ་བཟང་རྟ་དབྱངས་ཀྱི་འགྱུར།	ཚེ་དབང་ཆོས་རྒྱལ་དང་ཐུབ་བསྟན་ཆོས་དར་གྱི་འགྱུར།
	མཆོད་བརྗོད།	
ཁང་ཨན།	ཞིའུ་དང་པོ་ལ། ཆང་ཨང་ནས་ཐོན་ལུ་ཨང་རི། །ནུབ་ཀྱི་ཇོའང་ལྷོ་ཡི་ལིའང་། །བྱང་གི་ལིའང་དང་ཤང་ཀྲང་དང་། །ཕྱི་མ་ཅན་གྱི་འབྲོག་དགོན་ནོ། །	
ཆན་ཀོས་ཡུལ།		
ནོའུ་དན་ཡུལ།		

ནས་བོད་དུ་བསྒྱུར། 《ཟླ་ཤན་ལམ་ཡིག》 སློག་རྩལ་དཔར་མ།

ལམ་ཡིག་ཕྱི་མོ།	སོག་པོ་བློ་བཟང་རྟ་དགྱེངས་ཀྱི་འགྱུར།	ཚེ་དབང་ཆོས་རྒྱལ་དང་ཐུབ་བསྟན་ཆོས་དར་གྱི་འགྱུར།
	མཆོད་བརྗོད།	
ཁྲང་ཨན།	ལེའུ་དང་པོ་ལ། ཆང་ཨང་ནས་ཐོན་ལུ་ཨང་རི། །ནུབ་ཀྱི་ཇིའང་སྔོ་ཡི་ལིའང་། །བྱང་གི་ལིའང་དང་ཐང་ཀུང་དང་། །ཁྱི་མ་ཅན་གྱི་འབྲོག་དགོན་ནོ། །	
ཆན་ཀོས་ཡུལ།		
ནོའུ་དན་ཡུལ།		
ཀྲང་ཡེ་གྲོང་བརྡལ།		
ཏུན་ཧོང་།		
ཁྱི་སླུང་།		
ཤིང་ཤན་ཡུལ།	ལེའུ་གཉིས་པ་ལ། ཤེན་ཞང་ཞེས་པའི་ཡུལ་དང་ནི། །ཨུ་ཛའི་ཡུལ་དང་ཀའུ་ཆང་ཡུལ།	ཀ་ར་ཤ།
ཡན་དཔྱིའི་ཡུལ།		
ཁྱི་ཐང་གྲོལ་བ།		
ལི་ཡུལ།	ལེའུ་གསུམ་པ་ལ། ཧོ་ཐོན་ཡུལ་གྱུའི་གནས་ཚུལ་ལོ། །	ཁོ་ཏན།
ཛི་ཏའི་ཡུལ།	ལེའུ་བཞི་པ་ལ། ཇོའུ་ཧོའི་ཡུལ་དང་ཙུང་ལིང་རི། །	

ཡུད་རྟུལ་ཡུལ།		
ཅེ་ཁྲིའི་ཡུལ།	ལེའུ་ལྔ་པ་ལ། ཁ་ཆེའི་ཡུལ་གྱི་གནས་ཚུལ་ལོ། ।	
རི་བོ་ཅོང་ལ།	ལེའུ་དྲུག་པ་ལ། ཙོང་ལིང་རི་དང་གངས་རིའི་རྒྱུད། །རྒྱ་གར་བྱང་ཏོས་སུ་ལིའི་ཡུལ། །བྱང་ཆུབ་སེམས་དཔའ་བྱམས་པ་ཡི། །སྐུ་བརྙན་ཁྲུ་ཚད་བརྒྱད་ཅུ་པའོ། ।	
ད་ར་ཊའི་ཡུལ།		
ཆུ་བོ་སིནྡྷུ་བརྒལ་བ།	ལེའུ་བདུན་པ་ལ། སིནྡྷུ་ཞེས་པའི་ཆུ་ཀླུང་ངོ། ।	
ཨོ་རྒྱན་ཡུལ།	ལེའུ་བརྒྱད་པ་ལ། ཨུ་དྱཱན་ཞེས་པའི་ཡུལ་གྲུ་དང་། །ཤཱཀྱ་མུ་ནེའི་ཞབས་རྗེས་སོ། ।	ཨུ་རྒྱན།
སྭ་ཏའི་ཡུལ།	ལེའུ་དགུ་པ་ལ། ནོ་ཀ་ཛོ་ཡི་ཡུལ་གྲུའོ། ।	
དྲི་ཟའི་ཡུལ།	ལེའུ་བཅུ་པ་ལ། གནྡྷ་ལྷ་ཡའི་ཡུལ་གྲུའོ། ।	
ཏཀྵ་ཤི་ལའི་ཡུལ།	ལེའུ་བཅུ་གཅིག་པ་ལ། བྲུ་ཤ་སི་ལིའི་ཡུལ་དང་ནི། །བཀྲེས་པས་ཉེན་པའི་སྟག་རྣམས་སོ། ।	
པུ་རུ་ཥ་པུ་རའི་ཡུལ།	ལེའུ་བཅུ་གཉིས་པ་ལ། ཀྣ་རོ་སི་ཀའི་ཡུལ་དང་ནི། །སངས་རྒྱས་ཀྱི་ནི་ལྷུང་བཟེད་དོ། ।	པེ་ཤཱར།
ན་ག་ར་ཧཱ་རའི་ཡུལ།	ལེའུ་བཅུ་གསུམ་པ་ལ། ནང་ཧེའི་ཡུལ་དང་ཧ་ལོའི་གྲོང་། །དེ་བཞིན་གཤེགས་པའི་དབུ་ཐོད་དང་། །ཚེམས་དང་འཁར་བ་ཆོས་གོས་དང་། །སྟོན་པའི་སྐུ་ཡི་གྲིབ་མའོ། ।	
གངས་རི་ཆུང་དུ་བརྒལ་བ།	ལེའུ་བཅུ་བཞི་པ་ལ། གངས་རི་ཕྲན་དང་ལོ་ཡའི་ཡུལ། །རྡོ་ནའི་ཡུལ་དང་སིནྡྷུའི་གླིང་། ।	

པོ་ཏ་ནིའི་ཡུལ།		
ཕརྫུའི་ཡུལ།		
པཉྫབ་ཀྱི་ཡུལ།	ལེའུ་བཅོ་ལྔ་པ་ལ། ཆུ་ཚའི་ཡུལ་གྱི་གནས་ཚུལ་ལོ། །	
བཙོམ་བརླག་གི་ཡུལ།	ལེའུ་བཅུ་དྲུག་པ་ལ། མ་ཐུ་ར་ཡི་ཡུལ་གྲུ་དང་། །ཆུ་ཀླུང་ཆེན་པོ་ཡ་མུ་ན། །	ཡུལ་དབུས་ཀྱི་རྒྱལ་ས། ཐམ་ཟེའི་ཡུལ།
སཾ་ཀཱ་ཤྱའི་ཡུལ།	ལེའུ་བཅུ་བདུན་པ་ལ། སེ་ཕཾ་ཀ་ཡ་ཤེའི་ཡུལ། །	སཾ་ཀེསའམ་ཤང་ཀེས། ལྷ་བབས་ཀྱི་གནས།
ཀཉྱ་ཀུབྫའི་གྲོང་ཁྱེར།	ལེའུ་བཅོ་བརྒྱད་པ་ལ། ཀ་ནྱ་ཀུབྫའི་གྲོང་ཁྱེར་དང་། །གངྒའི་ཀླུང་དང་འོད་མའི་ཚལ། །	
ཤཱ་ཀེ་ཏའི་ཡུལ་ཆེན།	ལེའུ་བཅུ་དགུ་པ་ལ། སེ་ཚས་ཞེས་པའི་རྒྱལ་ཁམས་སོ། །	
ཀོ་ས་ལའི་ཡུལ་གྱི་མཉན་ཡོད་གྲོང་།	ལེའུ་ཉི་ཤུ་པ་ལ། ཀོ་སཱ་ལའི་ཡུལ་མཉན་ཡོད་གྲོང་། །རྒྱལ་བྱེད་ཚལ་དང་ཐུའོ་ཤའི་གྲོང་། །	
ཏཀྵ་དང་ནཱ་སི་ཀ་སོགས་གྲོང་རྡལ་གསུམ།	ལེའུ་ཉེར་གཅིག་པ་ལ། ཀ་ཡའི་གྲོང་ཁྱེར་འཁོར་བ་འཛིག །གསེར་ཐུབ་གཉིས་ཀྱི་འབྱུངས་ཡུལ་ལོ། །	
སེར་སྐྱའི་གནས་ཀྱི་གྲོང་ཁྱེར།	ལེའུ་ཉེར་གཉིས་པ་ལ། སེར་སྐྱའི་གྲོང་ཁྱེར་རྒྱལ་པོའི་ཞིང་། །དེ་བཞིན་གཤེགས་པའི་སྐུ་བལྟམས་ཚུལ། །	ཀཔིལ་ཝསྟུ། སེར་སྐྱ།
རྣ་མའི་ཡུལ།	ལེའུ་ཉེར་གསུམ་པ་ལ། ལ་མོའི་ཡུལ་དང་ཀླུ་ཡི་མཆོད། །རྒྱལ་པོ་མྱ་ངན་མེད་ཀྱིས་ནི། །ཀླུ་དང་མཇལ་བའི་རྒྱུ་མཚན་དང་། །ཆོས་བཞིན་ལས་བསྒྲུབ་སྣང་ཆེན་ནོ། །	

རྟ་མཆོག་གྲོང་།	ལེའུ་ཉེར་བཞི་པ་ལ། སོལ་བའི་མཆོད་རྟེན་རྟ་མཆོག་གྲོང་། །	
ཡངས་པ་ཅན་གྱི་ཡུལ།	ལེའུ་ཉེར་ལྔ་པ་ལ། ཡངས་པ་ཅན་ཡུལ་ཀུན་དགའ་བོའི། ། སྐུ་གདུང་མཆོད་རྟེན་ན་ཕྱོ་ལའི། །ཚལ་དང་སངས་རྒྱས་མྱང་འདས་ཚུལ། །འོར་བའི་གཞུ་དང་བཀའ་བསྡུས་ཚུལ། །	
ཚུ་སླུང་རྣམ་ལྔའི་མདོ།	ལེའུ་ཉེར་དྲུག་པ་ལ། ཚུ་བོ་རྣམ་ལྔའི་མདོ་དང་ནི། །ཀུན་དགའ་བོ་ཡི་མྱང་འདས་ཚུལ། །	
ཡུལ་མ་ག་དྷའི་གྲོང་ཁྱེར་སྐྱ་ནར་བུ།	ལེའུ་ཉེར་བདུན་པ་ལ། དབུས་འགྱུར་མ་ག་དྷ་ཡི་ཡུལ། །སྐྱ་ནར་བུ་ཡི་གྲོང་ཁྱེར་ཆེ། །བྱ་རྐོད་ཕུང་པོར་གྲགས་པའི་རི། །གནོད་སྦྱིན་རྣམས་ཀྱིས་བརྩེགས་པའི་རི། །སངས་རྒྱས་འབྱུངས་པའི་དུས་སྟོན་དང་། །སྟོན་པའི་ཞབས་རྗེས་རྫོ་རིང་ཡིག །	མ་ག་དྷཿ
རི་ཆུང་ཆིག་རྐྱང་དང་ཀཱ་ལ་པི་ནྣ་ཀའི་གྲོང་སྡེ།	ལེའུ་ཉེར་བརྒྱད་པ་ལ། དབང་པོའི་བྲག་ཕུག་ན་ལོའི་གྲོང་། །རྒྱལ་པོ་སྟོད་ས་གྲོང་ཁྱེར་གསར། །རི་ལྔ་གཟུགས་ཅན་སྙིང་པོ་ཡི། །མཁར་ཤུལ་ཨ་ཕྱོ་ལོ་ཡི་ཚལ། །	
གྲོང་ཁྱེར་རྒྱལ་པའི་ཁབ་གསར་རྙིང་།	ལེའུ་ཉེར་དགུ་པ་ལ། བྱ་རྐོད་ཕུང་རི་ཨ་ཤྭན་བདུད། །བྱར་སྤྱལ་ཀུན་དགའ་བོ་ལ་བསྡིགས །སངས་རྒྱས་བཞི་ཡི་བཞུགས་ཁྲིའི་ཤུལ། །ལྷས་བྱིན་སྐྱོགས་རྡོ་ཕྲ་ཅིན་མཆོད། །ལེའུ་སུམ་ཅུ་པ། འོད་མའི་ཚལ་དང་བསིལ་བའི་ཚལ། །རྣ་རྫ་ལོ་ཞེས་རྗེ་ཡི་ཁྱིམ། །བཀའ་བསྡུ་དང་པོ་བྱུང་བའི་གནས། །ལྷས་བྱིན་ཕུག་དང་དགེ་སློང་རྡོ། །	རཱཛ་གི་རི། རྒྱལ་པོའི་ཁབ།

ཀཱ་ཡའི་གྲོང་ཁྱེར།	ལེའུ་སོ་གཅིག་པ་ལ། ཀ་ཡའི་གྲོང་ཁྱེར་སངས་རྒྱས་ཀྱི། །དཀའ་སྤྱད་གནས་དང་བྱང་ཆུབ་བརྙེས། །བདུད་བཅོམ་གནས་དང་གྲགས་ཆེ་བའི། །གནས་ཆེན་ཁག་དང་མཆོད་རྟེན་བཞི། ། ལེའུ་སོ་གཉིས་པ་ལ། ལྕགས་ཀྱི་འཁོར་བསྒྱུར་མྱ་ངན་མེད། །འཛམ་གླིང་དབང་ཞེས་ཉེས་ཅན་རྣམས། །དམྱལ་བར་བཙུག་ཚེ་དགེ་སློང་གིས། །བཏུལ་ཏེ་ཆོས་ལ་འཇུད་པའི་ཚུལ། །	གཡཱ།
རི་བོ་བྱ་རྐང་།	ལེའུ་སོ་གསུམ་པ་ལ། ཇམ་བཛིད་རི་བོ་བྱ་རྐང་ཅན། །འོད་སྲུང་ཆེན་པོ་བཞུགས་པའི་གནས། །རི་དེར་དགྲ་བཅོམ་མང་ཡོད་ཚུལ། །	
ཀཱ་ཤིའི་ཡུལ་གྱི་གྲོང་ཁྱེར་ཝཱ་ར་ཎ་སཱི།	ལེའུ་སོ་བཞི་པ་ལ། སྐྱ་ནར་བུའི་སར་སྨར་ཡོག་དང་། །དཔོན་གནས་ཆེན་པོའི་གཙུག་ལག་ཁང་། །ཀཱ་ཤིའི་གྲོང་ཁྱེར་དྲང་སྲོང་ནགས། །སྟོན་པས་ཆོས་གསུངས་ལྷ་སྡེ་དང་། །ཀོའུ་ཤཱམྦྷའི་ཡུལ་གྲུའོ། །	ཝཱ་ར་ཎ་སི།
ཀཽ་ཤཱམྦིའི་ཡུལ།		
དགྷི་ཊའི་ཡུལ།	ལེའུ་སོ་ལྔ་པ་ལ། ཊ་ཀྐ་ཊ་ཡི་ཡུལ་གྲུ་དང་། །པཱ་ར་ཤ་ཏའི་གཙུག་ལག་ཁང་། །	ཊེཁཁན།
ཡུལ་མ་ག་དྷའི་གྲོང་ཁྱེར་སྐྱ་ནར་བུར་ཕྱིར་བཟློག་ནས་འདུལ་བའི་གསུང་རབ་ཡི་གེར་མཛད་པ།	ལེའུ་སོ་དྲུག་པ་ལ། ཕཱ་ཧྱིན་འཚོལ་ཞིང་རྙེད་པའི་བཀའ། །མདོ་སྡེ་རྣམས་དང་འདུལ་ཁྲིམས་སྐོར། །དགྲ་བཅོམ་རྣམས་ཀྱིས་བསྡུས་པའི་བཀའ། །ཆོས་མངོན་པ་ཡི་སྡེ་སྣོད་དོ། །	
ཙམྤའི་ཡུལ་ཆེན	ལེའུ་སོ་བདུན་པ་ལ། ཙམ་པ་ཞེས་པའི་ཡུལ་དང་ནི། །ཏཱ་མྲ་ལི་པྟའི་ཡུལ་དག་གོ །ཕཱ་ཧྱིན་གྲུ་བོ་ཆེར་ཞུགས་ཏེ། །སེངྒ་ལ་ཡི་གླིང་དུ་བསྐྱོད། །	
ཏཱ་མྲ་ལིཔྟིའི་ཡུལ།		

སིནྡྷ་ལའི་ཡུལ།	ལེའུ་སོ་བརྒྱད་པ་ལ། སེནྡྷིའི་ཡུལ་གྱི་འབྱུང་ཁུངས་དང་། །སྟོན་པའི་ཞབས་རྗེས་འཇིགས་མེད་རིའི། །གཙུག་ལག་ཁང་དང་བྱང་ཆུབ་ཤིང་། །སྟོན་པའི་དང་དེར་མཆོད་ཚུལ། །པོ་རྙ་ཞེས་པའི་ལྷ་ཁང་དང་། །བཙུན་པ་རྣམ་གཉིས་པོ། ། ལེའུ་སོ་དགུ་པ་ལ། དགྲ་བཅོམ་སྐྱ་གདུང་བསྲིག་ཚུལ་དང་། །སྟོན་པའི་ལྷུང་བཟེད་རྣམ་ཐར་རོ། ।	སིནྡྷ་ལ།
མཚོ་ཐོག་ཏུ་ཉིན་དགུ་བཅུ་ལྷག་བསྐྱོད་པ།(རྒྱ་ནག་ཏུ་ལོག་པའི་ལམ།)	ལེའུ་བཞི་བཅུ་པ་སྟེ་ཐ་མ་ལ། སེནྡྷིའི་ཡུལ་ནས་གྲུར་བཞུགས་དང་། །ཛེ་ཕའི་དང་རི་བོ་ལོའུང་། །གྲོང་ཁྱེར་ཆང་ཁྲོའུ་ཞིང་ཨན་དུ། །སླར་ནི་བདེ་བར་འཁོར་ཚུལ་ལོ། ।	
ཡ་བ་དྭི་པའི་ཡུལ།	མཇུག་བྱང་།	ཀཡའོ་ཆའོ།
མཚོ་ཐོག་ཏུ་ཉིན་བདུན་ཅུ་ལྷག་བསྐྱོད་པ།		མཐའ་དོན།
གྲང་ཀྭང་ཅུན་གྱི་ལའོ་ཧྲན་ཤྰ་ངོགས།		ཐུར་མཚན།
ཤྰ་ཕྱོགས་ཤང་ཏུར་(向都)བསྐྱོད་པ།		
མཐའ་སྨོས།		
མཇུག་བྱང་།		

མདོར་ན། 《རྒྱ་གར་མི་དམངས་ཀྱི་ལོ་རྒྱུས་དང་རིག་གནས་》ཞེས་པའི་དཔེ་

དེབ་ཏུ། རྒྱ་གར་གྱི་གྲགས་ཅན་ལོ་རྒྱུས་སྨྲ་བ་མཱ་ཙུང་ཏཱ་(马宗达)ཡིས་"བཙུན་པ་ཧྲ་ཤན་དང་ཞོན་ཙང་། ཨི་ཅིང་གསུམ་པོས་རང་ཉིད་ཀྱི་མངོན་སུམ་མྱོང་བའི་ལོ་རྒྱུས་གཞིར་བྱས་ཏེ་མཛད་པའི་དེབ་ཐེར་ཤིན་ཏུ་མཐུག་པོ་དེ་རྣམས་ད་བར་ཆ་ཚང་བར་ཉར་ཚགས་ཐུབ་ཅིང་དབྱིན་ཡིག་ཏུའང་བསྒྱུར། དེར་མ་ཟད་བཙུན་པ་རྣམ་གསུམ་རྒྱ་གར་ལ་ལོ་མང་བཞུགས་འཆག་མཛད་རིང་རྒྱ་གར་གྱི་སྐད་ཡིག་ལ་སློབ་གཉེར་གནང་ཞིང་། བཙུན་པ་ཧྲ་ཤན་དང་ཞོན་ཙང་གཉིས་པོ་རྒྱ་གར་གྱི་ས་ཆ་ཕལ་མོ་ཆེར་ཕྱིན་པ་དེ་ནི་གནའ་བོའི་ཕྱི་རོ་སིའི་ཡུལ་སྐོར་བ་དག་ལས་ཀྱང་འཕགས་སོ། །"①ཞེས་དང་། རྒྱ་གར་གྱི་ལོ་རྒྱུས་མཁས་ཅན་དགེ་རྒན་ཆེ་མོ་བ་ཨ་རིད་(阿里)ཀྱིས་༡༩༨༧ལོར་པེ་ཅིང་སློབ་གྲྭ་ཆེ་མོའི་མཁས་དབང་དམ་པ་ཅིད་ཤན་ལིན་ལ་སྤྲིངས་པའི་ཕྲུག་ཡིག་ཏུ"གལ་ཏེ་བཙུན་པ་ཧྲ་ཤན་དང་ཞོན་ཙང་། ཨི་ཅིང་གསུམ་པོའི་ལམ་ཡིག་མེད་ན་རྒྱ་གར་གྱི་ལོ་རྒྱུས་བསྐྱར་གསོ་བྱེད་ཐབས་རྩ་བ་ནས་བྲལ་བ་རེད་"②ཅེས་རྒྱ་གར་གྱི་མཁས་པ་གཉིས་པོའི་གསུང་ལས་སྐབས་བབ《ཧྲ་ཤན་ལམ་ཡིག》གིས་ད་ལྟའི་རྒྱུད་གཅིག་ལམ་གཅིག་སྟེང་དུ་ཆགས་པའི་ཀྲུང་གོ་དང་། ཨབ་ཧྥ་ནི་སི་ཐན། པ་ཀི་སི་ཐན། རྒྱ་གར། བལ་ཡུལ། སིངྒ་ལ་ཙམ་མ་ཟད་འཛམ་གླིང་འགྲོ་བ་མིའི་རིགས་ཀྱིའི་འཕེལ་རིམ་གྱི་ལོ་རྒྱུས་ཞིབ་འཇུག་ལ་ལེགས་སྐྱེས་དམིགས་བསལ་ཕུལ་ཡོད་པ་གསལ་ལེར་རྟོགས་ཐུབ། གཞན་དུ་ན་དོན་གཉེར་ཅན་སོག་པོ་བློ་བཟང་རྟ་དབྱངས་ཀྱིས་སྤྱི་ལོ་༡༩༡༨ལོ་དང་། བཀྲས་མཐོང་ཚེ་དབང་ཚོས་རྒྱལ། རཀཿརིན་པོ་ཆེ་ཐུབ་བསྟན་ཆོས་དར་རྣམ་གཉིས་ཀྱིས་སྤྱི་ལོ་༢༠༠༨ལོ་སོ་སོར་ལམ་ཡིག་དེ་དབྱིན་ཡིག་ནས་རང་རེ་བོད་ཀྱི་སྐད་ལ་ཕབ་པའི་འགྱུར་མ་དེ་གཉིས་ལ་ནོར་འཛོལ་དང་ཁ་སྐོང་བའི་ཆ་མཆིས་མོད། རྒྱ་ཆེའི་བོད་ཡིག་ཀློག་པ་པོའི་ངོས་

① 郭鹏注译：《佛国记》，中国佛教文化研究所编，长春出版社，1995年，第19页。

② 同上。

ནས་བརྗོད་ན། བོད་འགྱུར་མ་དེ་གཉིས་པོ་ནི་གནའ་བོའི་རྒྱ་གར་གྱི་རིག་གནས་སྒྲོ་མོ་ཆེར་འཇུག་པའི་གསེར་གྱི་ལྡེ་མིག་དང་གཉིས་སུ་མ་མཆིས་ཤིང་། བོད་ཀྱི་ཤེས་རིག་བང་མཛོད་ཕུན་སུམ་ཇེ་ཚོགས་སུ་འགྲོ་བར་རིན་བྲལ་ནོར་བུ་སྐྱེས་སུ་ཕུལ་བ་ཞིག་ཡིན་པ་སྨོས་མི་དགོས་པས། ད་ཕན་ལམ་ཡིག་འདི་ཉིད་བོད་བསྒྱུར་གནང་མཁན་ལོ་ཙཱ་བ་རྣམ་གསུམ་གྱི་བསུབ་ཐབས་བྲལ་བའི་མཛད་རྗེས་ཅི་ནས་ཀྱང་སྙིང་དབུས་སུ་བཏགས་དགོས་ངེས་ལགས་ཞེས་འདིར་གསལ་འདེབས་ཞུ་རྒྱུའོ། །

རབ་བྱེད་དང་པོ། བཙུན་པ་ཧྭ་ཤང་གི་རྣམ་ཐར།[1]

དེ་ཡང་རྒྱ་ནག་གི་བཙུན་པ་ཆེན་པོ་ཧྭ་ཤང་ལ་རང་རེའི་ཡིག་ཆ་ལ་ལར་སློབ་དཔོན་ཐོས་བཟུང་[2]དང་། ཁ་ཅིག་ཏུ་བན་ཆེན་པོ་ཆོས་སྣང་[3]ཞེས་འབོད། ད་ཕན་འཛམ་གླིང་ཤར་ནུབ་རིག་ཚན་ཞིབ་འཇུག་ཁྲབ་ཁོངས་ཁྲོད་གང་ཉིད་ཀྱི་སྐུ་ཚེ་གང་པོའི་མཛད་འཕྲིན་ནག་འགྲོས་སུ་བཏབ་པ་ཆེས་སྔ་བ་ནི་རྒྱ་ནག་ལེང་(梁)རྒྱལ་རབས་སྐབས་ཀྱི་ཧྭ་ཤང་སེང་ཡོའུ་(僧祐445～518)ཡིས་མཛད་པའི་《སྡེ་སྣོད་གསུམ་ཀའི་ཆོས་ཀྱི་རྣམ་གྲངས་ཀྱི་བརྗེད་བྱང་ཆེན་པོ་》ཞེས་བྱ་བའི་བམ་པོ་བཅོ་ལྔའི་རབ་བྱེད་དྲུག་པར་[4]འཁོད་པ་དེ་འབའ་ཞིག་ཏུ་བགྲངས་པ་ཀུན་གྱིས་མཁྱེན་གཅིག་ཏུ་བཞེད། དེའི་ཕྱིས་སུ་ལེང་རྒྱལ་རབས་ཀྱི་ཧྭ་ཤང་ཧུའི་ཅའོ་(慧皎497～554)ཡིས་མཛད་པའི་

---

① སྐབས་བབ་བརྗོད་གཞིར་འགྱུར་བ་བཙུན་པ་ཧྭ་ཤང་གི་མཛད་རྣམ་དུ་ཐོན་པའི་ས་མིང་དང་མི་མིང་གི་འགྲེལ་བཤད་མ་འཁོད་པ་ཀུན་མཇུག་གི་ལམ་ཡིག་དངོས་གཞིའི་བོད་འགྱུར་མའི་མཆན་དུ་གསལ།

② ཐོས་བཟུང་བྱ་བའི་བཙུན་པ་ཧྭ་ཤང་གི་བོད་འགྱུར་མཚན་འདི་ཉིད་གུང་མགོན་པོ་སྐྱབས་ཀྱིས་མཛད་པའི་《རྒྱ་ནག་ཆོས་འབྱུང་》གི་ཤོག་གྲངས་༥༥༦གསལ་ཞིང་དེ་ཡང་དེ་ལས། སློབ་དཔོན་ཐོས་བཟུང་ཞེས་བྱ་བ་ཟླ་བོ་བཞི་དང་བཅས་རྒྱ་གར་དུ་ཕྱིན། ཞེས་གསལ། (གུང་མགོན་པོ་སྐྱབས། 《རྒྱ་ནག་ཆོས་འབྱུང་》 སི་ཁྲོན་མི་རིགས་དཔེ་སྐྲུན་ཁང་། ༡༩༨༣ལོ།)

③ ཆོས་སྣང་བྱ་བའི་བཙུན་པ་ཧྭ་ཤང་གི་བོད་འགྱུར་མཚན་འདི་ཉིད་ཁང་དཀར་ཚུལ་ཁྲིམས་སྐལ་བཟང་གིས་མཛད་པའི་《རྒྱ་གར་ནང་པའི་ལྟ་གྲུབ་ཆོས་འབྱུང་ལེགས་བཤད་དགའ་གནད་མདུད་འགྲོལ་》ཞེས་བྱ་བ་སྟོད་ཆའི་ཤོག་གྲངས་༢༥༩གསལ་ཞིང་། དེ་ཡང་དེ་ལས། རྒྱ་ནག་གནས་སྐོར་བ་བན་ཆེན་པོ་ཆོས་སྣང་ཕྱི་ལོ་༣༩༩ལོར་རྒྱ་ནག་ནས་ཐེབས་ཐོན་གནང་སྟེ་རྒྱ་གར་ལ་གནས་སྐོར་གནང་ཡོད། ཆོས་སྣང་(法顯)ལམ་ཡིག་(高僧法顯伝T2085)ལྟར་ན……ཞེས་འཁོད་དོ། །(ཁང་དཀར་ཚུལ་ཁྲིམས་སྐལ་བཟང་། 《རྒྱ་གར་ནང་པའི་ལྟ་གྲུབ་ཆོས་འབྱུང་ལེགས་བཤད་དགའ་གནད་མདུད་འགྲོལ་》 སྟོད་ཆ། གསུང་འབུམ་པོད་ལྔ་པ། ཟི་ཁྲིན་མི་རིགས་དཔེ་སྐྲུན་ཁང་། ༢༠༡༣ལོ།)

④ 梁僧祐:《出三藏记集》，卷十五。

《སླ་ཆེན་རྣམ་ཐར་》གྱི་བམ་པོ་གསུམ་པ་[1]དང་། ཉི་ཧོང་གི་ནང་བསྟན་ཞིབ་འཇུག་པ་ཨ་རྣ་ཆི་ཀི་རོ་ཀུ་ཡི་《ཧྭ་ཤན་ལམ་ཡིག་གི་མཆན་འགྲེལ་》[2]དུ་བསྟན་པ་ལྟར་ཐང་གུར་གྱི་ཧྭ་ཤང་ཀྲེ་ཧྲན་(智升)གྱིས་སྤྱི་ལོ་༧༣༠ལོར་རྫོགས་པར་མཛད་པའི་《དཀར་ཆག་ཁའི་ཡུའན་ལྷུ་》ཡི་བམ་པོ་གསུམ་པ་[3]དང་། ཧྭ་ཤང་ཡོན་ཀྲའོ་(圆照)ཡིས་མཛད་པའི་《ཏེན་ཡུའན་ལྷུ་གསར་བསྒྲིགས་དཀར་ཆག་》གི་བམ་པོ་གསུམ་པ་[4]དག་ཏུའང་བཙུན་པ་ཆེན་པོའི་མཛད་རྣམ་མཇལ་དུ་ཡོད། ཉེ་རབས་ཀྱང་གོའི་མཁས་པ་ཆེན་པོ་སྐུ་ཞབས་ཐང་ཡུང་དུང་(汤用彤1883～1964)མཆོག་གིས་《སླ་ཆེན་རྣམ་ཐར་》དུ་འཁོད་པའི་ཧྭ་ཤན་གྱི་མཛད་པ་ཀུན་ཧྭ་ཤང་སེང་ཡའོ་ཡི་དཔེ་ཆ་ལས་ཕབ་བཤུས་བགྱིས་པ་ཡིན་ཞིང་ཕྱི་མར་བཅོས་པ་དག་ཀྱང་འཁྲུལ་བ་མང་དུ་སྣང་ཞེས་གསུངས།[5] གཞན་ཡང་སློས་ཁད་ཀྱི་དཀར་ཆག་རྣམ་གཉིས་སུ་གསལ་བ་རྣམས་ཀྱང་ཧྭ་ཤང་སེང་ཡོའུ་ཡིས་མཛད་པའི་བཙུན་པ་ཆེན་པོའི་རྣམ་ཐར་དང་《ཧྭ་ཤན་ལམ་ཡིག་》བསྲེས་ཏེ་ཁྱུ་བསྡུས་སུ་བཏང་བ་ཤེས་ནུས། དེས་ན་བཙུན་པ་ཆེན་པོ་སྐུ་མྱ་ངན་ལས་འདས་ཏེ་རིང་པོ་མ་སོང་བར་ཐོན་པའི་《སྡེ་སྣོད་གསུམ་གའི་ཆོས་ཀྱི་རྣམ་གྲངས་ཀྱི་བརྗེད་བྱང་ཆེན་པོ་》ཞེས་བྱ་བ་བམ་པོ་བཅོ་ལྔའི་བདག་ཉིད་ཅན་དེ། གནའ་རབས་རྒྱའི་ཡུལ་དུ་ནང་པའི་ལོ་པཎ་དང་ཆོས་གཞུང་ཇི་ལྟར་བསྒྱུར་ཚུལ་ཞིབ་པར་འཁོད་པའི་རྒྱའི་ཡིག་ཆ་རྙིང་ཤོས་དང་། སྒོས་སུ་སྐབས་བབ་བཙུན་པ་ཧྭ་ཤན་གྱི་རྟོགས་པ་བརྗོད་པའི་ལོ་

---

① 梁慧皎:《高僧传》，卷三。

② 足立喜六著，何建民、张小柳译:《〈法显传〉考证》贵州大学出版社，2014年，第1页。

③ 唐智升:《开元释教录》，卷三。

④ 唐圆照:《贞元新定释教目录》，卷三。

⑤ “查《僧传·法显传》，全抄《祐录》之文，而间加以改窜，但其改窜之处往往甚误。”参见《汤用彤论著集——汉魏及南北朝佛教史》（上册），中华书局，2020年，第274页。

རྒྱུས་ཁུངས་ཐུབ་ཡིན་པར་གོར་མ་ཆག་པས་ད་ལན་འདི་ཉིད་གཙིགས་སུ་འཛིན་ཐོག །ལོ་ཚིགས་དང་ས་མིང་སོགས་ཀྱི་ཐད་ཕྱིས་ཀྱི་དོན་གཉེར་ཅན་དགེ་རྒན་ཆེན་མོ་བ་རིན་ཅིད་ཡུས་(任继愈1916～2009)ཀྱིས་《ཀྲུང་གོ་ནང་བསྟན་ཆོས་འབྱུང་》[①]དུ་གསེད་དཀྲོལ་མཛད་པ་གཞི་རྟེན་དུ་བགྱིས་ཏེ་འདུལ་བ་འཛིན་པ་གནས་བརྟན་ཧྥ་ཤན་གྱི་རྣམ་པར་ཐར་པ་མདོ་ཙམ་གླེང་བར་བྱ་སྟེ།

གཅིག །སྐུ་བལྟམས་པ་དང་ཆུང་དུས་ཀྱི་མཛད་པ།

བཙུན་པ་ཧྥ་ཤན་ནི་ཅིན་ཤར་མའི་དུས་ཀྱི་ཕིང་ཡང་ཙུན་ཝུ་ཡང་(平阳郡武阳)གི་སའི་ཆ་སྟེ་ད་ལྟའི་ཧྲན་ཤིའི་ལིན་ཧྥན་གྱི་ལྷོ་ནུབ་(山西临汾西南)ཏུས་ཀུང་(龚)བྱ་བའི་ཁྱིམ་དུ་སྐུ་བལྟམས།[②] ཕུ་བོ་གསུམ་བྱིས་པའི་དུས་ནས་ཚེ་ལས་འདས་རྐྱེན་ཡབ་ཀྱི་ཐུགས་ལ་ཐ་ཆུང་ཡང་དེ་བཞིན་འཆི་བར་འཇིགས་ནས་ལོ་གསུམ་གྱི་སྟེང་སྐྲ་ཕུད་ཕུལ་ཏེ་རབ་བྱུང་གི་སྡོམ་པ་བཞེས་སུ་བཅུག །ཁྱིམ་ན་ཡུན་རིང་གནས་པའི་མོད་ལ་ནད་ངན་གྱིས་གདུང་སྐྱེ་གྲོལ་བའི་སྐབས་མ་མཆིས་པས་ཆོས་ཀྱི་འདུན་སར་བརྫངས། དེ་ནས་བཙམས་ཏེ་ཁྱིམ་ནི་བཙོན་ར་ལྟ་བུར་གཟིགས་ཏེ་སླར་ལོག་འདོད་ཀྱི་བསམ་པ་ཡེ་ནས་མེད་ཅིང་། ཡུམ་གྱིས་ཤུགས་ཆེར་དྲན་པའི་སྐབས་ཀྱིས་ཁྱིམ་གྱི་སྒོ་ཁར་ཆེད་དུ་བུ་སྡོད་སའི་ཁང་བུ་ཆུང་དུ་ཞིག་བརྩིགས། དགུང་ལོ་བཅུ་ཡི་སྟེང་ཡབ་འདས་ཤིང་ཁུ་བོའི་སེམས་ལ་མ་རྐྱང་ཡ་ང་བར་མ་བཟོད་དེ་ནན་གྱིས་སྐྱ་ལོག་པར་བསྐུལ་བའི་ཚེ། བཙུན་པ་ཆེན་པོ་ན་རེ། བདག་དང་པོ་ཉིད་ནས་ཡབ་བཞུགས་པའི་རྒྱུ་མཚན་གྱིས་རབ་ཏུ་བྱུང་བ་མ་ཡིན་ཏེ། འཁོར་བ་ལས་ཐར་འདོད་

① 任继愈主编:《中国佛教史》(第二卷)，中国社会科学出版社，2016年，第585至603页。

② ད་ཕན་ཡིག་ཆ་རྣམས་སུ་བཙུན་པ་ཧྥ་ཤན་གྱི་འཁྲུངས་ལོ་གསལ་དུ་མེད་ཅིང་། ཁ་ཆོན་གཅོད་ནུས་པའི་ལོ་ཚིགས་གཅིག་མེད་པར་སྣང་།

ཁོ་ནས་དམ་པའི་ཆོས་སྐོར་ཞུགས་པ་ལགས་གསུངས་པས་ཁྲུ་བོ་གཏོལ་མེད་དུ་གྱུར། རིང་པོ་མ་ཐོགས་པར་ཡུམ་ཡང་ཕྱི་མའི་ལམ་དུ་གཤེགས། འདས་མཆོད་རྣམས་ལེགས་པར་བསྒྲུབས་རྗེས་ཆོས་གྲྭར་ལོག་ནས་རྒྱུན་པར་ཟླ་བོ་བཅུ་ཕྲག་འགའ་དང་ལྷན་དུ་ཞིང་བཟ་བཞིན་གནས་པའི་ཚེ། ལན་ཅིག་བཀྲེས་ལྟོགས་ཀྱིས་མནར་བའི་ཆོམ་རྐུན་འགའ་འོངས་ནས་ལོ་ཏོག་འཕྲོག་པར་བརྩམས་པ་ན། གཞན་ཀུན་རྟབ་རྟབ་པོར་བྲོས་སོང་ཀྱི་བཙུན་པ་ཆེན་པོ་འདི་ཉིད་ཆིག་རྐྱང་གིས་ཇི་མི་སྐྲམ་པར་འདི་སྐད་སྨྲས་སོ། །ཁྱོད་དག་ལོ་ཏོག་འདོད་ན་ཅི་བདེར་ལོངས་ཤིག །ཚེ་རབས་སྔོན་མ་བཀྲེན་པའི་རྣམ་སྨིན་གྱིས་མུ་གེའི་སྡུག་བསྔལ་མྱོང་དགོས་པ་བྱུང་སྟེ། ད་ལྟ་སླར་འཕྲོག་བཅོམ་འདི་བཞིན་བགྱིས་ཙ་ན་ཕྱི་མ་སྔར་བཞིན་ཉམས་ང་བར་ཐེ་ཚོམ་མེད། ཁྱོད་དག་ལ་སྙིང་རེ་རྗེ་གསུངས་ཏེ་ཕྱིར་ཐེབས་མུར་དེ་རྣམས་འཁྱོད་དེ་ལོ་ཏོག་བོར་ནས་རང་གནས་སུ་བཟློག་གོ །དེར་འཚོགས་པའི་དགེ་འདུན་བརྒྱ་ཕྲག་ཐམས་ཅད་བཙུན་པ་ཆེན་པོའི་སྙིང་སྟོབས་ལ་རབ་ཏུ་ངོ་མཚར་བར་འགྱུར། དགུང་ལོ་ཉི་ཤུ་བཞེས་པའི་སྐབས་བསྙེན་རྫོགས་ཀྱི་སྡོམ་པ་མནོས། ལྟ་སྤྱོད་གཙང་མ་བསྐྱངས་ཤིང་འདུལ་ཁྲིམས་རྣམ་དག་བསྲུང་བའི་ངང་དམ་ཆོས་ལ་སློབ་གཉེར་ལྷུར་ལེན་མཛད།

གཉིས། འཕགས་ཡུལ་དུ་གཤེགས་ཚུལ།

དེའི་ཚེ་དེའི་དུས་ན། རྒྱའི་ཡུལ་དུ་དར་བའི་འདུལ་བའི་དཔེ་ཆར་ལྟད་ཞུགས་ཤིང་མདོ་གྲྭ་མ་བསྒྲིགས་པས་①རྒྱུན་པར་བཙུན་པ་ཧྲ་ཤན་གྱི་ཐུགས་ལ་ཚོར་བ་དྲག་པོ་འབྱུང་བཞིན་གནས་མུར། འཕགས་པའི་ཞིང་སར་དངོས་སུ་གཤེགས་ཏེ་འདུལ་བསྟན་རྣལ་མ་སྤྱན་དྲངས་པར་མནའ་བོར་ཏེ་ཅིན་ཤར་མའི་ལུང་ཨན་ཁྲི་ལོ་གསུམ་པ་(东晋隆安三年)②སྤྱི་ལོ་༣༩༩ལོར་ལམ་གྲོགས་ཧྭ་ཤང་ཧུད་ཇིང་དང་། ཧཱའོ་ཀྲེང་། ཧུད་དབྱིང་། ཧུད་ཝེའི་སོགས་དང་ལྷན་དུ་ཁྲང་ཨན་ནས་ཞལ་གྱིས་ཏེ་ནུབ་ཀྱི་ཕྱོགས་སུ་ཅེ་ཀླུང་བརྒལ་བའི་ཚེ། དེར་མཁའ་ལ་འཕུར་བའི་བྱ་རིགས་རྒྱུ་མེད་ཅིང་ས་གཞིར་རྒྱུ་བའི་སྲོག་ཆགས་དཔེན་ལ། ཡངས་པའི་ངམ་ཐང་མཐའ་མི་ཚོད་པས་

① དེའི་སྐོར་ལ་དགེ་རྒན་ཆེན་མོ་རིན་ཅིད་ཡུས་ཀྱིས《ཀྲུང་གོ་ནང་བསྟན་ཆོས་འབྱུང་》པོད་གཉིས་པའི་ཤོག་ངོས་༥༤༨དུ། བཙུན་པ་ཧྲ་ཤན་འཕགས་ཡུལ་དུ་གཤེགས་པའི་དུས་ནི་སློབ་དཔོན་ཀུ་མ་ར་ཛཱི་བ(鸠摩罗什)ཁྲང་ཨན་དུ་མ་ཕྱིན་གོང་གི་ལོ་གཉིས་ལ་འཁེལ་ཞིང་། དེ་ཤེད་ན་རྒྱ་ནག་ཏུ་ཐེག་པ་ཆེ་ཆུང་གི་རྒྱལ་བའི་གསུང་རབ་མང་དུ་དར་མོད་ཀྱི་འདུལ་བའི་དཔེ་ཆ་ཤིན་ཏུ་ཆ་མི་ཚང་བས་ཆིན་སྔ་མའི་སྐབས་(前秦)བཙུན་པ་ཧཱའོ་ཨན་(道安)ཡང་ཐུགས་འབྱུང་སྐྱེ་སློབ་གཉེར་བ་སྒྲིགས་བཙུགས་ཀྱིས་འདུལ་བའི་དཔེ་ཆ་ཐ་ཐོར་འགའ་བསྒྱུར་ཙང་འདུལ་ཁྲིམས་ཆ་ཚང་བའི་པོད་རྒྱས་པ་ཞིག་ད་ཙང་བསྒྱུར་མེད་པར་སྣང་། རྒྱའི་ཡུལ་ལ་སངས་རྒྱས་ཆོས་ལུགས་དར་ཞིང་རྒྱས་རྗེས་རབ་བྱུང་བའི་སྡེའི་གོ་བབས་མཐོན་པོར་བསླེགས་པའི་ཚེ་ལ་ལས་ཆོས་རྣམ་དག་བྱེད་ཙང་ཕལ་མོ་ཆེས་ཁེ་ཕན་ཁོ་ན་དོན་དུ་གཉེར་ཏེ་ཁྲལ་འུ་ལག་ལ་གཡོལ་ཆེད་མི་ཟད་པའི་ལས་འབའ་ཞིག་བརྩམས་པས་སྤྱི་ཚོགས་སྟེང་དེར་མི་རངས་པའི་ཚུལ་ཐོན་པར་འགྱུར། དེའི་ཚེ་ཡང་དག་བསྟན་པ་སྐྱོང་ཕྱིར་དགེ་འདུན་དོན་གཉེར་ཅན་ཁ་ཅིག་གིས་འདུལ་བའི་སྡོམ་ཁྲིམས་ཚང་ལ་མ་ནོར་བ་གཏན་འབེབས་པ་གཙིགས་སུ་དགོངས་ནས་དམ་པའི་ཆོས་ཀྱི་ཆུ་འགོ་རྒྱ་གར་ཡུལ་དུ་འདུལ་བསྟན་ཁུངས་ཐུབ་བཙལ་ཏེ་རྒྱ་ནག་ཏུ་དར་བཞིན་པའི་སངས་རྒྱས་ཀྱི་བསྟན་པ་སྤར་བས་འཕྲུས་ཚང་ཇེ་ཟབ་ཏུ་གཏོང་རྒྱུ་ནི་བཙུན་པ་ཧྲ་ཤན་འཕགས་ཡུལ་དུ་གཤེགས་དགོས་པའི་ཐོག་མའི་ཀུན་སློང་ཡིན་ཞེས་གསུངས་སོ། །

② དེར་ཧྲ་ཤན་ལམ་ཡིག་ཏུ་ཧུང་ཧྲི་ཁྲི་ལོ་གཉིས་པ་ཞེས་འཀོད་པ་ནི་ཆིན་ཕྱི་མའི་ཧུང་ཧྲི་ཁྲི་ལོ་(后秦弘始二年)གཉིས་པ་གོ་ཞིང་དོན་དུ་སྤྱི་ལོ་༣༩༩ཡིན་པར་ཐེ་ཚོམ་མེད།

ཉི་མ་ཁོ་ནས་ནམ་ཟླ་བཟུང་སྟེ་ཤི་པོའི་ཀེང་རུས་འབའ་ཞིག་ལམ་རྟགས་སུ་བྱས་ནས་བསྐྱོད་དགོས། ཅི་སྟེ་ཚ་དབུགས་དང་བདུད་སྡིག་ཧོ་ཅན་འཕྲད་ཚེ་འཆི་བར་ཐེ་ཚོམ་མེད། བཙུན་པ་ཆེན་པོ་བྱར་མེད་ཅིང་མདོང་གི་འཕྲང་ལམ་གཟར་མོར་ཤར་མར་བགྲོད་པས་རིང་པོ་མ་སོང་བར་རི་བོ་ཙོང་ལར་འབྱོར། རི་དེ་དབྱར་དགུན་ལྷོས་མེད་ཁ་བས་བསྐུབས་ཐོག་སྟེང་དུ་དུག་རླངས་འཕྱུར་བའི་སྦྲུ་གདུག་པ་ཅན་འཚོ་ཞིང་རྡོ་གསེག་ཆར་པ་ཇི་བཞིན་བབས་པ་དང་། ལ་མོ་བགྲོད་པར་དཀའ་ལ་བྲག་རི་མཐོན་པོ་མཁའ་ལ་བསྣེགས་དང་མཚུངས། སྔོན་གྱི་སྐྱེ་བོས་བྲག་རི་དྲུས་ཏེ་ལམ་བཅོས་པ་དང་། གཡང་གཟར་རྡོ་སྐས་རིམ་པར་བྱས་པའི་ཐོག་སྐས་གྲངས་བདུན་བརྒྱ་ལྷག་འཛེགས་རྗེས་འགག་འཕྲང་བཅུ་ཙམ་ལ་བར་མཐོང་དུ་དཔྱངས་པའི་ཐག་ཟམ་བརྒྱུད་དེ་ཆུ་ཀླུང་བརྒལ་དགོས་སོ། །དེ་ནས་གངས་རི་ཆུང་ངུ་[1]བརྒལ་བའི་སྐབས་གྲང་རླུང་ཤིན་ཏུ་སྐྱི་གཡའ་བ་འཚུབ་སྟེ་ཟླ་བོ་ཏུད་ཧིང་འཁྱགས་ནས་ལུས་འདར་ཞིང་མདུན་དུ་ཆས་མ་ནུས་པར་བཙུན་པ་ཧྭ་ཤན་ལ་སྨྲས་པ། ཁོ་བོ་འཚོ་བའི་ཐབས་མེད་དེ་ཁྱེད་ཅག་སོང་། བདག་གི་སླད་དུ་ཐམས་ཅད་འཆི་བ་མི་རིགས་ཞེར་མུར་དབུགས་རྒྱུ་ཆད་དོ། །བཙུན་པ་ཆེན་པོས་དེའི་ཕུང་པོར་རེག་བཞིན་སྨྲུན་མཆི་མས་བརྫངས་ཏེ། ཀྱེ་ཧུད། ང་ཅག་གི་སྨོན་པའི་དོན་མངོན་དུ་མ་བྱས་གོང་ཁྱོད་ཉིད་འདས་པ་ཅི་ལགས་ཞེས་སྨྲེ་སྔགས་འདོན་ནོ། །སྐར་བརྟུན་པ་བསྐྱེད་དེ་སྒྲ་རྒྱང་དུ་བགྲོད་མཐར་རི་བོ་དེ་ཉིད་ཕ་མཐར་བསྒྲད།

བཙུན་པ་ཧྭ་ཤན་ཡུལ་སུམ་ཅུ་ཙམ་ལ་ཕེབས་འབྱོར་བྱུང་ཞིང་། རྒྱ་གར་བྱང་ཕྱོགས་རྒྱལ་པོའི་ཁབ་དང་ལེ་དབར་སུམ་ཅུ་ཙམ་ཆོད་པའི་སར་གཙུག་ལག་ཁང་ཞིག་གདའ་བ་དེར་ཕྱིན་པའི་ཚེ་ས་སྲོས་ལ་བབས་པས་དེ་ནུབ་དེར་གནས་མལ་

① རི་བོ་དེ་ནི་ད་ལྟའི་ཨབ་ཧྥ་ནི་སི་ཐན་གྱི་གྲོང་ཁྱེར་ལྟེ་བ་ཇེ་ལཱ་ལཱ་བཱ་དའི་ལྷོ་ཕྱོགས་ཀྱི་སེ་ཧྥེ་དེ་ཁེ་(Safed Koh/塞费德科山脉)རི་རྒྱུད་ཡིན་ཞིང་དེའི་སྐོར་ཞིབ་པ་ལམ་ཡིག་མ་ཕྱིར་གསལ།

བཅས་ཏེ་ཕྱི་ཉིན་བྱ་རྒོད་ཕུང་པོའི་རིར་གཤེགས་སྐབས་པ་ན། གཙུག་ལག་ཁང་གི་དགེ་འདུན་པ་ན་རེ། རི་བོ་དེ་ཉིད་ལམ་ཤིན་ཏུ་བགྲོད་དཀའ་ཞིང་། སྟེང་དུ་སྐྱི་གཡའ་བའི་སེང་གེ་སྟག་ནག་མང་དུ་རྒྱུ་བ་དག་གིས་སྐྱེ་བོ་འཕྲལ་མར་ཟློས་ཕྱིར་ཨུ་ཚུགས་ཀྱིས་དེར་ལྷགས་པ་རྒྱུ་མཚན་ཅི་ཞེར་བས་བཙུན་པ་ཆེན་པོས། ང་ཉིད་ལ་སྐྱུང་ཁྲི་ཕྲག་བརྒལ་ཏེ་སླིང་ནས་དམ་བཅའ་འཁྱུར་བ་ཡང་གནས་མཆོག་བྱ་རྒོད་ཕུང་པོའི་རི་མཇལ་འདོད་པ་ཡིན་ཏེ་ལོ་མང་བཅངས་པའི་རེ་འདུན་ད་ལན་སྒྲུག་དང་བསྐོས་ཀྱང་བསྒྲུབ་པར་བྱ་ཡི་ལམ་དཀའ་ཚེགས་ཆེ་ཡང་བདག་མི་སྐྲག །ལམ་སྟེ་སྟོན་པའི་དགེ་འདུན་གཉིས་བརྫངས་པར་ཞུ་ཞེས་གསུངས། དེ་ལྟར་ཁོང་ཅག་རི་བོའི་སྒོར་སླེབས་མཚམས་སུ་མུན་རུབ་པས་ཁོ་བོ་དོ་ནུབ་འདིར་ཞག་སྡོད་བྱ་བ་ཡིན་གསུངས་པས་ཟླ་བོ་གཉིས་བྲིད་དེ་བཙུན་པ་ཆེན་པོ་བསྐྱུར་ནས་ཕྱིར་ལོག་གོ །དེ་ལྟར་སྐུ་རྐྱང་དུ་རི་སྟེང་དུ་བདུག་སྤོས་བཤམས་ཏེ་སངས་རྒྱས་ཀྱི་མཛད་པ་ཐུགས་ལ་དྲན་བཞིན་རྩེ་གཅིག་ཏུ་ཕྱག་འཚལ་མཆོད་པ་མཛད་ཀྱིན་གནས་པ་ལས། ནམ་གུང་དུ་སེང་གེ་སྟག་ནག་གསུམ་དངོས་སུ་འོང་ནས་བཙུན་པ་ཆེན་པོའི་མདུན་ན་འདུག་སྟེ་མཆུ་བལྡགས་ཤིང་མཇུག་མ་གཡུག་གཡུག་བྱེད་བཞིན་པ་ན། བཙུན་པ་ཆེན་པོས་ཐུགས་མ་གཡེལ་བར་སངས་རྒྱས་ལ་གསོལ་བ་འདེབས་ཀྱིན་ཞལ་འདོན་ཆད་མེད་དུ་མཛད་པས་གཅན་གཟན་དེ་རྣམས་མཇུག་མ་ལྷོད་ཅིང་ཞི་དུལ་ངང་ཁོང་གི་ཞབས་དྲུང་དུ་འཁོད། དེ་གསུམ་པོར་བྱིལ་བྱིལ་མཛད་དེ་ཁྱེད་དག་ཁོ་བོ་ཟློས་སྐབས་ན་རེ་ཞིག་ཁ་འདོན་རྫོགས་བར་སྒུགས་ཤིག །ཅི་སྟེ་ཚོད་འཛིན་སྐབས་ན་ད་སོང་བས་ཆོག་ཅེས་གསུངས་པས་གང་ཅམ་སོང་རྗེས་ད་གཟོད་དེ་རྣམས་རང་གནས་སུ་ཕྱིར་བཟློག་གོ །ཕྱི་ཉིན་ཕྱིར་ཕེབས་པའི་ལམ་མུན་འཁྲིགས་ཤིང་བགྲོད་དཀའ་ལ་ཚང་ཚིང་ཁྲོད་བྱ་བྱིའུ་གཅན་གཟན་དག་བར་མེད་དུ་རྒྱུ་བས་རྐང་ལམ་ཕྲ་

མོ་ཁོ་ནར་བསྟེན་ནས་བསྒྲོད་དགོས་སོ། །དེ་ནས་ལེ་དབར་གཅིག་བགྲོས་མཚམས་སུ་ལོ་དགུ་བཅུ་ཙམ་ལ་ཕེབས་པའི་གྲུབ་ཆེན་གཟན་གོས་རྒྱལ་ཡང་ཞལ་མདངས་གཟི་འོད་འཕྲོ་བ་ཞིག་མཇལ། འོན་ཏེ་དེ་འཕགས་པའི་སློབ་བུ་ཡིན་པ་མ་ཚོར། ཅང་མ་སོང་བར་མདུན་ཕྱོགས་ན་རབ་བྱུང་བ་གཞོན་ནུ་ཞིག་དང་ཕྲད། དེར་གོང་དུ་མཇལ་བའི་གྲུབ་ཆེན་དེའི་མཚན་ལ་ཅི་ཞུ་ཞེས་དྲིས་པར། ཉན་ཐོས་འོད་སྲུང་ཆེན་པོ་①ཡིན་ཟེར་བས་ཡུན་རིང་ཐུགས་འཕངས་ཤིང་སྣར་ཕྱིན་པས་བྲག་རིའི་མདུན་ན་རྫའི་ཁང་བུ་སྒོ་བཀག་པ་ཞིག་ཏུ་འཁྱོར། དེར་ཕེབས་མི་ཉུང་ཡང་བཙུན་པ་ཆེན་པོ་དད་པས་བསྐུལ་ཏེ་མིག་མཆི་མས་བརྡངས་བཞིན་ནང་དུ་ཞུགས་སོ། །

དེ་ནས་སཾ་ཀཱ་ཤྲུའི་ཡུལ་དུ་སླེབས། དེར་གཙུག་ལག་ཁང་ཡོད་པའི་ནང་དུ་ཀླུ་སྨན་དཀར་ཞིག་བཞུགས་པ་དེར་འདུས་མང་གིས་མཆོད་པ་བཞིན་ཡུལ་ལ་ལོ་ལེགས་པའི་མཚན་མ་བྱུང་བས་དགེ་སྦྱོང་དག་གིས་ཆེད་དུ་ཀླུ་བཞུགས་སའི་ཁང་བུ་བསྐྲུན་ཏེ་ཞལ་ཟས་རོ་བརྒྱས་མཆོད་དོ། །རྒྱུན་པར་དབྱར་གནས་གྲོལ་བའི་ཚེ་ཀླུ་དེ་ཉིད་སྤྲུལ་ཆུང་སྨན་མཐའ་དཀར་པོ་ཅན་གྱི་གཟུགས་སུ་སྤྲུལ་བ་དགེ་འདུན་ཕལ་ཆེར་གྱིས་ཤེས་ཏེ། དེ་ཉིད་འོ་མ་བཀང་བའི་ཟངས་ཕོར་དུ་བཙུག་ནས་འཁྱེར་འོང་བ་འདུས་མང་བསྐོར་བ་རྒན་གཞོན་གྱི་རིམ་པ་བཞིན་གྲལ་མགོ་ནས་མཇུག་བར་ལ་མཇལ་ཁ་ཞུས་རྗེས་མི་སྣང་བར་འགྱུར། དེའང་ལོ་རེར་ལན་རེར་བྱུང་ཞིང་། བཙུན་པ་ཆེན་པོར་ཡང་ཀླུ་དེ་ཉིད་མངོན་སུམ་མཇལ་ལོ། །

དེ་ནས་རྒྱ་གར་དབུས་སུ་ཕེབས་འཁྱོར་བྱུང་ཞིང་ཡུལ་མ་ག་དྷའི་གྲོང་ཁྱེར་པཱ

① དེར་《སྡེ་སྣོད་གསུམ་ཀའི་ཆོས་ཀྱི་རྣམ་གྲངས་ཀྱི་བརྗོད་བྱང་ཆེན་པོ་》ཡི་བམ་པོ་བཅོ་ལྔའི་བཙུན་པ་ཧྥ་ཤན་གྱི་རྣམ་ཐར་རྒྱ་ཡིག་ཕྱི་མོར་头陀弟子大迦叶ཞེས་གསལ་བ་དེ་ལྟར་དུ་ངོས་འཛིན་ན་འོད་སྲུང་ཆེན་པོ་རང་དུ་གོ་མོད་ཀྱི་གུང་མགོན་པོ་སྐྱབས་ཀྱིས་མཛད་པའི་རྒྱ་ནག་ཆོས་འབྱུང་གི་ཤོག་ངོས་༥༥༦་གསུངས་པའི་གནས་བརྟན་འོད་སྲུང་གི་དངོས་སློབ་ཞེས་གསུངས་པས་བརྟག་གོ །

ཏ་ལི་པུ་ཏྲ་སྐྱ་ནར་བུའི་མྱ་ངན་མེད་ཀྱི་མཆོད་རྟེན་ལྔ་ཕྱོགས་རྒྱལ་ཆེན་གཙུག་ལག་ཁང་དུ་དགེ་འདུན་ཕལ་ཆེན་པའི་འདུལ་བ་དང་། ཐམས་ཅད་ཡོད་སྨྲའི་འདུལ་བ། ཆོས་མངོན་པའི་ཡང་དག་ལྡན་པའི་སྙིང་པོ། ཡོངས་སུ་མྱ་ངན་འདས་པ། གཞན་མདོ་སྡེ་པོད་གཅིག་བཅས་ཕྱག་ཏུ་སོན། དེར་ལོ་གསུམ་རིང་ལེགས་སྦྱར་གྱི་སྐད་དང་རྒྱ་དཔེར་གསན་བསམ་མཛད་པས་ཕྱིས་སུ་སྐུ་དངོས་ཀྱིས་འབྲི་ནུས་པ་བྱུང་།

མཇུག་ཏུ་སངས་རྒྱས་ཀྱི་སྐུ་བརྙན་དང་རྒྱ་དཔེ་འགའ་བསྣམས་ནས་ཡུལ་སེངྒ་ལར་ཕྱིན། ཕེབས་ལམ་དུ་སྤྲ་ཕྱིར་ཐྲ་བོ་བཅུ་ཙམ་འཕྲད་པ་དག་ཁ་ཅིག་ལོག་མ་འདོད་ཅིང་རེ་འགའ་གྲོངས། མཐར་བཙུན་པ་ཆེན་པོ་གཅིག་པུར་ལུས་པས་རྒྱུན་པར་ཐུགས་སྐྱོ་བའི་ངང་གནས་པའི་ཚེ། གློ་བུར་དུ་གཙུག་ལག་ཁང་གི་གཡང་ཏེའི་སྐུ་བརྙན་གམ་དུ་ཚོང་པ་ཞིག་གིས་རྒྱ་ནག་གི་དར་ལས་བྱས་པའི་རྔ་གཡབ་སངས་རྒྱས་ལ་བསྙེན་བཀུར་བྱེད་བཞིན་པ་མངོན་སུམ་གཟིགས་པས་ཡིད་དབང་མེད་དུ་གདུང་སྐྱེ་ཞལ་རས་མཆི་མས་བཀབ་པར་འགྱུར། དེར་ལོ་གཉིས་བཞུགས་པའི་སོད་སླར་ས་སྟོན་པའི་འདུལ་བ་དང་། མདོ་སྡེ་ལུང་རིང་མོ། ལུང་དག་ལྡན། ཕྲན་ཚེགས་འདུས་པའི་མདོ་བཅས་རྒྱ་ཡུལ་ལ་མེད་པའི་རྒྱ་དཔེ་འགའ་ཞིག་ཕྱག་ཏུ་སོན།

གསུམ། ཕ་ཡུལ་དུ་ཕྱིར་བཀློག་པའི་ལམ།

དེ་ནས་ཚོང་འགྲུལ་ཉིས་བརྒྱ་ཙམ་གདའ་བའི་གཟིངས་ཆེན་པོར་ཞུགས་ནས་ཤར་ཕྱོགས་རྒྱ་ནག་ཏུ་ལོག་པའི་མཚོ་ལམ་དུ་རླུང་ཆེན་འཇིགས་སུ་རུང་བ་འཚུབ་སྟེ་གྲུ་བོ་ཆེ་བརྡོལ་ནས་ནང་དུ་ཆུ་ཤོར་འོང་། ཀུན་སྐྲག་ཅིང་ཡ་བྱད་ཅག་ཅིག་དག་བོར་བའི་ཚེ་ཚོང་པ་དེ་རྣམས་ཀྱིས་ཉིད་ཀྱིས་བསྣམས་ཕེབས་པའི་སངས་རྒྱས་ཀྱི་སྐུ་བརྙན་དང་། ཆོས་དཔེ་ཡང་ཆུར་བསྐྱུར་འོང་དགོངས་བཞིན་རྫེ་གཅིག་ཏུ་འཕགས་

པ་ཐུགས་རྗེ་ཆེན་པོ་དང་ཕ་ཡུལ་གྱི་སྐྱེས་ཆེན་དམ་པ་རྣམས་ལ་གསོལ་བ་དྲག་ཏུ་བཏབ་བོ། །རླུང་ཆེན་དེ་ཉིད་ཉིན་ཞག་བཅུ་གསུམ་བསྟུད་བསྟུད་དུ་འཚུབ་པས་གྲུ་བོ་ཆེ་བྱར་མེད་པར་གླིང་ཕྲན་འོག་ན་རྒྱུ་ཞིང་། མཁའ་དབྱིངས་ལ་སྨུག་ནག་འཁྲིགས་ཏེ་ཆར་རླུང་འདྲེས་མ་ཤག་ཤག་ཏུ་འབབ་པས་གཟིངས་ཆེན་དབང་མེད་དུ་གང་སར་ཁྱལ། ཅི་སྟེ་ཆུར་ནུབ་པའི་བྲག་རྡོ་དང་ཆོམ་རྐུན་འཕྲད་ཙ་ན་གེགས་བར་ལས་ཐར་ཟེར་བ་གཅིག་ཀྱང་མ་མཆིས་སོ། །དེ་ལྟར་ཉིན་དགུ་བཅུ་བགྲོས་མཐར་ཡུལ་ཡ་བ་དྭི་པར་སླེབས། དེར་ཟླ་བ་ལྔ་བཞོལ་བཏབ་མུར་སྐྱར་ཚོང་འགྲུལ་གཞན་དང་བསྡོངས་ནས་ཤར་ཀོང་ཀོའུ་ཕྱོགས་སུ་བསྐྱོད་དེ་ཟླ་གཅིག་ལྷག་ཙམ་སོང་བའི་ཚེ། ནམ་གུང་ཞིག་གློ་བུར་རླུང་ཆེན་དང་ཕྲད་དེ་གཟིངས་ཆེན་ཤུགས་ཆེར་གཡོ་བར་འགྱུར། འགྲུལ་པ་གཞན་དག་གིས་མགྲིན་གཅིག་ཏུ་དགེ་སློང་དེ་ཞུགས་པའི་རྣམ་སྨིན་གྱིས་ང་ཅག་འདི་བཞིན་སྡུག་ལ་སྦྱར་ཏེ། སྐྱེ་བོ་ཆིག་རྐྱང་གིས་ཐམས་ཅད་འཛད་པ་མི་རིགས་ཟེར་ནས་བཙུན་པ་ཆེན་པོ་བསྐྱུར་བར་བརྩམས་པའི་ཚེ། ཉིད་ཀྱི་ཡོན་བདག་དེས་སྐད་གསང་མཐོན་པོས་ཚོང་འགྲུལ་དེ་རྣམས་ལ་བསྡིགས་ནས་འདི་སྐད་སྨྲས་སོ། །དགེ་སློང་དོར་སྙམ་ན་བདག་ཀྱང་གྲུ་ལས་བབས་པར་བྱའོ། །དེ་ལྟ་མིན་ཚེ་བདག་ཁྲུམ་ཞིག །ཅི་སྟེ་དགེ་སློང་ཕབ་པར་འགྱུར་ན་ཐང་། རྒྱ་ནག་གི་རྗེ་བོ་ནི་སངས་རྒྱས་ལ་དད་པ་རྨ་མེད་ཅིང་ཚངས་པར་སྤྱོད་པ་ཀུན་ལ་གཙིགས་སུ་དགོངས་པས། བདག་གིས་ཇི་བཞིན་རྒྱུ་མཚན་གསོལ་ཙ་ན་ཁྱེད་དག་ལ་ཆད་པ་གཅོད་ངེས་བྱས་པས་ཚོང་པ་དེ་རྣམས་ང་རྒྱལ་ཞི་སྟེ་རྟབ་རྟབ་པོར་གནས་སོ། །དེའི་ཚེ་ཟ་བཏུང་འཛད་དེ་རླུང་བུའི་བགྲོད་བཞིན་ཕྱོགས་མེད་དུ་གཡོས་མཐར་ཕ་ཡུལ་གྱི་ཚོད་མ་གཟིགས་པས་རྒྱ་ནག་ཏུ་སླེབས་པ་མཁྱེན། འོན་ཏེ་ཡང་སླེང་གང་དུ་ཡིན་མིན་ཆ་མ་འཚལ་བས་གྲུ་ཆུང་ལ་ཞུགས་ཏེ་གྲོང་འཚོལ་ལ་བསྐྱོད་པས་རྫོན་པ་གཉིས་དང་ཕྲད། ས་ཆ་དྲིས་

པ་ན་ཆིང་ཀྲོའུ་གྲང་ཀྭང་ཅུན་གྱི་ལའོ་ཧྲན་ལྷོ་ངོགས་(青州长广郡崂山南岸)ཏེ་ད་ལྟའི་ཧྲན་ཏུང་ལའོ་ཧྲན་རྫོང་ཡིན་ཞེས་ལན་བཏབ། རྗོན་པ་སྔོན་དུ་ལོག་སྟེ་ཡུལ་དཔོན་ལི་དབྱི་(李嶷)བྱ་བར་ཞུས། ལི་དབྱིས་སྤྱ་ནས་ནང་པར་དད་སྐབས་ད་ལན་དགེ་སློང་རིང་པོ་ནས་གཤེགས་འོང་བ་ཐོས་འཕྲལ་རང་ཉིད་དངོས་སུ་བསུ་བར་བཅར་ཞིང་བཙུན་པ་ཧྭ་ཤན་སྐུ་བརྙན་དང་ཆོས་དཔེ་ཐོགས་ཏེ་དེ་མུར་ཕྱིན། ཅང་མ་སོང་བར་ལྷོ་ཕྱོགས་སུ་བགྲོད་དགོས་ཚུལ་གསུངས་པས་ཡུལ་དཔོན་གྱིས་རེ་ཞིག་བཞུགས་པར་གསོལ་བ་ན་བཙུན་པ་ཆེན་པོས། བདག་ཐག་རིང་འཕགས་པའི་ཡུལ་ནས་འདིར་ལྷགས་པའང་བསྟན་པ་ཕོ་ནའི་སླད་དུ་ལགས་ཤིང་དུས་མི་རྟག་པས་ཡུན་རིང་འདུག་པར་མི་ཏུང་གསུངས་ནས་དེ་མུར་ནན་ཅིང་ལ་ཕྱིན།

བཞི། ཆོས་གཞུང་སྒྱུར་ཚུལ།

དེ་ཡང་ནན་ཅིང་དུ་རྒྱ་གར་གྱི་སློབ་དཔོན་བུདྡྷ་བྷ་དྲ་སངས་རྒྱས་བཟང་པོ་དང་ལྷན་དུ་ཏོའུ་ཁྲང་དགོན་(道场寺)དུ་མྱང་འདས་ཀྱི་མདོ་བམ་པོ་དྲུག་དང་། དགེ་འདུན་ཕལ་ཆེན་པའི་འདུལ་བ། ཤིན་ཏུ་རྒྱས་པའི་མྱང་འདས་ཀྱི་མདོ། མདོ་གཞན་པོད་གཅིག །ཆོས་མངོན་པའི་ཡང་དག་ལྡན་པའི་སྙིང་པོ་སོགས་བསྒྱུར་བར་མཛད། ད་ཏུང་འགྲེར་ལུས་པ་ཡིག་འབྲུ་བྱེ་བ་བཅུ་ཙམ་ཟིན་ནོ། །

བཙུན་པ་ཧྭ་ཤན་གྱིས་ཤིན་ཏུ་རྒྱས་པའི་མྱང་འདས་ཀྱི་མདོ་རྒྱ་ཡུལ་དུ་སྤྱན་དྲངས་རྗེས་མདོ་དེ་ཉིད་ཕྱོགས་བཞིར་ཁྱབ་སྟེ་ཉི་འོག་སྐྱེ་རྒུའི་བསོད་ནམས་ཀྱི་བགོ་སྐལ་དུ་འགྱུར། སྐབས་དེ་ཤེད་ན་ཡང་ཏུའུ་(杨都)ཡི་སའི་ཆ་གྲུའུ་ཆོད་མེན་(朱雀门)ཞེས་བྱ་བའི་ལོགས་སུ་མི་ཁྱིམ་ཚེ་ཚེ་རབས་རབས་སུ་ནང་པར་དད་པ་བརྟན་པ་ཞིག་ཡོད་པ་དེས་མྱང་འདས་ཀྱི་མདོ་པོད་གཅིག་མཆོད་པའི་རྟེན་དུ་བཤུས་ནས་

རྒྱུན་པར་ཞལ་ཕྱེ་སྟེ་འདོན་ཅིང་། ཆེད་དུ་གསོལ་བའི་དཔེ་སློམ་མེད་པ་ན་དཔེ་ཆ་གཞན་འགའ་དང་མཉམ་དུ་ཁང་བུར་བཅུག་སྟེ་བཞག་པ་ལ་ལན་ཅིག་རླུང་དམར་འཁྲིགས་ཏེ་ཁྱིམ་ལ་མེ་བྱུང་ནས་ནོར་རྫས་ཀུན་བསྲེགས་ཏེ་ཐལ་བར་བཏང་། འོན་ཏེ་མྱང་འདས་ཀྱི་མདོ་དེ་ཕོ་ན་སྐྱོན་ཅི་ཡང་མེད་ཅིང་དཔེ་ཆའི་ཁ་དོག་ཀྱང་ཐོག་མ་ཇི་ལྟ་བ་བཞིན་སྣང་། དེའི་གཏམ་ཡང་ཀྱོའུ་(杨州)ཡི་ཕྱོགས་ཕྱོགས་སུ་ཁྱབ་སྟེ་ཐམས་ཅད་ངོ་མཚར་ནས་རྫུ་འཕྲུལ་གྱི་མཐུ་ལས་བྱུང་བར་གྲགས་སོ། །

༤༢། སྐུ་མྱ་ངན་ལས་འདས་ཚུལ།

སྐུ་ཚེའི་མཇུག་ཏུ་ཅིན་ཀྱོའུ་(荆州) རུ་ཕྱིན་ནས་ཤིན་སི་དགོན་(新寺)དུ་དགུང་གྲངས་གྱ་གཉིས་བཞེས་པའི་ཐོག་[1]དགོངས་པ་མྱ་ངན་ལས་འདས་པ་ན་སྐྱེ་བོ་ཀུན་ཡིད་གདུང་བས་མནར་བར་འགྱུར། བཙུན་པ་ཆེན་པོ་དེ་ཉིད་ཀྱིས་འཕགས་ཡུལ་ནས་མཇལ་བ་དང་ཐོས་པ་ཅི་རིགས་རྣམ་ཐར་གཞན་[2]ན་མཆིས་སོ། །

---

① བཙུན་པ་ཧྭ་ཤན་གྱི་འདས་ལོ་ཡང་འཁྲུངས་ལོ་དང་མཚུངས་པར་ད་ཕན་ཁ་ཚོན་གཅོད་ནུས་ཀྱི་ལོ་ཚིགས་ཤིག་མེད་པར་སྣང་སྟེ། ཁོང་གི་མཛད་རྣམ་བཀོད་པ་སུ་ཤོས་ཧྭ་ཤང་སེང་ཡོའུ་(僧祐445～518)ཡིས་མཛད་པའི་《སྡེ་སྣོད་གསུམ་ཀའི་ཆོས་ཀྱི་རྣམ་གྲངས་ཀྱི་བརྗེད་བྱང་ཆེན་པོ་》རུ་དགུང་ལོ་གྱ་གཉིས་ལ་འདས་ཞེས་པ་ཙམ་ལས་ལོ་ཚིགས་མི་གསལ་ཞིང་། དེའི་རྗེས་ཀྱི་ཧྭ་ཤང་ཧུའི་ཅའོ་(慧皎497～554)ཡིས་མཛད་པའི་《བླ་ཆེན་གྱི་རྣམ་ཐར་》དུ་དགུང་ལོ་གྱ་དྲུག་ལ་འདས་ཞེས་བྱུང་བ་དེ་དང་ཧྭ་ཤང་ཀྲི་ཧྲུན་(智升)གྱིས་སྤྱི་ལོ་༧༣༠ལོར་ལེགས་པར་མཛད་པའི་《དཀར་ཆག་ཁའི་ཡུའན་ལུ་རུ་》འཁོད་པ་གཉིས་བཞེད་པ་མཐུན། ཡང་གོང་གི་《སྡེ་སྣོད་གསུམ་ཀའི་ཆོས་ཀྱི་རྣམ་གྲངས་ཀྱི་བརྗེད་བྱང་ཆེན་པོ་》ཡི་བམ་པོ་གསུམ་པའི་ས་སྟོན་པའི་འདུལ་བའི་སྐོར་བརྗོད་པའི་སྐབས་སུ། བཙུན་པ་ཧྭ་ཤན་གྱིས་ས་སྟོན་པའི་སྡེའི་འདུལ་བ་ཕོ་ན་བསྒྱུར་ཁོམ་མ་བྱུང་བར་སྐུ་མྱ་ངན་ལས་འདས་སྐབས་ཕྱིས་སུ་སུང་རྗེང་པིང་ཁྲི་ལོ་དང་པོར་ཁ་ཆེའི་སློབ་དཔོན་བུདྡྷ་ཛཱ་དྲས་འདུལ་དཔེ་དེ་ཉིད་བསྒྱུར་ཚུལ་གསལ་བ་དེར་གཞིགས་ནས་དགེ་རྒན་ཆེན་མོ་རིན་ཅིད་ཡུས་ཀྱི་《ཀྲུང་གོ་ནང་བསྟན་ཆོས་འབྱུང་》པོད་གཉིས་པའི་ཤོག་ངོས་༨༠༣དུ་སྐུ་འདས་པའི་ལོ་ཚིགས་ནི་སྨོས་ཁད་ཀྱི་ལོ་སུང་རྗེང་པིང་ཁྲི་ལོ་དང་པོ་(宋景平元年)སྤྱི་ལོ་༤༢༣གི་སྔ་རོལ་དུ་ཡིན་ཚུལ་བསྟན།

② དེ་ནི་ཧྭ་ཤན་ལམ་ཡིག་ལ་བརྗོད་པའོ། །

རབ་བྱེད་གཉིས་པ། བཙུན་པ་ཧྭ་ཤན་གྱི་ལམ་གྲོགས་ཧྭ་ཤང་འགའི་མཛད་རྣམ།

དེ་ཡང་བཙུན་པ་ཧྭ་ཤན་ཐོག་མར་འཕགས་ཡུལ་དུ་ཕྱིན་སྐབས་ལྷན་དུ་གཤེགས་པའི་བླ་བོ་ཧྭ་ཤང་ཧུད་ཧིང་(慧景)དང་། ཏའོ་ཀྲེང་།(道整) ཧུད་དབྱིང་།(慧应) ཧུད་ཝེའི་(慧嵬)བཅས་བཞི་ལས། ཧུད་ཧིང་ནི་ན་ག་ར་ཧཱ་རའི་ཡུལ་ལ་འགྲོར་བའི་དུས་ནས་ནད་དྲག་པོས་ཟིན་ཅིང་ཡུལ་དེའི་ལྷོ་ཕྱོགས་ཀྱི་གངས་རི་ཆུང་ངུ་བརྒལ་བའི་སྐབས་གྲང་རེག་རྒུབ་མོས་མ་བཟོད་པར་ཚེ་ལས་འདས་པ་དང་། ཧུད་དབྱིང་ནི་ན་ག་ར་ཧཱ་རའི་ཡུལ་གྱི་སྟོན་པའི་དབུ་ཐོད་ཀྱི་རིང་བསྲེལ་བཞུགས་པའི་གཙུག་ལག་ཁང་དུ་དགོངས་པ་རྫོགས། ཏའོ་ཀྲེང་ཡུལ་དབུས་སུ་ཕེབས་རྗེས་དེར་ནང་ཆོས་རྒྱ་ཆེར་དར་ཞིང་འདུས་དམངས་ཚུལ་ཁྲིམས་གཙང་བའི་ངོ་མཚར་རྣམ་པས་ཡིད་ཀྱི་བརྟན་པ་རབ་ཏུ་ཕྲོགས་ནས་སྐྱ་ཆེའི་འདུ་བྱེད་མ་སྤོངས་བར་འཕགས་ཡུལ་དུ་བཞུགས་རྒྱུའི་ཐུགས་ཐག་བཅད། ཧྭ་ཤང་དེ་གསུམ་གྱི་ལོ་རྒྱུས་ཧྭ་ཤན་ལམ་ཡིག་ཏུ་གསལ་བ་ཙམ་ལས་རྒྱའི་ཡིག་ཚང་གཞན་ན་འཕར་མ་མཐོང་ལ་དུ་མེད། ཅིག་ཤོས་ཧུད་ཝེའི་ཡི་རྣམ་ཐར་ཐོ་རེ་ཙམ་རྒྱ་ནག་ལེང་(梁)རྒྱལ་རབས་དུས་ཀྱི་ཧྭ་ཤང་ཧུད་ཅའོ་(慧皎497～554)ཡིས་མཛད་པའི་《བླ་ཆེན་གྱི་རྣམ་ཐར་》《高僧传》ཞེས་པའི་བམ་པོ་བཅུ་གཅིག་ཏུ་གསལ།

དེ་ནས་བཙུན་པ་ཧྭ་ཤན་ལ་ཀྲང་ཡེ་གྲོང་རྫལ་ནས་ཧྭ་ཤང་ཀྲི་ཡན་(智严)དང་། ཧུད་ཛན།(慧简) སིང་ཧྲའོ།(僧绍) པའོ་ཡུན།(宝云) སིང་ཧིང་(僧景)བཅས་བླ་བོ་ལྔ་གསར་དུ་འཕྲད་ཅིང་། ཧྭ་ཤང་ཀྲི་ཡན་དང་པའོ་ཡུན་གྱི་སྐོར་ལ་གུང་མགོན་

པོ་སྐྱབས་ཀྱིས་མཛད་པའི་《རྒྱ་ནག་ཆོས་འབྱུང་》ཤོག་གྲངས་༥༨ལས། ཧྭ་ཤང་ཡེ་ཤེས་རྒྱན་དང་རིན་ཆེན་སྦྲིན་ཞེས་བྱ་བ་གཉིས་སྔ་ཕྱིར་རྒྱ་གར་དུ་བྱོན་ཏེ་སློབ་གཉེར་བྱས། སྔ་མས་དགེ་བསྙེན་གྱི་དུས་སུ་བསླབ་གཞི་ཅིག་ལ་སྐྱོན་བྱུང་བ་ལ་ཕྱིས་བཤགས་སྡོམ་དྲག་ཏུ་བྱས་པས་དག་མ་དག་གི་ཐེ་ཚོམ་ཡོད་པ་རྒྱ་གར་མཁས་པ་དག་ལ་དྲིས་པས། དེ་དག་གིས་ལུང་རིག་གི་སྒོ་ནས་དག་པར་བཤད་ཀྱང་ད་དུང་ཐེ་ཚོམ་མ་ཆོད་པ་ན། སློབ་དཔོན་ཞིག་གིས་བྱམས་པ་བསྒོམ་དུ་བཅུག་པས་རྨི་ལམ་དུ་དགའ་ལྡན་ན་བྱམས་པ་མཇལ་ནས་དྲིས་པས་དག་གོ་གསུངས་པས་ཐེ་ཚོམ་མེད་དོ། །ལོ་ཙཱ་བ་གཉིས་ཀྱིས་རྒྱ་རོལ་དང་། དྲང་སྲོང་རྒྱས་པས་ཞུས་པ། རྒྱན་བཀོད་པ། རྒྱལ་ཆེན་བཞིས་ཞུས། ཚེ་མདོ་རྣམས་བསྒྱུར་ཞིང་ཕྱི་མ་ལོ་ཆེན་དུ་གྲགས། རྒྱན་གྱིས་དོན་གཅིག་པར་ཁ་ཆེར་འདས། སྦྲིན་དོན་བཞི་པ་རང་ཡུལ་དུ་ཞི་བར་གཤེགས། ཞེས་འཁོད་པ་རྒྱ་ནག་ལིང་(梁)རྒྱལ་རབས་སྐབས་ཀྱི་ཧྭ་ཤང་སེང་ཡའུ་(僧祐445～518)ཡིས་མཛད་པའི་《སྡེ་སྣོད་གསུམ་ཀའི་ཆོས་ཀྱི་རྣམ་གྲངས་ཀྱི་བརྗེད་བྱང་ཆེན་པོ་》《出三藏记集》ཞེས་བམ་པོ་བཅོ་ལྔའི་བདག་ཉིད་ཅན་དེའི་མཇུག་གི་བམ་པོ་གསུམ་དུ་ཧྭ་ཤང་རྣམས་ཀྱི་རྣམ་ཐར་བཀོད་ཡོད་པ་ལས། བམ་པོ་བཅུ་གཅིག་ཏུ་སྐབས་བབ་ཧྭ་ཤང་གཉིས་པོར་རང་རང་གི་ལོ་རྒྱུས་རེ་གསལ་བ་བཏུས་ཏེ་རྗེ་དོན་འདྲིལ་ནས་རྒྱ་ནག་ཆོས་འབྱུང་དུ་གསུངས་པར་སྙམ། ཧྭ་ཤང་ཕོང་རྣམ་གཉིས་ཕུད་ཧྥ་ཤན་ལམ་ཡིག་ཏུ་པའོ་ཡུན་དང་སེང་ཛིང་གཉིས་པོ་པུ་རུ་ཥ་པུ་རའི་ཡུལ་དུ་སྟོན་པའི་ལྷུང་བཟེད་ལ་མཇལ་ཁ་ཞུས་རྗེས་རང་ཡུལ་རྒྱ་ནག་ཏུ་ཕྱིར་བཟློག་པར་གསལ་ཞིང་། སེང་ཧྭའོ་ནི་ལམ་ཡིག་ཕྱི་མོར་བཙུན་པ་ཧྥ་ཤན་ལི་ཡུལ་ནས་ཇི་ཏའི་ཡུལ་དུ་བྱོན་པའི་སྐབས་ཞལ་གྱིས་ནས་སྐྱ་རྒྱུད་ངང་ནུབ་ཡུལ་དུ་བགྲོད་བཞིན་པའི་བཙུན་པ་ཞིག་དང་འགྲོགས་ཏེ་ཁ་ཆེའི་ཡུལ་དུ་ཆས་པར་གསལ། གཞན་ཡང་ཧྭ་ཤང་ཧུད་ཏྭ་(慧达)ནི་ལམ་ཡིག་ལྟར་

ན་བཙུན་པ་ཧྭ་ཤང་ལ་ལི་ཡུལ་ནས་འཕྲད་པའི་ཟླ་བོ་མཐའ་མ་དེ་ཡིན་ཞིང་། ཁོང་གི་སྐོར་བླ་ཆེན་རྣམ་ཐར་གྱི་བམ་པོ་བཅུ་གསུམ་པར་འཁོད།

མདོར་ན་བཙུན་པ་ཧྭ་ཤང་འཕགས་ཡུལ་དུ་གཤེགས་པའི་སྔ་ཕྱིར་ཁྲིན་ལམ་གྲོགས་ཧྭ་ཤང་བཅུ་འཕྲད་པ་དེ་རྣམས་ལས་གོང་དུ་བརྗོད་པ་ལྟར་ལམ་བར་དུ་འགའ་ཞིག་གྲོངས་པ་དང་ལ་ལ་ཕ་ཡུལ་དུ་ལོག །ཁ་ཅིག་ཡུལ་དབུས་སུ་བཞུགས་ཤིང་རེ་འགའ་ལམ་རྒྱགས་འཚོལ་ལ་ཕེབས་པ་སོགས་རྐྱེན་དུ་མའི་དབང་གིས་ད་ཕན་རྒྱའི་ཡིག་ཚང་ན་ཧུད་ཕའི་དང་། གྲེ་ཡན། པའོ་ཡུན། ཧུད་ཧྲ་བཞི་པོའི་མཛད་རྣམ་ལས་མཇལ་དུ་མེད།

གཅིག །ཧྭ་ཤང་ཧུད་ཕའི།

《བླ་ཆེན་གྱི་རྣམ་ཐར་》བམ་པོ་བཅུ་གཅིག་ལྟར་ན། ཤཱཀྱའི་བཙུན་པ་ཧྭ་ཤང་ཧུད་ཕའི་ཡུལ་གང་ན་འབྱུང་ས་མིན་མི་གསལ་ཞིང་། དུས་ཕྱིས་ཁྲང་ཨན་གྱི་ཏཱ་སི་(大寺)དགོན་དུ་ཕེབས། འདུལ་ཁྲིམས་གཙང་མར་སྲུང་སྟེ་ཕལ་ཆེར་དབེན་པའི་རི་ཁྲོད་དུ་བསམ་གཏན་ལ་བཞུགས། ལན་ཅིག་བདུད་སྡིག་ཧོ་ཅན་སྤྱི་བོ་མེད་པ་ཞིག་གམ་དུ་ལྷགས་པས་ཧྭ་ཤང་ཧུད་ཕའི་འཇིགས་པའི་སྣང་བ་ཡེ་ནས་མེད་བཞིན། སྤྱི་བོ་མེད་ན་མེད་དེ་དགའ། མགོ་ནད་ཀྱི་གདུང་བ་ཡོད་མ་ཡིན། ཞེས་གསུངས་པས་གདོན་གེགས་མི་སྣང་བར་འགྱུར་ཏེ། སླར་རྐང་ལག་ཡོད་ཅིང་ལྟོ་བ་མེད་པ་ཞིག་ཏུ་སྤྲུལ་ཏེ་ཆས་འོང་བས། ལྟོ་བ་མེད་ན་མེད་དེ་དགའ། དོན་ལྔའི་སྡུག་བསྔལ་འབྱུང་དགོས་མེད། ཞེས་གསུངས། ཅང་མ་སོང་བར་ཡང་དེ་ལྟར་དུ་གཟུགས་ཡ་མ་ཟུང་རིམ་གྱིས་མང་དུ་བསྟན་པ་ཐམས་ཅད་བཙུན་པ་ཧུད་ཕའི་ཡི་སྐྱིད་སྡུག་ལམ་འཁྱེར་གྱི་གདམས་པ་ཟབ་མོའི་བྱིན་མཐུས་དེ་ཉིད་གཏོལ་མེད་དུ་གྱུར་རོ། །

ཕྱིས་སུ་དགུན་གྱི་རྙིང་མ་ཁ་བ་སྟུག་པོ་བབས་པའི་དུས་ག་གེ་མོར་གཞོན་ནུ་མ་བྱད་གཟུགས་དང་རྒྱན་གོས་ལྷ་ན་སྡུག་ཅིང་། ཉམས་འགྱུར་ཡིད་དུ་འོང་བ་ཞིག་རི་ཁྲོད་དུ་ལྷགས་ཏེ། མཛངས་མའི་ཡོན་ཏན་དང་ལྡན་པའི་ལྷ་ཡི་བུ་མོ་ང་ཉིད་ལྷ་གནས་ནས་འདིར་མགོན་ཁྱོད་ལ་བསྙེན་བཀུར་ཕྱིར་འོང་བ་ཡིན་ཟེར་ཞིང་ཆགས་པའི་རྣམ་འགྱུར་མང་དུ་བསྟན་ནས་བྱ་སྤྱོད་ལ་བརྟག་པའི་ཚེ། བཙུན་པ་ཧུད་ཕའི་ཡིས་སྡོམ་པ་བརྟན་པོར་བསྲུང་ཏེ་ཐུགས་ཙུང་ཟད་ཀྱང་མི་གཡོ་བར། ང་ཡི་སེམས་ལ་འཛིན་པ་མེད་དེ། སྒྱུ་མའི་ལུས་འདི་བསྟན་པས་ཅི། ཞེས་གསུངས་པ་ན་གཞོན་ནུ་མ་ངོ་མཚར་ཞིང་། ནམ་མཁར་འཕུར་ནས་རྒྱ་མཚོ་སྐྱེམ་པར་ནུས་ལ་རི་རྒྱལ་ཡང་ཞིག་པར་འགྱུར་གྱི་དམ་བཅའ་བརྟན་པོ་ག་ལ་གཏོང་ཞེས་བསྟོད་ཚིག་བསྒྲགས་སོ། །

མཇུག་ཏུ་ཅིན་ཤར་མའི་ལུང་ཨན་ཁྲི་ལོ་གསུམ་པར་(སྤྱི་ལོ་༣༩༩ལོ་)བཙུན་པ་ཧྥ་ཤན་དང་ལྷན་དུ་འཕགས་ཡུལ་ལ་གཤེགས། སྐུ་སྨྱུ་ངན་ལས་འདས་ཚུལ་མི་གསལ་ལོ། །

གཉིས། ཧྭ་ཤང་ཀྲི་ཡན།

《སྡེ་སྣོད་གསུམ་ཀའི་ཆོས་ཀྱི་རྣམ་གྲངས་ཀྱི་བརྗེད་བྱང་ཆེན་པོ་》ཡི་བམ་པོ་བཅོ་ལྔར་འཁོད་པར་གཞིགས་ན། ཤཱཀྱའི་བཙུན་པ་ཧྭ་ཤང་ཀྲི་ཡན་ཞེས་བྱ་བ་ཡུལ་གང་ན་འབྱུངས་མིན་མི་གསལ།① ནར་སོན་ཏེ་དགུང་གྲངས་ཉི་ཤུ་ཙམ་ན་རབ་ཏུ་བྱུང་ཞིང་བརྩོན་འགྲུས་ཀྱི་གོ་ཆ་བརྟན་པས་སྙན་པ་རབ་ཏུ་རྒྱས། གོས་ངན་ངོན་བཞེས་ཏེ་རྒྱུན་དུ་བསམ་གཏན་ལ་བཞུགས། སྐུ་ཚེ་གང་པོར་ཚོད་མ་ཁོ་ན་བཞེས། དམ་ཆོས་འཚོལ་ལ་ཡིད་བརྟན་ཅིང་འཕགས་ཡུལ་དུ་ཕྱིན་ནས་ཁ་ཆེའི་ཡུལ་དུ་

① དགེ་རྒན་ཆེན་མོ་རིན་ཅིད་ཡུས་ཀྱི་《ཀྲུང་གོ་ནང་བསྟན་ཆོས་འབྱུང་》གི་པོད་གཉིས་པའི་ཤོག་ངོས་༤༠༣དུ་ཧྭ་ཤང་འདི་པ་ལེང་ཀྲེའུ་(凉州)ནས་ཡིན་ཚུལ་གསལ།

[①]སློབ་དཔོན་བུདྡྷ་བྷ་དྲ་སངས་རྒྱས་བཟང་པོའི་ཞབས་ལ་གཏུགས། རྒྱ་ནག་ཏུ་བསྟན་པ་སྤེལ་བར་དགོངས་ཏེ་སློབ་དཔོན་སྤྱན་དྲངས་པར་གསོལ་བ་ཞལ་གྱིས་བཞེས་ཏེ་ཐབས་ཅིག་ཏུ་གཤེགས། དེ་ནས་གངས་རི་བརྒྱལ་ཞིང་གྲང་ངར་བཟོད་དཀའ་བའི་ལམ་འཕྲང་གཟར་མོ་དག་ཕ་མཐར་བསྐྱོད། འབྱུགས་རོམ་དང་ཚོད་མ་འབབ་ཞིག་བཞེས་པས་ལུས་སྟོབས་ཟད་དེ་འཆི་ཁད་ལ་ཐུག །ལོ་དུ་མ་འགྲུངས་མཐར་རྒྱ་ནག་ཏུ་སླེབས། རྗག་ཏུ་སློབ་དཔོན་དང་འགྲོགས་ནས་ཁྲང་ཨན་གྱི་ཧྲ་སི་དགོན་དུ་བཞུགས་འཆག་མཛད། ཅང་མ་སོང་བར་ཆེན་གྱི་བཙུན་པས[②]སློབ་དཔོན་ཕྱིར་ཕུད། ནུབ་ཡུལ་ནས་ཕེབས་པའི་སློབ་དཔོན་འགའ་དང་རང་ག་བར་ཡུལ་བྱོལ་དུ་ཕེབས་ཤུར་རི་ཤར་གཙུག་ལག་ཁང་(山东精舍)དུ་བཞུགས་ཤིང་བསམ་གཏན་ལ་རྩེ་གཅིག་གནས། འདོན་ཆོས་ཆག་མེད་མཛད་དེ་བསྟན་པའི་བྱ་བ་བསྐྱངས།

དབྱིད་ཞིའི་ཁྲི་ལོ་བཅུ་གཉིས་པར་(སྤྱི་ལོ་༤༡༨)རྒྱལ་པོ་སུང་ལྷུའུ་ཏིད་(宋武帝)ཀྱིས་ནུབ་ཁྲང་ཨན་ལ་དམག་དྲངས་ནས་རྒྱལ་ཁ་བླངས་ཏེ། དམག་དཔོན་ཆེན་པོ་དབྱིད་ཤིང་ཀུང་ཝང་ཧྲུལ་(义兴公王恢)བྱ་བ་ཕྱིར་ལོག་པའི་ལམ་དུ་གཟིགས་མོར་ཕྱིན་པའི་སྐབས། བཙུན་པ་ཀྲི་ཡན་གྱི་གཙུག་ལག་ཁང་དུ་འཁྱོར་ནས་ཀྲི་ཡན་དང་བཅས་བཙུན་པ་གསུམ་སྲིན་ཐག་ལས་བྱས་པའི་སྟན་ཐོག་ཏུ་རྩེ་གཅིག་ཏིང་ངེ་འཛིན་ལ་བཞུགས་བཞིན་པ་མཇལ། འོན་ཏེ་ཝང་ཧྲུལ་གམ་ན་མཆིས་པ་ཁོང་

① གཞན་ཡང་《བླ་ཆེན་གྱི་རྣམ་ཐར་》བམ་པོ་གསུམ་པར་སྐབས་དེ་ཤེད་ན་ཧྭ་ཤང་ཀྲི་ཡན་ཁ་ཆེའི་གཙུག་ལག་ཁང་དུ་དགེ་སྦྱོང་ཆེན་པོ་སློབ་དཔོན་སངས་རྒྱས་བཟང་པོའི་དྲུང་དུ་ལོ་གསུམ་རིང་བསམ་གཏན་གྱི་ཆོས་གསན་པས་ཉམས་རྟོགས་ཁྱད་པར་བ་ཡུན་རིང་འབྲུངས་ཤིང་། དེར་སློབ་དཔོན་གྱིས་རྒྱ་ཡུལ་ན་དམ་ཆོས་འཚོལ་བའི་དགེ་སྦྱོང་མཆིས་པར་མཁྱེན་ཏེ་རྒྱ་ནག་པ་རྣམས་ལ་གཙོགས་ཆེ་མཛད་དོ། །ཞེས་ཀྱང་གསལ།

② དགེ་རྒན་ཆེན་མོ་རིན་ཅིད་ཡུས་ཀྱི་《ཀྲུང་གོ་ནང་བསྟན་ཆོས་འབྱུང་》གི་པོད་གཉིས་པའི་ཤོག་ངོས་༨༠༥ལྟར་ན་འདིར་བརྗོད་པའི་ཆེན་གྱི་བཙུན་པ་ཞེས་པ་ནི་ཆེན་ཕྱི་མའི་སྐབས་ཁྲང་ཨན་དུ་སྤྱན་དྲངས་པའི་ཡུལ་གུ་ཟན་གྱི་སློབ་དཔོན་ཀུ་མཱ་ར་ཛཱི་བའི་(鸠摩罗什)སློབ་མར་གོ་ཚུལ་གསལ།

དག་གིས་ཡུན་རིང་མ་ཚོར་ཞིང་། སྤྱན་ཡུད་ཙམ་གདངས་མུར་སླར་ཟུམ་སྟེ་ཁ་ཡ་མ་མཛད་དོ། །དེར་ཤང་ཏུལ་རབ་ཏུ་དད་ཅིང་ཡ་མཚན་པར་འགྱུར་ཏེ་རྒྱུ་མཚན་དྲིས་པས་ཐམས་ཅད་ཀྱིས་བཙུན་པ་གསུམ་པོ་ལོ་དུ་མར་དབེན་གནས་ཁོ་ན་བསྟེན་ཏེ་ལན་ཅིག་ཀྱང་གཞན་དུ་ཕེབས་མ་མྱོང་ཟེར་རོ། །

ཤང་ཏུལ་གྱིས་དེའི་གཏམ་རྒྱལ་པོ་སུང་ཞུའུ་ཏིད་ལ་ཞུས་པས་ཅི་ནས་ཀྱང་རྒྱལ་སར་[1]སྤྱན་འདྲེན་དགོས་པའི་བཀའ་བཏང་ངོ་། །ཐེངས་མང་ཞུ་བ་བགྱིས་མཐར་བཙུན་པ་གཞན་གཉིས་པོས་བསྐྱལ་ངོར་ཀྲི་ཡན་རྒྱལ་སར་གཤེགས། ཤང་ཏུལ་དད་པ་བརྟན་པས་བཙུན་པ་མཆོག་ལ་བསྙེན་བཀུར་དཔེ་མེད་མཛད་ཅིང་རྒྱལ་སར་འཁོར་བ་ན་ཧྲི་ཤིང་དགོན་(始兴寺)དུ་སྤྱན་དྲངས། གང་ཉིད་དབེན་པ་ཁོ་ནར་ཕྱོགས་ཤིང་འདུ་འཛིར་མི་སྤྲོ་བས་ཤང་ཏུལ་གྱིས་གྲོང་མཐའི་ཤར་ཕྱོགས་སུ་ཆེད་དུ་དྲི་གཙང་ཁང་བཏབ་ནས་ཀྲི་ཡོན་དགོན་(枳园寺)ཞེས་མཚན་གསོལ་ལོ། །དེར་སྟོན་བཙུན་པ་འཕགས་ཡུལ་དུ་གཤེགས་སྐབས་ཐོབ་པའི་རྒྱ་དཔེ་འགའ་བསྒྱུར་འགྲོར་ལུས་པས་སུང་ཡོན་ཅྭ་ཁྲི་ལོ་བཞི་པར་(宋元嘉四427年)བླྭ་བོ་ཧྭ་ཤང་པའོ་ཡུན་དང་ཐབས་ཅིག་ཏུ་རྒྱ་ཆེར་རོལ་པ་[2]དང་། ཕྱིར་མི་ལྡོག་པའི་འཁོར་

① དགེ་རྒན་ཆེན་མོ་རིན་ཅིན་ཡུས་ཀྱི་《ཀྲུང་གོ་ནང་བསྟན་ཆོས་འབྱུང་》གི་པོད་གཉིས་པའི་ཤོག་ངོས་༨༠༦སྟར་ན་འདིར་བརྗོད་པའི་རྒྱལ་ས་ནི་ཙན་ཁང་(建康)ཡིན་པར་གསུངས། ཙན་ཁང་ནི་《ཧྥ་ཤན་ལམ་ཡིག་》གི་མཇུག་ཏུ་བཙུན་པ་ཧྥ་ཤན་སིདྷ་ལ་ནས་ཕ་ཡུལ་དུ་ཕེབས་པའི་ས་ཚིགས་གཉིས་པ་སྟེ་ད་ལྟའི་ཙང་སུའུ་ནན་ཅིང་ཡིན་པར་སྙམ་མོ། །

② མདོ་དེའི་རྒྱ་ཡིག་གི་མཚན་བྱང་ལ་སྐབས་བབ་《སྡེ་སྣོད་གསུམ་ཀའི་ཆོས་ཀྱི་རྣམ་གྲངས་ཀྱི་བརྗེད་བྱང་ཆེན་པོའི་》བམ་པོ་བཅོ་ལྔ་ཡི་བཙུན་པ་ཀྲི་ཡན་གྱི་རྣམ་ཐར་ན་普曜经དང་། ཐང་གུར་སྐབས་ཀྱི་འགྱུར་དུ་方广大庄严经དང་། གཞན་དུ་圣广大游戏名大乘经འམ་圣广大游戏大乘经སོགས་འདོད་དོ། །ཁྲུ་ཆུང་ཚེ་རིང་ལགས་ཀྱིས་བསྒྲིགས་ཤིང་བོད་ལྗོངས་བོད་ཡིག་དཔེ་རྙིང་དཔེ་སྐྲུན་ཁང་གིས་སྤྱི་ལོ་༢༠༡༨ལོར་དཔར་དུ་བཏབ་པའི་《རྒྱལ་བའི་བཀའ་འགྱུར་རིན་པོ་ཆེ་དཔར་མ་ལྷའི་གཤིབ་བསྡུར་དཀར་ཆག་བཞུགས་སོ་》ཞེས་པའི་ཤོག་ངོས་༥༥༡། མདོ་དེའི་མཚན་ཆ་ཚང་ལ་འཕགས་པ་རྒྱ་ཆེར་རོལ་པ་ཞེས་བྱ་བ་ཐེག་པ་ཆེན་པོའི་མདོ་(ཨཱརྻ་ལ་ལི་ཏ་བིསྟ་ར་ནཱ་མ་མ་ཧཱ་ཡཱ་ན་སཱུ་ཏྲ།)ཞེས་བྱ། བམ་པོ་བཅོ་བརྒྱད་དང་ལེའུ་ཉེར་བདུན་པ། རྒྱ་གར་གྱི་མཁན་པོ་ཛི་ན་མི་ཏྲ་དང་། དཱ་ན་ཤཱི་ལ་དང་། མུ་ནི་ཝརྨ་དང་། ཞུ་ཆེན་གྱི་ལོ་ཙཱ་

ལོ①དང་། རྒྱལ་ཆེན་བཞི②བཅས་མདོ་གསུམ་བསྒྱུར་ཅིང་དབེན་པའི་དགོན་གནས་ཁོ་ནར་བཞུགས་པ་ལས་གཞན་གྱིས་སྤྱན་དྲངས་པར་རྩ་ནས་མ་བྱོན་སྐབས་ཉེ་རིང་གི་སེར་སྐྱ་མ་དུད་པ་གཅིག་ཀྱང་མེད་དོ། །

བཙུན་པ་ཀྲི་ཡན་ཐོག་མར་རབ་ཏུ་མ་བྱུང་གོང་བསླེབ་གནས་ཡན་ལག་ལྔ་བསྲུང་ཅིང་བཞུགས་པའི་ཚེ། ཕམ་པ་བྱུང་བ་ཕྱིས་སུ་བསླེབ་རྫོགས་ཀྱི་སྡོམ་པ་མནོས་རྗེས་འགྲོད་བཤགས་མཛད་མོད། དག་མི་དག་ཐེ་ཚོམ་མ་ཆོད་པས། སླར་ཡང་རྒྱ་གར་དུ་གཤེགས་ནས་གནས་བརྟན་དག་ལ་དྲིས་པས་ཀྱང་བློ་དོགས་སེལ་

བ་བརྙེ་ཡི་ཤེས་སྟེས་བསྒྱུར་ཅིང་ཞུས་ཏེ། སྐད་གསར་བཅད་ཀྱིས་ཀྱང་བཅོས་ནས་གཏན་ལ་ཕབ་པ་སྡེ་དགེ་བཀའ་འགྱུར་གྱི་མདོ་སྡེ་ཁ་པོད་ཀྱི་ལྡེབ་༧གི་སྦྱིབ་ངོས་ནས་ལྡེབ་༣༢༩ཡི་སྦྱིབ་ངོས་བར་བཞུགས། རྒྱ་ཡིག་ན་འགྱུར་མི་འདྲ་བ་གཉིས་ཙམ་ཡོད་པ་དེ་དག་ནི་ཅིན་རྒྱལ་རབས་དུས་ཀྱི་ལོ་རྣ་བ་རྣམ་རབ་དང་། ཐང་རྒྱལ་རབས་ཀྱི་དུས་ཀྱི་ལོ་རྣ་བ་དི་བ་ཀ་རས་ཁག་སོ་སོར་སྤྱི་ལོ་༣༠༨དང་། སྤྱི་ལོ་༨༢༣མམ་༨༢༥ལོར་བསྒྱུར་བའོ། །ཞེས་འཁོད།

① མདོ་དེའི་རྒྱ་ཡིག་གི་མཚན་བྱང་ལ་སྐབས་བབ་《སྟེ་སྣོད་གསུམ་ཀའི་ཆོས་ཀྱི་རྣམ་གྲངས་ཀྱི་བརྗེད་བྱང་ཆེན་པོའི་》བམ་པོ་བཅོ་ལྔ་ཡི་བཙུན་པ་ཀྲི་ཡན་གྱི་རྣམ་ཐར་ན་广博严净དང་། དེའི་གོང་གི་ཅིན་ནུབ་མའི་(西晋427)འགྱུར་ལ་阿维越致遮经དང་། རྗེས་ཀྱི་ལེང་བྱང་མའི་(北凉412～439)འགྱུར་ལ་不退转法论经的དང་། གཞན་དུ་圣者不退转法论大乘经ཡང་བྱའོ། །མཚན་གོང་ན་བརྗོད་པའི་《རྒྱལ་བའི་བཀའ་འགྱུར་རིན་པོ་ཆེ་དཔར་མ་ལྗིའི་གཤིབ་བསྡུར་དཀར་ཆག་བཞུགས་སོ་》ཞེས་པའི་ཤོག་གྲངས་༡༢༠ཏུ། མདོ་དེའི་མཚན་བྱང་ཆ་ཚང་ལ་འཕགས་པ་ཕྱིར་མི་ལྡོག་པའི་འཁོར་ལོ་ཞེས་བྱ་བ་ཐེག་པ་ཆེན་པོའི་མདོ་(ཨཱརྱ་བཻ་བརྟ་ཙཀྲ་ནཱ་མ་མ་ཧཱ་ཡཱ་ན་སཱུ་ཏྲ)ཞེས་བྱ། བམ་པོ་དྲུག་པ། རྒྱ་གར་གྱི་མཁན་པོ་ཛི་ན་མི་ཏྲ་དང་། དཱ་ན་ཤཱི་ལ་དང་། མུ་ནི་ཝརྨ་དང་། ཞུ་ཆེན་གྱི་ལོ་ཙཱ་བ་བནྡེ་ཡེ་ཤེས་སྡེ་ལ་སོགས་པས་བསྒྱུར་ཅིང་ཞུས་ཏེ་གཏན་ལ་ཕབ་པ་སྡེ་དགེ་བཀའ་འགྱུར་མདོ་སྡེ་ཞ་པོད་ཀྱི་ལྡེབ་༢༩༧ཀྱི་སྦྱིབ་ངོས་ནས་༣༠༧གི་སྦྱིབ་ངོས་བར་བཞུགས། རྒྱ་ཡིག་ན་འགྱུར་མི་འདྲ་བ་གསུམ་ཙམ་མཆིས་པ་ལས་གཅིག་ནི་ཅིན་རྒྱལ་རབས་ནུབ་མའི་དུས་སུ་ལོ་རྣ་བ་རྣམ་རབ་དང་། གཞན་ནི་ལིའུ་སུང་རྒྱལ་རབས་ཀྱི་ལོ་རྣ་བ་ཀྲི་ཡན་གྱིས་ཁག་སོ་སོར་སྤྱི་ལོ་༢༨༩དང་སྤྱི་ལོ་༦༢༧ལོར་བསྒྱུར་བ་དང་། ཅིག་ཤོས་ནི་སྤྱི་ལོ་༦༧༢ནས་༦༤༩བར་ལ་ལེའང་རྒྱལ་རབས་བྱང་མའི་ལོ་རྣ་བ་ཆེ་གེ་མོས་བསྒྱུར་བའོ། །ཞེས་གསལ།

② དེར་སྐབས་བབ་《སྡེ་སྣོད་གསུམ་ཀའི་ཆོས་ཀྱི་རྣམ་གྲངས་ཀྱི་བརྗེད་བྱང་ཆེན་པོའི་》བམ་པོ་བཅོ་ལྔ་ཡི་བཙུན་པ་ཀྲི་ཡན་གྱི་རྣམ་ཐར་ན་四天王ཞེས་འཁོད་པའི་མདོ་དེ་ཉིད་བོད་ཀྱི་བཀའ་འགྱུར་གྱི་པོད་ཚན་གང་ན་མཆིས་མིན་ཆ་འཚལ་ཞིང་། རྒྱའི་མཁས་པ་ཧོང་མིང་ཤིན་(黄明信)གྱིས་མཛད་པའི་ཀྲི་ཡུའན་ལུ་དཀར་ཆག་དང་དེའི་བོད་འགྱུར་མའི་མཆན་འགྲེལ་ཤོག་གྲངས་༢༩༩ཏུ། མདོ་དེ་བོད་ལ་ཡོད་མེད་གང་ན་བཞུགས་མིན་མི་ཤེས། གུང་མགོན་སྐྱབས་ཀྱིས་རྒྱལ་ཆེན་བཞིའི་མདོ་རུ་བསྒྱུར་བར་སྣང་ཞེས་འཁོད་དོ། །

མ་ནུས། དེ་ནས་དགྲ་བཅོམ་པ་ཞིག་གིས་ལམ་བསྟན་པ་ལྟར་རྗེ་ལམ་དུ་དགའ་ལྡན་དུ་གཤེགས་ནས་རྗེ་བཙུན་བྱམས་མགོན་མཇལ་ཏེ་གསོལ་བ་ན། ཐམ་པ་དག་གོ་ཞེས་བཀའ་བསྩལ་བས་སྤྲོ་བ་ཆེན་པོས་ཕྱིར་བཟློག་མུར་ཁ་ཆེའི་ཡུལ་དུ་ཕྱིན། མཇུག་ཏུ་བསྟུང་བ་སོགས་ཀུན་ནས་མེད་པར་དགུང་གྲངས་བདུན་ཅུ་རྩ་བརྒྱད་བཞེས་པའི་ཐོག་སྐུ་མྱ་ངན་ལས་འདས་སོ། །

ཡུལ་གྲུ་གཞན་གྱི་ནང་པའི་ལུགས་ལྟར་ན་འབྲས་བུ་ཐོབ་པ་ཅི་རིགས་ཀྱི་སྐུ་གདུང་གནས་ཁྱད་པར་བར་འདྲེན་དགོས་ཀྱི། ཏ་ཤང་གྲེ་ཡན་སྐུ་མྱ་ངན་ལས་འདས་རྗེས་གཞན་དག་གིས་འཕགས་པའི་སྐྱེས་བུ་ཡིན་པ་མ་ཆོར་བར་དགེ་འདུན་ཕལ་པ་བཞིན་ཕུར་འཇུག་པར་བཙམས་པའི་ཚེ། སྐྱེ་བོ་དུ་མས་ཇི་ཙམ་བཏེག་ཀྱང་སྐུ་གདུང་གཡོ་བ་མེད་པར་སོ་ན་གནས། ཀུན་ངོ་མཚར་བར་འགྱུར་ཏེ་འཕགས་པ་རྣམས་ཀྱི་ཕུར་འཇུག་སའི་གནས་སུ་མི་བཞི་ཡིས་སྤྱན་དྲངས་པས་ཤུང་གིས་དེད་པ་ཇི་བཞིན་བསྐྱོད་དོ། །དུས་ཕྱིས་ཏ་ཤང་གི་སློབ་མ་གྲེ་ཡུད་(智羽)དང་། གྲེ་ཏྭ།(智达) གྲེ་ཡོན་(智远)གསུམ་པོ་འཕགས་ཡུལ་ནས་ལོག་སྟེ་དེའི་གཏམ་ཐོས་པས་ལྷན་དུ་བླ་མ་འདས་པའི་ཡུལ་དུ་ཕེབས།

གསུམ། ཧྭ་ཤང་བ་ནོ་ཨུན།

ཤཱཀྱའི་བཙུན་པ་ཧྭ་ཤང་པའོ་ཡུན་གྱི་རུས་ཁུངས་ཞིབ་ཕྲ་མི་གསལ་ཞིང་ལེང་ཀྲོའུ་ཀྲུ་འབྱུངས་པར་སྐད། དགུང་གྲངས་ཉི་ཤུ་ཙམ་ལ་རབ་ཏུ་བྱུང་། བསྙེན་འགྲུས་ཀྱི་གོ་ཆ་བརྟན་ཅིང་སློབ་གཉེར་ཚགས་ཞིབ་མཛད་དེ་འཇིག་རྟེན་ཕུན་ཚོགས་ལ་ཡེ་ནས་བློ་མི་ཕྱོགས་པས་སྐུ་ན་ཕྲ་མོའི་དུས་ནས་སྐན་པ་ཕྱོགས་བཅུར་ཁྱབ། དམ་ཆོས་འཚོལ་ལ་རིངས་པའི་ཐུགས་འདུན་ཟབ་ཕྱིར་སྐུ་སྲོག་བློས་གཏོང་གིས་རྒྱ་གར་ཞིང་གི་གནས་མཆོག་རྣམས་མཇལ་ཞིང་མདོ་བསྟན་འཚོལ་བར་དགོངས་པ་ན་ཅིན་རྒྱལ་རབས་ཀྱི་ལུང་ཨན་ལོ་སྟོད་①ལ་འཕགས་ཡུལ་དུ་གཤེགས་པས་བཙུན་པ་ཧྲ་ཤན་དང་། ཀྲེ་ཡན་གཉིས་སྔ་རྗེས་སུ་འཕྲད། སྐྱི་གཡའ་བའི་བྱེ་ཐླང་དང་། གཟར་ཞིང་འཁྲུགས་པའི་གངས་རི་དག་བརྒལ་ཏེ་དཀའ་སྤྱད་དུ་མ་འཁུར་དུ་བཞེས། དེ་ལྟར་ལི་ཡུལ་ནས་བརྩམས་ཏེ་རྒྱ་གར་གྱི་ཡུལ་སོ་སོའི་ངོ་མཚར་བཀོད་པ་མངོན་སུམ་མཇལ་བ་དང་། གནོད་སྦྱིན་རྒྱ་བའི་དུར་ས་དག་བརྒྱུད་ཅིང་ལྷག་པའི་ལྷའི་གསུང་ཐོས་ཀྱིན། སྟོན་པའི་རྗེས་ཤུལ་རྣམས་ལ་ཕྱག་མཆོད་མཛད།

བཙུན་པ་པའོ་ཡུན་གྱིས་རྒྱ་གར་དུ་ལེགས་སྦྱར་གྱི་དཔེ་ཆར་སློབ་གཉེར་མཛད་དེ་ཡུལ་བྱེ་བྲག་པའི་སྐད་ཅི་རིགས་ཀྱི་སྒྲ་དོན་ཀུན་མཐར་ཕྱིན་ནས་དུས་ཕྱིས་ཁྲང་ཨན་དུ་ཕྱིར་བཀྲོག་མུར་སློབ་དཔོན་བུདྡྷ་བྷ་དྲ་སངས་རྒྱས་བཟང་པོའི་ཞབས་ལ་གཏུགས་ནས་བསྙེན་པ་མ་ལྟོད་པར་ཐུགས་སྦྱངས་ཤིང་བསམ་གཏན་གྱི་སྒོར་ཞུགས།

དེ་ནས་ཅང་མ་འགོར་བར་ཆེན་གྱི་བཙུན་པས་སློབ་དཔོན་རང་ཡུལ་དུ་ཕྱིར་བསྐྲད་པས་སློབ་མ་རྣམས་ཀྱང་དེ་མཉམ་དུ་སོ་སོར་གྱེས། ཧྭ་ཤང་ཀྲེ་ཡན་རི་བོ་ལུའུ་

① དགེ་རྒན་ཆེན་མོ་རིན་ཅིད་ཡུས་ཀྱི་《ཀྲུང་གོ་ནང་བསྟན་ཆོས་འབྱུང་》གི་པོད་གཉིས་པའི་ཤོག་ངོས་༨༠༦དུ་ལུང་ཨན་ལོ་སྟོད་ནི་སྤྱི་ལོ་༥༩༧ནས་༦༠༧བར་ཡིན་ཚུལ་གསལ།

ཧྲན་(庐山)དུ་བཙུན་པ་ཧུའི་ཡོན་(慧远)གྱི་དྲུང་དུ་སློབ་དཔོན་ཕྱིར་ཕྱུད་པའི་རྒྱུ་མཚན་རྟོགས་པར་བྱོན་ཏེ་ཁོང་གཉིས་ལྷན་དུ་ཡང་ཀྲོའུ་(杨州)ཡི་ཏའོ་ཁྲང་དགོན་(道场寺)དུ་ཕེབས། བློ་གྲོས་ཆེན་པོ་གང་དེ་དམ་བཅའ་བརྟན་ཅིང་ཐག་རིང་ཆ་མེད་ཡུལ་དུ་དམ་ཆོས་འཚོལ་ལ་གཤེགས་པའི་ལེགས་བྱས་ཀྱི་ཡོན་ཏན་ལ་འདུས་ཚོགས་རབ་ཏུ་བཏུད་ཅིང་དད་པའི་སེམས་ཀྱིས་ཐམས་ཅད་དྲུང་ན་ཆོས་ཞུ་བར་ལྷགས། ཚེ་དཔག་མེད་ཀྱི་མདོ་[①]བསྒྱུར་ཅིང་སྐུ་ཚེའི་མཇུག་ཏུ་འགྱུར་ཆོས་མང་དུ་ཐོན་པའང་ཕལ་ཆེར་ཁོང་གིས་བསྒྱུར་བར་གྲགས། རྒྱུན་པར་ཕྱུག་ལ་རྒྱ་དཔེ་བཞེས་ནས་ཙི་ནའི་སྐད་ཀྱིས་གསུངས་ཤིང་སཾ་རྒྱ་གཉིས་ཀའི་བརྡ་སྦྱོད་རྩེར་སོན་ཏེ་སྒྲ་དོན་གསལ་ལ་བརྗོད་པ་བདེ་བས་གང་གིས་གཏན་ལ་ཕབས་སོ་ཅོག་མགྲིན་གཅིག་ཏུ་ཚད་མར་བྱེད།

སྟོན་ཏྭ་ཤང་ཕུ་ཧྥོ་ཉན་(竺佛念)སྒྲ་སྒྱུར་ལ་མཁས་པར་གྲགས་ཤིང་། མངའ་བདག་ཧྥུ་ཅན་(苻坚)དང་། ཡའོ་ཤིང་(姚兴)གཉིས་[②]ཀྱི་དུས་བཙུན་པ་རྒྱ་ནག་

① མདོ་དེའི་རྒྱ་ཡིག་གི་མཚན་བྱང་ལ་སྐབས་བབ་《སྡེ་སྣོད་གསུམ་ཀའི་ཆོས་ཀྱི་རྣམ་གྲངས་ཀྱི་བརྗོད་བྱང་ཆེན་པོའི་》བམ་པོ་བཅོ་ལྔ་ཡི་བཙུན་པ་པའོ་ཡུན་གྱི་རྣམ་ཐར་ན་新无量寿ཞེས་འཁོད་ཅིང་ད་ལྟ་གང་ན་མཆིས་མིན་ཆ་མི་འཚལ། མཇལ་སྐལ་དུ་འགྱུར་བ་རྒྱའི་བཀའ་བསྟན་ཆེན་མོར་བཞུགས་པའི 佛说无量寿经ནི་བུ་ཆུང་ཚེ་རིང་ལགས་ཀྱིས་བསྒྲིགས་པའི་《རྒྱལ་བའི་བཀའ་འགྱུར་རིན་པོ་ཆེ་དཔར་མ་ལྟའི་གཞིབ་བསྡུར་དཀར་ཆག་》གི་ཤོག་ངོས་༥༥ལ་གཞིགས་ཚོ། ཧྭ་ཤང་པའོ་ཡུན་གྱི་གོང་དུ་ཚའོ་ཕྱུད་རྒྱལ་རབས་སྐབས་སྤྱི་ལོ་༢༥༢ཙམ་ལ་ལོ་ཙཱ་བ་སང་བྷ་ཝར་མ་ཟེར་བ་ཡང་གི་པའི་ལྭ་སྒྲི་དགོན་དུ་(白马寺)བསྒྱུར་ཅིང་། དེའི་སྙིང་ཏན་དང་། ཕྱུའུ། ཐང་། སུང་རྒྱལ་རབས་བཅས་དུས་ཀྱི་མདོ་དེའི་འགྱུར་མ་བཞི་བསྟན་པས་ཕྱིན་རྒྱ་འགྱུར་མི་གཅིག་པ་ལྔ་ཙམ་ཡོད་ཚུལ་གསལ། འོན་ཏེ་དེ་ཉ་སྐབས་བབ་པའོ་ཡུན་གྱི་འགྱུར་མི་གསལ་བས་བརྟག་དགོས་པར་སེམས། 佛说无量寿经ཡི་བོད་འགྱུར་མཚན་བྱང་ལ་འཕགས་པ་འོད་དཔག་མེད་ཀྱི་བཀོད་པ་ཞེས་བྱ་བ་ཐེག་པ་ཆེན་པོའི་མདོ་ཞེས་བྱ།(ཨཱརྻ་ཨ་མི་ཏཱ་བྷ་བྱཱུ་ཧ་ནཱ་མ་མ་ཧཱ་ཡཱ་ན་སཱུ་ཏྲ།) དཀོན་བརྩེགས་ལེའུ་ལྔ་པ། བམ་པོ་གསུམ་པ། རྒྱ་གར་གྱི་མཁན་པོ་ཛི་ན་མི་ཏྲ་དང་། དཱ་ན་ཤཱི་ལ་དང་། ཞུ་ཆེན་གྱི་ལོ་ཙཱ་བ་བནྡེ་ཡེ་ཤེས་སྡེས་བསྒྱུར་ཅིང་ཞུས་ཏེ་སྐད་གསར་བཅད་ཀྱིས་གཏན་ལ་ཕབ་པ་སྡེ་དགེ་བཀའ་འགྱུར་དཀོན་བརྩེགས་ཀ་པོད་ཀྱི་ལྡེབ་༢༣༧གྱི་རྒྱབ་ངོས་ནས་ལྡེབ་༢༧༠ཡི་ཉིན་ངོས་བར་བཞུགས་སོ། །

② མངའ་བདག་དེ་གཉིས་ཀྱི་སྐོར་རྒྱ་ནག་ལམ་ཡིག་བོད་འགྱུར་མའི་ས་བཅད་དང་པོའི་དབུ་ཐོད་ཐུབ་ལམ་དུ་གཤེགས་པའི་ཐོག་མ་ཞེས་པའི་ཁྲང་ཨན་གྱི་མཚན་དུ་གསལ།

གྱིས་དམ་ཆོས་མང་དུ་བསྒྱུར། རྒྱ་ཡུལ་ཅང་ཏུང་(江东)[1]དུ་ཧྭ་ཤང་པའོ་ཡུན་ལེགས་སྦྱར་གཞུང་ལ་འགྲན་ཟླ་བྲལ་ཞིང་། ཅིན་དང་སུང་རྒྱལ་རབས་ཀྱི་སྐབས་རྒྱལ་བའི་གསུང་རབ་དར་སྤེལ་ཆེར་མཛད་པའི་སྐབས་དགེ་སློང་ཧུད་ཀོན་(慧观)སོགས་བསྟན་འཛིན་གྱི་སྐྱེས་བུ་དག་དང་མཛའ་བཤེས་སུ་གྱུར་ནས་ཐབས་ཅིག་ཏུ་བསྟན་པའི་བྱ་བ་བསྐྱངས།

ཧྭ་ཤང་པའོ་ཡུན་གྱིས་དབེན་པའི་གནས་ཁོ་ན་བག་ཕེབས་པར་གཟིགས་པས་ལྷིའུ་ཧྭ་དགོན་(六合寺)དུ་བཞུགས་ནས་སངས་རྒྱས་ཀྱི་སྤྱོད་པ་ཞེས་བྱ་བའི་སྙན་དངགས་ཆེན་པོ་[2]བསྒྱུར་བར་མཛད། དེའི་ཚེ་རྒྱ་ནག་ཡུལ་དུ་ཉམས་ཐག་སྐྱོ་བོ་མང་ཞིང་ཧག་ཀུན་གྱིས་ཁྱབ་པ་དེ་དག་ཧྭ་ཤང་པའོ་ཡུན་གྱི་གམ་ནས་ཆོས་གསན་རིགས་ཕལ་ཆེར་རྒྱུ་འབྲས་ཤེས་ནས་དགེ་བར་འཇུག་ཅིང་། མི་ཁྱིམ་བཅུའི་ཆ་བརྒྱད་དགུས་ཕྱག་མཆོད་བསྙེན་བཀུར་བྱེད་དོ། །དེ་ནས་ཧའོ་ཁྲང་དགོན་གྱི་མཁན་པོ་ཧུད་ཀོན་སྐུ་འདས་པས་བུ་སློབ་རྣམས་ཀྱིས་ཧྭ་ཤང་པའོ་ཡུན་ཡང་ཀྲིའུ་ཡི་དགོན་པ་སྐྱོང་བར་ནན་གྱིས་གསོལ་བར་བརྟེན་ཐབས་ཟད་དེ་ཐོན་དགོས་བྱུང་། ལོ་འགའ་བཞུགས་རྗེང་སླར་ལྷིའུ་ཧྭ་དགོན་དུ་ཕྱིར་བཀློག་ཅིང་། སུང་ཡོན་ཛ་ཁྲི་ལོ་ཉེར་དྲུག་(宋元嘉二十六年449年)དགུང་གྲངས་བདུན་ཅུ་ལྷག་ཙམ་ལ་སྐུ་མྱ་ངན་ལས་འདས། འཕགས་ཡུལ་དུ་གཤེགས་པའི་མཛད་པ་ཡིག་ཚང་གཞན་

① ཅང་ཏུང་(江东)ནི་འབྲི་ཆུའི་སྨད་ཁུལ་ལྷོ་རོལ་གྱི་ཡུལ་སྤྱིར་བརྗོད་ཅིང་། གནའ་བོའི་རྒྱ་ནག་གི་ཅིན་དང་། སུང་། ཆི།(齐) ལེང་།(梁) ཁྲིན་(陈)བཅས་རྒྱལ་རབས་སོ་སོའི་དུས་ཀྱི་མངའ་བའི་རིས་ཀུན་ལ་གོ །

② བསྟན་བཅོས་དེར་སྐབས་བབ《ཐེ་སྣོད་གསུམ་ཀའི་ཆོས་ཀྱི་རྣམ་གྲངས་ཀྱི་བརྗེད་བྱང་ཆེན་པོའི་》བམ་པོ་བཅོ་ལྔ་ཡི་བཙུན་པ་པའོ་ཡུན་གྱི་རྣམ་ཐར་ན། རྒྱ་ཡིག་ཏུ་佛所行赞经དང་། རྒྱ་ནག་གི་བཀའ་བསྟན་ཆེན་མོར་佛所行赞ཞེས་འཁོད་པ་དེ་ནི་རྒྱ་གར་གྱི་སློབ་དཔོན་རྟ་དབྱངས་ཀྱིས་མཛད་ཅིང་བོད་དུ་པཎྜི་ཏ་ས་དབང་བཟང་པོ་དང་། ལོ་ཙཱ་བ་བློ་གྲོས་རྒྱལ་པོས་བསྒྱུར་ཅིང་མཚན་བྱང་ཆ་ཚང་ལ་སངས་རྒྱས་ཀྱི་སྤྱོད་པ་ཞེས་བྱ་བའི་སྙན་དངགས་ཆེན་པོ་བྱ་ཞིང་། སྡེ་དགེ་བསྟན་འགྱུར་སྐྱེས་རབས་གེ་པོད་ཀྱི་ལྡེབ་༡ནས་༡༠༣བར་བཞུགས།

ན་མཇལ་དུ་མཆིས་ཞེས་སྡེ་སྣོད་གསུམ་ཀའི་ཆོས་ཀྱི་རྣམ་གྲངས་ཀྱི་བརྗེད་བྱང་ཆེན་མོའི་བམ་པོ་བཅོ་ལྔར་གསལ།

བཞི། ཧྭ་ཤང་ཧུད་ཏྭ།[①]

ཤཱཀྱའི་བཙུན་པ་ཧྭ་ཤང་ཧུད་ཏྭ་ཡི་ཏུས་རྒྱུད་ལ་ལིའུ་(刘)བྱ་ཞིང་མཚན་ལ་སྭ་ཧོ་(萨何)ཞེས་འབོད། པིང་ཀྲིའུ་ཤི་ཧོ་ལི་ཧྲིར་[②](并州西河离石)འཁྲུངས། ཆུང་ངུའི་དུས་ནས་རྔོན་རྒྱག་པར་དགའ་ཞིང་དགུང་ལོ་སོ་གཅིག་སྐྱེང་སྒྲོ་བུར་འཆི་བ་ལྟར་དྲན་མེད་དུ་བརྒྱལ་ནས་ཉིན་གཅིག་སོང་བའི་རིང་དམྱལ་ཁམས་འགྲིམས་ཏེ་ལས་འབྲས་ཀྱི་ལྟས་མོ་ཀུན་རིག་པའི་མོད། ཁོང་གི་སྐྱེ་བ་སྔོན་མའི་བླ་མ་ཡིན་ཟེར་བའི་བཙུན་པ་ཞིག་མཇལ་བ་དེས་གདམས་ངག་མནོས་ནས་རབ་ཏུ་བྱུང་བར་བསྐུལ། དེ་ནས་ཏན་ཡང་(丹阳)དང་ཧུའི་ཇི་(会稽)དང་། ཝུའུ་ཅུན་(吴郡)སོགས་

① ཧྭ་ཤང་དེའི་རྒྱ་ཡིག་གི་མཚན་ལ་慧达བྱ་ཞིང་རྒྱ་ནག་ལེང་རྒྱལ་རབས་སྐབས་ཀྱི་ཧྭ་ཤང་ཧུད་ཅའོ་(慧皎497～554)ཡིས་མཛད་པའི་《བླ་ཆེན་གྱི་རྣམ་ཐར་》དང་། དེའི་ཕྱིས་ཐང་རྒྱལ་རབས་དུས་ཧྭ་ཤང་ཏའོ་ཤོན་(道宣596～667)གྱིས་མཛད་པའི་《བླ་ཆེན་གྱི་རྣམ་ཐར་ཁ་སྐོང་》《续高僧传》གཉིས་ཀྱི་སྔ་མའི་བམ་པོ་བཅུ་གསུམ་དང་། ཕྱི་མའི་བམ་པོ་ཉེར་ལྔ་སོ་སོར་慧达ཞེས་མཚན་གཅིག་མཚུངས་རྟེན་ཐ་དད་པའི་ཧྭ་ཤང་གཉིས་ཀྱི་རྣམ་ཐར་བཀོད་ཡོད་པ་ལས་སུ་ཞིག་བཙུན་པ་ཧྥ་ཤན་ལ་ལི་ཡུལ་ནས་འཕྲད་པ་དེ་ཡིན་པའི་ཐད་ཀྲང་ཤུན་གྱིས་མཛད་པའི་《ཧྥ་ཤན་ལམ་ཡིག་གི་མཆན་》ཤོག་ངོས་༧༨༨རྒྱུ་མཚན་བཀོད་པར་གཞིགས་ན། ཕྱི་མ་བླ་ཆེན་རྣམ་ཐར་ཁ་སྐོང་དུ་བསྟན་པའི་ཧུད་ཏྭ་ནི་སྤྱི་ལོ་༥༧༨མཇུག་ལ་འདས་སྐབས་དེ་ཉིད་ཧྥ་ཤན་ལམ་ཡིག་གི་ལོ་ཚིགས་དང་འགལ་བ་ཆེ་ཞིང་སྐུ་ན་མཐོ་དྲགས་པ་དང་། རྒྱ་གར་དུ་ཐེབས་པའི་སྐོར་ཡེ་ནས་མི་འཁོད་པ་སོགས་རྒྱུ་མཚན་དབང་གིས་གང་བརྗོད་བྱའི་ཧུད་ཏྭ་ཡིན་ཐབས་བྲལ་ཞེས་དང་། ཧྥ་རན་སིའི་རྒྱལ་ས་ཕ་རི་སིར་བཞུགས་པའི་ཏུན་ཧོང་ཡིག་ཚང་P.2680、3570、3727བཅས་གསུམ་ལས་བསྟན་པ་ལྟར་ན་ལོ་ཚིགས་དང་སྐུ་ཚེ་ཧྲིལ་པོའི་འཕྲིན་ལས་གང་ཐད་ནས་ཀྱང་སྔ་མ་བླ་ཆེན་རྣམ་ཐར་དུ་བསྟན་པའི་ཧུད་ཏྭ་ནི་སྐབས་བབ་ཧྥ་ཤན་ལམ་ཡིག་ཏུ་བརྗོད་པ་དེ་ཉིད་འཁྲུལ་མེད་ཡིན་ཅེས་གསུངས། དེའི་ཕྱིར་འདིར་བོད་འགྱུར་མར་ཀྲང་ཤུན་གྱི་བཞེད་པ་བཞིན་བླ་ཆེན་རྣམ་ཐར་གཞིར་བཟུང་ཧྭ་ཤང་ཧུད་ཏྭ་ཡི་མཛད་རྣམ་དྲངས་པ་ལགས།

② པལ་ཆེར་ད་ལྟའི་ཧྲན་ཤིའི་ཧྥེན་ཧྲུའི་(山西汾水)ཆུ་བོའི་རྒྱུགས་ཁུལ་དབུས་མར་ཡིན་ཞེས་ཀྲུའུ་ཧེན་ཧྥུ་སོགས་ཀྱིས་མཛད་པའི་བླ་ཆེན་རྣམ་ཐར་གྱི་བསྒྱུར་མཆན་དུ་གསལ།(（梁）释慧皎著，朱恒夫、王学钧、赵益注译:《高僧传》，陕西人民出版社，2010年，下册第747页。)

སའི་ཆ་རྣམས་སུ་རྒྱལ་པོ་མྱ་ངན་མེད་ཀྱིས་བཞེངས་པའི་མཆོད་རྟེན་འཚོལ་བར་ཐེབས་ནས་སངས་རྒྱས་ཀྱི་སྐུ་བརྙན་དྲུང་ན་ཕྱག་མཆོད་དང་བཤགས་སྨོན་མཛད་མ་ཐག་དྲན་པ་རྙེད་ནས་ཉམས་སད་པར་འགྱུར། ཅང་མ་སོང་བར་རབ་ཏུ་བྱུང་ནས་ཆོས་མིང་ལ་ཧུད་ཧྭ་ཞེས་གསོལ་ཏེ་ཚོགས་གསོག་སྒྲིབ་སྦྱོང་ལ་རྩེ་གཅིག་གཞོལ།

རྒྱ་ནག་ཅིན་ཤར་མའི་རྒྱལ་པོ་ཤའོ་ཝུའུ་ཏིས་(东晋孝武帝)སྲིད་བཟུང་བའི་སྐབས་བཙུན་པ་ཧུད་ཧྭ་རྒྱལ་སར་ཐེབས། སྔོན་རྒྱལ་པོ་ཇན་ཝན་ཏི་①(简文帝)ཡིས་ཁྲང་གན་དགོན་(长干寺)དུ་ཐོག་བརྩེགས་གསུམ་ཅན་གྱི་མཆོད་རྟེན་བཞེངས་ཏེ་ཡོངས་སུ་གྲུབ་པའི་རྗེས་མར་རྟག་ཏུ་མཆོད་རྟེན་ལས་མཚན་མོ་འོད་འཚེར་ཞིང་། ཧྭ་ཤང་ཧུད་ཧྭ་གྲོང་མཁར་དུ་འགྱུར་བ་དང་མཆོད་རྟེན་གྱི་རྩེ་མོར་ཁ་དོག་ཁྲད་པར་སྣང་བ་མཐོང་ནས་དེར་ཐེབས་ཏེ་ཉིན་མཚན་ལྷོད་མེད་དུ་ཕྱག་མཆོད་མཛད། དེ་ནས་ཡང་མཚན་མོ་མཆོད་རྟེན་གྱི་རྨང་འོག་ནས་འོད་འཚེར་བ་མཐོང་བའི་ཚེ། རོགས་གཞན་དང་མཉམ་དུ་འདོམ་གཉིས་ལྷག་དྲུས་པས་རྡོའི་ག་བ་གསུམ་ཐོན་པ་དབུས་མའི་འོག་ན་ལྕགས་ཀྱི་སྒྲོམ་བུ་ཞིག་བཙུག་པ་དེ་ཕྱེ་བས་ནང་དུ་དངུལ་གྱི་ཟ་མ་ཏོག་ཞིག་གདའ་བ་ཕྱེ་བའི་ཚེ་སླར་ཡང་གསེར་གྱི་ཟ་མ་ཏོག་ནང་དུ་འོད་ལྷམ་མེར་འཚེར་བའི་སངས་རྒྱས་ཀྱི་རིང་བསྲེལ་རྡོག་གསུམ་དང་། ཕྱག་སེན་དབུ་ལོ་སོ་སོར་རྐང་གཅིག་བཅས་གསོལ་ཡོད་པ་མཐོང་བ་ལས་དབུ་ལོ་ཁྲུ་འགའ་ཙམ་འཐེན་ཐུབ་ཤིང་ལྟོད་ཚེ་དུང་ལྟར་འཁྱིལ་ལེར་གནས། མཆོད་རྟེན་དེ་ཡང་སྔོན་རྒྱལ་པོ་ཀྲིའུ་ཤོན་ཝང་②(周宣王)གི་དུས་སུ་རྒྱལ་པོ་མྱ་ངན་མེད་ཀྱིས་

① རྒྱལ་པོ་དེའི་མཚན་དངོས་ལ་སི་མ་གཡུད་(司马昱)བྱ་ཞིང་། སྲིད་བཟུང་བའི་དུས་ནི་ཕྱི་ལོ་༣༧༡ནས་༣༧༢བར་ཡིན་ཞེས་ཀྲུའུ་ཧྲེན་ཐྲུ་སོགས་ཀྱིས་མཛད་པའི་བླ་ཆེན་རྣམ་ཐར་གྱི་བསྒྱུར་མཆན་ཤོག་ངོས་༧༥༧ལ་གསལ།

② རྒྱ་ནག་གི་གནའ་བོའི་ཀྲུའུ་རྒྱུད་མའི་རྒྱལ་རབས་ཀྱི་རྒྱལ་པོ་བཅུ་གཅིག་པ་ཡིན་ཞིང་སྤྱི་ལོའི་སྔོན་གྱི་༨༢༧ལོ་ནས་༧༨༢བར་སྲིད་བསྐྱངས། འདས་པའི་ལོ་ཚིགས་གསལ་དུ་མེད།

མཆོད་རྟེན་བརྒྱད་ཁྲི་བཞི་སྟོང་བཞེངས་པའི་ཡ་གྱལ་ལོ། །དེས་ན་མཆོད་རྟེན་དེའི་ནུབ་ཕྱོགས་སུ་མཆོད་རྟེན་གཞན་ཞིག་བཞེངས་ནས་རིང་བསྲེལ་རྣམས་དེར་གསོལ་ཞིང་། དུས་ཕྱིས་ཅིན་ཤར་མའི་རྒྱལ་པོ་ཤའོ་ཝུའུ་ཏི་ཐའི་ཡོན་ཁྲི་ལོ་བཅུ་དྲུག་སྟེ་(东晋孝武帝太远十六年)སྤྱི་ལོ་༣༩༡ལོར་རྒྱལ་པོས་སྔར་གྱི་རྨང་གཞིའི་སྟེང་སླར་མཆོད་རྟེན་ཐོག་བརྩེགས་གསུམ་ཅན་བརྩིགས་སོ། །

སྔོན་ཅིན་ཤར་མའི་རྒྱལ་པོ་ཤའོ་ཝུའུ་ཏི་ཞན་ཧོའི་(东晋孝武帝咸和)སྲིད་ལོར་[1]ཏན་ཡང་ཙུན་གྱི་སྡེ་དཔོན་ཀའོ་ལིའི་(高悝)ཡིས་ཀྲང་ཧོའུ་ཟམ་པའི་(张侯桥)འོག་ནས་བཞུགས་ཁྲི་དང་རྒྱབ་ཡོལ་མེད་པའི་སྟོན་པའི་གསེར་སྐུ་བཟོ་བཀོད་ཁྱད་པར་ཅན་མདུན་ན་མྱ་ངན་མེད་ཀྱི་སྲས་མོ་བཞིས་བརྐོས་ཞེས་ལེགས་སྦྱར་གྱི་ཡི་གེ་འཁོད་པ་ཞིག་རྙེད་པ་ན། ཀའོ་ལིའི་ཡིས་སྐུ་བརྙན་བ་ལང་ལ་བཀལ་ནས་རང་དགར་བཏང་བས་ཤར་མར་ཁྲང་ཀན་དགོན་དུ་བསྐྱོད། དེ་ནས་ལོ་གཅིག་ལྷག་འདས་པའི་སྐབས་ལིང་ཧའེ་རྫོང་(临海县)དུ་ཀྲང་ཤི་ཧྲེ་(张系世)ཟེར་བའི་ཉ་པ་ཞིག་ཡོད་པ་ལ་མཚོ་ཁ་ནས་གསེར་ཟངས་ཀྱི་པད་མའི་བཞུགས་ཁྲི་ཆུ་སྟེང་དུ་འཕྱོ་བ་ཞིག་མཐོང་། དེ་བླངས་ཏེ་རྫོང་གཞུང་ལ་ཕུལ་བས་རྒྱལ་པོའི་འདུན་སར་གསོལ། རྒྱལ་པོས་བཀའ་སྩལ་ནས་དེ་ཉིད་གསེར་སྐུའི་སྟན་དུ་བྱས་པས་ཤིན་ཏུ་རན་པར་འགྱུར། དུས་ཕྱིས་ནུབ་ཡུལ་ནས་ཡིན་པའི་བཙུན་པ་ལྔ་སྡེ་དཔོན་ཀའོ་ལིའི་འཚོལ་བར་ལྷགས་ནས་ཁོ་བོ་ཅག་ལ་སྔར་རྒྱ་གར་ནས་མྱ་ངན་མེད་ཀྱིས་བཞེངས་པའི་སྟོན་པའི་སྐུ་བརྙན་ཐོབ་པ་དེ་ཉིད་ཡའི་རྫོང་(邺县)སྟེ་ད་ལྟའི་ཧོ་པེ་ཞིང་ཆེན་ལིང་ཀྲང་(河北临漳)གི་ནུབ་ཕྱོགས་སུ་སྤྱན་འདྲེན་པའི་དུས་སྡེ་གཟར་འཕེལ་བས་སྐུ་བརྙན་ཆུ་འགྲམ་དུ་སྦས་པ་ཡིན། གནམ་འོག་བདེ་བར་འཁོད་རྗེས་

① སྤྱི་ལོ་༣༢༦ནས་༣༣༤བར་ཡིན།

སྔར་གྱི་གནས་སུ་སྐུ་བརྙན་འཚོལ་བར་ཆས་ཀྱང་མི་སྣང་ཞིང་། ཉེ་དུས་ལྷག་པའི་ལྷས་ལུང་བསྟན་པ་བཞིན་སྐུ་བརྙན་ཅང་ནན་(江南)གྱི་སའི་ཆར་སྔེ་དཔོན་ཡིའི་གའོ་ལ་ཐོབ་པ་ཤེས། དེས་ན་དཀའ་བ་ཕྲག་ཏུ་ཐེག་ཅིང་རི་གླུང་དུ་མ་བཅད་དེ་ས་ཐག་རིང་མོ་ནས་འདིར་ཁྱེད་ཀྱི་སར་ལྷགས་པའང་སྐུ་བརྙན་མཇལ་འདོད་པ་ལགས་ཟེར་ཞིང་འབུལ་བ་ཕུལ། ཡིའི་གའོ་ཡིས་དེ་རྣམས་ཁྲང་གན་དགོན་དུ་གདན་དྲངས་ནས་སྐུ་བརྙན་བསྟན་པས་ཐམས་ཅད་མཆི་མས་བརྡངས། དེའི་ཚེ་མཆོད་ཁང་གི་ཡོགས་ཀུན་སྐུ་བརྙན་ལས་འཚེར་བའི་འོད་ཀྱིས་ཁེངས་སོ། །བཙུན་པ་ལྷ་པོས་སྐུ་བརྙན་གྱི་རྒྱབ་ཡོལ་ཡང་ནམ་ཞིག་རྙེད་པར་འགྱུར་ངེས་ཟེར་རོ། །དེ་ལྟར་ཅིན་ཤར་མའི་རྒྱལ་པོ་ལྗན་ཝན་ཏི་ཞན་ཨན་ཁྲི་ལོ་དང་པོ་(简文帝咸安元年) སྤྱི་ལོ་༣༧༡ལོར་ཅའོ་ཀྲོའུ་ཧོ་ཕུ་རྫོང་(交州合浦县)གི་ མུ་ཏིག་འཚོལ་བ་པོ་ཏུང་ཙུང་ཀྲི་(董宗之)འབོད་པར་མཚོ་འོག་ནས་རྒྱབ་ཡོལ་རྙེད་པ་ཡུལ་དཔོན་གྱིས་རྒྱལ་པོའི་སྤྱན་སྔར་བསྟར། རྒྱལ་པོས་བཀའ་བཏང་སྟེ་དེ་ཉིད་གསེར་སྐུར་གསོལ་བས་ཤིན་ཏུ་ལྷུ་བསྒྲིགས་ཏེ་བཞུགས་ཁྲི་དང་བཅས་སྐུ་བརྙན་སྔར་བས་ཕྱིན་ལེགས་པར་གྱུར། སྐུ་བརྙན་བཞུགས་ཁྲི་རྒྱབ་ཡོལ་གསུམ་ལྷན་དུ་འཛོམས་པར་སྔ་ཕྱིར་ལོ་བཞི་བཅུ་འགོར་རོ། །

དེ་ལྟར་བཙུན་པ་ཧུད་ཧྭ་ཡིས་དགོན་ནང་དུ་གསོལ་བའི་གསེར་སྐུའི་ལོ་རྒྱུས་རྟོགས་རྗེས་ཐོས་བསམ་ལ་དཀའ་སྤྱད་འཕར་མར་བསྐྱེད་ཅིང་། ཕྱིས་སུ་ཝུའུ་རྫོང་(吴县)ལ་ཕྱིན་པའི་དུས་སྟོན་པའི་རྗེ་སྐུ་གཉིས་ལ་ཕྱག་མཆོད་མཛད། རྗེ་སྐུ་དེ་གཉིས་པོའི་ལོ་རྒྱུས་ནི་སྔོན་ཅིན་ནུབ་མའི་ཆབ་སྲིད་ཕུང་ལ་ཉེ་བའི་དུས། ཅིན་ནུབ་མའི་རྒྱལ་པོ་མིན་ཏི་ཅན་ཤིང་ཁྲི་ལོ་དང་པོ་(愍帝建兴元年)སྤྱི་ལོ་༣༡༣ལོར་སྐུ་བརྙན་གཉིས་པོ་ཝུའུ་སུང་གཙང་པོའི་(吴松江)སྨད་རྒྱུད་ད་ལྟའི་ཧོང་ཧྲུ་གཙང་

པོ་(黄浦江)མཚོ་དང་འདྲེས་མཚམས་ཀྱི་ཆུ་ཁར་འཕྱོ་བ་ཉ་པས་མཇལ། ཐོག་མར་དེ་ཉིད་ཀླུ་མིན་ནམ་སྙམ་སྟེ་ཚོ་ག་བགྱིས་ནས་གདན་དྲངས་པར་བརྩམས་པའི་ཚེ་གློ་བུར་རླུང་དམར་འཁྲིགས་ཤིང་རྦ་རླབས་དྲག་ཏུ་གཡོས་པས་གྲུ་མཁན་ཀུན་བྲོས་སོ། །དེའི་དུས་ན་རྒྱ་ནག་གི་ཧྲོང་ཧྲི་དང་ལའོ་ཙིའི་ལྟ་བ་འཛིན་པ་འཇིག་རྟེན་གྱི་ཆོས་ཉིད་ཀུན་མཁྱེན་ནོ་ཟེར་བ་ཞིག་ཡོད་པ་དེས་ཀྱང་གྲུ་མཁན་རྣམས་དང་གཅིག་ཏུ་སྔར་ཚོ་ག་བྱས་ནས་ཀླུ་འདྲེན་པར་བརྩམས་ཀྱང་སྔར་བཞིན་མ་བྱུང་ངོ་། །མཐར་ནང་པའི་དགེ་བསྙེན་ཝུའུ་རྫོང་ནས་ཡིན་པ་མཚན་ལ་ཀྲུའུ་དབྱིང་(朱应)བྱ་བས་དེའི་གཏམ་ཐོས་ནས་དབུགས་དབྱུང་མཛད་ཀྱིན། དེ་ཉིད་སངས་རྒྱས་ཀྱིས་འགྲོ་བ་སེམས་ཅན་ཉམས་སད་པའི་རྟགས་དང་མཚན་མ་ལགས་གསུངས་ཤིང་། གནས་ཁང་ལ་གཙང་སྦྲ་བགྱིས་ཏེ་ཏུང་ལིང་དགོན་(东灵寺)གྱི་དགེ་འདུན་དང་དད་ལྡན་རྣམས་མཚོ་ཁར་བསྐྱོད་ནས་ཡིད་གཉིས་སུ་མེད་པར་ཕྱག་མཆོད་མཛད་ཅིང་སངས་རྒྱས་ཀྱི་ཡོན་ཏན་བརྗོད་པས་རླུང་དམར་ཞི་ཞིང་རླབས་ཕྲེང་མི་སྣང་བར་འགྱུར། རྒྱང་མ་ནས་བལྟས་ཚེ་སྐྱེ་བོ་གཉིས་འོང་བ་ལྟར་སྣང་ཙང་། ཉེ་བར་བཅར་སྐབས་རྡོའི་སྐུ་བརྙན་ཟུང་ཡིན་པར་ཤེས་ཤིང་སྐུ་རྒྱབ་ཏུ་སོ་སོར་རྣམ་གཟིགས[1]དང་འོད་སྲུང་ཞེས་བྲིས་པ་མཇལ་མུར་རྡོ་སྐུ་ཐུང་ཞོན་དགོན་(通玄寺)དུ་སྤྱན་དྲངས་སོ། །ཝུའུ་རྫོང་གི་དཔོན་འབངས་ཀུན་སྐུ་བརྙན་གྱི་གཟི་བྱིན་ལ་ངོ་མཚར་ཞིང་། དེ་ཡི་ཕྱིར་ན་སྐྱེ་བོ་དུ་མ་ནང་པའི་ཆོས་སྒོར་ཞུགས་སོ། །

བཙུན་པ་ཧུད་ཏྭ་ཐུང་ཞོན་དགོན་དུ་སྡེ་ཕྱི་བསྡོམས་པས་ཁྲིན་ལོ་གསུམ་བཞུགས་པའི་མོད་སོས་དལ་གྱི་སྐབས་མེད་པར་ཉིན་མཚན་ལྷོད་མེད་དུ་ཕྱག་མཆོད་

① དེར་ཧྭ་ཆེན་རྣམ་ཐར་གྱི་རྒྱ་ཡིག་མ་ཕྱིར་惟卫ཞེས་བྲིས་པ་ནི་དེའི་ལེགས་སྦྱར་གྱི་མཚན་བི་པ་ཤྱིན་སྒྲ་ཟུར་ཆག་པ་ཡིན་ཞིང་རྒྱ་ཡིག་ཏུ་ཡོངས་གྲགས་ལ་毗婆尸佛བྱ། འདས་པའི་སངས་རྒྱས་རྣམ་བདུན་དུ་བགྲངས་པའི་ཡ་གྱལ་ཞིག་ཡིན།

རྣམ་དག་མཛད། མི་རིང་བར་ཧུའི་ཇི་(会稽)ལ་བྱོན་ཏེ་མའོ་ཛོང་(鄮县)སྨེ་ད་ལྷའི་གྲི་ཅང་ཞིང་ཆེན་ཉིང་པོའོ་(宁波)རུ་གདའ་བའི་མཆོད་རྟེན་ལ་བསྐོར་བ་བཀུར་མཛད། མཆོད་རྟེན་དེ་འང་རྒྱལ་པོ་ཨྰ་དན་མེད་ཀྱིས་བཞེངས་པ་ཡིན་ཞིང་། ཡུན་རིང་སོང་བའི་སྐབས་ཀྱིས་ད་ཆ་ཞིག་ནས་ཤིན་ཏུ་ཉམས་ཉེས་པར་གྱུར་ཏེ། རྨང་ཕོ་ན་ཙམ་ལུས་པ་ལ་བཙུན་པ་ཧུད་ཏྲ་ཐུགས་མ་གཡེལ་བར་གསོལ་བ་དྲག་ཏུ་བཏབ་པས་མི་ལྡེ་དང་མཉམ་པའི་འོད་ཟེར་ལྷམ་མེར་མཆེད་འོང་བས་དེར་མཆོད་སྒྲོམ་བཞེངས། དེ་རྗེང་བྱ་བྱིའུ་མཆོད་སྒྲོམ་གྱི་སྟེང་དུ་འདུག་མི་ནུས་ཤིང་མཆོད་རྟེན་གྱི་ཉེ་འཁོར་དུ་ཛོན་རྒྱག་པ་ཐམས་ཅད་ལ་རི་དྭགས་གཅིག་ཀྱང་མ་ཐོབ་བོ། །སེར་སྐྱ་ཀུན་གྱིས་དེའི་གཏམ་ཕྱོགས་ཕྱོགས་སུ་བསྒྲགས་པས་ཐམས་ཅད་ཡིད་ཆེས་པར་འགྱུར། དེའི་སྐབས་ཀྱིས་དུས་ཕྱིས་ཧུའི་ཇིའི་ཡི་ཇེ་བོ་མེང་ཡིས་(孟顗)མཆོད་རྟེན་ཞིག་གསོས་དང་རྒྱ་བསྐྱེད་མཛད། བཙུན་པ་ཧུད་ཏྲ་ཡིས་ཕྱོགས་མཚམས་རྣམས་སུ་ཕྱག་མཆོད་མཛད་རིགས་སངས་རྒྱས་ཀྱི་སྐུ་བརྙན་ཀུན་ལ་ངོ་མཚར་བའི་ལྟས་མང་དུ་བྱུང་། དེ་ལྟར་སྐུ་ཚེ་ཧྲིལ་པོར་དཀའ་ཐུབ་ལྷོད་མེད་དུ་བསྐྱངས་སོ། །

རབ་བྱེད་གསུམ་པ། ཐ་ཤན་ལམ་ཡིག་གསར་བསྒྱུར།[1]

དང་པོ། ཁྲང་ཨན་ནས་རི་བོ་རྩེ་ལྔ་བགྲོད་པའི་བར།

ཐུབ་ལམ་དུ་གཤེགས་པའི་ཐོག་མ།

སྟོན་བཙུན་པ་ཐ་ཤན་ཁྲང་ཨན་[2]དུ་བཞུགས་པའི་ཚེ་ན། རྒྱ་ནག་ཡུལ་དུ་འདུལ་བའི་སྡེ་སྣོད་ཀྱིས་ཕོངས་པར་ཡིད་འབྱུང་སྟེ། ཧུང་ཧྲི་ཁྲི་ལོ་དང་པོ་ས་ཕག་ལོར་[3]ཧྭ་ཤང་ཧུད་ཛིང་དང་། ཏའོ་གྲེང་། ཧུད་དབྱིང་། ཧུད་ཝའི་[4]སོགས་བླ་བོ་འགའ་དང་ལྷན་ཅིག་ཏུ་རྒྱ་གར་འཕགས་པའི་ཞིང་སར་འདུལ་ཁྲིམས་འཚོལ་བར་གཤེགས་སོ། །

ཆན་ཀོས་ཡུལ།

ཐོག་མར་ཁྲང་ཨན་ནས་ཞལ་གྱིས་ཏེ་རི་བོ་ལུང་ཧྲན་[5]བརྒྱུད་ཆན་ཀོས་ཡུལ་[6]དུ་དབྱར་གནས་[7]མཛད།

ནོའུ་དན་ཡུལ།

དབྱར་གནས་གྲོལ་རྗེས་ལམ་ལ་ཆས་པས་ནོའུ་དན་ཡུལ་[8]ལོ། །

ཀྲང་ཡེ་གྲོང་རྫལ།

དེ་ནས་རི་བོ་ཡང་ལུ་[9]བརྒལ་བས་ཀྲང་ཡེ་གྲོང་རྫལ་[10]དུ་སླེབས། དེར་དུས་ཟིང་[11]གི་རྐྱེན་པས་ལམ་འགྲུལ་བཞུད་དཀའ་ཞིང་གྲོང་གི་རྗེ་བོ་ཧོན་ཡད་ཀྱིས་ནན་གྱིས་བསྐུལ་ངོར་བཞོལ་བཏབ་པ་ན་བླ་བོ་ཧྭ་ཤང་ཀྲི་ཡན་དང་། ཧུད་ཛན། སིང་ཧྲའོ། པའོ་ཡུན། སིང་ཛིང་སོགས་[12]བསྡོམས་ནས་དཀའ་ཞིང་ལྷན་དུ་དབྱར་གནས་ལ་བཞུགས།

ཏུན་ཧོང་།

དཔྱར་གནས་གྲོལ་རྗེས་ཏུན་ཧོང་[13]དུ་ཕྱིན། དེར་ཤར་ནུབ་ལ་ལི་དབར་བརྒྱད་ཙམ་དང་ལྷོ་བྱང་ལ་ལི་དབར་བཞི་བཅུ་ཙམ་སྣང་བའི་བཙན་རྫོང་ཞིག་ཡོད་པར་ཟླ་གཅིག་ལྷག་བཞུགས་མུར་བཙུན་པ་ཧྥ་ཤན་བཅས་ལྔ་པོ་ཟླ་བོ་པའོ་ཡུན་སོགས་དང་ཞལ་གྲེས་ཏེ་ཕོ་ཉ་[14]མཉམ་དུ་ཕྱིན་པའི་ལམ་དུ་ཏུན་ཧོང་གི་ཡུལ་དཔོན་ལིའི་ཧའོ་[15]ཡིས་བྱེ་སླུང་བར་ཡོན་སྦྱར་རོ། །

བྱེ་སླུང་།

བྱེ་སླུང་[16]དེའི་ཁྲོད་དུ་ནམ་མཁར་བྱ་ཕྱིའུ་དང་ས་སྟེང་དུ་སྲོག་ཆགས་རྒྱུ་བ་མེད་ལ་འདྲེ་སྲིན་གདུག་པ་ཅན་དང་ཚ་དབུགས་འཕྲད་ཚེ་ཀུན་འཆི་བར་གྱུར། བགྲོད་བྱའི་ལམ་བཙལ་བས་མ་རྙེད་དེ་ཤི་བོའི་ཀེང་རུས་འབའ་ཞིག་ཚད་མར་བཟུང་ནས་བསྐྱོད་དགོས་སོ། །

ཤིང་ཤན་ཡུལ།

དེ་ལྟར་ཉིན་བཅུ་བདུན་ལ་ལི་དབར་ཆིག་སྟོང་ལྔ་བརྒྱ་ཙམ་སོང་བས་ཤིང་ཤན་ཡུལ་[17]དུ་སླེབས། ལམ་གྱི་མ་གྱུ་བགྲོད་པར་དཀའ་ཞིང་ས་རྒྱུ་མི་གཤིན་ལ་འབངས་རྣམས་ཀྱི་གྱོན་པ་སྤྱིར་ངེད་རྒྱ་ནག་ཡུལ་དང་འདྲ་མོད་ཀྱི་ཐ་དད་པའི་ཆ་ནི་འཕྱིང་སྣམ་ལས་བྱས་པའོ། །རྒྱལ་པོ་ནང་པར་དད་ཅིང་དགེ་འདུན་བཞི་སྟོང་ལྷག་བཞུགས་པ་ཐམས་ཅད་ཐེག་པ་ཆུང་ངུར་[18]འཇུག །སྤྱི་བྱེ་བྲག་དང་ཕྲ་རགས་ཀྱི་ཁྱད་པར་ཙམ་མ་གཏོགས་སྐྱ་སེར་ཅི་རིགས་རྒྱ་གར་ནང་པའི་ཆོས་བཞིན་བྱེད། ཚུལ་འདི་ལྟ་བུ་ཡུལ་དེའི་ནུབ་ཕྱོགས་བགྲོད་ལམ་དུ་ཆགས་པའི་ཡུལ་ཕལ་ཆེར་ལ་སྣང་ཞིང་། དེ་རྣམས་སུ་རང་སོ་སོའི་ཡུལ་སྐད་ཐ་དད་ཅུང་དགེ་འདུན་ཀུན་རྒྱ་གར་གྱི་དཔེ་ཆ་དང་དེའི་སྐད་ཡིག་སློབ།[19]

ཡན་དབྱིའི་ཡུལ།

ཤིང་ཤན་ཡུལ་དུ་ཟླ་གཅིག་ཙམ་ངལ་གསོ་མུར་ནུབ་བྱང་ཕྱོགས་སུ་ཉིན་བཅོ་ལྔ་ཙམ་བཞུད་པས་ཡན་དབྱིའི་ཡུལ་[20]དུ་སླེབས། དེར་དགེ་འདུན་བཞི་སྟོང་ལྷག་བཞུགས་པ་ཐམས་ཅད་ཐེག་པ་ཆུང་ངུར་འཇུག །འདུལ་ཁྲིམས་ཆ་ཚང་ལ་དམ་ཞིང་། རྒྱ་ནག་གི་དགེ་སློང་རྣམས་ཡུལ་དེའི་འདུས་ཁོངས་སུ་མི་ཐེ་བས་བཙུན་པ་ཐྲ་ཤན་ལ་སྟོན་གྱི་མི་ཆེན་ཕྲུ་ཡོའོ་ཟེར་བའི་ཚ་པོ་[21]ཞིག་གིས་སྦྱིན་བདག་མཛད་ནས་ཟླ་གཉིས་ལྷག་བཞུགས། དེའི་ཚེ་སླར་ལམ་གྲོགས་པའོ་ཡུན་སོགས་དང་འཕྲད་པར་གྱུར།

ཡུལ་ཡན་དབྱིའི་མི་རྣམས་སྒྲི་ཞུ་བྲལ་ཞིང་རྒྱལ་ཁམས་པར་ཞེ་ནག་སེར་སྣ་ཆེ་བས་ཟླ་བོ་ཧྭ་ཤང་ཀྲེ་ཡན་དང་ཧུད་ཇན།[22] ཧུད་ཕའི་སོགས་ཐབས་ཟད་དེ་ཡུལ་ཀའོ་ཁྲང་[23]ཕྱོགས་སུ་ལམ་རྒྱགས་འཚོལ་ལ་ཕྱིར་ལོག་གོ །

བྱེ་ཐང་བརྒལ་བ།

བཙུན་པ་ཐྲ་ཤན་སོགས་ཁྲིམ་བདག་ཕྲུ་ཡོའི་ཡི་ཚ་བོའི་[24]ཡོན་ལ་བརྟེན་ནས་ལམ་དུ་ཆས་པའི་བསྐལ་བ་ཐོབ་སྟེ། ལྷོ་ནུབ་ཕྱོགས་སུ་མི་ཁྲིམ་ཅི་ཡང་རིག་རྒྱུ་མེད་པའི་བྱེ་ཐང་ཆེན་པོར་[25]དལ་བུར་བགྲོད་ཀྱིན་དཀའ་སྡུག་ཕལ་པའི་བསམ་ཚོད་ལས་འགོང་པ་ཐེག་བཞིན། ཤིན་ཏུ་འོ་བརྒྱལ་བའི་ངང་ཟླ་གཅིག་དང་ཉིན་ལྔ་སོང་བས་ལི་ཡུལ་[26]དུ་ཐེབས་འབྱོར་བྱུང་།

ལི་ཡུལ།

ཡུལ་དེ་ཉིད་བདེ་སྐྱིད་མངའ་ཐང་ཆེ་ལ་འབངས་རྣམས་ཡོངས་སྤྱོད་ཕུན་སུམ་ཚོགས་པ་ནང་པར་གཅིག་ཏུ་མོས་ཤིང་ཆོས་བཟླ་བར་རྩེན། དགེ་འདུན་ཁྲི་འགའ་མཆིས་པ་ཕལ་ཆེར་ཐེག་པ་ཆེན་པོར་[27]འཇུག་ཅིང་ཐམས་ཅད་ལ་གསོལ་ཚོགས་

ཕུལ་ལོ། །མི་ཁྲིམ་སྐར་ཚོགས་ཇི་བཞིན་སྤུག་ལ་ཀུན་གྱི་སྒོ་དྲུང་དུ་མཆོད་རྟེན་ཆུང་ངུ་རེ་བཞེངས་ཡོད་པ་ལས། ཆེས་ཆུང་བའི་མཐོ་ལ་འདོམ་བཞི་ཙམ་[28]གདའ། ཁང་བུ་ལྷམ་པ་མང་དུ་སྟང་བ་ཕྱོགས་བཞིའི་དགེ་སྦྱོང་རྣམས་ཀྱི་ཆེད་དུ་བཏབ་པའོ། །

ཡུལ་དེའི་རྗེ་བོས་བཙུན་པ་ཧྥ་ཤན་སོགས་གོ་མ་ཏི་བྱ་བའི་གཙུག་ལག་ཁང་[29]དུ་སྤྱན་དྲངས་ཤིང་དེར་ཐེག་ཆེན་པའི་དགེ་འདུན་སུམ་སྟོང་བཞུགས་པ་ཐམས་ཅད་གཎྜིའི་[30]སྒྲ་ཐོས་མུར་གསོལ་ཚོགས་ལ་ཕྱོན་ནས་ཅུང་ཁང་དུ་བག་ཡོད་ཞི་དུལ་དང་བསླབ་པ་རྒན་གཞོན་གྱི་རིམ་པ་བཞིན་སྟན་ལ་འཕོད་དེ་སིམ་མེར་ཟས་བཞེས། ལྷུང་བཟེད་སོགས་ཡོ་བྱད་ཀྱི་སྒྲ་མི་འབྱུང་ཞིང་ཞལ་ཏ་བས་ཟས་འདྲེན་པའི་ཚེ་དེའི་མཚན་ནས་མ་བོས་པར་ཕྱག་བརྡ་ཁོ་ན་བྱེད།

ཧྭ་ཤང་ཧུད་རྗིང་དང་། ཏའོ་གྲེང་། ཧུད་ཏྭ་[31]གསུམ་པོ་སྔོན་ལ་ཡུལ་ཅེ་ཁྲར་[32]ཕེབས་ཤིང་། བཙུན་པ་ཧྥ་ཤན་སོགས་ཟླ་བོ་གཞན་སྟོན་པའི་སྐུ་བརྙན་གྲོང་སྐོར་[33]ལ་སྤྱན་འདྲེན་པ་མཇལ་བར་འདོད་ནས་ཟླ་གསུམ་བཤོལ་བཏབ་བོ། །

ཡུལ་དེར་གཙུག་ལག་ཁང་ཆེན་པོ་བཅུ་བཞི་[34]ཡོད་ཅིང་ཆུང་བ་བགྲང་གིས་མི་ཆོད། ས་གའི་ཚེས་གཅིག་[35]ནས་གྲོང་གི་ལམ་ཀུན་ལ་ཕྱི་དོར་གྱིས་ལོགས་ཐམས་ཅད་རྒྱན་དུ་མས་སྤྲུད་ཅིང་མཁར་སྒོའི་ཐོད་དུ་གུར་ཕུབ་སྟེ་རྒྱལ་པོ་དང་བཙུན་མོ་འཁོར་བཅས་དེར་ལྷགས་སོ། །ཐེག་པ་ཆེན་པོར་ཐོས་བསམ་བྱེད་པའི་གོ་མ་ཏིའི་གཙུག་ལག་ཁང་ལ་རྒྱལ་པོ་ལྷག་པར་དད་ཅིང་། ཐོག་མར་དེ་ཅུ་སྟོན་པའི་སྐུ་བརྙན་སྤྱན་དྲངས་ནས་གྲོང་ཁྱེར་དང་ལེ་དབར་གསུམ་གྱིས་ཆོད་པའི་ས་ཅུ་མཐོ་ལ་ཁྲུ་སུམ་ཅུ་མངའ་བའི་འཁོར་ལོ་བཞི་པའི་ཤིང་རྟ་རིན་པོ་ཆེ་སྣ་བདུན་གྱིས་བརྒྱན་པ། གདུགས་དང་རྒྱལ་མཚན་བསྒྲེངས་པའི་དབུས་མར་སྐུ་བརྙན་གསོལ་ཏེ་ལོགས་གཉིས་སུ་བྱང་ཆུབ་སེམས་དཔའ་དང་དེའི་མཐའ་འཁོར་དུ་ལྷ་ཚོགས་ཀྱིས་བསྐེན

བཀུར་བྱེད་པའི་ཆ་བྱད་བར་མཐོང་དུ་དཔྱངས་པ་གསེར་དངུལ་གྱིས་བརླུབས་ཏེ་འོད་ཟེར་ཕྱོགས་བརྒྱར་བཀྱེས། དེ་མཉམ་དུ་རྒྱལ་པོ་འཁོར་བཅས་གྲོང་ཕྱིར་ཐོན་ཏེ་སྣ་མོ་ཆེ་ནས་གོམ་པ་བརྒྱ་ཙམ་གྱིས་ཚོད་པའི་མཚམས་སུ་རྒྱལ་པོས་ཕྱག་ཞྭ་ཕུད་དེ་སྔར་གཟབ་མཚོར་སྤྲས་ཤིང་། ཞབས་སྒྲིན་མོར་བདུག་སྤོས་བཞེས་ཐོག་བསུ་བའི་གྲབས་བྱ་ཞིང་། སྐུ་བརྙན་མཇལ་བའི་ཚེ་ན་ཡན་ལག་ལྔ་པོ་ས་ལ་ཕབ་སྟེ་མེ་ཏོག་འཐོར་བ་དང་། དྲི་ཞིམ་བདུག་སྤོས་དག་གིས་མཆོད་ཅིང་། སྐུ་བརྙན་མཁར་གྲོང་དུ་སྤྱན་འདྲེན་པའི་མོད་ལ་རྒྱལ་པོའི་བཙུན་མོ་དང་ཁོལ་མོ་དག་གིས་ཀྱང་མཁར་གྱི་ཡང་རྩེ་ནས་མེ་ཏོག་སྣ་ཚོགས་ཆར་བཞིན་བསྙིལ། དེ་ལྟ་བུ་ཡུལ་དེའི་གཙུག་ལག་ཁང་བཅུ་བཞི་པོ་སོ་སོ་ནས་ཤིང་རྟར་འདྲེན་པའི་སྐུ་བརྙན་ལ་ཁྱད་པར་བའི་རྒྱན་བཀོད་ཕུན་སུམ་ཚོགས་ཤིང་། ས་གའི་ཚེས་གཅིག་ནས་བཅུ་བཞི་བར་གཙུག་ལག་ཁང་སོ་སོའི་སྐུ་བརྙན་གྲོང་སྐོར་དུ་འདྲེན་པ་དང་། མཇུག་མཐར་རྒྱལ་པོ་དང་བཙུན་མོ་ཟུང་ཕོ་བྲང་དུ་ཕྱིར་བཟློག་པར་འགྱུར།

གྲོང་གི་ནུབ་ཕྱོགས་ལི་དབར་བདུན་བརྒྱད་ཀྱི་མཚམས་སུ་གཙུག་ལག་ཁང་ཞིག་གདའ་བར་རྒྱ་ནག་གི་སྐད་དུ་ཕང་ཤིན་དགོན་[36]ཟེར་བ་རྒྱལ་པོ་རབས་གསུམ་གྱིས་ལོ་བརྒྱད་ཅུའི་ཡུན་ལ་བཞེངས་པར་གྲགས། གཙུག་ལག་ཁང་དེའི་དྲུང་དུ་མཐོ་ལ་ཁྲུ་ཉིས་བརྒྱ་ལྔ་བཅུ་གདའ་བའི་མཆོད་རྟེན་བརྐོས་དཀྲོལ་ལྟ་ན་སྤུག་པ་ཕྱི་གསེར་དངུལ་གྱིས་བརླུབས་ཤིང་ལོགས་ཀུན་རིན་པོ་ཆེ་སྣ་ཚོགས་པས་བཞེངས་པ་ཞིག་མཆིས། དེའི་ལྟག་རྒྱབ་ཏུ་འདུ་ཁང་ཤིན་ཏུ་བརྗིད་ཆགས་པ་ག་གདུང་དང་། སྒོ་དང་སྒེའུ་ཁུང་ཐམས་ཅད་གསེར་གྱིས་སྤྲད། དེའི་འགྲམ་དུ་དགེ་འདུན་གྱི་གནས་ཁང་བཞེངས་པ་དེ་དག་ཀྱང་གོང་ལྟར་བརྗིད་ཆགས་ཤིང་ངོ་མཚར་བསམ་གྱིས་མི་ཁྱབ་བོ། །

རི་བོ་ཙོང་ལའི་[37]ཤར་ཕྱོགས་ཀྱི་ཡུལ་དྲུག་[38]པོའི་རྗེ་བོས་རིན་པོ་ཆེ་མཆོག་འགྱུར་རྣམས་ཕལ་ཆེར་སངས་རྒྱས་འཕགས་པ་རྣམས་ལ་མཆོད་པ་ལས་རང་གི་ལོ་བྱད་དུ་སྤྱོད་པ་ཤིན་ཏུ་དཀོན།

རྫོ་ཏའི་ཡུལ།

ས་ག་ཟླ་བའི་སྐུ་བརྙན་གྲོང་སྐོར་གྱི་དུས་སྟོན་མཇུག་སྒྲིལ་རྗེང་ཟླ་བོ་སིང་ཧའོ་གཅིག་ཕྱུ་ནུབ་ཡུལ་དུ་བགྲོད་བཞིན་པའི་བཙུན་པ་ཞིག་དང་འགྲོགས་ནས་ཁ་ཆེའི་ཡུལ་དུ་ཆས། བཙུན་པ་རྒྱ་ཤར་སོགས་རྫོ་ཏའི་ཡུལ་[39]ཕྱོགས་སུ་ཉིན་ཞག་ཉེར་ལྔ་བསྐྱོད་མཐར་དེར་ཕེབས་འབྱོར་བྱུང་། ཡུལ་དེའི་རྒྱལ་པོ་ནི་ནང་ཆོས་ལ་ལྷག་པར་དད་ཅིང་དེར་དགེ་འདུན་ཆིག་སྟོང་ལྷག་བཞུགས་པ་ཕལ་མོ་ཆེ་ཐེག་པ་ཆེན་པོར་འཇུག

ཡུད་ཏུལ་ཡུལ།

རྫོ་ཏའི་ཡུལ་དུ་ཞག་བཅོ་ལྔ་བཞུགས་མུར་ལྷོ་ཕྱོགས་སུ་ཉིན་བཞི་ཙམ་བགྲོད་དེ་རི་བོ་ཙོང་ལར་ཞུགས་པས་ཡུད་ཏུལ་ཡུལ་[40]དུ་སླེབས་ཤིང་དེར་དབྱར་གནས་མཛད་དོ། །

ཅེ་ཁྲའི་ཡུལ།

དབྱར་གནས་གྲུབ་མུར་ཉིན་ཞག་ཉེར་ལྔ་བྱོན་པས་ཅེ་ཁྲའི་ཡུལ་[41]དུ་འབྱོར། ཏུད་ཛིང་སོགས་ཟླ་བོ་གཞན་དང་སྐར་བསྡོས་ནས་དེར་ལོ་ལྔར་ལན་རེ་འཚོགས་པའི་སྨོན་ལམ་ཆེ་མོ་[42]དང་བསྡོངས་པར་གྱུར། ཆོས་ཀྱི་དུས་སྟོན་འདི་བཞིན་ཡུལ་གྱི་རྒྱལ་པོས་ཕྱོགས་བཞིའི་དགེ་སྦྱོང་རྣམས་གཅིག་ཏུ་སྤྱན་དྲངས་པ་ཀུན་འཚོགས་པའི་དུས། དར་ཟབ་ཀྱི་གདུགས་དང་རྒྱལ་མཚན་བསྒྲེངས་ནས་གསེར་དངུལ་ལས་བྱས་པའི་མེ་ཏོག་པདྨ་དུ་མས་དར་ཟབ་ཀྱི་བཞུགས་ཁྲིའི་རྒྱབ་ཡོལ་སྤུད་ཅིང་ཤིན་

ཏུ་བཟང་ཞིང་གཙང་བའི་སྟན་གྱི་ཡོ་བྱད་དག་བཤམས་པ་དང་། རྒྱལ་པོ་དང་བློན་པོའི་ཚོགས་ཀྱིས་དགེ་སྦྱོང་ཀུན་ལ་ཟླ་གཅིག་གམ་གཉིས་སམ་གསུམ་གང་ཉུང་དུ་ཆོས་བཞིན་བསྙེན་བཀུར་མཛད། དེ་ཡང་ཕལ་ཆེར་སོས་ཀའི་དུས་སུ་གདའ།

ཆོས་ཀྱི་དུས་སྟོན་མཇུག་སྒྲིལ་རྗེང་སྐར་རྒྱལ་པོ་ཆེན་པོས་བློན་འབངས་སོ་སོ་ནས་ཀྱང་དགེ་སྦྱོང་རྣམས་ལ་ཉིན་གཅིག་གམ་གཉིས་གསུམ་བཞི་ལྔ་གང་ཉུང་བར་ཞབས་ཏོག་བསྒྲུབ་དགོས་པའི་བཀའ་བསྒོས་པ་དེ་དེ་བཞིན་བསྙེན་བཀུར་ཡོངས་སུ་རྫོགས་པ་ན་རྒྱལ་པོ་རང་ཉིད་ཀྱི་ཆིབས་རྟ་སྒ་སྲབ་བཅས་དང་། ཡུལ་གྱི་བློན་ཆེའི་ཆིབས་རྟ་དང་། དཀར་འཛམ་དར་རས། རིན་པོ་ཆེ་སྣ་ཚོགས་པ། དེ་བཞིན་དགེ་སྦྱོང་ལ་མཁོ་བའི་ཡོ་བྱད་ཅི་རིགས་བློན་འབངས་ཐམས་ཅད་ཀྱིས་བསྔོ་བ་རྣམ་དག་གིས་ཕུལ་ཞིང་། སྐར་རིན་གྱིས་དེ་དག་བླུ་བར་བྱེད།

ཡུལ་དེ་ནི་རི་བོའི་ཁྲོད་དུ་ཆགས་ཤིང་ནམ་དུས་གྲང་ངར་ཆེ་བས་གྲོ་མ་གཏོགས་ལོ་ཏོག་གཞན་སྐྱེ་དཀའ་ཞིང་། དགེ་འདུན་དགག་དབྱེར་འཇུག་[43]ཁད་དུ་འོགས་པ་བ་མོ་ཆགས་པས་ཡུལ་དེའི་རྒྱལ་པོས་འདུས་མང་ལ་ཕན་པའི་སླད་གྲོ་བསྡུས་རྗེས་ད་གཟོད་དགག་དབྱེར་ཞུགས་པར་སྐུལ་མ་མཛད་དོ། །

ཡུལ་དེར་རྒྱ་རྗེ་ལས་བཞེངས་པའི་སྟོན་པའི་མཆིལ་སྣོད་[44]ཁ་དོག་ལྗང་བཟེད་དང་མཉམ་པ་ཞིག་དང་། སྟོན་པའི་ཚེམས་ཀྱི་རིང་བསྲེལ་རྗོག་གཅིག་མཇལ་བ་མཆོད་རྟེན་དུ་གསོལ་བར་གདའ། དགེ་འདུན་ཆིག་སྟོང་ལྷག་བཞུགས་པ་ཐམས་ཅད་ཐེག་པ་ཆུང་ངུར་འཇུག

རི་བོ་ཙོང་ལའི་ཤར་ཕྱོགས་ཀྱི་མི་སྐྱེ་རྣམས་གོས་གྱིར་རྒྱ་ནག་ཡུལ་དང་ཆ་འདྲ་མོད། འཕྲིང་རིགས་རྩུབ་མོ་དག་གྱོན་པའི་ཚུལ་ནི་ཐ་དད་དོ། །དགེ་སྦྱོང་གིས་དམ་ཆོས་སྤྱེལ་བའི་ཚུལ་དང་ར་ལ་རྒྱས་བཞིན་པ་སོགས་ཐམས་ཅད་ཇི་ལྟ་བུ་ཡི་གེར་

བཏབ་པར་དཀའ། ཡུལ་དེ་རི་བོ་ཙོང་ལའི་རྒྱུད་དུ་ཆགས། ཙོང་ལར་ཞུགས་པའི་མདོང་མའི་གནས་སུ་ཤིང་འབྲས་ཀྱི་ཁྱད་པར་མང་། སྨྱུག་མ་དང་བུར་ཤིང་། ཏ་ཟེག་གི་སེ་འབྲུ་བཅས་རྒྱ་ནག་དང་མཐུན་པར་འདུག །

རི་བོ་ཙོང་ལ་བརྒལ་བ།

དེ་ནས་ནུབ་ཏུ་རྒྱ་གར་བྱང་གི་ཕྱོགས་ལ་གཏད་དེ་ལམ་དུ་ཟླ་གཅིག་ཙམ་བགྲོད་པས་ཙོང་ལའི་མུ་ཁྱུད་བརྒལ་བའོ། །རི་རྒྱུད་དེ་ཉིད་དབྱར་དགུན་མེད་པར་ཁ་བས་བསྣུབས་ཤིང་དེར་འཚོ་བའི་ཀླུ་གདུག་པ་ཅན་[45]དག་ཅུང་ཟད་ཁྲོས་ཚེ་དུག་རླངས་འཕྱུང་བར་འགྱུར། ལྷག་ཏུ་ན་ཁ་ཆར་དང་། བྱེ་རླུང་དྲག་ཏུ་ལྡང་བ། རྡོ་གསེག་གཡང་དུ་འདྲིལ་བ་བཅས་འཕྲད་རིགས་སྐྱོན་མེད་དུ་འཚོ་ནུས་པ་གཅིག་ཀྱང་མ་མཆིས། དེ་ལྟ་བས་ན་ཡུལ་མི་རྣམས་ལ་གངས་མི་དང་རི་བོ་ཙོང་ལར་གངས་རི་ཞེས་འབོད་དོ། །

གཉིས་པ། རྒྱ་གར་བྱང་ཕྱོགས་ཀྱི་བགྲོད་ལམ།

ད་ར་ཌའི་ཡུལ།

རི་བོ་ཙོང་ལ་བརྒལ་རྗེས་རྒྱ་གར་བྱང་གི་མངའ་ཁོངས་སུ་གཏོགས་ཤིང་། དེར་སླེབས་མཚམས་སུ་ད་ར་ཌ་བྱ་བའི་ཡུལ་ཕྲན་[46]ཞིག་མཆིས་པ་དེར་ཡང་དགེ་འདུན་བཞུགས་པ་ཐམས་ཅད་ཐེག་དམན་པར་འཇུག །

སྔོན་ཡུལ་དེར་དགྲ་བཅོམ་པ་[47]ཞིག་ཡོད་པ་དེས་རྫུ་འཕྲུལ་གྱི་ཞབས་[48]ལ་བརྟེན་ནས་མིའི་བཟོ་བོ་མཁས་པ་དགའ་ལྡན་གྱི་གནས་[49]སུ་ལན་གསུམ་ཁྲིད་དེ། བྱང་ཆུབ་སེམས་དཔའ་བྱམས་མགོན་[50]གྱི་སྐུའི་བཀོད་པ་ཞིབ་ཏུ་མཇལ་བར་བསྐུལ་ནས་མི་ཡུལ་དུ་ཕྱོན་རྗེས་རྒྱུ་ཤིང་ལས་བྱས་པའི་བྱང་ཆུབ་སེམས་དཔའི་སྣང་

བརྙན་བཞེངས། དེའི་མཐོ་ལ་འདོམ་བཅུ་དྲུག་དང་། ཞབས་ཀྱི་སྲིད་དུ་ཁྲུ་བརྒྱད་ཙམ་མངའ་ཞིང་། བསྙེན་གནས་ཀྱི་ཉིན་མོར་འོད་འཕྲོ་བས་ཡུལ་ཁག་གི་རྒྱལ་པོས་འགྲན་པའི་ངང་ཚུལ་བཞིན་བསྙེན་བཀུར་བྱེད། ད་ལྟའི་ཚེ་ནའང་སྐུ་བརྙན་ཐོག་མའི་དཔེ་བྱད་ཇི་ལྟ་བ་བཞིན་བཞུགས།[51]

དེ་ནས་རི་རྒྱུད་དེད་དེ་ལྷོ་ནུབ་མཚམས་སུ་ལམ་གྱུ་མ་གྱུ་ཤིན་ཏུ་དཀའ་ཚེགས་ཆེ་བ། ཕ་བོང་མཁའ་ལ་བསྙེགས་འདྲ་བ་རི་བོའི་ཕྱོགས་བར་ན་ཁྲབ་ཅིང་། མཐའ་ཡོགས་གཡང་གཟར་ཅན་ཤིན་ཏུ་འཇིག་ཡེར་བས་མིག་ཀྱང་བསྒྲིབས་ལ། མདུན་ཕྱོགས་ན་བགྲོད་སྐམ་ཡང་རྐང་པ་འཛོག་ཡུལ་མེད། དེའི་འོག་ན་སིནྡྷུ་[52]ཞེས་པའི་ཆུ་ཀླུང་དྲག་ཏུ་རྒྱུགས་འགྲོ། དེས་ན་སྔར་གྱི་འགྲུལ་པས་རི་སུལ་དྲུས་ཏེ་ཐེམ་སྐས་བདུན་བརྒྱ་ཙམ་བྱས་པའི་ལམ་ཕྲན་བཅོས་ཡོད། ཐེམ་སྐས་དེ་རྣམས་འཛེགས་མཐར་མཁའ་ལ་དཔྱངས་པའི་ཐག་སྦྲོམ་སྟེང་ཡིད་རྩེ་གཅིག་ཏུ་དལ་བུར་བསྐྱོད་དེ་ཆུ་ཀླུང་སྒྲོལ་དགོས་ཤིང་། ཕྱོགས་གཉིས་ཀྱི་བར་ལ་གོམ་པ་བརྒྱད་ཅུ་ཙམ་མཆིས། ས་ཐག་རིང་པོ་འདི་འདྲ་བར་སྔོན་རྒྱ་ནག་གི་ཀྲང་ཆན་[53]དང་ཀན་དབྱིང་[54]སོགས་གཅིག་ཀྱང་མ་སླེབས་སོ། །

དེའི་ཚེ་དགེ་འདུན་གཞན་དག་གིས་སངས་རྒྱས་ཀྱི་བསྟན་པ་དུས་ནམ་ཞིག་ལ་ཤར་ཕྱོགས་སུ་དར་མིན་ཁྱེད་ཀྱིས་མཁྱེན་ནམ་བྱས་པས། བཙུན་པ་ཟླ་ཤན་གྱིས་ཡུལ་དེའི་སྐྱེ་བོ་ཀུན་གྱིས་གནའ་ནས་དར་བ་ཡིན་ཏེ། བྱང་ཆུབ་སེམས་དཔའ་བྱམས་མགོན་གྱི་སྐུ་བརྙན་བཞེངས་པ་ནས་བཟུང་[55]རྒྱ་གར་ནས་མདོ་འདུལ་གྱི་གླེགས་བམ་ཐོགས་པའི་དགེ་སྦྱོང་ཆུ་ཀླུང་དེ་བརྒལ་ནས་དམ་ཆོས་སྤེལ་བར་བྱོན་ནོ་གསུངས། དེ་ལྟར་དུ་བགྲངས་ཚེ་སྟོན་པ་མྱ་ངན་ལས་འདས་པའི་ལོ་སུམ་བརྒྱའི་མཚམས་རྒྱལ་པོ་ཀྲོའུ་ཕིང་ཝང་གི་སྐུ་དུས་སུ་སྐུ་བརྙན་དེ་ཉིད་བཞེངས་ཤིང་།[56]

དེ་ནས་བཟུང་སངས་རྒྱས་ཀྱི་བསྟན་པ་ཤར་ཕྱོགས་སུ་དར་འགོ་བཙམས། ཅི་སྟེ་སེམས་དཔའ་ཆེན་པོ་བྱམས་མགོན་གྱིས་ཐུབ་པའི་བསྟན་པ་བསྐྱངས་མེད་ན། སུ་ཞིག་གིས་འཛམ་གླིང་འདི་རུ་མཆོག་གསུམ་གྱི་བྱིན་རླབས་མནོས་ལ་ཡུལ་མཐའི་སྐྱེ་བོ་དག་གིས་ཀྱང་དམ་ཆོས་རྟོགས་ག་ལ་ནུས། དེའི་ཕྱིར་ཤིན་ཏུ་ཕྲོག་ཕྱུར་གྱི་དོན་ནི་ཕལ་པའི་བློ་ཡིས་དཔོག་པར་དཀའ་སྟེ། ཧན་གུར་མིང་ཧྥི་རྒྱལ་པོའི་རྨི་ལམ་[57]ཡང་བཟློག་ཏུ་མེད་པའི་ཆོས་ཉིད་ཅིག་ལགས་པ་ཡུ་ཅག་གིས་ཤེས་པར་རིགས་སོ། །

ཨུ་རྒྱན་ཡུལ།

ཆུ་བོ་སིནྡྷུ་བརྒལ་བ་ན་ཨུ་རྒྱན་ཡུལ་[58]ལོ། །ཡུལ་དེ་ནི་རྒྱ་གར་བྱང་ཕྱོགས་འཁྲུལ་མེད་ཡིན་ཙང་རྒྱ་གར་དབུས་ཀྱི་སྐད་བརྗོད། རྒྱ་གར་དབུས་ནི་ཡུལ་དབུས་བྱ་བ་དེའོ། །ཨུ་རྒྱན་ཡུལ་གྱི་མི་སྐྱའི་གོས་དང་ཟ་བཏུང་གི་ལུགས་ཡུལ་དབུས་དང་མཐུན་ཞིང་ནང་ཆོས་རྒྱ་ཆེར་དར། འབངས་རྣམས་ཀྱིས་དགེ་འདུན་པའི་བཞུགས་གནས་ལ་གཙུག་ལག་ཁང་དུ་འབོད་ཅིང་། གཙུག་ལག་ཁང་ལྔ་བརྒྱ་ཙམ་མཆིས་པ་ཐམས་ཅད་ཐེག་དམན་པར་འཇུག[59] དེ་དག་ཏུ་ཐག་རིང་གི་དགེ་སློང་[60]ལ་ཉིན་ཞག་གསུམ་རིང་བསྙེན་བཀུར་བྱེད་སྲོད་ཀྱི་དེ་ནས་རང་དགར་གནས་མལ་འཚོལ་ཅིག་ཟེར། དག་རྒྱུན་དུ་སྟོན་སྟོན་པ་རྒྱ་གར་བྱང་ཕྱོགས་སུ་གཤེགས་ཟེར་བ་ཡང་ཡུལ་དེར་ཡིན་པར་གདའ། དེར་སྟོན་པའི་ཞབས་རྗེས་[61]མཇལ་དུ་ཡོད་པ་སྐབས་འགའ་ཞིག་ཏུ་རིང་ཞིང་ལ་ལར་ཐུང་། ཐམས་ཅད་སྐྱེས་བུའི་ལས་དབང་དུ་སོང་བས་ད་ལྟའི་ཚེའང་དེ་ལྟར་ལགས། གཞན་ཡང་དེར་སྟོན་པའི་ཆོས་གོས་ཉི་མར་ལྡེ་བའི་ཕ་བོང་[62]མཐོ་ལ་འདོམ་བཅུད་དང་ཁྲུ་གསུམ། ཁ་ཞེང་ལ་འདོམ་བཞི་ཙམ་མཆིས་པ་ངོས་གཅིག་ཤིན་ཏུ་སྙོམས་པ་ཞིག་དང་། ཀླུ་མ་རུང་བ་[63]གྲོལ་བའི་གནས་ཀྱང་སྣང་ངོ་། །ཀླྀ་བོ་ཏུད་ཧིང་དང་། ཏཚོ་ཀྲེང་། ཏུད་ཏྟ་གསུམ་པོ་སྟོན་

ལ་ན་ག་ར་ཧཱ་རའི་ཡུལ་[64]གྱི་སྟོན་པའི་གྲིབ་བརྙན་ཕུག་པ་[65]མཇལ་བར་ཆས་སོང་། ཧྥ་ཤན་དང་གྲོགས་མཐུན་པ་འགའ་ཡོ་རྒྱན་ཡུལ་དུ་དབྱར་གནས་མཛད་དོ། །

སུ་ཧའི་ཡུལ།

དབྱར་གནས་གྲུབ་རྗེས་ལྷོ་ཕྱོགས་སུ་ཕྱིན་པས་སངས་རྒྱས་ཀྱི་བསྟན་པ་ཆེས་ཆེར་དར་བའི་སུ་ཧའི་ཡུལ་[66]དུ་སླེབས། དེར་སྔོན་སྟོན་པ་བྱང་ཆུབ་སེམས་དཔའི་སྤྱོད་པ་སྤྱོད་པའི་དུས་ལྷའི་དབང་པོ་བརྒྱ་བྱིན་[67]གྱིས་བྱ་ཁྲ་དང་ཕུག་རོན་གྱི་གཟུགས་སུ་སྤྲུལ་ནས་སེམས་པ་ཆེན་པོར་བརྟག་པའི་སྐབས། སྐུ་ལུས་ཀྱི་ཤ་བྱ་ཁྲ་ལ་སྦྱིན་ནས་ཕུག་རོན་གྱི་སྲོག་བསྐྱབས་སོ། །[68] སྟོན་པ་སངས་རྒྱས་རྗེས་བུ་སློབ་ཚོ་དང་ལྷན་དུ་ཡུལ་དེར་ཕྱིན་པའི་སྐབས། སྔོན་ང་ཡིས་ལུས་ཀྱི་ཤ་དང་ཕུག་རོན་གྱི་སྲོག་བརྗེས་པའི་གནས་འདི་ཉིད་དོ་ཞེས་བཀའ་བསྩལ་བས་ཡུལ་མི་རྣམས་ཀྱིས་དེའི་རྒྱུ་མཚན་རྟོགས་ནས་མཆོད་རྟེན་བཞེངས་ཏེ་ལོགས་ཀུན་གསེར་དངུལ་གྱིས་བརྒྱན་པར་བྱས་སོ། །

དྲི་ཟའི་ཡུལ།

དེ་ནས་ཤར་ཐུར་དུ་ཉིན་ལྔ་བསྐྱོད་པས་དྲི་ཟའི་ཡུལ་[69]དུ་སླེབས། དེར་རྒྱལ་པོ་མྱ་ངན་མེད་[70]ཀྱི་བུ་དྷརྨ་ཝི་བརྡྷ་ནས་[71]སྲིད་བསྐྱངས་པའི་གནས་ཡིན་ཞིང་། སྔོན་སྟོན་པ་བྱང་ཆུབ་སེམས་དཔའི་སྤྱོད་པ་སྤྱོད་པའི་སྐབས། ཉིད་ཀྱི་སྤྱན་ཟུང་ཉམས་ཐག་ཡོང་བར་སྦྱིན་[72]པའི་སྟབས་ཀྱིས་ཕྱིས་གནས་དེ་རུ་ལོགས་ཀུན་གསེར་དངུལ་གྱིས་བརྒྱན་པའི་མཆོད་རྟེན་བཞེངས་པར་སྣང་། ཡུལ་མི་དག་ཕལ་ཆེར་ཐེག་དམན་པར་འཇུག

ཏཀྵ་ཤི་ལཱའི་ཡུལ།

དེ་ནས་ཤར་ཕྱོགས་སུ་ཉིན་བདུན་ཆས་པའི་ས་རུ་ཡུལ་ཞིག་སྣང་བར་ཏཀྵ་

ཤི་ལྤཱ་[73]ཞེས་བྱ། སྔོན་སྟོན་པ་བྱང་ཆུབ་སེམས་དཔའི་སྤྱོད་པ་སྤྱོད་པའི་སྐབས་ཉིད་ཀྱི་དབུ་གཞན་ལ་སྦྱིན་[74]པའི་རྒྱུ་མཚན་གྱིས་ཡུལ་དེར་རྒྱ་ནག་གི་ཐ་སྙད་དུ་དབུ་གཅོད་པའི་དོན་ལ་གོ །དེ་ནས་ཡང་ཤར་ཐད་དུ་ཉིན་གཉིས་བསྐྱོད་པས་སྔོན་སྟོན་པས་སྐུ་ལུས་སྟག་ལྟོགས་པར་སྦྱིན་[75]པའི་གནས་སུ་སླེབས། རྗེས་ཤུལ་གཉིས་པོར་རིན་པོ་ཆེ་སྣ་ཚོགས་ཀྱིས་བརྒྱན་པའི་མཆོད་རྟེན་ཆེན་པོ་རེ་བཞེངས་ཡོད་པར་ཡུལ་ཁག་གི་རྒྱལ་པོ་དང་བློན་འབངས་ཐམས་ཅད་ཅི་ནུས་ཀྱིས་འཚང་སྦྲེ་བསྙེན་བཀུར་བྱེད་ཅིང་། དྲི་ཞིམ་མེ་ཏོག་དང་སྣང་གསལ་མར་མེའི་མཆོད་པ་རྒྱུན་མི་ཆད། ཕྱོགས་ཁག་གིས་མཆོད་རྟེན་འདི་ཟུང་དང་། གོང་དུ་བརྗོད་པའི་མཆོད་རྟེན་གཉིས་པོ་ལ་སྤྱིར་མཆོད་རྟེན་ཆེན་པོ་བཞི་ཞེས་འབོད་དོ། །

ཕུ་རུ་ཥ་ཕུ་རའི་ཡུལ།

དྲི་ཟའི་ཡུལ་ནས་ལྷོ་ཕྱོགས་སུ་ཉིན་བཞི་བསྐྱོད་པས་ཕུ་རུ་ཥ་ཕུ་རའི་ཡུལ་[76]དུ་སླེབས། སྔོན་སྟོན་པ་བུ་སློབ་རྣམས་དང་ལྷན་ཅིག་ཏུ་ཡུལ་དེར་བྱོན་པའི་དུས་ཀུན་དགའ་བོར་[77]ང་ཉིད་མྱ་ངན་འདས་འོག་ཏུ་རྒྱལ་པོ་ཀ་ནི་ཥྐ་[78]ཞེས་འབྱུང་བ་དེ་ཡིས་ཡུལ་དེར་མཆོད་རྟེན་བཞེངས་པར་འགྱུར་ཞེས་ལུང་བསྟན། དེ་ལྟར་སྟོན་པས་བཀའ་བསྩལ་བ་བཞིན་ཕྱིས་རྒྱལ་པོ་ཀ་ནི་ཥྐ་འཛིག་རྟེན་དུ་བྱོན་ནས་ལན་ཅིག་ཕྱི་རུ་སྐྱོ་བསངས་ལ་ཆས་པའི་དུས། ལྷའི་དབང་པོ་བརྒྱ་བྱིན་གྱིས་དེའི་ཉམས་སད་པའི་སླད་དུ་བྱིས་པ་ཕྱུགས་རྫི་ཞིག་ཏུ་སྤྲུལ་ནས་ལམ་གྱི་དབུས་སུ་མཆོད་རྟེན་བརྩིགས་བཞིན་ཡོད་པ་དེ་རྒྱལ་པོ་ཀ་ནི་ཥྐས་མཐོང་སྟེ་ཁྱོད་ཅག་ཅི་ཞིག་ལས་སམ་བྱས་པས་སངས་རྒྱས་ལ་མཆོད་པའི་རྟེན་བཞེངས་བཞིན་གདའ་ཟེར་རོ། །རྒྱལ་པོས་དེ་ཐོས་འཕྲལ་ལེགས་སོ་ཞེས་བྱ་བ་བྱིན་ནས། བྱིས་པའི་མཆོད་རྟེན་གྱི་སྟེང་དུ་མཐོ་ལ་འདོམ་བརྒྱད་ཅུ་ལྷག་མངའ་བའི་མཆོད་རྟེན་ཆེན་པོ་བཞེངས་ཏེ་རིན་པོ་ཆེ་སྣ་

ཚོགས་ཀྱིས་བརྒྱན་པར་བྱས། མཆོད་རྟེན་དེ་ལས་བརྗིད་ཆགས་ལ་ངོ་མཚར་བ་ཞིག་ད་པན་ཁོ་བོས་མ་མཇལ་ཞིང་གཏམ་དུའང་འཛམ་བུའི་གླིང་ན་དེ་ལས་འཕགས་པའི་མཆོད་རྟེན་མེད་ཅེས་གྲགས། རྒྱལ་པོའི་མཆོད་རྟེན་བཞེངས་གྲུབ་མུར་བྱིས་པས་བརྩིགས་པའི་མཆོད་རྟེན་ཆུང་ངུ་དེའང་མཆོད་རྟེན་ཆེན་པོའི་ལྷོ་མཚམས་ནས་མཐོ་ལ་ཁྲུ་གསུམ་ཙམ་གདའ་བ་ཕྱིར་ཕྱུང་བར་གྱུར།[79]

སྔོན་པའི་ལྷུང་བཟེད་ཡུལ་དེར་བཞུགས་[80]པ་ལས་ཀུ་ཧླ་ཊའི་[81]རྒྱལ་པོས་དཔུང་ཆེན་བརྟེགས་ཏེ་ལྷུང་བཟེད་ལེན་དུ་ཆས། ཡུལ་དེ་ཉིད་དབང་འོག་ཏུ་བཅུག་པའི་རྗེས་སུ་རྒྱལ་པོ་ཉིད་ནང་ཆོས་ལ་དད་པ་བརྟན་པས་ལྷུང་བཟེད་རང་ཡུལ་དུ་སྤྱན་འདྲེན་པར་དགོངས་ཏེ། མཆོག་གསུམ་ལ་མཆོད་པ་རྒྱ་ཆེར་མཛད་ནས་ལྷུང་བཟེད་གླང་པོ་ཆེ་རྒྱན་གྱིས་སྤྲད་པར་བསྐྱོན་ཅ་ན་དེ་ཉིད་རང་སར་ཉལ་ཏེ་བགྲོད་མ་ནུས། སླར་འཁོར་ལོ་བཞི་ཅན་ལ་ལྷུང་བཟེད་བཞག་ནས་གླང་པོ་ཆེ་བརྒྱད་ཀྱིས་འཐེན་མོད་ཀྱི་སྔར་བཞིན་སོ་ན་ལུས། དེས་ན་རྒྱལ་པོས་ལས་སྐལ་མེད་པར་མཁྱེན་ནས་ཐུགས་ལ་འགྱོད་པ་ཚད་མེད་པར་འཁྲུངས་ཏེ་བཤགས་པ་མཛད་ཅིང་། གནས་དེ་རང་དུ་མཆོད་རྟེན་བཞེངས་ནས་གཙུག་ལག་ཁང་བཏབ་པ་དང་སྲུགས་སྲུང་མི་མངགས་ནས་བསྙེན་བཀུར་སྣ་ཚོགས་པས་མཆོད་པ་རྒྱ་ཆེར་མཛད་དོ། །གཙུག་ལག་ཁང་དེར་དགེ་འདུན་བདུན་བརྒྱ་ལྷག་བཞུགས་པ་དག་གིས་རྟག་ཏུ་ཉི་མ་གུང་གི་ཚེ་ན། སྔོན་པའི་ལྷུང་བཟེད་སྤྱན་དྲངས་ནས་གྲོང་མི་རྣམས་དང་ལྷན་ཅིག་ཏུ་མཆོད་པ་དང་། དགུང་ཚིགས་གྲུབ་རྗེང་ས་སྲོས་སྐབས་སླར་མཆོད་པ་བྱེད། ལྷུང་བཟེད་དེར་འབོ་གཉིས་ལྷག་ཤོང་ནུས་ཤིང་། ཁ་དོག་སྣ་ཚོགས་ལ་ནག་ཤས་ཆེ་བ་ཁ་རིས་རིམ་པ་བཞི་བརྩེགས་[82]མངོན་སུམ་འཆར་ཞིང་། མཐུག་ཚད་ལ་སྐར་གཉིས་ཙམ་དྭངས་ཤིང་གསལ་ལ་འོད་ལྷམ་མེར་འཁྲོ་ཞིང་། ངོ་མཚར་

བའི་ལྟས་ཁྱད་པར་བ་སྟོན་ནུས་པ་ཞིག་སྟེ་ཕོངས་པ་དག་གིས་མེ་ཏོག་རེ་གཉིས་མ་གཏོགས་པས་མཆོད་ཀྱང་ལྷུང་བཟེད་དེ་མུར་ཁེངས་ནུས། ཤིན་ཏུ་འབྱོར་ཕྱུག་ཅན་དག་གིས་འདོད་པ་ཆེན་པོས་མེ་ཏོག་སྟེ་ཚང་[83]བྱེ་བས་བཀང་ཡང་ལྷུང་བཟེད་གང་བར་མི་འགྱུར་རོ། །

དེ་ནས་ཟླ་བོ་པའོ་ཡུན་དང་སེང་ཧེང་གཉིས་པོ་སྟོན་པའི་ལྷུང་བཟེད་ལ་མཇལ་ཁ་ཞུས་རྗེས་རང་ཡུལ་དུ་ཕྱིར་བཟློག །ཧུད་ཧིང་དང་ཧུད་དྷ། ཏའོ་ཀྲེང་གསུམ་ཐོན་དུ་ཆས་ཏེ་ན་ག་ར་ཧཱ་རའི་ཡུལ་གྱི་སྟོན་པའི་གྲིབ་བརྙན་དང་། ཚེམས། དབུ་ཐོད་ཀྱི་རིང་བསྲེལ་སོགས་ལ་བསྙེན་བཀུར་བྱ་བའི་སྐབས། ཧུད་ཧིང་ནད་ཀྱིས་བཏབ་པས་ཏའོ་ཀྲེང་དེའི་གཡོག་ཏུ་བསྡད། ཧུད་དྷ་ཆིག་རྐྱང་ལམ་བཟློག་ནས་པུ་རུ་ཥ་པུ་རའི་ཡུལ་དུ་ཧུ་ཅག་དང་འཕྲད་མུར་པའོ་ཡུན། སེང་ཧེང་མཉམ་དུ་ཕ་ཡུལ་རྒྱ་ནག་ཏུ་ལོག །ཧུད་དབྱིང་སྟོན་པའི་དབུ་ཐོད་བཞུགས་པའི་གཙུག་ལག་ཁང་དུ་ཚེའི་འཕེན་པ་རྫོགས་སོ། །

ན་ག་ར་ཧཱ་རའི་ཡུལ།

དེ་ནས་ནུབ་ཕྱོགས་སུ་དཔག་ཚད་[84]བཅུ་དྲུག་སོང་བས་ན་ག་ར་ཧཱ་རའི་ཡུལ་[85]གྱི་གྲོང་ཁྱེར་ཧདྡ་[86]བྱ་བར་སླེབས། གྲོང་དེའི་དབུས་སུ་སྟོན་པའི་དབུ་ཐོད་ཀྱི་རིང་བསྲེལ་[87]བཞུགས་པའི་གཙུག་ལག་ཁང་ཡོགས་ཀུན་གསེར་གྱིས་སྦྱད་ཅིང་རིན་པོ་ཆེ་སྣ་བདུན་གྱིས་བརྒྱན་པ་ཞིག་གདའ། ཡུལ་དེའི་རྒྱལ་པོ་སྟོན་པའི་རིང་བསྲེལ་དེ་ཉིད་ལ་ལྷག་པར་དད་པ་བརྟན་མོད། ཆོམ་རྐུན་ལ་འཛིགས་སྐབས་མངའ་ཞབས་མི་དྲག་བློས་འཁེལ་བ་བརྒྱད་ཙམ་བཀུག་ནས་སོ་སོར་དམ་ཕྱག་རེ་གཏད་དེ་ཀུན་གྱིས་རྒྱས་བཏབ་པ་དང་། ཉིན་ལྟར་ཐོགས་པ་དེ་རྣམས་འཚོགས་པའི་སྐབས་ལྷན་དུ་སོ་སོའི་དམ་ཕྱག་གི་དཔར་ལ་བལྟས་ཏེ་ཕྱི་སྒོ་དབྱེ་

ཞིང་། དྲི་ཆབ་ཀྱིས་ལག་གཉིས་ལེགས་པར་འཁྲུས་རྗེས་རིང་བསྲེལ་ཁྲི་མཐོན་པོར་རིན་པོ་ཆེ་སྣ་བདུན་གྱིས་བརྒྱན་པའི་གདིང་བ་སྔོར་མོའི་སྟེང་དུ་གསོལ། དེའི་སྤྱི་ལ་བཻཌཱུརྻའི་གདུགས་ཕུབ་སྟེ་རིན་པོ་ཆེ་གཞན་གྱི་ནོམ་པས་ཕྱུད་པར་བྱེད་དོ། །རིང་བསྲེལ་དེ་ཉིད་མདོག་སེར་སྐྱ་ཅན་མཐའ་ཁྱོན་ལ་སོར་བརྒྱད་ཀྱི་ཚད་ཙམ་པ་དབུས་འབུར་བར་སྣང་། ཉི་མ་འཆར་བའི་ཚེ་ན་གཙུག་ལག་ཁང་གི་མི་རྣམས་ཡང་ཐོག་ཏུ་འཛོགས་ནས་ཇ་བཏུངས་བ་དང་། ཆོས་དུང་འབུད་དེ་ཆ་ལང་བརྡེབས། དེའི་སྦྲ་རྒྱལ་པོས་ཐོས་འཕྲལ་བློན་འཁོར་དང་བཅས་གཙུག་ལག་ཁང་གི་ཤར་སྒོ་ནས་གཤེགས་ཏེ་མེ་ཏོག་དང་བདུག་སྤོས་ཀྱིས་རིང་བསྲེལ་ལ་མཆོད་ཅིང་། རྒྱལ་པོ་ནས་དབུ་བཙམས་ཏེ་ཕྱི་བཞིན་རྣམས་མཐོ་དམན་རིམ་པ་བཞིན་རིང་བསྲེལ་ལ་ཕྱིན་ཕྲབས་ཞུས་ཧྲེང་ནུབ་སྒོ་ནས་རང་གནས་སུ་ལོག །དེ་རྗེས་དགེ་བསྙེན་[88]དང་ཁྲིམ་བདག་དག་ཀྱང་དེ་ལྟར་དུ་བྱེད། ཡུལ་དེའི་རྒྱལ་བློན་འཁོར་འབངས་ཐམས་ཅད་ཀྱིས་གཙིགས་ཆེན་པོས་སྟོན་པའི་དབུ་ཐོད་ཀྱི་རིང་བསྲེལ་ལ་མཆོད་པ་ཆག་མེད་དུ་བྱེད་ཅིང་། རྒྱུན་པར་ཕྱིན་ཕྲབས་མཇོས་རྗེས་རིང་བསྲེལ་སྤུར་བཞིན་ཐོག་མའི་གནས་སུ་སྤྱན་འདྲེན་པའོ། །

གཙུག་ལག་ཁང་གི་དབུས་སུ་མཐོ་ལ་ཁྲུ་ལྔ་ལྷག་ཙམ་སྣང་བའི་མྱང་འདས་མཆོད་རྟེན་[89]ཞལ་ཕྱེ་སླ་བ་རིན་པོ་ཆེ་སྣ་བདུན་གྱིས་སྤྲས་པའི་རྟེན་དུ་སྟོན་པའི་དབུ་ཐོད་ཀྱི་རིང་བསྲེལ་གསོལ་ཡོད། གཙུག་ལག་ཁང་དེའི་སྒོ་ཁར་རྟག་ཏུ་དྲི་ཞིམ་དང་། བདུག་སྤོས་འཚོང་མཁན་ཡོད་པས་བསྙེན་བཀུར་འདོད་སླམ་པ་ཀུན་ཅི་བདེར་ཉོ་ཆོག་ཅིང་། རྒྱུན་པར་ཡུལ་ཁག་གི་རྒྱལ་པོ་རྣམས་ཀྱིས་ཕོ་ཉ་མངགས་ཏེ་མཆོད་པར་འོང་མཁན་ཡང་བར་མ་ཆད། གནམ་ས་དྲག་ཏུ་གཡོས་ནའང་གཙུག་ལག་ཁང་དེའི་ཁོར་ཡུག་གོམ་པ་བཞི་བཅུའི་སར་གཡོ་བ་ཉིལ་ཙམ་མེད་དོ། །

དེ་ནས་བྱང་ཕྱོགས་སུ་དཔག་ཚད་གཅིག་ཙམ་སོང་བས་ན་ག་ར་ཧཱ་རའི་ལྟེ་བའི་གྲོང་[90]དུ་སླེབས། དེ་ཙ་སྔོན་སྟོན་པ་བྱང་སེམས་ཀྱི་སྤྱོད་པ་སྤྱོད་པའི་སྐབས། དངུལ་ཏམ་གྱིས་རིན་མཛད་དེ་ཉོས་པའི་མེ་ཏོག་པདྨ་སྡོང་བུ་ལྔ་ལྡན་སངས་རྒྱས་མར་མེ་མཛད་[91]ལ་ཕུལ་བར་གྲགས། གྲོང་དེའི་དབུས་སུ་སྟོན་པའི་ཆོམས་གསོལ་བའི་མཆོད་རྟེན་དབུ་ཐོད་ལ་མཆོད་པའི་ཚུལ་ལུགས་ཇི་བཞིན་བཞུགས་[92]པ་ཞིག་སྣང་།

གྲོང་དེའི་བྱང་ཤར་ཕྱོགས་ལ་དཔག་ཚད་གཅིག་ཙམ་སོང་མཚམས་ཀྱི་རོང་སའི་འཇུག་སྒོར་གཙུག་ལག་ཁང་ཞིག་གདའ་བར། བ་ལང་མགོར་གྲགས་པའི་ཙནྡན་གོ་ཤཱིརྵ་[93]ལས་བྱས་པའི་སྟོན་པའི་འཁར་གསིལ་[94]སྲིད་དུ་འདོམ་བཅུ་བཞི་ཙམ་མངའ་བ་ཞིག་ཤིང་གི་མདོང་མོར་བཅུག་པ་གཙུག་ལག་ཁང་དུ་གསོལ་ཞིང་། དེ་ཉིད་སྐྱེ་བོ་བརྒྱ་སྟོང་གིས་འགུལ་བར་བརྩམས་ཀྱང་གཡོ་བ་མེད་དོ། །རོང་གཞུང་དེར་དེ་ནུབ་ཏུ་ཉིན་བཞི་ཙམ་བགྲོད་མཚམས་སུ་གཙུག་ལག་ཁང་ཞིག་མཆིས་པར་སཾ་གྷཱ་ཏཱི་སྟེ་སྟོན་པའི་སྣམ་སྦྱར་[95]རྟེན་དུ་གསོལ་ཡོད། ཡུལ་དེར་ཐན་པ་བྱུང་བའི་ཚེ་འབངས་ཐམས་ཅད་གཅིག་ཏུ་འཚོགས་ནས་སྣམ་སྦྱར་ཕྱི་རུ་སྤྱན་དྲངས་ཏེ་ཕྱག་འཚལ་མཆོད་པ་བྱ་བས་དེ་མུར་ཆར་ཆེན་འཛེ་བའོ། །

ན་ག་ར་ཧཱ་རའི་གྲོང་ཁྱེར་ནས་ལྷོ་ཕྱོགས་སུ་དཔག་ཚད་ཕྱེད་ཙམ་བསྐྱོད་པས། རི་བོའི་ལྷོ་ནུབ་མཚམས་ན་བསྙེགས་པའི་རྗེའི་ཕུག་པར་སྔོན་སྟོན་པས་འཇོག་གནང་བའི་སྐུའི་གྲིབ་བརྙན་[96]ཡོད་ཅིང་གོམ་པ་བཅུ་ཙམ་བཤོལ་ཏེ་མཇལ་ཙ་ན་སྟོན་པ་སྐུ་དངོས་ཇི་བཞིན་མཚན་དཔེས་[97]བརྒྱན་པ་གསེར་འོད་ལྷམ་མེར་འཁྲོ། ཇི་ཙམ་ཉེ་བར་བཅར་བས་དེ་ཙམ་རབ་རིབ་ཆུང་བར་སྣང་ཞིང་སེམས་ཁོང་དུ་སངས་རྒྱས་གམ་ན་བཞུགས་པ་ལྟར་གྱི་སྣང་བ་འཆར། ཡུལ་ཁག་གི་རྒྱལ་པོས་ལྷ་འབྲི་མཁས་

པ་མངགས་ནས་དཔེ་བླངས་ཏེ་འབྲི་རུ་བཅུག་མོད་ཀྱི་སུས་ཀྱང་ཇི་བཞིན་མ་ནུས་སོ། །ཡུལ་མི་རྣམས་ཀྱིས་བསྐལ་བཟང་སངས་རྒྱས་སྟོང་[98]ཐམས་ཅད་ཀྱིས་སྐུའི་གྲིབ་བརྙན་ཕྱག་པ་འདིར་འཇོག་པར་ངེས་ཞེས་སྨྲ། ཕྱག་པའི་ནུབ་མཚམས་ཀྱི་གོམ་པ་བཞི་བརྒྱ་ཙམ་ན་སྟོན་པ་འཚོ་ཞིང་གཤེགས་པའི་སྐབས་དབུ་ལོ་དང་ཕྱག་སེན་བྲེ་བའི་གནས་ཡིན་ཞིང་། དེ་ཙ་སྟོན་པ་སྐུ་དངོས་དང་བུ་སློབ་ཐབས་ཅིག་ཏུ་མཐོ་ལ་འདོམ་བཅུ་དྲུག་ཙམ་མངའ་བའི་མཆོད་རྟེན་བཞེངས་ནས་མ་འོངས་པ་རྣམས་ལ་མཆོད་རྟེན་གྱི་བཀོད་པ་བསྟན་པ་དེ་ཉིད་ད་ལྟའང་མཇལ་དུ་ཡོད། དེའི་ཡོགས་སུ་དགེ་འདུན་བདུན་བརྒྱ་ལྷག་བཞུགས་པའི་གཙུག་ལག་ཁང་དུ་དགྲ་བཅོམ་པ་དང་། པྲ་ཏྱེ་ཀ་བུདྡྷ་སྟེ་རང་སངས་རྒྱས་[99]ཀྱི་མཆོད་རྟེན་སྟོང་ཙམ་སྣང་།

གངས་རི་ཆུང་ངུ་བརྒལ་བ།

ན་ག་ར་ཧཱ་རའི་ཡུལ་དུ་དགུན་ཟླ་གསུམ་བཞུགས་མུར། བཙུན་པ་ཟླ་ཤིན་བཅས་ལམ་གྲོགས་གསུམ་པོ་ལྷོ་ཕྱོགས་སུ་གངས་རི་ཆུང་ངུ་[100]བརྒལ་ལ་ཞུགས། རི་དེ་ནི་དབྱར་དགུན་ལྷོས་མེད་གངས་ཀྱིས་བསྒྲུབས་ཤིང་། དེའི་བྱང་སྲིབ་ཡོགས་སུ་བགྲོད་པའི་སྐབས་འཕྲུགས་རླུང་འཚུབ་མ་ལྷང་རྐྱེན་ཐམས་ཅད་དབང་མེད་དུ་ལུས་འདར་ཞིང་། ཧུད་ཇིང་གཅིག་པུ་ཟུངས་ཟད་ནས་ཚེར་བ་ཉམས་ཏེ་ཁ་ནས་དབུ་བ་དཀར་པོ་འཐོན་གྱིན་བཙུན་པ་ཟླ་ཤིན་ལ་ད་ནི་ཁོ་བོ་འཚོ་བའི་ཐབས་མེད་པས་འདིར་ལྷན་ཅིག་འཆི་བ་ལས་ཁྱེད་ཅག་སྔོན་དུ་ཆས་ན་བཟང་ཞེས་གསུངས་ཁད་སྐུ་ཚེ་རྫོགས་པར་འགྱུར། བཙུན་པ་ཟླ་ཤིན་ཐུགས་ཤིན་ཏུ་བརྣངས་ནས་ཧུད་ཇིང་གི་ཕུང་པོར་རེག་བཞིན་ཀྱི་ཧུད། ང་ཅག་གིས་སྨོན་པའི་དོན་མངོན་དུ་མ་གྱུར་གོང་ཁྱོད་ཉིད་འདས་པ་ཅི་ལགས་ཞེས་སྨྲེ་ངགས་འདོན་ནོ། །དེ་ནས་ཁོང་གཉིས་པོས་འདུན་པ་མ་བཏང་བར་སླར་བརྟུན་པ་བསྐྱེད་དེ་གཤེགས་པས་གངས་རི་དེ་

ཉིད་པ་མཐར་བསྐྲད་དོ།།

ཡོ་ཏ་ཉིའི་ཡུལ།

གངས་རི་ཆུང་དུ་བརྒལ་བའི་ལྷོ་ཕྱོགས་སུ་ཡོ་ཏ་ཉིའི་ཡུལ་[101]ཆགས། དེར་དགེ་འདུན་སུམ་སྟོང་ཙམ་བཞུགས་པ་ཐེག་པ་གཉིས་ཀར་འཇུག །བཙུན་པ་ཧྥ་ཤན་ལམ་གྲོགས་གཉིས་དང་བཅས་རེ་ཞིག་ཡུལ་དེར་དབྱར་གནས་ལ་བཞུགས།[102]

ཕཧྟའི་ཡུལ།

དབྱར་གནས་མཛད་རྗེས་ལྷོ་ཐད་དུ་ཉིན་བཅུ་ཙམ་སོང་བས་ཕཧྟུའི་ཡུལ་[103]དུ་སླེབས། དེར་ཐེག་དམན་པའི་དགེ་འདུན་སུམ་སྟོང་ལྷག་བཞུགས་སོ།།

པཊྚབ་ཀྱི་ཡུལ།

དེ་ནས་ཤར་ཕྱོགས་སུ་ཉིན་གསུམ་ཙམ་བསྐྱོད་དེ་ཆུ་བོ་སིནྡྷུ་གྲོལ་བས་ཡོགས་གཉིས་ཡངས་པའི་ཐང་གཤོངས་སུ་སླེབས། ཆུ་བོའི་ཁ་གཏད་དུ་ཡུལ་ཞིག་སྣང་བར་པཊྚབ་[104]ཞེས་བྱའོ། །དེར་ནང་པའི་བསྟན་པ་རྒྱས་ཤིང་ཐེག་པ་གཉིས་ཀར་འཇུག །རྒྱ་ནག་གི་སྐྱེ་བོ་མཐོང་བ་ཉིད་དུ་སྙིང་རྗེའི་སེམས་ཀྱིས་ཡུལ་མཐའ་རྣམས་ཀྱིས་ཀྱང་རབ་ཏུ་བྱུང་བར་ཤེས་ནས་ཐག་རིང་ལམ་གྱི་ངལ་བར་མ་བལྟོས་པར་དམ་ཆོས་འཚོལ་ལ་བསླེབས་པ་ཅི་བས་ངོ་མཚར་ཆེ། ཞེས་བྱ་བཞིན་བཙུན་པ་ཧྥ་ཤན་སོགས་ལ་འཚོ་བ་སྦྱར་ཏེ་བསྙེན་བཀུར་ཚུལ་བཞིན་ཞུས་སོ། །

དེ་ནས་ཤར་ལྷོའི་ཕྱོགས་སུ་དཔག་ཚད་བརྒྱད་ཅུ་ཙམ་བསྐྱོད་པའི་ལམ་ལ་གཙུག་ལག་ཁང་དུ་མ་མཆིས་པར་དགེ་འདུན་ཁྲི་ཙམ་བཞུགས།

གསུམ་པ། རྒྱ་གར་དབུས་དང་ཤར་ཕྱོགས་ཀྱི་བགྲོད་ལམ།

བཅོམ་བརླག་གི་ཡུལ།

གོང་གི་གནས་དེ་དག་འདས་པས་མ་ཐུ་ར་སྟེ་བཅོམ་བརླག་གི་ཡུལ་[105]ལོ། །ཡུལ་དེ་ནས་རྒྱུགས་པའི་ཆུ་ཀླུང་ཡ་མུ་ན་[106]ཞེས་པའི་ལོགས་གཉིས་སུ་གཙུག་ལག་ཁང་ཉི་ཤུ་གདའ་བར་དགེ་འདུན་སུམ་སྟོང་ཙམ་བཞུགས་ཤིང་། ནང་པའི་བསྟན་པ་དར་ཞིང་རྒྱས་སོ། །

ཅེ་ཀླུང་ཆེན་པོའི་ནུབ་ནས་རྒྱ་གར་ལ་ཐུག་ཡུལ་ཐམས་ཅད་ཀྱི་རྒྱལ་པོ་ཀུན་ནང་པར་ལྷག་པར་དད། སྟོན་པ་འཚོ་ཞིང་གཞེས་པའི་དུས་རྒྱལ་པོ་རྣམས་ཀྱིས་བསྙེན་བཀུར་མཛད་པའི་ཚུལ་མ་ཉམས་པར་ཉེ་བར་གནས། དེ་ཡང་དགེ་འདུན་ལ་བསྙེན་བཀུར་བྱེད་པའི་ཚེ་རྒྱལ་པོས་ པྲོག་ཞྭ་ཕུད་ཅིང་སྐུ་མཆེད་བློན་འབངས་འཁོར་བཅས་སོ་སོ་ནས་ཞལ་ཟས་དྲངས་ཏེ་གསོལ་བར་བྱེད། དེ་དག་གིས་མཆོད་པ་གྲུབ་རྗེས་ས་ཐོག་ལ་ཕྱིང་གདན་བཏིང་བ་གང་དེར་འཁོད་དེ། མདུན་ཕྱོགས་ཀྱི་ཁྲི་མཐོན་པོར་བཞུགས་པའི་སློབ་དཔོན་ལ་གུས་པས་སེམ་མེར་ཕྱོགས། དགེ་འདུན་པའི་གམ་ན་རྒྱལ་བློན་འཁོར་འབངས་སུ་ཡང་སྟན་ལ་འདུག་མཁན་མེད་དོ། །

བཅོམ་བརླག་ལྷོ་ཕྱོགས་ཀྱི་སའི་ཆ་རྣམས་སུ་ཡུལ་དབུས་བྱ་ཞིང་ནམ་དུས་ཚ་གྲང་སྙོམས་ལ་སད་དང་ཁ་བ་མེད། འབངས་འཁོར་ཕྱུག་ཅན་བདེ་ཞིང་སྐྱིད་ལ་ཐེམ་གྲངས་ཐོ་འགོད་ཀྱི་སྲིད་ཁྲིམས་ཟེར་བ་མེད་མོད། རྒྱལ་པོའི་དབང་རིས་ས་ཞིང་རྣམས་སུ་རྨོ་འདེབས་བྱེད་པ་ཀུན་གྱིས་ངེས་པར་འབྲུ་ཁྲལ་མཇལ་དགོས། དེ་དག་ཀྱང་རང་གི་འདོད་པ་ཇི་བཞིན་འགྲོ་འོང་གར་བདེར་བྱ་རུང་བ་དང་། རྒྱལ་པོས་སྲིད་སྐྱོང་བའི་ཐབས་སུ་ཉེས་པ་ཅན་དག་ཁྲིམས་མུན་དུ་བཙུག་པ་སོགས་དྲག

ཤུལ་སྤངས་ཏེ་དཔྱལ་གྱི་ཆད་པ་ཕོ་ནས་ཆོག་པར་བྱེད། དེའང་ཉེས་པའི་ཚད་ལ་གཞིགས་ཏེ་ལེན་པ་དང་། མི་ཟད་པའི་ལས་ཧ་ཅང་ལྕི་བ་བརྩམས་པ་དག་ཀྱང་ལག་གཡས་གཅོད་པ་ཙམ་མོ། །རྒྱལ་པོའི་སྐུ་སྲུང་དང་འཁོར་བློན་ཅི་རིགས་ལ་གཞུང་མཛོད་ནས་ཕོགས་དང་གནང་སྦྱིན་བསྩལ། ཡུལ་མི་ཕལ་ཆེར་སྲོག་གཅོད་དང་། ཆང་རག་དང་། སྨོག་ཅོང་བཅས་སྤངས་ཤིང་། རིགས་ངན་ཙཎྜ་ལ་སྟེ་སྨེ་ཤ་ཅན་སྡིག་པ་འབའ་ཞིག་གཉེར་བ་དག་གཞན་དང་ཡོགས་སུ་དགར་ནས་འདུག་ཅིང་། གྲོང་དུ་བཞུད་པའི་ཚེ་དབྱུག་པ་བརྡུངས་ནས་རང་ཉིད་ཙཎྜ་ལའི་རིགས་ཡིན་ཚུལ་བརྡ་བྱེད་པས་ཀུན་གྱིས་གཟུར་ཞིང་དེ་དག་དང་ལུས་རེག་པར་འཛེམས། ཡུལ་དེར་ཕག་དང་། བྱ་གག་མི་གསོ་ཞིང་ཕྱུགས་རིགས་ཕལ་ཆེར་མི་འཚོང་། ཁྲོམ་ལ་བཤས་མཁན་དང་ཆང་བཙོང་བ་རིག་རྒྱུ་མེད་ཅིང་ཉོ་ཚོང་མགྲོན་བུ་ཕོ་ནས་བྱེད། རྔོན་པ་དང་ཙཎྜ་ལའི་རིགས་འབའ་ཞིག་གིས་ཤ་བཙོང་བའོ། །

སྟོན་པ་སྐུ་མྱ་ངན་ལས་འདས་པའི་འོག་ཏུ་ཡུལ་ཁག་གི་རྒྱལ་པོ་དང་། ཁྱིམ་བདག་དང་། དགེ་བསྙེན་བཅས་ཀྱིས་འཕགས་པའི་དགེ་འདུན་རྣམས་ཀྱི་ཆེད་དུ་གཙུག་ལག་ཁང་བཞེངས་ཤིང་། ས་ཞིང་དང་བཟའ་ཤིང་ར་བ་དང་། ཚལ་ལྡུམ་དང་། མི་ཁྱིམ་དང་བ་ལང་སོགས་ཀྱི་འཚོ་བའི་རྟེན་སྦྱར་སྟེ་རེ་རེ་བཞིན་ལྕགས་ཀྱི་གླེགས་བུར་དཀར་ཆག་བཏབ་ནས་རྒྱལ་པོ་ན་རིམ་བར་བརྒྱུད་པར་བྱེད་ཅིང་སུས་ཀྱང་སྲོལ་དེ་ཉིད་མ་བརླག་པར་ད་བར་སྔར་བཞིན་གནས་སོ། །དགེ་འདུན་ཕལ་ཆེར་གནས་ཁང་དང་། མལ་སྟན་དང་། ཆོས་གོས་དང་། བཟའ་བཏུང་སོགས་འཚོ་བའི་ཡོ་བྱད་ཅི་རིགས་མི་ཕོངས་ཤིང་རྒྱུན་པར་དགེ་སྦྱོར་ལ་བརྩོན་ཏེ་སྐྱོར་སྦྱངས་དང་བསམ་གཏན་ལ་འཇུག །རབ་ཏུ་བྱུང་བ་ཡུལ་གཞན་ནས་འདིར་ལྷགས་པ་ཀུན་ལ་ཕེབས་བསུ་དང་སྐྱེལ་མ་བྱེད་ཅིང་། ལྷུང་བཟེད་དང་ཆོས་གོས་སོགས་

གླང་རྫོགས་བགྱིས་ཏེ་ཞབས་བསིལ་བའི་ཆུ་བཤམས་ནས་ཕྱག་སྐྱམ་དང་། དུས་མ་ཡིན་པའི་བཏུང་བ་རོ་བཅུད་ལྡན་པ་དག་ཕུལ་བར་བྱེད། དེ་ནས་རེ་ཞིག་ངལ་གསོ་ཐུར་རབ་ཏུ་བྱུང་བ་ལ་ནམ་དུ་ཆོས་སྐོར་ཞུགས་མིན་སོགས་ཀྱི་ལོ་རྒྱུས་འདྲི་ཞིང་། བསླབ་པ་རྐན་གཞོན་གྱི་རིམ་པ་བཞིན་འདུལ་བའི་ལུགས་ལྟར་གནས་ཁང་དང་། ཡོ་བྱད་བསྐྱབས་པའོ། །དགེ་འདུན་བཞུགས་པའི་གནས་ཁང་ཡོད་སར་ཤཱ་རིའི་བུ་[107]དང་། མོའུ་འགལ་གྱི་བུ་[108]དང་། ཀུན་དགའ་བོ་བཅས་ཀྱི་མཆོད་རྟེན་དང་། ཆོས་མངོན་པ་དང་། འདུལ་བ་དང་། མདོ་སྡེ་བཅས་སྡེ་སྣོད་གསུམ་བཞུགས་པའི་མཆོད་རྟེན་ཡང་མཆིས། དབྱར་གནས་ཀྱི་མཇུག་ཟླར་མི་ཁྱིམ་དད་པ་ཅན་ཚོས་འདུས་དམངས་ལ་དུས་མ་ཡིན་པའི་བཏུང་བ་བཅུད་ལྡན་དག་གསོལ་ཏེ་བསྙེན་བཀུར་བྱེད་ཅིང་། ཆོས་འདོན་ཞབས་རིམ་གྲུབ་པའི་མཇུག་ཏུ་ཤཱ་རིའི་བུའི་མཆོད་རྟེན་ལ་བདུག་སྤོས་དང་། མེ་ཏོག་གི་མཆོད་པ་ཕུལ་ནས་མར་མེ་མཆན་འཁྱོངས་སྒྲོན་ཐོག །ཀར་དང་རོལ་མོའི་བྱེ་བྲག་གིས་ཁྱབ་པར་བྱེད་དོ། །[109]

དང་པོ་ཉིད་ན་ཤཱ་རིའི་བུ་བྲམ་ཟེའི་རིགས་ཡིན་པ་ལས་ཁྱིམ་སྟོན་པ་མཇལ་ནས་རབ་ཏུ་བྱུང་འདོད་པར་ཞུས་པ་ལྟར་མོའུ་འགལ་གྱི་བུ་ཆེན་པོ་དང་། འོད་སྲུང་ཆེན་པོ་[110]ཡང་དེ་བཞིན་ནོ། །གནས་དེར་དགེ་སློང་མ་ཕལ་ཆེར་གྱིས་ཀུན་དགའ་བོའི་མཆོད་རྟེན་ལ་མཆོད་འབུལ་བྱེད། དེའང་སྟོན་ཀུན་དགའ་བོས་བཅོམ་ལྡན་འདས་ལ་བུད་མེད་རབ་ཏུ་བྱུང་བར་ཞུ་བ་ཕུལ་བའི་རྒྱུ་མཚན་གྱིས་ཡིན་པར་གདའ། དགེ་ཚུལ་ཕལ་མོ་ཆེ་ནྲ་ཧུ་ལ་སྒྲེ་སྒྲ་གཅན་འཛིན་[111]གྱི་མཆོད་རྟེན་ལ་ཕྱག་མཆོད་དང་། ཆོས་མངོན་པ་འཛིན་པ་རྣམས་མངོན་པའི་སྡེ་སྣོད་ཀྱི་མཆོད་རྟེན་དང་། འདུལ་བ་འཛིན་པ་རྣམས་འདུལ་བའི་སྡེ་སྣོད་ཀྱི་མཆོད་རྟེན་དང་། མདོ་སྡེ་འཛིན་པ་རྣམས་མདོ་སྡེའི་སྡེ་སྣོད་ཀྱི་མཆོད་རྟེན་བཅས་སོ་སོར་

ལོ་རེ་བཞིན་ཆོས་བཟང་ལ་བསྙེན་བཀུར་ལན་རེ་བྱེད། གཞན་ཡང་མ་དྷཱ་ཡ་ན་སྡེ་ཐེག་པ་ཆེན་པོར་འཇུག་པ་ཐམས་ཅད་ཤེས་རབ་ཀྱི་ཕ་རོལ་ཏུ་ཕྱིན་པ་[112]དང་། འཕགས་པ་འཇམ་དཔལ་[113]དང་། སྤྱན་རས་གཟིགས་དབང་ཕྱུག་[114]སོགས་ལ་མཆོད་པ་བྱེད་དོ། །

དགག་དབྱེའི་རྗེས་ཁྱིམ་བདག་དང་། དགེ་བསྙེན་དང་། བྲམ་ཟེ་[115]སོགས་ཀྱིས་ཆོས་གོས་སྣ་ཚོགས་དང་། དགེ་སློང་ལ་མཁོ་བའི་ཡོ་བྱད་ཅི་རིགས་ཕུལ་ཞིང་། དགེ་འདུན་དབར་ལའང་དེ་བཞིན་ཕན་ཚུན་སྦྱིན། སྟོན་པ་མྱ་ངན་ལས་འདས་ཏེ་ད་ལྟ་ལ་ཐུག་ཏུ་འཕགས་པའི་དགེ་འདུན་དམངས་ཀྱིས་བསྟན་པའི་གཞི་མ་འདུལ་ཁྲིམས་ཇི་ལྟ་བ་བཞིན་སྲུང་བའི་ཚུལ་ལུ་གུ་རྒྱུད་དུ་མ་ཉམས་པར་གནས་སོ། །

ཆུ་ཀླུང་སིནྡྷུ་གྲོལ་ནས་རྒྱ་གར་ལྷོ་ཕྱོགས་བརྒྱུད་ལྷོ་རྒྱ་མཚོ་ལ་ཐུག་བར་ལེ་དབར་ཁྲི་བཞི་ལྔ་གདའ་ཞིང་། ས་གཞི་ཐང་བདེ་སྙོམ་ལ། རི་དང་ཆུ་ཀླུང་ཆེན་པོ་རིག་རྒྱུ་མེད་ཅིང་ཆུ་ཕྲན་ཕལ་ཆེར་རོ། །

སཾ་ཀཱ་ཤྱའི་ཡུལ།

དེ་ནས་ཤར་ལྷོའི་ཕྱོགས་སུ་དཔག་ཚད་བཅོ་བརྒྱད་ཙམ་བགྲོད་པས་སཾ་ཀཱ་ཤྱའི་ཡུལ་[116]དུ་སླེབས། དེ་ཉ་སྔོན་སྟོན་པས་ཡུམ་གྱི་དྲིན་གཟོ་བའི་ཕྱིར་ལྷ་གནས་སུམ་ཅུ་རྩ་གསུམ་[117]དུ་གཤེགས་ནས་ཟླ་བ་གསུམ་རིང་ལྷ་རྣམས་ལ་ཆོས་གསུངས་ཏེ་མི་ཡུལ་དུ་བྱོན་པའི་གནས་ཡིན། དེ་ཡང་ཐོག་མར་བཅོམ་ལྡན་འདས་ཀྱིས་མངོན་པར་ཤེས་པའི་ཐབས་ལ་བརྟེན་ནས་ལྷ་ཡུལ་དུ་གཤེགས་པའི་ཚུལ་བུ་སློབ་རྣམས་ཀྱིས་ཚོར་མེད་ཅིང་། ཕྱིས་མི་ཡུལ་དུ་བྱོན་ཁད་ཞག་བདུན་གྱི་གོང་དུ་རྫུ་འཕྲུལ་གྱི་ཞབས་བསྟན་པ་ཉན་ཐོས་ཨ་ནི་རུདྡྷཿསྡེ་མ་འགགས་པས་[118]ཤེས་རབ་སྤྱན་གྱིས་

གཟིགས་ཏེ་མོའུ་འགལ་གྱི་བུ་ལ་སྟོན་པའི་གམ་དུ་རྒྱུ་མཚན་ཞུ་བར་ཕེབས་འཚལ་གསུངས། མོའུ་འགལ་གྱི་བུ་དེ་མྱུར་གཤེགས་ཏེ་བཅོམ་ལྡན་འདས་ཀྱི་ཞབས་ལ་གཏུགས་ནས་གསོལ་བ་བཏབ་པ་ན་ང་ཉིད་ཞག་བདུན་གྱི་མཐའ་མར་ཛམ་བུའི་གླིང་དུ་བཟློག་པར་བྱའོ་ཞེས་བཀའ་བསྩལ་ལོ། །

མོའུ་འགལ་གྱི་བུ་མི་ཡུལ་དུ་ཕྱིར་ཕྱིན་པའི་ཚེ། ཡུལ་བརྒྱད་ཀྱི་རྒྱལ་པོ་དང་། བློན་འབངས་ཕལ་ཆེར་རིང་པོར་སྟོན་པ་མ་མཇལ་བས་སྐྱོ་སྡེ་དྲན་པའི་སེམས་ཀྱིས་གདུང་ནས་ཐམས་ཅད་ཡུལ་སཾ་ཀཱ་ཤྲུར་གཅིག་ཏུ་འཚོགས་ནས་བཅོམ་ལྡན་འདས་བསུ་བའི་སྤྲ་གོན་ལ་ཞུགས། དེའི་དུས་ན་དགེ་སློང་མ་ཨུཏྤལ་མདོག་[119]གིས་དེ་རིང་རྒྱལ་བློན་འབངས་ཀུན་བདག་ཅག་གི་སྟོན་པ་བསུ་བར་བྱེད། བདག་བུད་མེད་ཅིག་དེ་རྣམས་ཀྱི་ཁྲིད་དུ་སྟོན་པ་མཇལ་བའི་འོས་ཅིས་ཀྱང་མེད་དོ་སྙམ་བཞིན་རྫུ་འཕྲུལ་གྱི་ཤུགས་པར་བརྟེན་ནས་འཁོར་ལོས་བསྒྱུར་བའི་རྒྱལ་པོའི་[120]གཟུགས་སུ་སྤྲུལ་ཏེ་ཚོགས་པའི་དབུ་རུ་སྟོན་པའི་ཞལ་མཇལ་དུ་ལྷགས། སྟོན་པ་སུམ་ཅུ་རྩ་གསུམ་ནས་མར་ཕྱིན་འོང་བའི་སྐབས། རིན་པོ་ཆེའི་སྐས་རིང་གསུམ་མངོན་པར་སྤྲུལ་ནས་སྟོན་པ་དབུས་རིན་པོ་ཆེ་སྣ་བདུན་གྱི་སྐས་རིང་ལ་ཞབས་འཁོད་དེ། ལྷ་ཆེན་ཚངས་པས་[121]གཡས་དངུལ་གྱི་སྐས་རིང་སྤྲུལ་ནས་ཇ་གཡབ་དཀར་པོ་ཐོགས་པ་དང་། ལྷའི་དབང་པོ་བརྒྱ་བྱིན་གྱིས་གཡོན་གསེར་གྱི་སྐས་རིང་སྤྲུལ་ནས་རིན་པོ་ཆེ་སྣ་བདུན་གྱིས་བརྒྱན་པའི་གདུགས་ཐོགས་ཤིང་། ལྷ་ཚོགས་གྲངས་མེད་པས་སྟོན་པའི་ཕྱི་བཞིན་འབྲངས་ཀྱིན་སྟོན་པ་མི་ཡུལ་དུ་ཞབས་སོར་འཁོད་པ་ན་སྐས་རིང་ཕལ་ཆེར་ས་འོག་ཏུ་ནུབ་སྟེ་ཐེམ་སྐས་བདུན་ཁོ་ན་ཕྱིར་མངོན་པར་འགྱུར། ཕྱིས་རྒྱལ་པོ་ཨ་ཤོ་ཀ་སྟེ་མྱ་ངན་མེད་ཀྱིས་སྐས་རིང་གི་ཚད་ཇི་ཙམ་ལ་ཐུག་མིན་བརྟགས་ཕྱིར་འཁོར་མངགས་ཏེ་དམྱལ་ཁམས་བར་དྲུས་མོད་ཀྱི་མཐིལ་མ་རྙེད་དོ། །དེས་ན་རྒྱལ་

པོ་སངས་རྒྱས་ལ་དད་པའི་སེམས་ལྷག་པར་འཕྲུངས་ནས་གནས་དེར་གཙུག་ལག་ཁང་བརྩིགས་ཏེ་ཐེམ་སྐས་ཀྱི་སྒོ་ལ་སྟོན་པའི་བཞེངས་སྐུ་མཐོར་འདོམ་དོ་དང་ཁྲུ་དྲུག་མཚིས་པ་བཞེངས་ཤིང་། གཙུག་ལག་ཁང་གི་རྒྱབ་ཏུ་དཔངས་སུ་ཁྲུ་[122]སུམ་ཅུ་ཙམ་མངའ་བའི་རྡོ་རིང་ཞིག་བཙུགས། དེའི་ཐོག་ཏུ་སེང་གེའི་གཟུགས་བརྙན་བརྐོས་ནས་རྡོ་རིང་གི་མཐའ་བཞི་ཏུ་ཕྱི་ནང་ལྷམ་མེར་སྣང་བའི་སྟོན་པའི་སྐུ་བརྙན་བཻཌཱུརྻའི་མདངས་ལྟར་དྭངས་ཞིང་གསལ་བ་བཞེངས་སོ། །སྟོན་ནང་པའི་དགེ་སྦྱོང་དང་། མུ་སྟེགས་པའི་སློབ་དཔོན་རྩོད་པའི་སྐབས་ཤིག །དགེ་སྦྱོང་རེ་ཞིག་གཏན་ཚིགས་ཀྱིས་ཕོངས་ནས་སླགས་མ་ཧྲེད་པས་མནའ་བོར་ཏེ་ཅི་སྟེ་ས་འདི་དགེ་སྦྱོང་རྣམས་ཀྱི་བཞུགས་གནས་ཡིན་ཙ་ན་བྱིན་རླབས་སྟོལ་ཅིག་ཟེར། དེ་མུར་རྡོ་རིང་གི་སྒོ་ལ་གནས་པའི་སེང་གེས་འཛིགས་སུ་རུང་བའི་ང་རོ་བསྒྲགས་པས་ཕྱི་པ་རྣམས་ཤིན་ཏུ་སྐྲག་ནས་ང་རྒྱལ་ཞི་སྟེ་རང་གནས་སུ་ལོག་གོ །

སྟོན་པ་ཟླ་བ་གསུམ་གྱི་ཡུན་དུ་ལྷའི་ཞལ་ཟས་རོ་བརྒྱ་དག་བཞེས་པའི་སྐབས་ཀྱིས་སྐུ་ལུས་ལས་གང་ཟག་མི་དང་ཀུན་ནས་ཐ་དད་པའི་ལྷའི་དྲི་ཞིམ་འཕྱུལ་འོང་བས་སེལ་ཆེད་དུ་ཆབ་ལ་ཞུགས་ཏེ་ཁྲུས་མཛད་པས་གནས་དེར་ཕྱི་རབས་ཆོས་ཁྲུས་ཁང་བཞེངས་པ་ད་ལྟའང་མཇལ་དུ་ཡོད། དགེ་སློང་མ་ཨུཏྤལ་མདོག་གིས་ཐོག་མར་སྟོན་པར་ཕྱག་མཆོད་འབུལ་བའི་གནས་སུའང་ད་ལྟ་མཆོད་རྟེན་བཞེངས་པར་སྣང་། དེ་ལྟར་དུ་སྟོན་པ་འཚོ་ཞིང་གཞེས་པའི་དུས་དབུ་ལོ་བྱི་སྟེ་ཕྱག་སེན་བྲིགས་པའི་གནས་དང་། འདས་པའི་སངས་རྒྱས་རྣམ་གསུམ་[123]དང་། སྟོན་པ་ཉིད་བཞུགས་འཆག་མཛད་པའི་གནས་མཚིས་སོ་ཅོག་དང་། སྟོན་པའི་སྐུ་བརྙན་བཞེངས་པའི་སའི་ཆ་ཀུན་ཏུ་མཆོད་རྟེན་བརྩིགས་པ་ད་ལྟའང་མཚིས། གཞན་ཡང་ལྷའི་དབང་པོ་བརྒྱ་བྱིན་དང་། ཚངས་པས་སྟོན་པའི་ཕྱི་བཞིན་འབྲངས་ཏེ་ས་ལ་

བབས་པའི་གནས་སུ་འང་མཆོད་རྟེན་བཞེངས་ཡོད་དོ། །

ཡུལ་དེར་དགེ་འདུན་ཕོ་མོ་ཆིག་སྟོང་ཙམ་བཞུགས་པ་ཚོགས་དམངས་དང་ལྷན་དུ་གསོལ་ཚོགས་བཞེད་ཅིང་ཐེག་པ་གཉིས་ཀར་འཇུག །

དགེ་འདུན་པའི་བཞུགས་གནས་ལ་ཀླུ་སྔོན་དཀར་ཞིག་གདའ་བ་དེ་ཁོང་དག་གི་སྦྱིན་བདག་དང་གཉིས་སུ་མེད་ཅིང་། དེའི་ལེགས་བྱས་ཀྱི་མཐུ་ལས་ཡུལ་ལ་འཚོ་བ་ཞི་སྐྱེ་ནམ་དུས་བཞིན་ཆར་ཆུ་སྙོམས། ལོ་ཏོག་ལེགས་ལ་འདུས་མང་བདེ་བར་འཁོད་པའི་སྐབས་ཀྱིས་དེའི་དྲིན་གཟོ་བའི་སླད་དུ་ཀླུ་བཞུགས་སའི་ཁང་བུ་བརྩིགས་ཤིང་། མཆོད་རྫས་ཀྱི་སྣེགས་བུ་བཤམས་ནས་ཉིན་རེ་བཞིན་དགེ་འདུན་གསུམ་མངགས་པ་དེར་འགྲོར་རྗེས་གདུགས་ཚོད་བཞེད་དོ། །དབྱར་གནས་གྲོལ་བའི་ཚེ་ཀླུ་དེ་ཉིད་སྦྲུལ་ཆུང་སྔོན་མཐའ་དཀར་པོ་ཅན་གྱི་གཟུགས་སུ་སྤྲུལ་བ་དགེ་འདུན་ཕལ་ཆེར་གྱིས་ཤེས་ཏེ། དེ་ཉིད་འོ་མ་བཀང་བའི་ཟངས་ཕོར་དུ་བཙུག་ནས་འཁྱེར་འོང་བ་དེར་འདུས་དམངས་ཀྱིས་བསླབ་པ་རྒན་གཞོན་གྱི་རིམ་པ་བཞིན་གྲལ་མགོ་ནས་མཇུག་བར་ལ་མཇལ་ཁ་ཞུས་རྗེས་མི་སྣང་བར་འགྱུར། དེའང་ལོ་རེར་ལན་རེ་བྱུང་ངོ་། །

ཡུལ་དེ་ཉིད་ས་རྒྱུ་གཤིན་ལ་ལོ་ཏོག་ལེགས་ཤིང་། སྐྱེ་བོ་ཕལ་ཆེར་འབྱོར་ཕྱུག་ཅན་དགའ་བདེ་བསམ་གྱིས་མི་ཁྱབ་པ་དག་ཡོངས་སྤྱོད་བཞིན་གནས་སྐབས་ཡུལ་ཁག་གི་གནས་མཇལ་བ་དེར་ལྷགས་པ་ཀུན་ལ་ཟས་གོས་གནས་མལ་སོགས་འཚོ་བའི་ཡོ་བྱད་ཅི་འདོད་ཕངས་མེད་དུ་སྦྱིན་ནོ། །

གཙུག་ལག་ཁང་བྱང་ངོས་དཔག་ཚད་ལྔ་བཅུ་ཙམ་ན་ཚ་བའི་དུར་ཁྲོད་[124]བྱ་བའི་གཙུག་ལག་ཁང་མཆིས། དེ་ཡང་ཚ་བའི་དུར་ཁྲོད་ནི་མི་བསྲུན་འབྱུང་པོ་ཞིག་གི་མིང་ཡིན་ཏེ། སྔོན་སྟོན་པས་དེ་ཉིད་བཏུལ་བའི་མཇུག་ཏུ་ཕྱི་རབས་པས

གནས་དེར་གཙུག་ལག་ཁང་བཞེངས་པ་དགྲ་བཅོམ་པར་བསྔུལ་བར་གྲགས། འབྲུང་པོ་གྲོལ་བའི་སྐབས་སྟོན་པའི་ཕྱག་གིས་དེའི་ལུས་ལ་གཏོར་བའི་ཆུ་ཐིགས་ཆ་ཤས་ས་ལ་ལྷུང་བའི་རྗེས་ཤུལ་ད་ལྟའང་མཐོང་དུ་ཡོད་པ་རྩོལ་བས་ཕྱིས་ཀྱང་མི་སྣང་བར་འགྱུར་བའི་ཐབས་མེད་དོ། །

གནས་དེར་མཆོད་རྟེན་གཞན་ཞིག་མཆིས་པ་ལ་ཐོག་མར་དཀར་ཕྱོགས་ཀྱི་ལྷ་སྲིན་ཞིག་གིས་གད་བདར་ཆག་ཆག་བྱ་བའི་སྐབས་ཀྱིས་མི་རྣམས་དགོས་མེད་དུ་འགྱུར། ཕྱིས་རྒྱལ་པོ་མ་ཧུང་བས་ཁྱོད་ལ་ནུས་མཐུ་འདི་སྐད་ཡོད་ཅེ་ན་ཁོ་བོའི་དཔོན་དམག་དུ་མ་འདིར་སྡོད་པ་དག་གི་མི་གཙང་བཤང་གཅིའི་ཕུང་པོ་ཁྱོད་ཀྱིས་ཇི་ལྟར་སེལ་ནུས་སམ་བརྟག་གོ་ཟེར་བ་ན། ཀླུང་དམར་དྲག་ཏུ་ལྡང་སྟེ་ཐམས་ཅད་ལྷག་མེད་དུ་འཁྱེར་རོ། །

གཞན་དེར་མཆོད་རྟེན་ཆུང་དུ་བརྒྱ་རྩ་གདའ་བ་ཉིན་གང་པོར་བགྲངས་ཀྱང་མི་ཚོད་པས་ཤེས་འདོད་ཁ་ཅིག་གིས་མཆོད་རྟེན་རེའི་དྲུང་དུ་མི་རེ་བཞག་སྟེ་ལན་དུ་མར་རྩིས་མོད་ཀྱི་སྐབས་རེ་འཐོལ་ཞིང་སྐབས་རེ་བསྐང་མི་ནུས་པས་གཅིག་ཏུ་ངེས་པར་ཤིན་ཏུ་དཀའ། ཡང་དེར་དགེ་འདུན་བརྒྱ་ཕྲག་དྲུག་བདུན་བཞུགས་པའི་གཙུག་ལག་ཁང་ཞིག་གདའ་བར་རང་སངས་རྒྱས་གསོལ་ཚས་བཞེས་པ་དང་། སྐུ་མྱ་ངན་ལས་འདས་པ། ཆོས་གོས་ཉི་མར་ལྷེ་བའི་གནས་སོགས་ཡིན་ཞིང་། ཤིང་རྟའི་འཕང་ལོའི་ཁྱོན་ཙམ་གདའ་བའི་མྱ་ངན་འདའ་སའི་གཞི་དང་། ཆོས་གོས་ལྷེ་ཡུལ་ཁོ་ནར་རྩྭ་ཉག་མི་སྐྱེ་ཧུང་སའི་ཆ་གཞན་རྣམས་སུ་སྐྱེ་ཞིང་། ཆོས་གོས་ཀྱི་དབྱིབས་རིས་ད་ལྟའང་གསལ་ལེར་སྣང་།

བཙུན་པ་རྒྱ་ཤན་ཀླུ་གནས་སའི་གཙུག་ལག་ཁང་དུ་དབྱར་གནས་ལ་བཞུགས་སོ། །[125]

ཀཤྨ་ཀུཥྛའི་གྲོང་ཁྱེར།

དབྱར་གནས་གྲོལ་རྗེས་ཤར་ལྷོའི་ཕྱོགས་སུ་དཔག་ཚད་བདུན་ཙམ་བགྲོད་པས་ཀཤྨ་ཀུཥྛའི་གྲོང་ཁྱེར་[126]དུ་སླེབས། གྲོང་ཁྱེར་དེ་ཆུ་ཀླུང་གངྒཱའི་[127]ཡོགས་སུ་ཆགས་ཤིང་། གཙུག་ལག་ཁང་གཉིས་མཆིས་པ་ཀུན་ཐེག་པ་དམན་པར་འཇུག

གྲོང་ཁྱེར་ནུབ་ཕྱོགས་ལེ་དབར་བདུན་བརྒྱད་མཚམས་ཀྱི་ཆུ་ཀླུང་གངྒཱའི་བྱང་ངོགས་ནི་སྟོན་པས་བུ་སློབ་རྣམས་ལ་ཆོས་གསུངས་པའི་གནས་ཡིན། ངག་རྒྱུན་དུ་དེར་སྔོན་སྟོན་པས་འདུས་བྱས་མི་རྟག་ཅིང་། ཟག་བཅས་སྡུག་བསྔལ་བ། ཆོས་ཐམས་ཅད་སྟོང་ཞིང་བདག་མེད་པ་སོགས་ཟབ་མོའི་གནས་ལུགས་རྒྱ་ཆེར་འགྲེལ་བའི་སྐབས་ཀྱིས་ཕྱིས་མཆོད་རྟེན་བཞེངས་པ་[128]ད་ལྟའང་མངོན་སུམ་དུ་སྣང་།

ཆུ་ཀླུང་གངྒཱ་གྲོལ་ནས་ལྷོ་ཕྱོགས་སུ་དཔག་ཚད་གསུམ་ཙམ་ཆས་ཙ་ན་ཧ་རི་ཞེས་བྱ་བའི་གྲོང་ཚོར་[129]སླེབས། དེར་སྔོན་སྟོན་པ་བཞུགས་འཆག་མཛད་པའི་གནས་མཆིས་སོ་ཙོག་ལ་མཆོད་རྟེན་བཞེངས་པར་སྣང་།

སཱ་ཀེ་ཏའི་ཡུལ་ཆེན།

དེ་ནས་ཤར་ལྷོའི་ཕྱོགས་སུ་དཔག་ཚད་བཅུ་ཙམ་བགྲོད་པས་སཱ་ཀེ་ཏའི་ཡུལ་ཆེན་[130]ནོ། །

ཡུལ་དེའི་གྲོང་ཁྱེར་གྱི་ལྷོ་སྒོ་ནས་ཕྱིར་ཐོན་པའི་ལམ་ཤར་གྱི་མཚམས་སུ་སྔོན་སྟོན་པས་ཤིང་ཤལ་པོའི་འདབ་སྲན་གྱི་ཚེམས་ཤིང་ས་གཞིར་བཙུགས་པ་ལས་འབྲུངས་པའི་ལྗོན་པ་ཁྲུ་བདུན་ཙམ་མཆིས་པ་འཕེལ་འགྲིབ་མེད་པར་གནས། ཕྱི་པའི་བྲམ་ཟེ་རྣམས་ཕྲག་དོག་གིས་མ་བཟོད་པར་དེའི་ཡལ་ག་གཅོད་པའམ་རྩ་བ་བྲེགས་ཏེ་རྒྱང་རིང་པོར་དོར་མོད། ལྗོན་པ་སྔར་གྱི་ཚུལ་ཇི་ལྟ་བ་བཞིན་གསོས་པར་འགྱུར། གྲོང་དེར་འདས་པའི་སངས་རྒྱས་རྣམ་བཞི་[131]བཞུགས་འཆག་མཛད་

པའི་གནས་སུ་མཆོད་རྟེན་བཞེངས་པ་ད་ལྟའང་མཇལ།

ཀོ་ས་ལའི་ཡུལ་གྱི་མཉན་ཡོད་གྲོང་།

དེ་ནས་བྱང་ཕྱོགས་སུ་དཔག་ཚད་བརྒྱད་ཙམ་བགྲོད་པས་ཀོ་ས་ལའི་ཡུལ་གྱི་མཉན་ཡོད་གྲོང་[132]དུ་སླེབས། དེར་སྐྱེ་བོ་ཤིན་ཏུ་ཉུང་བ་མི་ཁྱིམ་ཉིས་བརྒྱ་ཙམ་གདའ་བ་ཀུན་ནྟ་ཛྙ་པྲ་སེ་ན་ཛི་ཏྲ་སྟེ་རྒྱལ་པོ་གསལ་རྒྱལ་[133]གྱི་མངའ་ཞབས་སུ་འདུ། སྔོན་པའི་ཨ་སྲུ་སྐྱེ་དགུའི་བདག་མོའི་[134]གནས་ཁང་རྙིང་པ་དང་། སུ་ད་ཏྲ་སྟེ་ལེགས་སྦྱིན་ནམ་ཁྱིམ་བདག་མགོན་མེད་ཟས་སྦྱིན་[135]གྱི་ཁྲིན་ཤུལ། དེ་བཞིན་ཨངྒུ་ལི་མ་ལ་སྟེ་སོར་འཕྲེང་ཅན་[136]སློབ་པ་ལམ་ལ་ཞུགས་ཤིང་། སྐུ་མྱ་ངན་ལས་འདས་ཏེ་ཞུགས་འབུལ་མཛད་པའི་གནས་རྣམས་མཇལ་དུ་ཡོད་པར་ཕྱི་རབས་རྣམས་ཀྱིས་མཆོད་རྟེན་བརྩིགས་པ་ཕལ་ཆེར་གྲོང་ཁྱེར་གྱི་དབུས་སུ་ཆགས། དེར་ཕྱི་པའི་བྲམ་ཟེ་རྣམས་ཕྲག་དོག་གིས་མ་བཟོད་པར་རྗེས་ཤུལ་དེ་དག་བརླག་སླམ་པ་ན། མཁའ་དབྱིངས་ནས་འབྲུག་སྒྲ་དྲག་ཏུ་ལྡིར་ཞིང་། གློག་དམར་འཇིགས་སུ་རུང་བ་དག་འཁྲུག་པས་མཐར་འཆེ་བར་མ་ནུས་སོ། །

གྲོང་ཁྱེར་དེའི་ལྷོ་སྒོ་ནས་ཕྱིར་ཐོན་ཏེ་གོམ་པ་ཆིག་སྟོང་ཉིས་བརྒྱ་ཙམ་སོང་བའི་ལམ་གྱི་ནུབ་མཚམས་སུ་ཁྱིམ་བདག་མགོན་མེད་ཟས་སྦྱིན་གྱིས་སངས་རྒྱས་ལ་བཞེངས་པའི་རྒྱལ་བྱེད་ཚལ་མགོན་མེད་ཟས་སྦྱིན་གྱི་གཙུག་ལག་ཁང་མཇལ་དུ་ཡོད། གཙུག་ལག་ཁང་སྒོ་ཤར་དུ་གཏད་ཅིང་ཡོགས་གཉིས་སོ་སོར་རྫ་རིང་རེ་བཙུགས་པ་ལས། གཡོན་ལ་འཁོར་ལོ་དང་གཡས་ལ་མ་ཧེའི་གཟུགས་བརྙན་བཀོས་པར་སྣང་། ཁོ་ར་ཁོར་ཡུག་དྭངས་གཙང་ཛིང་ཆུ་དལ་བུར་རྒྱུ་ཞིང་། སྐྱེད་ཚལ་ལྗོན་པ་སྟུག་ལ་མེ་ཏོག་སྣ་ཚོགས་བཀྲག་མདངས་རབ་ཏུ་འཚེར་བ་ལྟ་བས་ཆོག་མི་ཤེས་པའི་ཉམས་དགའི་གནས་མཆོག་ཅིག་ཏུ་འགྱུམས།[137]

དེ་ཡང་སྔོན་སྟོན་པ་སུམ་ཅུ་རྩ་གསུམ་གྱི་ལྷ་གནས་སུ་གཤེགས་ནས་ཞག་དགུ་བཅུའི་རིང་ཡུམ་ལ་ཆོས་བསྟན་པའི་སྐབས། རྒྱལ་པོ་གསལ་རྒྱལ་སངས་རྒྱས་རབ་ཏུ་དྲན་པས་ཙནྡན་གོ་ཤཱིརྵ་སྟོན་པའི་སྐུ་བརྙན་བཞེངས་ཏེ་སངས་རྒྱས་ཀྱི་བཞུགས་ཁྲིར་གསོལ། མཇུག་ཏུ་སྟོན་པ་གཙུག་ལག་ཁང་དུ་བྱོན་པའི་དུས་སྐུ་བརྙན་དེ་ཕྱིར་ཐོན་ནས་བསུ་མ་བྱས་པས་སངས་རྒྱས་ཀྱིས་རང་གནས་སུ་བཞློག་ལ་བཞུགས་ཤིག །ང་ཉིད་མྱ་ངན་ལས་འདས་པའི་འོག་ཏུ་ཁྱོད་ཉིད་འགོར་རྣམ་པ་བཞིས་[138]ངའི་གཟུགས་བརྙན་གྱི་དཔེ་བླངས་པའི་མཚན་གཞིར་འགྱུར་ངེས། ཞེས་བཀའ་བསྩལ་བ་ན་སྐུ་བརྙན་དེས་དང་པོའི་གནས་ལ་བཞུགས་སོ། །དེ་ནི་སྟོན་པའི་འདྲ་སྐུ་ཐམས་ཅད་ཀྱི་ཐོག་མ་[139]ཡིན་ལ་མ་འོངས་སྐྱེ་བོ་རྣམས་ཀྱིས་སྐུ་བརྙན་བཞེངས་པའི་འདྲ་དཔེར་གྱུར། །

དེའི་སྟབས་ཀྱིས་སྟོན་པ་དངོས་ཉིད་ཀྱི་སྣང་བརྙན་བཞུགས་ས་ནས་ལྷོ་མཚམས་ཀྱི་གོམ་པ་ཉི་ཤུའི་དྲི་གཙང་ཁང་དུ་གནས་སྤོ་མཛད། ཐོག་མའི་སྐབས་མགོན་མེད་ཟས་སྦྱིན་གྱི་ཀུན་དགའ་ར་བའི་གཙུག་ལག་ཁང་ལ་ཐོག་བརྩེགས་བདུན་ཙམ་མངའ་ཞིང་། ཡུལ་ཁག་གི་རྒྱལ་པོ་དང་འབངས་དུ་མ་འགྲན་པའི་ངང་ཚུལ་གྱིས་འཚོགས་ཏེ་ལྷན་ཅིག་གཙུག་ལག་ཁང་དུ་ལྷགས་ནས་གདུགས་དང་རྒྱལ་མཚན་བསྒྲེངས་པ་དང་། མེ་ཏོག་དང་། བདུག་སྤོས་དང་། མར་མེ་སོགས་མཆོད་པའི་རྒྱུན་བར་མ་ཆད་པར་བསྟར་བཞིན་གནས་པའི་ཚེ། ནམ་ཞིག་བྱི་བ་གཅིག་གིས་མར་མེའི་སྡོང་བུ་ཁྱེར་ཏེ་གང་སར་རྒྱུགས་པའི་སྐབས། གདུགས་དང་རྒྱལ་མཚན་བསྲེགས་ཤིང་། མེ་ལྕེ་གཙུག་ལག་ཁང་ཀུན་ལ་མཆེད་ནས་ཁང་བརྩེགས་བདུན་པོ་ཐམས་ཅད་རྨེག་མེད་དུ་བཏང་ངོ་། །དེའི་ཚེ་ཡུལ་སོ་སོའི་རྒྱལ་པོ་དང་། སེར་སྐྱ་ཕལ་ཆེར་སྐྱོ་གདུང་དྲག་པོས་མནན་ཏེ་ཀུན་གྱི་སེམས་སུ་ཙནྡན

གྱི་སྐུ་བརྙན་ད་ཆ་མི་ཡིས་འཛིགས་ཐེན་ཧོ་སྐམ་པ་ན། ཞག་བཞི་ལྔ་ཙམ་གྱི་རྗེས་སུ་གཙུག་ལག་ཁང་གི་ཤར་སྒོ་ཕྱི་མ་ཐག་སྐུ་བརྙན་སྔར་བཞིན་ལྷམ་མེར་མཇལ་བས་ཐམས་ཅད་སྤྲོ་བ་རབ་ཏུ་བརྟས། དེས་ན་ཐོག་བརྩིགས་གཉིས་ཅན་གྱི་གཙུག་ལག་ཁང་བསྐྱར་བཞེངས་མཛད་དེ་ཙནྡན་གྱི་སྐུ་བརྙན་དེ་ཐོག་མའི་གནས་སུ་བཞུགས་སུ་གསོལ་ལོ། །

བཙུན་པ་ཟླ་ཤར་དང་། ཏའོ་ཀྲེང་གཉིས་པོ་ཐོག་མར་མགོན་མེད་ཟས་སྦྱིན་གྱི་གཙུག་ལག་ཁང་དུ་ཞབས་སོར་འགོད་ཙ་ན་ཡིད་ལ་འདི་སྐམ་དུ་དགོངས་ཏེ། སྔོན་སྟོན་པས་དགུང་གྲངས་ཉི་ཤུ་རྩ་ལྔའི་རིང་གནས་མཆོག་འདིར་བཞུགས་འཆག་མཛད་མོད། ང་ཅག་མཐའ་འཁོབ་ཀྱི་ཡིད་མཐུན་འགའ་ལྷན་དུ་བསྐྱོད་བས་ནས་ཡུལ་ཁམས་གཞན་ན་དམ་ཆོས་འཚོལ་བར་བསླེགས་པའི་ལམ་དུ་ཁ་ཅིག་ནི་ཕ་ཡུལ་དུ་ཕྱིར་བཟློག་པ་དང་། ལ་ལ་ནི་མི་རྟག་ཚེ་ཡི་འཕེན་པ་རྫོགས། ཀྱེ་རུད་ད་ཆ་སྟོན་པ་སྟོང་པ་ཉིད་དུ་གཤེགས་ཐེན་ཅིང་ཞལ་མཇལ་བ་མེད་པས་སྐྱོའོ་སྐམ་བཞིན་སྤྱན་མཆི་མས་བརླན་ཏེ་སྐྱི་དག་འཚེར། དེའི་ཚེ་གཙུག་ལག་ཁང་གི་དགེ་འདུན་ཕྱིར་ལྷགས་ནས་ཁོང་གཉིས་པོར་གང་ནས་འོང་མིན་དྲིས་པར་རྒྱ་ནག་ནས་ཡིན་ཞེས་གསུངས་མུར་ཀུན་ངོ་མཚར་བར་གྱུར་ཏེ་ཨེ་མ་ཕྱོགས་མཐའི་ཡུལ་ནས་དམ་ཆོས་འཚོལ་ཕྱིར་འདི་རུ་ཕྱིན་པ་སྲིད་ན་དཀོན་ཐེར་ཞིང་། དམ་པ་གོང་མ་ནས་ད་ལྟ་ལ་ཐུག་ཚེ་རབས་དུ་མར་རྒྱ་ནག་ཡུལ་གྱི་སྐྱེ་བོ་འདིར་ཆས་པ་མ་མཐོང་ངོ་ཞེས་ཕན་ཚུན་ལབ་སླེང་བྱེད་དོ། །

གཙུག་ལག་ཁང་དེའི་ནུབ་བྱང་གི་ལི་དབར་བཞི་ཡི་སར་མིག་གསོས་པའི་སྐྱེད་ཚལ་ཞེས་བྱ་བ་ཆགས། སྟོན་དམུས་ལོང་ལྔ་བརྒྱ་གཙུག་ལག་ཁང་དེར་སྐྱབས་བཅོལ་ཏེ་གནས་པའི་ཚེ་སྟོན་པས་དེ་རྣམས་ཀྱི་ཆེད་དུ་ལས་འབྲས་ཀྱི་ཆོས་གསུངས་

པས་ཀུན་གྱི་མིག་གསོས་སོ། །དམུས་ལོང་དག་ཡིད་དགའ་བས་སྨྱོས་ཏེ་འཁར་བ་ས་ལ་འཕངས་ནས་སངས་རྒྱས་ཀྱི་ཞབས་ལ་ཐོད་པ་གཏུགས་ཤིང་ཕྱག་འཚལ་བ་ན་འཁར་བ་རྣམས་རིམ་གྱིས་ལོངས། ཐམས་ཅད་དེར་ངོ་མཚར་ཞིང་། དད་པས་གཡོས་ཏེ་གཙོད་པ་དང་། ཁྲིགས་པ་སོགས་ཀུན་ནས་མེད་པས་དེ་ཉིད་ལྡོན་པའི་ཚལ་ཆེན་པོར་འགྱུར། དེའི་སྐབས་ཀྱིས་མིག་གསོས་པའི་སྐྱེད་ཚལ་ཞེས་མིང་ཐོབ། མགོན་མེད་ཟས་སྦྱིན་གྱི་གཙུག་ལག་ཁང་དུ་གནས་པའི་དགེ་འདུན་ཕལ་ཆེར་གདུགས་ཚོད་གྲུབ་རྗེས་སྐྱེད་ཚལ་དེར་བསམ་གཏན་ལ་འབྱོན་ནོ། །

མགོན་མེད་ཟས་སྦྱིན་གྱི་གཙུག་ལག་ཁང་གི་བྱང་ཤར་ཕྱོགས་ལེ་དབར་དྲུག་བདུན་གྱི་སར་སྔོན་རྒད་མོ་པི་ཤཱ་ཁཱ་[140]ཡིས་དྲི་གཙང་ཁང་བཞེངས་ནས་སྟོན་པ་དང་། དགེ་འདུན་རྣམས་སྤྱན་དྲངས་ཏེ་བསྙེན་བཀུར་ཞུས་པའི་གནས་མཇལ་དུ་ཡོད།

མགོན་མེད་ཟས་སྦྱིན་གྱི་གཙུག་ལག་ཁང་གི་ར་སྐོར་ལ་སྒོ་གཉིས་ཡོད་པ་ལས་གཅིག་ཤར་དུ་གཏད་ཅིང་ཅིག་ཤོས་བྱང་དུ་ཕྱོགས། ཁོར་ཡུག་སྐྱེད་ཚལ་དེ་ཉིད་སྟོན་ཁྲིམ་བདག་མགོན་མེད་ཟས་སྦྱིན་གྱིས་གསེར་ཏམ་སའི་ཁྲོན་དང་མཉམ་པར་བརྗལ་བའི་རིན་གྱིས་ཉོས་ཤིང་།[141] དེའི་དབུས་སུ་གཙུག་ལག་ཁང་བཞེངས་པར་སྟོན་པ་ཡུན་རིང་ཤོས་བཞུགས་སྐབས། ཆོས་གསུངས་པ་དང་། གདུལ་བྱ་འདྲེན་པ་དང་། བཞུགས་པ་དང་། བཅག་པའི་རྗེས་ཤུལ་མཆིས་སོ་ཅིག་ལ་མཆོད་རྟེན་བཞེངས་ཡོད་པ་སོ་སོར་ཐ་སྙད་རེ་སྣང་། སྔོན་སྨད་འཚོང་མ་སུན་ད་རི་[142]བཀུམ་ནས་སྟོན་པར་བསྐྱོན་བཏབ་པའི་གནས་ཀྱང་དེར་མཆིས་སོ། །

གཙུག་ལག་ཁང་གི་ཤར་སྒོ་ནས་ཐོན་ཏེ་བྱང་ཕྱོགས་གོམ་པ་བདུན་ཅུའི་མཚམས་ཀྱི་ལམ་ནུབ་ཏུ་སྔོན་སྟོན་པས་མུ་སྟེགས་པའི་རིགས་གོ་དྲུག་[143]དང་

རིག་པ་འགྲན་པའི་གནས་ཡོད། དེའི་ཚེ་དེའི་དུས་ན་ཡུལ་གྱི་རྒྱལ་པོ་དང་། བློན་ཆེན་པོ་དང་། ཁྱིམ་བདག་རྣམས་དང་། འབངས་ཀུན་གཅིག་ཏུ་འཚོགས་ནས་ཆོས་ཉན་བཞིན་པའི་སྐབས། མུ་སྟེགས་མོ་ཙིཉྩཱ་མཱ་ན་བི་ཀ་[144]ཞེས་བྱ་བ་སངས་རྒྱས་ལ་ཕྲག་དོག་གིས་མ་བཟོད་པར་གོས་ཕྲུམ་ལྟོ་བར་དཀྲིས་ནས་སྦྲུམ་ཆགས་པར་བརྫུས་ཏེ། ཀུན་འཚོགས་པའི་དབུས་སུ་སངས་རྒྱས་ཀྱིས་འོས་མིན་བརྩམས་པར་སྨོན་དོར་བ་ན་ལྷའི་དབང་པོ་བརྒྱ་བྱིན་གྱིས་ཙི་གུ་དཀར་པོ་ཞིག་ཏུ་སྤྲུལ་ནས་དེའི་སྐ་རགས་ལ་སོ་བཏབ་པས་དེ་མུར་གོས་ཕྲུམ་ས་ལ་ལྷུང་ཞིང་། ས་གཞི་དྲག་ཏུ་གས་ནས་མུ་སྟེགས་མོ་གསོན་པོར་དམྱལ་བར་ལྷུང་ངོ་། །དེའི་ཟོགས་སུ་དེ་བ་ད་ཏྟ་སྟེ་ལྷས་བྱིན་[145]གྱིས་དུག་ངན་སེན་མོར་བསྐུས་ནས་སྟོན་པའི་སྐུ་ལ་འཚེ་བར་སྙམ་པའི་ཚེ། རང་ཉིད་གསོན་པོར་དམྱལ་བར་ལྷུང་བའི་གནས་ཀྱང་མཆིས། ཕྱི་རབས་རྣམས་ཀྱིས་རྗེས་ཤུལ་དེ་ཀུན་ལ་མཚན་མ་བཏབ་ཅིང་། སྟོན་པ་དང་མུ་སྟེགས་པ་རྩོད་པའི་རྗེས་ཤུལ་དུ་དཔངས་ལ་འདོམ་བཅུ་གཉིས་ལྷག་མངའ་བའི་གཙུག་ལག་ཁང་བཞེངས་པའི་རྟེན་དུ་སྟོན་པའི་བཞུགས་སྐུ་གསོལ་བར་གདའ།

ཤར་སྐོའི་ཕྱི་ཟོགས་ཀྱི་ལམ་པོ་ཆེའི་ཤར་མཚམས་སུ་ཕྱི་རོལ་པའི་ལྷ་ཁང་གྲིབ་མས་བསྒྲིབས་པ་ཞེས་བྱ་བ། སྟོན་པས་མུ་སྟེགས་བྱེད་རྣམས་དང་རྩོད་པའི་གཙུག་ལག་ཁང་གི་ཁ་གཏད་དུ་བརྩིགས་པ་ཞིག་སྣང་བར་མཐོ་ལ་འདོམ་བཅུ་གཉིས་ལྷག་མཆིས། ཕྱི་དྲོ་ཉི་མ་བཞུད་པའི་ཚེ་ནང་པའི་གཙུག་ལག་ཁང་གི་གྲིབ་མས་ཕྱི་པའི་ལྷ་ཁང་བསྒྲིབས་མོད། ཞོགས་པ་ཉི་མ་འཆར་བའི་དུས་སུ་ཕྱི་པའི་ལྷ་ཁང་གི་གྲིབ་མ་བྱང་ཕོ་ནར་ཕོག་པ་ལས་ནང་པའི་གཙུག་ལག་ཁང་ནམ་དུའང་བསྒྲིབས་མི་ནུས། དེའི་སྐབས་ཀྱིས་ལྷ་ཁང་གི་མིང་དུ་གྲིབ་མས་བསྒྲིབས་པ་[146]ཞེས་ཐོགས། མུ་སྟེགས་པ་དག་གིས་རྒྱུན་པར་མི་མངགས་ཏེ་ལྷ་ཁང་ལ་ཆག་ཆག་གད་བདར་

བྱ་ཞིང་བདུག་སྤོས་དང་། མར་མེ་ཕུལ་བ་ལས་ནང་པར་མར་མེ་དག་ངང་གིས་ནང་པའི་གཙུག་ལག་ཁང་དུ་གནས་སྤོ་བས་ཕྱི་པ་རྣམས་ཁྲོ་བ་ཆེན་པོས། དགེ་སྦྱོང་དག་གིས་རྟག་ཏུ་ཁོ་བོ་ཅག་གི་མར་མེ་བརྐུས་ནས་སངས་རྒྱས་ལ་མཆོད་དོ་ཟེར། ཐེ་ཚོམ་སེལ་ཕྱིར་མཚན་མོ་ལྐོག་ཏུ་བརྟག་པའི་སྐབས་དེ་དག་གིས་མཆོད་པའི་ལྷ་རང་ཉིད་མངོན་སུམ་མར་མེ་ཐོགས་ཏེ་གཙུག་ལག་ཁང་ལ་བསྐོར་བ་ལན་གསུམ་བགྱིས་ཏེ་བསྙེན་བཀུར་བྱ་མུར་མི་སྣང་བར་འགྱུར་བ་མཐོང་། དེས་ན་མུ་སྟེགས་བྱེད་རྣམས་སངས་རྒྱས་འཕགས་པར་ཡིད་ཆེས་ཏེ་ཁྱིམ་ནས་ཁྱིམ་མེད་པར་རབ་ཏུ་བྱུང་ངོ་། །ཡུལ་མིའི་གཏམ་དུ་ངོ་མཚར་བའི་སྣང་ཚུལ་དེ་ཉིད་ཉེ་དུས་སུ་འང་ཐོན་སྐད།

མགོན་མེད་ཟས་སྦྱིན་གྱི་གཙུག་ལག་ཁང་མཐའ་འཁོར་དུ་གཙུག་ལག་ཁང་གོ་དགུ་གདའ་བ་གཅིག་མ་གཏོགས་ཐམས་ཅད་ལ་དགེ་འདུན་པའི་གནས་ཁང་མཆིས།

རྒྱ་གར་ཡུལ་དབུས་ལ་ཕྱི་པའི་གྲུབ་མཐའ་གོ་དྲུག་མཆིས་པ་ཀུན་གྱིས་ཚེ་འདི་ཕྱི་གཉིས་ཀ་སྨྲ་ཞིང་། རྗེས་འབྲངས་པ་ཐམས་ཅད་སློང་མོས་འཚོ་ཏུང་ལྷུང་བཟེད་ཐོགས་པ་མེད་དོ། །དེ་དག་གིས་དགེ་རྩ་གསོག་ཕྱིར་ལམ་པོ་ཆེའི་ཡོགས་ཀྱི་ཐང་བདེ་མོར་དགེ་སྦྱོར་ཁང་བཏབ་སྟེ་རྒྱལ་ཁམས་པ་དང་། མགོན་མེད་རྣམས་ལ་ཟ་བཏུང་དང་། གནས་མལ་ཅི་རིགས་སྦྱར་བ་ལ་རང་རང་གི་དགེ་བའི་དམིགས་པ་ཐ་དད་པར་འདུག །ལྷས་བྱིན་གྱི་རྗེས་འབྲངས་པ་རྣམས་སྟོན་པ་ཤཱཀྱ་ཐུབ་པ་མ་གཏོགས་འདས་པའི་སངས་རྒྱས་རྣམ་གསུམ་ལ་བསྙེན་བཀུར་བྱེད།

མཉན་ཡོད་གྲོང་གི་ཤར་ལྷོའི་ལེ་དཔར་བཞི་ཙམ་ན་རྒྱལ་པོ་འཕགས་སྐྱེས་པོས་[147]སེར་སྐྱའི་ཡུལ་དུ་དམག་དྲངས་པའི་སྐབས་སྟོན་པས་ལམ་མདོར་འགྲིང་ངེར་བཞེངས་ནས་དེ་རྣམས་བཀག་པའི་གནས་ཡིན་ཞིང་། སྟོན་པ་སྐུ་བཞེངས་པའི་ས་

གཞིར་མཆོད་རྟེན་བརྩིགས་པར་སྣང་།

ཏཀྵ་དང་ནཱ་ཧྲི་ཀ་སོགས་གྲོང་རྡལ་གསུམ།

གྲོང་ཁྱེར་མཉན་ཡོད་ཀྱི་ནུབ་ཏུ་ལི་དབར་ལྔ་བཅུ་སོང་མཚམས་སུ་གྲོང་རྡལ་ཞིག་གདའ་བར་ཏཀྵ་[148]བྱ་ཞིང་། དེར་འདས་པའི་སངས་རྒྱས་འོད་སྲུང་སྐུ་བལྟམས་པའི་གནས་ཡོད། སངས་རྒྱས་ཡབ་དང་མཇལ་བ་དང་། མྱ་ངན་ལས་འདས་པའི་གནས་དག་ཏུའང་མཆོད་རྟེན་བརྩིགས་ཤིང་། དེ་བཞིན་གཤེགས་པ་འོད་སྲུང་གི་སྐུ་གདུང་ཧྲིལ་པོའི་རིང་བསྲེལ་[149]བཞུགས་པའི་མཆོད་རྟེན་ཡང་དེར་མཇལ་དུ་ཡོད།

མཉན་ཡོད་གྲོང་ནས་ཤར་ལྷོའི་ཕྱོགས་སུ་དཔག་ཚད་ཉི་ཤུ་ཙམ་བགྲོད་པའི་སར་ནཱ་ཧྲི་ཀ་[150]བྱ་བའི་གྲོང་རྡལ་མཆིས་པར་འདས་པའི་སངས་རྒྱས་འཁོར་བ་འཇིག་[151]སྐུ་བལྟམས་པའི་གནས་ཡོད། སངས་རྒྱས་ཡབ་དང་མཇལ་བ་དང་། མྱ་ངན་ལས་འདས་པའི་གནས་རྣམས་སུ་གཙུག་ལག་ཁང་དང་། མཆོད་རྟེན་བཞེངས་ཡོད་དོ། །

དེ་ནས་བྱང་ཕྱོགས་སུ་དཔག་ཚད་གཅིག་ཙམ་བསྐྱོད་པའི་སར་གྲོང་ཞིག་གདའ་བ་དེ་ནི་འདས་པའི་སངས་རྒྱས་གསེར་ཐུབ་[152]སྐུ་བལྟམས་པའི་གནས་ཡིན། སངས་རྒྱས་ཡབ་དང་མཇལ་བ་དང་། མྱ་ངན་ལས་འདས་པའི་གནས་རྣམས་སུ་མཆོད་རྟེན་བརྩིགས་པར་སྣང་།

སེར་སྐྱའི་གནས་ཀྱི་གྲོང་ཁྱེར།

དེ་ནས་བྱང་དུ་དཔག་ཚད་གཅིག་ཙམ་བསྐྱོད་པས་སེར་སྐྱའི་གནས་ཀྱི་གྲོང་ཁྱེར་[153]དུ་སླེབས། གྲོང་ཀུན་ལ་རྗེ་འབངས་ཟེར་བ་མེད་ཅིང་། ཕལ་ཆེར་བདག་མེད་ཐོག་པོར་སོང་སྟེ་དགེ་འདུན་པ་འགའ་ཞིག་དང་མི་ཁྱིམ་བཅུ་ཕྲག་གདའ་བ

ཁོ་ནའོ། །རྒྱལ་པོ་ཟླས་གཙང་[154]གི་ཕོ་བྲང་རྗེས་ཤུལ་དུ་རྒྱལ་སྲས་ཀྱི་ཡུམ་[155]གྱི་སྣང་བརྙན་བཀོས་པ་ལས། རྒྱལ་སྲས་སླང་པོ་ཆེ་ཐལ་དཀར་ལ་བཅིབས་ནས་ཡུམ་གྱི་ལྷུམས་སུ་ཞུགས་པའི་ཚུལ་བསྟན། རྒྱལ་སྲས་གྲོང་གི་ཤར་སྒོ་ནས་ཕྱི་རུ་ཐོན་པའི་སྐབས་ནད་ཀྱིས་གདུང་བའི་ཉམས་ཐག་སྐྱེ་བོ་གཟིགས་པ་ན་ཤིང་རྟའི་ཁ་ལོ་བསྒྱུར་ཏེ་ཕོ་བྲང་དུ་ཕྱིར་ཕེབས་པའི་གནས་ཀྱང་དེར་མཆིས་ཤིང་ཀུན་ལ་མཆོད་རྟེན་བཞེངས་ཡོད། དྲང་སྲོང་ཨ་སི་ཏས་རྒྱལ་སྲས་ལ་མཚན་མ་གཟིགས་པ་དང་། རྒྱལ་སྲས་གཙུང་དགའ་བོ་[156]སོགས་དང་ལྷན་དུ་སླང་ཆེན་འཕེན་པ་དང་། ཤིང་ཤུགས་འགྲན་པ་དང་། མདའ་མོ་འཕངས་པའི་གནས་སོགས་ཀྱང་དེར་སྣང་། རྒྱལ་སྲས་ཀྱིས་འཕངས་པའི་མདའ་མོ་ཤར་ལྷོའི་ལེ་དབར་སུམ་ཅུར་ལྷུང་བའི་མཚམས་སུ་ཆུ་མིག་བྱུང་བ་དུས་ཕྱིས་ཁྲིན་པར་བཅོས་ནས་ལམ་འགྲོ་བ་རྣམས་ཀྱིས་སྐོམ་པ་སེལ་བཞིན་གདའ། གཞན་ཡང་དེར་སྟོན་པ་འཚང་རྒྱ་བའི་རྗེང་མར་ཡབ་རྒྱལ་པོ་མཇལ་བ་དང་། ཤཱཀྱའི་བརྒྱུད་པ་ལྔ་བརྒྱ་རབ་ཏུ་བྱུང་ནས་འཕགས་པ་ཨུ་པླ་ལིཿསྡེ་ཉེ་བར་འཁོར་[157]ལ་ཕྱག་མཛད་པ་དང་། ས་གཞི་ལན་དྲུག་ཏུ་གཡོས་པ་དང་། སྟོན་པས་ལྷ་རྣམས་ལ་ཆོས་བསྟན་པའི་སྐབས་རྒྱལ་ཆེན་རིགས་བཞིས་[158]སྒོ་བཞི་བསྲུངས་བས་རྒྱལ་པོ་ཟླས་གཙང་ཆོས་གྲྭར་ཞུགས་མི་ནུས་པའི་གནས་དང་། སྟོན་པ་ཤིང་ཨ་གྲོ་དྷའི་[159]འོག་ན་ཞལ་ཤར་ཏུ་ཕྱོགས་ནས་ཏིང་ངེ་འཛིན་ལ་མཉམ་པར་བཞག་པའི་དུས། སྟོན་པའི་ཨ་སྨ་སྐྱེ་དགུའི་བདག་མོས་སྣམ་སྦྱར་ཕུལ་བའི་གནས་ཡོད་ཅིང་། ཨ་གྲོ་དྷའི་ཤིང་དེ་ཉིད་ད་ལྟའང་མཇལ་དུ་ཡོད། དེ་བཞིན་སྟོན་རྒྱལ་པོ་འཕགས་སྐྱེས་པོས་ཤཱཀྱའི་རིགས་བརྒྱུད་བཅོམ་པའི་སྐབས་ཤཱཀྱ་བ་སྟ་ནས་རྒྱུན་ཞུགས་[160]ཀྱི་འབྲས་བུ་མངོན་དུ་བྱས་པའི་གནས་ལ་མཆོད་རྟེན་བཞེངས་པ་ད་ལྟའང་བཞུགས།

གྲོང་ཤར་བྱང་ཕྱོགས་ལེ་དབར་འགའི་མཚམས་སུ་རྒྱལ་པོའི་ཞིང་ས་མཆིས་པ་དེ་ནི་སྔོན་རྒྱལ་སྲས་ལྷོན་འོག་ན་བཞུགས་ནས་ཞིང་རྨོ་བར་གཟིགས་པའི་གནས་ཡིན། གྲོང་ཤར་ལེ་དབར་ལྔ་བཅུའི་མཚམས་ན་ལུམ་བི་ནྟི་[161]བྱ་བའི་རྒྱལ་པོའི་སྐྱེད་ཚལ་ཡོད་སར་སྔོན་བཙུན་མོ་ཆུ་ཟྫིང་དུ་ཁྲུས་ལ་ཞུགས་ནས་ཕྱིར་ཐོན་ཏེ་བྱང་དུ་གོམ་པ་ཉི་ཤུ་ཙམ་བགྲོད་རྗེས་ཕྱག་ལྷོན་པའི་ཡལ་གར་རེག་བཞིན་ཞལ་ཤར་དུ་ཕྱོགས་སྐབས་རྒྱལ་སྲས་སྐུ་བལྟམས་པ་དང་། ས་གཞིར་ལྷུང་ནས་གོམ་པ་བདུན་སྤོ་བར་མཛད། དེ་མུར་ཀླུ་རྒྱལ་ཟུང་གིས་རྒྱལ་སྲས་ལ་ཁྲུས་གསོལ་ཞུས། དུས་ཕྱིས་ཟྫིང་ལོགས་སུ་ཁྲོན་པ་བརྐོས་པ་དེ་དང་། སྔོང་གི་ཟྫིང་ཆུ་གཉིས་ནས་རྒྱུན་པར་དགེ་འདུན་རྣམས་ཀྱིས་བཏུང་ཆབ་བཞེས་པའོ། །

དེ་ཡང་སངས་རྒྱས་ཐམས་ཅད་ལ་གཏན་དུ་ངེས་པའི་གནས་བཞི་ནི། མངོན་པར་འཚང་རྒྱ་བ་དང་། ཆོས་ཀྱི་འཁོར་ལོ་བསྐོར་བ་དང་། དམ་པའི་ཆོས་བསྟན་ཞིང་ཕྱི་རོལ་པ་བཏུལ་བ་དང་། སུམ་ཅུ་རྩ་གསུམ་ལ་གཤེགས་ནས་ཡུམ་ལ་ཆོས་གསུངས་ནས་མི་ཡུལ་དུ་ཕྱིན་པའི་གནས་བཅས་ཡིན། གཞན་དག་སྐབས་བབ་རྟེན་འབྲེལ་ལས་བྱུང་བའི་གནས་རྣམས་སོ། །

སེར་སྐྱའི་ཡུལ་དེ་ཉིད་བདག་མེད་ཀྱི་ས་ཐང་ཆེན་པོར་སོང་བས་སྐྱེ་བོ་ཕལ་ཆེར་རིག་དཀའ་ཞིང་། བགྲོད་ལམ་ཐོག་འཇིགས་སུ་རུང་བའི་གླང་པོ་ཆེ་ཐལ་དཀར་དང་། སེང་གེ་གདུམ་པོ་དག་རྒྱུ་བས་རང་དགར་ཆས་མི་རུང་ངོ་། །

ལྷ་མའི་ཡུལ།

སྟོན་པ་སྐུ་བལྟམས་པའི་གནས་ནས་ཤར་དུ་དཔག་ཚད་ལྔ་བགྲོད་པའི་སར་ལྷ་མའི་ཡུལ་[162]ཡོད། ཡུལ་གྱི་རྒྱལ་པོར་སྟོན་པའི་རིང་བསྲེལ་ཆ་གང་ཐོབ་སྟེ་རང་ཡུལ་དུ་ལོག་ནས་མཆོད་རྟེན་བཞེངས་པར་ལྷ་མའི་མཆོད་རྟེན་[163]ཞེས་

གྲགས། མཆོད་རྟེན་གྱི་དྲུང་དུ་རྫིང་ཞིག་མཆིས་པ་དེར་འཚོ་བའི་ཀླུས་མཆོད་རྟེན་སྲུང་བཞིན་ཉིན་མཚན་བར་མ་ཆད་པར་བསྙེན་བཀུར་བྱེད་དོ། །དུས་ཕྱིས་རྒྱལ་པོ་མྱ་ངན་མེད་ངེས་པར་འབྱུང་སྟེ་ཕྱོགས་ཁག་གི་མཆོད་རྟེན་བརྒྱད་པོར་གསོལ་བའི་རིང་བསྲེལ་ཀུན་གཅིག་ཏུ་བསྡུས་ནས་མཆོད་རྟེན་བརྒྱད་ཁྲི་བཞི་སྟོང་བརྩིགས་པར་དགོངས་ཏེ། མཆོད་རྟེན་བདུན་གྱི་ཞལ་ཕྱེ་ནས་རིང་བསྲེལ་བསྡུས་མཐར་རྣ་མའི་མཆོད་རྟེན་ལ་ཐུག་པའི་ཚེ། དེ་ཉིད་བསྲུང་བའི་ཀླུས་གཟུགས་བསྟན་ནས་རྒྱལ་པོ་མྱ་ངན་མེད་ཀླུའི་ཕོ་བྲང་དུ་སྤྱན་དྲངས། རིང་བསྲེལ་ལ་མཆོད་པའི་ཀླུ་ཡུལ་གྱི་རིན་པོ་ཆེའི་ཡོ་བྱད་ཕུན་སུམ་ཚོགས་པ་དག་རྒྱལ་པོའི་སྤྱན་སྔར་བཤམས་ནས་ཅི་སྟེ་རྒྱལ་པོ་ཁྱེད་ཀྱི་བསྙེན་བཀུར་ཡོ་བྱད་དག་བདག་བས་མཆོག་པར་ཡོད་ཚེ་རིང་བསྲེལ་འཁྱེར་བས་ཆོག་སྟེ། དེ་ལྟ་མིན་ན་མཆོད་རྟེན་གྱི་ཞལ་ཕྱེ་བ་མི་ཏུང་ཞེས་ཟེར། རྒྱལ་པོས་ཀླུའི་རིན་པོ་ཆེ་དེ་དག་མི་ཡུལ་ན་མཇལ་དཀོན་པའི་དབྱིག་ནོར་མཆོག་ཏུ་འགྱུར་བ་འབའ་ཞིག་ཡིན་པ་མཁྱེན་ནས་རང་གནས་སུ་བཟློག་གོ །

རྣ་མའི་མཆོད་རྟེན་གྱི་ཁོར་ཡུག་བདག་མེད་གྲོད་པོར་སོང་ནས་ཆག་ཆག་གད་བདར་བ་མེད་སྐབས་རྒྱུན་པར་གླང་པོ་ཆེའི་ཁྱུ་ཚོགས་ཀྱིས་སྣ་རིང་བརྐྱངས་ནས་ཆུ་འདྲེན་ཏེ་ས་གཞིར་སྟོར་ཞིང་། མེ་ཏོག་སྣ་ཚོགས་བཏུས་ཏེ་མཆོད་རྟེན་ལ་མཆོད་པ་བྱེད་བཞིན་གནས། མི་རིང་གོང་ཡུལ་ཁམས་འགྲིམས་པའི་རབ་བྱུང་བ་ཞིག་མཆོད་རྟེན་ལ་ཕྱག་མཆོད་འདོད་མོད་ཀྱི་གླང་པོར་ཆེར་འཇིགས་པའི་སྐབས་ཀྱིས་ལྗོན་ཤིང་གི་ཕག་ཏུ་ཡིབ་སྟེ་གནས་པ་ན། གླང་པོ་ཆེས་ཆོས་ཚུལ་བཞིན་མཆོད་རྟེན་ལ་བསྙེན་བཀུར་བྱེད་པ་མཇལ་བའི་མོད་ལ་ངོ་མཚར་དང་སྐྱོ་བ་ཟུང་ཅིག་ཅར་འབྱུངས་ཏེ། གནས་འདི་རུ་མཆོད་རྟེན་ལ་ཞབས་ཏོག་ཞུ་བའི་གཙུག་ལག་ཁང་ནི་མེད་པས་ད་ཆ་གླང་པོ་ཆེས་གད་ཆུ་བཏབ་པར་འདུག་གོ་སྙམ་དུ་དགོངས་

ནས་བསྐྱེན་རྫོགས་ཀྱི་སྡོམ་པ་བཏང་སྟེ་བསྒྱུར་དུ་དགེ་ཚུལ་[164]མཛད་ཅིང་། རྩ་ངན་དག་བྲིགས་པ་དང་། ས་གཞི་སློམས་ཏེ་ཁོར་ཡུག་ཉམས་དགའ་བར་བསྒྲུན། དེ་སྐུར་ཡུལ་གྱི་རྒྱལ་པོར་དགོངས་སྐོར་ཞུས་ཏེ་ས་དེར་དགེ་འདུན་པའི་གནས་ཁང་བརྩིགས་པ་དང་། རང་ཉིད་ཀྱིས་གཙུག་ལག་ཁང་གི་གཙོ་བོ་མཛད་ཅིང་ད་ལྟ་དེར་དགེ་འདུན་བཞུགས་མུས་ཡིན། སྔོལ་དེ་ད་བར་མ་ཉམས་པར་དགེ་ཚུལ་འབའ་ཞིག་གིས་གཙུག་ལག་ཁང་དེའི་གཙོ་བོ་མཛད་དོ། །

དེ་ནས་ཤར་དུ་དཔག་ཚད་གསུམ་ཙམ་བསྐྱོད་པས་རྒྱལ་སྲས་ཀྱིས་ཉེ་གནས་ཚནྡ་ཀ་དང་། ཆིབས་རྟ་དཀར་པོ་ཕྱིར་ལོག་པར་བསྐུལ་བའི་གནས་ཡོད་ཅིང་། དེར་མཆོད་རྟེན་ཡང་བཞེངས་པར་སྣང་།[165]

དེ་ནས་ཤར་དུ་དཔག་ཚད་བཞི་ཙམ་བགྲོད་པས་གདུང་ཐལ་མཆོད་རྟེན[166]དུ་སླེབས་ཤིང་། དེར་ཡང་གཙུག་ལག་ཁང་མཆིས་སོ། །

རྩ་མཆོག་གྲོང་།

སྣ་མའི་ཡུལ་ནས་ཤར་དུ་དཔག་ཚད་བཅུ་གཉིས་སོང་བས་རྩ་མཆོག་གྲོང[167]དུ་སླེབས། གྲོང་གི་བྱང་ཕྱོགས་ཤིང་སླ་ལ་ཟུང་གི་བར་མཚམས། ཆུ་བོ་གསེར་ལྡན་[168]གྱི་ངོགས་སུ་སྟོན་པ་དབུ་བྱང་དུ་ཕྱོགས་ནས་མྱ་ངན་ལས་འདས་ཤིང་། སུ་བྷ་དྲ་སྟེ་ཀུན་ཏུ་རྒྱུ་རབ་བཟང་[169]ཐར་པ་ཐོབ་པའི་གནས་ཡིན། སྟོན་པའི་སྐུ་གདུང་གསེར་གྱི་ཟ་མ་ཏོག་ཏུ་ཉེན་བདུན་མཆོད་པ་[170]དང་། ལག་ན་རྡོ་རྗེའི་རྡོ་རྗེ་ཕྱག་ནས་ཤོར་བ་[171]དང་། རྒྱལ་པོ་བརྒྱད་ཀྱི་རིང་བསྲེལ་བགོ་བཤའ་མཛད་པའི་[172]གནས་བཅས་ཀྱང་དེར་མཇལ་དུ་ཡོད། རྗེས་ཤུལ་ཀུན་ལ་མཆོད་རྟེན་བརྩིགས་ཤིང་། གཙུག་ལག་ཁང་བཞེངས་པ་ད་བར་གནས།

གྲོང་ཁྱེར་ནང་དུ་སྐྱེ་བོ་ཤིན་ཏུ་ཉུང་སྟེ་དགེ་འདུན་དང་། གཙུག་ལག་ཁང

གི་མི་སེར་ཙམ་མོ། །

ཡིཚྪ་བི་རྣམས་ཀྱིས་སྟོན་པ་མྱ་ངན་ལས་འདའ་ཁར་ཕྱི་བཞིན་

འབྲངས་པའི་གནས།

རྩ་མཆོག་གྲོང་ནས་ཤར་ལྷོའི་ཕྱོགས་སུ་དཔག་ཚད་བཅུ་གཉིས་ཙམ་བགྲོད་པས། ཡིཚྪ་བི་[173]རྣམས་ཀྱིས་སྟོན་པ་སྐུ་མྱ་ངན་ལས་འདའ་ཁར་ཕྱི་བཞིན་འབྲངས་པའི་གནས་སུ་སླེབས། སྟོན་སྟོན་པས་ཡིཚྪ་བི་དེ་རྣམས་རང་གནས་སུ་ལོག་པར་བཀའ་བསྒོལ་ཡང་དེ་དག་སངས་རྒྱས་དང་བྲལ་མ་བཟོད་པར་ཡིད་འཁྲེང་སྡེ་གནས་པའི་ཚེ། སངས་རྒྱས་ཀྱི་ཐུགས་བརྩེ་བའི་ཡེ་ཤེས་ཀྱིས་དེ་དག་གིས་བརྒལ་མི་ནུས་པའི་འོབས་དོང་གཏིང་ཟབ་པ་ཞིག་སྤྲུལ་པར་མཛད་ཅིང་། ལྷུང་བཟེད་དྲན་རྟེན་དུ་སྩྩིན་ནས་སླར་རང་གནས་སུ་བཟློག་པར་བཀའ་བསྒོལ་ལོ། །དུས་ཕྱིས་དེར་རྡོའི་ཀ་བ་བརྩིགས་པའི་ཐོག་ཏུ་ཡི་གེ་བརྐོས་པར་སྣང་།

ཡངས་པ་ཅན་གྱི་ཡུལ།

དེ་ནས་ཤར་དུ་དཔག་ཚད་ལྔ་ཙམ་སོང་བས་བེ་ཤཱ་ལི་སྟེ་ཡངས་པ་ཅན་གྱི་ཡུལ་[174]ལོ། །ཡུལ་དེའི་གྲོང་ཁྱེར་གྱི་བྱང་ཕྱོགས་ནགས་སྟུག་པོའི་ཁྲོད་དུ་ཐོག་བརྩེགས་ཅན་གྱི་གཙུག་ལག་ཁང་ཞིག་མཇལ་བར་སྟོན་སྟོན་པ་བཞུགས་འཆག་མཛད། ཀུན་དགའ་བོའི་སྐུ་གདུང་ཕྱེད་གསོལ་བའི་མཆོད་རྟེན་ཡང་དེར་མཆིས། གྲོང་ནང་དུ་བུ་མོ་ཨཱ་མྲ་སྐྱོང་[175]གི་ཁང་ཁྱིམ་ཡོད་པའི་གནས་སུ་དུས་ཕྱིས་སངས་རྒྱས་ཀྱི་མཆོད་རྟེན་བཞེངས་པའི་རྗེས་ཤུལ་ད་ལྟའང་མཇལ་དུ་ཡོད། གྲོང་ལྷོའི་ལེ་དབར་གསུམ་གྱི་ལམ་པོ་ཆེའི་ནུབ་ཕྱོགས་སུ་བུ་མོ་ཨཱ་མྲ་སྐྱོང་གིས་རང་གི་སྐྱིད་ཚལ་སྟོན་པའི་བཞུགས་གནས་ལ་ཕུལ་བའི་གནས་ཡོད། སྟོན་པ་སྐུ་མྱ་ངན་ལས་འདའ་ཁར་བུ་སློབ་རྣམས་དང་ལྷན་དུ་ཡངས་པ་ཅན་གྲོང་གི་ནུབ་སྒོ་ནས་ཕྱིར་གཤེགས་

པའི་སྐབས། སྐུ་གཡས་སུ་བསྐོར་ནས་གྲོང་ཁྱེར་ཡངས་པ་ཅན་ལ་གཟིགས་ཏེ་ང་ཉིད་ཀྱིས་མཐའ་མར་བཅགས་པའི་སའི་ཆའོ་ཞེས་བཀའ་བསྩལ་བས་ཕྱི་རབས་པས་དེར་མཆོད་རྟེན་བཞེངས་སོ། །

གྲོང་ནུབ་ལེ་དབར་གསུམ་གྱི་མཚམས་སུ་མཆོད་རྟེན་ཞིག་སྣང་བར་གོ་མཚོན་བོར་བ་ཞེས་བྱ་སྟེ། དེ་སྐད་ཟེར་དོན་ཡང་སྔོན་ཆུ་བོ་གངྒཱའི་སྟོད་དུ་རྒྱལ་པོ་ཞིག་ཡོད་པའི་བཙུན་མོ་ཆུང་བར་ཁྱིའུ་གྲོས་ཐུམ་ཞིག་བཙས་པ་ན། བཙུན་མོ་ཆེ་བ་ཕྲག་དོག་གིས་མ་བཟོད་པར་ཁྱོད་ལ་བཙས་པའི་གྲོས་ཐུམ་དེ་ལྟས་ངན་གྱི་རྟགས་སོ་ཟེར་ནས་ཤིང་གི་སྒྲོམ་བུར་བཅུག་སྟེ་གངྒཱའི་རླུང་ལ་བསྐྱུར་རོ། །ཆུ་བོའི་སྨད་ཀྱི་རྒྱལ་པོ་སྐྱོ་བསང་ལ་ཕྱིན་པའི་སྐབས་སྒྲོམ་བུ་ཞིག་ཆུར་གཡེངས་ཏེ་འཁྱེར་འོང་བ་གཟིགས་ནས་འཕྲལ་མར་བླངས་ཏེ་ཁ་ཕྱེ་བས་ཁྱིའུ་ངོ་བྱད་ལེགས་པ་ཆིག་སྟོང་ཡིན་པ་མཐོང་། དེ་དག་སློར་བ་ན་རིམ་གྱིས་ནར་སོན་ནས་དཔའ་རྩལ་འགྲན་ཟླ་བྲལ་ཞིང་གཡུལ་གང་དུ་བཀྱེད་རིགས་ཐམས་ཅད་ལས་རྣམ་པར་རྒྱལ་ལོ། །ཕྱིས་དེ་དག་གིས་རང་གི་ཡབ་རྒྱལ་པོའི་ཡུལ་དུ་དམག་དྲངས་པས་རྒྱལ་པོ་རབ་ཏུ་དངངས་ཤིང་ཡིད་གདུང་སྐྱེ་གནས་པའི་ཚེ། དེའི་བཙུན་མོ་ཆུང་བས་རྒྱལ་པོ་ཆེན་པོ་ཐུགས་མི་བདེ་བ་དེ་ལྟར་བགྱིས་པའི་རྒྱུ་མཚན་ཅི་ལགས་ཞུས་པས་རྒྱལ་པོ་ན་རེ། ཉེ་བའི་ཡུལ་གྱི་རྒྱལ་པོར་བུ་ཆིག་སྟོང་མཆིས་པ་ཐམས་ཅད་ཀྱི་སྟོབས་ནུས་ལ་སུས་ཀྱང་འགྲན་མི་བཟོད། དེ་དག་ད་ལྟ་ངེད་ཅག་གི་ཡུལ་བཅོམ་པར་ཆས་འོང་བས་བདག་དེ་ཡིས་མི་བདེ་བར་འདུག་ཅེས་བསྒོས། རྒྱལ་པོ་ཐུགས་སྐྱོ་བར་མི་བྱ་སྟེ། མྱུར་བར་བཀའ་བསྒྲགས་ནས་གྲོང་གི་ཤར་མཚམས་སུ་མཁར་མཐོན་པོ་བརྩེགས་ཏེ་དགྲ་བོ་དེ་རྣམས་ལྷགས་ཙ་ན་ཁོ་མོ་མཁར་གྱི་ཡང་སྟེང་དུ་བསྐྱལ་བར་བྱ། འདུལ་བའི་ཐབས་བདག་ལ་ཡོད་དོ་ཟེར། དེ་ལྟར་བཙུན་མོ་ཆུང་བའི་

ངག་བཞིན་བགྱིས་པས་དེ་རྣམས་གྲོང་མཁར་གྱི་དྲུང་ན་འཁྱོར་བའི་ཚེ། བཙུན་མོ་ཚུང་བས་མཁར་གྱི་ཡང་སྟེང་ནས་སྐད་གསང་མཐོན་པོས་ཁྱེད་ཅག་ཀུན་བདག་གི་གཅེས་པའི་ཕྲུ་གུ་ཡིན་ཏེ་ཁྲིལ་མེད་ཀྱི་ལས་དེ་ལྟར་བརྩམས་པ་མི་རིགས་སོ་ཞེས་སྨྲས་པ་ན། དེ་རྣམས་ཀྱིས་ཁྱེད་སུའམ། ང་ཅག་གི་མ་ཡིན་ཟེར་བ་ལ་ཡིད་རྟོན་གང་ཡོད་བྱས་པས། འོ་ན་ཐམས་ཅད་མགོ་བོ་བཏེགས་ཏེ་ཁ་གདངས་ཤིག་ཟེར་ཏེ། ལག་པ་གཉིས་ཀྱིས་རང་གི་ནུ་ཞུང་ཤུགས་ཀྱིས་བསྣུན་པས་ནུ་མ་རེ་རེ་ནས་ནུ་ཞོ་ཕྱོགས་ལྔ་བརྒྱར་གྱེས་ཏེ་བུ་སྟོང་གི་ཁ་ཏུ་ལྷུང་། དེ་རྣམས་ཀྱིས་རང་གི་མ་ངོ་ཤེས་ནས་དབང་མེད་དུ་མཚོན་ཆ་བོར་ཞིང་། རྒྱལ་པོ་གཉིས་པོས་ཡང་དེའི་རྒྱུ་མཚན་རྟོགས་ཏེ་འཁྲོད་པ་བཤགས་པས་རང་སངས་རྒྱས་ཀྱི་འབྲས་བུ་མངོན་དུ་བྱས་སོ། །[176] རང་སངས་རྒྱས་གཉིས་པོར་བཞེངས་པའི་མཆོད་རྟེན་ད་ལྟ་མཇལ་དུ་ཡོད། དུས་ཕྱིས་སྟོན་པ་སངས་རྒྱས་པའི་མཇུག་ཏུ་བུ་སློབ་རྣམས་ལ་སྟོན་ང་ཡིས་གནས་དེ་ཏུ་མཚོན་ཆ་བོར་བ་ལགས་ཞེས་བཀའ་བསྩལ་ལོ། །སྙད་གནས་ལུགས་ཇི་བཞིན་མཁྱེན་པའི་སྐྱེ་བོ་དག་གིས་དེར་མཆོད་རྟེན་བཞེངས་པར་མིང་དུའང་དེ་སྐད་ཐོགས་སོ། །བུ་ཆིག་སྟོང་རྣམས་ནི་བསྐལ་བཟང་སངས་རྒྱས་སྟོང་ཡིན་ཞིང་། སྟོན་མཆོད་རྟེན་དེའི་དྲུང་དུ་སྟོན་པས་ཀུན་དགའ་བོར་ང་ཉིད་ཟླ་གསུམ་གྱི་རྗེང་མར་མྱ་ངན་ལས་འདའ་བ་ཡིན་ཞེས་ལུང་བསྟན་པར་མཛད་སོད། དེའི་དུས་ན་ཀུན་དགའ་བོ་བདུད་ཀྱིས་བསླུས་[177]སྐབས་སངས་རྒྱས་གཏན་དུ་བཞུགས་པའི་རེ་བ་གསོལ་ཁོམ་མ་བྱུང་ངོ་། །

དེ་ནས་ཤར་དུ་ལི་དབར་གསུམ་བཞི་ཙམ་བསྐྱོད་པའི་ས་ན་མཆོད་རྟེན་ཞིག་སྣང་། དེ་ཡང་སྟོན་སྟོན་པ་སྐུ་མྱ་ངན་ལས་འདས་ནས་ལོ་བརྒྱ་སོང་བའི་སྐབས། ཡུལ་ཡངས་པ་ཅན་གྱི་དགེ་སློང་ཁ་ཅིག་གིས་འདུལ་ཁྲིམས་བག་ཡངས་སུ་ལོག་

པར་སྤྱོད་ཅིང་། ཐུང་བ་མ་ཡིན་པའི་གཞི་བཙུ་[178]ཟེར་བ་གསར་དུ་བཙོས་ནས་དེ་དག་སངས་རྒྱས་ཀྱི་བཀའ་དང་མཐུན་པར་བསྒྲགས་སོ། །དེའི་ཚེ་དགྲ་བཅོམ་པ་དང་། ཚུལ་ཁྲིམས་རྗེ་བཞིན་སྲུང་བའི་དགེ་སློང་བདུན་བརྒྱ་ཐབས་ཅིག་ཏུ་འདུས་ནས་འདུལ་བའི་སྡེ་སྣོད་ལ་བསྐྱར་དུ་དག་ཐེར་མཛད།[179] ཕྱི་རབས་རྣམས་ཀྱིས་གནས་དེར་མཆོད་རྟེན་བཞེངས་པ་ད་ལྟ་མཇལ་དུ་ཡོད།

ཚུ་སླུང་རྣམ་ལྔའི་མདོ།

དེ་ནས་ཤར་ཕྱོགས་སུ་དཔག་ཚད་བཞི་ཙམ་བགྲོད་པས་ཚུ་སླུང་རྣམ་ལྔའི་མདོ་[180]རུ་སླེབས། སྔོན་ཀུན་དགའ་བོ་ཡུལ་མ་ག་དྷ་ནས་ཞལ་གྱིས་ཏེ་ཡངས་པ་ཅན་དུ་སྐུ་མྱ་ངན་ལས་འདའ་བར་གཤེགས་པའི་སྐབས། ལྷ་རྣམས་ཀྱིས་དེའི་གཏམ་རྒྱལ་པོ་མ་སྐྱེས་དགྲའི་[181]སྙན་དུ་གསོལ་བས་རྒྱལ་པོ་འཕྲལ་མར་མགྱོགས་རྟར་བཅིབས་ཏེ་དཔུང་ཚོགས་དང་བཅས་ཚུ་སླུང་གི་ངོགས་སུ་ཕེབས། གཞན་དུ་ཡངས་པ་ཅན་གྱི་ལིཙྪ་བི་རྣམས་ཀྱིས་ཀྱང་ཀུན་དགའ་བོ་ཕྱིན་འོང་བ་ཐོས་འཕྲལ་དེ་བཞིན་ཚུ་འགྲམ་དུ་བསུ་མར་བཅར། དེའི་ཚེ་ཀུན་དགའ་བོའི་ཐུགས་དགོངས་ལ་འདི་སྙམ་དུ་ཤར་རོ། །ཅི་སྟེ་མདུན་ཕྱོགས་ལ་སོང་ན་རྒྱལ་པོ་མ་སྐྱེས་དགྲ་ཁྲོ་བར་ངེས་ཀྱི་ཕྱིར་བཟློག་པ་ནའང་ལིཙྪ་བི་དེ་རྣམས་དང་འགོན་པར་གདོན་མི་ཟའོ་སྙམ་བཞིན་སྙིང་རྗེ་ཚད་མེད་པ་འཁྲུངས་ནས་ཚུ་སླུང་གི་དབུས་མེའི་དཀྱིལ་འཁོར་ལ་མཉམ་པར་བཞག་ནས་སྐུ་མྱ་ངན་ལས་འདའ་བའི་[182]ཚུལ་བསྟན། ཕུང་པོ་ཆ་གཉིས་སུ་གྱེས་པ་ལས་ཡུལ་གཉིས་ཀྱི་རྒྱལ་པོ་སོ་སོར་སྐུ་ཕྱེད་ཀྱི་རིང་བསྲེལ་ཐོབ་ཅིང་རང་ཡུལ་དུ་ལོག་ནས་མཆོད་རྟེན་བཞེངས་སོ། །

ཡུལ་མ་ག་དྷའི་གྲོང་ཁྱེར་སྐུ་ནར་ཟུ།

ཆུ་བོ་གངྒཱ་བརྒལ་ནས་ལྷོ་ཕྱོགས་སུ་དཔག་ཚད་གཅིག་སོང་བས་ཡུལ་མ་ག་དྷའི་གྲོང་ཁྱེར་པཱ་ཊ་ལི་པུ་ཏྲ་སྐྱེ་སྐྱུ་ནར་བུར་[183]འཁྱོར། དེ་ནི་སྔོན་རྒྱལ་པོ་མྱ་ངན་མེད་ཀྱི་གྲོང་ཁྱེར་ཡིན་པ་ལས་དབུས་ཀྱི་ཕོ་བྲང་དང་བཅས་ཀུན་མི་མ་ཡིན་གྱིས་བཞེངས་སྐད། བྲག་རྫོ་བརྩིགས་ནས་ཁང་བཟང་ལྷུགས་རི་བསྒྲུན་ཞིང་། ངོ་མཚར་བཀོས་རིས་དག་མིའི་བཟོ་བོས་ཨེ་ནུས་སྙམ་པར་འདུག་ལ་རྗེས་ཤུལ་ད་ལྟའང་མངོན་སུམ་སྣང་།[184]

རྒྱལ་པོ་མྱ་ངན་མེད་ཀྱི་ནུ་བོ་[185]དགྲ་བཅོམ་པའི་འབྲས་བུ་མངོན་དུ་བྱས་མཐར་རྒྱུན་པར་བྱ་རྒོད་ཕུང་པོའི་རིར་[186]ཞི་བའི་ངང་བདེ་བར་གནས་པ་ལ། རྒྱལ་པོ་རབ་ཏུ་དད་ཅིང་ཕོ་བྲང་དུ་སྤྱན་དྲངས་ནས་བསྙེན་བཀུར་ཞུ་འདོད་ཀྱང་གང་ཉིད་དབེན་པའི་རི་ཁྲོད་ཁོ་ནར་ཐུགས་ཕྱོགས་པའི་དབང་གིས་ཞལ་གྱིས་མ་བཞེས་སོ། །སྐབས་དེར་རྒྱལ་པོས། ནུ་བོ་ཉིད་བདག་གི་ངག་བཞིན་བྱོན་པར་འཚལ་ཆེ་གྲོང་ཁྱེར་དུ་ཁྱེད་ལ་ཆེད་དུ་བདག་གིས་རི་ཁྲོད་བཏབ་ཟེར་ནས་ཟ་བཏུང་རོ་བརྒྱ་དག་བཤམས་ཏེ་མི་མ་ཡིན་གྱི་ཚོགས་ཀུན་ལ་བཀའ་འདི་བཞིན་བསྒྲགས་སོ། །ཕྱི་ཉིན་ཁྱེད་ཅག་ཐམས་ཅད་ཁོ་བོའི་མགྲོན་དུ་བོས་པ་ཡིན་གྱི་འདུག་སྟེགས་སོ་སོ་ནས་འཁྱེར་ཤོག་ཅེས་སྒྲུན་པ་ན་ལྷ་འདྲེ་དག་གིས་རྫོ་སྟེགས་སྲིད་དུ་གོམ་པ་ལྔ་དྲུག་བྱས་པ་ཐོགས་ནས་སྟོན་མོར་འཁོད། སྟོན་མོ་གྲུབ་རྗེས་རྒྱལ་པོས་སྣར་བཀའ་བཏང་སྟེ་བྲག་རྫོ་སྤུངས་ནས་རི་བོའི་དབྱིབས་ལྟར་བརྩིགས་ཐོག །དེའི་འདབས་སུ་ཕ་བོང་གྲུ་བཞི་ལྡེ་ཡིས་རྫོའི་ཁང་བུ་སྲིད་ལ་འདོམ་དྲུག་དང་། ཞེང་ལ་འདོམ་བཞི། མཐོ་ལ་འདོམ་དོ་ལྷག་ཡོངས་པ་ཞིག་བརྩིགས་སོ། །

བྲམ་ཟེའི་རིགས་ཀྱི་ཐེག་ཆེན་སྤྱོད་པ་བ་སློབ་དཔོན་རཱ་ཛ་སྭཱ་མིནཱ་[187]ཞེས་

བྱ་བ་གྲོང་དེར་བཞུགས་འཆག་མཛད་དོ། །དེ་ཉིད་མཁྱེན་དཔྱོད་འགྲན་ཟླ་བྲལ་ཞིང་རིག་ལམ་ཕུལ་དུ་ཕྱིན་ནས་དབེན་པ་བསྟེན་པ་ཞིག་ཡིན་ཕྱིར་རྒྱལ་པོས་ཤིན་ཏུ་བཀུར་ཅིང་དེའི་གམ་དུ་ཆོས་ཞུ་བའི་དུས་མཉམ་པའི་སྟན་ལ་འདུག་མ་ནུས། སྐབས་སྐབས་སུ་དད་དང་བཀུར་སྟིའི་སེམས་ཀྱིས་སློབ་དཔོན་གྱི་ཕྱག་ལ་རེག་པ་ན་སློབ་དཔོན་གྱིས་རྟག་ཏུ་ཕྱག་བཀྲུ་བར་བྱེད། དེ་ཉིད་དགུང་གྲངས་ལྔ་བཅུ་ལྷག་ཙམ་ལ་ཕེབས་ཤིང་ཡུལ་གྱི་སྐྱེ་བོ་ཐམས་ཅད་ཀྱི་མགོན་དུ་གྱུར། ཡུལ་དེར་སངས་རྒྱས་ཀྱི་བསྟན་པ་དར་ཞིང་མུ་སྟེགས་པས་དགེ་འདུན་རྣམས་ལ་བརྙས་མ་ནུས་པའང་སློབ་དཔོན་དེ་ཁོ་ནའི་དྲིན་ནོ། །

རྒྱལ་པོ་སྨྲ་ངན་མེད་ཀྱིས་བཞེངས་པའི་མཆོད་རྟེན་གྱི་ཡོགས་སུ་ཤིན་ཏུ་བརྗིད་ཆགས་པའི་ཐེག་པ་ཆེན་པོའི་གཙུག་ལག་ཁང་བརྟབ་[188]ཡོད་ཅིང་། ཐེག་པ་དམན་པའི་གཙུག་ལག་ཁང་ཡང་དེར་གདའ་བ་ལ་ཐེག་གཉིས་གཅིག་ཏུ་བསྡོམས་པས་དགེ་འདུན་ཕལ་ཆེར་དྲུག་བརྒྱ་བདུན་བརྒྱ་ཙམ་བཞུགས། དེ་དག་སྤྱོད་པ་གཙང་ཞིང་ལྟ་བ་མཐོན་པོར་བསླེགས་པ་ལ་བཀུར་བསྟི་འོས་པ་འབའ་ཞིག་ཏུ་སོང་བས་ཕྱོགས་བཞིའི་དགེ་སྦྱོང་འདུལ་བ་འཛིན་པ་དག་དང་། མཁྱེན་པ་ཅན་ཕལ་མོ་ཆེ་དེར་རིག་པ་འཚོལ་དུ་འོང་། གཙུག་ལག་ཁང་དེར་བཞུགས་འཆག་མཛད་པའི་ཀོང་སློས་བྲམ་ཟེའི་རིགས་ཀྱི་སློབ་དཔོན་ཐེག་ཆེན་སྤྱོད་པར་མཚན་གཞན་ལ་མཉྫུ་ཤྲཱི་ཞེས་གསོལ། དེ་ཉིད་ལ་ཡུལ་དེའི་འདུལ་འཛིན་དགེ་སྦྱོང་དང་། ཐེག་ཆེན་པའི་དགེ་སློང་ཐམས་ཅད་ཀྱིས་ལྷག་པར་དད་ཅིང་བཀུར་དོ། །

རྒྱ་གར་དབུས་སུ་ཡུལ་མ་ག་དྷའི་གྲོང་ཁྱེར་ལས་ཆེ་བ་མེད་ཅིང་མི་དམངས་འབྱོར་ཕྱུག་ཅན་གཏོང་ཕོད་ཆེ་བ་དགེ་སྦྱོར་ལ་བརྩོན་པ་ཤ་སྟག་གོ །ལོ་རེ་བཞིན་དབོ་ཟླའི་ཚེས་བརྒྱད་ནི་སངས་རྒྱས་ཀྱི་སྐུ་རྟེན་སྤྱན་དྲངས་པའི་དུས་སྟོན་ཡིན་

ཏེ། དེ་ཉིན་གསེར་དངུལ་བཻཌཱུརྻས་བརྒྱན་པའི་འཁོར་ལོ་བཞི་པའི་ཤིང་རྟའི་ཐོག་ཏུ་སྒྲུག་མའི་ཁང་བཟང་བང་རིམ་ལྔ་དང་ལྡན་ཞིང་། ཁྱུང་ཚང་ཀ་མདུང་བཅས་བཅོས་པའི་མཐོ་ལ་འདོམ་བཞི་ལྷག་མངའ་ཞིང་། དཔེབས་མཆོད་རྟེན་ལྟ་བུར་སྣང་། དེ་ཡང་རས་དཀར་གྱིས་བསྐུབས་ནས་དེའི་སྟེང་དུ་ལྷ་ཚོགས་ཀྱི་གཟུགས་བརྙན་བྲིས་པའི་སྒོ་ལ་གདུགས་དང་བ་དན་དཕྱངས་པའོ། །

ཤིང་རྟ་འཁོར་ལོའི་མཐའ་བཞིར་མཆོད་སྒྲོམ་རེ་མཆིས་པའི་དབུས་སུ་སྟོན་པའི་བཞུགས་སྐུ་དང་། ལོགས་གཉིས་སུ་བྱང་ཆུབ་སེམས་དཔའི་བཞེངས་སྐུ་གསོལ་ཡོད། དེ་འདྲ་བའི་ཤིང་རྟ་འཁོར་ལོ་བཅུ་གཉིས་མཆིས་པ་ཐམས་ཅད་ཤིན་ཏུ་བརྗིད་ཅིང་། ངོ་མཚར་བ་ལ་རྒྱན་བཀོད་ཀྱང་ཐ་དད་པར་འདུག །དུས་སྟོན་གྱི་སྐབས་སུ་ཡུལ་མ་ག་དྷའི་སེར་སྐྱ་ཐམས་ཅད་གྲོང་ཁྱེར་དུ་འཚོགས་ཏེ་རོལ་ཆ་དཀྲོལ་གྱིན་གླུ་དང་གར་ལ་རྟེན་ཅིང་། དྲི་ཞིམ་མེ་ཏོག་སྣ་ཚོགས་པས་སྐུ་རྟེན་ལ་མཆོད་པ་བྱེད། དེ་ཡང་ཐོག་མར་བྲམ་ཟེའི་རིགས་ཀྱི་སློབ་དཔོན་ཆེན་པོས་སྐུ་རྟེན་ལ་ཕྱག་འཚལ་མཆོད་པ་མཛད་རྗེས། ཤིང་རྟ་འཁོར་ལོ་རྣམས་རིམ་གྱིས་གྲོང་དུ་བཞུད་ནས་ཞག་སྟོད་བྱ་ཞིང་སྣང་གསལ་དང་། རོལ་མོའི་བསྙེན་བཀུར་མཚན་གང་བར་མི་ཆོད། དེ་ལྟ་བུ་ཡུལ་ཀུན་ལ་མཚུངས་པར་སྣང་སྟེ། ཡུལ་སོ་སོའི་ཁྱིམ་བདག་དང་། དགེ་བསྙེན་དག་གིས་གྲོང་ནང་དུ་དགེ་སྦྱོར་ཁང་བཏབ་ནས་ཉམ་ཐག་དབུལ་པོ་དང་། མགོན་མེད་རྣམས་དང་། དབང་སྐྱོན་ནད་ཀྱིས་མནར་བ་ཅི་རིགས་ལ་གང་མཁོ་བའི་ཡོ་བྱད་དག་སྦྱིན་ཞིང་། འཚོ་བྱེད་རྣམས་ཀྱིས་ནད་ཀྱི་ངོ་བོར་བརྟགས་ཏེ་ཟ་བཏུང་སྨན་དང་། བཅུད་ཁུ་དག་ཚིམས་པར་སྟེར་ཏེ་ནད་ལས་ཐར་བའི་མཇུག་ཏུ་རང་གནས་སུ་ལོག་འགྲོའོ། །

སྟོན་རྒྱལ་པོ་མྱ་ངན་མེད་ཀྱིས་མཆོད་རྟེན་བདུན་པོའི་རིང་བསྲེལ་རྣམས

ཕྱོགས་གཅིག་ཏུ་བཏུས་ཏེ་སྣང་མཆོད་རྟེན་བརྒྱད་ཁྲི་བཞི་སྟོང་བཞེངས་པའི་ཐོག་མ་ནི། གྲོང་ཁྱེར་སྐྱ་ནར་བུའི་ལྷོ་ཕྱོགས་ལེ་དབར་གསུམ་ལྷག་གི་སར་མཇལ་བའི་མཆོད་རྟེན་ཆེན་པོ་དེ་ཡིན་པར་གདའ། དེའི་མདུན་ན་སྟོན་པའི་ཞབས་རྗེས་གསལ་བའི་གནས་སུ་གཙུག་ལག་ཁང་བཞེངས་པ་དེའི་སྒོ་མོ་ཆེ་མཆོད་རྟེན་ལ་གཏད་པར་སྣང་། མཆོད་རྟེན་གྱི་ལྷོ་འགྲམ་དུ་རྡོའི་ཀ་བ་[189]དཔངས་ལ་འདོམ་དྲུག་ལྷག་དང་། མཐའི་ཁྱོན་ལ་འདོམ་དོ་དང་ཁྲུ་བཞི་ལྷ་ཙམ་མངའ་བ་ཡོད་ཅིང་། དེའི་ལྗིབས་སུ་ཡི་གེ་འདི་བཞིན་སྣང་། རྒྱལ་པོ་མྱ་ངན་མེད་ཀྱིས་ཛམ་བུའི་ཡུལ་ཐམས་ཅད་ཕྱོགས་བཞིའི་འདུས་དམངས་ལ་ཕུལ་རྗེས་སླར་རིན་གྱིས་བླུད་ཅིང་། དེ་ལྟ་བུའི་མཛད་པ་ལན་གསུམ་བསྐྱངས་ཞེས་འཁོད་དོ། །

མཆོད་རྟེན་བྱང་དུ་གོམ་པ་སུམ་བརྒྱ་བཞི་བརྒྱ་བགྲོད་པའི་མཚམས་སུ་སྔོན་རྒྱལ་པོ་མྱ་ངན་མེད་ཀྱིས་དམྱལ་བའི་གྲོང་ཁྱེར་[190]བསྐྲུན་པའི་གནས་ཡོད་ཅིང་། དེའི་དབུས་མར་མཐོ་ལ་འདོམ་དྲུག་ལྷག་མངའ་བའི་རྡོའི་ཀ་བ་སྟོ་ལ་སེང་གེ་བརྐོས་པ་ཞིག་བཙུགས་པའི་སྟེང་དུ་དམྱལ་བའི་གྲོང་ཁྱེར་དེ་བརྩིགས་པའི་ཀུན་སློང་དང་། ལོ་ཟླ་ཞག་དུས་ཀྱི་སྐོར་ཧ་བཞིན་གསལ་བར་སྣང་།

རི་ཆུང་ཆིག་རྒྱུང་དང་ཀཱ་ལ་པི་ནྲ་ཀའི་གྲོང་སྡེ།

དེ་ནས་ཤར་ལྷོའི་ཕྱོགས་སུ་དཔག་ཚད་དགུ་ཙམ་སོང་བས་རི་ཆུང་ཆིག་རྒྱུང་ཞིག་ཏུ་སླེབས། རི་དེའི་སྟོ་ལ་རྡོའི་ཕུག་པ་[191]ཞལ་ལྷོར་ཕྱོགས་པ་མཇལ་བར་སྔོན་སྟོན་པ་བཞུགས་ཤིང་། དེའི་ཚེ་དེའི་དུས་ན་ལྷའི་དབང་པོ་བརྒྱ་བྱིན་གྱིས་ཁྲིད་ཕེབས་པའི་ལྷའི་རོལ་མོ་མཁན་ཟུར་ཕུད་ལྔ་པས་[192]པི་ཝང་དཀྲོལ་ཏེ་སྟོན་པའི་ཐུགས་མཉེས་པར་མཛད་ཅིང་། ལྷའི་དབང་པོས་སངས་རྒྱས་ལ་ཐེ་ཚོམ་གྱི་དོན་བཞི་བཅུ་ཙ་གཉིས་[193]དགོངས་སྐོར་ཞུས་པ་རེ་རེ་བཞིན་ཕྱག་མཛུབ་ཀྱིས་བྲག་

ལྷེབས་སུ་བཀྲལ་བའི་ཤྲུལ་རིས་ད་ལྟའང་མཇལ། རི་དེའི་སྟེང་དུ་གཙུག་ལག་ཁང་ཞིག་ཀྱང་མཆིས།

དེ་ནས་ལྷོ་ནུབ་ཏུ་དཔག་ཚད་གཅིག་བགྲོད་པས་ཀཱ་ལ་པི་ནཱ་ཀའི་གྲོང་ཁྱེར་སླེབས། དེར་འཕགས་པ་ཤཱ་རིའི་བུ་སྐུ་བལྟམས་ཤིང་། ཕྱིས་དེར་ཕྱིན་ནས་སྐུ་མྱ་ངན་ལས་འདས་པའི་གནས་ཡོད།[194] དེར་མཆོད་རྟེན་བཞེངས་པ་ད་ལྟའང་སྣང་།

གྲོང་ཁྱེར་རྒྱལ་པོའི་ཁབ་གསར་དང་རྒྱལ་པོ་གཟུགས་ཅན་སྙིང་པོའི་ཁབ་རྙིང་།

ཀཱ་ལ་པི་ནཱ་ཀའི་གྲོང་ནས་ནུབ་ཏུ་དཔག་ཚད་གཅིག་སོང་བས་རྒྱལ་པོ་མ་སྐྱེས་དགྲས་བསྐྲུན་པའི་གྲོང་ཁྱེར་རྒྱལ་པོའི་ཁབ་གསར་མར་[195]འགྱུར། དེར་གཙུག་ལག་ཁང་གཉིས་ཡོད་ཅིང་། གྲོང་སྒོ་ནུབ་མ་ནས་ཕྱིར་ཐོན་པའི་གོམ་པ་སུམ་བརྒྱའི་མཚམས་སུ་རྒྱལ་པོ་མ་སྐྱེས་དགྲས་ཉིད་ལ་ཐོབ་པའི་སྟོན་པའི་རིང་བསྲེལ་ཆ་གང་གིས་བཞེངས་པའི་མཆོད་རྟེན་[196]མཐོ་ཞིང་ཡིད་དུ་འོང་བ་མཆིས་སོ། །

གྲོང་ཁྱེར་ནས་ཐོན་ཏེ་ལྷོ་ཕྱོགས་སུ་ལི་དབར་བཞི་བསྐྱོད་མུར་གྲོག་རོང་ལྷོ་ནས་བྱང་ཐད་དུ་བསྲིངས་པར་ཞུགས་པ་ན། ཕྱོགས་བཞིར་མུ་ཁྱུད་འདྲ་བའི་རི་བོ་ལྔ་[197]ཡིས་བསྐོར་བའི་ས་གཞོང་དུ་སླེབས་པ་དེ་ནི་རྒྱལ་པོ་གཟུགས་ཅན་སྙིང་པོའི་གྲོང་ཁྱེར་རྙིང་པ་[198]ཡིན། གྲོང་དེའི་ཤར་ནུབ་ལ་ལི་དབར་ལྔ་དྲུག་ཙམ་དང་། ལྷོ་བྱང་ལ་ལི་དབར་བདུན་བརྒྱད་ཙམ་མཆིས། དེར་ཤཱ་རིའི་བུ་དང་། མོའུ་འགལ་གྱི་བུས་ཐོག་མར་ཨ་ཤྭ་ཛི་ཏ་སྟེ་རྟ་ཐུལ་[199]དང་མཇལ་བ་དང་། དཔལ་སྦས་[200]ཀྱིས་མེ་དོང་དྲུས་ནས་གསོལ་ཚས་ལ་དུག་བཏབ་སྟེ་སྟོན་པ་སྤྱན་དྲངས་པ་དང་། རྒྱལ་པོ་མ་སྐྱེས་དགྲས་གླང་ཆེན་ནག་པོ་ཆང་གིས་མྱོས་པར་བྱས་ཏེ་སྟོན་པའི་སྐུ་ལ་འཚེ་བ་བརྩམས་པའི་གནས་དང་། གྲོང་ཁྱེར་བྱང་ཤར་གྱི་མཐའ་ཡོགས་

ན་ཇི་བ་ག་སྐྱེ་འཚོ་བྱེད་གཞོན་ནུས་[201]ཨཱམྲའི་ཚལ་དུ་གཙུག་ལག་ཁང་བཞེངས་ནས་སྟོན་པ་དང་། བུ་སློབ་སྟོང་ཉིས་བརྒྱ་ལྔ་བཅུ་འཁོར་བཅས་སྤྱན་དྲངས་ནས་བསྙེན་བཀུར་ཞུས་པའི་གནས་བཅས་ཡོད་ཅིང་། རྗེས་ཤུལ་དེ་དག་ཀུན་ད་ལྟ་བཞུགས་མོད། གྲོང་ཁྱེར་བདག་མེད་གོག་པོར་སོང་ནས་སྐྱེ་བོ་རིག་རྒྱུ་མེད་དོ། །

རི་སུལ་དུ་ཞུགས་ནས་ཤར་ལྷོར་ལེ་དབར་བཅོ་ལྔ་འཇོགས་པས་བྱ་རྒོད་ཕུང་པོའི་རིའོ། །དེའི་རྩེ་མོ་དང་ལེ་དབར་གསུམ་ཙམ་ཚོད་པའི་རི་སྙེད་དུ་ཕུག་པ་སྒོ་ལྷོར་ཕྱོགས་པ་ཞིག་མཆིས་པར་སྟོན་པ་བསམ་གཏན་ལ་བཞུགས་པའི་གནས་ཡིན། དེ་ནས་ནུབ་བྱང་གི་གོམ་པ་སུམ་ཅུའི་མཚམས་སུ་ཡང་ཕུག་པ་གཞན་ཞིག་སྣང་བ་དེར་ཀུན་དགའ་བོ་ཏིང་ངེ་འཛིན་ལ་གནས་པའི་དུས། བདུད་པི་ཤུ་ན་བྱ་བས་བྱ་རྒོད་ཤིག་ཏོ་ཅན་དུ་སྤྲུལ་ནས་ཕུག་པའི་སྒོ་རུ་ཤིགས་མོ་བྱེད་པའི་ཚེ་སངས་རྒྱས་ཀྱིས་རྫུ་འཕྲུལ་གྱི་ཞབས་ལ་བརྟེན་ནས་བྲག་བརྩོལ་དེ་ཕྱག་བསྒྲིངས་ནས་ཀུན་དགའ་བོའི་ཕྲག་པར་བྱིལ་བྱིལ་མཛད། དེའི་སྐབས་ཀྱིས་ཀུན་དགའ་བོའི་འཇིགས་པ་མྱུར་དུ་ཞིའོ། །ད་ལྟ་བྱ་རྒོད་ཀྱི་རྗེས་ཤུལ་དང་། སྟོན་པའི་ཕྱག་གིས་བྲག་ཕུག་པའི་ཤུལ་ཁུང་མངོན་པར་གསལ། དེ་ཡི་ཕྱིར་ན་བྱ་རྒོད་ཕུག་པའི་རིར་ཡང་གྲགས་སོ། །ཕུག་པའི་མདུན་ན་འདས་པའི་སངས་རྒྱས་རྣམ་བཞིའི་བཞུགས་གནས་དང་། དགྲ་བཅོམ་པ་རྣམས་སོ་སོར་བསམ་གཏན་ཁང་རེ་མཆིས་པ་དེ་ལྟ་བུ་བརྒྱ་ཕྲག་འགའ་བཞུགས། དེར་སྟོན་པ་ཕུག་པའི་མདུན་གྱི་ཤར་ནུབ་ཕྱོགས་སུ་ཐོན་པའི་སྐབས་ལྷས་བྱིན་གྱིས་བྱང་རིའི་གཡང་གཟར་སྒོ་ནས་བྲག་རྡོ་འཕངས་ཏེ་སངས་རྒྱས་ཀྱི་ཞབས་མཐེབ་ལ་རྨ་འབྱིན་པའི་གནས་ཡོད་ཅིང་། བྲག་རྡོ་ད་ལྟའང་སྣང་།[202] ད་ཆ་སྔོན་སྟོན་པས་ཆོས་གསུངས་པའི་གྲྭ་ཕལ་ཆེར་ཞིག་སྐྱེ་སོ་ཕག་གི་རྨང་ཙམ་ལས་མ་མཆིས། རི་བོ་ལྔ་ཡི་ཁྲོད་ནས་རི་དེ་ཉིད་ཆེས་མཐོ་ཞིང་བཟེད

ལ་ཁྲིད་པར་འཕགས་སོ། །

བཙུན་པ་པདྨ་ཤན་གྱིས་གྲོང་ཁྱེར་རྒྱལ་པོའི་ཁབ་གསར་མ་ནས་བདུག་སྤོས་དང་། མེ་ཏོག་དང་། མར་མེ་དག་ཉོས་ཤིང་། དགེ་སློང་ཉམས་སྨྱོང་ཅན་གཉིས་ལ་བྱ་རྒོད་ཕུང་པོའི་རི་བར་སྐྱེལ་བའི་རོགས་ཞུས་པ་བཞིན་དེར་ཕྱིན་ནས་དྲི་ཞིམ་བདུག་སྤོས་དང་མེ་ཏོག་ཕུལ་ཏེ། ཕྱི་ཉིན་ཉི་མ་འཆར་བར་མར་མེའི་བསྙེན་བཀུར་མཛད་དོ། །སྐབས་དེར་བཙུན་པ་པདྨ་ཤན་ཐུགས་རབ་ཏུ་སྐྱོ་ཞིང་དབང་མེད་དུ་སྤྱན་ཆབ་ཤོར་ཅ་ན་ཕྱག་གིས་བྱིལ་བྱིལ་མཛད་ཀྱིན་ཞལ་ནས་འདི་སྐད་ཐོན་ནོ། །ཀྱི་མ་སྟོན་སེམས་དཔའ་ཆེན་པོས་གནས་མཆོག་འདི་ རུ་ཆོས་ཐེག་པ་ཆེན་པོའི་མདོ་དཔའ་བར་འགྲོ་བའི་ཏིང་ངེ་འཛིན་[203]གསུངས་མོད་ཀྱི་ཁོ་བོ་ཅག་བསོད་ནམས་དམན་པའི་དབང་གིས་སངས་རྒྱས་ཀྱི་དྲུང་ན་ཆོས་ཞུ་བའི་སྐལ་བ་མ་ཐོབ། ད་ལན་རྗེས་ཤུལ་ཁོ་ན་མཇལ་བ་ཙམ་ལས་གཞན་མ་མཆིས་སོ་ཞེས་དབུགས་དབྱུང་མཛད། དེ་ནས་ཁོང་གིས་སྟོན་པ་བཞུགས་པའི་ཕུག་པའི་གདོང་མར་མདོ་དེ་ཉིད་ཞལ་འདོན་གནང་བཞིན་མཚན་ཐོག་ཐག་བཞུགས་རྗེས་གྲོང་ཁྱེར་རྒྱལ་པོའི་ཁབ་གསར་དུ་ཕྱིར་གཤེགས་སོ། །

གྲོང་ཁྱེར་རྒྱལ་པོའི་ཁབ་རྙིང་ནས་ཐོན་ཏེ་བྱང་དུ་ལྕགས་པ་སུམ་བརྒྱ་ཙམ་བགྲོད་པའི་ལམ་གྱི་ནུབ་ཕྱོགས་སུ་ཀ་རཎྜ་ཀ་འོད་མའི་ཚལ་[204]གྱི་གཙུག་ལག་ཁང་བཞུགས་པ་ད་ལྟ་མངོན་སུམ་མཇལ་བ་དེ་རུ་འདུས་དམངས་ཀྱིས་གད་བདར་བྱེད་བཞིན་འདུག །གཙུག་ལག་ཁང་གི་བྱང་ཕྱོགས་ལེ་དབར་གཉིས་གསུམ་གྱི་སར་ཀླ་ནྡ་ཀཾ་ཞེས་བྱ་བ་ཤི་པོ་ངོར་བའི་དུར་ཁྲོད་ཅིག་ཏུ་སླེབས་ཤིང་། དེ་ལོགས་ཀྱི་ལྷོ་རིའི་ནུབ་ཐད་དུ་ལྕགས་པ་སུམ་བརྒྱ་སོང་བས་པིཔྤ་ལ་བྱ་བའི་རྫོའི་ཁང་བུ་[205] ཡོད་པར་སྟོན་སྟོན་པ་རྒྱུན་པར་གདུགས་ཚོད་བཞེས་ཏེ་ཏིང་ངེ་འཛིན་ལ་གནས

སོ། །ཡང་དེ་ནས་ནུབ་ཏུ་ལི་དབར་ལྔ་དྲུག་བསྐྱོད་པའི་བྱང་རིའི་བསིལ་གྲིབ་ཁྲོད་རྫོའི་ཁང་བུ་སམྦྷ་པཏྟ་གུ་ཧཱ་སྟེ་ལོ་མ་བདུན་པའི་ཕུག་ཅེས་གདའ་བ་དེ་ནི་སྟོན་སྟོན་པ་སྐུ་མྱ་ངན་ལས་འདས་པའི་མཇུག་ཏུ་དགྲ་བཅོམ་པ་ལྔ་བརྒྱས་བཀའ་བསྡུ་མཛད་པའི་གནས་ཡིན།[206] དེར་བཞུགས་ཁྲི་གསུམ་བཤམས་པ་དག་རྒྱན་གྱིས་རབ་ཏུ་སྤུད་དེ་དབུས་སུ་སྟོན་པ་དང་། གཡས་སུ་མོའུ་འགལ་གྱི་བུ་དང་། གཡོན་དུ་ཤཱ་རིའི་བུ་འཁོད་ཅིང་དགྲ་བཅོམ་པ་གཅིག་མ་གཏོགས་ལྔ་བརྒྱ་འདུས་ཏེ་འོད་སྲུང་ཆེན་པོ་འཕགས་པ་གནས་བརྟན་པར་བཀུར། དེའི་དུས་ན་ཀུན་དགའ་བོ་ཕུག་པའི་ཕྱི་རུ་གནས་པ་ཙམ་ལས་ནང་དུ་དོང་མི་ཆོག་ཟེར་ཞིང་།[207] དེར་མཆོད་རྟེན་བརྩིགས་པ་ད་ལྟ་མཇལ་དུ་ཡོད། དེའི་ཉེ་འགྲམ་དུ་དགྲ་བཅོམ་པ་དག་བསམ་གཏན་ལ་བཞུགས་སའི་རྫོའི་ཕུག་པ་ཤིན་ཏུ་མང་།

གྲོང་ཁྱེར་རྒྱལ་པོའི་ཁབ་སྙིང་པའི་བྱང་ནས་ཕྱིར་ཐོན་ཏེ་ཤར་ཐད་དུ་ལི་དབར་གསུམ་བབས་པ་ན་ལྷས་བྱིན་གྱི་བསམ་གཏན་ཕུག་པ་ཡོད། དེ་ནས་གོམ་པ་ལྔ་བཅུ་ཙམ་གྱི་མཚམས་སུ་ཕ་བོང་ནག་ཅིང་ཆེ་བ་གྲུ་བཞི་ཅན་ཞིག་སྣང་བར་སྟོན་དགེ་སློང་ཞིག་དེར་ཞབས་བཅག་པའི་ཚེ་ན། ཐུགས་དགོངས་སུ་རང་ལུས་མི་རྟག་པ་དང་། སྡུག་བསྔལ་བ་དང་། སྟོང་པའི་རང་བཞིན་དུ་རྣམ་པར་རྟོགས་ནས་མི་སྡུག་པ་ལ་རབ་ཏུ་བརྩོན་པའི་ངེས་པ་སྙེད་དེ་མི་གཙང་ཕུང་པོ་འདིར་དྲུངས་ནས་ཞེ་ལོག་པ་ན་སྤུ་གྲི་བཏོན་ནས་ལྟེབས་པར་བརྩམས་ཁད་དུ་ཡང་ཐུགས་ལ་འདི་སྙམ་ཏུ་ཤར། བདག་ཅག་གི་སྟོན་པས་འདུལ་ཁྲིམས་གཏན་ལ་ཕབ་པ་ཇི་ལྟར་ན་རང་སྲོག་གཅད་པ་གཏན་ནས་མི་འོས་ཀྱི་ད་འོ་ན་ཉོན་མོངས་པའི་རྒྱུ་དུག་གསུམ་འཇོམས་པར་བྱ་གསུངས་ཏེ་སླར་སྤུ་གྲིས་མགུལ་གཅོད་པར་བརྩམས་ཤིང་། ཅུང་ཟད་བྲེགས་པའི་སྐབས་རྒྱུན་ཞུགས་ཀྱི་འབྲས་བུ་[208]ཐོབ་པ་དང་། ཕྱེད་ཙམ་ན་

ཕྱིར་མི་འོང་བ་[209]ཐོབ་ཅིང་། རྫོགས་པར་ཆད་ཅ་ན་ཡོངས་སུ་དགྲ་བཅོམ་པའི་འབྲས་བུ་མངོན་དུ་བྱས་ནས་སྐུ་མྱ་ངན་ལས་འདས་[210]སོ། །

ག་ཡཱའི་གྲོང་ཁྱེར་དང་པིཐྲ་ལའི་སྤྱན་འོག །

རྒྱལ་པོའི་ཁབ་རྙིང་ནས་ནུབ་ཕྱོགས་སུ་དཔག་ཚད་བཞི་བགྲོད་པ་ན་གཱ་ཡའི་གྲོང་ཁྱེར་[211]རོ། །གྲོང་དེ་ཡང་བདག་མེད་སྟོང་ལྷང་ངེར་གྱུར། དེ་ནས་ལྷོ་རུ་ལེ་དབར་ཉི་ཤུ་བསྐྱོད་པས་སེམས་དཔའ་ཆེན་པོས་ལོ་དྲུག་དཀའ་བ་སྤྱད་པའི་གནས་[212]ཡོད་ཅིང་དེར་ལྗོན་པའི་ཚལ་སྣང་། དེ་ནས་ནུབ་ཏུ་ལེ་དབར་གསུམ་ཆས་པའི་མཚམས་སུ་སྟོན་པ་ཁྲུས་ལ་ཞུགས་རྗེས་ལྷའི་དབང་པོས་བསྟན་པའི་ཤིང་གི་ཡལ་ག་བཟུང་ནས་ཁྲུས་རྫིང་ལས་དལ་བུར་བཞེངས་ཏེ་ཕྱི་རུ་ཐོན་པའི་གནས་དང་། དེ་ནས་ཡང་བྱང་དུ་ལེ་དབར་གཉིས་སོང་བའི་མཚམས་སུ་སེ་ན་ནིའི་གྲོང་བར་གྱི་བུ་མོ་ལེགས་སྐྱེས་མས་འོ་ཐུག་ཕུལ་བའི་གནས་ཡོད།[213] དེ་ནས་བྱང་དུ་ལེ་དབར་གཉིས་བགྲོད་པའི་སར་སྟོན་པ་ལྗོན་འོག་གི་རྡོ་སྟེགས་སྟེང་དུ་ཞལ་ཤར་དུ་ཕྱོགས་ནས་བཞུགས་ཤིང་འོ་ཐུག་བཞེས། རྡོ་སྟེགས་དང་། ལྗོན་པ་གཉིས་ག་ད་ལྟ་མཛལ་དུ་ཡོད་པ་ལས་རྡོ་སྟེགས་དེའི་ཞེང་དང་། སྲིད་སོ་སོར་ཁྲུ་དྲུག་རེ་དང་། མཐོ་ཚད་ལ་ཁྲུ་གཉིས་མཆིས། ཡུལ་དབུས་ཕལ་ཆེར་ནམ་དུས་དྲོ་གྲང་སྙོམས་ཤིང་ལྗོན་ཤིང་ལ་ལ་མི་ལོ་སྟོང་ནས་ཁྲི་བར་དུ་སྐྱེ་བཞིན་གནས་སོ། །

དེ་ནས་བྱང་ཤར་དུ་དཔག་ཚད་ཕྱེད་ཙམ་བསྐྱོད་པས་རྡོའི་ཕུག་པ་ཞིག་ཡོད་པ་དེར་སྟོན་སེམས་དཔའ་ཆེན་པོས་སྐུ་ནུབ་ཏུ་ཕྱོགས་ནས་སྐྱིལ་མོ་ཀྲུང་དུ་བཞུགས་ཤིང་ཐུགས་དགོངས་སུ། ཅི་སྟེ་ང་ཉིད་མངོན་པར་སངས་རྒྱས་ཚེ་བཀྲ་ཤིས་པའི་རྟགས་ཤིག་ངེས་པར་འབྱུང་ངེས་སོ་སྙམ་པ་ཉིད་དུ་ཕུག་པའི་ལྡེབས་ལ་སངས་རྒྱས་ཀྱི་སྐུའི་གྲིབ་བརྙན་འཆར་བ་དེའི་སྲིད་ལ་ཁྲུ་གསུམ་ཙམ་མཆིས་པ་ད་ལྟའང་

ལྷམ་མེར་མཛལ། སྐབས་དེར་གནམ་ས་དྲག་ཏུ་གཡོས་ཤིང་། ལྷ་རྣམས་ཀྱིས་བར་སྣང་ནས་འདི་ཉེ་བྱང་ཆུབ་མཆོག་ཏུ་ཐུགས་བསྐྱེད་པའི་གནས་མིན་ཏེ། དེ་ནས་ལྷོ་ནུབ་ཀྱི་དཔག་ཚད་ཕྱེད་ཙམ་བགྲོད་པའི་པིཔྤ་ལའི་ལྗོན་འོག[214]ན་འདས་དང་མ་འོངས་པའི་སངས་རྒྱས་མཐའ་དག་མངོན་པར་རྫོགས་པའི་གནས་ཡོད་ཅེས་སྒྲ་གྲགས། དེ་མུར་ལྷ་རྣམས་ཀྱིས་དགའ་བའི་གླུ་ལེན་བཞིན་ལམ་སྟོ་བཤངས་ཏེ་སེམས་དཔའ་ཆེན་པོ་ཕྱིར་གཤེགས་སོ། །དེ་ནས་པིཔྤ་ལའི་ལྗོན་པ་དང་གོམ་པ་སུམ་ཅུ་ཙམ་ཚོད་པའི་མཚམས་སུ་ལྷའི་དབང་པོས་རྩྭ་བཟང་ཀུ་ཤ[215]ཕུལ་བ་བཞེས་པའི་གནས་དང་། ཡང་དེ་ནས་གོམ་པ་བཅོ་ལྔ་ཙམ་བགྲོད་པར་སྔོ་བྱིའུ་ལྔ་བརྒྱས་སེམས་དཔའ་ཆེན་པོར་སྐོར་བ་ལན་གསུམ་བྱས་མཐར་འཕུར་སོང་བའི་གནས་ཡོད།

སེམས་དཔའ་ཆེན་པོས་པིཔྤ་ལའི་ལྗོན་འོག་ཏུ་རྩྭ་བཟང་ཀུ་ཤ་སྤྲུངས་པ་སྟན་དུ་མཛད་ནས་ཞལ་ཤར་ཏུ་ཕྱོགས་ཏེ་བསམ་གཏན་ལ་བཞུགས་པའི་སྐབས། སྐུའི་གཡས་སུ་བདུད་རྒྱལ་གྱིས་བཞངས་པའི་བུད་མེད་མཛེས་མ་གསུམ[216]གྱིས་ཆགས་པའི་གར་སྟབས་བྱེད་ཅིང་། གཡོན་དུ་བདུད་རྒྱལ་རང་ཉིད་ལྷགས་འོང་ནས་བསླུ་བྲིད་བརྩམས་པ་ན། སེམས་དཔའ་ཆེན་པོས་ས་གནོན་མཉམ་བཞག་གི་ཕྱག་རྒྱ་མཛད་པས་བདུད་ཀྱི་དཔུང་དམག་ཐམས་ཅད་བྱེར་ཞིང་། བུད་མེད་གསུམ་པོ་དག་ཀྱང་མི་སྡུག་རྒས་མོར་འགྱུར། ལོ་དྲུག་དཀའ་བ་སྤྱད་པའི་གནས་ནས་མངོན་པར་འཚང་རྒྱ་བའི་གནས་བར་གྱི་རྗེས་ཤུལ་མཐའ་དག་ལ་དུས་ཕྱིས་སྐྱེ་བོ་རྣམས་ཀྱིས་མཆོད་རྟེན་དང་སྐུ་བརྙན་བཞེངས་པ་ཀུན་ད་ལྟའང་མཛལ་དུ་ཡོད། སྟོན་པ་མངོན་པར་རྫོགས་པར་སངས་རྒྱས་པའི་རྗེས་སུ་ཞག་བདུན་རིང་བྱང་ཆུབ་ལྗོན་ཤིང་ལ་གཟིགས་ཤིང་ཐར་པའི་བདེ་བ་ཉམས་སུ་མྱོང་བའི་གནས་དང་། པིཔྤ་ལའི་ལྗོན་འོག་ན་ཞག་བདུན་རིང་ཕྱོགས་ཤར་ནུབ་གཉིས་སུ་ཞབས་

བཅག་པའི་གནས་དང་། ལྷ་རྣམས་ཀྱིས་རིན་པོ་ཆེ་སྣ་བདུན་གྱི་སྡེགས་བུ་བཤམས་ནས་སངས་རྒྱས་ལ་ཞག་བདུན་བསྙེན་བཀུར་ཞུས་པའི་གནས་དང་། སྤྲུལ་ཡོང་བ་མུ་ཅི་ལིན་ད་[217]བྱ་བས་ལུས་སྟོན་པའི་སྐུ་ལ་ཞག་བདུན་འཁྲིལ་ཏེ་བསྲུང་བའི་གནས་དང་། སྟོན་པ་ཤིང་ཏྲ་ཡཱ་ཎའི་འོག་གི་ཕ་བོང་སྟེང་ཞལ་ཤར་དུ་ཕྱོགས་ནས་བཞུགས་པའི་དུས་ལྷ་ཚངས་པས་སྤྱན་དྲངས་ཏེ་གསེགས་པའི་གནས་དང་། རྒྱལ་ཆེན་རིགས་བཞིས་ལྷུང་བཟེད་ཕུལ་བའི་གནས་དང་། ཚོང་པ་ལྔ་བརྒྱས་[218]འབྲས་ཡོས་དང་སྦྲང་རྩི་གསོལ་བའི་གནས་དང་། འོད་སྲུང་ཕུ་ནུ་[219]དགེ་སློབ་སྟོང་གྲོལ་བའི་གནས་རྣམས་སུ་ཡང་མཆོད་རྟེན་བཞེངས་པར་གདའ། སྟོན་པ་འཚང་རྒྱ་བའི་གནས་སུ་གཙུག་ལག་ཁང་གསུམ་མཆིས་པ་ཀུན་ལ་དགེ་འདུན་བཞུགས་ཤིང་། སེར་སྐྱ་ཐམས་ཅད་ལོངས་སྤྱོད་ཕུན་སུམ་ཚོགས་ལ་ཉེར་མཁོ་ཅི་རིགས་མི་ཚང་བ་མེད་དོ། །དེར་འདུལ་ཁྲིམས་དམ་ལ་ཟབ་ཅིང་། དགེ་འདུན་ཕལ་ཆེར་སྨམ་བརྗིད་བག་ཡོད་ཅན། འདུག་པ་དང་། འཆག་པ་དང་། ཚོགས་པའི་དབུས་ན་སྟོན་པ་འཚོ་ཞིང་གཞིས་པའི་དུས་ཀྱི་འདུས་ཚོགས་ཀྱི་སྤྱོད་ལམ་བཟང་པོ་ཉེ་བར་བསྐྱངས་ཤིང་ད་བར་གནས་སོ། །

སྟོན་པ་སྐྱ་མྱ་ངན་ལས་འདས་ནས་ད་ལྟ་ལ་ཐུག་ཏུ་མཆོད་རྟེན་ཆེན་པོ་བཞིའི་གནས་མཆོག་རྣམས་ཉམས་པ་མེད་ལ་རྒྱུད་པ་བར་མ་ཆོད་དོ། །མཆོད་རྟེན་བཞི་[220]པོ་ནི། སྐུ་བལྟམས་པ་དང་། འཚང་རྒྱ་བ་དང་། ཆོས་འཁོར་བསྐོར་བ་དང་། ཡོངས་སུ་མྱ་ངན་ལས་འདས་པའི་གནས་བཅས་སུ་བཞེངས་པ་དག་གོ །

རྒྱལ་པོ་མྱ་ངན་མེད་ཀྱི་སྐྱེ་བ་སྔ་མ་ཞིག་ན་སྐུ་བྱིས་པའི་དུས་སུ་ལན་ཅིག་ལམ་པོ་ཆེར་རྩེད་འཇོར་རོལ་ཏེ་གནས་པའི་ཚེ། སྟོན་པ་བསོད་སྙོམས་ལ་བྱོན་པ་དང་མཇལ་ནས་དགའ་བ་ཆེན་པོས་ས་རྡུལ་སྤྲར་མོ་གང་བླངས་ནས་ཕུལ་བ་སངས་

རྒྱས་ཀྱིས་བཞེས་ཐོག་གཤེགས་ལམ་དུ་གཏོར་བར་མཛད། དེའི་རྐྱེན་འབྲེལ་གྱིས་དུས་ཕྱིས་བྱིས་པ་དེ་ཉིད་ལྷུགས་ཀྱི་འཁོར་ལོས་བསྒྱུར་བའི་རྒྱལ་པོར་གྱུར་ཏེ་འཛམ་བུའི་གླིང་ལ་དབང་བསྒྱུར་ཞིང་། ལྷུགས་ཀྱི་འཁོར་ལོའི་སྟེང་དུ་འཁོད་ནས་འཛམ་བུའི་གླིང་ལ་སྐྱོལ་བ་ན་ལྷུགས་ཀྱི་ར་བས་བསྐོར་བའི་རི་བོ་གཉིས་ཀྱི་བར་མཚམས་ན་ཉེས་པ་ཅན་དག་ཚར་གཅོད་པའི་དམྱལ་བའི་བཙོན་ར་མཐོང་ངོ་། །བློན་རྣམས་ལ་རྒྱུ་མཚན་དྲིས་པས་དེ་ནི་གཤིན་རྗེའི་རྒྱལ་པོས་ཉེས་པ་ཅན་རྣམས་ཚར་གཅོད་པའི་གནས་ལགས་ཞེས་ཞུས་པ་ན། གཤིན་རྗེའི་རྒྱལ་པོས་ཀྱང་བཙོན་ར་བཏབ་ནས་ཉེས་པ་གཅོད་ནུས་ན་ང་ས་སྐྱོང་མི་ཡི་བདག་པོས་ཅིའི་ཕྱིར་མི་འོས་ཟེར་ཞིང་། བློན་རྣམས་ལ་ང་ཡི་ཆེད་དུ་སུ་ཞིག་གིས་དམྱལ་བའི་ལས་དཔོན་བགྱིས་ཏེ་ཉེས་ཅན་རྣམས་ཚར་གཅོད་ཐོད་དམ་བྱས་པས། སྐྱེ་བོ་གཏུམ་པོ་ཆེ་ཁོ་ནས་ནུས་སོ་ཟེར་བས་འོ་ན་དེ་འདྲ་བའི་སྐྱེ་བོ་འཚོལ་ལ་སོང་ཤིག་ཅེས་བཀའ་བཏང་། ཆུ་ཟིང་ཞིག་གི་འགྲམ་ན་ལུས་སྟོབས་ཆེ་ཞིང་ངོ་ནག་པ། ལན་བུ་སེར་ཞིང་མིག་གཉིས་མར་གད་ཀྱི་མདོག་འཛིན་པའི་སྐྱེ་བོ་ཤིན་ཏུ་འཇིགས་སུ་རུང་བ་ལྷུགས་ཀྱི་ཀྲུ་བ་རྔོན་པོས་ཉ་འཛིན་པ་དང་དུས་མཉམ་དུ་བྱ་དང་རི་དྭགས་བོས་ནས་དེའི་གམ་དུ་འོང་རིགས་གསོད་ཅིང་། ཐར་བ་ནི་མེད་པ་ཞིག་རྙེད། དེ་ལྟར་དྲག་ཤུལ་ཅན་དེ་བཀུག་ནས་རྒྱལ་པོས་ཁོ་ལ་གསང་བའི་གཏམ་འདི་བཞིན་སྨྲས། ཁྱོད་ཅག་གིས་ཕྱོགས་བཞིར་ལྷུགས་རི་མཐོན་པོ་བརྩིགས་ཏེ་ནང་དུ་མེ་ཏོག་དང་། ཤིང་འབྲས་སྣ་ཚོགས་པ་གདབ་ལ་ཁྲུས་རྫིང་ཉམས་དགའ་བར་བྱས་ཏེ་སྐྱེ་བོ་མཐའ་དག་གི་ཡིད་དབང་མེད་དུ་འཕྲོག་ནུས་པའི་སྐྱེད་ཚལ་ཞིག་བསྐྲུན་རྗེས་སྒོ་མོ་ཆེ་ཤིན་ཏུ་བཙན་པར་བགྱིས། ནང་དུ་ལྷགས་པ་ཐམས་ཅད་བཟུང་སྟེ་ཁྲིམས་ཀྱི་ཡོ་བྱད་ཅི་བདེར་སྤྱད་ནས་མནར་གཅོད་ཚད་མེད་པར་ཐོངས་ལ། སུ་ཞིག་ཀྱང་ཅི་ནས་མ་

གྲོས་པར་གཟབ་དགོས། ཅི་སྟེ་ངོས་ཀྱང་དེ་ཏུ་སླེབས་ཙ་ན་བཀའ་ཇི་བཞིན་ཉེས་པ་གཅོད་ལ་མ་གྲོས་པར་གྱིས་ཤིག །ད་ལྟ་ཁྱོད་དངོས་སུ་དམྱལ་བའི་ལས་དཔོན་དུ་བསྐོས་པ་ཡིན་ཞེས་བཀའ་བསྒོས་པར་འགྱུར།

དེས་ན་དགེ་སློང་ཞིག་མི་ཁྱིམ་དུ་རིམ་པ་བཞིན་བསོད་སྙོམས་ལ་བྱོན་ཏེ་དམྱལ་བའི་བཙོན་ར་དེར་ཞབས་བཅག་པའི་ཚེ་ལས་མཁན་གྱིས་བཟུང་སྟེ་དོན་མེད་ཉེས་པ་བཅད་ནས་མནར་གཅོད་ཀྱི་སྣ་གོན་ལ་ཞུགས། དགེ་སློང་དེ་རབ་ཏུ་འཇིགས་ནས་རེ་ཞིག་ངལ་གསོ་བར་ཞུས་ཏེ་ཞལ་ཟས་བཞེས་བཞིན་ཨེན་ཙམ་སོང་མུར་སྐྱར་སྐྱེ་བོ་ཞིག་འཛིན་འོང་བ་གཏུན་ཁུང་དུ་བཙུག་ནས་བརྡུངས་པའི་སོད་ཁྲག་དམར་གྱི་དབུ་བ་ཐལ་ཐོལ་འཕྱུར། དགེ་སློང་གིས་ཚུལ་དེ་མཐོང་བ་ཉིད་ན་ཐུགས་དགོངས་སུ་ལུས་མི་རྟག་པ་དང་། སྡུག་བསྔལ་བ་དང་། སྟོང་པའི་བདག་ཉིད་ཅན་ཏེ་དབུ་བ་ཡལ་བ་ཇི་བཞིན་རྣམ་པར་མཁྱེན་ནས་དགྲ་བཅོམ་པའི་འབྲས་བུ་ཐོབ་བོ། །དེ་ནས་ཅང་མ་སོང་བར་ལས་མཁན་གྱིས་དགེ་སློང་རབ་ཚའི་ཆུ་ཡིས་ལང་ལོང་འབར་བའི་ཁྲོ་ཁོག་ཏུ་འཕངས། འོན་ཏེ་དགེ་སློང་འཇིགས་སྣང་ཏིལ་ཙམ་མེད་པར་དགའ་བའི་བཞིན་མདངས་འཚེར། དེ་མཉམ་དུ་མེ་ཞི་ནས་ཆུ་བསིལ་བར་གྱུར་ཏེ་གང་ཉིད་ཆུ་སྐྱེས་བཞད་པའི་སྟེང་དུ་མཉམ་པར་བཞུགས་སོ། །ལས་མཁན་ཤིན་ཏུ་ངོ་མཚར་ནས་རྒྱལ་པོའི་སྣན་དུ་བསྙོན་དོང་ལ་ཡ་མཚན་ཆེ་བར་འདུག་སྟེ་རྒྱལ་པོ་ཅི་ནས་ཕེབས་པར་འཚལ་ཞེས་ཞུས། རྒྱལ་པོ་ན་རེ། ངོས་དོང་བར་མི་ནུས་ཏེ་སྔར་བཀས་བཅད་པར་སྐྱགས་སོ་ཞེས་བསྒོ་བ་ན། ད་ལན་དོན་ཕྲན་ཚེགས་མ་ལགས་པས་སྐུ་དངོས་འཕྲལ་དུ་བྱོན་པར་འཚལ་ཞེས་ནན་གྱིས་གསོལ་བས་དམ་བཅའ་དོར་ཏེ་ལས་མཁན་དང་མཉམ་དུ་དམྱལ་བའི་བཙོན་རར་བཞུད། དེའི་ཚེ་དགེ་སློང་དགྲ་བཅོམ་པས་ལས་འབྲས་ཀྱི་ཆོས་གསུངས་མ་ཁད་དུ་རྒྱལ་པོ་ཡིད་

འཕྲུང་སྟེ་རབ་ཏུ་དད་པའི་སེམས་ཀྱིས་སྔར་གྱི་སྡིག་པ་བཤགས་ཤིང་། དམྱལ་བའི་བཙོན་ར་རྨིག་མེད་དུ་བཏང་ངོ་། །དེའི་སྐབས་ཀྱིས་རྒྱལ་པོ་དཀོན་མཆོག་གསུམ་ལ་ལྷག་པར་དད་པ་སྐྱེས་ཏེ་རྟག་ཏུ་པིཔླ་ལའི་ལྗོན་ཤིང་འོག་ཏུ་འགྱོད་ཚངས་ལ་ཕྱིན་ཏེ་བསྙེན་གནས་ཡན་ལག་བརྒྱད་[221]ཁས་བླངས་སོ། །རྒྱལ་པོའི་བཙུན་མོས་བློན་རྣམས་ལ་རྒྱལ་པོ་རྒྱུན་པར་གང་དུ་གཤེགས་མིན་རྒྱུ་མཚན་དྲིས་པར་པིཔླ་ལའི་ལྗོན་འོག་ན་གནས་སོ་ཟེར་བས་མི་མངགས་ནས་ལྗོན་པ་བཅད་དེ་སྡོང་པོ་ཡང་བསྲེལ་ལོ། །ཚུལ་དེ་རྒྱལ་པོས་མཐོང་མ་ཐག་གཏོལ་མེད་པར་དྲན་མེད་དུ་བརྒྱལ། འཁོར་བློན་དག་གིས་ཞལ་རས་ལ་ཆབ་གཏོར་བས་ཡུན་རིང་སོང་མཚམས་སུ་ད་གཟོད་དྲན་པ་རྙེད་དེ་འཕྲལ་མར་སོ་ཕག་བརྩིགས་ནས་མཐའ་བཞི་མུ་ཁྱུད་ཀྱིས་བསྐོར་ཞིང་། སྟོང་ཟོམ་བརྒྱ་ཙ་བཀང་བའི་འོ་མ་ཀུན་ལྗོན་པའི་རྩ་བར་བླུགས་པ་དང་། ཡན་ལག་ལྔ་པོ་ས་ལ་བཙུགས་ནས་ཇི་སྲིད་ལྗོན་པ་མ་སྐྱེས་བར། དེ་སྲིད་ང་ཉིད་ཡར་མི་འགྲེང་། ཞེས་དམ་བཅས་པས་རིམ་གྱིས་ལྗོན་པའི་རྩ་བ་གསོས་ཤིང་། ཡལ་ག་སྐྱེས་ནས་ད་ལྟ་ལ་ཐུག་ལོ་འདབ་རྒྱས་ཏེ་མཐོ་ལ་འདོམ་ཉི་ཤུ་ལྷག་མངའ་བར་འགྱུར།

རི་བོ་བྱ་རྐང་།

དེ་ནས་ལྷ་ཕྱོགས་སུ་ལི་དཔར་གསུམ་ཙམ་བགྲོད་པས་བྱ་རྐང་[222]ཞེས་བྱ་བའི་རི་བོ་མཆིས་པར་དེང་འོད་སྲུང་ཆེན་པོ་འགོག་སྙོམས་[223]ལ་གནས་མུས་ལགས་ཏེ། སྟོན་འོད་སྲུང་ཆེན་པོས་བྲག་རི་བཤགས་ནས་རི་དེའི་དབུས་སྙིང་དུ་གཤེགས་པའི་སྦུབས་ཀར་ད་ཆ་སྐྱེ་བོ་ཤོང་དཀའ་ཞིང་། སྦུབས་ཀའི་ཟབ་ཤིན་ཏུ་རིང་བའི་རྗེང་མར་ཁྲུང་བུ་སྣང་བ་དེར་འོད་སྲུང་ཆེན་པོའི་སྐུ་ལུས་ཧྲིལ་པོ་བཞུགས་སོ། །[224] ཁྲུང་བུའི་ཕྱི་ཙ་སྟོན་འོད་སྲུང་ཆེན་པོས་ཕྱག་ལ་བྱི་དོར་མཛད་པའི་ས་

རྟུལ་ཡོད་ཅིང་། མགོ་ནད་ཀྱིས་གདུང་བ་ཅི་རིགས་དེ་སྤྱི་བོར་བྱུགས་པས་ཡོངས་སུ་སངས་པར་འགྱུར། རི་བོའི་ཁོག་ཏུ་ད་ལྟ་དགྲ་བཅོམ་པ་དུ་མ་བཞུགས་པའི་སྐབས་ཀྱིས་ཕྱོགས་བཞིའི་ཡུལ་དག་གི་དགེ་འདུན་ལོ་ལྟར་དེར་ལྷགས་ནས་འོད་སྲུང་ཆེན་པོར་བསྙེན་བཀུར་བྱེད་པ་ལས། ཡིད་རྣམ་པར་དག་པ་ཕལ་མོ་ཆེར་ཐུབ་མོ་དགྲ་བཅོམ་མངོན་སུམ་ཕྱིན་ནས་ལྷན་དུ་ཟབ་ཆོས་སློང་ཞིང་། དེ་དག་གི་ཐེ་ཚོམ་སེལ་མུར་སློ་བུར་མི་སྣང་བར་བྱེད། རི་བོའི་ལོགས་ཀུན་ལྗོན་པ་སྟུག་ཅིང་གཅན་གཟན་གདུག་པ་ཅན་སེང་གེ་དང་། སྟག་དང་། ཅེ་སྤྱང་མང་བས་རང་དགར་བགྲོད་མི་ཐུབ་ངོ་། །

འབྲོག་དགོན་པ།

བཙུན་པ་ཆོ་ཤན་གྲོང་ཁྱེར་སྐྱ་ནར་བུར་ཕྱིར་བཟློག་སྟེ་ཚུ་བོ་གཙང་དེད་ནས་ནུབ་ཐུར་དུ་དཔག་ཚད་བཅུ་ཕྱིན་པས་འབྲོག་དགོན་པ་ཞེས་བྱ་བའི་གཙུག་ལག་ཁང་[225]དུ་ཕེབས། དེར་སྟོན་སྟོན་པ་བཞུགས་འཆག་མཛད་པའི་གནས་ཡོད་ཅིང་ད་ལྟ་དགེ་འདུན་བཞུགས་ཡོད་དོ། །

ཀཱ་ཤིའི་ཡུལ་གྱི་གྲོང་ཁྱེར་ཝཱ་རཱ་ཎ་སཱི།

དེ་ནས་ཆུ་བོ་གཙང་དེད་དེ་ནུབ་ཕྱོགས་སུ་དཔག་ཚད་བཅུ་གཉིས་བགྲོད་པས་ཀཱ་ཤིའི་ཡུལ་གྱི་གྲོང་ཁྱེར་ཝཱ་རཱ་ཎ་སཱིར་[226]སླེབས། གྲོང་གི་བྱང་ཤར་ལི་དབར་བཅུ་ཡི་མཚམས་སུ་དྲང་སྲོང་ལྷུང་བ་རི་དྭགས་ཀྱི་ནགས་[227]མཆིས། དེར་རང་སངས་རྒྱས་བཞུགས་འཆག་མཛད་ཅིང་རྟག་ཏུ་རི་དྭགས་འགྲོ་འདུག་བྱེད། སྟོན་སྟོན་པ་འཚང་རྒྱ་ཁར་ལྷ་ཚོགས་ཀྱིས་མཁའ་དབྱིངས་ནས་ཟས་གཙང་སྲས་པོ་ཁྱིམ་སྤངས་ནས་འཕགས་ལམ་ལ་ཞུགས་ཏེ། ཞག་བདུན་གྱི་རྗེང་མར་འཚང་རྒྱ་བར་འགྱུར་ཏོ་ཞེས་དགའ་བའི་གླུ་ལེན་པ་རང་སངས་རྒྱས་ཀྱིས་གསན་མུར་སྐུ་མྱ་ངན་

ལས་འདས། དེ་ཡི་ཕྱིར་ན་གནས་དེར་དྲང་སྲོང་ལྔང་བ་རི་དྭགས་ཀྱི་ནགས་ཞེས་འབོད་ཅིང་། སྔོན་པ་མངོན་པར་རྫོགས་པའི་མཇུག་ཏུ་ཕྱིས་ཀྱི་སྐྱེ་བོ་རྣམས་ཀྱིས་གནས་དེར་གཙུག་ལག་ཁང་བཞེངས་སོ། །

སྔོན་སངས་རྒྱས་ཀྱིས་ཀུན་ཤེས་ཀཽཎྜི་ནྱ་སོགས་འཁོར་ལྔ་སྡེ་བཟང་པོ་གྲོལ་བར་དགོངས་མོད། དེ་དག་གིས་ཕན་ཚུན་འདི་བཞིན་ལབ་གླེང་བྱེད་དེ། དགེ་སྦྱོང་གཽ་ཏ་མས་ལོ་དྲུག་དཀའ་བ་སྤྱད་རིང་ཉིན་རེར་ཏིལ་དང་འབྲས་རྫོག་རེ་ཟོས་ནས་འདུག་ཀྱང་། འབྲས་བུ་མ་ཐོབ་པས་ད་ལན་འཇིག་རྟེན་འཁོར་བར་ཞུགས་ཅན་ལུས་ངག་ཡིད་གསུམ་བག་མེད་དུ་སྤྱོད་པར་འགྱུར་ངེས། ཐར་པ་ཐེར་བ་ཅི་ནས་ཐོབ་བམ་ཞེས་ཁྱད་གསོད་བྱ་ཞིང་། དེ་རིང་དེ་ཉིད་འོང་ཚེ་ཁོ་བོ་ཅག་རྣམས་བག་ཟོན་བགྱིས་ལ་ཁ་ཡ་མ་བྱེད་ཅིག་ཟེར། དེ་ལྟ་མོད་ཀྱི་སྟོན་པ་ཉེ་བར་གཤེགས་པའི་ཚེ་གཟི་བརྗིད་ཀྱིས་མ་བཟོད་པར་དེ་ལྔ་པོ་ལྡན་ཅིག་ཏུ་ལངས་ནས་སངས་རྒྱས་ལ་བཏུད་ཅིང་ཕྱག་འཚལ་ལོ། །གནས་དེ་ནས་བྱང་ཕྱོགས་སུ་གོམ་པ་དྲུག་ཅུ་བགྲོད་པའི་ཚེ། སྟོན་པ་ཞལ་ཤར་དུ་ཕྱོགས་ནས་ཐོག་མར་ཆོས་འཁོར་བསྐོར་ཏེ་འཁོར་ལྔ་སྡེ་བཟང་པོ་གྲོལ་བའི་གནས་ལ་སླེབས། དེའི་བྱང་གི་གོམ་པ་ཉི་ཤུའི་སར་བྱམས་པར་ལུང་བསྟན་པའི་གནས་ཡིན།[228] ཡང་དེ་ནས་བྱང་དུ་གོམ་པ་ལྔ་བཅུ་སོང་བའི་མཚམས་དེར་ཀླུ་ཨེ་ལཱ་པཏྲ་[229]ཡིས་ཁོ་བོ་ནམ་ཞིག་ཀླུའི་ལུས་ལས་ཐར་བར་འགྱུར་རམ་ཞེས་སངས་རྒྱས་ལ་དགོངས་སྐོར་ཞུས་པའི་གནས་ཡོད། རྗེས་ཤུལ་དེ་རྣམས་ཀུན་ལ་མཆོད་རྟེན་བཞེངས་པ་མངོན་སུམ་མཇལ་ཞིང་། རི་དྭགས་ཀྱི་ནགས་དེར་གཙུག་ལག་ཁང་གཉིས་གདའ་བར་དགེ་འདུན་བཞུགས་པར་འདུག །

ཀོཾ་ཤཱ་མྦི་འི་ཡུལ།

ཐང་སྲོང་ལྔ་བ་རི་དྭགས་ནགས་ཀྱི་གཙུག་ལག་ཁང་ནས་ནུབ་བྱང་དུ་དཔག་ཚད་བཅུ་གསུམ་སོང་མཚམས་སུ་ཡུལ་ཞིག་སྣང་བར་ཀོཾ་ཤཱ་མྦི་[230]བྱའོ། །དེར་སྒྲོ་ཤི་ལའི་[231]སྐྱིད་ཚལ་གཙུག་ལག་ཁང་ཡོད་པར་སྟོན་སྟོན་པ་བཞུགས་ཤིང་། ད་ཆ་འདུས་དམངས་གནས་པ་ཕལ་ཆེར་ཐེག་དམན་པར་འཇུག །དེ་ནས་ཤར་དུ་དཔག་ཚད་བརྒྱད་བསྐྱོད་པའི་སར་སྟོན་པས་ཡི་དྭགས་འདྲེན་པའི་གནས་མཆིས་པར་སྟོན་སྟོན་པ་རྒྱུན་དུ་བཞུགས་འཆག་མཛད་ཅིང་། རྗེས་ཤུལ་མཆིས་སོ་ཅོག་ལ་མཆོད་རྟེན་བཞེངས་པར་སྣང་། གཙུག་ལག་ཁང་དེར་དགེ་འདུན་བརྒྱ་ལྷག་ཙམ་གདའ།

དཀྵི་ཎའི་ཡུལ།

དེ་ནས་ལྷོ་ཕྱོགས་སུ་དཔག་ཚད་ཉིས་བརྒྱ་སོང་བས་ཡུལ་ཞིག་མཆིས་པར་དཀྵི་ཎ་[232]བྱ་ཞིང་། དེར་འདས་པའི་སངས་རྒྱས་འོད་སྲུང་གི་གཙུག་ལག་ཁང་[233]བཞུགས་པར་སྨད། གཙུག་ལག་ཁང་དེ་ཉིད་བྲག་རི་བཤགས་ནས་བསྐྲུན་ཅིང་། ཐོག་བརྩེགས་བང་རིམ་ལྔ་ཡོད་པ་ལས་འོག་མ་གླང་པོ་ཆེའི་དབྱིབས་ཇི་བཞིན་པར་རྡོའི་ཕུག་པ་ལྔ་བརྒྱ་དང་། གཉིས་པ་སེང་གེའི་གཟུགས་ལྟ་བུར་མངོན་པ་ལ་ཕུག་པ་བཞི་བརྒྱ་དང་། གསུམ་པ་རྟ་འདྲ་བ་ལ་ཕུག་པ་སུམ་བརྒྱ་དང་། བཞི་པ་བ་ལང་དང་མཚུངས་པ་ལ་ཕུག་པ་ཉིས་བརྒྱ་དང་། སྟེང་མ་ཕུག་རོན་གྱི་གཟུགས་ཇི་ལྟ་བར་ཕུག་པ་བརྒྱ་བཀོས་པར་གདའ། དེའི་སྒོ་ལ་ཆགས་པའི་ཆུ་མིག་ལས་འབྱུང་བའི་ཉལ་འགྲོའི་རྒྱུན་རྡོའི་ཕུག་པའི་མདུན་ན་ཆལ་ཆིལ་རྒྱུ་ཞིང་། ཕུག་པ་དག་ལ་འབྱུད་ཀྱིན་སྟེང་འོག་བང་རིམ་བཞིན་གྱ་གྱུར་བབས་ཏེ་སྒོ་མོ་ཆེ་ནས་ཕྱིར་བཞུར་འགྲོའོ། །ཕུག་པ་དེ་རྣམས་ཀྱི་ནང་ལྡེབས་ཕལ་ཆེར་ལ་བྲག་བརྡོལ་ནས་སྐར་ཁུང་གཏོད་པའི་སྟབས་ཀྱིས་ཕུག་པར་དཀར་འོད་ཐོག་པས་མིག་མིག་གི་ཚེར་བ་ཡི་

ནས་མེད། ཕུག་པའི་ཟུར་བཞི་རྭ་ཐྲག་རྗེ་དྲུས་ཏེ་སྟེང་དུ་འཛེགས་པའི་ཐེམ་སྐས་རིམ་པར་བཀོས་ཡོད་ཅིང་། ད་ལྟའི་སྐྱེ་བོ་དག་གཟུགས་ཆུང་བས་སྐས་ལ་འཛེགས་པའི་སྐབས་གནའ་མི་དག་གིས་གོམ་གང་སྤོས་པའི་གདང་བུ་གཅིག་གི་ཚད་ཙམ་སོ། །གཙུག་ལག་ཁང་དེར་པུ་ནྲ་ཤ་ཏ་འབོད་པ་ལ་དོན་དུ་རྒྱ་གར་བའི་ཕུག་རོན་གྱི་སྐད་བརྡའོ། །དེར་གཏན་དུ་དགྲ་བཅོམ་པ་བཞུགས་ཡོད་ཅིང་། ཁོར་ཡུག་ས་སྐང་མི་མེད་འབྲོག་སྟོང་དུ་འགྱུར། རི་བོ་དེ་ནས་ཤིན་ཏུ་རྒྱང་རིང་པོར་ཆོད་པའི་མཚམས་སུ་གྲོང་སྡེ་ཡོད་པ་ཐམས་ཅད་ལོག་པའི་ལྟ་བ་འཛིན་པས་སངས་རྒྱས་ཀྱི་ཆོས་དང་། དགེ་སློང་དང་། བྲམ་ཟེ་སོགས་དང་། དེ་མིན་གྱི་རིག་པ་ཀུན་མི་ཤེས། རྒྱུན་པར་ཡུལ་མི་རྣམས་ཀྱིས་སྐྱེ་བོ་ནམ་མཁའི་མཐོངས་ནས་གཙུག་ལག་ཁང་དུ་གཤེགས་པ་མཐོང་བའི་རྒྱུ་མཚན་གྱིས་ཡུལ་གཞན་ནས་གཙུག་ལག་ཁང་དེར་མཆོད་པར་འོང་འདོད་པའི་དགེ་འདུན་ཚོར་འདི་སྐད་སྨྲ་སྟེ། ཁོ་བོ་ཅག་གིས་མཐོང་བ་ལྟར་ན་འདིར་ཕེབས་པ་ཐམས་ཅད་མཁའ་དབྱིངས་ནས་ལྷགས་པ་ཡིན་ཏེ་ཁྱོད་ཅག་དེ་ལྟར་མི་འོང་བ་རྒྱུ་མཚན་ཅིའོ་བྱ་བས། དེ་རྣམས་ཀྱིས་ང་ཅག་ལ་ད་ལྟའང་གཤོག་པ་མ་སྐྱེས་སོ་ཟེར་རོ། །

དཀྱི་ཆའི་ཡུལ་ཐག་རིང་ལ་ལམ་ཀྱ་མ་ཀྱུ་དོག་ཅིང་གཟར་བ་དང་། བགྲོད་དཀའ་ཞིང་ཁ་གྱོགས་འབྲུལ་སླ་བའི་ཕྱིར་གཙུག་ལག་ཁང་དུ་སོང་འདོད་པ་ཅི་རིགས་གསེར་དངུལ་ཡོ་བྱད་དག་ཐོགས་ཏེ། སྔ་ནས་ཡུལ་དེའི་རྒྱལ་པོར་ཕུལ་ཅ་ན་དེ་ཡིས་མི་མངགས་ཏེ་རིམ་པ་བཞིན་སྐྱེལ་མ་བྱེད་པས་ད་གཟོད་ལམ་མ་ནོར་བར་བདེ་བླག་ཏུ་སླེབས་སོ། །བཙུན་པ་ཧྭ་ཤན་དེར་མངོན་སུམ་ཕྱིན་མེད་ཅིང་། ཡུལ་གྱི་སྐྱེ་བོས་སྨྲས་པ་གང་གསན་རིགས་ནག་འགྲོས་སུ་བཏབ་པོ། །

གྲོང་ཁྱེར་སྐྱ་ནར་བྱུར་ཕྱིར་བཟློག་ནས་འདུལ་བའི་གསུང་རབ་ཡི་གེར་ཕབ་པ།

བཙུན་པ་ཐུ་མིན་ལྷ་ར་ཧྲ་སྤིའི་ཡུལ་ནས་ཤར་དུ་གྲོང་ཁྱེར་སྐྱ་ནར་བྱུར་ཕྱིར་བཟློག་གོ །གང་ཉིད་ཐོག་མ་ནས་འདུལ་ཁྲིམས་འཚོལ་ལ་ཕྱིན་མོད་ཀྱི་རྒྱ་གར་བྱང་ཕྱོགས་ཀྱི་ཡུལ་ཀུན་ཏུ་འདུལ་བའི་ཡིག་ཆ་ཐམས་ཅད་སློབ་དཔོན་གྱི་ཞལ་ནས་བརྒྱུད་པ་འབའ་ཞིག་ཏུ་སོང་བ་ལས་ཡི་གེར་ཕབ་ཏུ་མེད་སྐབས་ལམ་རིང་པོ་བཅད་དེ་སླར་ཡུལ་དབུས་སུ་གཤེགས། དེར་མ་ཧཱ་ཡཱ་ནའི་གཙུག་ལག་ཁང་[234]དུ་མ་ཧཱ་སཾགྷི་ཀ་སྡེ་དགེ་འདུན་ཕལ་ཆེན་པའི་སྡེའི་འདུལ་བ་[235]པོད་གཅིག་ཐོབ་པ་དེ་ཉིད་ཐོག་མར་སྟོན་པ་སྐུ་འཚོ་བཞུགས་དུས་ཀྱི་འདུལ་ཁྲིམས་ཇི་བཞིན་ཡིན་པ་མགོན་མེད་ཟས་སྦྱིན་གྱི་གཙུག་ལག་ཁང་ནས་བརྒྱུད་དེ་གནས་སོ། །སྡེ་པ་བཅོ་བརྒྱད་[236]སོ་སོར་སློབ་དཔོན་གོང་མ་ནས་རིམ་གྱིས་བརྒྱུད་པའི་འདུལ་ཁྲིམས་སྣང་བ་ཕལ་ཆེར་མཚུངས་པ་གང་ཞིག །དམ་སྒྲོད་ལ་ཅུང་ཟད་ཐ་དད་པར་སྣང་གི་ད་ལྟའི་པོད་དེ་ཁོ་ན་རྒྱ་ཆེར་དར་ལ་ཞིབ་ཅིང་ཚང་བར་གདའ། དེ་བཞིན་སརྦཱ་སྟི་བཱ་དཱ་སྡེ་ཐམས་ཅད་ཡོད་སྨྲའི་སྡེའི་འདུལ་པོད་བཤུས་མ་[237]ཤློ་ཀ་བདུན་སྟོང་མངའ་བ་གཅིག་ཀྱང་པ་དེ་ནི་དེང་རྒྱ་ནག་ཏུ་འདུས་དམངས་ཀྱིས་ཉམས་སུ་ལེན་ལ། དེ་ཉིད་ཀྱང་གཞན་དུ་སློབ་དཔོན་གྱི་ཞལ་ནས་བརྒྱུད་པ་ཙམ་ལས་ཡི་གེར་བཏབ་པ་མེད་དོ། །བཙུན་པ་ཐུ་མིན་ལ་དེར་འདུས་དམངས་ཀྱི་ཁྲིད་ནས་ཆོས་མངོན་པའི་ཡང་དག་ལྡན་པའི་སྙིང་པོ་[238]ཤློ་ཀ་དྲུག་སྟོང་མངའ་བ་གཅིག་དང་། མདོ་སྡེའི་པོད་[239]ཤློ་ཀ་ཉིས་སྟོང་ལྔ་བརྒྱ་ཡོད་པ་གཅིག་དང་། ཡོངས་སུ་མྱ་ངན་ལས་འདས་པའི་མདོ་[240]པོད་ཤློ་ཀ་ལྔ་སྟོང་མཆིས་པ་གཅིག་བཅས་དང་། གཞན་དགེ་འདུན་ཕལ་ཆེན་པའི་སྡེའི་མངོན་པའི་[241]དཔེ་ཆ་ཕྲུག་ཏུ་སོན། དེའི་ཕྱིར་བཙུན་པ་ཐུ་མིན་གནས་དེར་ལོ་གསུམ་བཞུགས་[242]ནས་ལེགས་

སྒྱུར་གྱི་ཡི་གེ་དང་བཀའ་བསྟན་ལ་སློབ་གཉེར་གནང་སྟེ་འདུལ་བའི་དཔེ་ཆ་ཕབ་བཤུས་མཛད་དོ། །

ལམ་གྲོགས་ཏའོ་ཀྲེང་ཡུལ་དབུས་སུ་ཕེབས་འགྱོར་བྱུང་བ་ན། དེའི་དགེ་སྦྱོང་སྡོམ་པ་གཙང་ཞིང་ཆོས་ཚུལ་བཞིན་བྱེད་པ་དང་། དགེ་འདུན་ཀུན་སྤྱོད་ལམ་རྣམ་པར་དག་པས་མཐོང་ཐོས་དྲན་རེག་ཐམས་ཅད་ལ་རབ་ཏུ་དད་པས་གཡོས་ཏེ་བྲལ་མི་བཟོད་ཅིང་། མཐའ་འཁོབ་རྒྱ་ནག་ཡུལ་ཁམས་སྤྱིར་འདུལ་ཁྲིམས་མི་ཚང་བར་སྐྱོ་བ་དྲག་པོ་འཁྲུངས་ཏེ། ད་ནས་བྱང་ཆུབ་སྙིང་པོའི་བར་ཡུལ་མཐའ་འཁོབ་ཏུ་མི་སྐྱེ་བར་གྱུར་ཅིག་ཅེས་སྨོན་པ་མཛད་མུར་དེ་གར་བཞུགས་ནས་ཕ་ཡུལ་དུ་མ་བཟློག་གོ། །

བཙུན་པ་ཐྲ་ཤན་གྱིས་ཐོག་མའི་ཐུགས་དགོངས་བཞིན་རྒྱ་ནག་ཏུ་འདུལ་བསྟན་དར་བའི་སླད་སྐུ་རྐྱང་ངང་ཕྱིར་གཤེགས་སོ། །

ཙམྤཱའི་ཡུལ་ཆེན།

ཆུ་ཀླུང་གངྒཱ་དེད་དེ་ཤར་ཕྱར་དུ་དཔག་ཚད་བཅོ་བརྒྱད་སོང་མཚམས་ཀྱི་ལྷོ་ངོགས་སུ་ཙམྤཱའི་ཡུལ་ཆེན་[243]ནོ། །དེར་སྟོན་པའི་གཙུག་ལག་ཁང་དང་། ཞབས་བཅགས་པའི་གནས་དང་། སངས་རྒྱས་རྣམ་བཞིའི་བཞུགས་གནས་བཅས་ལ་མཆོད་རྟེན་བཞེངས་ཡོད་ཅིང་། ད་ལྟ་དགེ་འདུན་བཞུགས་བཞིན་གདའ།

ཏཱ་མྲ་ལིཔྟིའི་ཡུལ།

དེ་ནས་ཤར་དུ་དཔག་ཚད་ལྔ་བཅུ་མ་ཟིན་ཙམ་བསྐྱོད་པས་རྒྱ་མཚོའི་ཁར་ཆགས་པའི་ཡུལ་ཏཱ་མྲ་ལིཔྟི་[244]ལ་སླེབས། དེར་གཙུག་ལག་ཁང་ཉི་ཤུ་རྩ་བཞི་མཆིས་པ་ཐམས་ཅད་ལ་དགེ་འདུན་བཞུགས་ཤིང་། སངས་རྒྱས་ཀྱི་བསྟན་པ་ལྷག་པར་དར། བཙུན་པ་ཐྲ་ཤན་ཡུལ་དེ་རུ་མདོ་སྡེ་ཡི་གེར་མཛད་ཅིང་། སངས་རྒྱས་

ཀྱི་སྐུ་བརྙན་འབྲི་བཞིན་པོ་གཉིས་[245]བཞུགས།

བཞི་པ། སིཾ་ལའི་ཡུལ།

སིཾ་ལའི་ཡུལ་གྱི་བཤད།

དེ་ནས་ཚོང་གྲུ་ཆེན་པོར་ཞུགས་ཏེ་དགུན་སྟོད་ཀྱི་རླུང་བུས་སྐྱུལ་བཞིན་རྒྱ་མཚོ་ཆེན་པོའི་ལྷོ་ནུབ་ཏུ་ཉིན་ཞག་བཅུ་བཞི་ཙམ་བཞུད་པས་སིཾ་ལའི་ཡུལ་[246]དུ་སླེབས། དེའི་མི་རྣམས་ཀྱིས་ཏཱ་མྲ་ལིཔྟི་ནས་སིཾ་ལ་བར་[247]དུ་དཔག་ཚད་བདུན་བརྒྱ་ཡོད་ཟེར།

ཡུལ་དེ་ཉིད་རྒྱ་མཚོ་ཆེན་པོའི་སྟེང་དུ་ཆགས་པའི་སྐམ་གླིང་ཡངས་པོར་སོང་ཞིང་། ཤར་ཡུག་ཁྱོན་ལ་ཤར་ནས་ནུབ་ཏུ་དཔག་ཚད་ལྔ་བཅུ་དང་། ལྷོ་ནས་བྱང་དུ་དཔག་ཚད་སུམ་ཅུ་ཙམ་མཆིས། དེའི་ཕྱོགས་བར་ན་གླིང་ཕྲན་བརྒྱ་ཕྲག་དུ་མ་སྣང་བ་ལ་ལའི་སྲིད་དུ་ལི་དབར་བཅུ་དང་། འགའ་ཞིག་ལ་ལི་དབར་ཉི་ཤུ་དང་། ཡང་ཁ་ཅིག་ལ་ལི་དབར་ཉི་བརྒྱ་མངའ་བའང་ཡོད་[248]ཅིང་། དེ་དག་ཀུན་གླིང་ཆེན་པོའི་ཁོངས་སུ་གཏོགས། དེར་རིན་པོ་ཆེ་མང་དུ་ཐོན་པ་ལས་མུ་ཏིག་གི་རིགས་མ་ཎི་[249]བྱ་བ་འབྱུང་སའི་ཁོར་ཡུག་ལི་དབར་བཅུའི་ཁྱོན་ལ་རྒྱལ་པོའི་ཕོ་ཉས་བསྲུང་ཞིང་། ནོར་བུ་འཚོལ་མཁན་དག་ལ་རྙེད་པའི་མ་ཎི་བཅུ་ལས་ཆ་གསུམ་ལེན་པའོ། །

ཡུལ་དེར་གདོད་མ་ཉིད་ན་མི་མེད་ཅིང་འབྱུང་པོ་དང་། གནོད་སྦྱིན་དང་། ཀླུ་དག་འཚོ་ཞིང་གནས། ཕྱིས་ཡུལ་ཁག་གི་ཚོང་པ་དེར་ལྷགས་ནས་ཉོ་ཚོང་བྱེད་པའི་ཚེ། མི་མ་ཡིན་རྣམས་ཀྱིས་རང་གཟུགས་མི་སྟོན་པར་རིན་པོ་ཆེ་རྣམས་ཕྱི་རུ་བཤམས་ཏེ་གོང་ཐང་བྲིས་པ་ན་ཚོང་པ་དག་གིས་འདོད་པ་བཞིན་བླངས་ཏེ་དེ་དང་མཉམ་པའི་དཔྱིག་རྐྱེན་འཇལ་བར་གདའ། དེ་ལྟར་ཚོང་འགྲུལ་ཇེ་མང་དུ་

སོང་བའི་སྐབས་ཀྱིས་འགའ་ཞིག་དེ་གར་གཏན་དུ་གནས་མཐར། ཡུལ་གཞན་གྱི་སྐྱེ་བོས་སིནྡྷ་ལའི་གླིང་སྐྱིད་ལ་བདེ་བའི་གཏམ་ཐོས་ནས་ཕལ་ཆེར་རིམ་གྱིས་དེར་ལྷགས་པ་ལས་ཕྱིས་སུ་ཡུལ་ཆེན་པོར་འགྱུར།

ཡུལ་དེའི་ནམ་དུས་དྲོད་གཤེར་ལྡན་ལ་དབྱར་དགུན་གྱི་དབྱེ་བ་མེད་ཅིང་རྩྭ་དང་རྩི་ཤིང་སྟུག །སོ་ནམ་རང་འདོད་དུ་བྱེད་པ་ལས་དུས་ཚིགས་ལ་མི་ལྟོས་སོ། །[250]

མཆོད་རྟེན་ཆེན་པོ།

སྔོན་སྟོན་པ་ཡུལ་དེར་ཕྱིན་པའི་སྐབས་སླུ་གདུག་པ་ཅན་གྲོལ་བར་དགོངས་ཏེ་རྫུ་འཕྲུལ་གྱི་རྐང་པའི་མཐུ་ལ་བརྟེན་ནས་ཞབས་གཅིག་རྒྱལ་པོའི་མཁར་གྲོང་[251]བྱང་དང་། ཅིག་ཤོས་རི་བོའི་[252]རྩེ་མོར་འཇོག་པས་ཕྱོགས་བར་ལ་དཔག་ཚད་བཅོ་ལྔ་ཆོད་པར་གྱུར་རོ། །དུས་ཕྱིས་གྲོང་གི་བྱང་རོལ་དུ་སྣང་བའི་ཞབས་རྗེས་ཀྱི་གནས་སུ་མཐོ་ལ་འདོམ་བརྒྱད་ཙམ་གདའ་བའི་མཆོད་རྟེན་ཆེན་པོ་[253]བཞེངས་པ་གསེར་དངུལ་གྱིས་བསླུབས་ཤིང་། རིན་པོ་ཆེ་གཞན་སྣ་ཚོགས་པས་བརྒྱན་པར་བྱས་སོ། །

འཇིགས་མེད་རི་བོའི་གཙུག་ལག་ཁང་།

མཆོད་རྟེན་ཆེན་པོའི་འགྲམ་དུ་ཕྱིས་སུ་བཞེངས་པའི་གཙུག་ལག་ཁང་ཞིག་ཡོད་པར་འཇིགས་མེད་རི་[254]ཞེས་བྱ་ཞིང་དགེ་འདུན་ལྔ་སྟོང་བཞུགས་སོ། །དེའི་འདུ་ཁང་གསེར་དངུལ་གྱིས་བརྐོས་ཏེ་རིན་པོ་ཆེ་དུ་མས་སྤྲད་ནས་དབུས་མར་གཡང་ཏེ་སྔོན་པོ་ལས་བྱས་པའི་སྟོན་པའི་སྐུ་བརྙན་དཔངས་སུ་འདོམ་བཞི་ལྷག་མངའ་བ་རིན་པོ་ཆེ་སྣ་བདུན་གྱིས་བརྒྱན་ཅིང་། འོད་ལྷམ་མེར་འཕྲོ་བ་ཤིན་ཏུ་བཀྲིད་ཆགས་ལ་ངོ་མཚར་ཆེ་བ་སྐྱེས་བུའི་ངག་གིས་བརྗོད་དུ་མེད་པ་བཞུགས་སུ

གསོལ། དེའི་ཕྱག་གཡས་པའི་མཐིལ་དུ་སྲིད་ན་དཀོན་པའི་ནོར་བུ་ཞིག་ཀྱང་སྣང་།

བཙུན་པ་ཐྲ་ཤན་རང་ཡུལ་ནས་ཞལ་གྱིས་ཏེ་ལོ་དུ་མ་སོང་བའི་རིང་། རྟག་ཏུ་རྒྱུས་མེད་ཀྱི་སྐྱེ་བོ་དང་འགྲོགས་ཤིང་གཞན་ཡུལ་གྱི་ཆུ་ཀླུང་རི་བོ་དང་། རྩྭ་རྩི་ཤིང་སོགས་སྣང་ཡུལ་གང་ལའང་ཕ་ཡུལ་གྱི་ཉམས་མདངས་ཏིལ་ཙམ་མེད་ཅིང་བློ་བོ་དག་ཀྱང་རང་དགར་བསྐྱོད་རྐྱེན་ལ་ལ་ཡུལ་དབུས་སུ་ལུས་པ་དང་། ཁ་ཅིག་འཇིག་རྟེན་ཕྱི་མའི་ལམ་དུ་གཤེགས་པས་གང་ཉིད་སྐུའི་གྲིབ་མ་ཁོ་ནར་འགྲོགས་ཏེ་ཆིག་རྐྱང་དུ་འཚོ་བཞིན་རྒྱུན་པར་ཐུགས་དགོངས་སུ་གེགས་བར་དེ་དག་ངམ་ངམ་དུ་ཤར་ནས་སྐྱོ་བའི་ངང་གནས་པའི་ཚེ། སྤྱི་བུར་དུ་གཡང་ཏེའི་སྐུ་བརྙན་དེའི་གམ་དུ་ཚོང་པ་ཞིག་གིས་རྒྱ་ནག་གི་དར་ལས་བྱས་པའི་རྔ་གཡབ་སངས་རྒྱས་ལ་བསྙེན་བཀུར་བྱེད་བཞིན་པ་མངོན་སུམ་གཟིགས་པས་ཡིད་དབང་མེད་དུ་གདུང་སྟེ་ཞལ་རས་མཆི་མས་བཀབ་པར་འགྱུར།

ཏ་ལའི་ཤིང་།

ཡུལ་དེའི་སྔོན་གྱི་རྒྱལ་པོས་[255]ཕོ་ཉ་བཙངས་ཏེ་ཡུལ་དབུས་མ་ག་དྷ་ནས་འཁྱེར་འོང་བའི་ཤིང་ཏ་ལའི་འདབ་མ་གཙུག་ལག་ཁང་[256]གི་འདུ་ཁང་དྲུང་ན་བཏབ་པ་རིམ་གྱིས་འདོམ་བཞི་བཅུ་ཙམ་ལོངས་པའི་སྐབས། ཡལ་ག་ཤར་ལྷོའི་ཕྱོགས་སུ་འཁྱོག་འགྲོ་བས་རྒྱལ་པོས་དེ་ཉིད་འགྲེལ་བར་དོགས་ཏེ་མཐའི་རིང་ཚད་ལ་འདོམ་བརྒྱད་དགུ་མངའ་བའི་ཀ་བ་ཤིན་ཏུ་སྲོམ་པོས་གྱེན་དུ་བཏེགས། ཀ་བ་དང་ལྡོན་པའི་སྟོལ་མཚམས་སུ་སླར་ཡང་ཡལ་ག་སྐྱེས་པ་ཀ་བ་བརྟོལ་ནས་ས་གཞིར་ནུབ། དེར་ཡང་རྩ་བ་རྒྱས་ནས་མཐའ་ཁྱོན་ལ་འདོམ་བཞི་ལྷག་ལོན་ཏེ་ཀ་བ་གས་པར་གྱུར། དེ་ལྟ་མོད་ཀྱི་ཕྱོགས་བར་ཏ་ལའི་ཡལ་འདབ་ཀྱིས་ཀུན་ནས་དཀྲིས་པའི་ཕྱིར། སྐྱེ་བོ་རྣམས་ཀྱིས་ཀ་བ་མ་འགྱུལ་བར་རང་སོར་ལྡོན་པའི་འོག་ན་

དྲི་གཙང་ཁང་བརྩིགས་ཤིང་། ནང་དུ་སྟོན་པའི་བཞུགས་སྐུ་རྟེན་དུ་གསོལ་བ་དེར་སེར་སྐྱ་ཀུན་གྱིས་མཆོད་པ་ལ་ངལ་དུབ་ཀྱི་སྣང་བ་ཡེ་ནས་མེད་དོ། །

རྒྱལ་པོའི་གྲོང་དང་སྟོན་པའི་ཚེམས་ཀྱི་བསྙེན་བཀུར།

གྲོང་ནང་དུ་སྟོན་པའི་ཚེམས་གསོལ་བའི་གཙུག་ལག་ཁང་[257]རིན་པོ་ཆེ་སྣ་བདུན་གྱིས་བཞེངས་པ་མཛལ་དུ་ཡོད། ཡུལ་དེའི་རྒྱལ་པོ་ཡིད་རྣམ་པར་དག་པས་ཚངས་སྤྱོད་ཀྱི་དཀའ་ཐུབ་སྐྱོང་ཞིང་། གྲོང་གི་སྐྱེ་བོ་དག་ཀྱང་དེ་བཞིན་སངས་རྒྱས་ལ་དད་པ་རྒྱ་མེད་པའི་སྟབས་ཀྱིས་ཡུལ་ཆགས་ནས་ཁྲིམས་སྲོལ་གཏན་ལ་ཕབ་པ་ད་ལྟ་ལ་ཐུག་ཏུ་མུ་གེ་དང་སྡེ་གཟར་སོགས་ཀུན་ནས་མེད་ཅིང་། འདུས་ཚོགས་ཀྱི་དཀོར་མཛོད་དུ་དབྱིག་ནོར་ཕུན་སུམ་ཚོགས་ལ་རིན་ཐང་ནོར་བུ་མ་ཎི་ཡང་ལྷག་པར་མང་། ལན་ཅིག་རྒྱལ་པོ་དཀོར་མཛོད་དུ་གཟིགས་མོར་ཕྱིན་པའི་སྐབས་ནོར་བུ་མ་ཎིའི་ངོ་མཚར་ལ་ཡིད་འཕྲོག་ནས་ཆགས་སེམས་སྐྱེས་ཏེ་ནོར་རྣམས་བདག་གིར་བྱེད་སྙམ་སོང་། ཉིན་གསུམ་འདས་པའི་ཚེ་ན་སེམས་ལ་འགྱོད་པ་དྲག་པོ་བྱུང་སྟེ་དགེ་འདུན་འཚོགས་པའི་དབུས་སུ་ཕེབས་ནས་ཡན་ལག་ལྔ་པོ་ས་ལ་ཕབས་ཏེ་ཉེས་པ་བཤགས་སོ། །དེས་ན་རྒྱལ་པོས་བཀའ་འདི་བཞིན་སྒྲོན། ངོས་ཀྱི་འདུན་པར་དགེ་འདུན་རྣམས་ཀྱིས་བཅའ་ཡིག་གཏན་ལ་དབབ་ནས་ད་ནས་བཟུང་སྟེ་ཡུལ་གྱི་རྒྱལ་པོ་འདུས་ཚོགས་ཀྱི་དཀོར་མཛོད་དུ་གཏན་ནས་ལྷགས་མི་ཐུབ་ཞིང་། དགེ་སློང་དག་ཀྱང་ཅི་སྟེ་དགུང་གནས་ལན་གྲངས་བཞི་བཅུ་བཞུགས་རྗེས་ད་གཟོད་ཕེབས་ཐུབ་པར་བསྒྲུབ་ལོ། །

གྲོང་ཁྱེར་དེར་དགེ་བསྙེན་དང་། ཁྱིམ་བདག་དང་། ཨ་རབ་ཀྱི་ཚོང་པ་[258]མང་། ཁང་ཁྱིམ་བརྗེད་ཅིང་ལྟ་ན་སྡུག་ལ་ལམ་བུ་བདེ་ཞིང་སྒོམས། པ་ཏྲའི་རིས་ཇི་བཞིན་སྟོལ་བའི་ལམ་སྟེ་ཕལ་མོ་ཆེར་བཤད་གྲྭ་བཏབ་ཡོད་པ་ལས། ཆོས་བརྒྱད་

དང་། བཅུ་བཞི་དང་། ཉ་གང་བའི་ཉིན་མོ་སོ་སོར་ཁྲི་མཐོན་པོ་བརྩིགས་ཏེ་འཕོར་ནམ་པ་བཞིས་ཐབས་ཅིག་ཏུ་དམ་ཆོས་གསན་པར་བྱེད། དེ་ཡང་ཡུལ་མི་རྣམས་ཀྱི་འདི་སྐད་ཟེར་ཏེ། གསུང་ཆོས་ཀྱི་དུས་ལ་དགེ་འདུན་ཁྲི་དྲུག་ཙམ་ཡོངས་པ་ཐམས་ཅད་ལ་གསོལ་ཆས་ཕུལ་ཞིང་། རྒྱལ་པོ་ནས་ཀྱང་ལོགས་སུ་གྲོང་ནང་དུ་དགེ་འདུན་ལྔ་སྟོང་ནས་དྲུག་སྟོང་བར་ཡོངས་སྤྱོད་ནུས་ཀྱི་སྟོན་མོ་བགྱི་བས་བཟའ་བཏུང་འདོད་དེ་དེར་ལྷགས་པ་ཅི་རིགས་རང་གི་ལྷུང་བཟེད་ལ་ཇི་ཙམ་ཤོང་བ་དེ་ཙམ་སྦྱིན་[259]སྨུར་ཡིད་ཚིམས་ཏེ་ཕྱིར་བཟློག་པར་བྱེད་ཅེས་སྨྲ།

ཡུལ་དེར་ལོ་རེར་ཟླ་གསུམ་རིང་སྟོན་པའི་ཚེམས་ལ་མཇལ་ཁ་ཞུ་བའི་དུས་མཆོད་ཡོད་དེ། དེ་ཡང་རྟེན་ཕྱིར་སྤྱན་མ་དྲངས་པའི་ཞག་བཅུའི་སྔ་རོལ་ནས་རྒྱལ་པོས་སླང་པོ་ཆེ་རྒྱན་གྱིས་སྤུད་ཐོག །ཆོས་འཆད་པ་ལ་ཤིན་ཏུ་མཁས་པའི་སྐྱེས་བུ་ཞིག་གདན་དྲངས་ཤིང་། དེས་རྒྱལ་པོའི་གཟབ་མཚོར་གྱོན་ནས་སླང་པོ་ཆེར་བཞོན་ཏེ་ཇ་བོ་ཆེ་རྔང་གྱིན་གཏམ་འདི་སྐད་སྒྲོགས་པར་བྱེད། སྟོན་པ་བྱང་ཆུབ་སེམས་དཔའ་ཆེན་པོས་བསྐལ་ཆེན་གྲངས་མེད་གསུམ་[260]དུ་དཀའ་བ་སྤྱད་དེ་སྲོག་དང་བསྔོས་ནས་ཉིད་ཀྱི་རྒྱལ་སྲིད་དང་། བུ་དང་། ཆུང་མ་དང་། སྤྱན་སོགས་གཞན་ལ་སྦྱིན་[261]ཅིང་། སྐུ་ལུས་ཀྱི་ཤ་བཅད་ནས་ཕུག་རོན་གྱི་སྲོག་བསྐྱབས་པ་དང་། དབུ་གཞན་ལ་སྟེར་བ་[262]དང་། སྟག་མོ་ལ་ལུས་སྦྱིན་པ་[263]སོགས་སྲོག་སྙིང་ལ་ཕངས་པ་ཅུང་ཟད་ཙམ་ཡང་མེད། དེ་ལྟ་བུ་དཀའ་སྤྱད་དུ་མ་ཁུར་དུ་ཐེག་པ་ཀུན་ཀྱང་སེམས་ཅན་ཉམ་ཐག་སྒྲོལ་སླད་འབའ་ཞིག་གོ །སྟོན་པ་སངས་རྒྱས་ཏེ་མི་ཡུལ་དུ་ལོ་བཞི་བཅུ་རྩ་ལྔ་[264]འཚོ་ཞིང་གཞིས་པའི་མོད་ལ། ཆོས་བསྟན་ཏེ་གདུལ་བྱ་གྲོལ་བ་དང་། རང་རྒྱུད་མ་ཞི་བ་ཅི་རིགས་ཞི་བར་མཛད་ཅིང་། འདྲེན་པར་མ་ནུས་པ་ཀུན་འདྲེན་པའི་རྟེན་མར་ལས་ཀྱི་མཐའ་ཡོངས་སུ་རྫོགས་པའི་ཚེ་

ན་སྐུ་སྨྱུ་ངན་ལས་འདས་ཏེ་ད་ལྟ་ལ་ཐུག་ཏུ་ལོ་ཆིག་སྟོང་བཞི་བརྒྱ་དགུ་བཅུ་རྩ་བདུན་[265]སོང་བའི་རིང་། མགོན་སྐྱབས་འཇིག་རྟེན་མིག་གཅིག་གཏན་ནས་ཟུམ་སྟེ་འགྲོ་བ་ཐམས་ཅད་ཡུན་རིང་སྡུག་བསྔལ་བར་གྱུར། དེ་ཡི་ཕྱིར་ད་ནས་ཞག་བཅུ་འདས་ཙ་ན་སྟོན་པའི་ཚེམས་ཕྱི་ཊ་སྤྱན་དྲངས་ནས་འཇིགས་མེད་རིའི་གཙུག་ལག་ཁང་དུ་བཞུགས་སུ་གསོལ་བ་ཡིན་ཏེ། ཁྱོད་ཅག་ཡུལ་གྱི་སེར་སྐྱ་དགེ་བར་སྤྲོ་བ་མཐའ་དག་ལམ་པོ་ཆེ་བདེ་སྟོམས་ལ་བཅོས་ཤིང་། སྔང་བར་ཕལ་ཆེར་རྒྱན་གྱིས་བརྒྱབས་ཏེ་མེ་ཏོག་དང་། བདུག་སྤོས་སོགས་མཆོད་པའི་ཡོ་བྱད་ཀྱི་སྟ་གོན་ལ་འཇུག་པར་བྱ་ཞེས་ཟེར།

འདི་སྐད་བསྒྲགས་པའི་མཇུག་ཏུ་རྒྱལ་པོས་ལམ་པོ་ཆེའི་ཡོགས་གཉིས་ལ་སྟོན་སྟོན་པ་བྱང་ཆུབ་སེམས་དཔའི་སྤྱད་པ་སྤྱོད་པའི་དུས་སྐྱེ་བ་ལྔ་བརྒྱ་བཞེས་པའི་ཚེ་ན། སྐབས་སྐབས་སུ་རྒྱལ་བུ་སུ་དྣ་ན་[266]དང་། ལ་ལར་སེམས་དཔའ་ཆེན་པོ་ཤྲཱ་མ་ཀ་[267]དང་། འགའ་ཞིག་ཏུ་གླང་པོ་ཆེའི་རྒྱལ་པོ་དང་། རེ་འགར་ཤྭ་བ་[268]དང་། མཚམས་རེ་རྟ་མཆོག་སོགས་སུ་སྐྱེ་བ་བཞེས་པའི་གཟུགས་བརྙན་མངོན་སུམ་བཞེངས་ནས་ཚོན་གྱིས་ཇི་ལྟ་བ་བཞིན་བསྒྱུས་ཏེ་བསྒྲིགས་སོ། །དེ་ནས་སྟོན་པའི་ཚེམས་སྤྱན་དྲངས་ཏེ་ལམ་གྱི་དབུས་མ་ནས་སྐྱོད་ཀྱིན་བསྐོར་བཀུར་བར་མཆོད་པར་འཇིགས་མེད་རིའི་གཙུག་ལག་ཁང་དུ་གསོལ། སྐབས་དེར་སེར་སྐྱ་ཐམས་ཅད་གཙུག་ལག་ཁང་དུ་འདུས་ནས་སངས་རྒྱས་ཀྱི་རྟེན་ལ་བདུག་སྤོས་དང་མར་མེས་མཆོད་ཅིང་། ཚ་ག་སྣ་ཚོགས་པས་ཉིན་མཚན་ཁོར་མོ་ཡུག་ཏུ་བསྙེན་བཀུར་བྱེད། དེ་ལྟར་ཞག་དགུ་བཅུ་མཆོད་པའི་མཇུག་ཏུ་སངས་རྒྱས་ཀྱི་རྟེན་ཕྱིར་གྲོང་ནང་གི་གཙུག་ལག་ཁང་དུ་བཞུགས་སུ་གསོལ་ཞིང་། གསོ་སྦྱོང་གི་ཉིན་མོར་སྔོ་དབྱེ་སྟེ་ཆོས་ཚུལ་བཞིན་སྤྱུག་བྱའོ། །[269]

མཆོད་རྟེན་རི་བོའི་གཙུག་ལག་ཁང་།

འཇིགས་མེད་རིའི་གཙུག་ལག་ཁང་ནས་ཤར་ཕྱོགས་སུ་ལི་དཔར་བཞི་བཅུ་བགྲོད་མཚམས་སུ་རི་བོ་ཞིག་[270]སྣང་བའི་སྟེང་དུ་གཙུག་ལག་ཁང་བཞེངས་ཡོད་པར་མཆོད་རྟེན་རི་བོ་[271]ཟེར། དེར་དགེ་འདུན་ཉིས་སྟོང་བཞུགས། འདུས་ཚོགས་ཁྲིད་ན་མཁྱེན་དཔྱོད་ཕུལ་དུ་ཕྱིན་པའི་དགེ་སློང་མཚན་ལ་རཱཛ་ཀ་ཐིན་[272]ཞུ་བར་ཡུལ་དེའི་སྐྱེ་བོ་ཐམས་ཅད་ཀྱིས་གཙུག་ཏུ་བཀུར། དེ་ཉིད་ཇོའི་ཕུག་པར་ལོ་བཞི་བཅུ་ལྷག་ཏིང་ངེ་འཛིན་ལ་གནས་པའི་མོད་དུ། རྟག་ཏུ་བྱམས་པ་དང་སྙིང་རྗེས་གཞན་དག་སྐྱོང་བས་དུག་ཅན་སྦྲུལ་དང་རྐུན་པོ་ཅི་བའང་རང་རྒྱུད་ཞི་སྟེ་ཕུག་པ་དེ་ཙ་ཕན་ཚུན་འཚེ་བ་མེད་པར་མཐུན་ཏེ་གནས་སོ། །

མ་ཐུ་བི་ཐ་རའི་གཙུག་ལག་ཁང་།

གྲོང་ཁྱེར་ལྷོ་རོལ་ལི་དཔར་བདུན་གྱི་སར་མ་ཐུ་བི་ཐ་རའི་གཙུག་ལང་ཁང་[273]གདའ་བར་དགེ་འདུན་སུམ་སྟོང་བཞུགས། དེར་ཀུན་སྤྱོད་གཙང་བའི་གནས་བརྟན་འདུལ་བ་འཛིན་པ་ཞིག་མཆིས་པར་ཡུལ་གྱི་སྐྱེ་བོས་དགྲ་བཅོམ་པར་བཀུར་བ་ཡིན་ཏེ། དེ་ཉིད་སྐུ་འདའ་ཁར་རྒྱལ་པོ་གཟིགས་ཞིབ་ལ་བྱོན་པའི་སྐབས་དགེ་འདུན་དག་གཅིག་ཏུ་བསྒུག་ནས་གནས་བརྟན་ཆེན་པོ་འཕགས་པའི་འབྲས་བུ་མངོན་དུ་བྱས་སམ་ཞེས་དྲིས་པས། དེ་རྣམས་ཀྱིས་དགྲ་བཅོམ་པ་ཐོབ་བོ་ཞེས་བདེན་པར་སྨྲས། དེ་ཕྱིར་འཕགས་པ་སྐུ་མྱ་ངན་ལས་འདས་པའི་ཚེ་ན་རྒྱལ་པོས་འདུལ་ཁྲིམས་བཞིན་སྐུ་གདུང་ལ་ཞུགས་འབུལ་མཛད་དོ། །དེ་ཡང་གཙུག་ལག་ཁང་གི་ཤར་ལོགས་ལི་དཔར་བཞི་ལྔའི་སར་བུད་ཤིང་གི་ཕུང་པོ་སྲིད་དང་གཞུང་གཉིས་ཀར་འདོམ་དྲུག་ལྷག་མཆིས་པ་སྤུངས་ཤིང་། དེའི་སྟོ་ལ་ཙནྡན་དང་ཨ་ག་རུ་སོགས་སྤོས་ཤིང་དག་འཕོད་དེ་མཐའ་བཞི་རུ་དགུང་ལ་གཤེགས་པའི་སྐས་རིམ་

བྱས་ཐོག་དཀར་གཙང་རས་མཆོག་གིས་བུད་ཤིང་གི་ཕུང་པོ་དཀྲིས་ཤིང་བསྐོར་བ་དང་། གདུང་རྟེན་འདྲེན་པའི་ཁྲི་སྒྲོམ་ཆེན་པོ་རྒྱ་ནག་གི་ཕུང་རྐྱལ་ཤིང་རྟ་དང་འདྲ་བ་གང་ཞིག་ལ་ཉ་འབྲུག་གི་རིས་མེད་པ་བཞེངས་སོ། །

གདུང་བཞུས་པའི་ཉིན་མོར་རྒྱལ་པོ་འབངས་བཅས་འཁོར་རྣམ་པ་བཞི་ཐབས་ཅིག་ཏུ་འཚོགས་ནས་མེ་ཏོག་དང་། བདུག་སྤོས་ཀྱི་བསྙེན་བཀུར་ཞུ་བཞིན་གདུང་འདྲེན་ཤིང་རྟའི་ཕྱི་བཞིན་འབྲངས་ཏེ་དུར་ཁྲོད་དུ་སླེབས་པ་ན། རྒྱལ་པོ་དངོས་ཀྱིས་སླར་ཡང་མེ་ཏོག་དང་། བདུག་སྤོས་ཀྱིས་མཆོད་རྗེས་སྐུ་གདུང་འཛོག་པའི་ཁྲི་སྒྲོམ་བུད་ཤིང་གི་ཕུང་པོའི་སྟེང་དུ་གསོལ་བ་དང་ཅིག་ཅར་དུ་མར་ཁུ་ཕྱོས་ཏེ་མེ་སྦྲོན་ནོ། །མི་ལྷ་རབ་ཏུ་མཆེད་པའི་ཚེ་ན་སྐྱེ་བོ་ཀུན་སེམས་དད་པས་གཡོས་བཞིན་རང་གི་གོས་བཟང་དག་ཕུད་ཅིང་། བ་དན་དང་གདུགས་བཅས་མེ་ཀློང་དུ་འཕངས་པས་ལང་ཡོང་འབར་བར་འགྱུར། ཕུར་བཞུས་པའི་རྗེང་མར་གདུང་རུས་ཀུན་བཏུས་ནས་དེ་ཉིད་རྟེན་དུ་གསོལ་བའི་མཆོད་རྟེན་བཞེངས་སོ། །བཙུན་པ་ཐྲ་ཤན་དེར་ཕྱིན་པའི་སྐབས་སུ་དགྲ་བཅོམ་པ་སྐྱ་སྨྱ་ངན་ལས་འདས་ཟིན་པའི་སྐབས་ཀྱིས་གདུང་བཞུས་པའི་ཆོ་ག་པོ་ན་མཇལ་བ་ཙམ་མོ། །

ཡུལ་གྱི་རྒྱལ་པོ་ནང་པར་དད་པ་རྨ་མེད་པའི་སྐབས་ཀྱིས་འདུས་ཚོགས་ཀྱི་ཆེད་དུ་གཙུག་ལག་ཁང་གསར་མ་བརྩིགས་སླམ་པ་ན། ཐོག་མར་སྨོན་ལམ་ཆེ་མོ་འཚོགས་ཏེ་དགེ་འདུན་ལ་གསོལ་ཚོགས་དྲངས་ཤིང་། བསྙེན་བཀུར་ཞུས་མུར་རྫོན་སླང་བཟང་བ་གཉིས་བཙལ་ནས་རྣ་ཅོ་གསེར་དངུལ་དང་། རིན་པོ་ཆེ་དུ་མས་སྤུད། དེ་ནས་གསེར་གྱི་ཐོང་གཤོལ་ལེགས་པར་བཅོས་ནས་རྒྱལ་པོ་དངོས་ཀྱིས་མཐའ་བཞིར་ས་རྨོས་ཤིང་། མི་ཁྲིམ་དང་། ས་ཞིང་དང་། ཁང་བུ་བཅས་གཙུག་ལག་ཁང་ལ་ཕུལ་བ་ལྷུགས་ཀྱི་སླིགས་བུར་དཀར་ཆག་བྲིས་ནས་ཚེ་ཚེ་རབས་རབས་སུ་བརྒྱུད་

པར་བྱེད། དེའི་ཕྱིར་སུས་ཀྱང་སྲོལ་དེ་ཉིད་བརྙག་པར་མི་ནུས་སོ། །

རྒྱ་གར་ནང་པའི་སློབ་དཔོན་གྱིས་ཆོས་བསྟན་ཚུལ།

བཙུན་པ་ཧྥ་ཤན་སེངྒ་ལའི་ཡུལ་དུ་བཞུགས་པའི་དུས་རྒྱ་གར་ནས་ཕེབས་པའི་སློབ་དཔོན་ཁྲི་མཐོན་པོར་འཁོད་ནས་ཆོས་འདི་སྐད་བསྟན་པ་གསན་ཏེ། སྔོན་སྟོན་པའི་ལྷུང་བཟེད་ཐོག་མར་ཡུལ་ཡངས་པ་ཅན་དུ་བཞུགས་པ་ད་ལྟ་དྲི་ཟའི་ཡུལ་དུ་མཆིས་པ་ལས། མ་འོངས་ལོ་བརྒྱ་ཕྲག་འགའི་མཇུག་ཏུ་སླར་ནུབ་ཐོ་གར་ཡུལ་[274](བཙུན་པ་ཧྥ་ཤན་གྱིས་དེའི་ཚེ་དེའི་དུས་ཇི་སྐད་གསུངས་པའི་ལོ་དུས་ཞིབ་པར་ཐུགས་ལ་ཡོད་མོད་ཀྱི་ད་ཆ་བརྗེད་ཐལ་གསུངས།)དུ་ཕྱིན་པ་དང་། དེ་ནས་གོང་བཞིན་ལོ་རིམ་པར་བརྒྱ་ཕྲག་འདས་མུར་ལི་ཡུལ་དང་། གུ་ཟན་ཡུལ་[275]དང་། རྒྱ་ནག་བཅས་ལ་གཤེགས་ཤིང་། དེ་རྗེས་ལོ་བརྒྱ་ཕྲག་འགའ་སོང་བ་ན་སེངྒ་ལའི་ཡུལ་ལ་སླར་བཟློག་ནས་མཐར་ཡུལ་དབུས་སུ་འཁོར་ཏེ་དགའ་ལྡན་གྱི་གནས་ལ་སྤྱན་དྲངས་པར་འགྱུར། དེའི་ཚེ་བྱང་ཆུབ་སེམས་དཔའ་བྱམས་མགོན་གྱིས་ཀྱེ་མའོ་སངས་རྒྱས་ཤཱཀྱ་ཐུབ་པའི་ལྷུང་བཟེད་གནས་འདི་རུ་ཕྱིན་པ་ལེགས་སོ། ཞེས་བཀའ་བསྩལ་བའི་མོད་ལ་ལྷ་ཚོགས་ཀྱིས་མེ་ཏོག་དང་། བདུག་སྤོས་ཀྱིས་བསྙེན་བཀུར་ཉིན་བདུན་བྱས་ཏེ་ཛམ་བུའི་གླིང་དུ་སླར་འཕོས་ནས་ཀླུའི་ཕོ་བྲང་དུ་སྤྱན་དྲངས་པའོ། །དུས་ཕྱིས་རྗེ་བཙུན་བྱམས་མགོན་འཚང་རྒྱ་ཁར་ལྷུང་བཟེད་ཆ་བཞིར་གྱེས་ནས་རི་བོ་ཝི་ན་ཏ་ཀའི་[276]སྒོ་ལ་གཤེགས་ཤིང་། རྗེ་བཙུན་བྱམས་མགོན་ཡང་དག་པར་རྫོགས་པར་སངས་རྒྱས་པ་ན། རྒྱལ་ཆེན་རིགས་བཞིས་སྔོན་སྟོན་པ་ཤཱཀྱ་ཐུབ་པར་མཆོད་པ་ལྟར་བྱམས་མགོན་ལ་བསྙེན་བཀུར་མཛད་པ་དེ་དེ་བཞིན་བསྐལ་བཟང་སངས་རྒྱས་སྟོང་ཐམས་ཅད་ཀྱིས་ལྷུང་བཟེད་དེ་ཉིད་སྤྱོད་ཅིང་། ལྷུང་བཟེད་ལྷག་མ་མེད་པར་གྱུར་མཐར་སངས་རྒྱས་ཀྱི་བསྟན

པ་ཡང་ནུབ། རིམ་བཞིན་མི་རྣམས་ཚེ་ཚད་ཇེ་ཐུང་དུ་སོང་སོང་བ་ལས་ལོ་བཅུ་ནས་ལྷག་བར་ཐུག་པའི་དུས་འབྲས་དང་ཏིལ་མར་སོགས་ཅི་ཡང་མེད་ཅ་ན། འགྲོ་བ་ཕལ་ཆེར་ཤིན་ཏུ་དྲག་ཤུལ་ཅན་དུ་སོང་ཞིང་། གང་ཐོགས་པའི་དབྱུག་པ་དག་ཀྱང་རལ་གྲི་དང་། མཏུང་རྣོན་པོར་བསྒྱུར་ཏེ་ཕན་ཚུན་འཚེ་བར་བྱེད། དེ་དག་གི་ཁྲོད་ལས་བསྐལ་བ་དང་ལྡན་པ་ཁ་ཅིག་འབྲོག་རིའི་ཕག་ཏུ་ཡིབ་ནས་གཞན་མི་བསྲུན་རྣམས་ཕན་ཚུན་འཐབ་སྟེ་ཐམས་ཅད་རྨིག་མེད་དུ་འགྱུར་བའི་མཐའ་མར་སླར་ཕྱི་ཊུ་འགྲོ་འོང་གིས་ངེས་པར་འབྱུང་སྟེ་གཏམ་འདི་བཞིན་བྱེད་དེ། གདོད་མའི་སྐྱེ་བོ་རྣམས་ཚེ་ལོ་དཔག་མེད་པར་བསྲིངས་མོད། ཆོས་མིན་གྱི་ལས་འབའ་ཞིག་བརྩམས་པའི་རྣམ་སྨིན་ལས་སྡིག་ཚོགས་སྟོབས་པོ་ཆེར་འཕེལ་བ་ཉིད་དུ་འོ་སྐོལ་གྱི་ཚེ་ཚད་རིམ་གྱིས་བཅུ་བར་ཐྲི་བ་ཡིན་ཏེ། ད་ཕྱི་ནས་ངེད་ཅག་ཐམས་ཅད་དགེ་བ་མ་ལུས་བསྒྲུབ་ཅིང་། བྱམས་དང་སྙིང་རྗེས་ཀུན་ནས་བླངས་ཏེ་གཞན་ཕན་གྱི་ལས་ལ་རེམས་ཤིག་ཟེར་བཞིན་བརྟུལ་ཞུགས་མ་དོར་བར་རླབས་ཆེན་སྤྱོད་པ་བསྐྱངས་སྟབས་ཚེ་ལོ་ཤུགས་ཆེར་འཕེལ་ཏེ་བརྒྱད་ཁྲི་བར་དུ་འཚོ་ནུས་སོ། །དུས་དེ་ཙམ་ན་དེ་བཞིན་གཤེགས་པ་བྱམས་མགོན་འཛིག་རྟེན་དུ་བྱོན་ཞིང་། ཆོས་ཀྱི་འཁོར་ལོ་དང་པོ་བསྐོར་ཏེ་སྔར་གྱི་སྟོན་པ་ཤཱཀྱའི་བུ་སློབ་དང་། རབ་བྱུང་ལྷག་མ་རྣམས་དང་། གཞན་སྐྱབས་གསུམ་[277]བསྟེན་པ་དང་། གཏན་ཁྲིམས་ལྔ་[278]སྲུང་བ་དང་། བསྙེན་པར་གནས་པ་[279]དང་། དཀོན་མཆོག་གསུམ་ལ་མཆོད་པ་རྣམས་ཐོག་མར་གྲོལ་ཞིང་། དེ་ནས་རིམ་གྱིས་འཁོར་ལོ་བར་པ་དང་། མཐའ་མར་གདུལ་བྱ་ལས་སྐལ་ཅན་རྣམས་འདྲེན་པ་ཡིན་ནོ། །ཞེས་ཐོས་པ་བཙུན་པ་ཐྲ་ཤན་གྱིས་དེའི་ཚེ་དེའི་དུས་ན་དེ་རྣམས་ཡི་གེར་འབྲི་དགོངས་ཙང་། ཆོས་བསྟན་མཁན་སློབ་དཔོན་གྱིས་གང་དག་དཔེ་ཆར་མ་བྲིས་པས་ཕོ་བོའི་བརྗོད་ནུས་པ་

དེ་ཙམ་ལགས་གསུངས།

སླར་ཡང་ཆོས་དཔེ་རྙེད་པ།

བཙུན་པ་ཐ་ཤན་སིནྡྷ་ལའི་ཡུལ་དུ་ལོ་གཉིས་བཞུགས་འཆག་མཛད་[280]པའི་མོད་ལ་མ་ཧི་ཤཱ་ས་ཀ་སྡེ་ས་སྟོན་པའི་སྡེའི་འདུལ་བ་[281]དང་། མདོ་སྡེ་ལུང་རིང་པོ་དང་། ཡང་དག་པར་ལྡན་པའི་ལུང་[282]དང་། གཞན་ཕྲན་ཚེགས་འདུས་པའི་མདོ་[283]གཅིག་བཅས་རྒྱ་ཡུལ་ན་མེད་པའི་ཆོས་དཔེ་ཁ་ཅིག་རྙེད་དོ། །

ལྔ་པ། མཚོ་ལམ་ནས་ཤར་ཕྱོགས་སུ་བཀློག་པ།

སིནྡྷ་ལ་ནས་ཡ་བ་དྭི་པའི་ཡུལ་བར།

བཙུན་པ་ཐ་ཤན་ལ་གོང་གི་རྒྱ་དཔེ་དེ་དག་རྙེད་རྗེས་འཕྲལ་མར་ཚོང་གྲུ་ཆེན་པོར་ཞུགས་ནས་རང་ཡུལ་དུ་ཕྱིར་བཀློག་པའི་སྟ་གོན་མཛད། གཟིངས་ཆེན་དེར་མི་ཉིས་བརྒྱ་ཤོང་ནུས་ཤིང་། དེའི་གཞུག་ཏུ་གྲུ་ཆུང་ཞིག་སྦྲེལ་ཡོད་པ་དེ་ནི་མཚོ་ཆེན་པོར་བཞུད་པའི་སྐབས་ཅི་སྟེ་གེགས་བར་གྱིས་བཏབ་སྟེ་གྲུ་བོ་ཆེར་སྐྱོན་བྱུང་ཚེ་དེར་ཞུགས་ནས་བདེ་ཐླག་ཏུ་གྲོལ་བའི་ཆེད་དུ་ཡིན། དེ་ལྟར་བཤོལ་ཏེ་གནས་མཐར་བགྲོད་ཚོག་གི་རླུང་བཟང་པོའི་མཐུན་རྐྱེན་འཛོམས་[284]པས་དེ་སྔར་རྒྱ་མཚོ་ཆེན་པོའི་སྟེང་དུ་ཤར་ཕྱོགས་སུ་ཉིན་གཉིས་བསྐྱོད། དེའི་ཚེ་གློ་བུར་དུ་རླུང་ཆེན་སྐྱེ་གཡའ་བ་དྲག་ཏུ་ལྡང་བས་གཟིངས་ཆེན་བརྗོལ་ཏེ་ནང་དུ་ཆུ་འཕྱུར་འོང་བ་ན་ཚོང་པ་དག་འཚབ་འཚུབ་དང་གྲུ་ཆུང་ཕྱོགས་སུ་མཆོངས་རྒྱུགས་བྱེད། འོན་ཏེ་གྲུ་ཆུང་དུ་གནས་པའི་འགྲུལ་པ་དག་གྲུ་ནུབ་པར་འཇིགས་ཏེ་མི་མང་དུ་ཞུགས་ཙ་ན་ལྡིང་ཆེ་བས་ཐེག་མི་ནུས་ཟེར་ཞིང་གྲུ་སྦྲེལ་བའི་ཐག་སྒྲོམ་དེ་བཅད། དེ་ལྟར་གྱུར་པས་ཚོང་པ་ཀུན་ཤིན་ཏུ་དངངས་ཐོག་སྐྲག་འཚེར་བར་དོགས་ཤིང་། གཟིངས་ཆེན

ཆུས་གང་བར་སླམ་སྐེ་ཡོ་བྱད་ཆེ་ཞིང་ལྗི་བ་དག་མཚོར་འཕངས། བཙུན་པ་རྡྷ་ཤན་གྱིས་ཀྱང་དེ་མཉམ་དུ་རིལ་ཚགས་[285]དང་། ཁྲུས་སྣོད་སོགས་ཡོ་བྱད་འགའ་མཚོ་ནང་དུ་བོར་རྗེས་ཐུགས་དགོངས་སུ་ཚོང་པ་དེ་དག་གིས་ཆོས་དཔེ་དང་། སངས་རྒྱས་ཀྱི་སྐུ་བརྙན་ཡང་བསྒྱུར་བར་འཇིགས་ཏེ། ཡིད་རྩེ་གཅིག་ཏུ་འཕགས་པ་སྤྱན་རས་གཟིགས་བསྐོམས་པ་དང་ཅིག་ཅར་དུ་ཕ་ཡུལ་གྱི་སློབ་དཔོན་གོང་མ་རྣམས་ལ་གཡོ་བ་མེད་པར་ཕྱག་བགྱིས་ཤིང་། ང་ཉིད་དམ་ཆོས་འཚོལ་སླད་དུ་རྒྱང་མ་ནས་འདིར་ལྷགས་པ་ལ་ད་ལན་འཕགས་པ་རྣམས་ཀྱིས་བྱིན་གྱིས་བརླབས་ཏེ། གེགས་ངན་ཐ་རླབས་ཞི་ནས་དམིགས་པའི་གནས་སུ་ཅི་བདེར་སླེབས་པར་སྐྱོང་གྲོགས་མཛོད་ཅིག་ཅེས་གསོལ་བ་བཏབ། འཚུབ་རླུང་འདི་བཞིན་ཉིན་ཞག་བཅུ་གསུམ་བར་མེད་དུ་གཡོས་མཐར་གཟིངས་ཆེན་གླིང་ཕྲན་ཞིག་[286]ཏུ་བཞུད་པའི་ཚེ་རླབས་ཕྲེང་ཞོད་པར་གྱུར། དེ་ནས་གཟིངས་ཆེན་ལ་ཆུ་ཞུགས་སའི་ཁུང་བུ་མངོན་སུམ་སྣང་བ་དེ་དག་བཅོས་ཏེ་ཁ་གསབ་ནས་སྔར་བཞིན་མཚོ་ལམ་ལ་ཆས།

རྒྱ་མཚོའི་སྟེང་དུ་ཇག་རྐུན་མང་བས་དེ་རྣམས་དང་འཕྲད་ཚ་ན་ཐར་ཟེར་བ་ཕལ་ཆེར་མེད། ཕ་མཐའ་བྲལ་བའི་རྒྱ་མཚོ་ཆེན་པོའི་གློང་དུ་དངོས་པོའི་གནས་ཚོད་འཛིན་པར་དཀའ་བས་ཉི་ཟླ་སྐར་གསུམ་གྱི་འཁོར་འགྲོས་ཚད་མར་བྱས་ཏེ་མདུན་ཕྱོགས་སུ་བསྐྱོད་དགོས། ནམ་མཁར་སྤྲུ་ཡུག་འཁྲིགས་ཏེ་སྤྲིན་ཆར་བབས་པའི་སྐབས་སུ་ཡང་རླུང་དམར་གྱི་བསྒྲོད་དང་བསྟུན་ནས་ཕྱོགས་མེད་མྱུལ་འགྲོ་ཞིང་། མུན་ནག་པའི་དུས་དྲག་པོའི་རླབས་ཕྲེང་དག་ཕན་ཚུན་སྡེབས་པའི་སྒྲ་ཙམ་ལས་ཅི་ཡང་མཐོང་དུ་མེད། སྐབས་སྐབས་སུ་མེ་ལྟེ་དམར་པོའི་མདངས་འབྲུག་པ་ལྟར་སྣང་བ་ཕལ་ཆེར་ཆུ་སྲིན་ཀུམ་བྷི་ར་དང་། ཉུས་སྦྲུལ་ཆེན་པོ་དག་རྒྱུ་བའི་ངང་ཚུལ་ཡིན་ཞིང་། དེར་འཇིགས་ནས་ཚོང་པ་དག་སེམས་འཁྲུགས་ཏེ་གཏོལ་

མེད་དུ་གྱུར་སྐབས་གར་བསྙེགས་པ་ཆ་མི་འཚལ། རྒྱ་མཚོར་གཏིང་མཐའ་མེད་པས་རྫོ་བ་འཕངས་ཏེ་གྲུ་འགོག་པའི་ཐབས་ཀྱང་ཀུན་ནས་བྲལ། ནམ་དུས་ཆེ་ཁ་ཕྱོགས་ལེགས་པར་རྟོགས་པས་ལམ་གཤའ་མ་ཇི་བཞིན་ཆས་ནུས་ཤིང་། ཅི་སྟེ་གཟིངས་ཆེན་ཕག་ཏུ་ཡིབ་པའི་བྲག་གོང་དང་འཕྲད་པར་འགྱུར་ན་གསོན་པོར་འཚོ་བའི་ཐབས་མེད་དོ། །

དེ་ལྟར་ཉིན་དགུ་བཅུ་ལྷག་ཙམ་བགྲོད་[287]པས་ཡ་བ་དྲི་པའི་ཡུལ་དུ་སླེབས་སོ། །[288]

ཡ་བ་དྲི་པའི་ཡུལ་ནས་གྲང་ཀྲོང་རྒྱན་དུ་ལོག་པའི་བར།

ཡ་བ་དྲི་པའི་ཡུལ་ཕལ་ཆེར་ཕྱི་རོལ་པ་དང་བྲམ་ཟེས་ཁྱབ་སྟེ་ནང་ཆོས་ཀྱི་སྐབས་མ་མཆིས། ཡུལ་དེར་ཟླ་བ་ལྔ་ཙམ་བསྡོལ་བཏབ་མུར་སླར་ཚོང་གྲུ་ཆེན་པོར་ཞུགས་པ་དེར་ཡང་སྐྱེ་བོ་ཉིས་བརྒྱ་ལྷག་ཙམ་མཆིས། བཙུན་པ་ཐ་ཤན་གྱིས་ཉིན་ལྔ་བཅུ་ལྷག་ལྟེང་ངེས་ཀྱི་ལམ་རྒྱགས་གྲབས་ནས་ས་གའི་ཚེས་བཅུ་དྲུག་ཉིན་ཞལ་གྱིས་ཤིང་། མཚོ་གྲུའི་ཐོག་དབྱར་གནས་མཛད་[289]དེ་བྱང་ཤར་དུ་ཀོང་ཀྲོའུ་ཡི་སའི་ཕྱོགས་སུ་བསྐྱོད།

དེ་ལྟར་ཟླ་བ་གཅིག་ཙམ་བགྲོད་པའི་ནུབ་ཅིག་གི་ཐུན་གཉིས་པར་རླུང་དམར་འཁྲིགས་ཤིང་ཆར་ཆུ་དྲག་ཏུ་བབས། ཚོང་འགྲུལ་ཀུན་དངངས་ཏེ་ཧབ་ཧབ་པོར་གྱུར། འོན་ཏེ་བཙུན་པ་ཐ་ཤན་ཆིག་རྐྱང་ཐུགས་རྩེ་གཅིག་ཏུ་འཕགས་པ་ཐུགས་རྗེ་ཆེན་པོ་དང་། ཕ་ཡུལ་གྱི་དམ་པ་གོང་མ་རྣམས་ལ་གསོལ་བ་དྲག་ཏུ་བཏབ་པས་བྱིན་གྱིས་བརླབས་ཏེ་ཕྱི་ཉིན་ཉི་མ་མ་འཆར་བར་གེགས་བར་ཅི་ཡང་མ་བྱུང་། འོན་ཏེ་ནམ་ལངས་རྗེས་བྲམ་ཟེ་དག་གིས་དགེ་སློང་དེ་འབའ་ཞིག་གྲུར་ཞུགས་པའི་ལན་གྱིས་འོ་སྐོལ་ལ་བར་ཆད་འདི་བཞིན་འཕྲད་པ་ཡིན། འཕྲལ་མར་དེ་ཉིད་མཚོ་གླིང་

ངོགས་སུ་རང་དགར་བསྒྱུར་ན་བཟང་སྟེ་སྐྱེ་བོ་གཅིག་གི་སྐད་དུ་རང་རེ་མཐའ་དག་འཛིགས་སྐྲོང་དུ་དྲངས་པ་མི་འོས་སོ་ཞེས་ལབ་གླེང་བྱེད་པ་ན། བཙུན་པ་ཟླ་ཤར་གྱི་གམ་ན་གནས་པའི་ཐོག་མའི་ཡོན་བདག་གིས་འདི་སྐད་སྨྲས་སོ། །ཁྱོད་དག་དགེ་སྦྱོང་དོར་སྙམ་ན་བདག་ཀྱང་ཁྱུ་ལས་བབས་པར་བྱའོ། །དེ་ལྟར་མིན་ཚེ་བདག་ཁྱིམ་ཞིག །ཅི་སྟེ་དགེ་སྦྱོང་ཕབ་པར་འགྱུར་ན་ཐང་། བདག་རྒྱ་ནག་ཏུ་འཇོར་ཅ་ན་ཡུལ་གྱི་རྒྱལ་པོར་རྒྱུ་མཚན་ཇི་བཞིན་གསོལ་བ་ཡིན་ཏེ། རྒྱ་ཡུལ་གྱི་རྗེ་བོ་ནི་སངས་རྒྱས་ལ་དད་པ་ཟླ་མེད་ཅིང་། ཚངས་པར་སྤྱོད་པ་ཀུན་ལ་གཙིགས་སུ་དགོངས་པ་ཡིན་ནོ། །ཞེས་ཟེར་མུར་ཚོང་པ་དག་སྟུབ་སྟོབ་ཏུ་སོང་སྟེ་ང་རྒྱལ་ཞི་ནས་བཙུན་པ་ཟླ་ཤར་བསྒྱུར་མི་ནུས་པར་གྱུར། །

སྐབས་དེར་མཁའ་དབྱིངས་ཁུག་སྣས་འཐིབས་ཤིང་ནམ་དུས་འགྱུར་བ་སྐྱེན་པས་དེད་དཔོན་ཁ་ཕྱོགས་འཁྲུལ་ཏེ་ཉིན་བདུན་ཙམ་ལྷག་ཕྱོགས་མེད་དུ་ཉུལ་བའི་མོད་ལ། བཟའ་བཏུང་ཀུན་འཛད་ཁད་དུ་མཚོ་ཆུ་བླུགས་ནས་གཡོས་སྦྱོར་བགྱིས་པ་དང་། མི་རེར་འཐུང་རུང་བའི་ཆུ་བྲེ་ངོ་ལས་མེད་པའང་འཛད་ལ་ཉེ། དེས་ན་ཚོང་པ་དག་ན་རེ། རྒྱུན་པར་ཉིན་ལྔ་བཅུ་ཙམ་ལ་ཀོང་ཀྲོའུ་ལ་སླེབས་པ་ཡིན་མོད། ད་ལན་ཉིན་དུ་མ་འགྱངས་ཀྱང་ད་དུང་མ་ལྷགས་པ་ཅི་ལགས། འོ་ན་ཁ་ཕྱོགས་ནོར་བ་མིན་ནམ་ཞེས་ཀུ་ཅོ་སྒྲོག་ཅིང་། གཟིངས་ཆེན་ནུབ་བྱང་ཕྱོགས་སུ་ཁ་བསྒྱུར་ཏེ་ཉིན་ཞག་ཉི་ཤུ་བསྐྱོད་པས་གྲང་ཀོང་ཟུན་གྱི་ས་མཚམས་ལའོ་ཧྲན་[290]བྱ་བའི་ལྟོ་ངོགས་ལ་སླེབས། དེར་སྤྱོད་རུང་བའི་ཆུ་དང་། བཞེས་ཚོག་པའི་ཚོད་མ་ཉེད་མོད་ཀྱི་བར་ལམ་ལ་དཀའ་སྡུག་གིས་མནར་ཁར་ཐུགས་མི་བདེ་བ་རིང་པོར་བྱུང་བའི་སྐབས་ཀྱིས་སློ་བུར་མཚོ་ངོགས་སུ་སྔར་ལྟར་ཚོད་མ་སྐྱེས་པ་གཟིགས་པའི་ཚེ་ད་གཟོད་རྒྱ་ནག་ཏུ་འཇོར་བ་མཁྱེན་ནོ། །

ལྔ་ཐུར་དུ་ཤང་ཏུར་བསྐྱོད་པ།

འོན་ཏེ་ས་དེར་སྐྱེ་བོ་རིག་རྒྱུ་མེད་ལ་བགྲོད་པའི་རྗེས་ཤུལ་ཡང་མ་མཆིས་ཤིང་། གར་ཡིན་ཆ་མི་འཚལ་བས་ལ་ལས་ཀོང་ཀྲོའུ་ཊུ་འགྱོར་བ་མ་ཡིན་ཟེར་བ་དང་། ཁ་ཅིག་གིས་དེ་ནས་བརྒལ་ཐལ་བྱ་ཞིང་སུ་ཞིག་བདེན་མིན་རྟོགས་པར་དཀའ། ས་ཆ་བརྟད་པའི་སྐད་དུ་ཕོང་ཅག་གྲུ་ཆུང་ལ་ཞུགས་ནས་ཆུ་ཀླུང་གི་རྒྱུན་དེད་དེ་མི་འཚོལ་བར་ཕྱིན་པས་ཁྲིམ་ལ་བཟློག་བཞིན་པའི་ཛོན་པ་གཉིས་འཕྲད། བཙུན་པ་ཐ་ཤན་གྱིས་ལོ་རྩ་མཛད་དེ་མཚམས་དྲི་དང་བཅས་ཁྱིད་ཅག་ཡུལ་གང་གི་སྐྱེ་བོ་ལགས་གསུངས་པས་སྟོན་པའི་བུ་སློབ་ཡིན་ཟེར། འོ་ན་ཅི་ཞིག་འཚོལ་ལ་རི་བོར་ཆས་སམ་གསུངས་པས་ཕྱི་ཉིན་གྲོ་བཞིན་ཟླ་བའི་ཉ་ལ་འཁྱིལ་བས་ཁམ་བཟང་འཕྲུས་ཏེ་སངས་རྒྱས་ལ་བསྙེན་བཀུར་འདོད་དོ་ཞེས་ཟོལ་གྱིས་སྨྲས། བསྐྱར་མར་ས་ཆ་དེ་ཡུལ་གང་ངམ་གསུངས་པས་ཆིང་ཀྲོའུ་ཡི་གྲང་ཀོང་ཙུན་གྱི་སའི་ཆ་ཡིན་ཞིང་ཅིན་རྒྱལ་རབས་ཀྱི་མངའ་རིས་སུ་གཏོགས་[291]ཟེར། དེས་ན་ཚོང་པ་དག་དགའ་ཞིང་དེ་གཉིས་པོར་སྐྱེས་ཐན་སྟེར་མུར་ཁྲང་ཀོང་ལ་མི་མངགས་སོ། །

ས་དེའི་བདག་པོ་ལི་དབྱི་[292]བྱ་བ་ནང་པར་ལྷག་པར་དད་པའི་སྐབས་ཀྱིས་དགེ་སྦྱོང་ཞིག་ཆོས་དཔེ་དང་། སངས་རྒྱས་ཀྱི་སྐུ་བརྙན་ཐོགས་ཤིང་། གྲུར་ཞུགས་ཏེ་མཐའ་ཡས་རྒྱ་མཚོ་ཆེན་པོ་ནས་འདིར་ཕྱིན་འོང་བའི་གཏམ་ཐོས་མ་ཐག་གཡོག་འཁོར་ཁྲིད་ནས་མཚོ་འགྲམ་དུ་བསུ་མར་བཅར་ཞིང་། བཙུན་པ་ཐ་ཤན་སྐུ་བརྙན་དང་བཅས་གཞིས་མཁར་ལ་སྤྱན་དྲངས། དེ་ནས་ཚོང་པ་དག་ཕྱིར་བཟློག་ནས་ཡང་ཀྲོའུ་[293]ལ་བསྐྱོད། བཙུན་པ་ཐ་ཤན་ཡོན་དང་། ཆིང་ཀྲོའུ་ཡི་རྗེ་དཔོན་ལིའུ་ཏའོ་ལན་[294]གྱིས་གདན་ཞུ་བགྱིས་པ་བཞིན་དགུན་གང་དང་དབྱར་རིལ་པོར་བཞུགས་ཤིང་། དབྱར་གནས་[295]གྲོལ་རྗེས་གང་ཉིད་སློབ་དཔོན་རྣམས་དང་ཡུན་རིང་

ཞལ་གྱིས་པས་ཁྲང་ཨན་དུ་ཕེབས་འདོད་ཀྱི་འདུན་པ་ལྷག་པར་འཕྲུངས། འོན་ཏེ་བསྟན་པའི་བྱ་བ་ཆླབས་ཆེ་བར་དགོངས་ནས་ལྷོ་ཕྱོགས་སུ་ཤང་ཏུ་[296]ཧུ་རྒྱ་གར་ནས་བྱོན་པའི་སློབ་དཔོན་[297]དྲུང་ན་མདོ་འདུལ་བསྒྱུར་བར་གཤེགས་སོ། །

མཐའ་སྡོམ།

ངེད་སྨ་ཤན་རྒྱ་ནག་ཁྲང་ཨན་ནས་གྱེས་ཏེ་ལོ་དྲུག་སོང་མུར་ཡུལ་དགུས་སུ་སླེབས་ཤིང་། དེར་ལོ་དྲུག་འདུག་ནས་ཕྱིར་བཟློག་པའི་ལམ་དུ་ལོ་གསུམ་འགྱངས་མཐར་ཆིང་ཀྲོའུ་རུ་འཇོར།[298] ལམ་བར་ཡུལ་སུམ་ཅུ་མ་ཟིན་ཙམ་[299]ལ་དངོས་སུ་བགྲོད་ཅིང་། བྱེ་ཐང་ལྷོ་རོལ་ནས་རྒྱ་གར་ལ་ཐུག་སའི་ཆ་རྣམས་སུ་དགེ་འདུན་པལ་ཆེར་འདུལ་ཁྲིམས་རྣམ་པར་དག་ལ་ཆོས་བཞིན་ལྷ་སྤྱོད་རྣལ་མར་སྐྱོང་བའི་ངོ་མཚར་སྨྲ་བསམ་ཡུལ་ལས་འདས། དེ་ལྟ་བུའི་ཕུན་ཚོགས་རྒྱ་ནག་གི་སློབ་དཔོན་རྣམས་ཀྱིས་གསན་རྟོགས་ཆེར་མེད་པའི་ཕྱིར། ད་ལན་ཁོ་བོས་སྲོག་དང་བསྡོས་ནས་རྒྱ་མཚོ་ཆེན་པོར་ཞུགས་ཤིང་། ཕྱིར་ལོག་པའི་མོད་ལ་དཀའ་སྤྱུག་ཟད་མི་ཤེས་པ་མངོན་སུམ་ལུས་ཐོག་ཏུ་མྱོང་བར་བྱས་སོ། །འོན་ཏེ་མཆོག་གསུམ་ནུས་མཐུའི་རྟེན་འབྲེལ་ལས་གེགས་བར་མཐའ་དག་ཞི་སྟེ་བདེ་ལྷན་དུ་ལྷགས་པས། འདིར་ལམ་གྱི་མཐོང་ཐོས་དྲན་རེག་ཐམས་ཅད་སྒྲུག་སྲབ་སྟེང་ནག་འགྲོས་སུ་བཏབ་པ་དོན་གཉེར་ཅན་ཀུན་གྱིས་ལོངས་སྤྱོད་པར་གྱུར་ཅིག །ཤིང་སྟག་ལོར་[300]སྒྱུར།

མཇུག་བྱང་།

ཅིན་རྒྱལ་རབས་དབྱིད་ཤིའི་ཁྲི་ལོ་བཅུ་གཉིས་པ་མེ་འབྲུག་ལོའི་[301]དབྱར་གནས་ཀྱི་མཇུག་ཙམ་ལ་ཧྭ་ཤང་ཧུད་ཡོན་[302]གྱིས་བཙུན་པ་སྨ་ཤན་གདན་དྲངས་ཤིང་། དགུན་གྱི་ནམ་ཟླར་ལྷན་ཅིག་ཏུ་བསྐྱེན་པར་གནས། ཆོས་གསུངས་པའི་བར་ཁོམ་ལ་འཕགས་པའི་ཞིང་སར་ཇི་ལྟར་གཤེགས་པའི་ཚུལ་སྐོར་དྲིས་པ་ལས། བཙུན་

པ་སྨ་ཤན་གྱིས་བག་ཕེབས་པའི་ངང་ཇི་བཞིན་གསོང་པོར་གསུངས་པའི་ཚེ། ཉིད་ཀྱིས་སྔར་ཐུགས་སྣང་ཆེར་མ་མཛད་པའི་བསྡུས་དོན་རྣམས་བསྒྱུར་དུ་རྒྱས་པར་འགྲེལ་འཆལ་ཞུས་པས་དེ་དེ་བཞིན་མགོ་མཇུག་བསྒྱུར་མར་ཚར་གཅིག་ཞིབ་པར་བསྐྱལ་མུར་འདི་སྐད་གསུངས། ཡུལ་འགྲིམས་པའི་བག་ཆགས་རྣམས་ཡིད་ལ་ཤར་བའི་ཚེ་དུས་ད་ལྟ་ནའང་སྤྲོ་སྙིང་འདར་བར་བྱེད་ཅིང་། དེ་ལྟར་འཇིགས་ཚོགས་བསུས་ནས་སྲོག་དང་བསྡོས་པ་ཡང་། ཕོ་བོ་བློ་རྟུལ་ཅན་དམིགས་པའི་དོན་དེ་ཕོ་ན་ཉིད་མངོན་དུ་འགྱུར་སླད་དུ་གེགས་བར་ལ་ཚམ་ཚོམ་མེད་པར་ཕམ་ཁ་བརྒྱ་ཕྲག་བླངས་ཏེ་སློན་པ་ཙུང་ཟད་གྲུབ་པ་ལགས། ཞེས་གསུངས་མུར་ཀུན་ངོ་མཚར་ཏེ་ཀྱེ་མ་འཕགས་པའི་སྐྱེས་བུ་དེ་ལྟ་བུ་ད་བར་ཡོད་རེ་སྐན་ཟེར། ཐུབ་པའི་བསྟན་པ་རྒྱ་ཡུལ་དུ་དར་བ་ཙྪན་དུ་དམ་ཆོས་འཚོལ་སླད་ཚེ་སྲོག་བློས་གཏོང་བའི་སྙིང་སྟོབས་བཞེས་ནུས་པ་བཙུན་པ་སྨ་ཤན་གཅིག་པུ་ཡིན་པར་གདའ། དེ་ཡང་ཟློལ་མེད་ལྷག་བསམ་དཀར་པོ་ཡིད་ལ་བརྣགས་ཚེ་མཐུ་དང་ནུས་པ་གཞལ་བར་དཀའ་ཞིང་། རླབས་ཆེན་འཕྲིན་ལས་གཏོད་པར་ཐེ་ཚོམ་ཅི། འཕགས་པའི་སྐྱེས་བུ་བྱ་བ་གཙུག་ཏུ་བཀུར་བའང་འཇིག་རྟེན་ཕལ་པས་གཅིགས་སུ་བཟུང་བའི་མནོག་ཆུང་བགྱི་བ་རིང་དུ་དོར་ནས་དེ་རྣམས་ཀྱིས་བག་ལ་ཞ་བའི་རྒྱལ་བའི་ཁུར་ཆེན་དག་ཕྲག་ཏུ་ཐེག་པ་ཕོ་ནས་མ་ཡིན་ནམ།། །།

རབ་བྱེད་བཞི་པ། ཧྭ་ཤན་ལམ་ཡིག་གསར་བསྒྱུར་གྱི་ཞིབ་འཇུག་དང་མཆན་འགྲེལ།

[1]**ཧྭ་ཤན་ལམ་ཡིག་གསར་བསྒྱུར།** བཙུན་པ་ཧྭ་ཤན་གྱི་རྣམ་ཐར་《法显传》རམ་སངས་རྒྱས་ཞིང་གི་དཀར་ཆག《佛国记》གམ་རྒྱ་གར་གྱི་གནས་སྐོར་དཀར་ཆག《历游天竺记》སོགས་མཚན་བྱང་ཐ་དད་པ་འགའ་ཞིག་སྣང་བའི་རྒྱ་ནག་ཅིན་ཤར་མའི་དུས་ཀྱི་རྒྱ་གར་ལམ་ཡིག་སྟེ། རང་རེ་རྣམས་ཀྱིས་ཧྭ་ཤན་ལམ་ཡིག་གམ་ལོ་ཆེན་ཧྭ་ཞིའན་གྱི་རྣམ་ཐར་དུ་འབོད་པ་གང་དེའི་རྒྱ་ཡིག་ཕྱི་མོ་ནི། དེང་པེ་ཅིང་རྒྱལ་ཁབ་དཔེ་མཛོད་ཁང་དུ་བཞུགས་པའི་སུང་སྔ་མའི་(南宋)དཔར་མ་རྒྱ་སྐད་དུ《思溪圆觉藏本》ཞེས་བྱ་བར་འབོད་པ་དེ་ཡིན། དཔར་མ་དེར་ཐོན་པའི་ཐ་སྙད་རེ་འགའི་བོད་བསྒྱུར་ཐད་དོགས་གཞིར་སོང་བ་དག་གཙོ་བོར་ཕྱིས་སུ་བསྒྲིགས་པའི་རྒྱའི་བཀའ་བསྟན་གཅིས་བཏུས《大正藏》སུ་བཞུགས་པའི་ཧྭ་ཤན་ལམ་ཡིག་གི་དཔར་མར་གཞི་འཛིན་ཡོད། དཔར་མ་དེ་གཉིས་པོར་བསྟན་བྱའི་དོན་རྩིལ་པོ་དཀྲུས་གཅིག་ཏུ་ཇི་བཞིན་བརྗོད་དེ་དཀར་ཆག་བསྒྲིགས་པ་མ་མཆིས་པས་དེ་བཞིན་ཤར་མར་རང་རེའི་སྐད་དུ་ཕབ་ཚེ་ཇོ་དོན་གསལ་རྟོགས་དང་། བྱེ་བྲག་གི་དོན་གནད་ག་གེ་མོར་ཐད་ཀར་འཇུག་མི་བདེ་བར་མཐོང་གཤིས། དེང་གི་ཞིབ་འཇུག་ཁྱབ་ཁོངས་ཁྲོད་ཕལ་མོ་ཆེས་མགྲིན་གཅིག་ཏུ་ཚད་མར་བྱེད་པའི་རྒྱའི་མཁས་པ་ཀྲང་ཤུན་(张巽)གྱིས་བརྟབ་པའི་ཧྭ་ཤན་ལམ་ཡིག་མཆན་འགྲེལ་དུ་གསར་དུ་བསྒྲིགས་པའི་དཀར་ཆག་ལ་དཔེ་བླངས་ཐོག །ད་ཕན་ཀྲང་ཤུན་གྱི་མཆན་དུ་གསལ་བའི་ལམ་ཡིག་དེའི་རྒྱ་ཡིག་གི་དཔར་མི་འདྲ་བ་དང་། དཔར་དུ་བསྐྲུན་

བྲིན་པའི་ལམ་ཡིག་དེའི་མཆན་འགྲེལ་བཅུ་ཙམ་སྣང་བའི་ཁྲོད་ཀྱང་ཤུན་གྱི་མཆན་ལ་ཁ་སྐོང་མཛད་ནུས་པར་སྙམ་པ་ཉེ་ཧོང་ནས་ཡིན་པའི་ནང་བསྟན་ཞིབ་འཇུག་པ་ཆེན་པོ་ཨ་དྷ་ཆི་གི་རོ་ཀུ(足立喜六)དང་། གཞན་རྒྱའི་མཁས་པ་ཨུའུ་ཡུད་ཀུས་(吴玉贵)དང་། ཡང་ཝེའི་ཀྲུང་(杨维中)བཅས་ཀྱི་རྒྱ་ཡིག་གི་མཆན་དང་། དེ་མིན་ཛེམ་སི་ལི་གིས་(James Legee)མཛད་པའི་ཐྭ་ཤན་ལམ་ཡིག་དབྱིན་བསྒྱུར་དང་དེའི་མཆན་འགྲེལ་བཅས་དཔྱད་གཞིར་བཀོལ་བ་དང་ཆབས་ཅིག །རང་རེའི་སྐད་ཀྱི་ཡིག་ཆ་རྣམས་ལ་གསལ་བའི་འཕགས་ཡུལ་གྱི་སྐོར་ཁོ་བོས་མཐའ་རིགས་ཇི་ལྟ་བ་བཞིན་དྲངས་པ་དང་། དེ་དག་གིས་ཟུར་བརྒྱན་ཏེ་བོད་ཀྱི་སྐད་ལ་གང་བདེར་བསྒྱུར་ཅིང་ཞིབ་འཇུག་བགྱིས་ཁུལ་ལགས་སོ། །

[2]ཁྲང་ཨན། གྲོང་ཁྱེར་དེ་ཐོག་མར་གནའ་བོའི་རྒྱ་ནག་གི་ཧན་ནུབ་མའི་(西汉)རྒྱལ་ས་ཡིན་ཞིང་། དེའི་རྗེས་ཤུལ་ད་ལྟ་ཧྲན་ཤིའི་(陕西)ཞིང་ཆེན་ཤིའི་ཨན་གྲོང་ཁྱེར་(西安市)གྱི་ནུབ་བྱང་དུ་ཡོད། རྒྱ་ནག་གི་བྱུང་རབས་ཡིག་ཚང་རྣམས་སུ་ཅིན་ཤར་མའི་(东晋)དུས་བྱུང་བའི་ཡུལ་ཕྲན་སིལ་མ་བཅུ་དྲུག་གི་ཡ་གྱལ་ཛིན་སྔ་མ་(前秦)དང་ཕྱི་མ་(后秦)གཉིས་ཀའི་ལྟེ་བའི་གྲོང་ཁྲང་ཨན་དུ་གཞིས་ཆགས་ནས་རིམ་པར་དེའི་མངའ་བདག་ཕུ་ཅན་(苻坚)དང་། ཡའོ་ཤིང་(姚兴)ཡིན་ཞིང་། དེ་གཉིས་ཀ་ནང་པར་གཅིག་ཏུ་དད་པས་དེ་ཙམ་ན་ཕུལ་དུ་ཕྱིན་པའི་ནང་པའི་བཙུན་པ་ཏའོ་ཨན་(道安)དང་ཀུ་མ་ར་ཛཱི་བ་(鸠摩罗什)སོགས་ཀྱང་གྲོང་ཁྱེར་དེར་ཞབས་བཅགས། ཡང་སྐབས་དེའི་དུས་ན་གྲོང་ཁྱེར་དེ་ཉིད་སངས་རྒྱས་ཆོས་ལུགས་དར་སྤེལ་དང་། གསུང་རབ་བསྒྱུར་ཡུལ་གྱི་ལྟེ་གནས་ཤིག་ཏུ་ཆགས་པས་བཙུན་པ་ཐྭ་ཤན་ཁྲང་ཨན་ནས་འཕགས་ཡུལ་དུ་ཕྱིན་པའི་སྐབས་གོང་དུ་བརྗོད་པའི་ཛིན་ཕྱི་མའི་དུས་ཀྱི་མངའ་བདག་ཡའོ་ཤིང་གིས་ཆབ་སྲིད་

མཛད་པའི་སྐབས་(༣༩༤—༤༡༦)ལ་འཁེལ། ཞེས་དེང་གི་རྒྱའི་མཁས་པ་ཀྲང་ཤྲུན་གྱིས་བརྡབ་པའི་རྒྱ་ཤིན་ལམ་ཡིག་གི་མཆན་འགྲེལ་[①](ཕྱི་མར་དཀྱུས་ཙམ་དུ་ཀྲང་ཤྲུན་གྱི་མཆན་ཞེས་འགོད་རྒྱུ་ཡིན།)དང་། ཝུའུ་ཡུད་ཀུས་ཀྱིས་བརྡབ་པའི་རྒྱ་ཤིན་ལམ་ཡིག་གི་མཆན་འགྲེལ་[②](ཕྱི་མར་དཀྱུས་ཙམ་དུ་ཝུའུ་ཡུད་ཀུས་ཀྱི་མཆན་ཞེས་འགོད་རྒྱུ་ཡིན།)གཉིས་ལ་གསལ།

[3]ཧུང་ཧྲི་ཁྲི་ལོ་དང་ཕོ་ས་ཕག་ལོ། ལོ་ཚིགས་དེར་རྒྱ་ཤིན་ལམ་ཡིག་གི་རྒྱུ་ཡིག་མ་ཕྱི་སུང་སྔ་མའི་(南宋)དཔར་མ་རྒྱ་སྐད་དུ་སི་ཤིའི་ཡོན་《思溪圆藏本》ཞེས་བྱ་བ་དང་། རྒྱའི་བཀའ་བསྟན་གཅིས་བཏུས་《大正藏》གཉིས་སུ་ཧུང་ཧྲི་ཁྲི་ལོ་གཉིས་པ་ས་ཕག་ལོ་(弘始二年岁在己亥)ཞེས་འཁོད་ཡོད་ཀྱི། དུས་ཕྱིས་ཚད་མར་བྱེད་པའི་རྒྱའི་སངས་རྒྱས་ཆོས་ལུགས་ཀྱི་བྱུང་རབས་ཡིག་ཚང་སྡེ་སྣོད་གསུམ་གའི་ཆོས་ཀྱི་རྣམ་གྲངས་ཀྱི་བརྗེད་བྱང་ཆེན་པོ་《出三藏记集》དང་། བླ་ཆེན་རྣམ་ཐར།《高僧传》དང་། རྒྱལ་རབས་རིམ་བྱུང་མཆོག་གསུམ་དཀར་ཆག《历代三宝记》དང་། ཆེན་པོ་ཐང་གི་བཀའ་བསྟན་དཀར་ཆག་《大唐内典录》དང་། སྔ་བསྒྱུར་ཕྱིའི་དཔེའུ་རིས།《古今译经图记》དང་། ཁའི་ཡུའན་ལྷུ་དཀར་ཆག《开元释教录》སོགས་སུ་ལོ་ཚིག་དེར་ཅིན་ཤར་མའི་ལུང་ཨན་ཁྲི་ལོ་གསུམ་པ་(东晋隆安三年)ཞེས་འཁོད། དེ་ཡང་ལུང་ཨན་ཁྲི་ལོ་གསུམ་པ་ནི་སྤྱི་ལོ་༣༩༩ལོ་ལ་འཁེལ་ཞིང་། དེ་ནི་己亥སྟེ་ས་ཕག་ལོ་དང་གོ་མཐུན། དེ་ལྟར་ན་ཧུང་ཧྲི་ཁྲི་ལོ་དང་པོ་ས་ཕག་ལོ་(弘始元年岁在己亥)ཞེས་བརྗོད་ན་འཐད་ སྙམ་པས་འདིར་བོད་འགྱུར་མར་ཡོངས་གྲགས་བརྩུན་པ་རྒྱ་ཤིན་རྒྱ་ནག་ནས་ཞལ་གྱིས་པའི་ལོ་ཚིགས་ནི་ཧུང་ཧྲི་ཁྲི་ལོ་དང་པོ་ས་ཕག་ལོ་ཞེས་བསྒྱུར་བའོ། །ཧུང་ཧྲི་(弘始)ཞེས་པ་ནི་གོང་

① 张巽校注:《佛国记》,中国旅游出版社,2016年,第26页。

② 吴玉贵释译:《佛国记》,东方出版社,2018年,第28页。

བརྗོད་ཅིན་ཤར་མའི་དུས་ཀྱི་རྒྱལ་སྲིད་སེལ་མ་བཅུ་དྲུག་པོའི་ཡ་གྱལ་ཛིན་ཕྱི་མའི་རྒྱལ་པོ་ཡའོ་ཤིང་གི་ལོ་རྟགས་ཡིན། གཞན་ཡང་དགེ་ཆོས་ཀྱི་གསེར་ཐང་དུ། ཙཱཧྲ་གུཔྟ་གཉིས་པ་འདིའི་སྐབས་སུ་རྒྱ་ནག་གི་བཙུན་པ་ཕཱ་ཞན་རྒྱ་གར་དུ་ཕྱིན།①ཞེས་གསུངས་ཤིང་། གཏམ་དེའི་སྤྱི་ཕྱིར་ཙཱཧྲ་གུཔྟ་གཉིས་པ་བ་ཀྲ་མ་དེཏྱས་སྲིད་བཟུང་བའི་དུས་ནི་འཕགས་པ་གནས་བརྟན་སྡེ་པའི་ལུགས་ཀྱི་སྟོན་པ་འདས་རྗེས་ཀྱི་ལོ་༡༣༡ནས་༡༥༧བར་ཡིན་ཚུལ་བསྟན། དེར་གཞིགས་ན་སྟོན་པ་འདས་པའི་ལོ་ནི་སྤྱི་ལོའི་སྔོན་གྱི་༥༤༤ལ་འཁེལ་བས་དགེ་ཆོས་ཀྱི་དགོངས་པ་ལྟར་ན་བཙུན་པ་ཧྭ་ཤན་སྤྱི་ལོ་༣༡༨ནས་༤༧༨བར་ཙམ་དུ་རྒྱ་གར་ལ་ཕྱིན་པར་འདོད།

[4]ཧུ་ཤང་ཧུད་ཛིང་། ཏའོ་ཀྲེང་། ཧུད་དབྱིང་། ཧུད་ཀྭེ། ལམ་ཡིག་ཕྱི་མོར་རྒྱའི་ཧུ་ཤང་དེ་དག་གི་མཚན་བྱང་ལ་慧景དང་། 道整 慧应 慧嵬ཞེས་གསལ་ཞིང་འདིར་གོ་བདེའི་ཕྱིར་སྒྲ་བསྒྱུར་བགྱིས་པ་ལགས། དེའི་སྐོར་ལ་རྒྱ་ནག་གོང་མ་ཆན་ལུང་(乾隆)གི་དུས་སུ་འཚོ་ཞིང་གཞིས་པའི་སོག་པོའི་ལོ་ཙཱ་བ་སྐད་བཞི་སྨྲ་བ་གུང་མགོན་པོ་སྐྱབས་ཀྱི་རྒྱ་ནག་ཆོས་འབྱུང་དུ། སློབ་དཔོན་ཐོས་བཟུང་ཞེས་བྱ་བ་བླ་བོ་བཞི་བཅས་རྒྱ་གར་དུ་ཕྱིན། མ་ག་དྷཱར་རིག་གནས་དང་རྒྱ་སྐད་འགའ་ཞིག་བསླབས། དཀའ་བ་མང་པོ་སྤྱད་ཅིང་སིངྒ་ལའི་གླིང་བར་དུ་བགྲོད། གནས་བརྟན་འོད་སྲུང་གི་དངོས་སློབ་ཞིག་མཐོང་ཡང་ཆོས་ཞུ་བར་མ་བྱུང་སྐད། བླ་བོ་རྣམས་གྲོངས་ནས་སློབ་དཔོན་གཅིག་པུ་ཚོང་པ་དང་འགྲོགས་ནས་ཚུར་ཕྱིན། ཕལ་ཆེན་སྡེའི་འདུལ་བ་སོགས་ཆོས་མང་པོ་རང་འགྱུར་མཛད། འགྲོ་དོན་ཡང་ཆེ། དགུང་ལོ་བརྒྱད་ཅུ་གྱ་དྲུག་ཏུ་ཞིང་ཁམས་བརྗེས་སོ། །② ཞེས་བྱུང་བར་བཙུན་པ་ཧྭ་ཤན་ལ་

① «དགེ་འདུན་ཆོས་འཕེལ་གྱི་གསུང་རྩོམ་» དེབ་དང་པོ། བོད་ལྗོངས་བོད་ཡིག་དཔེ་རྙིང་དཔེ་སྐྲུན་ཁང་། ༢༠༡༧ལོ། ཤ་༣༠༢

② གུང་མགོན་པོ་སྐྱབས། «རྒྱ་ནག་ཆོས་འབྱུང་» སི་ཁྲོན་མི་རིགས་དཔེ་སྐྲུན་ཁང་། ༡༩༨༣ལོ། ཤ་༥༥

ཐོས་བཟུང་ཞེས་བོད་དུ་དོན་བསྒྱུར་མཛད་ཅིང་། གཞན་ཟླ་བོ་བཞི་བཅས་ནི་ལམ་ཡིག་ཕྱི་མོར་གསལ་བ་དང་མཐུན་པར་སྣམ། དུས་རབས་གོང་མའི་ལོ་རབས་སྨད་དུ་ཀྲུང་དབྱང་མི་རིགས་སློབ་གྲྭ་ཆེ་མོའི་དགེ་རྒན་ཆེ་མོ་བ་བློ་བཟང་བསྟན་འཛིན་གྱིས་བསྒྱུར་བའི་ཀུང་མགོན་པོ་སྐྱབས་ཀྱི་རྒྱ་ནག་ཆོས་འབྱུང་རྒྱ་འགྱུར་མར། སློབ་དཔོན་ཐོས་བཟུང་ཞེས་པ་རྒྱ་ཡིག་ཏུ་闻取①ཞེས་བསྒྱུར་བར་སྣང་། གཞན་འདིར་བྱུང་བའི་བཙུན་པ་རྒྱ་ཤན་དང་ཐོག་མར་ལྷན་དུ་གཤེགས་པའི་ཟླ་བོ་བཞི་ལས། ཧྭ་ཤང་ཧུད་ཇིང་(慧景)ནི་ན་ག་ར་ཧཱ་རའི་ཡུལ་ལ་འགྲོར་བའི་དུས་ནས་ནད་དྲག་པོས་ཟིན་ཅིང་། ཡུལ་དེའི་ལྷོ་ཕྱོགས་ཀྱི་གངས་རི་ཆུང་ངུ་བརྒལ་བའི་སྐབས་གྲང་རེག་རྩུབ་མོས་མ་བཟོད་པར་ཚེ་ལས་འདས་པ་དང་། ཧུད་དབྱིང་(慧应)ནི་ན་ག་ཧཱ་རའི་ཡུལ་གྱི་སྟོན་པའི་དབུ་ཐོད་ཀྱི་རིང་བསྲེལ་བཞུགས་པའི་གཙུག་ལག་ཁང་དུ་དགོངས་པ་རྫོགས། ཧྭ་ཤང་ཏའོ་ཀྲེང་(道整)ཡུལ་དབུས་སུ་ཕེབས་རྗེས་དེར་ནང་ཆོས་རྒྱ་ཆེར་དར་ཞིང་འདུས་དམངས་ཚུལ་ཁྲིམས་གཙང་བའི་ངོ་མཚར་རྣམ་པས་ཡིད་ཀྱི་བརྟན་པ་རབ་ཏུ་འཕྲོག་ནས་སྐུ་ཚེའི་འདུ་བྱེད་མ་སྟོངས་བར་འཕགས་ཡུལ་དུ་བཞུགས་རྒྱུའི་ཐུགས་ཐག་བཅད། ཧྭ་ཤང་དེ་གསུམ་གྱི་ལོ་རྒྱུས་རྒྱ་ཤན་ལམ་ཡིག་ཏུ་གསལ་བ་ཙམ་ལས་རྒྱའི་ཡིག་ཚང་གཞན་ན་དེ་ཕུད་འཕར་མ་མཇལ་དུ་མེད། ཅིག་ཤོས་ཧུད་ཕའི་(慧嵬)ཡི་རྣམ་ཐར་ཐོ་རེ་ཙམ་རྒྱ་ནག་ལེང་(梁)རྒྱལ་རབས་དུས་ཀྱི་ཧྭ་ཤང་ཧུད་ཅའོ་(慧皎497～554)ཡིས་མཛད་པའི་བླ་ཆེན་རྣམ་ཐར་《高僧传》ཞེས་པའི་བམ་པོ་བཅུ་གཅིག་ཏུ་གསལ་བ་བཅས་དེ་ཀུན་བོད་འགྱུར་མ་འདིའི་དབུ་ཙ་སྦྱར་བ་ལགས།

[5]རི་བོ་ལྱུང་ཧྲན། རི་བོ་དེ་ནི་དེང་ཧྲན་ཤིའི་ལྱུང་རྫོང་(陕西陇县)གི་ནུབ་བྱང་ངམ་ཀན་སུའུ་ཆིང་ཧྲུའི་རྫོང་(甘肃清水县)གི་བྱང་ཤར་ཕྱོགས་སུ་གནས་

① 贡布嘉著，洛桑旦增译：《汉区佛教源流记》，中国藏学出版社，2005年，第49页。

ཤིང་། རིང་ཚད་ལ་སྤྱི་ལི་༡༠༠ཙམ་དང་། མཐོ་ཚད་ལ་རྒྱ་མཚོའི་ངོས་ལས་ཧྨིད་༢༠༠༠ཡོད། ཤར་ནས་ནུབ་ཀྱི་ཕྱོགས་སུ་བསྲིངས་ཤིང་གནའ་བོའི་དུས་ད་ལྟའི་ཀན་སུའུ་ནས་ཤིན་ཅང་དང་། དེ་ནས་ཨེ་ཤེ་ཡའི་དབུས་དང་ལྷོ་ནུབ་ཁུལ། དེ་བཞིན་ཧྲེ་གླིང་བྱང་ཤར་རྒྱུད་དང་རྒྱ་གར་གྱི་སྐམ་ས་ཐལ་པའི་ཕྱོགས་སུ་བགྲོད་པའི་གལ་ཆེའི་འགག་འཕྲང་ཞིག་ཡིན་ཞེས་ཀྲང་ཤུན་གྱི་མཆན་①དང་། ཝུའུ་ཡུད་ཀུས་ཀྱི་མཆན་②གཉིས་ལ་གསལ།

[6]**ཆན་ཀོས་ཡུལ།** ཡུལ་མིང་རྒྱ་ཡིག་乾归国ཞེས་པ་སྒྲ་བསྒྱུར་བགྱིས་པ་ཡིན་ཞིང་། དེ་ནི་རྗེ་བོའི་མཚན་ས་མིང་དུ་ཐོགས་པར་སྙམ། དེ་ཡང་རྒྱའི་ལོ་རྒྱུས་ཐོག་བྱུང་བའི་ཅིན་ཤར་མའི་(东晋)རྒྱལ་ཕྲན་བཅུ་དྲུག་པོའི་ཡ་གྱལ་ཞིན་ནུབ་མའི་(西秦)དབང་བསྒྱུར་བ་ཇི་ཧྥུ་ཆན་ཀོས་(乞伏乾归)ཀྱིས་བཙུགས་པའི་ལྟེ་བའི་གྲོང་ཡིན་ཏེ། རྒྱ་ནག་གི་ལོ་རྒྱུས་ཡིག་ཚང་སྲིད་སྐྱོང་མེ་ལོང་《资治通鉴》དུ་འདི་བཞིན་གསལ། ཅིན་ཤར་མའི་རྒྱལ་པོ་ཤའོ་ཝུ་ཏིས་ཐའེ་ཡོན་(孝武帝太元)ཁྲི་ལོ་བཅུ་གསུམ་(སྤྱི་ལོ་༣༨༨)པའི་སྐབས་ལས། ཟླ་དགུ་པར། ཧོ་ནན་རྒྱལ་པོ་(河南王)ཆན་ཀོས་ཀྱིས་རྒྱལ་ས་ཅིན་ཁྲིང་(金城)དུ་སྤོས་ཞེས་དང་། ཡང་དེབ་ཐེར་དེའི་ཅིན་ཤར་མའི་རྒྱལ་པོ་ཨན་ཏིས་ལུང་ཨན་(安帝隆安)ཁྲི་ལོ་བཞི་པའི་(སྤྱི་ལོ་༤༠༠)སྐབས་ལས། དཔྱིད་ཟླ་ཐ་ཆུང་ལ་...ཆིན་ནུབ་མའི་རྒྱལ་པོ་ཆན་ཀོས་ཀྱིས་རྒྱལ་ས་ཡོན་ཁྲོན་(苑川)ལ་སྤོས་ཞེས་བྱུང་། དེར་གཞིགས་ཚེ་བཙུན་པ་ཧྭ་ཤན་ནུབ་ལམ་དུ་གཤེགས་པའི་སྐབས་ཡུལ་ཆན་ཀོས་ཀྱི་རྒྱལ་ས་ཅིན་ཁྲིང་དུ་ཡིན་པར་སྙམ། ཡུལ་དེའི་རྗེས་ཤུལ་དེང་ཀན་སུའུ་ལན་ཀྲུ་གྲོང་ཁྱེར་(甘肃兰州市)གྱི་ནུབ་ཕྱོགས་སུ་

① 张巽校注:《佛国记》,中国旅游出版社,2016年,第36页。

② 吴玉贵释译:《佛国记》,东方出版社,2018年,第31页。

ཡོད་ཅེས་ཀྱང་ཤུན་གྱི་མཆན་[1]དུ་གསལ།

[7]དབྱར་གནས། བོད་ཀྱི་ལོ་ཙཱ་བ་བཙྟེ་དཔལ་གྱིས་ལྷུན་པོས་ཐོག་མར་བསྒྱུར་བ་ལ་དུས་ཕྱིས་ལོ་ཙཱ་བ་སྐ་བ་དཔལ་བརྩེགས་ཀྱིས་སླར་བསྒྱུར་ཅིང་ཞུས་ཏེ་གཏན་ལ་ཕབ་པའི་ལུང་གཞིའམ་འདུལ་བ་གཞི་[2] རུ་བསྟན་པ་ལྟར་ན། སྟོན་པ་སངས་རྒྱས་པའི་མཇུག་ཏུ་སྟོན་པའི་དགེ་སློང་དག་དབྱར་ཁ་ལྟོངས་བར་ན་རྒྱུ་ཞིང་། གང་ས་ར་དོང་བའི་རྐྱེན་གྱིས། མུ་སྟེགས་བྱེད་རྣམས་ཀྱིས། དགེ་སྦྱོང་གོ་ཏ་མའི་སློབ་བུ་འདི་ཚོ་དབྱར་གྱི་ནང་དུ་བག་ཡངས་སུ་སྤྱོད་པ་ལས། སྲོག་ཆགས་ཤིན་ཏུ་ཕྲ་མོ་མང་པོ་བརྫིས་ནས་སྲོག་དང་བྲལ་བར་བྱེད་དོ། །རི་ཞིག་བྱིའུ་ཁུག་རྟ་ཡང་དབྱར་ཟླ་བ་བཞིའི་རིང་ལ་ཞུམ་ཞུམ་པོར་གནས་ཤིང་བསྐུམས་ནས་འདུག་ན། དགེ་སྦྱོང་འདི་ཚོ་ནི་དེ་ཙམ་ཡང་མི་ཤེས་ན། འདི་དག་ལ་བསོད་སྙོམས་སྦྱིན་པ་དང་། བཀུར་སྟི་བྱེད་པ་སུ་ཡོད་ཅེས་སོགས་ཁ་ཟེར་རོ། །དེར་སྟོན་པ་བཅོམ་ལྡན་འདས་ཐབས་མཁས་ཐུགས་རྗེ་ཆེན་པོ་དང་ལྡན་པ་དེས་ཕན་ཡོན་རྣམ་པ་བཅུ་དག་ཀྱང་གཟིགས་ནས། དབྱར་གནས་པར་དམ་བཅའ་བར་བྱའོ། །ཞེས་སོགས་དབྱར་གནས་པའི་བཅས་པ་མཛད་ཚུལ་གསལ་ཞིང་། དེ་ཡང་དབྱར་གནས་ནི་འདུལ་བ་གཞི་གསུམ་གྱི་ཡ་གྱལ་དབྱར་སྔ་ཕྱི་གང་ཡིན་རུང་དབྱར་ཟླ་གསུམ་གྱི་རིང་ལ། དགེ་ཚུལ་སློང་རྣམས་ཀྱིས་མཚམས་ལས་འདས་ཏེ་སྐྱ་རེངས་འཆར་བར་མི་བྱ་བའི་དམ་བཅའི་གནས་སུ་འབྲེལ་བ་དང་། དགེ་འདུན་གྱི་ནང་དུ་འཁྲུག་ལོང་མི་བྱ་བ་དང་། ཐོས་པ་སོགས་ལ་བརྩོན་པ་དང་། གཙུག་ལག་ཁང་རལ་གྲུམ་བཅོས་པ་སོགས་ཀྱི་དམ་བཅའ་བཟུང་ནས་དབྱར་ཁས་ལེན་པའོ། །དེ་ལྟར་དུ་ཁས་ལེན་པའི་དགོས་པ་ནི་ཀློང་རྡོལ་བླ་མ་ངག་དབང་བློ་བཟང་གིས། གཞི་གསུམ་པ་དབྱར་ཁས་ལེན་

① 张巽校注:《佛国记》，中国旅游出版社，2016年，第37页。

② 《སྡེ་དགེ་བཀའ་འགྱུར་》ཀ་པོད། ལྡེབ་༡ནས་ང་པོད་ལྡེབ་༣༠༢ཀྱི་ཉིན་ངོས་བར།

ནི། དགོས་པ་ནི་ཁས་མ་བླངས་པའི་ཉེས་པ་ཁེག་པ། འགྲོ་འདུག་ཉུང་བས་སྤྱོག་ཆགས་ལ་མི་གནོད་པ། དོན་ཉུང་བ་བྱ་བ་ཉུང་བ་ཐོས་བསམ་འཕེལ་བ་སོགས་དགུ་གསུངས་སོ། །དགེ་སློང་མ་མཐའང་ལྟུང་མེད་པར་གཞི་གསུམ་གྱི་ཕྱུག་ལེན་བྱ་མི་རུང་ངོ་། །རྗེན་ནི་རབ་བྱུང་གི་སྡེ་ལྔ་ཀས་བྱེད་དགོས་པས། ཧོར་ཟླ་དྲུག་པའི་བཅུ་དྲུག །དབྱར་ཟླ་འབྲིང་པོ་ཉའི་ཕྱི་དེ་ཉིན་གྱི་ཞུན་ཟླ་བའི་ཚེས་གཅིག་ལ་དབྱར་སྔ་མ་ཟླ་བ་གསུམ་དང་། ཧོར་ཟླ་བདུན་པའི་ཚེས་བཅུ་དྲུག །དབྱར་ཐ་ཆུང་གི་ཉའི་ཕྱི་དེ་ཉིན་ཁྲུམས་ཟླ་བའི་ཚེས་གཅིག་དབྱར་ཕྱི་མ་ཟླ་བ་རིལ་པོ་གསུམ་ཁས་བླངས་ལེན་པ་ཡིན། ཟླ་བ་གསུམ་ཁས་བླངས་ཀྱང་། ཟླ་བ་གཅིག་དང་། ཕྱེད་དང་གཉིས་སོགས་ནས་སློ་བུར་དགག་དབྱེ་རུང་ངོ་། དབྱར་བྱིན་རླབས། ཉིན་གཅིག་ལ་ཞག་གཅིག་དང་། ཞག་དྲུག་ལ་བདུན་སྤྱོར་དགོས་ལ། ཆོས་ལྡན་གྱི་བྱ་བ་དོ་གལ་ཆེ་ན་ཞག་བཞི་བཅུའང་རུང་ཡང་དགེ་འདུན་ལ་གསོལ་གཉིས་ཀྱི་ལས་ཀྱི་གནང་བ་ཞུ་དགོས་སོ། །[①]ཞེས་གསུངས། དེ་ཡང་དེའི་སྐོར་ལ་སློབ་དཔོན་ཡོན་ཏན་འོད་ཀྱིས་མཛད་ཅིང་རྒྱ་གར་གྱི་པཎྜི་ཏ་ཛཱི་ན་མི་ཏྲ་དང་བོད་ཀྱི་ལོ་ཙཱ་བ་ཀླུའི་རྒྱལ་མཚན་གྱིས་བསྒྱུར་བའི་འདུལ་བ་མདོ་རྩ་བ་རུ། དབྱར་གནས་པར་ཁས་བླང་བར་བྱའོ། །ཟླ་བ་གསུམ་དུའོ། །ཚེས་བཅུ་དྲུག་ལའོ། །དབྱར་ཟླ་འབྲིང་པོ་ཉའི་ཕྱེད་དེ་ཉིན་པར་གྱིའོ། །དབྱར་ཟླ་ཐ་ཆུང་ཉའིའོ། །ཞག་བཅུའམ་ཟླ་བ་ཕྱེད་ཀྱིས་འབྱུང་བར་འགྱུར་བ་ཉིད་ན་གཙུག་ལག་ཁང་བྱི་དོར་བྱའོ། །[②]ཞེས་སོགས་གསུངས་པ་ལས་རྟོགས་ཤིང་ཞིབ་པར་མཁྱེན་འདོད་ན་མདོ་དེ་ཉིད་དང་དེའི་རང་འགྲེལ་སྡེ་དགེ་བསྟན་འགྱུར་འདུལ་བ་[ཞུ]པོད་དུ་བཞུགས་པ། རྒྱ་གར་གྱི་པཎྜི་ཏ་ཨཱ་ལཀྵ་ར་དེ་ཕ་

① 《སློང་བརྗོད་ལ་ངག་དབང་བློ་བཟང་གི་གསུང་འབུམ་》 སེར་གཙུག་ནང་བསྟན་དཔེ་རྙིང་འཚོལ་བསྡུ་ཕྱོགས་སྒྲིག་ཁང་ནས་བསྒྲིགས། སྟོད་ཆ། ཤ་༦༧༧

② 《སྡེ་དགེ་བསྟན་འགྱུར་》འདུལ་བ། [ཝུ] ལྡེབ་༦༧ཉིན་ངོས།

དང་བོད་ཀྱི་ལོ་ཙཱ་བ་ཚུལ་ཁྲིམས་འབྱུང་གནས་སྦས་པས་བསྒྱུར་བ་མཚན་བྱང་དུ་འདུལ་བའི་མདོའི་འགྲེལ་པ་མངོན་པར་བརྗོད་པ་རང་གི་རྣམ་པར་བཤད་པ་ཞེས་བྱ་བ་དེ་དང་། གཞན་ཡང་རྒྱ་གར་གྱི་སློབ་དཔོན་ཛྙཱ་མི་ཏྲས་མཛད་ཅིང་། རྒྱ་གར་གྱི་མཁན་པོ་ཛཱི་ན་མི་ཏྲ་དང་བོད་ཀྱི་ལོ་ཙཱ་བ་གླུའི་རྒྱལ་མཚན་གྱིས་བསྒྱུར་བའི་འདུལ་བའི་མདོའི་རྒྱ་ཆེར་འགྲེལ་པ། ཞེས་སྡེ་དགེ་བསྟན་འགྱུར་འདུལ་བ་[ཝུ།]དང་། འདུལ་བ་[ཟུ།]ཡོད་དུ་བཞུགས་པའི་རྒྱ་གར་སློབ་དཔོན་པྲ་ཛྙཱ་ཀ་རས་མཛད་ཅིང་། འགྱུར་བྱང་མི་གསལ་བ་འདུལ་བའི་མདོའི་རྣམ་པར་བཤད་པ། ཞེས་པ་སོགས་སུ་གཟིགས་པར་འཚལ།

[8]**རྫོཨུ་དན་ཡུལ།** ཡུལ་མིང་རྒྱ་ཡིག 耨檀国ཞེས་པ་སྒྲ་བསྒྱུར་བགྱིས་པ་ཡིན་ཞིང་། དེ་ཡང་རྗེ་བོའི་མཚན་ས་མིང་དུ་ཐོགས་པའོ། །ཀྲང་ཤུན་གྱི་མཆན་ལ་གཞིགས་ཚེ། ཡུལ་དེ་ནི་རྒྱའི་ལོ་རྒྱུས་ཐོག་བྱུང་བའི་ཅིན་ཤར་མའི་ཡུལ་བཅུ་དྲུག་པོའི་ཡ་གྱལ་ལིང་ལྷོ་མའི་(南凉)ལྡེ་བའི་གྲོང་ཡིན། ཅིན་ཤར་མའི་ལུང་ཨན་ཁྲི་ལོ་གསུམ་པ་སྤྱི་ལོ་༣༩༩ལོར། བཙུན་པ་རྫ་ཤན་ཡུལ་ཆན་ཀོས་སུ་དབྱར་གནས་གྲུབ་སྟེ་ལིང་ལྷོ་མའི་ལྡེ་བའི་གྲོང་དུ་ཕེབས་འབྱོར་བྱུང་བའི་སྐབས་དང་འཕེལ་ཞིང་། ལིང་ལྷོ་མའི་རྗེ་བོ་ཐུ་ཧྥ་ཨུཨུ་ཀུཨུ་(秃发乌孤)ལོ་དེའི་ཟླ་བརྒྱད་པར་རྟ་ཐོག་ནས་ལྷུང་སྟེ་ནད་ཀྱིས་བཏབ་མུར་ཚེ་ལས་འདས་པས་དེའི་ནུ་བོ་ཧླིད་ལུ་ཀུཨུ་(利鹿孤)ཡིས་སྲིད་བསྐྱངས། ཐུ་ཧྥ་ཨུཨུ་ཀུཨུ་ཡི་ཐོག་མའི་ལྡེ་བའི་གྲོང་ལེ་ཏུཨུ་(乐都)སྟེ་དེང་མཚོ་སྔོན་གྲོ་ཚང་ལ་ཡིན་མོད་ཀྱི་ནུ་བོས་སྲིད་བསྐྱངས་པའི་མཇུག་ཏུ་ཤིའི་ཕིང་(西平)སྟེ་དེང་མཚོ་སྔོན་ཟི་ལིང་དུ་སྤོས་པར་སྣང་། དེས་ན་བཙུན་པ་རྫ་ཤན་གྱི་ལོ་༣༩༩ལོར་དབྱར་གནས་གྲོལ་ཏེ་ལིང་ལྷོ་མར་ཕེབས་པའི་སྐབས་ཞིབ་བྲའི་ཡུལ་ཕལ་ཆེར་དེང་གི་མཚོ་སྔོན་ཟི་ལིང་ལ་ཞབས་བཅགས་པར་སྙམ། འོན་ཏེ་འདིར་

རྫོགས་པ་སྐྱེ་དགོས་པ་ཞིག་ལ་ཐླིད་ལུ་ཀུའུ་ཅེན་ཤར་མའི་ཡོན་ཤིང་ཁྲི་ལོ་དང་པོ་(元兴元年)སྟེ་སྤྱི་ལོ་༤༠༢ལ་ཚེ་རྫོགས་ནས་དེའི་ནུ་བོ་ནོའུ་དན་(耨檀)གྱིས་སྲིད་བསྐྱངས་པས། དེ་ལྟར་ན་བཙུན་པ་ཧྥ་ཤན་ཡུལ་དེར་འབྱོར་བའི་དུས་དེའི་རྗེ་བོ་ནི་ནོའུ་དན་མིན་པར་དེའི་ཕུ་བོ་ཐླིད་ལུ་ཀུའུ་ཡིན་དགོས་ཀྱི། རྒྱའི་ཡིག་ཆ་ཅེན་ཧྲུའུ་(晋书)ཡི་ལེའུ་ཉེར་དྲུག་པར་འདི་བཞིན་འབྱུང་། ནོའུ་དན་ཆུང་དུས་ནས་བློ་རིག་བཀྲ་ཤིང་འཛོན་ནུས་ཅན་ཞིག་ཡིན་ཞེས་དང་། ཡང་དེ་མུར། ཐླིད་ལུ་ཀུའུ་ཁྲིར་བཞུགས་མོད། བྱས་པ་ཅི་ཡང་མེད་པས་དམག་སྲིད་ཀྱི་དོན་ཆེན་པོ་དག་གཞན་གྱིས་ཁ་ལོ་བསྒྱུར་རོ། །[1] ཞེས་གསལ་བ་ལས་ཐླིད་ལུ་ཀུའུ་ཁྲིར་གནས་པའི་དུས་ངོ་ཐོག་ཆབ་སྲིད་འཛིན་མཁན་ནི་དེའི་ནུ་བོ་ནའོ་དན་ཡིན་པ་ངེས་ཤེས་ཐུབ། བཙུན་པ་ཧྥ་ཤན་གྱི་སྐབས་བབ་ལམ་ཡིག་ཏུ་ཐླིད་ལུ་ཀུའུ་ཡི་ཡུལ་ཞེས་མ་འཁོད་པར་ནོའུ་དན་ཡུལ་ཞེས་གསལ་བའང་ཕལ་ཆེར་དེའི་རྒྱུ་མཚན་གྱིས་ཡིན་པར་ཤེས་སོ། །

[9]རི་བོ་ཡང་ལུ། རི་མིང་རྒྱ་ཡིག་ཕྱི་མོའི་ཐ་སྙད་养楼山ཞེས་པ་སྒྲ་ཇི་བཞིན་བསྒྱུར་བ་ཡིན་ཏེ། ཀྲང་ཤུན་གྱི་མཆན་ལྟར་ན་རི་བོ་དེ་ཉིད་དེང་མཚོ་སྔོན་ཞི་ལིང་གྲོང་ཁྱེར་གྱི་བྱང་མཚམས་ཏ་ཐང་ཆུ་བོའི་ལྷོ་རོལ་དུ་ཆགས་པའོ། །[2]

[10]ཀྲང་ཡེ་གྲོང་རྡལ། དེ་ཉིད་རྒྱ་ཡིག་ཕྱི་མོའི་ཐ་སྙད་张掖ཞེས་པ་སྒྲ་བསྒྱུར་བགྱིས་པ་ཡིན་ཞིང་། ཝུ་ཡུད་ཀུས་ཀྱི་མཆན་ལས། གྲོང་རྡལ་དེའི་རྗེས་ཤུལ་ད་ལྟ་ཀན་སུའུ་ཀྲང་ཡེ་རྫོང་(甘肃张掖县)གི་ནུབ་བྱང་ལེ་དབར་བཞི་བཅུའི་སར་ཡོད་[3]ཅེས་གསལ།

[11]དུས་ཟིང་། དུས་ཟིང་འདི་བཞིན་བྱུང་བའི་ལོ་རྒྱུས་རྒྱབ་ལྗོངས་ནི་ཀྲང་

① 张異校注:《佛国记》，中国旅游出版社，2016年，第37页。

② 张異校注:《佛国记》，中国旅游出版社，2016年，第38页。

③ 吴玉贵释译;《佛国记》，东方出版社，2018年，第36页。

ཤུན་གྱི་མཆན་①ལྟར་ན། དང་ཐོག་ཀྱང་ཡེ་ཞེས་པའི་སའི་ཆ་ནི་ལེང་ཕྱི་མའི་(后梁)རྗེ་བོ་ལུའི་ཀོང་(吕光)གི་ཆབ་འོག་ཡིན་མོད། ཅིན་ཤར་མའི་ལུང་ཨན་ཁྲི་ལོ་གཉིས་པ་སྟེ་སྤྱི་ལོ་༣༩༧ལོའི་ཟླ་དྲུག་པར་ཏོན་ཡེད་(段業)བྱ་བས་དབང་བསྒྱུར་ཏེ་བདག་གིར་བཟུང་། དེ་ལྟར་ལུང་ཨན་ཁྲི་ལོ་གསུམ་པ་སྟེ་སྤྱི་ལོ་༣༩༩ལོའི་ཟླ་གཉིས་པར་རྗེ་བོ་ཏོན་ཡེད་གྲོང་རྡལ་ཀྱང་ཡེད་དུ་འདུག་མུས་ཡིན་པས་བཙུན་པ་ཧྥ་ཤན་གྱིས་གྲོང་གི་རྗེ་བོ་ཏོན་ཡེད་ཞེས་གསུངས་པའོ། །སྐབས་དེར་ཏོན་ཡེད་ཀྱི་ཆབ་སྲིད་ལ་ཤར་ནུབ་ཕྱོགས་གཉིས་ནས་གནོད་ཤུགས་སྤྲིན་པའི་སྐབས་ཡིན་ཏེ། ཤར་མཚམས་ནས་ལེང་ཕྱི་མས་རྒྱུན་པར་དམག་བཙངས་ནས་དཔུང་འཇུག་བྱས་པ་དང་། (སྲིད་སྐྱོང་མི་ལོང་ལས་ལུང་ཨན་ཁྲི་ལོ་གསུམ་པའི་ཟླ་བཞི་པ་དང་ཁྲི་ལོ་བཞི་པའི་ཟླ་དྲུག་པའི་སྐབས་གསལ།)ནུབ་མཚམས་ནས་ཏུན་ཧོང་(敦煌)གི་ཡུལ་དཔོན་ལིའི་ཧྭོ་(李暠)ཡིས་རྗེ་བོ་ཏོན་ཡེད་ལ་ངོ་ལོག་གིས་ལེང་ནུབ་མའི་སྲིད་དབང་འཛུགས་བཞིན་གནས་པ་ལགས།(སྲིད་སྐྱོང་མི་ལོང་ལས་ལུང་ཨན་ཁྲི་ལོ་བཞི་པའི་ཟླ་བཞི་དང་ཟླ་བཅུ་གཅིག་པའི་སྐབས་གཉིས་ལ་གསལ།) དེའི་ཕྱིར་ན་ལམ་ཡིག་མ་ཕྱིར། དུས་ཐེང་གི་རྐྱེན་པས་ལམ་འགྲུལ་བཞུད་དཀའ་ཞེས་པ་བྱུང་ངོ་། །

[12]ཧྭ་ཤང་གྲི་ཡན་དང་། ཧུད་ཇན། སིང་ཧྲའོ། པའོ་ཡུན། སིང་ཛིང་། བཙུན་པ་ཧྥ་ཤན་ལ་ཀྱང་ཡེ་གྲོང་རྡལ་ནས་གསར་དུ་འཕྲད་པའི་ཧྭ་ཤང་ལྔ་པོ་དེ་དག་གི་མཚན་དུ་རྒྱ་ཡིག་ཕྱི་མོར་རིམ་པ་བཞིན་智严དང་། 慧简 僧绍 宝云 僧景 ཞེས་བྱུང་བ་ལས། 智严དང་宝云གྱི་སྐོར་ལ་གུང་མགོན་པོ་སྐྱབས་ཀྱིས། ཧྭ་ཤང་ཡེ་ཤེས་རྒྱན་(智严)དང་རིན་ཆེན་སྤྲིན་(宝云)ཞེས་བྱ་བ་གཉིས་སྔ་ཕྱིར་རྒྱ་གར་དུ་ཕྱིན་ཏེ་སློབ་གཉེར་བྱས། སྔ་མས་དགེ་བསྙེན་གྱི་དུས་སུ་བསླབ་གཞི་ཅིག་ལ་སྐྱོན་བྱུང་བ་ལ་ཕྱིས་བཤགས་སྡོམ་དྲག་ཏུ་བྱས་པས་དག་མ་དག་གི་ཐེ་ཚོམ་ཡོད་པ་

① 张巽校注:《佛国记》，中国旅游出版社，2016年，第38页。

རྒྱ་གར་མཁས་པ་དག་ལ་དྲིས་པས། དེ་དག་གིས་ལུང་རིག་གི་སྒོ་ནས་དག་པར་བཤད་ཀྱང་ད་དུང་ཐེ་ཚོམ་མ་ཆོད་པ་ན། སློབ་དཔོན་ཞིག་གིས་བྱམས་པ་བསྒོམ་དུ་བཅུག་པས་རྫུ་ལམ་དུ་དགའ་ལྡན་ན་བྱམས་པ་མཇལ་ནས་དྲིས་པས་དག་གོ་གསུངས་པས་ཐེ་ཚོམ་མེད་དོ། །ལོ་ཙཱ་བ་གཉིས་ཀྱིས་རྒྱ་རོལ་དང་། དྲང་སྲོང་རྒྱས་པས་ཞུས་པ། རྒྱན་བཀོད་པ། རྒྱལ་ཆེན་བཞིས་ཞུས། ཚེ་མདོ་རྣམས་བསྒྱུར་ཞིང་ཕྱི་མ་ལོ་ཆེན་དུ་གྲགས། རྒྱན་གྱིས་དོན་གཅིག་པར་ཁ་ཆེར་འདུས། ཕྱིན་དོན་བཞི་པ་རང་ཡུལ་དུ་ཞི་བར་གཤེགས།[①] ཞེས་འཁོད་པ་རྒྱ་ནག་ལེང་(梁)རྒྱལ་རབས་སྐབས་ཀྱི་ཧྭ་ཤང་སེང་ཡའུ་(僧祐445～518)ཡིས་མཛད་པའི་སྡེ་སྣོད་གསུམ་གྱི་ཆོས་ཀྱི་རྣམ་གྲངས་ཀྱི་བརྗེད་བྱང་ཆེན་པོ་《出三藏记集》ཞེས་བམ་པོ་བཅོ་ལྔའི་བདག་ཉིད་ཅན་དེའི་མཇུག་གི་བམ་པོ་གསུམ་དུ་ཧྭ་ཤང་རྣམས་ཀྱི་རྣམ་ཐར་བཀོད་ཡོད་པ་ལས། བམ་པོ་བཅུ་གཅིག་ཏུ་སྐབས་བབ་ཧྭ་ཤང་གཉིས་པོར་རང་རང་གི་ལོ་རྒྱུས་རེ་གསལ་བ་རྗེ་དོན་དྲིལ་ནས་རྒྱ་ནག་ཆོས་འབྱུང་དུ་གསུངས་པར་སྣམ། རྒྱ་ནག་གི་གནའ་བོའི་ཡིག་ཚང་དེར་རྒྱ་ནག་ཆོས་འབྱུང་དུ་བརྗོད་པའི་མདོ་བསྟན་རྣམས་ཕུད་ཧྭ་ཤང་པའོ་ཡུན་ནམ་རིན་ཆེན་སྤྲིན་གྱིས་སློབ་དཔོན་རྟ་དབྱངས་ཀྱིས་མཛད་པའི་སངས་རྒྱས་ཀྱི་སྤྱོད་པར་བསྟོད་པ་《佛所行赞经》ཡང་བསྒྱུར་བར་གསུངས། ཐ་ཤན་ལམ་ཡིག་ཏུ་ཧྭ་ཤང་ལྔ་པོ་ལས་པའོ་ཡུན་དང་སེང་ཧྲིང་གཉིས་པོས་པུ་ཏ་ཁ་པུ་རའི་ཡུལ་དུ་སྟོན་པའི་ལྷུང་བཟེད་ལ་མཇལ་ཁ་ཞུས་ཏེ་རང་ཡུལ་རྒྱ་ནག་ཏུ་ཕྱིར་བཀློག་པར་གསལ་ཞིང་། ཅིག་ཤོས་སེང་ཧྭའོ་ནི་ལམ་ཡིག་ཕྱི་མོར་བཙུན་པ་ཐ་ཤན་ལི་ཡུལ་ནས་ཛེ་ཧའི་ཡུལ་དུ་ཕྱིན་སྐབས་ཞལ་གྱིས་ནས་གཅིག་པུར་ནུབ་ཡུལ་དུ་བགྲོད་བཞིན་པའི་བཙུན་པ་ཞིག་དང་འགྲོགས་ཏེ་ཁ་ཆེའི་ཡུལ་

---

① གུང་མགོན་པོ་སྐྱབས། 《རྒྱ་ནག་ཆོས་འབྱུང་》 སི་ཁྲོན་མི་རིགས་དཔེ་སྐྲུན་ཁང་། ༡༩༨༢ལོ། ཤ་༥༨

ཏུ་ཆས་པར་གསལ།

[13]ཏུན་ཧོང་། རྗེས་ཤུལ་དེང་ཀན་སུའུ་ཞིང་ཆེན་ཏུན་ཧོང་རྫོང་ནུབ་མཐའི་ཐང་ཧོ་(党河)ཞེས་པའི་ཆུ་ཀླུང་གི་ནུབ་ངོགས་སུ་ཡོད་ཅེས་ཀྱང་ཤུན་གྱི་མཆན①ཏུ་གསལ།

[14]ཐོ་ཧྭ། དེ་ནི་སྐབས་བབ་ཡིག་འགྲོས་སུ་བྱུང་བའི་དེའི་དུས་ཀྱི་ཏུན་ཧོང་གི་ཡུལ་དཔོན་ལིའི་ཧའོ་(李暠)ཡིས་བཟུང་བ་ཞིག་མིན་ནམ་སྙམ།

[15]ཡུལ་དཔོན་ལིའི་ཧའོ། དེའི་སྐོར་གོང་གི་ཀྱང་ཡེ་གྲོང་རྫལ་སྐབས་དུས་ཟིང་ཞེས་པའི་མཆན་དུ་གསལ་བས་དེར་གཟིགས་པར་འཚལ།

[16]བྱེ་ཀླུང་། དེ་ནི་ཏུན་ཧོང་ནུབ་ནས་ཤིང་ཤན་ཡུལ་ཤར་བར་ཆགས་པའི་བྱེ་ཐང་ངམ་མྱ་ངམ་གྱི་ཐང་ཆེན་པོར་གོ་ཞེས་ཝུ་ཡུད་ཀུས་ཀྱི་མཆན②ལ་གསལ། བྱེ་ཀླུང་དེའི་སྐོར་ལ་བརྩུན་པ་རྒྱ་ཤར་གྱི་མཇུག་ལ་འཕགས་ཡུལ་དུ་ཕྱིན་པའི་ཐང་སན་བླ་མའི་ལམ་ཡིག་གི་བམ་པོ་བཅུ་གཉིས་པའི་མཇུག་ཏུ་ཐང་སན་བླ་མ་སྤྱི་ལོ་༦༤༥ཙམ་ན་འཕགས་ཡུལ་ནས་ཐང་གུར་དུ་ཕྱིར་ལོག་པའི་དུས། དེང་ཤིན་ཅང་མིན་ཧྥོང་རྫོང་(新疆民丰县)དུ་ཆགས་པའི་གནའ་བོའི་ནི་ན་བྱ་བའི་གྲོང་(尼壤城)གི་ཤར་ཕྱོགས་སུ་བྱེ་ཀླུང་ཆེན་པོ་དེ་བགྲོད་པའི་ཚུལ་འདི་བཞིན་གསུངས། དེ་ནས་ཤར་ཕྱོགས་སུ་བགྲོད་པས་བྱེ་ཀླུང་ཆེན་པོ་སྣང་། དེར་རྫ་ཆུ་མེད་ཅིང་རྟག་ཏུ་རབ་ཚའི་རྒྱལ་རླུང་ལྷང་སྐྱེ་རྐང་རྗེས་མི་གསལ་ཞིང་མི་ཕྱུགས་དྲན་པ་ཉམས་པར་བྱེད། ལམ་འབྲུལ་ཏེ་ཁ་ཕྱོགས་འཛིན་མི་ནུས་པས་ཀེང་རུས་ཀྱི་ཕུང་པོས་རྟགས་བྱས་ཏེ་བསྐྱོད་དགོས་སོ། །གཞན་ཡང་དུ་དག་ཙ་ཙེ་དང་། གླུ་དང་པི་ཝང་སོགས་བདུད་ཀྱི་ཚེ་འཕྲུལ་ཡིན་ཟེར་བའི་སྒྲ་ཡ་མཚན་ཅན་མང་དུ་ཐོས་སྐབས་བྱེ་ཀླུང་

① 张巽校注:《佛国记》，中国旅游出版社，2016年，第38页。

② 吴玉贵释译:《佛国记》，东方出版社，2018年，第42页。

ཆེན་པོ་དེར་ཞུགས་པ་ཕལ་མོ་ཆེ་འཆི་བར་གྱུར།[①] ཞེས་གསལ།

[17]ཤིང་ཤན་ཡུལ། ཡུལ་དེ་ལམ་ཡིག་ཕྱི་མོར་གསལ་བའི་鄯善国ཞེས་པ་ཏུན་ཧོང་ན་བཞུགས་པའི་བོད་ཀྱི་ཡིག་ཚང་ན་ཤིང་ཤན་ཞེས་གསལ་ཏེ། དེ་ཡང་ཞིབ་འཇུག་པ་ཀྲེན་སྤྲིང་ལིན་དང་ཧོང་ཝེའི་ཀྲུང་རྣམ་གཉིས་ཀྱིས་གཙོ་སྒྲིག་གནང་བའི་སྤྱི་རྒྱལ་སྤྱི་ཚོགས་དཔལ་འབྱོར་སྐོར་གྱི་ཏུན་ཧོང་ཤོག་དྲིལ་བདམས་བཏུས་ཞེས་པའི་ནང་འཕོད་ཤོག་དྲིལ་ཨང་རྟགས་or.15000/90སྟེ། ཤིང་ཤན་གྱི་ལི་མངན་ལི་བུ་གོད་གི་མཆིད་གསོལ་བའ། །ཞེས་པ་དེ་རྒྱ་ཡིག་ཏུ་鄯善李岸本李布国之请求书[②]བསྒྱུར་བ་དེ་ཇི་བཞིན་འཐད་མིན་སྤྱི་རྒྱལ་ཡིག་རྙིང་ལ་མངའ་བརྙེས་པའི་མཁས་དབང་རྣམས་ལ་དགོངས་སྐོར་ཞུས་པ་བརྒྱུད་དོན་ལ་གནས་པར་གསུངས་པས་སྐབས་བབ་འདིར་དྲངས་པ་ལགས། ཞིབ་འཇུག་པ་ཧྥིང་ཁྲིང་ཙུན་(冯承钧)གྱིས་མཛད་པའི་ནུབ་ཡུལ་ལྷོ་རྒྱ་མཚོའི་ལོ་རྒྱུས་ས་ཡུལ་རྩོམ་ཞིབ་སྐོར་གྱི་དཔྱད་རྩོམ་གཅེས་བཏུས་[③]ཞེས་པའི་དབུ་ཙ་ཡུལ་དེའི་སྐོར་གྱི་དཔྱད་རྩོམ་གཉིས（鄯善事輯及樓蘭鄯善問題二文）གསལ་བར་གཞིགས་ན། ཤིང་ཤན་ཡུལ་(鄯善国)ལ་དང་ཐོག་ལའོ་ལན་ཡུལ་(楼兰国)བྱ་ཞིང་དེའི་ལྟེ་བའི་གྲོང་ལ་ཡུ་ནི་གྲོང་(扜泥城)ཟེར། འདིར་ལམ་ཡིག་ཕྱི་མོར་བཙུན་པ་ཧྥ་ཤན་གྱིས་ཤིང་ཤན་ཡུལ་དུ་སླེབས་གསུངས་པ་ནི་ཡུ་ནི་གྲོང་ལ་ཕེབས་འབྱོར་བྱུང་བར་གོ་དགོས་ཤིང་། དེའི་རྗེས་ཤུལ་ད་ལྟ་ཤིན་ཅང་རོ་ཆང་རྫོང་(若羌县)ཤར་ཁོངས་ཀྱི་མིའི་ལན་(米兰)ཞེས་པའི་ས་ཆ་དེ་ཡིན། གྲོང་དེའང་ཐང་སན་ལམ་ཡིག་བམ་པོ་བཅུ་གཉིས་པའི་

① ཚེ་ཏ་ཚེ་རིང་དོན་གྲུབ། 《ཐང་སན་ལམ་ཡིག་གསར་བསྒྱུར་དང་ཞིབ་འཇུག་》བོད་ལྗོངས་བོད་ཡིག་དཔེ་རྙིང་དཔེ་སྐྲུན་ཁང་། ༢༠༡༨ལོ། ཤ་༧༩

② 郑炳林、黄维忠主编:《敦煌吐蕃文献选辑社会经济卷》，民族出版社，2013年，第129页。

③ 馮承鈞著:《西域南海史地考證論著彙輯》，中華書局出版社，1957年，第1至35页。

ས་བཅད་མཐའ་མ་བྱེ་སླུང་ཆེན་པོའི་ཤར་ཕྱོགས་ཀྱི་བགྲོད་ལམ་ཞེས་པར་གསལ་བའི་ནོབ་ཡུལ་(纳缚波故国)ཡིན་པར་འདོད། །གཞན་དུ་ན་གོང་དུ་བརྗོད་པའི་ཧྲེང་ཁྲིང་ཙུན་གྱི་དཔྱད་རྩོམ་གཅེས་བཏུས་ལས། ཐང་ཀོང་ཏེ་(唐广德)ཁྲི་ལོ་དང་པོ་སྟེ་སྤྱི་ལོ་༧༦༣ལོར་ཡུལ་དེ་སྤུ་རྒྱལ་བོད་ཀྱི་ཆབ་འོག་ཏུ་ཤོར།[①] ཞེས་གསུངས་པའང་མཁས་དབང་པ་ཚབ་པ་སངས་དབང་འདུས་ཀྱི་དཔེ་དེབ་[②]དུ་བསྟན་པ་རིག་པས་དེད་ཚེ་ཁྲི་སྲོང་ལྡེ་བཙན་གྱི་སྐུ་དུས་སུ་སྤྱི་ལོ་༧༦༣ལོར་བློན་ཞང་མཆིམས་རྒྱལ་ཟིགས་ཤུ་ཐེང་དང་། ངན་ལམ་སྟག་སྒྲ་ཀླུ་གོང་གཉིས་ཀྱིས་དམག་དྲངས་ཏེ་ཤིང་ཤན་ཡུལ་སྤུ་རྒྱལ་བོད་ཀྱི་མངའ་འོག་ཏུ་བཀུག་པར་སྨྲས།

[18]ཐེག་པ་ཆུང་ངུ། དེར་ཐ་སྙད་གཞན་དུ་ཐེག་དམན་ཞེས་ཀྱང་འབོད་ལ་ལེགས་སྦྱར་དུ་ཧཱི་ན་ཡཱ་ན་(Hīnayāna/小乘)བྱ་ཞིང་དུང་དཀར་ཚིག་མཛོད་ལས།[③] ཆེད་དུ་བྱ་བ་བདག་གཅིག་པུའི་ཕྱིར་དུ་ཐོབ་བྱ་དམན་པ་འཁོར་བའི་སྡུག་བསྔལ་ཙམ་ཞི་བའི་གོ་འཕང་དོན་དུ་གཉེར་བའི་གང་ཟག་གིས། ཐར་པ་ཐོབ་པའི་ཕྱིར་དུ་གཞི་ལམ་འབྲས་གསུམ་གྱི་རྣམ་གཞག་ཁས་བླངས་པ་ལ་ཐེག་དམན་གྲུབ་མཐའ་སྨྲ་བ་དང་། ཆེད་དུ་བྱ་བ་སེམས་ཅན་ཐམས་ཅད་ཀྱི་ཕྱིར་དུ་ཐོབ་བྱ་མཆོག་སངས་རྒྱས་ཀྱི་གོ་འཕང་དོན་དུ་གཉེར་བའི་གང་ཟག་གིས་བླ་ན་མེད་པའི་བྱང་ཆུབ་ཐོབ་པའི་ཕྱིར་དུ་གཞི་ལམ་འབྲས་གསུམ་གྱི་རྣམ་གཞག་ཁས་བླང་པ་ལ་ཐེག་ཆེན་གྲུབ་མཐའ་སྨྲ་བ་ཟེར་རོ། །

---

① 馮承鈞:《西域南海史地考證論著彙輯》，中華書局出版社，1957年，第2页。

② པ་ཚབ་པ་སངས་དབང་འདུས། 《བོད་ཀྱི་གནའ་བོའི་རྒྱལ་ཁྲབ་དང་། རྒྱལ་ཁྲབ་སིལ་མ། སྟོང་སྡེ། ཡུལ་དཔོན་ཚན་བཅས་ཀྱི་ཞིབ་འཇུག་》 བོད་ལྗོངས་མི་དམངས་དཔེ་སྐྲུན་ཁང་། ༢༠༢༠ལོ། ཤ་༢༩༩ནས་༣༠༠བར།

③ དུང་དཀར་བློ་བཟང་འཕྲིན་ལས། 《དུང་དཀར་ཚིག་མཛོད་》 ཀྲུང་གོའི་བོད་རིག་པ་དཔེ་སྐྲུན་ཁང་། ༢༠༠༢ལོ། ཤ་༡༠༦༢

[19]རྒྱ་གར་གྱི་དཔེ་ཆ་དང་དེའི་སྐད་ཡིག །རྒྱ་གར་སྐད་དང་ཡི་གེའི་སྐོར་ལ་ཐང་སན་ལམ་ཡིག་གི་བམ་པོ་གཉིས་པའི་རྒྱ་གར་སྤྱི་བཤད་ཀྱི་ཡན་ལག་ས་བཅད་ཡི་གེའི་སྐབས་སུ་འདི་ལྟར་གསལ་ཏེ། དེ་རྣམས་ཀྱི་ཡི་གེར་ཞིབ་པར་བརྟག་ཚེ། ཐོག་མར་ལྷ་ཆེན་ཚངས་པས་རྩ་བའི་ཡིག་འབྲུ་ཞེ་བདུན་གསར་དུ་བཟོས་ནས་རིམ་པར་སྔོད་བཅུད་ཀྱི་ཆོས་ཉིད་ལ་གཞིགས་ནས་གསལ་བྱེད་དེ་རྣམས་ཕན་ཚུན་བསྡེབས་ཏེ་ཤེས་བྱའི་གནས་ལུགས་སྟོན་པར་བྱེད། དེའང་ཕྱིས་ཡན་ལག་ཏུ་མར་གྱེས་ནས་ཡུལ་སོ་སོའི་ཡིག་རིགས་སྣ་ཚོགས་པ་ཐོན། འོན་ཏེ་སྤྱིར་ལྷ་ཆེན་གྱི་རྩ་བའི་ཚུལ་དང་འགལ་བ་ཅི་ཡང་མ་བྱུང་། རྒྱ་གར་ཡུལ་དབུས་ཕྱོགས་ཀྱི་སྐད་ཡིག་གི་སྲོལ་བཙན་ལ་ཟབ་པ། སྒེབ་ལེགས་སྙན་ཞིང་དབྱངས་ཀྱི་སྒྱུར་བ་གསལ་བས་ཡུལ་གཞན་ཀུན་གྱིས་ཚད་མར་འཛིན་ཞིང་རྗེས་སུ་འབྲངས། གཞན་ཡང་ཉེ་འཁྲིལ་ཡུལ་གྲུ་འགའ་ཞིག་ཏུ་ཡིག་སྲོལ་དང་འགལ་བའི་ཐ་མལ་བ་མང་དུ་ཡོད་དོ། །[①] ཞེས་གསལ་ཞིང་། ཅིད་ཤན་ལིན་གྱིས་མཛད་པའི་ཐང་སན་ལམ་ཡིག་གི་མཆན་[②]ལྟར་ན། རྒྱ་གར་གྱི་གནའ་བོའི་ཡི་གེ་ཐོག་མར་སུ་ཞིག་གིས་གསར་དུ་གཏོད་མིན་ཐད་ལ་ལྟ་ཚུལ་མི་འདྲ་བ་བཞི་ཙམ་ཡོད་པ་ལས། ཁ་ཅིག་གིས་བྲཧྨ་སྟེ་ལྷ་ཆེན་ཚངས་པས་(Brahma/大梵天)བཟོས་པར་གྲགས་ཤིང་། ལ་ལས་གནའ་བོའི་སངས་རྒྱས་ཀྱི་ཆོས་གཞུང་ཐམས་ཅད་ཀླུ་ཡུལ་དུ་ཡོད་པ་ལ་ཐེག་ཆེན་གྱི་གཞུང་ཡོད་དོ་ཅོག་ཀླུའི་ཕོ་བྲང་ནས་བཞེས་པར་འདོད། འགའ་ཞིག་གིས་འཕགས་པ་འཇམ་དཔལ་གཞོན་ནུས་ཞུས་པའི་མདོའི་ཡི་གེའི་ལེའུ་ལས་གསུངས་པའི་བཞེད་ཚུལ་འཐད་ཟེར། ཡང་ལ་ལས་སངས་རྒྱས་རྣམ་པར་སྣང་མཛད་ཀྱི་མདོ་ལས་གསུངས་པའི་

---

① རྗེ་ཏྲ་ཚེ་རིང་དོན་གྲུབ། 《ཐང་སན་ལམ་ཡིག་གསར་བསྒྱུར་དང་ཞིབ་འཇུག་》བོད་ལྗོངས་བོད་ཡིག་དཔེ་རྙིང་དཔེ་སྐྲུན་ཁང་། ༢༠༧༨ལོ། ཤ་༥༨

② 季羡林等校注:《大唐西域记》，中华书局，2012年，第183页。

ཡི་གེའི་བྱུང་རྩོལ་ཚད་མར་འཛིན། ལར་དུས་རབས་གོང་མའི་ལོ་རབས་༣༠པའི་སྐབས་སུ་གནའ་ཤུལ་རྟོག་ཞིབ་པས་ཧིན་རྡུ་ཆུ་བོའི་རྒྱུགས་ཁུལ་པ་ཀི་སི་ཐན་གྱི་སིན་ད་ཞིང་ཆེན་(Sind/信德省)གྱི་མོ་ཧེན་ཛོ་ད་རོ་(Mohenji Daro/莫亨焦达罗)ཟེར་བ་དང་རྒྱ་གར་པུན་ཇབ་མངའ་སྡེའི་(Punjab Pradesh/旁遮普邦)ཧ་རེ་པཱ་(Harepā/哈拉巴)ཟེར་བའི་ས་ཆ་གཉིས་ནས་བཙལ་རྙེད་ཐུབ་པའི་གནའ་མཁར་ཤུལ་རྙིང་འགའ་ཞིག་ལས་སྤྱི་ལོའི་སྔོན་གྱི་ལོ་༢༨༠༠ནས་༢༢༠༠བར་ལ་ཧིན་རྡུ་ཆུ་བོའི་རྒྱུགས་ཁུལ་དུ་ཆེས་མཐོའི་རིག་གནས་ཀྱི་དཔལ་ཡོན་དར་བ་བདེན་དཔང་བྱུང་བ་དང་། ས་འོག་ནས་རྙེད་པའི་རིག་དངོས་ཁྲོད་ཐོན་པའི་ཐམ་གའི་སྟེང་གི་ཡི་གེ་ཞུང་ཤས་ཙམ་འདྲ་གཟུགས་ཡིན་པ་ཕུད་ཕལ་ཆེ་བ་སྟེབ་སྦྱོར་གྱི་ཡི་གེ་ཡིན་པ་གསལ་རྟོགས་ཐུབ། དེར་མ་ཟད་ད་ཡོད་ཡིག་ཚང་ལས་ཤེས་གསལ་ལྟར་གནའ་བོའི་རྒྱ་གར་གྱི་ཡི་གེ་ཆེས་སྔ་ཤོས་ནི་ཁ་རོ་ཥྛི་(Kharoṣṭī/佉卢字)དང་བྲཱ་ཧྨི་(Brāhmī/婆罗谜字)ཞེས་པའི་ཡིག་རིགས་གཉིས་ཡིན་ཞིང་། ཀུན་ཏུ་གྲགས་ཆེ་བའི་ཆོས་རྒྱལ་མྱ་ངན་མེད་ཀྱི་རྡོ་རིང་ཡི་གེའང་ཡིག་གཟུགས་དེ་གཉིས་སྤྱད་ནས་བྲིས་པའོ། །བྲཱ་ཧྨི་ཡི་གེ་ཐོན་རྗེས་སྤྱི་ལོའི་དུས་རབས་༤ནས་༥པའི་བར་ཙམ་ལ་རྒྱ་གར་བྱང་ཕྱོགས་ལ་གུཔྟའི་(Gupta/笈多体)ཡིག་གཟུགས་དར་ཁྱབ་བྱུང་བ་དང་། དེ་ནས་དུས་རབས་༦པར་སི་དྡྷ་མཱ་ཏྲྀ་ཀཱ་(Siddhamātṛkā/悉昙体)ཞེས་པའི་ཡིག་གཟུགས་ཐོན། ད་ལྟ་ཀྲུང་གོར་ཉར་ཚགས་བྱས་པའི་ལེགས་སྦྱར་རྡོ་རིང་ཡི་གེ་དང་། ཉི་ཧོང་ལ་ཡོད་པའི་གནའ་བོའི་ལེགས་སྦྱར་དཔེ་ཆ་རྣམས་སི་དྡྷ་མཱ་ཏྲྀ་ཀཱའི་ཡིག་གཟུགས་འབའ་ཞིག་ཡིན་ཞིང་། ཐང་སན་བླ་མ་རྒྱ་གར་ལ་ཕྱིན་པའི་དུས་སུ་ཡིག་གཟུགས་དེ་སྔར་བཞིན་དར་ཁྱབ་ཆེན་པོ་ཡོད་མོད། རྒྱ་གར་ནུབ་བྱང་གཉིས་ལ་དེ་བ་ནཱ་ག་རཱིའི་(Devanāgarī/天城体)ཡིག་གཟུགས་འབྲི་འགོ་བཙམས་ཤིང་

དེ་ལ་བརྟེན་ནས་རྒྱ་གར་ཉེ་རབས་ཀྱི་ཡིག་གཟུགས་རྣམས་ཐོན་པའོ། །དེང་སང་ཡོ་རོབ་དང་རྒྱ་གར་བྱང་ཕྱོགས་ཕལ་མོ་ཆེར་དེ་བ་ནཱ་ག་རཱིའི་ཡིག་གཟུགས་བཀོལ་ནས་ལེགས་སྦྱར་དཔེ་ཆ་དཔར་དུ་བཏབ་པར་བྱེད། འོན་ཏེ་བྷཾ་ག་ལ་དང་། རྒྱ་གར་བྱང་ཕྱོགས་ཕུད་པའི་ས་ཆ་ཕལ་མོ་ཆེར་རང་སོ་སོའི་ད་ལྷའི་ཡིག་གཟུགས་སྤྱད་ནས་ལེགས་སྦྱར་དཔེ་རྙིང་དཔར་དུ་བསྐྲུན་ཞེས་གསུངས་སོ། །གཞན་དུ་ནམཁས་དབང་དགེ་འདུན་ཆོས་འཕེལ་གྱི་གསེར་ཐང་ན་གསལ་བའི་སྟོན་དང་ད་ལྷའི་བར་ཡུལ་སོ་སོའི་ཡིག་རིགས་ཞེས་པ་ལྟར་ན། གོང་དུ་བརྗོད་པའི་རྒྱ་གར་གྱི་ཡི་གེ་ཆེས་སྔ་ཤོས་ཁ་རོ་ཥྚཱི་(Kharoṣṭī/佉卢字)ཡི་གེ་ཞེས་པ་དེའང་གནའ་བོའི་ཨེ་ཛིབ་(Egypt/埃及)ཀྱི་ཡི་གེ་རིམ་གྱིས་གཟུགས་འགྱུར་ནས་བྱུང་བ་དང་། གུཔྟའི་རྒྱལ་རྒྱུད་སྐབས་ཐོན་མི་སཾ་བྷོ་ཊ་རྒྱ་གར་དུ་ཕྱིན་ཚུལ་གསུངས་ཤིང་། གུཔྟའི་(Gupta/笈多体)ཡི་གེ་རྣམས་བོད་ཡིག་དང་འདྲ་ཆེ་བས་བོད་པ་ཅི་ཡང་མ་བསླབ་པ་ཞིག་གིས་མཐོང་ཡང་ཕྱེད་ཙམ་ཀློག་ནུས་པ་ལ་སོགས་གཏན་ཚིགས་སུ་བྱས་ནས་བོད་ཡིག་ནི་གུཔྟའི་ཡི་གེར་དཔེ་བླངས་ཏེ་གསར་དུ་བཟོས་ཚུལ་[1]གསུངས་པར་གཞིགས་ན་ཅིད་ཤན་ལེན་གྱིས་གསུངས་པའི་གུཔྟའི་ཡི་གེ་བོད་དང་ཐག་ཉེ་བའི་རྒྱ་གར་བྱང་ཕྱོགས་སུ་དར་ཁྱབ་བྱུང་བ་བདེན་པའི་གཏམ་དུ་འཁུམས། འོན་ཏེ་ཡི་གེ་དེ་དུས་རབས་༤ནས་༥ཙམ་པོ་ནར་མིན་པར་ཐོན་མི་ཕྱིན་དུས་ཀྱི་དུས་རབས་༧པའི་སྐབས་སུའང་ཁུ་མཐུད་དེ་དར་ཁྱབ་ཆེན་པོ་ཡོད་ཚུལ་རྟོགས་པར་ནུས་སོ། །ཕྱིར་རྒྱ་གར་སཾསྐྲི་ཏའི་ཡིག་གཟུགས་ལ་དབྱངས་ཡིག་༡༦དང་གསལ་བྱེད་ཡི་གེ་༣༣ཡོད་དེ། དབྱངས་ཡིག་༡༦རྣམས་ནི། ཨ་(a) ཨཱ་(ā) ཨི་(i) ཨཱི་(ī) ཨུ་(u) ཨཱུ་(ū) རྀ་(ṛ) རཱྀ་(ṝ) ལྀ་(ḷ) ལཱྀ་ ཨེ་(e) ཨཻ་(ai) ཨོ་(o) ཨཽ་(au)བཅས་དང་། གསལ་བྱེད་ཡི་གེ་༣༣

① 《དགེ་འདུན་ཆོས་འཕེལ་གྱི་གསུང་རྩོམ་》 དེབ་དང་པོ། བོད་ལྗོངས་བོད་ཡིག་དཔེ་རྙིང་དཔེ་སྐྲུན་ཁང་།༢༠༡༧ལོ། ཤ༢༢༥ ཤ་༢༣༦ ཤ་༢༣༧

ལས་སྐྱེ་གནས་མགྲིན་པ་ནས་བྱུང་བའི་ཡི་གེ་ལྔ་ནི། ཀ་(k) ཁ་(kh) ག་(g) གྷ་(gh) ང་(ṅ)དང་། རྐན་ལས་བྱུང་བ་ལྔ་ནི། ཙ་(c) ཚ་(ch) ཛ་(j) ཛྷ་(jh) ཉ་(ñ)དང་། སྤྱི་བོ་ལས་བྱུང་བ་ལྔ་ནི། ཊ་(ṭ) ཋ་(ṭh) ཌ་(ḍ) ཌྷ་(ḍh) ཎ་(ṇ)དང་། སོ་ལས་བྱུང་བ་ལྔ་ནི། ཏ་(t) ཐ་(th) ད་(d) དྷ་(dh) ན་(n)དང་། མཆུ་ལས་བྱུང་བ་ལྔ་ནི། པ་(p) ཕ་(ph) བ་(b) བྷ་(bh) མ་(m)དང་། མཐར་གནས་ཀྱི་ཡི་གེ་བཞི་ནི། ཡ་(y) ར་(r) ལ་(l) ཝ་(v)དང་། དྲོ་བའི་ཡི་གེ་བཞི་ནི། ཤ་(ś) ཥ་(ṣ) ས་(s) ཧ་(h)བཅས་ཕྱིན་དབྱངས་གསལ་ཞེ་བདུན་ནོ།།

[20]**ཡན་དབྱི་ཡི་ཡུལ།** ལམ་ཡིག་ཕྱི་མོའི་རྒྱ་ཡིག་焉夷ཞེས་པ་སྒྲ་བསྒྱུར་བགྱིས་པ་ཡིན་ཞིང་། ཡུལ་དེར་རྒྱའི་ཡིག་ཚང་ཕལ་མོ་ཆེར་ཡན་ཆི་(焉耆)ཡང་ཟེར། དེའི་རྗེས་ཤུལ་དེང་གི་ཞིན་ཅང་ཡན་ཆི་རྫོང་(新疆焉耆县)དུ་མཆིས་①ཞེས་ཡང་ཝའི་ཀྲུང་གིས་མཛད་པའི་ཧྥ་ཞན་ལམ་ཡིག་གི་མཆན་(མཇུག་མར་དཀྱུས་གཅིག་ཏུ་ཡང་ཝའི་ཀྲུང་གི་མཆན་ཞེས་འགོད་རྒྱུ་ཡིན།)དུ་གསལ། ཐང་སན་བླ་མ་འཕགས་ཡུལ་དུ་ཕྱིན་པའི་ཐོག་མར་ཡུལ་དེར་ཞབས་བཅགས་པས་ཁོང་གི་ལམ་ཡིག་ཕྱི་མོར་ཡུལ་དེར་阿焉尼国ཞེས་གསལ་ཞིང་དེ་ནི་ལེགས་སྦྱར་གྱི་མེའི་སྐད་དོད་ཨགྣི་ཞེས་པ་སྒྲ་བསྒྱུར་གནང་བར་སྣམ།

[21]**ཧྥུ་ལོའོ་ཟེར་བའི་ཚ་བོ།** རྒྱའི་དེང་རབས་ཀྱི་ཞིབ་འཇུག་པ་མ་ཡུང་(马雍)གི་ཧྥ་ཞན་ལམ་ཡིག་ལས་བྱུང་བའི་ཧྥུ་ཤིང་ཐང་ཀུང་སུན་ལ་དཔྱད་པ་ཞེས་པར།② རྒྱའི་ལོ་རྒྱུས་ཡིག་ཚང་ཆེ་མོ་སྲིད་སྐྱོང་མེ་ལོང་ལ་གཞི་བཅོལ་བའི་ཐོག །ལམ་ཡིག་ཕྱི་མོར་བྱུང་བའི་ཧྥུ་ཤིང་ཐང་ཀུང་(苻行堂公)ཞེས་པ་ནི་ཆིན་སྔ་མའི་(前秦)རྗེ་བོ་ཧྥུ་ཅན་(苻坚)གྱི་ནུ་བོ་ཐ་ཆུང་ཡིན་པ་ལ་མིང་དངོས་ལ་ཧྥུ་ལོའོ་(苻洛)ཟེར་

① 杨维中注释:《佛国记》，三民书局，2004年，第15页。

② 马雍:《〈法显传〉中之苻行堂公孙》，《文史》，第二十四辑，中华书局，1985年。

ཞིང་། དེ་ནི་དམག་དཔོན་དཔའ་མཛངས་ཅན་ཞིག་ཡིན་པ་དང་། ཤིང་ཐང་(行堂)ནི་དེར་དབང་བའི་གྲོང་མཁར་གྱི་མིང་ཡིན་ཞིང་། ཀུང་(公)ནི་དེའི་དཔོན་གནས་ཤིག་དང་། སུན་(孙)ནི་དེའི་བུ་ཚར་གོ་བར་བསྟན། དུས་ཕྱིས་ཧྥུ་ལོའོ་ལ་ཁྲིམས་ཆད་ཕོག་སྟེ་ཡུལ་ལེང་ཀྲུ་(梁州)ལ་སྤྱུགས་མཐར་སྤྱི་ལོ་༣༤༥ལོར་ལེང་ཤིའི་(梁熙)ཟེར་བའི་སྐྱེས་བུ་ཞིག་གིས་བཀུམ་རྗེས་དེའི་བུ་རབས་རྣམས་ནུབ་ཡུལ་(西域)དུ་བྲོས་བྱོལ་ཕྱིན་པའི་སྐོར་གསལ་འགྲེལ་མཛད་པར་སྣང་། དེ་ལས་ཤེས་ཐུབ་པར་འདིར་བརྗོད་པའི་བཙུན་པ་ཧྭ་ཤན་ལ་སྦྱིན་བདག་མཛད་མཁན་ལམ་ཡིག་ཕྱི་མོའི་苻行堂公孙ནི་ཧྥུ་ལོའི་ཟེར་བའི་སྐྱེས་བུ་དེའི་བུ་རྒྱུད་ཆེ་གེ་མོ་ཞིབ་ཕྲའི་མིང་འདི་ཡིན་བྱ་བ་མེད་པ་ཞིག་ལ་གོ་བས་བོད་འགྱུར་མར་སྔོན་གྱི་མི་ཆེན་ཧྥུ་ལོའོ་ཟེར་བའི་ཚ་བོ་ཞིག་ཅེས་བསྒྱུར་ཁུལ་ལགས།

[22]ཧུད་ཛན། ཧྭ་ཤང་དེའི་མཚན་འདིར་བཀོལ་བའི་ལམ་ཡིག་ཕྱི་མོའི་慧简ཞེས་པ་སྒྲ་བསྒྱུར་བགྱིས་པ་ཡིན་ཞིང་། ཀྲང་ཤུན་གྱི་མཆན་①ལས་ཧྭ་ཤན་ལམ་ཡིག་རྒྱ་ཡིག་དཔར་མ་ཁ་ཅིག་ཏུ་དེར་ཧུད་ལན་(慧兰)ཞེས་བྲིས་པའང་ཡོད་ཅེས་གསལ། དེའི་རྣམ་ཐར་ཞིབ་པ་ད་ཕན་མཇལ་བར་དཀོན།

[23]ཀའོ་ཁྲང་། ལམ་ཡིག་ཕྱི་མོའི་རྒྱ་ཡིག་高昌ཞེས་པ་བོད་དུ་སྒྲ་བསྒྱུར་བགྱིས་པ་ཡིན་ཞིང་། ཀྲང་ཤུན་གྱི་མཆན་②ལ་གཞིགས་ན། བཙུན་པ་ཧྭ་ཤན་སྐུ་འཚོ་བཞུགས་སྐབས་ཀྱི་རྒྱ་ནག་གི་རྒྱལ་ཕྲན་བཅུ་དྲུག་པོའི་ཡ་གྱལ་ལེང་སྔ་མ་(前凉)དང་། ཆིན་སྔ་མ་(前秦)དང་། ལེང་ཕྱི་མ་(后凉)དང་། ལེང་ནུབ་མ་(西凉)དང་། ལེང་བྱང་མ་(北凉)བཅས་ཀྱི་དུས་ཀའོ་ཁྲང་ལ་རྗོང་གཞིས་ཆགས་ཤིང་། དེ་ཙམ་ནས་ཡུལ་དེར་ཐེག་ཆེན་དར་འགོ་ཚུགས་པས་ཧྭ་ཤན་ལམ་ཡིག་

① 张巽校注:《佛国记》, 中国旅游出版社, 2016年, 第43页。

② 同上

ཏུ་ཧྭ་ཤང་ཀྱི་ཡན་སོགས་ཀའོ་ཁྲང་དུ་ལམ་རྒྱུགས་འཚོལ་ལ་བརྙོག་ཟེར་བའི་རྒྱུ་མཚན་ཡང་ཞར་དུ་རྟོགས་ནུས་ཞེས་གསལ། བཙུན་པ་ཐྲ་ཤན་རྗེས་ཀྱི་ལོ་༢༢༨ཙམ་དུ་ཐང་སན་བླ་མ་ཡང་ཀའོ་ཁྲང་དུ་ཕྱིན་པའི་སྐོར་ལ་གུང་མགོན་པོ་སྐྱབས་ཀྱི་རྒྱ་ནག་ཆོས་འབྱུང་དུ། ཐང་ཟིང་བླ་མར་གྲགས་པའི་སློབ་དཔོན་...གུ་ཚང་དང་ཏུན་ཧྲུའང་གི་གནས་རིམ་པར་བརྒྱུད་དེ་ཀའུ་ཆང་གི་གནས་སུ་ཕྱིན། སྔར་རྒྱུས་ཡོད་པའི་ཚོང་པ་ཞིག་ངོ་ཤེས་ནས་ཀའུ་ཆང་རྒྱལ་པོར་ཞུས། (ཡུ་གུར་གྱི་རྒྱལ་བརྒྱུད་སིལ་བུ།)རྒྱལ་པོས་བོས་ནས་མོལ་མཆིད་བྱས་པ་ཐུགས་ཡིད་འདྲིས་པར་གྱུར། རྒྱལ་པོ་ཡབ་ཡུམ་འཁོར་བཅས་ལ་ཤེར་ཕྱིན། གསལ་རྒྱལ་གྱི་མདོ་ལ་སོགས་པའི་མདོ་སྡེ་འགའ་ཞིག་བཤད། རྒྱལ་པོ་དེ་གདུང་བ་དྲག་པོས་བླ་མཆོད་དུ་བཞོལ་བཏབ་ཀྱང་མ་ཉན་པར་ཞག་གསུམ་དུ་འཚོ་བ་བཅད་པས་ཐབས་ཟད་དེ། ལམ་བརྒྱགས་གསེར་སྲང་བརྒྱ། རྟ་སུམ་ཅུ། ཡུལ་གོས་ལྔ་བརྒྱ། ལམ་ཡིག་སྣ་ཉི་ཤུ་རྩ་བཞི་ཕུལ་ནས། རྟ་པ་དྲུག་ཅུ་ཐམ་པས་སྐྱེལ་བར་བྱས་ཏེ། ཐུརྐུ་ལྷེ་སོག་པོའི་རྒྱལ་པོ་ཡེ་ཧུ་ལོ་ཧན་གྱི་གམ་དུ་བསྐྱལ། གོས་ཐམས་ཅད་སོག་རྒྱལ་ལ་ཞིགས་སྐྱེས་སུ་ཕུལ། སོག་རྒྱལ་གྱིས་ཀྱང་བདག་རྐྱེན་དཔེ་མེད་མཛད་ཅིང་། དེ་ནས་ཐེའི་མན་གྱི་བར་འབབས་སྣ་བཅུ་དྲུག་ཡོད་པ་ཐམས་ཅད་ཁོང་གི་མངའ་འོག་པ་ཡིན་པས་ཉིན་རེ་བཞིན་རྟ་པ་བཅུ་རེའི་སྐྱེལ་མ་དང་། བཞོན་པ་བཟའ་བཏུང་སོགས་སྐྱབ་ཏུ་བཅུག །མ་ཧཱ་ཙཱི་ནའི་རྒྱལ་པོས་ནུ་བོ་ངོ་མ་ཆོས་འཚོལ་དུ་བཏང་བ་ཡིན་པར་དྲིལ་བསྒྲགས་ནས་བཀྱངས།① ཞེས་སོགས་བྱུང་། གཞན་ཡང་རྒྱ་ནག་གི་གནའ་བོའི་རྒྱལ་རབས་ཝེའི་(魏)དང་ཆི་(齐)དང་ཀྲོའུ་(周)དང་སུའི་(隋)བཅས་བཞི་པོའི་ལོ་རྒྱུས་ཕྱོགས་གཅིག་ཏུ་བསྡུས་པ་བྱང་མའི་ལོ་རྒྱུས་《北史》ཞེས་པའི་བམ་

① གུང་མགོན་པོ་སྐྱབས། 《རྒྱ་ནག་ཆོས་འབྱུང་》 སི་ཁྲོན་མི་རིགས་དཔེ་སྐྲུན་ཁང་། ༡༩༨༣ལོ། ཤ་༡༩༢

ཛོ་གོ་བདུན་ནུབ་ཡུལ་ལོ་རྒྱུས་(西域传)སུ་ཀའོ་ཁྲང་ཞེས་པའི་ཡུལ་དེར་ཧན་ནུབ་མའི་དུས་(སྤྱི་ལོའི་སྔོན་༢༠༢ནས་སྤྱི་ལོ་(བར་)ཀའོ་ཁྲང་པི་(高昌壁)བྱ་ཞིང་། ས་བབས་མཐོ་ལ་མི་ཁྱིམ་མང་བས་འབྲེལ་བ་རྒྱུ་མཚན་དུ་བྱས་ནས་རྒྱ་ཡིག་གི་高昌ཞེས་པའི་ཐ་སྙད་ཆགས། ཞེས་གསལ། ཡུལ་དེའི་གནའ་བོའི་གྲོང་མཁར་རྙིང་པ་སྤྱི་ལོའི་དུས་རབས་བཅོ་ལྔའི་སྔ་རྗེས་ཙམ་ལ་བཙལ་རྙེད་བྱུང་བ་དང་། རྗེས་ཤུལ་དེང་ཤིན་ཅང་ཡུ་གུར་རང་སྐྱོང་ལྗོངས་ཐུ་རུ་ཧྥན་རྫོང་(吐鲁番县)གི་ཤར་ལྷོའི་ཕྱོགས་ལི་དབར་དྲུག་ཅུ་ལྷག་གི་མཚམས་ནས་རྙེད་ཅིང་། གནའ་གྲོང་གི་ཁོར་ཡུག་ལ་ལི་དབར་བཅུ་ཙམ་སྣང་བ་ཕལ་མོ་ཆེ་ད་དུང་སྐྱོན་ཆེར་མེད་པར་གནས་པའི་སྐོར་ཅིད་ཤན་ལིན་གྱིས་མཛད་པའི་ཐང་སན་ལམ་ཡིག་གི་མཆན་①དུ་གསལ།

[24]**ཧྲུ་ལོའོ་ཡི་ཚ་བོ།** ཁྱིམ་བདག་དེ་ནི་གོང་དུ་བརྗོད་མ་ཐག་པའི་ཡན་དབྱིའི་ཡུལ་དུ་བསྟན་པའི་མི་ཆེན་ཧྲུ་ལོའོ་ཡི་ཚ་བོ་ཞེས་པ་དེ་ཡིན་ཞིང་། ལམ་ཡིག་ཕྱི་མོར་ཐྭ་ཤན་ལ་ཡོན་བདག་མཛད་མཁན་དེར་ཡུལ་ཡན་དབྱིའི་སྐབས་སུ་རྒྱ་ཡིག་ལ་苻行堂公孙དང་། སྐབས་བབ་འདིར་苻公孙ཞེས་གསལ། གཉིས་ཀ་སྐྱེ་བོ་གཅིག་ལ་གོ་བས་བོད་འགྱུར་མ་འདིར་མི་འཛོལ་བའི་ཕྱིར་སྔ་མ་བཞིན་ཧྲུ་ལོའི་ཡི་ཚ་བོ་ཁོ་ན་སྤྱད་པའོ། །དེའི་ལོ་རྒྱུས་མདོ་ཙམ་གོང་གི་ཡུལ་ཡན་དབྱིའི་སྐབས་བྱུང་བའི་མཆན་༢༧པ་ཧྲུ་ལོའོ་ཟེར་བའི་ཚ་བོ་ཞེས་པར་བརྗོད་ཟིན་ཏོ། །

[25]**བྱེ་ཐང་ཆེན་པོ།** དེ་ནི་ཡུལ་ཡན་དབྱིའི་ལྷོ་ཕྱོགས་སུ་དེང་གི་ཐ་ཁེ་ར་མ་ཀན་བྱེ་ཐང་(塔克拉玛干沙漠)བརྒལ་ནས་ལི་ཡུལ་དུ་ཆས་པའི་ལམ་བུ་ཡིན། ཐ་ཁེ་ལ་མ་ཀན་ནི་ཀྲུང་གོའི་ས་ཁོངས་སུ་ཆགས་པའི་བྱེ་ཐང་ཆེ་ཤོས་ཡིན་ཞིང་། རྒྱ་ཁྱོན་ལ་སྤྱི་ལི་ངོས་སྙོམས་གྲུ་བཞི་མ་ཁྲི་༣༣.༤༧ཙམ་གདའ་བ་དེས་ཀྲུང་གོའི་བྱེ་ཐང་སྤྱི་

---

① 季羡林等校注:《大唐西域记》，中华书局，2012年，第47页。

ཁྲོན་གྱི་བརྒྱ་ཆ་༥༡ཟིན་གྱི་ཡོད། སྤྱི་ལོ་༡༨༩༦ལོར་སུའེ་ཏེན་(Sweden)གྱི་རྟོགས་ཞིབ་པ་སི་ཕེན་ཧེ་དིན་(Sven Anders Hedin\斯文赫定)གྱིས་དེང་གི་ཤིན་ཅང་ཧོ་དན་(新疆和田)བྱང་ཤར་མཚམས་ཀྱི་ཁེ་ལི་ཡཱ་ཆུ་བོའི་(克里雅河)ངོགས་ནས་བྱེ་ཐང་དེ་ཉིད་ཕ་མཐར་བསྒྲུད་དེ་ཤིན་ཅང་ཁུ་ཁྲ་(库车)ཡི་ལྗོ་རོལ་བར་བསྐྱོད་ཅིང་དུས་ཡུན་ཉིན་༥༡སྤྱད། འདིར་ལམ་ཡིག་ཏུ་བྱུང་བའི་བཙུན་པ་ཧྥ་ཤན་ཡུལ་ཡན་དབྱི་ནས་ལི་ཡུལ་དུ་གཤེགས་པའི་སྐབས་ཀྱི་ལམ་ཐག་ནི་རྟོགས་ཞིབ་པ་སི་ཕེན་ཧེ་དིན་གྱིས་བགྲོད་པ་ལས་རིང་མོད། སློབ་དཔོན་གྱིས་ཉིན་སོ་ལྔ་ཙམ་ལ་བགྲལ་བ་རེད་ཅེས་ལྷུ་ཡུད་ཀུས་ཀྱི་མཆན་[①]ལ་གསལ།

[26]**ལི་ཡུལ།** འདིར་ལམ་ཡིག་ཕྱི་མོར་རྒྱ་ཡིག་གི་ཐ་སྙད་于阗ཞེས་འཁོད་ཅིང་། རང་རེར་སྔག་ཚང་ལོ་ཙཱ་བ་དཔལ་འབྱོར་བཟང་པོའི་རྒྱ་བོད་ཡིག་ཚང་ཆེ་མོས་གཙོས་པའི་བྱུང་རབས་སྡེ་མ་ཁ་ཅིག་ཏུ་ལི་ཡུལ་ཉིད་བལ་ཡུལ་དུ་འཁྲུལ་མོད་ཀྱི་དུས་ཕྱིས་དགེ་ཆོས་ཀྱི་དེབ་དཀར་དུ། ལི་ཡུལ་བོད་ཀྱི་འབངས་སུ་ཚུད་དོ་བྱ་བའི་ལི་ཡུལ་དེ་ཕྱོགས་གར་ཡོད་སོགས་ཀྱང་བར་སྐབས་སུ་ཐམས་ཅད་ཀྱིས་བརྗེད་པར་གྱུར་ཏེ། དེས་ན་ལི་ཡུལ་དེ་ནི་བོད་ཀྱི་བྱང་རྒྱབ་དང་། ཨུ་རུ་སུའི་ལྗོ་མཐར་ཆགས་པའི་ཡུལ། རྒྱ་གར་སྐད་དུ་གཾ་ས་དེ་ཤ། ཡུལ་གཞན་དུ་ཏུར་གི་སྟཱན་དང་། རྒྱ་ནག་པས་སིང་ཅང་དུ་འབོད། ཅེས་ལི་ཡུལ་ནི་དེང་གི་ཤིན་ཅང་ཁོ་ནར་ངེས་པའི་བདེན་དཔང་མཛད་འདུག་པས་སྐབས་བབ་འདིར་ཁོ་བོས་ལི་ཡུལ་དུ་བསྒྱུར་བ་ལགས། ཡུལ་དེའི་ཐོག་མའི་འབྱུང་ཁུངས་རྒྱལ་པོ་ས་ནུ་དང་མེད་ཀྱི་སྲས་ས་ནུ་ལས་མཆེད་ཚུལ་འཕགས་པ་གླང་རུ་ལུང་བསྟན་པ་ཞེས་བྱ་བ་ཐེག་པ་ཆེན་པོའི་མདོ་[②]དང་། ལི་ཡུལ་

① 吴玉贵释译:《佛国记》，东方出版社，2018年，第56页。

② 《སྡེ་དགེ་བཀའ་འགྱུར་》མདོ་སྡེ་ཨཿཔོད། ལྡེབ་༢༢༠ནས་༢༣༢བར།

ལུང་བསྟན་པ་བཞུགས་སོ་[1]དང་། རྒྱ་བོད་ཡིག་ཚང་ཆེན་མོའི་འཕགས་ཡུལ་བལ་པོའི་རྒྱལ་རབས་[2](ལི་ཡུལ་རྒྱལ་རབས་ཡིན་སྐབས།)སོགས་ལ་གསལ་བས་ཞིབ་པར་རྟོགས་སྐབས་ཚེ་དེ་དག་ལ་གཙོ་བོར་གཟིགས་པར་འཚལ། དེང་གི་མཁས་དབང་པ་ཚབ་པ་སངས་དབང་འདུས་མཆོག་གིས་སྤེལ་བའི་རྒྱ་ཡིག་གི་དཔྱད་རྩོམ་མཚན་བྱང་དུ་བོད་ཡིག་ཡིག་ཚང་ན་བྱུང་བའི་གནའ་བོའི་ལི་ཡུལ་གྱི་ལོ་རྒྱུས་འགའ་[3]ཞེས་པར། ལི་ཡུལ་གྱི་མིང་གི་ཐོགས་ཚུལ་ལ་ཨ་རིའི་བོད་རིག་པ་བ་རོ་ཁེ་ཧིལ་(Rockhill)གྱིས་ལི་ནི་ལྩགས་རིགས་ལི་མའི་དོན་ལ་འཇུག་པས་ལི་ཡུལ་ནི་ལྩགས་ལི་མའི་ཡུལ་ལ་གོ་བར་བཞེད་པ་དང་། ཞིབ་འཇུག་པ་ཕར་ཐེ་(瓦尔特)ཡིས་ལི་ནི་རྒྱ་ཡིག་གི་犁ལ་གོ་ཞིང་ལི་ཡུལ་ན་ཕྱུགས་རིགས་གཡག་ཐོན་པས་འབྲེལ་བ་རྒྱུ་མཚན་བྱས་ནས་མིང་ཐོགས་པར་འདོད་པ་དང་། གཞན་རྒྱའི་མཁས་པ་ཚན་ཀྲུང་མན་(岑仲勉)གྱིས་ལི་ཡིག་ནི་ཡུལ་མཐར་གོ་ཞིང་དེ་ཉིད་རྒྱ་ཡིག་俚དང་འབྲེལ་བ་ཡོད་པ་སོགས་བཞེད་པ་ཐ་དད་འགའ་མཚམས་སྦྱོར་མཛད་ཐོག །ལྟ་ཚུལ་དེ་དག་ལ་ཡིག་ཚང་གི་རྒྱབ་རྟེན་མེད་ཚུལ་གྱི་དོགས་པ་མཛད་མུར་ཁོང་ཉིད་ཀྱིས་བོད་ཀྱི་བསྟན་འགྱུར་ཁྲོད་བཞུགས་པའི་ལི་ཡུལ་ལུང་བསྟན་ལས། རྒྱ་གར་དང་རྒྱ་འཕྲད་པའི་ཡུལ་ནི་ལི་ལགས་ཏེ་[4]ཞེས་པ་གཏན་ཚིགས་སུ་བྱས་ནས་ལི་ཡུལ་ཞེས་པའི་མིང་གི་ཐོགས་ཚུལ་ནི་རྒྱ་ནག་དང་རྒྱ་གར་ཡུལ་གཉིས་འཕྲད་པ་ལས་བྱུང་བར་བཞེད་པར་སྣང་། དེ་བཞིན་ཁོང་གི་དཔྱད་རྩོམ་དེར་བོད་འགྱུར་བཀའ་བསྟན་ཁྲོད་ཅུང་

① 《སྔོ་དགེ་བསྟན་འགྱུར་》ཌེ་པོད། ལྡེབ་༡༦༨ནས་༡༨༨བར།

② སྟག་ཚང་ལོ་ཙྪ་བ་དཔལ་འབྱོར་བཟང་པོ། 《རྒྱ་བོད་ཡིག་ཚང་ཆེན་མོ་》བོད་ལྗོངས་བོད་ཡིག་དཔེ་རྙིང་དཔེ་སྐྲུན་ཁང་། ༢༠༡༩ལོ། ཤ་༥༩ནས་༧༠བར།

③ 巴桑旺堆:《藏文文献中的若干古于阗史料》载《吐蕃历史文明研究论集》, 上海古籍出版社, 2018年, 第58至64　页。

④ 《སྔོ་དགེ་བསྟན་འགྱུར་》ཌེ་པོད། ལྡེབ་༡༧༦ཉིན་ངོས།

མཐར་ཆོས་ཚན་བརྒྱད་ཙམ་དུ་ལི་ཡུལ་གྱི་སྐོར་བརྗོད་ཡོད་པ་དེ་དག་ནི་བཀའ་འགྱུར་ལས་དྲི་མ་མེད་པའི་འོད་ཀྱིས་ཞུས་པའི་མདོ་དང་། ཉི་མའི་མདོ་དང་། ཟླ་བའི་མདོ་དང་། འཕགས་པ་གླང་རུ་ལུང་དུ་བསྟན་པ་ཞེས་བྱ་བ་ཐེག་པ་ཆེན་པོའི་མདོ་བཅས་བཞི་དང་། བསྟན་འགྱུར་ལས་ལི་ཡུལ་ལུང་བསྟན་དང་། ལི་ཡུལ་དགྲ་བཅོམ་པས་ལུང་བསྟན་པ། དགེ་འདུན་འཕེལ་གྱིས་ལུང་དུ་བསྟན་པ། མཛའ་བཤེས་ཀྱི་རྣམ་ཐར་བཅས་ཡིན་ཚུལ་གསུངས། གཞན་དུ་ན་ཀྲང་ཤྲུན་གྱི་མཆན་[1]དང་། ཝུ་ཡུད་ཀུས་ཀྱི་མཆན།[2] ཅིད་ཤན་ལིན་གྱིས་མཛད་པའི་ཐང་སན་ལམ་ཡིག་གི་མཆན་[3]བཅས་ལ་གཟིགས་ཆོ། ཡུལ་དེར་རྒྱའི་བྱུང་རབས་ཡིག་ཚང་ཧྲི་ཅིད་《史记》དུ་于窴ཞེས་འབོད་ཅིང་། ཧན་ཧྲུའུ་《汉书》དང་། ཧན་ཧྲུའུ་ཕྱི་མ་《后汉书》དང་། ཝེའི་ཧྲུའུ་《魏书》དང་། ལེང་ཧྲུའུ་《梁书》དང་། ཀྲོའུ་ཧྲུའུ་《周书》དང་། སུའེ་ཧྲུའུ་《隋书》དང་། ཐང་ཡིག་རྙིང་མ་《旧唐书》དང་། ཐང་ཡིག་གསར་མ་《新唐书》དང་། རྒྱལ་རབས་ལྔའི་ལོ་རྒྱུས་རྙིང་མ་《旧五代史》དང་། རྒྱལ་རབས་ལྔའི་ལོ་རྒྱུས་གསར་མ་《新五代史》དང་། ལོའོ་ཡང་དགོན་སྡེའི་དཀར་ཆག་《洛阳伽蓝记》དང་། བླ་ཆེན་རྣམ་ཐར་ཁ་སྐོང་《续高僧传》སོགས་སུ་ཡུལ་དེར་于阗བྲིས་ཡོད། ཐང་སན་ལམ་ཡིག་ཏུ་དེའི་ལེགས་སྦྱར་གྱི་ཐ་སྙད་གོ་སྟ་ན་(Gostana/瞿萨旦那国)ཞེས་བྱུང་། དེང་སྐབས་རྒྱ་ཡིག་ཏུ་和田ཊུ་འབོད་པའོ། །ཡུལ་དེའི་རྗེས་ཤུལ་དེང་ཤིན་ཅང་ཧོ་དན་རྫོང་གྲོང་(和田县城)གི་ཤར་ལྷོའི་ལི་དབར་༢༥མཚམས་ཀྱི་ཧྲེ་སི་པིར་(什斯比尔)[ཡུ་གུར་གྱི་སྐད་ཡིན་ཏེ་ལྕགས་རི་གསུམ་ཞེས་པའི་དོན་ནོ།།] རམ་སྐད་ཁྲུ་མཱ་ཏི་(下库马提)ཡང་ཟེར་བའི་སའི་ཆ་སྙེ་ཡུས་ལུང་ཁྱཱ་ཧྥེ་ཆུ་བོའི་

① 张巽校注:《佛国记》, 中国旅游出版社, 2016年, 第44页。

② 吴玉贵释译:《佛国记》, 东方出版社, 2018年, 第58页。

③ 季羡林等校注:《大唐西域记》, 中华书局, 2012年, 第1003页。

(玉珑喀什河)ནུབ་མཚམས་ན་གནས་པར་འདོད། ཐང་སན་བླ་མ་འཕགས་ཡུལ་ནས་ཐང་གུར་དུ་ཚུར་ཕྱོན་པའི་སྐབས་ཡུལ་དེ་འགྲིམས་པའི་སྐོར་ཐང་སན་ལམ་ཡིག་ལ་འདི་བཞིན་འཁོད་དེ། ཡུལ་དེའི་ཁྱོན་སྤྱིར་ལེ་དབར་བཞི་སྟོང་ལྷག་ཡོད་པ་ཕྱེད་ཙམ་བྱེ་མས་ཁྱབ་སྟེ་གཤིན་ས་དོག་པོར་སྣང་། འབྲུ་རིགས་འདེབས་པར་སྨན་ཞིང་ཤིང་འབྲས་འཕེལ། བལ་གདན་དང་འཕྱིང་སྲབ། ཐེར་མ་སྲུས་ལེགས་འཐག་མཁས་ཤིང་གཡང་ཏི་དཀར་ནག་ཐོན། ནམ་དུས་ཚ་གྲང་སྙོམས་ཏུང་རྩུལ་ལྷུང་འཚུབ། གུས་ལུགས་ཤེས་ལ་མིའི་རང་གཤིས་ཞི་འཇམ་སློབ་གཉེར་ལ་དགའ་ཞིང་བཟོ་རྩལ་སྣ་ཚོགས་པར་མཁས། མི་ཁྲིམ་ཕྱུག་ཅིང་བདེ་བར་འཁོད། ཡུལ་གཞུང་གླུ་གར་ལ་གཙིགས་ཆེ་བས་འབངས་མི་སེར་དེ་ལ་རྟེན། རྒྱུན་དུ་ཕལ་ཆེར་རས་དཀར་འཇམ་རྩུབ་ཅི་རིགས་མནབས་ཏེ་འཕྱིང་སྣམ་པགས་རིགས་གྱོན་པ་དཀོན། བྱ་སྤྱོད་ལུགས་དང་མཐུན་ཞིང་ཡི་གེ་དང་ཁྲིམས་སྲོལ་རྒྱ་གར་ལ་བསྟེན་མོད་ཀྱི་ཡིག་གཟུགས་སྤྱིར་འདྲ་ཏུང་ཙུང་ཟད་བཅོས་པར་སྣང་། སྐད་རིགས་ཡུལ་གཞན་ཀུན་དང་ཐ་དད་ཅིང་ནང་ཆོས་གཙིགས་ཆེར་སྤེལ། གཙུག་ལག་ཁང་བརྒྱ་ལྷག་པར་དགེ་འདུན་ལྔ་སྟོང་ཙམ་བཞུགས་པ་ཕལ་ཆེར་ཐེག་ཆེན་སྤྱོད་པའོ། །①

[27]**ཐེག་པ་ཆེན་པོ།** ལེགས་སྦྱར་དུ་མ་ཧཱ་ཡཱ་ན་(Mahāyāna/摩诃衍那/大乘)བྱ་ཞིང་། རང་ཉིད་གཅིག་པུ་འཁོར་བ་ལས་ཐར་བར་འདོད་པའི་ཞི་བདེ་དོན་གཉེར་གྱི་བསམ་པ་སྤངས་ཏེ་རྩ་བ་སྙིང་རྗེ་ཆེན་པོའི་སེམས་ཀྱིས་ཀུན་ནས་བླངས་ཞིང་། སྤྱོད་པ་ཕར་ཕྱིན་དྲུག་ལ་བརྟེན་ནས་ནམ་མཁའི་མཐའ་དང་མཉམ་པའི་སེམས་ཅན་ཐམས་ཅད་སངས་རྒྱས་ཀྱི་གོ་འཕང་ལ་འགོད་འདོད་ཀྱི་ཁུར་ཆེན་པོ་རང་གིས་འཁྱེར་བ་ཞིག་ལ་གོ །དེ་ཡང་བྱང་ཆུབ་སེམས་དཔའི་སྤྱོད་པ་ཕར་ཕྱིན་

① རྨེ་ཏུ་ཚེ་རིང་དོན་གྲུབ། 《ཐང་སན་ལམ་ཡིག་གསར་བསྒྱུར་དང་ཞིབ་འཇུག》 བོད་ལྗོངས་བོད་ཡིག་དཔེ་རྙིང་དཔེ་སྐྲུན་ཁང་། ༢༠༡༨ལོ། ཤ་༦༡༨

དྲུག་བཅས་གཙོ་བོར་སྟོན་པའི་སངས་རྒྱས་ཀྱི་གསུང་རབ་དང་། དེའི་དགོངས་འགྲེལ་བསྟན་བཅོས་རྒྱན་དྲུག་མཆོག་གཉིས་སོགས་རྒྱ་གར་པཎ་གྲུབ་རྣམས་ཀྱིས་མཛད་པ་དེ་རྣམས་ལ་ཐེག་པ་ཆེན་པོའི་བསྟན་བཅོས་ཞེས་བྱ་བ་དང་། བཀའ་བསྟན་དེ་དག་གི་དགོངས་དོན་ལྟ་སྤྱོད་ཡ་མ་བྲལ་བར་ཉམས་སུ་ལེན་མཁན་སྐྱེས་བུ་དེར་ཐེག་ཆེན་པ་ཞེས་བརྗོད་དོ། །གཞན་ཡང་ནང་པའི་ཆོས་ལ་ཐེག་པ་གོང་འོག་རིམ་པ་གསུམ་དུ་ཕྱེ་བ་དང་། ཐེག་པ་འོག་མ་ཐེག་པ་ཆུང་དུའམ་ཐེག་དམན་ལ་ཉན་ཐོས་དང་རང་རྒྱལ་གྱི་ལམ་ཁག་གཉིས་དང་། ཐེག་ཆེན་ལ་ཡང་རིམ་པ་གོང་འོག་གཉིས་ཏེ་རིམ་པ་གོང་མ་གསང་སྔགས་ཀྱི་ཐེག་པའམ་རྡོ་རྗེ་ཐེག་པ་ཟེར་ལ། རིམ་པ་འོག་མ་ཕར་ཕྱིན་ཐེག་པའམ་མདོའི་ཐེག་པ་ཟེར།

[28]**འདོམ་བཞི་ཙམ།** དེ་ཡང་ཆིང་གོང་མ་ལྷ་སྐྱོང་(乾隆)གི་དུས་སུ་བསྒྲིགས་པའི་མཉྫུ་དང་བོད་དང་། སོག་པོ་དང་། ཡུ་གུར་དང་། རྒྱ་བཅས་ཡིག་རིགས་ལྔ་ཤན་སྦྱར་གྱི་མིང་མཛོད་ཆེ་མོ་མཚན་བྱང་དུ་རྒྱལ་པོས་མཛད་པའི་སྐད་ལྔ་ཤན་སྦྱར་གྱི་མཉྫུའི་སྐད་གསལ་བའི་མེ་ལོང་《御制五体清文鉴》ཞེས་བྱ་བ། དུས་ཕྱིས་མཚོ་སྔོན་མི་རིགས་དཔེ་སྐྲུན་ཁང་གིས་རྒྱ་ཆེའི་ཀློག་པ་པོའི་རེ་འདུན་ལྟར་སྐད་ལྔ་ལས་བོད་རྒྱ་སྐད་གཉིས་ལོགས་སུ་འཕྱུང་ནས་བསྒྲིག་པའི་དཔེ་ཆ། སྐད་ལྔ་ཤན་སྦྱར་གྱི་མཉྫུའི་སྐད་གསལ་བའི་མེ་ལོང་ལས་རྒྱ་བོད་སྐད་གཉིས་ཟུར་དུ་བཏོན་པ་ཞེས་བྱ་བའི་ནང་གསེས་འཇལ་བ་དང་ཚད་འཇལ་བའི་སྐོར་ལས། རྒྱ་ཡིག་གི་丈ལ་གོ་མཐུན་བོད་ཡིག་འདོམ་དོ་①ཞེས་བསྒྲིགས་ཡོད་པ་དེ་ཉིད་དོན་དངོས་ལ་འཁོར་བས་འདིར་ལམ་ཡིག་ཕྱི་མོར་རྒྱ་ཡིག་ཏུ་高二丈ཞེས་པ་བོད་ཀྱི་སྐད་ལ་

① ཀུ་ཝན་དབྱིད།(古文义) མ་ཧུང་ཝུའུ།(马宏武) ཧྥིང་ཡིན་ཧྥུ་(冯迎福)བསྒྲིགས། 《སྐད་ལྔ་ཤན་སྦྱར་གྱི་མཉྫུའི་སྐད་གསལ་བའི་མེ་ལོང་ལས་རྒྱ་བོད་སྐད་གཉིས་ཟུར་དུ་བཏོན་པ་》 མཚོ་སྔོན་མི་རིགས་དཔེ་སྐྲུན་ཁང་། ༡༩༩༠ལོ། ཤ་༣༧༨

མཛོ་ལ་འདོམ་བཞི་ཞེས་བསྒྱུར་ཡོད།

[29]གོ་མ་ཏི་བྱ་བའི་གཙུག་ལག་ཁང་། ཀྲང་ཡིན་གྱི་མཆན་[1]དང་ཝུ་ཡུད་ཀུས་ཀྱི་མཆན་[2]གཉིས་ལ་གཞིགས་ན། གཙུག་ལག་ཁང་དེར་ལེགས་སྦྱར་དུ་གོ་མ་ཏི་(Gomati/瞿摩帝)བྱ་ཞིང་། རྒྱ་ནག་གི་ཡིག་ཚང་ལོའི་ཡང་དགོན་སྡེའི་དཀར་ཆག《洛阳伽蓝记》ཅེས་པའི་བམ་པོ་ལྔ་པའི་ནང་འཁོད་ཏྲ་ཤང་སུང་ཡུན་(宋云)སོགས་ནུབ་ཡུལ་དུ་བགྲོད་པའི་དཀར་ཆག་ལས། ལི་ཡུལ་གྱི་རྒྱལ་པོས་བཻ་རོ་ཙ་ནའི་(毗卢旃)ཆེད་གཙུག་ལག་ཁང་བཏབ། ཅེས་བྱུང་བ་དང་། ཝེའི་ཧྲུའུ་(魏书)ཡི་ནུབ་ཡུལ་དཀར་ཆག་ཏུ། ལི་ཡུལ་གྱི་གྲོང་ཁྱེའི་ལྷོ་ཕྱོགས་ལི་དབར་ལྔ་བཅུའི་སར་གཙུག་ལག་ཁང་ཙར་མ་(赞摩寺)སྣང་། སློབ་དཔོན་དགེ་སློང་དགྲ་བཅོམ་པ་བཻ་རོ་ཙ་ནས་(毗卢折那)དེའི་རྒྱལ་པོའི་ཆེད་རྒྱལ་བའི་ཐུགས་རྗེ་བཞེངས་ཡུལ་དུ་བསྐྲུན། ཞེས་དང་། ཐང་སན་ལམ་ཡིག་གི་བམ་པོ་བཅུ་གཉིས་པར། གྲོང་མཁར་གྱི་ལྷོ་རོལ་ལི་དབར་བཅུ་ཙམ་དུ་ཡུལ་དེའི་རྒྱལ་པོ་སྔ་མས་དགྲ་བཅོམ་པ་བཻ་རོ་ཙ་ན་སྐྱེ་རྣམ་པར་སྣང་མཛད་ཀྱི་ཆེད་དུ་གཙུག་ལག་ཁང་ཆེན་པོ་བཞེངས་པ་སྣང་།[3] བཅས་རྒྱའི་ཡིག་ཚང་གོང་གསུམ་པོར་བརྗོད་པའི་གཙུག་ལག་ཁང་དེར་ལེགས་སྦྱར་དུ་གོ་མ་ཏི་བྱ་བ་ཐང་ཡིན་ལམ་ཡིག་ཏུ་瞿摩帝དང་ཝེའི་ཧྲུའུ་ཊུ་赞摩寺ཞེས་མིང་ཐ་དད་པ་གཉིས་གསལ་བ་ལས་ཅིད་ཤན་ལིན་གྱིས་赞摩ནི་བོད་ཡིག་གི་ཙར་མ་[4]ཡིན་པར་འདོད་པར་ལྟར་ན། ཙར་མ་ནི་རང་རེའི་བསྟན་འགྱུར་ལས་བྱུང་བའི་ལི་ཡུལ་ལུང་བསྟན་དང་། རྒྱ་བོད་ཡིག་ཚང་ཆེ་མོར་སྣང་བའི་ལི་ཡུལ་རྒྱལ་རབས་

① 张巽校注:《佛国记》，中国旅游出版社，2016年，第45页。

② 吴玉贵释译:《佛国记》，东方出版社，2018年，第60页。

③ རྨེ་ཏུ་ཚེ་རིང་དོན་གྲུབ། 《ཐང་སན་ལམ་ཡིག་གསར་བསྒྱུར་དང་ཞིབ་འཇུག་》 བོད་ལྗོངས་བོད་ཡིག་དཔེ་རྙིང་དཔེ་སྐྲུན་ཁང་། ༢༠༡༨ལོ། ཤ་༡༦༨

④ 季羡林等校注:《大唐西域记》，中华书局，2000年，第1011页。

(དེབ་འདིར་སྟག་ཚང་དཔལ་འབྱོར་བཟང་པོས་ལི་ཡུལ་ཉིད་བལ་ཡུལ་དུ་དགོངས་ནས་འཕགས་ཡུལ་བལ་པོའི་རྒྱལ་རབས་བཞུགས་སོ་ཞེས་གསུངས་པར་གདའ།)སྟུ་བསྟན་པ་དང་མཐུན་པར་འདུག་སྟེ། དེ་ཡང་ལི་ཡུལ་ལུང་བསྟན་ལས། རྒྱལ་པོ་བི་ཛ་ཡ་སཾ་བྷ་བས་ཡོན་བདག་བགྱིས་ནས་དགེ་བའི་བཤེས་གཉེན་འཕགས་པ་བཻ་རོ་ཙ་ནའི་སླད་དུ་ཐོག་མར་ལི་ཡུལ་དུ་ཙར་མའི་གཙུག་ལག་ཁང་ཆེན་པོ་བརྩིགས་པར་བགྱིད།[1] ཅེས་དང་། ལི་ཡུལ་རྒྱལ་རབས་ལས། དེ་ནས་ས་ལ་ནུའི་བུ་ཡེཙུ་ལས་ལྔ་ལྡན་གྱི་གྲོང་ཁྱེར་བཏབ་བོ། །ལི་ཡུལ་བྱུང་ནས་ལོ་དྲུག་ཅུ་རྩ་ལྔ་འདས་པའི་དུས་རྒྱལ་པོ་ཡེཙུ་ལའི་བུ་རྒྱལ་པོ་བི་ཛ་ཡ་སཾ་བྷ་བ་བྱུང་བ་རྒྱལ་སར་བཞུགས་ནས་ལོ་ལྔ་སོང་བ་དང་། ལི་ཡུལ་དུ་ཆོས་ཀྱི་ཐོག་མ་བྱུང་སྟེ། དེའང་བྱམས་པ། རྒྱལ་པོ་བི་ཛ་ཡ་དང་། འཛམ་དཔལ་འཕགས་པ་བཻ་རོ་ཙྪ་ནར་སྤྲུལ་ནས་སྟོན་ལ་ཕྱུགས་རྫི་བྱེས་པ་ལ་ཡི་གེ་དང་སྐད་བསླབ། དེ་ནས་དམ་ཆོས་དབུ་རྙེད་པ་སོགས་རིམ་པར་བྱུང་ངོ་། །རྒྱལ་པོ་དེས་ཙར་མའི་གཙུག་ལག་ཁང་བཞེངས། དེའི་ནང་ན་གླུ་རྒྱལ་ཧུ་ལོན་གྱིས་ཁ་ཆེ་ནས་ནམ་མཁའ་ལ་སྤྱན་དྲངས་པའི་མཆོད་རྟེན་བྱིན་རླབས་ཅན་ཡང་བཞུགས་ལ། ལི་ཡུལ་དུ་གཙུག་ལག་ཁང་དང་རྟེན་གྱི་ཐོག་མ་དེའོ། །[2] ཞེས་པ་ཟུར་ལས་སྐབས་བབ་ལམ་ཡིག་ཏུ་གསལ་བའི་གོ་མ་ཏིའི་གཙུག་ལག་ཁང་ལ་བོད་དུ་ཙར་མའི་གཙུག་ལག་ཁང་བྱ་ཞིང་། དེ་ནི་ལི་ཡུལ་དུ་བྱུང་བའི་ཆོས་ཀྱི་འདུན་ས་ཐོག་མ་དེ་ཡིན་པ་ཤེས་ནུས། གོང་དུ་བརྗོད་པའི་ཀྲང་ཤུན་དང་། ཕྲུའུ་ཡུད་ཀུས་ཀྱི་མཆན་དང་། ཅིད་ཤན་ལིན་གྱི་ཐང་སན་ལམ་ཡིག་མཆན་བཅས་སུ་ཞལ་མཐུན་པར་གཙུག་ལག་ཁང་དེའི་རྗེས་ཤུལ་དེང་ཤིན་ཅང་ཧོ་ཐན་རྫོང་

① 《སྡེ་དགེ་བསྟན་འགྱུར་》ངེ་པོད། ལྡེབ་༡༧༧ཉིན་ངོས།

② སྟག་ཚང་དཔལ་འབྱོར་བཟང་པོ། 《རྒྱ་བོད་ཡིག་ཚང་ཆེ་མོ་》བོད་ལྗོངས་བོད་ཡིག་དཔེ་རྙིང་དཔེ་སྐྲུན་ཁང་། ༢༠༡༨ལོ། ཤ་༨༣ ནས་༨༤བར།

ཁོྲང་(和阗)གི་ཤར་ལྷོའི་རྫེ་སི་པེར་(什斯比尔)བྱ་བའི་ས་ཆའི་ལྷོ་རོལ་ལེ་དབར་བཙུའི་མཚམས་ཀྱི་སྟོད་ཁུ་མ་ཐིའི་(上库马提)གནའ་བོའི་དགོན་སྡེ་ཆེན་པོའི་ཤུལ་རྙིང་། མིང་དུ་གོ་མ་ཏིའི་གཙུག་ལག་ཁང་ཞེས་འབོད་པར་ཡོད་ཅེས་གསལ།

[30]གཉེ། ནང་པ་སངས་རྒྱས་ཆོས་ལུགས་ཀྱི་དགེ་འདུན་གྱི་སྡེ་ཆེན་པོ་རྣམས་སུ། དགེ་འདུན་འདུ་ཚོགས་ཀྱི་བཀའ་གཏོང་བྱེད། དབྱིབས་ཟུར་བརྒྱད་པ། རིང་ཐུང་འདོམ་གང་ལྷག་ཙམ་བྱས་པ་ལ་རྡུང་བྱེད་སྟན་གཡོག་མགོ་མཇུག་སྦོམ་ཞིང་། དཀྱིལ་ཕྲ་བ་ཤིང་གི་རིགས་སྣ་བཅུ་དྲུག་གང་རུང་ལས་བཟོས་པའི་ཡོ་བྱད་ཅིག་གི་མིང་སྟེ། དེའི་རྒྱུ་ནི་གཎྜིའི་མདོ་ལས་གསུངས་པ་ལྟར། ༡ཙན་དན་དཀར་པོ། ༢བིལ་བ། ༣ཤཱ་ལ་ཤ ༤ཨ་ཤད་ཐ། ༥ཙན་དན་དམར་པོ། ༦སྐར་ཁ། ༧ཏཱ་ལ། ༨ཀེང་ཤུ་ཀ། ༩ཤཱ་པ། ༡༠ཏཱ་མ་ལ། ༡༡ཨ་མྲ། ༡༢སྐར་བུ། ༡༣རྐྱུ་ཙུ་ར། ༡༤རིན་ཧི་ས་ར། ༡༥ཨ་ཤོ་ཀ ༡༦འོ་མ་སེ་བཅས་ཡོད་པ། དེ་དག་མ་རྙེད་ན་འོ་མ་སེའི་ཤིང་སྟེ། ཡོངས་གྲགས་སུ་སེང་ལྡེང་དུ་འབོད་པ་དེས་བཟོས་ན་ལེགས་པར་གསུངས།[①]

[31]ཧུད་ཏྭ། ཧྭ་ཤང་ཧུད་ཏྭ་(慧达)ཡི་སྐོར་རྒྱ་ནག་ལེང་(梁)རྒྱལ་རབས་དུས་ཀྱི་བཙུན་པ་ཧུད་ཅའོ་(慧皎597～554)ཡིས་མཛད་པའི་བླ་ཆེན་རྣམ་ཐར་《高僧传》ཞེས་པའི་བམ་པོ་བཅུ་གསུམ་པར་གསལ་བ་གང་དེ་བོད་འགྱུར་མ་འདིའི་དཔུ་རུ་བརྗོད་ཟིན་པའི་བཙུན་པ་ཆུ་ཤིན་གྱི་ལམ་གྲོགས་འགའི་མཛད་རྣམ་ཞེས་པར་གསལ།

[32]ཟེ་ཁྲ། ཡུལ་དེའི་སྐོར་ཞིབ་པ་མཇུག་གི་མཆན་༤༡ལ་གསལ།

[33]སྔོན་པའི་སྐུ་བརྙན་གྲོང་སྐོར། སངས་རྒྱས་ཀྱི་སྐུ་བརྙན་རྒྱན་དུ་མས་སྤུད་དེ་གྲོང་དུ་སྤྱན་འདྲེན་པའི་རྣམ་པ་དེ་ཉིད་ཐང་སན་ལམ་ཡིག་ཏུ་ཐང་སན་བླ

① དུང་དཀར་བློ་བཟང་འཕྲིན་ལས། 《དུང་དཀར་ཚིག་མཛོད》ཀྲུང་གོའི་བོད་རིག་པ་དཔེ་སྐྲུན་ཁང་། ༢༠༡༥ལོ། ཤ་༤༨༣

མ་དེང་གི་ཤིན་ཅང་ཨ་ཁ་སུ་ས་ཁུལ་ཁུ་ཁྲ་རྫོང་(新疆阿克苏地区库车县)དུ་འབོད་པ་སྟེ། ཐང་གུར་དུས་ཡུལ་གུ་ཟན་(龟兹)དུ་གྲགས་པ་ལ་ཕེབས་འགྱོར་བྱུང་བའི་སྐབས་དངོས་སུ་མཇལ་བའི་སྐོར་འདི་བཞིན་བྱུང་། གཙུག་ལག་ཁང་རྣམས་སུ་སངས་རྒྱས་ཀྱི་སྐུ་བརྙན་ལ་ཆེས་དཀོན་པའི་རིན་ཆེན་སྣ་ཚོགས་དང་དར་གོས་ལྷ་ན་སྟུག་པས་བརྒྱན་ཏེ་ཤིང་རྟ་འཁོར་ལོར་དྲངས་ནས་ཆོས་གྲྭར་སྐོར་བ་རྒྱ་ཆེར་བྱེད། ཀུན་གྱིས་ཙྭན་སྐུ་ཞེས་འབོད།[①] ཅེས་བྱུང་ཞིང་། སྐུ་བརྙན་གྲོང་སྐོར་གྱི་ཚུལ་དེ་རྒྱ་ནག་ཏུ་ཐང་སན་བླ་མའི་གོང་ནས་དར་བར་སྣམ་སྟེ། བམ་པོ་ལྔའི་བདག་ཉིད་ཅན་གྱི་རྒྱའི་གནའ་བོའི་ཡིག་ཚང་ལོའོ་ཡང་དགོན་སྡེའི་དཀར་ཆག《洛阳伽蓝记》གི་བམ་པོ་དང་པོར་ཁྲང་ཆིའུ་དགོན་(长秋寺)དུ་རྒྱ་ཟླ་བཞི་པའི་ཚེས་བཞི་དང་། དེའི་བམ་པོ་གསུམ་པར་ཇིང་མིང་དགོན་དུ་(景明寺)རྒྱ་ཟླ་བཞི་པའི་ཚེས་བདུན་ལ་སངས་རྒྱས་ཀྱི་སྐུ་ཕྱིར་སྤྱན་དྲངས་པའི་སྐོར་འཁོད་པར་སྣང་།

[34]**གཙུག་ལག་ཁང་ཆེན་པོ་བཅུ་བཞི།** ཐང་སན་ལམ་ཡིག་[②]ཏུ་སྐབས་དེ་ཤིང་དུ་ལི་ཡུལ་སྤྱིར་ཁྱོན་གཙུག་ལག་བརྒྱ་ལྷག་ཙམ་གདའ་ཚུལ་བསྟན་ཅིང་། དེ་དག་ལས་གྲགས་ཆེ་ཤོས་བི་རོ་ཙ་ནའི་གཙུག་ལག་ཁང་(ཐྲ་ཤན་ལམ་ཡིག་ཏུ་གོ་མ་ཏི་བྱ་ཞིང་རང་རེའི་བསྟན་འགྱུར་དུ་ཙར་མ་ཞེས་འབོད།)དང་། དྲི་ཟ་བླ་བ་ནའི་གཙུག་ལག་ཁང་དང་། རི་བོ་གླང་རུའི་གཙུག་ལག་ཁང་དང་། ས་མྨ་ཀླུ་གཙུག་ལག་ཁང་དང་། མ་ཞ་གཙུག་ལག་ཁང་བཅས་ལྔ་པོར་བཤད་པ་མཛད་ཡོད།

[35]**ས་གའི་ཆོས་གཅིག** །འདིར་བརྗོད་པའི་ས་གའི་ཆོས་གཅིག་ནི་ལམ་ཡིག་ཕྱི་མོ་ལྟར་ན་བཙུན་པ་ཐྲ་ཤན་འཚོ་ཞིང་གཞེས་པའི་སྐབས་ཀྱི་རྒྱ་ནག་གི་ལོ་ཟླའི་

① རྨེ་རུ་ཚེ་རིང་དོན་གྲུབ། 《ཐང་སན་ལམ་ཡིག་གསར་བསྒྱུར་དང་ཞིབ་འཇུག》 བོད་ལྗོངས་བོད་ཡིག་དཔེ་རྙིང་དཔེ་སྐྲུན་ཁང་། ༢༠༡༨ལོ། ཤ་༧༧

② རྨེ་རུ་ཚེ་རིང་དོན་གྲུབ། 《ཐང་སན་ལམ་ཡིག་གསར་བསྒྱུར་དང་ཞིབ་འཇུག》 བོད་ལྗོངས་བོད་ཡིག་དཔེ་རྙིང་དཔེ་སྐྲུན་ཁང་། ༢༠༡༨ལོ། ཤ་༥༧༡ནས་༥༢༣བར།

བསྡེབ་སྒྲིལ་ལོ། །

[36]**ཝང་ཤིན་དགོན།** འདིར་རྒྱ་ཡིག་ཕྱི་མོའི་王新寺ཞེས་པ་སྒྲ་བསྒྱུར་བགྱིས་པ་ཡིན་ཞིང་། ཐང་སན་ལམ་ཡིག་གི་ལི་ཡུལ་སྐབས་ལས། གྲོང་མཁར་ནུབ་ཕྱོགས་ལེ་དབར་ལྔ་དྲུག་སར་ས་མ་ཛྙཱ་གཙུག་ལག་ཁང་ཡོད། དེའི་ནང་དུ་མཐོ་ལ་ཁྲུ་བརྒྱ་ལྷག་གི་མཆོད་རྟེན་བྱིན་རླབས་ཅན་ཞིག་གདའ་བས་སྐབས་སྐབས་སུ་འོད་འཕྲོ་བར་བྱེད།① ཅེས་གསལ་ཞིང་དེ་དང་སྐབས་བབ་ཝང་ཤིན་དགོན་བྱ་བའི་གཙུག་ལག་ཁང་གཉིས་ཀ་གྲོང་གི་ནུབ་ཕྱོགས་བར་ཐག་འདྲ་བའི་མཚམས་སུ་ཆགས་གཤིས། གཙུག་ལག་ཁང་གི་འགྲམ་དུ་མཆོད་རྟེན་ཡོད་པ་གཅིག་མཚུངས་སུ་སྣང་བས་རྒྱའི་མཁས་པ་ཅིད་ཤན་ལིན་དང་། ཀྲང་ཤུན་གཉིས་ཀས་ཧྥ་ཤན་ལམ་ཡིག་ལ་བསྟན་པའི་ཝང་ཤིན་དགོན་ནི་ཐང་སན་ལམ་ཡིག་ཏུ་བྱུང་བའི་ས་མ་ཛྙཱ་གཙུག་ལག་ཁང་ཡིན་པར་འདོད། དེ་ལྟར་ན་ལི་ཡུལ་རྒྱལ་རབས་སུ་གཙུག་ལག་ཁང་དེར་སོམ་ཉའི་གཙུག་ལག་ཁང་②ཞེས་གསལ་ལོ། །གཙུག་ལག་ཁང་དེའི་རྗེས་ཤུལ་ད་ལྟ་ཤིན་ཅང་ཡོ་ཏ་ཀན་(Yotkan/姚头冈)ནུབ་ཕྱོགས་དབྱིང་ལེ་༧མཚམས་ཀྱི་སོ་མི་ཡ་(Somiya)ཞེས་པའི་གྲོང་ཚོར་ཡིན་ཞིང་། ས་ཆ་དེར་དུར་ཕུང་སྣང་བ་གཙུག་ལག་ཁང་གི་ཤུལ་རྙིང་ཡིན་པར་གྲགས་ཞེས་རྒྱའི་དེང་གི་ཞིབ་འཇུག་པ་ཏུང་ཀྲི་ཚའོ་ཡིས་མཛད་པའི་ཐང་སན་ལམ་ཡིག་གི་མཆན་③དུ་གསལ།

[37]**རི་བོ་ཙོང་ལ།** ལམ་ཡིག་ཕྱི་མོར་རི་བོ་དེར་葱岭བྱ་ཞིང་། ཀྲང་ཤུན་གྱི་

① རྨེ་ཏུ་ཚེ་རིང་དོན་གྲུབ། 《ཐང་སན་ལམ་ཡིག་གསར་བསྒྱུར་དང་ཞིབ་འཇུག་》བོད་ལྗོངས་བོད་ཡིག་དཔེ་སྙིང་དཔེ་སྐྲུན་ཁང་། ༢༠༡༨ལོ། ཤ་༦༢༣

② སྟག་ཚང་དཔལ་འབྱོར་བཟང་པོ། 《རྒྱ་བོད་ཡིག་ཚང་ཆེ་མོ་》བོད་ལྗོངས་བོད་ཡིག་དཔེ་སྙིང་དཔེ་སྐྲུན་ཁང་། ༢༠༡༩ལོ། ཤ་༨༥

③ 董志翘译:《大唐西域记》,中华书局,2012年,第734页。

མཆན་[1]དུ་རི་དེའི་སྟེང་དུ་སྤོ་ཙོང་མང་དུ་སྐྱེ་ཚུལ་བརྗོད་པ་ཐང་སན་ལམ་ཡིག་ཏུའང་དེ་བཞིན་གསལ་བས་འབྲེལ་བ་རྒྱུ་མཚན་དུ་བྱས་ནས་འདིར་བོད་སྐད་དུ་རི་བོ་ཙོང་ལ་ཞེས་བསྒྱུར་བ་ལགས། རི་བོ་ཙོང་ལ་ནི་གནའ་བོའི་དུས་དེང་གི་ཤིན་ཅང་ནུབ་རྒྱུད་ཀྱི་ཕ་སྨིར་མཐོ་སྒང་དང་དེའི་ལྷོ་བྱང་མཐའ་གཉིས་པོའི་ཉེ་འགྲམ་དུ་ཆགས་པའི་རི་བོ་ཡོད་དོ་ཅོག་གི་སྤྱི་མིང་ཡིན།

[38]**ཤར་ཕྱོགས་ཀྱི་ཡུལ་དྲུག** །ཉི་ཧོང་གི་ནང་བསྟན་ཞིབ་འཇུག་པ་ཆེན་པོ་ཨ་ཏྭ་ཆི་ཀི་རོ་ཀུ་ཡིས་མཛད་པའི་ཧྥ་ཤན་ལམ་ཡིག་གི་མཆན་(མཇུག་ཏུ་ཨ་ཏྭ་ཆི་ཀི་རོ་ཀུ་ཡི་མཆན་ཞེས་འགོད་རྒྱུ་ཡིན།)ལས།[2] འདིར་བརྗོད་པའི་རི་བོ་ཙོང་ལའི་ཤར་ཕྱོགས་ཀྱི་ཡུལ་དྲུག་པོ་ནི་ནུབ་ཁུལ་ལྷོ་ལམ་(西域南道)དུ་ཆགས་པའི་ཡུལ་ཤིང་ཤན་(鄯善)དང་། ཆའི་མོའོ་(且末)དང་། ཅིང་ཙོད་(精绝)དང་ཡུ་མིའི་(扜弥)དང་། ལི་ཡུལ་(于阗)དང་། ཧྲ་ཁྲི་(莎车)བཅས་ཡིན་པར་འདོད། འོན་ཏེ་དུས་ཕྱིས་ཀྱི་རྒྱའི་ཞིབ་འཇུག་པ་ལྷའུ་ཡུད་ཀུས་ཀྱི་བཞེད་པ་ལྟར་ན། ལམ་ཡིག་མ་ཕྱིར། རི་བོ་ཙོང་ལའི་ཤར་ཕྱོགས་ཀྱི་ཡུལ་དྲུག་པོའི་རྗེ་བོས་རིན་པོ་ཆེའི་མཆོག་རྣམས་ཕལ་ཆེར་སངས་རྒྱས་འཕགས་པ་རྣམས་ལ་མཆོད་པ་ལས་རང་གི་ཡོ་བྱད་དུ་སྤྱོད་པ་ཤིན་ཏུ་དཀོན། ཞེས་བྱུང་བ་ལས་རྟོགས་ནུས་པར་བཙུན་པ་ཧྥ་ཤན་གྱིས་ཡུལ་དྲུག་ལ་ཞབས་བཅགས་པར་ཐེ་ཚོམ་མེད། འོན་ཏེ་གོང་དུ་ཨ་ཏྭ་ཆི་ཀི་རོ་ཀུ་ཡིས་འདོད་པའི་ཡུལ་དྲུག་པོ་དེ་རྣམས་ཀུན་ལ་བཙུན་པ་ཧྥ་ཤན་དངོས་སུ་ཕྱིན་མེད་ཅིང་། ལམ་ཡིག་ཕྱི་མོའི་སྤྱི་ཕྱིའི་འགྲུལ་བཞུད་གོ་རིམ་ལ་གཞིགས་ཚེ། གང་ཉིད་རྒྱ་ནག་ཁྲང་ཨན་མཁར་ནས་ཞལ་གྱིས་ཏེ་ལི་ཡུལ་བར་ཏག་ཏག་ཡུལ་དྲུག་ལ་ཞབས་སོར་འཁོད་པའི་ཕྱིར། ཡུལ་དྲུག་པོ་ནི་སྐབས་བབ་སྨོས་ཟིན་པའི་ཆན་ཀོས་

① 张巽校注:《佛国记》，中国旅游出版社，2016年，第48页。

② 足立喜六著，何建民、张小柳译:《〈法显传〉考证》，贵州大学出版社，2014年，第43页。

དང་། ནོའུ་དན་དང་། ཀྲང་ཡེ་དང་། ཤིང་ཤན་དང་། ཡན་དབྱི་དང་། ལི་ཡུལ་བཅས་ཡིན་པར་འདོད་[1]ཅེས་ལྷའུ་ཡུད་ཀུས་ཀྱི་མཆན་ལ་གསལ།

[39]**ཛི་ཧའི་ཡུལ།** འདིར་ལམ་ཡིག་ཕྱི་མོར་གསལ་བའི་ཡུལ་འདིའི་ཐ་སྙད་子合བྱ་བ་བོད་དུ་སྒྲ་བསྒྱུར་བགྱིས་པ་ཡིན་ཞིང་། རྒྱ་ནག་གི་གནའ་བོའི་ཡིག་ཚང་ཧན་ཧྲུའུ་《汉书》དང་། ཧན་ཧྲུའུ་ཕྱི་མ་《后汉书》གཉིས་སུ་འཁོད་པའི་ནུབ་ཡུལ་དཀར་ཆག་(西域传)ཏུ། ཡུལ་དེར་ཟླ་ཤན་ལམ་ཡིག་ཇི་བཞིན་ཛི་ཧ་(子合)ཞེས་གསལ། ལོའོ་ཡང་དགོན་སྡེའི་དཀར་ཆག་《洛阳伽蓝记》གྱི་བམ་པོ་ལྔ་པ་སུང་ཡུན་གྱི་ལམ་ཡིག་《宋云行记》ཏུ་朱驹波བྱ་བ་དང་། ཝེའི་ཧྲུའུ་རུ་འཁོད་པའི་ནུབ་ཡུལ་དཀར་ཆག་《魏书·西域传》ཏུ་悉居半ཟེར་ཞིང་། ཐང་ཡིག་གསར་མའི་ནུབ་ཡུལ་དཀར་ཆག་《新唐书·西域传》ཏུ་朱俱波ཞེས་འབོད། ཐང་སེན་ལམ་ཡིག་ནང་斫句迦ཞེས་བྱུང་བ་དེ་བོད་སྐད་དུ་ཙུ་གུ་པན་ཡིན་[2]ཞེས་ཅིད་ཤན་ལིན་གྱིས་མཛད་པའི་ཐང་སེན་ལམ་ཡིག་མཆན་དུ་གསུངས། ཡུལ་དེའི་རྗེས་ཤུལ་དེང་ཤིན་ཅང་ཡད་ཁྲིན་རྫོང་(叶城县)དུ་ཡིན་ཞེས་ཀྲང་ཤྲུན་གྱི་མཆན་[3]ལ་གསལ།

[40]**ཡུད་ཧུལ་ཡུལ།** འདིར་ལམ་ཡིག་ཕྱི་མོའི་རྒྱ་ཡིག་གི་ཐ་སྙད་於麾སྒྲ་བསྒྱུར་བགྱིས་པ་ཡིན་ཞིང་། ལམ་ཡིག་ཕྱི་མོར་ཡུལ་དེ་ཉིད་རི་བོ་ཙོང་ལའི་རྒྱུད་དུ་ཡོད་ཅེས་པ་ཙམ་ལས་གང་དུ་ཆགས་མིན་ཞིབ་ཕྲ་མི་གསལ། ལྷའུ་ཡུད་ཀུས་ཀྱི་མཆན་[4]ལས། ཡུལ་དེའི་གནས་ཡུལ་ཕྲ་ཞིབ་གསལ་དུ་མེད་ཅིང་། དེར་རྒྱ་ནག་ཧན་རྒྱལ་རབས་དུས་蒲梨国དང་། ཝེའི་ཧྲུའུ་རུ་权於摩དང་། ལོའོ་ཡང་དགོན་སྡེའི་དཀར་

---

[1] 吴玉贵释译:《佛国记》,东方出版社,2018年,第67页。

[2] 季羡林校注:《大唐西域记》,中华书局,2012年,第998页。

[3] 张巽校注:《佛国记》,中国旅游出版社,2016年,第48页。

[4] 吴玉贵释译:《佛国记》,东方出版社,2018年,第75页。

ཆག་ཏུ་汉盘陀དང་། ཐང་སན་ལམ་ཡིག་ཏུ་劫盘陀བཅས་ཟེར་ཞིང་། རྗེས་ཤུལ་དེང་ཤིན་ཅང་ད྄་ཧྲི་ཁུར་ཀན་རྫོང་(塔什库尔干县)ཁོངས་སུ་ཡོད་ཅེས་གསལ། ཀྲང་ཤྲུན་གྱི་མཆན་①ལས་བསྟན་པར། རྒྱའི་གནའ་བོའི་ཡིག་ཆ་བྱུང་མའི་ལོ་རྒྱུས་《北史》ཞེས་པར་ཡུལ་དེར་权於摩བྱ་བ་ལ་དེ་ནི་གོང་དུ་བརྗོད་མ་ཐག་པའི་ཙི་ཧའི་ཡུལ་(子合国)གྱི་ལྷོ་ནུབ་ཏུ་ཆགས་ཤིང་། ཡུལ་གཉིས་པོ་སོ་སོ་ནས་དེའི་དུས་ཀྱི་ཝེའི་བྱུང་མའི་མཁར་གྲོང་ཏའི་ཀྲའུ་(代州)སྟེ་དེང་གི་ཧྲན་ཤིའི་ཏ྄་ཐུང་(山西大同)བར་ཆ་སྙོམས་ལི་དབར་ཆིག་ཁྲི་ཉིས་སྟོང་དགུ་བརྒྱ་བདུན་ཅུ་ཡོད་ཅེས་འཁོད་པ་ལས་ཡུལ་དེ་གཉིས་པོ་ཕན་ཚུན་ཤིན་ཏུ་ཉེ་བར་ཆགས་ཚུལ་ཤེས། དེས་ན་དེང་གི་ས་ཁྲར་གཞིགས་ནས་དཔགས་ཚེ། ཡུད་ཧུལ་ཡུལ་ནི་ཕལ་ཆེར་དེང་གི་ཤིན་ཅང་ཡེར་ཆང་གཙང་པོའི་(叶尔羌河)དབུས་སྟོད་རྒྱུགས་ཁུལ་དུ་ཡོད་པའི་ཚུལ་འོལ་སྤྱི་ཙམ་རྟོགས་ཞེས་གསལ།

[41]ཅེ་ཁྲའི་ཡུལ། འདིར་ལམ་ཡིག་ཕྱི་མོའི་རྒྱ་ཡིག་གི་ཡུལ་མིང་竭叉国བོད་དུ་སྒྲ་བསྒྱུར་བགྱིས་པ་ཡིན་ཞིང་། ཡུལ་དེའི་རྗེས་ཤུལ་དེང་གང་དུ་མཆིས་མིན་ཐད་ཀྲང་ཤྲུན་གྱིས་དཔྱད་པ་ཆེས་ཞིབ་ཅིང་རྒྱས་པ་མཛད་འདུག་སྟེ། དེ་ཡང་ཁོང་གི་མཆན་②ལས་བསྟན་པ་རྗེ་དོན་འདྲིལ་ཚེ། ཞིབ་འཇུག་པ་ཁ་ཅིག་གིས་ཡུལ་དེའི་རྗེས་ཤུལ་དེང་ཀཤྨི་རའི་(克什米尔)ཤར་ཁུལ་ལ་དྭགས་ཀྱི་ཁོངས་སུ་ཡོད་པར་འདོད་པ་དང་། ལ་ལས་དེང་གི་ཤིན་ཅང་ཁ་ཧྲིར་(喀什)ཡིན་ཟེར་མོད། དེ་རྣམས་ལམ་ཡིག་ཕྱི་མོར་བསྟན་པའི་ཡུལ་དེའི་ཆགས་དབྱིབས་དང་འགལ་བ་ཆེ་བས། ཡིད་རྟོན་ཆེར་མེད་ཟེར་ཞིང་། རྒྱའི་ཉེ་རབས་ཞིབ་འཇུག་པ་ཏིང་ཆན་(丁谦)ཡིས་མཛད་པའི་ཧྥ་ཤན་ལམ་ཡིག་གི་ས་ཆ་འཚོལ་ཞིབ་《〈佛国记〉地理考证》ཅེས་

① 张巽校注：《佛国记》，中国旅游出版社，2016年，第48至49页。

② 张巽校注：《佛国记》，中国旅游出版社，2016年，第49至50页。

པ་ཌུ་ལམ་ཡིག་ཕྱི་མོའི་ཡིག་འགྲོས་ལ་གཞིགས་ནས་སྐབས་བབ་ཡུལ་འདི་ཉིད་རི་བོ་ཙོང་ལའི་རྒྱུད་དུ་ཆགས་ཤིང་། ས་དབྱིབས་ཀྱི་ཁྱད་ཆོས་ལ་བརྟག་ཆེ། དེང་ཤིན་ཅང་ནྭ་ཧྲི་ཁུར་གན་གྲོང་(塔什库尔干城)དུ་ཡིན་ཞེས་པ་དེ་དང་། ཕྱི་གླིང་གི་ཞིབ་འཇུག་པ་ཡུ་ལེ་(Yule/玉耳)དང་། ཚ་ཕན་(E.Chavannes/沙畹)ཡི་དཔྱད་པ་ཟུང་དུ་སྦྲེལ་ནས་ད་ལྟའི་ཤིན་ཅང་ཁྭ་ཧྲི་ས་ཁུལ་ནྭ་ཧྲི་ཁུར་གན་ནྭ་ཅི་ཁེ་རང་སྐྱོང་རྫོང་(塔什库尔干塔吉克自治县)དུ་ཡིན་པར་མཐའ་སྨོམ་མཛད་ཡོད།

[42]སྨོན་ལམ་ཆེ་མོ། འདིར་རྒྱ་ཡིག་ཕྱི་མོར་般遮越师ཞེས་གསལ་བ་དོན་དུ་ལེགས་སྦྱར་གྱི་པཉྩ་པ་རི་ཥ་ད་ཡིན་པ་ལས་པཉྩ་ནི་གྲངས་ལྔ་དང་། པ་རི་ཥ་ད་ནི་འདུ་ཁང་ངམ་འདུ་སའམ་ཚོགས་གནས་ཀྱི་དོན་སྟོན་པས་ལམ་ཡིག་ཕྱི་མོ་ལྟར་ན་ལོ་ལྔའི་ཚོགས་འདུ་ཞེས་པའི་དོན་ཡིན་ཞིང་། དེ་ནི་ནང་ཆོས་ཀྱི་དུས་སྟོན་ཞིག་ཡིན་གཤིས། བོད་མི་རང་གིས་གོ་བདེ་བའི་ཕྱིར་འདིར་འགྲེལ་བསྒྱུར་ཚུལ་དུ་ལོ་ལྔ་རེར་ལན་རེ་འཚོགས་པའི་སྨོན་ལམ་ཆེ་མོ་ཞེས་པར་བསྒྱུར་བ་ལགས། དེའང་དེང་གི་ཤིན་ཅང་དང་། དེའི་ཉེ་འབྲེལ་ནུབ་ཁུལ་ཡུལ་རྣམས་སུ་ཆོས་རྒྱལ་མྱ་ངན་མེད་བྱོན་པ་ནས་ཨ་སི་ལམ་གྱིས་བཙན་འཛུལ་མ་བྱས་བར་ནང་ཆོས་ལྷག་པར་དར་ཆེ་བས་སྨོན་ལམ་ཆེན་པོ་དེ་རིགས་འཚོགས་སྲོལ་ཡོད། ཅིན་ཤར་མའི་བཙུན་པ་ཐྭ་ཤན་རྗེས་ལོ་ཉིས་བརྒྱ་ཙམ་གྱི་ཐང་གུར་དུས་བྱོན་པའི་ཐང་སན་ཟླ་མའི་ལམ་ཡིག་ཏུའང་སྤྱི་ལོ་༦༣༠ལོའི་སྔ་ཕྱིར་གང་ཉིད་ཀུ་ཟན་ཡུལ་(龟兹)སྟེ་དེང་གི་ཤིན་ཅང་ཁྲུ་ཁྲ་རྫོངས་ཁོངས་སུ་བྱོན་པའི་སྐབས་ཡུལ་དེར་ཐྭ་ཤན་ལམ་ཡིག་ལས་བསྟན་པ་ཇི་བཞིན་སྨོན་ལམ་ཆེ་མོ་འཚོགས་པའི་སྐོར་མཇལ་དུ་ཡོད།

[43]དགག་དབྱེར་འཇུག །འདིར་ལམ་ཡིག་ཕྱི་མོའི་受岁ཞེས་པ་སྟེ་ལོ་གསར་པ་སླེབས་པའམ་དགེ་འདུན་གྱི་བསླབ་པ་ལོ་གཅིག་ཆན་དུ་སོང་བའི་དོན་སྟོན་པ་

ཡིན་ཞིང་། དབྱར་གནས་གྲོལ་ཏེ་དགག་དབྱེར་འཇུག་པའི་སྐབས་ལ་གོ་བ་དང་། 受岁ཡི་གོ་མཐུན་ཐ་སྙད་བོད་དུ་ཅི་ཡིན་ཆ་མི་འཚལ་བས་ལོ་གསར་འཛིན་པའམ་ལོ་འཁོར་བ་ཞེས་བསྒྱུར་ཚེ་རང་རེར་མི་བདེ་བས་དོན་ལ་གཞིགས་ཏེ་དགག་དབྱེར་དོན་བསྒྱུར་བགྱིས་པའོ། །དེ་ཡང་དགག་དབྱེ་ནི་སློབ་དཔོན་ཡོན་ཏན་འོད་ཀྱི་འདུལ་བ་མདོ་རྩ་བ་ལས། དབྱར་གནས་པས་དགེ་འདུན་ལ་མཐོང་བ་དང་ཐོས་པ་དང་དོགས་པ་དག་གིས་དགག་དབྱེའོ། །དབྱར་རྣམས་ཀྱི་མཐའ་མའི་ཉི་མ་ལའོ། །སྨྱུད་པར་བྱའོ། །གང་ཚུན་ཆད་ནས་ཕྱི་དོར་བྱེད་ནས་སོ། །ད་ཕྱིན་ཆད་ཞག་འདི་ཙམ་ན་དགེ་འདུན་དགག་དབྱེ་མཛད་པར་འགྱུར་བ་ཁྱེད་ཅག་ལ་བརྗོད་པ་ཡིན་ནོ་[①]ཞེས་སོ། །ཞེས་གསུངས་པ་ལས་ཤེས་ནུས་སོ། །

[44]སྟོན་པའི་མཆིལ་སྣོད། རྒྱ་ནག་ལེང་(梁)རྒྱལ་རབས་དུས་ཐ་ཤང་སེང་ཡའུ་(僧祐445～518)ཡིས་མཛད་པའི་སྡེ་སྣོད་གསུམ་གྱི་ཆོས་ཀྱི་རྣམ་གྲངས་ཀྱི་བརྗེད་བྱང་ཆེན་པོ་《出三藏记集》ཡི་བམ་པོ་བཅོ་ལྔའི་ཐ་ཤང་ཡེ་ཤེས་དཔའ་བོའི་(智猛)རྣམ་ཐར་བརྗོད་པའི་སྐབས་ལས། ཐ་ཤང་འདི་པ་ཆེན་ཧུང་ཧྲེ་ཁྲི་ལོ་དྲུག་པར་(སྤྱི་ལོ་༤༠༤)ཁྲང་ཨན་ནས་ཐོན་ཏེ་འཕགས་ཡུལ་དུ་གཤེགས་པའི་ཚེ། ཆི་ཧྲའི་ཡུལ་(奇沙国)དུ་རྗེ་ལས་བཞེངས་པའི་སྟོན་པའི་མཆིལ་སྣོད་ལ་མཇལ་ཁ་ཐུས། ཞེས་བྱུང་བ་དེར་ཐ་ཤང་ཧོང་རྒྱ་གར་ལ་ཕྱིན་པའི་དུས་ནི་བཙུན་པ་ཐ་ཤན་ལས་ལོ་ལྔས་འཕྱིས་པ་དང་། གང་གིས་མཇལ་སྐྱོང་བའི་སྟོན་པའི་མཆིལ་སྣོད་དེ་ཐ་ཤན་ལམ་ཡིག་ཏུ་བརྗོད་པ་དེ་རང་ཡིན་ཞིང་། ཞབས་བཅགས་པའི་ཡུལ་ཆི་ཧྲ་བྱ་བ་ཡང་སྐབས་བབ་འདིར་བསྟན་ཅེ་ཁྲའི་ཡུལ་ལོ། །

[45]ཀླུ་གདུག་པ་ཅན། དེའི་སྐོར་ལ་རྒྱ་ནག་ཕེའི་བྱང་མའམ་ཕེའི་ཕྱི་མའི་དུས་ཀྱི་

① 《སྡེ་དགེ་བསྟན་འགྱུར་》འདུལ་བ། ཕུ་པོད། ལྡེབ་༦༨ཉིན་ངོས།

གཞུང་དཔོན་ཡང་ཤོན་ཀྲེ་(杨炫之)ཡིས་སྤྱི་ལོ་༥༤༧ནམ་དེའི་ཕྱིས་ཙམ་ལ་མཛད་པའི་བམ་པོ་ལྔའི་བདག་ཉིད་ཅན། ལོའོ་ཡང་དགོན་སྡེའི་དཀར་ཆག་གི་བམ་པོ་མཐའ་མར་བྱུང་བའི་ཧྭུ་ཤང་སུང་ཡུན་འཕགས་ཡུལ་དུ་ཕྱིན་པའི་ཚུལ་བརྗོད་པའི་སྐབས་གཏམ་རྒྱུད་འདི་བཞིན་དྲངས་ཡོད་དེ། ནུབ་ལམ་དུ་ཟླ་དྲུག་ཙམ་བགྲོད་ནས་རི་བོ་ཙོང་ལ་བརྒལ་སླམ་པའི་ཚེ། རི་དེ་ཉིད་དབྱར་དགུན་མེད་པར་གངས་འཁྲིགས་ཀྱིས་བསྣུབས་ཏེ་གྲང་རེག་བཟོད་སླགས་མེད་པས་འདུག་ཐབས་ཀུན་ནས་བྲལ། དེ་ལྟར་ན་ཁ་ཕྱོགས་བཟློག་སྟེ་ཉིན་གསུམ་ཆས་པས་ཐོའོ་ཡུའི་གྲོང་(钵盂城)དུ་སླེབས། རི་ཁྲོད་དུ་ཞིང་གདའ་བར་ཀླུ་གདུག་ཅན་འཚོ་བ་ལས། སྔོན་ཚོང་པ་དུ་མ་དེར་འགྲོར་བ་ཞིང་ངོགས་སུ་གནས་མལ་བཅས་པར་ཀླུ་ཁྲོས་ཏེ་ཀུན་གྱི་སྲོག་འཕྲོག་གོ །དེའི་གཏམ་ཡུལ་ཧན་ཕན་དའི་(汉盘陀) [ཧྥ་ཤན་ལམ་ཡིག་ན་ཡུད་ཐུལ་ཡུལ་(於麾国)དང་། ཐང་སན་ལམ་ཡིག་ཏུ་ཁ་ཕན་དའི་ཡུལ་(朅盘陁)ཞེས་བྱའོ། །]རྒྱལ་པོས་གསན་ཙ་ན་རང་གི་བུར་རྒྱལ་སྲིད་བཅོལ་ཏེ་ཨོ་རྒྱན་ཡུལ་[(乌场国)ཧྥ་ཤན་ལམ་ཡིག་ཏུ་乌苌国ཐང་སན་ལམ་ཡིག་ལ་乌仗那ཞེས་བྱུང་།]དུ་མཐུ་སྔགས་སྦྱོང་བར་ཆས། ལོ་བཞི་སོང་རྗེས་མཐུ་ལེགས་པར་བསླབས་ཤིང་། རང་ཡུལ་དུ་ཕྱིར་བཟློག་ནས་སླར་ཁྲིར་འཁོད་མུར་ཀླུ་གདུག་པ་ཅན་དམ་ལ་བཏགས་པས་དེས་མིའི་གཟུགས་བསྟན་ནས་རྒྱལ་པོར་འགྱོད་པ་བཤགས་སོ། །ཙོང་ལ་ནས་ཞིང་དེ་ལ་ཐུག་ལེ་དབར་ཉིས་སྟོང་ཙམ་གདའ། ཞེས་གསལ་བ་ལྟར།

[46]ད་ར་ཊའི་ཡུལ། ལམ་ཡིག་ཕྱི་མོར་ཡུལ་དེར་陀历国ཞེས་གསལ། ཐང་སན་ལམ་ཡིག་བམ་པོ་གསུམ་པའི་ཨོ་རྒྱན་ཡུལ་གྱི་བྱེ་བྲག་ས་བཅད་མཐའ་མར་ཡུལ་དེ་ཉིད་ལ་རྒྱ་ཡིག་ཕྱི་མོར་达丽罗川ཞེས་གསལ་བ་དེ་ཅིད་ཤན་ལིན་གྱིས་མཛད་

པའི་ཐང་སན་ལམ་ཡིག་གི་མཆན་[①]ལས། 达丽罗ནི་ལེགས་སྦྱར་གྱི་ད་ར་ཏ་ཟུར་ཆག་པར་བཀྲལ་བ་དེ་འཐད་པར་སྣམ་ནས་འདིར་ད་ར་ཏའི་ཡུལ་དུ་བསྒྱུར་བ་ལགས། ཀྲང་ཤུན་གྱི་མཆན་[②]དུ་ཡུལ་དེའི་རྗེས་ཤུལ་དེང་ཀསྨི་རའི་(克什米尔)ནུབ་བྱང་རྒྱུད། སིནྡྷུ་ཆུ་བོའི་བྱང་ངོགས་དང་དི་ས་ཏན་(Dardistan\达地斯坦)གྱི་དྷ་རེལ་(Dārel\达丽尔)ཞེས་པའི་ས་ཆར་མཆིས་ཤིང་། གནའ་བོའི་དུས་རྒྱ་གར་ཕྱེད་གླིང་(印度半岛)ནས་བྱང་ཕྱོགས་སུ་ཀྲུང་གོར་བགྲོད་པའི་སྐབས་སྐམ་ལམ་ཞིག་ཡུལ་དེ་བརྒྱུད་དགོས་ཞེས་གསུངས། གཞན་ཡང་རྒྱའི་མཁས་པ་ཧྥེང་ཁྲིང་ཙུན་(冯承钧)གྱིས་མཛད་ཅིང་ལུའུ་ཙུན་ལིང་(陆峻岭)གིས་གསབ་བཅོས་གནང་བའི་ནུབ་ཡུལ་ས་མིང་《西域地名》[③]དུ། སྐབས་བབ་བརྗོད་བྱའི་ཡུལ་མིང་ལ་རྒྱ་ཤར་ལམ་ཡིག་དང་། ཤི་མཛེད་ཞིང་གི་དཀར་ཆག་《释迦方志》གཉིས་སུ་陀历དང་། འཕགས་པ་དམ་པའི་ཆོས་དྲན་པ་ཉེ་བར་བཞག་པ་[④]《正法念处经》དུ་陀罗陀དང་། ཐང་སན་ལམ་ཡིག་དང་། ཐང་ཡིག་གསར་མའི་ནང་འཁོད་མ་ག་དྷའི་དཀར་ཆག་《新唐书·摩揭陀传》གཉིས་སུ་达丽罗དང་། རིགས་སྔགས་ཀྱི་རྒྱལ་མོ་རྨ་བྱ་ཆེ་མོ་《孔雀王经》སློབ་དཔོན་ཨི་ཅིང་(义净635～713)གི་འགྱུར་དུ་达剌陀དང་། ཐུང་ཏྲན་《通典》ཡི་བམ་པོ་༡༩༣་དུ་陀罗伊罗ཞེས་འཁོད་ཡོད་ཅིང་། ད་ལྟའི་པ་གི་སི་ཐན་བྱང་ཕོངས་ཀྱི་ད་རེལ་(Darel)ལམ་ཆི་ཏ་རལ་(Chital\奇特拉尔)ཞེས་པའི་ས་ཆའི་སྟོར་གནས། ཞེས་ཀྱང་བྱུང་།

[47]དགྲ་བཅོམ་པ། དེ་ཡང་མཁྱེན་རབ་དབང་ཕྱུག་ལགས་ཀྱིས་མཛད་པའི་

① 季羡林校注:《大唐西域记》，中华书局，2012年，第297页。

② 张巽校注:《佛国记》，中国旅游出版社，2016年，第53页。

③ 冯承钧原编，陆峻岭增订:《西域地名》，中华书局，1982年，第23页。

④ 《སྡེ་དགེ་བཀའ་འགྱུར་》རྒྱུད་འབུམ། ཕ་པོད། ལྡེབ་༤༧སྦྱིབ་ངོས་ནས་༡༡༧ཤིན་ངོས་བར།

གྲུབ་མཐའ་རིན་ཆེན་ཕྲེང་བའི་ཚིག་འགྲེལ་ཐོར་བུ་[①]ལས། ཉན་ཐོས་ཐེག་པའི་དགེ་སྦྱོང་གི་འབྲས་བུར་རྒྱུན་ཞུགས་(Srotāpana/须陀洹/预流果)དང་། ལན་ཅིག་ཕྱིར་འོང་(Sakṛidāgmin/斯陀含/一来果)དང་། ལན་ཅིག་ཕྱིར་མི་འོང་(Anāgmin/阿那含/不还果)དང་། དགྲ་བཅོམ་པ་(Arhat/阿罗汉)བཅས་བཞི་ཡོད་པའི་དགྲ་བཅོམ་པ་ནི་བདུད་བཞིའི་དགྲ་རྣམས་བཅོམ་པས་དེ་ལྟར་བྱ་ཞིང་། ཟག་བཅས་ཀྱི་ཕུང་པོ་འགྲུབ་པར་བྱེད་པའི་རྒྱུ་ཉོན་མོངས་པ་རྣམས་ལ་ཉོན་མོངས་པའི་བདུད་དང་། རྒྱུ་དེས་གྲུབ་པའི་ཟག་བཅས་ཀྱི་ཕུང་པོ་ལྔ་ནི་ཕུང་པོའི་བདུད་དང་། ཟག་པ་ཟད་བྱེད་ཀྱི་ལམ་ལ་གེགས་སུ་གྱུར་པའི་འདོད་ཡོན་རྣམས་ལ་ཆགས་པ་ལྷའི་བུའི་བདུད་དང་། ཕུང་པོ་དེ་ཉིད་འགག་པར་བྱེད་པ་འཆི་བདག་གི་བདུད་བཅས་བདུད་བཞི་པོ་རྣམས་ཀྱིས་འགྲོ་བ་ཀུན་འཁོར་བ་ལས་གྲོལ་བར་བར་ཆད་གཏོང་བས་སྟོན་པ་ཤཱཀྱ་ཐུབ་པས་དེ་དག་རྩ་བ་ནས་བཅོམ་པས་དགྲ་བཅོམ་པ་བྱ་མོད། འདིར་བརྗོད་པའི་དགྲ་བཅོམ་པ་ནི་ཉོན་མོངས་པའི་སྒྲིབ་པ་ཡོངས་སུ་སྤངས་པའི་ཉན་ཐོས་དགྲ་བཅོམ་པར་གོ་ཞིང་། དེ་ཡང་དུང་དཀར་ཚིག་མཛོད་[②]ལས། སངས་རྒྱས་ཆོས་ལུགས་ཀྱི་བཤད་སྲོལ་ལ། འཁོར་བའི་གནས་སུ་ཡང་ནས་ཡང་དུ་རང་དབང་མེད་པར་སྐྱེ་བ་ལེན་པའི་རྒྱུའི་གཙོ་བོ་ལས་མི་དགེ་བ་བཅུ་ཡིན་ཞིང་། ལས་དེ་གསོག་པར་བྱེད་པའི་འགྲུལ་ཤུགས་ཀྱི་བསམ་བློ་ནི་ཉོན་མོངས་དུག་གསུམ་ཡིན་པས། ཉོན་མོངས་དུག་གསུམ་ནི་དགྲ་བོ་གཙོ་བོ་ཡིན་པ་དང་། དེ་རྩ་བ་ནས་སྤངས་པ་ནི་དགྲ་བཅོམ་པ་ཞེས་པའི་དོན་ཡིན། དེ་ལ་ཐེག་ཆེན་དགྲ་བཅོམ་པ་དང་། རང་རྒྱལ་དགྲ་བཅོམ་པ། ཉན་ཐོས་དགྲ་བཅོམ་པ་བཅས་གསུམ་ཡོད། ཐེག་

① མཁྱེན་རབ་དབང་ཕྱུག །《གྲུབ་མཐའ་རིན་ཆེན་ཕྲེང་བའི་ཚིག་འགྲེལ་ཐོར་བུ་》མི་རིགས་དཔེ་སྐྲུན་ཁང་། ༢༠༠༨ལོ། ཤ་༢༠༤

② དུང་དཀར་བློ་བཟང་འཕྲིན་ལས། 《དུང་དཀར་ཚིག་མཛོད་》ཀྲུང་གོའི་བོད་རིག་པ་དཔེ་སྐྲུན་ཁང་། ༢༠༡༥ལོ། ཤ་༤༢༢

ཆེན་དགྲ་བཅོམ་པ་ནི་སངས་རྒྱས་ཐམས་ཅད་ལ་ཟེར་ཞིང་། རང་རྒྱལ་དགྲ་བཅོམ་པ་ནི་སངས་རྒྱས་འཇིག་རྟེན་དུ་མ་བྱོན་པའི་དུས་སུ་རང་ཉིད་ཀྱིས་ལམ་བསྒོམས་ནས་དགྲ་བཅོམ་པའི་གོ་འཕང་ཐོབ་པ་རྣམས་ཡིན། ཉན་ཐོས་དགྲ་བཅོམ་པ་ནི། དཔེར་ན་བསྟན་པའི་གཏད་རབས་བདུན་དང་། གནས་བརྟན་བཅུ་དྲུག་ལྟ་བུ་ཡིན། ཞེས་གསུངས།

[48]ཛུ་འཕྲུལ་གྱི་ཞབས། དེའི་སྐོར་ལ་དུང་དཀར་ཚིག་མཛོད་ལས། ཛུ་འཕྲུལ་གྱི་ཚེ་འཕྲུལ་རྣམ་པ་མི་འདྲ་བ་སྟོན་བྱེད་ཀྱི་ནུས་མཐུའམ་རྒྱུ་མེད་དུ་མི་རུང་བ་ཞིག་ཡིན་ཞིང་། དེ་ལ་གོམས་འདྲིས་མཐར་ཕྱིན་པ་ནི་ཛུ་འཕྲུལ་ལ་དབང་ཐོབ་པ་དང་། ཚེ་རིང་དུ་གནས་པ་ལ་རང་དབང་ཐོབ་པ་སོགས་ཀྱི་ཁྱད་ཆོས་ཡོད་པར་བཤད་ཅིང་། ཛུ་འཕྲུལ་གྱི་རྐང་པ་བཞི་ནི། ༡.འདུན་པའི་ཏིང་ངེ་འཛིན་སྤོང་བའི་འདུ་བྱེད་དང་ལྡན་པའི་ཛུ་འཕྲུལ་གྱི་རྐང་པ། ༢.སེམས་ཀྱི་ཏིང་ངེ་འཛིན་སྤོང་བའི་འདུ་བྱེད་དང་ལྡན་པའི་ཛུ་འཕྲུལ་གྱི་རྐང་པ། ༣.བརྩོན་འགྲུས་ཀྱི་ཏིང་ངེ་འཛིན་སྤོང་བའི་འདུ་བྱེད་དང་ལྡན་པའི་ཛུ་འཕྲུལ་གྱི་རྐང་པ། ༤.དཔྱོད་པའི་ཏིང་ངེ་འཛིན་སྤོང་བའི་འདུ་བྱེད་དང་ལྡན་པའི་ཛུ་འཕྲུལ་གྱི་རྐང་པ་བཅས་བཞི་སྟེ། རྒྱས་པར་མངོན་པ་མཛོད་གནས་དྲུག་པ་དང་ཕར་ཕྱིན་སྐབས་བཞི་པར་གསལ།[1] ཞེས་གསུངས།

[49]དགའ་ལྡན་གྱི་གནས། སངས་རྒྱས་ཆོས་ལུགས་ཀྱི་གཞུང་མངོན་པ་མཛོད་ནས་བཤད་ཚུལ་ལ་ཁམས་གསུམ་གྱི་ནང་ནས་འདོད་ཁམས་ལ་འགྲོ་བ་རིགས་དྲུག་དང་། དེའི་ནང་གསེས་ལྷ་ལ་འདོད་ལྷ་རིས་དྲུག་ཏུ་ཕྱེ་བ(༡རྒྱལ་ཆེན་རིས་བཞི། ༢སུམ་ཅུ་རྩ་གསུམ། ༣འཐབ་བྲལ། ༤དགའ་ལྡན། ༥འཕྲུལ་དགའ། ༦གཞན་འཕྲུལ་དབང་བྱེད་བཅས)ལས་བཞི་པ་དགའ་ལྡན་(ཏུ་ཥི་ཏ་/Tuṣita/睹史多天)ལྷའི་གནས་

① དུང་དཀར་བློ་བཟང་འཕྲིན་ལས། 《དུང་དཀར་ཚིག་མཛོད་》 ཀྲུང་གོའི་བོད་རིག་པ་དཔེ་སྐྲུན་ཁང་། ༢༠༡༥ལོ། ཤ་༡༧༧༠

ནི་ས་བཅུའི་བྱང་ཆུབ་སེམས་དཔའ་སྐྱེ་བ་གཅིག་གིས་ཐོགས་པ་རྣམས་བཞུགས་པའི་དག་པའི་ཞིང་ཁམས་ཤིག་ཡིན་པར་བཤད། ཞིང་ཁམས་དེར་ས་བཅུ་ཐོབ་པའི་བྱང་ཆུབ་སེམས་དཔའ་ཤ་སྟག་དང་། ཨ་ཏི་ཤ་དང་འབྲོམ་སྟོན་པ། བུ་སྟོན། རྗེ་ཙོང་ཁ་པ་སོགས་སྐུ་མྱ་ངན་ལས་འདས་ནས་ཞིང་དེར་ཕེབས་པ་དང་། ཞིང་ཁམས་དེའི་ཆོས་སྟོན་པའི་དགེ་བའི་བཤེས་གཉེན་ནི་རྗེ་བཙུན་བྱམས་པ་མགོན་པོ་ཡིན་པ་སོགས་བཤད་ཡོད། འདིའི་ཞིང་བཀོད་ནི་སངས་རྒྱས་ཆོས་ལུགས་ཀྱི་འཇིག་རྟེན་ཆགས་ཚུལ་གྱི་རི་མོར་གཟིགས།[①]

[50]**བྱང་ཆུབ་སེམས་དཔའ་བྱམས་མགོན།** བྱང་ཆུབ་སེམས་དཔའ་བྱམས་མགོན་(མཻ་ཏྲེ་ཡ་/Maitreya/慈氏菩萨/弥勒菩萨)ནི་རྒྱ་གར་ལྷོ་ཕྱོགས་ཀྱི་བྲམ་ཟེའི་ཁྱིམ་དུ་སྐུ་འཁྲུངས་ཤིང་། དམ་པའི་ཆོས་ལ་ཞུགས་ནས་སྟོན་པའི་ཉེ་སྲས་བརྒྱད་ཀྱི་ཡ་གྱལ་དུ་གྱུར་ཞིང་སྟོན་པའི་གོང་དུ་མྱ་ངན་ལས་འདས་པའོ། །འདྲེན་པ་མཉམ་མེད་སྟོན་པ་བཅོམ་ལྡན་འདས། རྒྱལ་ཚབ་དམ་པ་རྗེ་བཙུན་མི་ཕམ་མགོན། ཞེས་པ་ལྟར་རྣམ་འདྲེན་བཞི་པ་སངས་རྒྱས་ཤཱཀྱ་ཐུབ་པའི་བསྟན་པ་རིན་པོ་ཆེ་འཇིག་རྟེན་ནས་ནུབ་སྟེ་རྣམ་འདྲེན་ལྔ་པ་རྒྱལ་བ་བྱམས་པའི་བསྟན་པ་འཇིག་རྟེན་དུ་འབྱུང་འགོ་ཙུགས་པ་ཡིན་ཏེ། དེ་ཡང་སྤྱིར་ངེས་དོན་གྱི་དབང་དུ་བྱས་ན་སངས་རྒྱས་མྱ་ངན་འདའ་བ་དང་། དམ་པའི་ཆོས་ནུབ་པ་ཞེས་བྱ་བ་མ་ཡིན་ཏེ། མདོ་སྡེ་གསེར་འོད་དམ་པ་ལས། སངས་རྒྱས་མྱ་ངན་ཡོངས་མི་འདའ། །ཆོས་ཀྱང་ནུབ་པར་མི་འགྱུར་ཏེ། །སེམས་ཅན་ཡོངས་སུ་སྨིན་མཛད་ཕྱིར། ཡོངས་སུ་མྱ་ངན་འདའ་བར་སྟོན། །ཞེས་གསུངས། འོན་ཀྱང་གདུལ་བྱ་ཐུན་མོང་བ་རྣམས་ཀྱི་སྣང་ངོར་ད་ལྟ་ཚེ་ལོ་བརྒྱ་པ་སྙིགས་མ་ལྔ་བདོ་བའི་དུས་སུ་འབབ་ཅིང་། དེ་ནས་མར་འགྲིབ་སྟེ་

① དུང་དཀར་བློ་བཟང་འཕྲིན་ལས། 《དུང་དཀར་ཚིག་མཛོད་》 ཀྲུང་གོའི་བོད་རིག་པ་དཔེ་སྐྲུན་ཁང་། ༢༠༡༥ལོ། ཤ་༨༠༩དང་༨༠༥གཉིས་ལས་བཏུས།

མི་དགེ་བའི་ལས་ལམ་ཆེས་ཆེར་སྤྱོད་པས་ཚེ་དང་ལོངས་སྤྱོད་ཀྱི་བཅུད་རྣམས་རིམ་གྱིས་ཉམས་ཤིང་བྲིད་པར་འགྱུར་ཏེ་ཚེ་ལོ་བཅུ་པའི་བར་ཐུག །དེ་ནས་མུ་གེ། ནད། མཚོན་གྱི་བསྐལ་པ་ལོ་བདུན་ཟླ་བདུན་ཞག་བདུན་གྱི་བར་འབྱུང་སྟེ། ལྷག་མར་ལུས་པའི་མི་རྣམས་སྡིག་པས་ཡིད་ཤིན་ཏུ་སྐྱོ་ནས་སྡིག་གཅོད་སྤོང་བར་འགྱུར། དེའི་མཐུས་ཚེ་ལོ་ཉི་ཤུ་ཐུབ་པར་འཕེལ། དེ་བཞིན་མ་བྱིན་ལེན་དང་འདོད་ལོག་སྤྱོད་པ་སོགས་སྤངས་ཏེ་ཚེ་ཇེ་རིང་དུ་འགྱུར་ནས། འཛམ་བུ་གླིང་གི་མི་རྣམས་ཚེ་ལོ་བདུན་བརྒྱ་པར་གྱུར་པ་ན། འཕགས་པའི་གནས་བརྟན་བཅུ་དྲུག་གིས་ས་སྟེང་འདི་ན་སངས་རྒྱས་ཤཱཀྱ་ཐུབ་པའི་བསྟན་པའི་ཆོས་ཀྱི་ཚོགས་ཇི་སྙེད་པ་ཐམས་ཅད་གཅིག་ཏུ་བསྡུས་ནས་རིན་པོ་ཆེ་སྣ་བདུན་གྱི་མཆོད་རྟེན་བྱས་ཏེ་ཀུན་ནས་བསྐོར་ནས་སྐྱིལ་མོ་ཀྲུང་བཅས་ཏེ་འདུག་ནས། བཅོམ་ལྡན་འདས་དེ་བཞིན་གཤེགས་པ་དགྲ་བཅོམ་པ་ཡང་དག་པར་རྫོགས་པའི་སངས་རྒྱས་ཤཱཀྱ་ཐུབ་པ་ལ་ཕྱག་འཚལ་ལོ་ཞེས་བརྗོད་དེ་ཕྱག་བྱས་ནས་ཉན་ཐོས་དེ་དག་ཀྱང་ཕུང་པོ་ལྷག་མ་མེད་པར་ཡོངས་སུ་མྱ་ངན་ལས་འདའ་བར་འགྱུར་ཏོ། །དེ་ནས་ཤཱཀྱ་ཐུབ་པའི་བསྟན་པ་དམ་པའི་ཆོས་ནུབ་པར་གྱུར་རོ། དེའི་རྗེས་ལ་རང་སངས་རྒྱས་བྱེ་བ་ཕྲག་བདུན་འཇིག་རྟེན་དུ་འབྱུང་ངོ་། །དེ་ནས་ཚེ་ལོ་བརྒྱད་ཁྲིའི་བར་འཕེལ་ཏེ། སླར་ཡང་མར་གྲིབ་འགོ་ཚུགས་པར་འགྱུར། དེ་ཚེ་དེ་བཞིན་གཤེགས་པ་ཡང་དག་པར་རྫོགས་པའི་སངས་རྒྱས་བྱམས་པ་འཇིག་རྟེན་དུ་བྱོན་ནས་ཆོས་ཀྱི་འཁོར་ལོ་བསྐོར་བར་འགྱུར་རོ། །བུ་སྟོན་རིན་པོ་ཆེས་གསུངས་པ་ལྟར་ན། སངས་རྒྱས་ཤཱཀྱ་ཐུབ་པ་མྱ་ངན་ལས་འདས་ནས་སངས་རྒྱས་བྱམས་པ་མ་བྱོན་གྱི་བར་དུ་མི་ལོ་བྱེ་བ་ཕྲག་ལྔ་བཅུ་ང་བདུན་དང་ས་ཡ་ཕྲག་དྲུག་ཡོད་པར་གསུངས། དེང་སང་གི་བརྩི་སྟངས་བྱས་ན། མི་ལོ་དུང་ཕྱུར་ལྔ་དང་བྱེ་བ་བདུན་ས་ཡ་དྲུག་ཡིན། །①

① དུང་དཀར་བློ་བཟང་འཕྲིན་ལས། 《དུང་དཀར་ཚིག་མཛོད་》 ཀྲུང་གོའི་བོད་རིག་པ་དཔེ་སྐྲུན་

[51]**སྐུ་བརྙན་འཁོར་མའི་དཔེ་བྱད་ཇི་ལྟ་བ་བཞིན་བཞུགས།** རྗེ་བཙུན་བྱམས་མགོན་གྱི་སྐུ་བརྙན་དེའི་སྐོར་ལ་ཐང་སེན་ལམ་ཡིག་གི་བམ་པོ་གསུམ་པའི་ཨོ་རྒྱན་ཡུལ་གྱི་ས་བཅད་མཐའ་མ་སྟེ། ད་ར་ཊའི་ལྗོངས་ཞེས་པའི་སྐབས་སུ་ཐང་ཤིན་ལམ་ཡིག་ན་འདིར་མཚན་མི་གསལ་བའི་དགྲ་བཅོམ་པ་ནི་ཉི་མ་གུང་པ་ཡིན་པར་བསྟན་འདུག་སྟེ། ལྗོངས་དེའི་ལྟེ་བར་གནས་པའི་གཙུག་ལག་ཁང་གི་མདོན་གསལ་ཆེར་མེད་པའི་ལོགས་ཤིག་ན་ཤིང་ལས་བཞེངས་པའི་རྒྱལ་བ་བྱམས་པའི་སྐུ་བརྙན་གསེར་འོད་ལྷམ་མེར་འཚེར་བ་ཤིན་ཏུ་བྱིན་ཅན་མཐོ་ཚད་ལ་ཁྲུ་བརྒྱ་ལྷག་བྱས་པ་ཞིག་བཞུགས་སུ་གསོལ་བ་ནི་སྔོན་དགྲ་བཅོམ་པ་ཉི་མ་གུང་པས་རང་གི་རྫོགས་པར་བརྟེན་ནས་མིའི་བཟོ་བོ་ཁྲིད་དེ་དགའ་ལྡན་ཡིད་དགའ་ཆོས་འཛིན་དུ་རྗེ་བཙུན་བྱམས་མགོན་གྱི་ཞལ་ལན་གསུམ་དངོས་སུ་མཇལ་ནས་ཕྱིར་ཕེབས་ཏེ་བཞེངས་པར་གྲགས།[①] ཞེས་གསལ་ལོ། །

[52]**སིནྡྷུ།** ཆུ་བོ་སིནྡྷུ་(Sindhu\印度河\Indus)ནི་རི་བོ་གངས་ཏི་སེའི་རྒྱབ་ བྲག་སེནྒེ་ལྟ་བུའི་ཁ་ནས་བབས་པ་ཡིན་ཞིང་དེང་གི་པ་གི་སི་ཐན་གྱི་ཆུ་བོ་གཙོ་བོ་ཞིག་དང་། རྒྱལ་ཁབ་དེའི་ཞིང་ཆུའི་ཡོངས་ཁུངས་ལྟེ་བ་ཡིན། རྒྱ་གར་དང་པ་གི་སི་ཐན་ཐ་དད་དུ་མ་གྱེས་གོང་སྤྱི་སྐྱི་ལོ་༡༩༨༧ལོའི་སྔོན་ལ་དེ་ནི་རྒྱ་གར་གྱི་ཆུ་བོ་ཆེན་པོ་གཏྣར་འགྲན་ནུས་པའི་ཆུ་ཀླུང་ཞིག་ཡིན་པ་ལ་སྤྱིའི་རིང་ཚད་ལ་སྤྱི་ལེ་༢༩༠༠ནས་༣༠༠༠བར་ཡོད་ཅིང་། མདོ་དབུས་མཐོ་སྒང་ནས་མཆེད་པའི་ཆུ་མགོ་སེང་གེ་ཁ་

ཁང་། ༢༠༡༥ལོ། ཤ་༡༦༢༥

季羡林校注：《大唐西域记》，中华书局，2012年，第297页。

ཡོངས་འཛིན་ཡེ་ཤེས་རྒྱལ་མཚན། 《ལམ་རིམ་བླ་མ་བརྒྱུད་པའི་རྣམ་ཐར་》 བོད་ལྗོངས་མི་དམངས་དཔེ་སྐྲུན་ཁང་། ༡༩༩༠ལོ། ཤ་༦༨ནས་༧༥བར།

① རྨེ་ཏུ་ཚེ་རིང་དོན་གྲུབ། 《ཐང་སེན་ལམ་ཡིག་གསར་བསྒྱུར་དང་ཞིབ་འཇུག་》 བོད་ལྗོངས་བོད་ཡིག་དཔེ་རྙིང་དཔེ་སྐྲུན་ཁང་། ༢༠༡༨ལོ། ཤ་༡༠༡

འབབ་ཧེ་མ་ལ་ཡ་དང་། ཁུ་ནུའི་རི་རྒྱུད་དབར་ལྷོ་ནུབ་ཕྱོགས་ལ་རྒྱུགས་ཏེ་རི་བོ་ཧེ་མ་ལ་ཡ་བརྒྱུད་གཡས་ཕྱོགས་ཁ་པུར་ཆུ་བོ་(喀布尔河)དང་། གཡོན་ཕྱོགས་རྒྱ་གར་པུན་ཇབ་ས་ཆའི་(旁遮普)ཆུ་སྲན་དང་འདྲེས་མཐར་པ་ཀི་སི་ཐན་རྒྱལ་ཁོངས་ནས་ཨ་རབ་ཆུ་བོར་(阿拉伯河)ཞུགས་པའོ། །གངས་ཏི་སིའི་བྱང་ངོས་ནས་འབབ་པའི་ཆུ་བོ་སིནྡྷུ་ཞེས་པ་བོད་སྐད་དུ་སེང་གེ་ཁ་འབབ་དང་། རྒྱ་ནག་གི་སྐད་དུ་狮泉河ཟེར། དེ་མངའ་རིས་ཀྱི་ཡུལ་བརྒྱུད་ནས་ཐོག་མར་བྱང་ཕྱོགས་དང་། དེ་ནས་པ་ལི་ཙ་སིའི་ལྷོ་ངོས་ནས་རེ་ཞིག་བར་ནུབ་དང་། དེ་རྗེས་ཀཤྨི་རའམ་ཀཤྨིར་གྱི་ཤར་ངོས་ནས་ནུབ་བྱང་བར་འཁྱོག་ནས་འབབ་ཅིང་། མཐར་པ་ཀི་སི་ཐན་གྱི་རྒྱལ་ས་ཁ་ར་ཆེའམ་གནའ་དུས་སུ་ཐར་འབོད་པའི་ཉེ་འདབས་ནས་ཨ་རབ་ཀྱི་ཆུ་བོར་འབབ་པར་བཤད། སིནྡྷུ་ཞེས་པ་བོད་སྐད་དུ་མགྱོགས་འགྲོའི་དོན་ཡིན་པར་སྐད་གཉིས་ཤན་སྦྱར་གྱི་གཞུང་འགར་གསལ། ཞེས་པའི་ཏུའུ་(百度)འཚོལ་བཤེར་དྲ་བ་དང་ཏུང་དཀར་ཚིག་མཛོད་①གཉིས་ལ་གསལ།

[53]ཀྲང་ཆན། ཀྲང་ཆན་(张骞)ནི་སྤྱི་ལོའི་སྔོན་གྱི་༡༡༤ལོར་འདས་ཤིང་འཁྲུངས་ལོ་གསལ་དུ་མེད། ཁོང་ནི་རྒྱ་ནག་ཧན་ནུབ་མའི་དུས་ད་ལྟའི་ཧྲན་ཤིའི་(陕西)ས་ཁོངས་ཀྱི་མི་ཡིན་ཞིང་། ནར་སོན་རྗེས་གཞུང་དཔོན་ཆེན་པོར་འགྱུར་ཏེ་ཧན་གུར་རྒྱལ་པོ་ལིའུ་ཁྲེ་(刘彻)ཡི་བཀའ་བཞིན་ཕོ་ཉའི་ཚུལ་དུ་སྤྱི་ལོའི་སྔོན་གྱི་༡༣༩ལོར་ནུབ་ཁུལ་གྱི་ཡུལ་དག་ཏུ་རྟོགས་ཞིབ་ལ་བསྐྱོད་དེ་ཨེ་ཤེ་ཡའི་དབུས་ཁུལ་གྱི་ཡུལ་དུ་མར་འགྲོ་སྐྱོང་བའི་རྒྱའི་ལོ་རྒྱུས་སྟེང་གི་སྐྱེ་བོ་ཐོག་མ་དེ་ཡིན། དེའི་ལོ་རྒྱུས་ཞིབ་པ་རྒྱའི་ཡིག་ཚང་རྙིང་མ་ཧན་ཧྲུ་《汉书》ཡི་བམ་པོ་རེ་གཅིག་པ་ཀྲང་ཆན་དང་། ལི་ཀོང་ལིད་དཀར་ཆག《张骞李广利传》ཅེས་པར་གསལ།

① ཏུང་དཀར་བློ་བཟང་འཕྲིན་ལས། 《ཏུང་དཀར་ཚིག་མཛོད་》 ཀྲུང་གོའི་བོད་རིག་པ་དཔེ་སྐྲུན་ཁང་། ༢༠༡༥ལོ། ཤ་༢༠༨༨

[54]**ཀན་དབྱིང་།** ཀན་དབྱིང་(甘英)ནི་རྒྱ་ནག་ཏུང་ཧན་(东汉)མའི་དུས་ཀྱི་མི་ཡིན་ཞིང་། ཏུང་ཧན་མའི་རྒྱལ་པོ་ཧོ་ཏིད་(和帝)སྐབས། དེའི་དུས་ཀྱི་ནུབ་ཡུལ་གྱི་ལྟ་སྐྱོང་དཔོན་པན་ཁྲའོ་(西域都护班超)ཡིས་བཀས་བསྐྱལ་བ་བཞིན་པོ་ཉའི་ཚུལ་དུ་དེའི་ཚེ་རོམ་གོང་མའི་རྒྱལ་ཁབ་ཆེན་པོའི་(罗马帝国)ཤར་རྒྱུད་ཀྱི་ས་ཆ་དང་། པར་སིག་གི་མཚོ་ཁུག་(波斯湾)བར་དུ་བསྐྱོད་མཐར་རྒྱ་མཚོའི་འཇིགས་པས་ཉེན་ཏེ་ཕྱིར་ལོག་དགོས་པ་བྱུང་། ཁོང་གི་ལོ་རྒྱུས་ཞིབ་པ་རྒྱའི་ཡིག་ཚང་རྙིང་མ་ཧྲུའུ་ཧན་ཧྲུ་མའི་ནུབ་ཡུལ་དཀར་ཆག《后汉书·西域传》ཅེས་པར་གསལ།

[55]**ཐམས་མགོན་གྱི་སྐུ་བརྙན་བཞེངས་པ་ནས་བཟུང་།** ཐང་སེན་ལམ་ཡིག་ལས་འདི་ཡི་སྐོར་ལ། སྐུ་བརྙན་དེ་གྲུབ་རྗེས་སངས་རྒྱས་ཀྱི་ཆོས་རིམ་པར་ཤར་གྱི་ཕྱོགས་སུ་དར་བར་གྱུར་ཞེས་གྲགས།[①] ཞེས་གསུངས་པ་ལས་ད་ར་ཌའི་ཁུལ་ནི་གནའ་བོའི་དུས་སངས་རྒྱས་ཆོས་ལུགས་རྒྱ་ནག་ཏུ་དར་སའི་ཁྲུངས་སམ་ལམ་ཐིག་གལ་ཆེན་ཞིག་ཡིན་པ་ངེས་ཤེས་ཐུབ།

[56]**མྱ་ངན་ལས་འདས།** དེར་ལེགས་སྦྱར་དུ་ནིརྦཱ་ཎ་(nirvāṇa\涅槃)ཟེར་ཞིང་ལམ་ཡིག་ཕྱི་མོར་泥洹ཞེས་འཕོད། འདིར་འཕོད་སྟོན་པ་འདས་ནས་ལོ་སུམ་བརྒྱ་ཞེས་པ་དུས་ནམ་ཞིག་ལ་ཡིན་ཞེ་ན། ཐོག་མར་སྟོན་པའི་འདས་ལོ་ཁོ་ནར་མཁས་དབང་དགེ་འདུན་ཆོས་འཕེལ་སོགས་ཕལ་མོ་ཆེས་ཚད་མར་བྱེད་པའི་འཕགས་པ་གནས་བརྟན་སྡེ་པའི་ལུགས་ཕུད། མཁས་དབང་ཚེ་ཏན་ཞབས་དྲུང་མཆོག་གི་བསྟན་རྩིས་ཀུན་བཏུས་སུ་གསུངས་པ་ལྟར། མཉམ་མེད་ཇོ་བོ་ཨ་ཏི་ཤའི་ལུགས་དང་། ས་སྐྱ་བའི་ལུགས་དང་། རས་ཆུང་པའི་ལུགས་དང་། རྒྱ་ནག་ཙཱནྡན་ཇོ་

① རྨེ་ཏུ་ཚེ་རིང་དོན་གྲུབ། 《ཐང་སེན་ལམ་ཡིག་གསར་བསྒྱུར་དང་ཞིབ་འཇུག་》 བོད་ལྗོངས་བོད་ཡིག་དཔེ་རྙིང་དཔེ་སྐྲུན་ཁང་། ༢༠༡༨ལོ། ཤ་༡༠༡

བོའི་ལོ་རྒྱུས་ཀྱི་ལུགས་དང་། རྒྱ་ནག་གི་ཡིག་ཚང་རྙིང་མར་བཤད་པའི་ལུགས་ཏེ་ལྔ[1]ཡོད་དོ། །ཞེས་བསྟན་པ་ལས་འདིར་བཙུན་པ་ཟླ་ཤར་གྱིས་བརྗོད་པའི་འདས་ལོ་ནི་རྒྱ་ནག་གི་ཡིག་ཚང་རྙིང་མ་ཐང་སན་ལམ་ཡིག་ཏུ་འཁོད་པའི་ལུགས་ཀྱི་ཡ་གྱལ་ཞིག་ཡིན་པར་སྙམ་སྟེ། དེ་ཡང་ཐང་གུར་ཀྲེང་ཀོན་(贞观)ཁྲི་ལོ་༢༠སྟེ་སྤྱི་ལོ་༦༤༦ལོར་གྲུབ་པའི་ཐང་སན་ལམ་ཡིག་གི་བམ་པོ་དྲུག་པའི་རྩ་མཆོག་གྲོང་གི་ཡུལ་ཞེས་པར། སྟོན་པ་མྱ་ངན་ལས་འདས་ཏེ་ད་བར་ལོ་ཇི་ཙམ་སོང་མིན་ལ་སྡེ་པ་སོ་སོའི་བརྗོད་ཚུལ་མི་མཐུན་ཞིང་། ཁ་ཅིག་གིས་ལོ་ཆིག་སྟོང་ཉིས་བརྒྱ་ལྔག་དང་། ལ་ལས་ཆིག་སྟོང་སུམ་བརྒྱ། ཡང་འགའ་ཞིག་གིས་ཆིག་སྟོང་ལྔ་བརྒྱ་དང་རེ་འགས་དགུ་བརྒྱར་གསུངས་པའང་ཡོད།[2]ཅེས་འཁོད་པ་ལས། བཙུན་པ་ཟླ་ཤར་གྱིས་འདིར་སྟོན་པ་འདས་ནས་ལོ་སུམ་བརྒྱ་ཞེས་གསུངས་པ་ནི་རྒྱ་ནག་རྒྱལ་པོ་ཀྲུའུ་ཕིང་ཝང་(周平王)གིས་སྲིད་སྐྱོང་བའི་སྐབས་ཏེ་སྤྱི་ལོའི་སྔོན་གྱི་༧༧༠ནས་༧༢༠ལོའི་གཡས་གཡོན་ན་འཕེལ་བར་གསུངས་གཤིས། དེ་ལྟར་ན་ཙུང་ཟད་བརྩིས་ཚེ་འདིར་བཙུན་པ་ཟླ་ཤར་གྱིས་བཞེད་པའི་སྟོན་པའི་འདས་ལོ་ནི་སྤྱི་ལོའི་སྔོན་གྱི་ལོ་༡༠༠༠གཡས་གཡོན་ན་རིགས་བགྲེ་ཐུབ་པས། ལུགས་འདི་བཞིན་ཐང་སན་ལམ་ཡིག་ཏུ་སྤྱི་ལོ་༦༤༦ཙམ་ན་སྟོན་པ་འདས་ནས་ཆིག་སྟོང་ལྔ་བརྒྱ་སོང་བར་བཞེད་ཚུལ་དེ་དང་མཐུན་ཆེ་བར་འདུག་ཅིང་། དེའང་བསྟན་རྩིས་ཀུན་བཏུས་[3]ན་འཁོད་པའི་རྒྱ་ནག་ཙནྡྲ་ཛོ་བོའི་ལུགས་ལ་སྟོན་པ་སྤྱི་ལོའི་སྔོན་གྱི་ལོ་༡༠༡༥ལ་འདས་པའི་

① ཚེ་ཏན་ཞབས་དྲུང་གིས་མཛད། 《བསྟན་རྩིས་ཀུན་ལས་བཏུས་པ་》 མཚོ་སྔོན་མི་རིགས་དཔེ་སྐྲུན་ཁང་།༡༩༨༢ལོ། ཤ་༢

② རྨེ་ཏྭ་ཚེ་རིང་དོན་གྲུབ། 《ཐང་སན་ལམ་ཡིག་གསར་བསྒྱུར་དང་ཞིབ་འཇུག་》 བོད་ལྗོངས་བོད་ཡིག་དཔེ་རྙིང་དཔེ་སྐྲུན་ཁང་། ༢༠༡༨ལོ། ཤ་༢༡༢

③ ཚེ་ཏན་ཞབས་དྲུང་། 《བསྟན་རྩིས་ཀུན་ལས་བཏུས་པ་》 མཚོ་སྔོན་མི་རིགས་དཔེ་སྐྲུན་ཁང་། ༡༩༨༢ལོ། ཤ་༢༧

བཞེད་པ་དང་འདྲ་ཆེ་བར་སྣང་། །

[57]**ཧན་གུར་མིང་རྡི་རྒྱལ་པོའི་རྨི་ལམ།** དེ་ཡང་ཡོངས་གྲགས་སུ་རྒྱ་ནག་ཏུ་སངས་རྒྱས་ཀྱི་བསྟན་པ་ཐོག་མར་དར་བའི་དུས་ནི་ཧན་གུར་མིང་རྡི་ཁྲི་ལོ་བརྒྱད་པ་སྤྱི་ལོ་༦༥ལོར་ཡིན་པར་འདོད་དེ། དེ་ཡང་གུང་མགོན་པོ་སྐྱབས་ཀྱིས་མཛད་པའི་རྒྱ་ནག་ཆོས་འབྱུང་དུ། བཅོམ་ལྡན་འདས་...མྱུ་དབང་གི་ལོ་ལྔ་བཅུ་ང་གསུམ་པ་ཆུ་ཕོ་སྤྲེལ་གྱི་ཟླ་བ་གཉིས་པའི་ཚེས་བཅོ་ལྔ་ལ་མྱ་ངན་ལས་འདས། དེ་ནས་ལོ་ཆིག་སྟོང་བཅུ་གསུམ་པ། ཆེན་པོ་ཧན་གྱི་མིང་རྡི་རྒྱལ་པོ་ཡུང་ཕིང་(汉明帝永平)གི་ལོ་བརྒྱད་པར་བསྟན་པའི་དབུ་བརྙེས་ལ། དེ་ཡང་ལོ་གསུམ་པའི་ཚེས་བཟང་ཞིག་གི་ནུབ་མོ་རྒྱལ་པོའི་རྨང་ལམ་ན་སྐྱེས་བུ་ཆེན་པོ་མཐོ་སྲིད་དུ་འདོམ་གསུམ་ལྷག་མངའ་བ། གསེར་གྱི་ཁ་དོག་ཅན་མཚན་གྱིས་སྤྲས་པ་ཉི་མའི་འོད་ཟེར་འཕྲོ་བ་ཞིག །ནམ་མཁའི་ལམ་ནས་ཕོ་བྲང་གི་གསེར་ཐོག་གི་མདུན་དུ་ཕེབས་པ་རྨིས་ནས་ཕྱི་ཉིན་བློན་པོ་རྣམས་ལ་དྲིས་པས། བློན་པོ་ཧྥུ་ཡི་(傅毅)ཟེར་བས་སྔོན་ཅེའུའི་(周)དུས་སུ་རྒྱ་གར་ན་སངས་རྒྱས་ཞེས་བྱ་བའི་དྲང་སྲོང་ཞིག་སྐུ་ནི་ཁྲུས་ལྷག་པའི་འདོམ་གསུམ་གྱི་ཆུ་ཞེང་གབ་པ་དང་། པགས་པ་གསེར་གྱི་ཁ་དོག་ཅན་འོད་དང་ལྡན་པ་ནམ་མཁའ་ལ་འགྲོ་ཐུབ་པ་ཅིག་བྱུང་ཟེར་བ་ཐོས་ཏེ། ལྷའི་རྨི་ལམ་དེ་དེ་དང་འབྲེལ་བ་ཞིག་ཡིན་ནམ་གསོལ་ལོ། །དེ་ནས་རྒྱལ་པོས་ཡིག་རྙིང་རྣམས་གཟིགས་པས་ཅེའུ་ཅོའུ་དབང་(周昭王)གི་དུས་ཀྱི་ལུང་བསྟན་དེ་རྙེད་ནས་ཐུག་དགྱེས། བང་ཆེན་པ་ཝང་ཙུན་(王遵)གྲུབ་མཐའ་འཚོལ་དུ་གཏོང་བས་དེ་སྐབས་རྒྱ་གར་ནས་ཀྱང་དུས་ལ་བབས་པར་ཤེས་ནས་འོད་སྲུང་གི་རིགས་ལས་དགྲ་བཅོམ་པ་མཏྣྃ་(摄摩腾)དང་། པཎྜི་ཏ་ཧྥ་ལན་(竺法兰)གཉིས་རྟ་དཀར་པོ་ཅིག་ལ་སྟོན་པའི་བྲིས་ཐང་ཅིག་དང་གསུང་རབ་འགའ་ཞིག་བཀལ་ཏེ་ཐོན་པ་དང་ལམ་

ཐོག་འཛོམས་ཏེ་ལྷན་དུ་འཁོར།① ཞེས་བསྟན་པ་ལས་ཏན་གུར་རྒྱལ་པོ་མིང་ཧྲི་ཡིས་སྲིད་བསྐྱངས་པའི་དུས་ནི་སྤྱི་ལོ་༥༨ནས་༧༥ལོ་བར་ཡིན་པ་ཡོངས་སུ་གྲགས་པས་རྩི་ལམ་འདི་བཞིན་ཁྲི་ལོ་གསུམ་པ་སྟེ་སྤྱི་ལོ་༨༠ལོའི་ཚེས་བཟང་ག་གེ་མོར་རྩིས་པར་ཤེས་ནུས།

[58]**ཨོ་རྒྱན་ཡུལ།** ལམ་ཡིག་གི་རྒྱ་ཡིག་ཕྱི་མོར་ཡུལ་དེར་乌苌国བྲིས་པ་ལ། རང་རེ་རྣམས་ལ་ཧྲུང་ལྟར་གྲགས་པའི་སློབ་དཔོན་པད་མ་འབྱུང་གནས་ཀྱི་འཁྲུངས་ཡུལ་ཡིག་ཚང་རྣམས་སུ་སྐབས་མང་པོར་ཨོ་ཊི་ཡ་ན་ཞེས་འབོད་པ། གསང་སྔགས་བསྟན་པའི་འབྱུང་ཁུངས་ལྟའི་ཡ་གྱལ། གྲུབ་པ་དང་རིག་པ་འཛིན་པའི་རྣལ་འབྱོར་རྣམས་ཀྱི་བསྟི་གནས། ཡོངས་གྲགས་སུ་ཨོ་རྒྱན་ཞེས་འབོད་པར་ཐེ་ཚོམ་མ་མཆིས་པས་འདིར་ཨོ་རྒྱན་ཡུལ་རང་དུ་བསྒྱུར་བའོ། །ཅིད་ཤན་ལིན་གྱིས་མཛད་པའི་ཐང་སན་ལམ་ཡིག་གི་མཆན་②ལྟར་ན། ཡུལ་དེར་ལེགས་སྦྱར་སྐད་དུ་ཨུདྱཱ་ན་(Udyāna/乌仗那)དང་ཨུཌྜི་ཡཱ་ན།(Uḍḍiyāna) ཨོ་ཊི་ཡཱ་ན།(Oḍiyāna) ཨོཌྜི་ཡཱ་ན་(Oddiyāna)སོགས་འབྲི་སྲོལ་མང་དུ་སྣང་བ་ལས་ཨུདྱཱ་ན་ནི་མེ་ཏོག་ལྡུམ་ར་ཞེས་པའི་དོན་སྟོན་ཅིང་། པ་ལིའི་ཡི་གེར་ཨུཡྻཱ་ན་(Uyyāna)དང་ཨུཛྫཱ་ན་(Ujjāna)ཞེས་འབྲི་བའོ། །ཡུལ་དེའི་ལོ་རྒྱུས་དུས་རིམ་སོ་སོར་ས་ཁྱོན་ཇི་ཙམ་ཡིན་མིན་གཅིག་ཏུ་མ་ངེས་ཤིང་། རྗེས་ཤུལ་ད་ལྟའི་ཀཤྨི་རའི་(克什米尔)ས་ཁུལ་གྱི་སྭཏ་(斯瓦特)ཆུ་བོའི་རྒྱུགས་ཁུལ་དུ་ཡོད་པ་ལ་མངའ་ཁོངས་སུ་ད་ལྟའི་པང་ཀོ་ར་(Pangkora)དང་། བི་ཛཱ་ཝར།(Bijāwar) སི་ཝཱ་ཐ།(Swāt) བུ་ན་(Buna)བཅས་རྫོང་བཞི་འདུས་

① གུང་མགོན་པོ་སྐྱབས། 《རྒྱ་ནག་ཆོས་འབྱུང་》 སི་ཁྲོན་མི་རིགས་དཔེ་སྐྲུན་ཁང་། ༡༩༨༣ལོ། ཤོག་༤༩ནས་༥༠ བར། གུག་རྟགས་ནང་གི་རྒྱ་ཡིག་རྣམས་བློ་བཟང་བསྟན་འཛིན་ལགས་ཀྱིས་བསྒྱུར་བའི་རྒྱ་ནག་ཆོས་འབྱུང་རྒྱ་ཡིག་དཔར་མ་བཞིན་བཏབ་པའོ། །

② ཅི་ཏུ་ཚེ་རིང་དོན་གྲུབ། 《ཐང་སན་ལམ་ཡིག་གསར་བསྒྱུར་དང་ཞིབ་འཇུག་》 བོད་ལྗོངས་བོད་ཡིག་དཔེ་རྙིང་དཔེ་སྐྲུན་ཁང་། ༢༠༡༨ལོ། ཤ་༢༧༡

པར་གསུངས། ཀྲང་ཤུན་གྱི་མཆན་①དུ། ཨུདྡྷ་ན་ཞེས་པ་སྐྱིད་ཚལ་དུའང་གོ་བ་དང་། ཡུལ་དེའི་རྗེས་ཤུལ་ད་ལྟའི་པ་ཀི་སི་ཐན་རྒྱལ་ཁབ་ཀྱི་བྱང་ཕྱོགས་སྭཏ་ཆུ་བོའི་རྒྱུགས་ཁུལ། ཐང་སན་ལམ་ཡིག་ཏུ་མངྒ་ལ་གྲོང་(Maṅgala\瞢揭厘城)སྟེ་དེང་མངྒ་ལ་ཨུར་(Manglaur\曼格勒)འབོད་པ་གང་ཞིག །ཆུ་བོ་སྭཏ་རྒྱུགས་ཁུལ་དཀྱིལ་མའི་ཤར་ངོགས་སུ་ཡོད་ཚུལ་ཞིབ་པར་གསུངས། ཡུལ་དེར་རྒྱའི་ཡིག་ཚང་ལོའོ་ཡང་དགོན་སྡེའི་དཀར་ཆག་ཏུ་乌场国དང་། ཐང་སན་ལམ་ཡིག་ཏུ་乌仗那国ཞེས་གསལ་བ་ལ་ཐམས་ཅད་ལེགས་སྦྱར་གྱི་སྒྲ་ཟུར་ཆག་པར་སྣམ། མཁས་དབང་དགེ་ཆོས་ཀྱི་གསེར་ཐང་དུ་འདི་སྐད་གསུངས་ཏེ། ཡུལ་དེའི་ལྷོ་ངོས་རྒྱ་གར་གྱི་ཐང་ལ་བལྟ་བའི་ཕྱོགས་ནི་པེ་ཤ་བར་དང་། ནུབ་ཏུ་ཀ་བི་ལང་། བྱང་དུ་ནི་གངས་ཀྱི་རི་རྒྱུད་ཆེན་པོ་དང་། ཤར་ངོས་སིནྡྷུའི་ཆུ་དང་། དེའི་ཕ་རོལ་དུ་ཁ་ཆེ་དང་། སུ་ནི་གི་ལ་གི་ཏའི་རྒྱལ་ཁམས་དང་། དེ་ནས་སོང་བས་མངའ་རིས་ཀྱི་ནུབ་ཞིག་ཏུ་སླེབས་པ་ཡིན་འདུག །…ཨོ་རྒྱན་ཡུལ་གྱི་གཞུང་ཆུ་སྭར་བྱི་དེ་དང་ཀ་བིལ་གྱི་ཆུ་གཉིས་འདྲེས་པ་གནྡྷ་རི་ཡུལ་དུ་སླེབས་ནས་རྫ་འཛོག་དང་མི་རིང་པ་ན་སིནྡྷུ་དང་འདྲེས། དེས་ན་པེ་ཤ་ར་ནི་གྲོང་ཁྱེར་གྲགས་ཆེ་བས་རྒྱ་གར་གྱི་ཕྱོགས་གང་ནས་ཀྱང་བརྩད་ཚོད་ལ་(དེས་ན་སྭཏ་འམ་སུ་བཏ་གྱི་ཆུ་དེད་ནས་ནུབ་བྱང་དུ་སོང་བས་འཕྲང་འགག་སོགས་ཅི་ཡང་རྒྱག་མི་དགོས་པར་ཡུལ་འདི་རང་ལ་སླེབས་)སིནྡྷུའི་ཆུ་བརྒྱུད་དེ་ཡུལ་དེར་བརྩོལ་བའི་ལམ་དེ་ནི་བྲག་རོང་ཅན་གྱི་ལམ་འཕྲང་ཤིན་ཏུ་བགྲོད་དཀའ་བ་ཡོད་ཅིང་། ཆེས་གནའ་བོའི་དུས་ཀྱི་བཙུན་པ་ཧྥ་ཞན་དང་། རྣལ་འབྱོར་མང་པོ་ཞིག་ནི་ཕྱོགས་དེ་ནས་ཕྱིན་པར་འདུག །འོན་ཀྱང་རྒྱའི་བཙུན་པ་ཐེན་ཚག་དང་། ཨོ་རྒྱན་པ་སྤ་མ་རིན་ཆེན་དཔལ། སྟ་སྟར་

① 张巽校注:《佛国记》，中国旅游出版社，2016年，第58页。

བརྒྱུད་དེ་ལུང་སྨད་ནས་བྱོན་ཅིང་། ཆེས་ཕྱིས་སུ་བྱོན་པ་སྟག་ཚང་ངག་དབང་རྒྱ་མཚོ་ཡང་ལམ་ཡིག་དེ་ཀ་རང་ལ་བརྟེན་ཏེ་བྱོན། ...ཨོ་རྒྱན་པ་རྗེས་མས་ཀྱང་། ཨོ་རྒྱན་པ་རིན་ཆེན་དཔལ་གྱིས་ཞ་ར་ལ་མི་ལ་བྱ་བའི་གྲོང་ཁྱེར་མི་འབུམ་བདུན་ཙུ་ཙན་ཞིག་ཡོད་པ་གསུངས་པ་ལ་ཕྱོགས་དེར་ཉེན་ཉེ་ཤུའི་ལམ་དུ་བཙལ་ཀྱང་མིང་ཙམ་ཡང་མ་རྙེད་བྱ་བ་དེ་ཡིན།...ཨོ་རྒྱན་པ་གཉིས་ཀྱི་གསུང་ལས་ཆེས་མི་འཁྲུལ་པའི་ས་རྟགས་ནི་རྒྱུསྦྲ་ལ་དང་། དེ་དང་ཉེ་བར་ཡོད་པའི་རི་བོ་ཨི་ལོ་དང་། མནྡ་ལ་ཞ་རའི་གྲོང་ལ་སོགས་པ་ད་དུང་ཕྱོགས་དེར་སླེབས་ན་སུ་ལ་དྲིས་ཀྱང་ཤེས་པ་འདི་རྣམས་ཡོད་པས་ཁོང་ཙག་བྱོན་པའི་ཨོ་རྒྱན་དེ་འདི་ཡིན་མིན་སོགས་ཀྱི་དོགས་པ་ཕྲ་མོ་ཙམ་ཡང་ག་ལ་དགོས། ...སྭཏ་བྱ་བའི་ཆུ་བོ་ཆེན་པོ་དེ་ཨོ་རྒྱན་རང་ནས་འབབ་པས་ཡུལ་གྱི་མིང་ལ་ཡོངས་གྲགས་ལ་སྭཏ་ཞེས་ཟེར།[1] སོགས་ཡུལ་ཨོ་རྒྱན་གྱི་སྐོར་མང་དུ་གསུངས་པ་ལས་འདིར་ཤིན་ཏུ་གལ་ཆེ་རིགས་རྣམས་བཏུས་པ་ལགས།

[59]ཐམས་ཅད་ཐེག་དམན་པར་འཇུག །འདིར་བཙུན་པ་ཧྥ་ཤན་བྱོན་པའི་དུས་ཏེ་སྤྱི་ལོ་༦༠༢ཙམ་ན་ཨོ་རྒྱན་ཡུལ་ལ་ཐེག་དམན་པོ་ན་ལས་ཐེག་ཆེན་དར་མེད་པར་འདུག་མོད། དེ་ནས་ལོ་༢༢༧ཙམ་གྱི་མཇུག་སྤྱི་ལོ་༨༢༩ལོའི་སྔ་ཕྱིར་ཐང་སན་བླ་མ་ཡུལ་དེར་ཕེབས་འཁྱོར་བྱུང་བའི་སྐབས། ཐེག་པ་ཆེན་པོ་དར་ཞིང་ཡང་སྔོས་གསང་སྔགས་ཀྱི་བསྟན་པ་ཡང་མཆིས་པར་སེམས་ཏེ། དེ་ཡང་ཐང་སན་ལམ་ཡིག་ལས། སྔོན་གཙུག་ལག་ཁང་ཆིག་སྟོང་བཞི་བརྒྱ་ལྷག་ཡོད་པ་ཕལ་ཆེ་བ་ལྷག་མེད་དུ་སོང་། སྐབས་དེ་དུས་དགེ་འདུན་ཡང་ཆིག་ཁྲི་བརྒྱད་སྟོང་ཡོད་པ་རིམ་གྱིས་ཇེ་ཉུང་དུ་སོང་ཞིང་ད་ཆ་ཡོད་པ་ཀུན་ཐེག་པ་ཆེན་པོར་འཇུག་སྟེ་བསམ་གཏན་

[1] 《དགེ་འདུན་ཆོས་འཕེལ་གསུང་རྩོམ་》དེབ་གཉིས་པ། བོད་ལྗོངས་བོད་ཡིག་དཔེ་རྙིང་དཔེ་སྐྲུན་ཁང་། ༢༠༡༧ལོ། ཤ་༡༡༧ནས་༡༡༨བར།

ལ་གཙོ་བོར་གནས། དེ་རྣམས་རྒྱལ་བའི་གསུང་རབ་ཀློག་པ་ལ་སྤྲོ་མོད་ཞིབ་མོས་དཔྱད་པ་དབེན་ཞིང་འདུལ་ཁྲིམས་ནན་ལ་གཟུང་ཞུགས་བཟློ་བར་ལྷག་པར་བྱུང་།[1] ཞེས་གསལ་བ་ལས་ངེས་པ་རྙེད་སྲིད།

[60]**དགེ་སློང་།** དགེ་སློང་(Bhikṣu/比丘)ནི་སོ་སོ་ཐར་པ་རིས་བདུན་གྱི་ནང་གསེས་ཤིག་སྟེ། འདུལ་ཁྲིམས་༢༥༣སྟེ། ཕམ་པ་༤དང་། དགེ་འདུན་ལྷག་མ་༡༣དང་། སྤང་ལྟུང་༣༠དང་། ལྟུང་བ་འབའ་ཞིག་༩༠དང་། སོ་སོར་བཤགས་པ་༤དང་། ཉེས་བྱས་༡༡༢བཅས་སྲུང་བར་ཁས་ལེན་ཅིང་། དེའི་སྡོམ་པ་ཆོ་ག་བཞིན་ལེན་པའི་གང་ཟག་ཁྱིམ་ནས་ཁྱིམ་མེད་པར་རབ་ཏུ་བྱུང་བར་ཞིག་ལ་ཟེར། དེའི་སྒྲ་བཤད་ནི་ཀློང་རྫོལ་ངག་དབང་བློ་བཟང་གི་གསུང་འབུམ་ལས། སྒྲ་འཇུག་རྣམ་པར་ཟད་ཕྱིར་དང་། །དགེ་བ་སློང་དང་ཟས་སློང་དང་། །ཞི་བར་གནས་དང་ལམ་ཞུགས་དང་། །ལེགས་པར་འཚོ་དང་ཆགས་སྤངས་དང་། །ཡིད་འོང་ཕྱིར་ན་དགེ་སློང་ཡིན། །[2]ཞེས་གསུངས་ཤིང་མིང་གི་རྣམ་གྲངས་ལ་ནགས་གནས་དང་ཚངས་སྤྱོད་སོགས་འབོད་ཅིང་ཞིབ་པར་ཀློང་རྫོལ་ངག་དབང་བློ་བཟང་གི་གསུང་འབུམ་[3]དུ་གསུངས་པ་བཞིན། སློབ་དཔོན་ཡོན་ཏན་འོད་ཀྱིས་མཛད་པའི་འདུལ་བ་མདོ་རྩ་བ་བམ་པོ་དགུའི་བདག་ཉིད་ཅན་དང་། དེའི་རང་འགྲེལ་སྟོང་ཕྲག་བཅུ་གཉིས་པ། ཡང་དེའི་དོན་བསྡུ་དང་། ཡང་འགྲེལ་ཆུང་དང་། ལས་བརྒྱ་རྩ་གཅིག་གི་འགྲེལ་པ་ཀརྨ་ཤ་ཏཾ་བཅས་མདོར་ན་སློབ་དཔོན་ཡོན་ཏན་འོད་ཀྱིས་མཛད་པའི་གཞུང་

① རྨེ་ཏུ་ཚེ་རིང་དོན་གྲུབ། 《ཐང་སན་ལམ་ཡིག་གསར་བསྒྱུར་དང་ཞིབ་འཇུག》 བོད་ལྗོངས་བོད་ཡིག་དཔེ་རྙིང་དཔེ་སྐྲུན་ཁང་། ༢༠༡༨ལོ། ཤ་༩༡

② 《ཀློང་བརྫོལ་ངག་དབང་བློ་བཟང་གི་གསུང་འབུམ》 སྟོད་ཆ། སེར་གཙུག་ནང་བསྟན་དཔེ་རྙིང་འཚོལ་བསྡུ་ཕྱོགས་སྒྲིག་ཁང་། དཔེ་ཨང་༤༥༤ ཤ་༣༧༠

③ 《ཀློང་བརྫོལ་ངག་དབང་བློ་བཟང་གི་གསུང་འབུམ》 སྟོད་ཆ། སེར་གཙུག་ནང་བསྟན་དཔེ་རྙིང་འཚོལ་བསྡུ་ཕྱོགས་སྒྲིག་ཁང་། དཔེ་ཨང་༤༥༤ ཤ་༣༧༥

ལྷ་དེ་རྣམས་དང་། དགྲ་བཅོམ་པ་ས་ག་ལྷས་མཛད་པའི་དགེ་ཚུལ་གྱི་སུམ་བཅུ་པ་དང་། དེའི་རང་འགྲེལ་འོད་ལྡན་དང་། དེའི་འགྲེལ་པ་དུལ་བ་ལྷས་མཛད་པ་སློབ་ཕན་དང་། སློབ་དཔོན་ཆོས་བཤེས་ཀྱིས་མཛད་པའི་མདོ་རྩ་བའི་རྒྱ་ཆེར་འགྲེལ་པ་ཊཱི་ཀ་སུམ་ཁྲི་ཚིག་སྟོང་བམ་པོ་བདུན་ཅུ་པ་ཞེས་པ་འགྲེལ་པ་ཐམས་ཅད་ཀྱི་ནང་ནས་མངོན་པར་འཕགས་པ་ཉི་ཟླ་ལྷ་བུ་ཡིན་ཞེས་གངས་ཅན་གྱི་འདུལ་འཛིན་ཐམས་ཅད་ཀྱིས་མགྲིན་གཅིག་ཏུ་བཞེད་པ་བཅས་རྣམས་སུ་གཟིགས་པར་འཚལ།

[61]སྟོན་པའི་ཞབས་རྗེས། ཧྥ་ཤན་ལམ་ཡིག་གི་རྗེས་སྤྱི་ལོ་༥༩༧ཙམ་ལ་བྱུང་བའི་ལོའི་ཡང་དགོན་སྡེའི་དཀར་ཆག་དང་། སྤྱི་ལོ་༨༩༨ལོར་གྲུབ་པའི་ཐང་སན་ལམ་ཡིག་ཏུའང་ཞབས་རྗེས་འདིའི་སྐོར་འཕོད་པ་གཉིས་ཀར་ཞབས་རྗེས་ཀྱི་ཚད་ངོ་མ་ཇི་ཙམ་ཡིན་མིན་གསལ་པོ་གསུངས་མེད། ཡང་ཝེའི་ཀྲུང་གིས་མཛད་པའི་ཧྥ་ཤན་ལམ་ཡིག་གི་མཆན་①(མཇུག་ཏུ་ཡང་ཝེའི་ཀྲུང་གི་མཆན་ཞེས་བརྗོད་རྒྱུ་ཡིན།)དུ། ཞབས་རྗེས་འདིའི་རྗེས་ཤུལ་དེང་སང་སྭཏ་ཆུ་བོའི་སྟོད་རྒྱུད་ནུབ་ངོགས་ཀྱི་ཏི་ར་ཏ་(Tirat)གྲོང་ཚོར་མཇལ་བ་ལས། དེའི་སྲིད་ལ་ཆིད་༡དང་། ཁ་ཞེང་ལ་ལིའི་ཆིད་༧༤དང་། ཟབ་ལ་ཆིད་༡དང་ལིའི་ཆིད་༣༠བཅས་གདའ་ཞིང་། ཞབས་རྗེས་ཀྱི་གཤམ་དུ་ཁ་རོ་ཥྛིའི་ཡིག་གཟུགས་ཀྱིས་ཤཱཀྱ་མུ་ནེའི་ཞབས་རྗེས་ཞེས་བྲིས་པར་བསྟན་ཞེས་ཀྱང་གསལ།

[62]སྟོན་པའི་ཆོས་གོས་ཉི་མར་ལྡེ་བའི་ཕ་བོང་། སྟོན་པའི་ཆོས་གོས་ལྡེ་སའི་གནས་ཀྱི་སྐོར་ལོའི་ཡང་དགོན་སྡེའི་དཀར་ཆག་དང་། ཐང་སན་ལམ་ཡིག་གཉིས་སུ་གསལ་བ་མ་ཟད། ཡང་ཝེའི་ཀྲུང་གི་མཆན་②ལས་བསྟན་པར་གཞིགས་ན། བྱང་ཆུབ་སེམས་པའི་སྐྱེས་རབས་ཀྱི་མདོ་《菩萨本行经》དང་། སློབ་དཔོན་རྟ་དབྱངས་

---

① 杨维中注释:《佛国记》,三民书局,2004年,第40页。

② 杨维中注释:《佛国记》,三民书局,2004年,第41页。

ཀྱིས་མཛད་པའི་སངས་རྒྱས་ཀྱི་སྤྱོད་པ་ལ་བསྟོད་པ་《佛所行赞》དང་། སློབ་དཔོན་ཀླུ་སྒྲུབ་བམ་ཀུ་མ་ར་ཛཱི་བ་སུས་མཛད་མིན་ངོས་འཛིན་དཀའ་བ་ཤེས་རབ་ཀྱི་ཕ་རོལ་ཏུ་ཕྱིན་པའི་ཆེ་མོའི་བསྟན་བཅོས་《大智度论》ཞེས་བྱའི་བམ་པོ་དགུ་པ་སོགས་ལའང་འཕོད་ཚུལ་གསལ། དེ་དག་བྱིངས་ལས་ལོའི་ཡང་དགོན་སྡེའི་དཀར་ཆག་ལ་འཕོད་པའི་དེའི་གཏམ་རྒྱུད་ནི་ཆེས་རྒྱས་པར་སྣང་སྟེ། དེ་ཡང་དེབ་ཐེར་དེའི་བམ་པོ་ལྔ་པ་ཧྲ་ཤང་སུང་ཡུན་གྱི་ལམ་ཡིག་ལས། ཆུ་བོའི་ཤར་ལ་སྟོན་པའི་ཆོས་གོས་ཉི་མར་ལྡེ་བའི་གནས་ཡིན་ཏེ། སྟོན་བཅོམ་ལྡན་འདས་ཡུལ་ཨོ་རྒྱན་གྱི་ཕྱོགས་སུ་བསོད་སྙོམས་ལ་གཤེགས་པའི་ཚེ། དེར་ཀླུ་མ་རུང་བ་ཞིག་འཚོ་བ་ཁོང་ཁྲོས་མ་བཟོད་པར་དྲག་ཆར་རླུང་འཚུབ་ཕབ་སྟེ་སྟོན་པའི་ཆོས་གོས་ཀྱི་ཕྱི་ནང་ཀུན་ཡོངས་སུ་བརླན་པར་བྱས་སོ། །སངས་རྒྱས་ཀྱིས་ཆར་ཆད་པའི་སྐབས་སུ་ཐུགས་བརྩེ་བ་ཆེན་པོས་སའི་ཆ་དེའི་གཡོན་སྟོད་ཕྱོགས་ལ་ཞལ་ཤར་དུ་གཟིགས་ནས་སྐྱིལ་མོ་ཀྲུང་དུ་བཞུགས་ཏེ་ཆོས་གོས་ཉི་མར་ལྡེ་བར་མཛད། ད་བར་དུས་རིང་མོ་སོང་ཙང་ཆོས་གོས་ཀྱི་རྗེས་ཤུལ་ལྷམ་མེར་གསལ་བ་ལ་རྒྱང་མ་ནས་མཐལ་ཚེ་སྐྱ་རིས་ཙམ་ལས་མི་མངོན། འོན་ཏེ་ཉེ་བར་ལྷགས་ནས་ས་སེལ་ཚེ་ཆོས་གོས་གཤའ་མ་ཇི་བཞིན་སྣང་། སྟོན་པ་སྐུ་བཞུགས་པ་དང་། ཆོས་གོས་ལྡེ་བའི་གནས་གཉིས་ཀར་མཆོད་རྟེན་བཞེངས་པར་གདའ། ཆུ་བོ་དེའི་ནུབ་ཏུ་རྫིང་ཞིག་མཆིས་པར་ཀླུ་གནས་སོ། །ཞེས་གསུངས།

[63]ཀླུ་མ་རུང་བ། ཀླུ་འདིའི་ལོ་རྒྱུས་ཞིབ་པ་ཐང་སན་ལམ་ཡིག་ན་གསལ་བ་འདི་ལྟ་སྟེ། །ཆུ་མིག་དེ་མཉྫ་ལ་ཨོར་གྲོང་ནས་བྱང་ཤར་དུ་ལི་དབར་ཉི་བརྒྱ་ངདྲུག་བསྐྱོད་རྗེས་ཀྱི་རི་བོ་ཆེན་པོའི་ལམ་དུ་ཞུགས་པའི་མཚམས་ན་གནས། དེ་ནི་ནུབ་ནས་ལྷོ་ཏུ་རྒྱུགས་པ་དཔྱིད་དབྱར་ལ་གྲང་དད་ཆེ་ཞིང་། ཉི་ཤར་དུས་སུ་ཁ

དོག་རྣམ་པར་བཀྲ་བའི་འཁྲུགས་པའི་ཟེགས་མ་འཇའ་ཚོན་བཞིན་འཕྲོར་བའི་ཆུ་བོ་ཆེན་པོ་ཤུ་ཧྭ་སྟུ་ཞེས་པའི་ཆུ་འགོ་ཡིན། དེ་ཡང་ཀླུ་ཨ་པ་ལཱ་ལ་སྡེ་སོག་མ་མེད་ཅེས་པ་འདས་པའི་སངས་རྒྱས་འོད་སྲུང་གྱི་དུས་སུ་མིར་སྐྱེས་ཏེ་གངྒ་གི་ཞེས་བྱ་བ་མཐུ་དང་སྔགས་ལ་མཁས་ཤིང་། སད་སེར་དྲག་པོ་འགོག་ནུས་པ་ཞིག་གདའ་བས་ཡུལ་གྱི་མི་ཁྱིམ་རེས་འབྲས་འབོ་རེ་ཕུལ་ནས་བསྙེན་བཀུར་སྒྲུབས། དེ་ལྟར་རིང་པོ་སོང་བའི་ཚེ་ན་ཡུལ་མི་ལ་ལས་ཞབས་ཏོག་ལ་ཕྱོལ་ཏེ་ཅི་ཡང་གསོལ་བར་མི་བྱེད་བས། ཀླུ་རབ་ཏུ་ཁྲོས་ནས་ཤིན་ཏུ་འཇིགས་སུ་རུང་བའི་གཟུགས་སུ་སྤྲུལ་བ་དང་། ཐོག་དང་སེར་རྡོད་ཕབ་སྟེ་ས་ཞིང་ལ་འཚེ་བ་དཔག་ཏུ་མེད་པ་བྱས་སོ། །ཚུལ་དེ་སྟོན་པའི་ཡེ་ཤེས་ཀྱིས་མཁྱེན་པ་ན། ཡུལ་མི་རྣམས་ལ་ཐུགས་བརྩེ་བ་ཆེན་པོས་ཀླུ་ག་ལ་བ་དེར་གཤེགས་ནས་རྡོ་རྗེ་འཆང་དངོས་ཀྱི་གཟུགས་སུ་སྤྲུལ་ཏེ་རྡོ་རྗེ་འཕངས་ནས་ཀླུ་རྒྱལ་གནས་སའི་བྲག་རི་བསྙིལ་ལོ། །ཀླུ་འཇིགས་ནས་དངངས་ཤིང་སངས་རྒྱས་ཀྱི་ཞབས་དྲུང་དུ་ལྷགས་ནས་སྡིག་པ་བཤགས་ཤིང་ཆོས་ཉན་ཏེ་ཞི་དུལ་དང་གནས། སངས་རྒྱས་ཀྱིས་ཞིང་ལ་འཚེ་བར་མི་རིག་པའི་བཀའ་བསྒོལ་བ་ན་ཀླུ་དེ་ཡིས་ཁོ་བོས་མི་ཟད་པའི་ལས་འདི་འདྲ་བ་བརྩམས་པ་ལ་བཅོམ་ལྡན་འདས་ཀྱིས་བྱམས་དང་སྙིང་རྗེས་བསྐྱངས་པ་ཤིན་ཏུ་དྲིན་ཆེ་མོད། ཁོ་བོ་འཚོ་བའི་ཟས་ནི་ལོ་ཏོག་འབའ་ཞིག་ཡིན་ཏེ་འདི་མེད་ན་འཆི་བར་གྱུར་ངེས་པས་ལོ་བཅུ་གཉིས་ལ་ལོ་ཏོག་ཐེངས་རེ་བླངས་ཚོག་པའི་གནང་བ་ཐོབ་པར་ཞུ་ཞེས་གསོལ་བ་སངས་རྒྱས་ཀྱིས་ཞལ་བཞེས་སོ། །དེའི་ཕྱིར་ད་ལྟའི་བར་དུ་ཡུལ་དེར་ལོ་བཅུ་གཉིས་ལ་ཤྭ་འོད་ལན་རེ་བྱུང་བ་ཡིན་ནོ། །[①]

[64]ན་ག་ར་ཧ་རའི་ཡུལ། ཡུལ་དེའི་སྐོར་ཞིབ་པ་མཇུག་གི་མཆན་༤༥ལ་གསལ།

① སྨེ་ཏུ་ཚེ་རིང་དོན་གྲུབ། 《ཐང་སན་ལམ་ཡིག་གསར་བསྒྱུར་དང་ཞིབ་འཇུག་》བོད་ལྗོངས་བོད་ཡིག་དཔེ་རྙིང་དཔེ་སྐྲུན་ཁང་། ༢༠༡༨ལོ། ཤ་༡༢ནས་༡༣བར།

[65]**སྟོན་པའི་གྲིབ་བརྙན་ཕུག་པ།** དེའི་སྐོར་གོང་གི་ལམ་ཡིག་དངོས་གཞིའི་ན་ག་ར་ཧ་རའི་ཡུལ་ཞེས་པར་གསལ།

[66]**སུ་ཏའི་ཡུལ།** ལམ་ཡིག་ཕྱི་མོར་ཡུལ་དེར་宿呵多ཞེས་གསལ་བ་ལ་ཞིབ་འཇུག་པ་རྫིང་ཁྲིང་ཅུན་གྱི་ནུབ་ཡུལ་ས་མིང་①དུ། ཡུལ་དེར་ཐང་སན་ལམ་ཡིག་ནང་苏婆伐窣堵的དང་། རྒྱ་གར་ཕྱོགས་ལྔར་བསྐོད་པའི་དཀར་ཆག《往五天竺传》ཏུ་西业者多བྱ་ཞིང་། རྗེས་ཤུལ་དེང་པ་ཀི་སི་ཐན་བྱང་ཕྱོགས་ཀ་བུལ་ཆུ་བོའི་(喀布尔河)ཡན་ལག་གཙང་པོ་སུ་ཏ་(Swat)རྒྱུགས་ཁུལ་དུ་ཡིན་ཞེས་པ་དང་། ཨ་ཌྷ་ཆི་ཀི་རོ་ཀུ་ཡི་མཚན་②ལས་དེའི་གནས་ཡུལ་ཨོ་རྒྱན་ཡུལ་གྱི་ཤར་དང་། དྲི་ཟའི་བྱང་། སིནྡྷུའི་ནུབ་ངོགས་ཀྱི་སུ་ཏ་(Swat)བྱ་བའི་ས་ཆར་ཡིན་ཟེར་བ་དང་། ཀྲང་ཤུན་གྱི་མཚན་③དུ། དེང་གི་རྒྱ་གར་ཆུ་བོ་(སིནྡྷུ་)དང་སུ་ཏ་གཙང་པོའི་བར་གྱི་སུ་ཏ་(Swat)ཞེས་པའི་ས་ཆ་ཉིད་དོ། །ཞེས་གོང་གི་མཁས་པ་གསུམ་པོས་གཅིག་ཏུ་འདོད་པའི་སུ་ཏ་ནི་ཡང་ལེའི་ཀྲུང་དང་། ལྷེའུ་ཡུད་ཀུས་སོགས་དུ་མས་ཚད་མར་བྱེད་ཅིང་། སྔོས་སུ་རང་རེའི་ཡག་ཚང་རྩ་ཆེན་གསེར་ཐང་དུའང་ས་ཆ་དེའི་ཐ་སྙད་ལ་སུ་ཏར་བྱེད་པས་དེ་དེ་བཞིན་འདིར་རང་སོར་བཞག་པའོ། །

[67]**ལྷའི་དབང་པོ་བརྒྱ་བྱིན།** ལྷའི་དབང་པོ་བརྒྱ་བྱིན་(Śakra-devānāṃ-Indra/帝释天/帝释)ནི་ཨོད་སྲུང་ལ་མཆོད་སྦྱིན་བརྒྱ་ཐམ་པ་བྱས་པས་ལྷ་ཡུལ་དུ་སྐྱེས་ཟེར་བ་དང་། ལྷ་གནས་སུམ་ཅུ་རྩ་གསུམ་གྱི་བདག་པོ་ཡིན་ཞིང་། རི་རྒྱལ་ལྷུན་པོའི་གྲོང་ཁྱེར་ལྟ་ན་སྡུག་(善见城)བྱ་བར་བཞུགས་པར་སྨྲས། དེ་ཡང་སྔོན་ལམ་ཚིག་མཛོད་དུ། ལྷའི་སྲིད་ཐུབ་ཅིང་ལྷ་མ་ཡིན་ལས་རྒྱལ་བར་ནུས་པས་ན། སྲིད་

① 馮承鈞：《西域南海史地考證論著彙輯》，中華書局出版社，1957年，第89至90页。

② 足立喜六著，何建民、张小柳译：《〈法显传〉考证》，贵州大学出版社，2014年，第71页。

③ 张巽校注：《佛国记》，中国旅游出版社，2016年，第59页。

ཐུབ་ཅིང་ནུས་པ་ལ་ཡང་བྱ། ཡང་རྣམ་པ་གཅིག་ཏུ་ན། མཆོད་སྦྱིན་རྣམ་པ་བརྒྱ་བྱས་པས་ལྷའི་རྒྱལ་པོའི་གོ་འཕང་ཐོབ་པས་ན་བརྒྱ་བྱིན་ཞེས་ཀྱང་བྱ། ཚིག་འདི་གཉིས་ཀ་ཡང་དྲང་དུ་རུང་མོད་ཀྱི། སྔར་མིང་དུ་བཏགས་པ་བཙན་པར་བྱས་ཏེ་བརྒྱ་བྱིན་ཞེས་བཏགས། ལྷའི་དབང་པོ། སྤྲུལ་པ་རྒྱ་མཚོའི་གཏིང་ནས་དྲུས་པ། ལྷའི་དབང་པོ་བརྒྱ་བྱིན་གྱིས་མི་གསན། མིང་གི་རྣམ་གྲངས་ལ་ཀཽ་ཤི་ཀ། སྐབས་གསུམ་དབང་། གང་པོ་འབོད། གྲགས་པའི་མུ་ཁྱུད། གྲོང་འཇོམས། གྲོལ་བྱེད་འཇོམས། མགོན་པོ་རྡོ་རྗེ་ཅན། རྐན་ལས་ཉན། ཆར་འབེབས། མཆོད་སྦྱིན་བརྒྱ་པ། འཆི་མེད་རྒྱལ་པོ། འཛིར་འཛིགས། སྟོབས་ལྡན་དགྲ་པོ། མཐོ་རིས་རྒྱལ། མཐོ་རིས་འདྲེན་པ། བདེ་སོགས་བདག་གནས་ཀྱི་བདག་པོ། པུ་ལོ་མ་དགྲ། སྤྲིན་ལ་ཞོན། མིག་སྟོང་ཅན། སྨིན་པ་གསོད། གཙང་བྱེད། ཚིག་མདའི་མགོན་པོ། གཞན་བསྙེམས་བཟློད། བཟློད་དཀའི་རེངས། ལེགས་སྐྱོབ། ལེགས་བྲིས་གཙོ། ཤིས་བརྗོད་ཉན། ཏ་རིའི་ཧ་ཅན། ལྷ་དབང་། ལྷའི་ཛ་ཅན། ལྷ་ཡི་རྒྱལ་པོ། ལྷ་ཡི་བདག་བཅས་སོ། །ཞེས་འབོད་པར་སྣང་།

[68]**སྐུ་ལུས་ཀྱི་ཤ་བྲ་ཁྲ་ལ་སྦྱིན་ནས་ཕུག་རོན་གྱི་སྲོག་བསྐྱབས།** སྔོན་སྟོན་པ་བྱང་ཆུབ་སེམས་དཔའི་སྤྱོད་པ་སྤྱོད་པའི་སྐབས་སུ་ལུས་ཀྱི་ཤ་བཅད་དེ་ཕུག་རོན་གྱི་སྲོག་བསྐྱབས་པའི་སྐྱེ་རབས་འདིར་ཙམ་མ་ཟད། རྒྱ་འགྱུར་མདོ་བསྟན་ཤེས་རབ་ཀྱི་ཕ་རོལ་ཏུ་ཕྱིན་པ་ཆེན་པོའི་བསྟན་བཅོས་ཀྱི་བམ་པོ་བཞི་པ་དང་། ལོའོ་ཡང་དགོན་སྡེའི་དཀར་ཆག་གི་བམ་པོ་ལྔ་པ་དང་། ཐང་སན་ལམ་ཡིག་གི་བམ་པོ་གསུམ་པ་སོགས་དང་། དེ་བཞིན་སངས་རྒྱས་ཀྱི་སྐྱེས་རབས་ཕལ་མོ་ཆེར་མཇལ་དུ་མཆི་ཞིང་། ལོ་རྩ་བ་འགོས་ཆོས་གྲུབ་ཀྱིས་རྒྱ་ནག་གི་སྐད་ནས་བསྒྱུར་བའི་མཛངས་བླུན་ཞེས་བྱ་བ་ཐེག་པ་ཆེན་པོའི་མདོའམ་ཡོངས་གྲགས་མདོ་མཛངས་

 བླུན་གྱི་བམ་པོ་དང་པོ་དཔེ་སྣ་ཚོགས་བསྟན་པའི་ལེའུ་ཡི་ནང་གསེས་དྲུག་པར་[①]ཅུང་ཞིབ་པར་གསལ།

[69]**དྲི་ཟའི་ཡུལ།** ཡུལ་དེར་ལམ་ཡིག་ཕྱི་མོར་犍陀卫国དང་། ལོའོ་ཡང་དགོན་སྡེའི་དཀར་ཆག་གི་བམ་པོ་ལྔ་པར་乾陀罗国དང་། ཐང་སན་ལམ་ཡིག་གི་བམ་པོ་གཉིས་པར་健驮逻国ཞེས་གསལ་བ་ཀུན་ལེགས་སྦྱར་གྱི་ཐ་སྙད་གནྡྷ་རའི་སྒྱུར་ཆག་པར་ངེས་ཤིང་། དེ་ཡང་དྲི་བསུང་གི་དོན་ལ་གོ་ཐོག་གསེར་ཐང་སོགས་སུ་དྲི་ཟའི་ཡུལ་དུ་འབོད་པ་དེའོ། །ཀྲང་ཤུན་གྱི་མཆན་[②]དུ་ཡུལ་དེའི་མངའ་རིས་རྒྱ་ཁྱོན་དུས་ཀྱི་འཕོ་འགྱུར་ཁྲིད་འཕེལ་འགྲིབ་བྱུང་སྐབས་ཡིག་ཚང་དག་ན་དེའི་གཞི་ཁྱོན་གཅིག་ཏུ་མ་ངེས་ཤིང་། འདིར་བསྟན་པའི་རྗེས་ཤུལ་ནི་དེང་སྐབས་པ་ཀི་སི་ཐན་ནམ་ཕ་ཀེ་སི་ཐན་ཡུལ་ལ་ཁ་ཆེ་དང་འབྲེལ་བའི་ས་ཁུལ་དུ་ཡིན་ཞིང་། ཡུལ་དེའི་གྲོང་ཁྱེར་ལྟེ་བ་ཕལ་ཆེར་ཐྲ་ཤན་སྐབས་སུ་པུ་རུ་ཥ་པུ་ར་བར་ཡིན་པ་དང་། ཐང་སན་ལམ་ཡིག་གི་བམ་པོ་གཉིས་པར་ཡུལ་དེའི་ལྟེ་བའི་གྲོང་པུ་རུ་ཥ་པུ་ར་(Puruṣapura/布路沙布逻)འབོད་པ་དེའི་ཤུལ་རྙིང་ད་ལྟ་ས་ཏ་ཆུ་བོའི་རྒྱུགས་ཁུལ་སྨད་ཀྱི་ཤར་ངོགས། ཀ་བུལ་ཆུ་བོའི་བྱང་ངོགས་ཏེ་དེང་གི་པ་ཀི་སི་ཐན་པེ་ཤཱ་ཝར་(Peshāwar\白沙瓦)གྱི་བྱང་ཤར་མཚམས་ཀྱི་ལོ་དབར་༡༧ཀྱི་སར་ཡོད་ཅེས་གསལ། གཞན་དུ་ན་ཅིད་ཤན་ལིན་གྱི་ཐང་སན་ལམ་ཡིག་གི་མཆན་[③]ལས་བསྟན་པར་གཞིགས་ན། དྲི་ཟའི་ཡུལ་ནི་ཨེ་ཤི་ཡའི་གནའ་བོའི་ལོ་རྒྱུས་སྟེང་གི་ཡུལ་གྲགས་ཅན་ཞིག་ཡིན་ཞིང་། སྤྱི་ལོའི་སྔོན་གྱི་དུས་རབས་བཞི་པའི་དུས་མཇུག་ཏུ་གནའ་བོའི་གྷྲི་རི་སིའི་མ་ཛེ་ཏུན་ཡཱ་ལི་ཧྲན་ཏ་(Alexander /马其顿亚历山大) རྒྱལ་པོས་ལྷོ་ཨེ་ཤི་ཡ་དབང་བསྒྱུར་

① 《སྡེ་དགེ་བཀའ་འགྱུར་》མདོ་སྡེ། ཨ་པོད། ལྡེབ་༡༢༨ཉིན་ངོས་ནས་༢༨༡ཀྱི་ཉིན་ངོས་བར།

② 张巽校注:《佛国记》，中国旅游出版社，2016年，第61页。

③ 季羡林校注:《大唐西域记》，中华书局，2012年，第234页。

བའི་དུས་ཡུལ་དེའི་རིག་གནས་ལ་གྲེ་རི་སིའི་ཤུགས་རྐྱེན་ཐེབས་པ་དང་། དེ་ནས་སྤྱི་ལོའི་སྔོན་གྱི་དུས་རབས་གསུམ་པའི་མཽརྱའི་རྒྱལ་རབས་སྐབས་ཆོས་རྒྱལ་མྱ་ངན་མེད་ཀྱིས་ནང་པའི་ཕོ་ཉ་ཡུལ་དེར་བཟུངས་པས་སངས་རྒྱས་ཆོས་ལུགས་དར་བར་གྱུར། དེ་ལྟར་རིམ་བཞིན་ཕྱིས་སུ་འཛམ་གླིང་ན་སྙན་པ་འབར་བའི་གནྡྷ་རའི་སངས་རྒྱས་ཆོས་ལུགས་ཀྱི་སྒྱུ་རྩལ་(健驮逻佛教艺术)ཞེས་པ་དེ་བྱུང་བར་གྲགས། མཁས་དབང་དགེ་འདུན་ཆོས་འཕེལ་གྱི་གསེར་ཐང་དུ་གནྡྷ་རའམ་དྲི་ཟ་དང་། གུཔྟའི་ལུགས་གཉིས་ཀྱི་སྐུ་བརྙན་བཞེངས་རྩལ་ལ་དཔྱད་པའི་གཏམ་དུ་འདི་སྐད་གསུངས་ཏེ། སྔོན་པའི་སྐུ་བརྙན་ལ་གྲགས་ཆེ་བ་ནི་དྲི་ཟའི་ལུགས་བྱ་བ་དང་། གུཔྟའི་བཟོ་བྱ་བ་གཉིས་ཡོད། སྐུ་བརྙན་ལུགས་གཉིས་ཀ་ཡང་དཔྱུང་པ་གཉིས་ཀ་ན་གཟན་གཡོགས་ནས་ཡོད། དྲི་ཟའི་བཟོ་རྣམས་རྡོ་སྔོན་པོ་ཤ་སྟག་ལས་བྱས། གུཔྟའི་བཟོ་རྣམས་བྱེ་རྡོ་དམར་སྐྱ་ལས་བྱས། གུཔྟའི་ལུགས་ལ་ན་བཟའ་མཐའ་ཆགས་ཙམ་ལས་གཉེར་མ་ཡེ་མེད་པའམ་ཡང་ན་ཆུ་རིས་ཐུང་ཟད་ཙམ་དང་། དབུ་སྐྲ་རྣམས་ཏུག་གེ་པར་རང་རའི་སྐུ་བརྙན་དང་འདྲ་ཆེ། དྲི་ཟའི་ལུགས་ནི་ན་བཟའ་ལ་རས་དངོས་ཀྱི་གཉེར་མ་ལྟ་བུ་ཡོད། དབུ་སྐྲ་འཛིང་པའི་རྣམ་པར་བྱས་ཤིང་། ཞལ་རས་མིའི་རྣམ་པ་ཆེར་གསལ་བ་དག་འདུག །སྐུ་བརྙན་དེ་དག་ཀྱང་ད་ལྟ་གསུངས་འབྱོན་ནམ་སྨྲམ་པ་ལྟ་བུ་མཆིས[1]ཞེས་དང་། ཡང་དྲན་དབང་དམ་པ་གང་དེས། རྒྱ་གར་གྱི་ནུབ་ཕྱོགས་ཀྱི་ཕྱོགས་འདིར་ཡ་ཕ་ན་རྣམས་ཀྱིས་བཟུང་ཞིང་། དེ་དག་འགི་རིག་པའི་བཟོ་རྒྱུན་གསོན་པོ་ལྟ་བུ་ཉམས་ཐམས་ཅད་ཡོད་གཤིས། དྲི་ཟའི་ལུགས་སུ་གྲགས་པའི་སངས་རྒྱས་ཀྱི་སྐུ་བརྙན་རྣམས་ནི་ད་ལྟ་གསུངས་འབྱོན་སྨྲམ་པ་ལྟ་བུའི་བྱོན་ལེགས་པ་འདུག་ཅིང་། སྟོན་པ་དཀའ་བ་སྤྱད་པའི་སྐུ་རིད་པ་རྩ་རྒྱུས་ལྟ་

① 《དགེ་འདུན་ཆོས་འཕེལ་གསུང་རྩོམ་》དེབ་གཉིས་པ། བོད་ལྗོངས་བོད་ཡིག་དཔེ་རྙིང་དཔེ་སྐྲུན་ཁང་། ༢༠༡༧ལོ། ཤ་༨༧ནས་༨༨བར།

བུ་ཚོགས་ཐམས་ཅད་མངོན་སུམ་དུ་ཡོད་པའི་ངོ་མཚར་ཅན་ཞིག་ཀྱང་ད་ལྟ་ཧོར་གྱི་གྲོང་ཁྱེར་ན་བཞུགས།[1] ཞེས་བསྟན་པ་ལས་དྲི་ཟའི་ལུགས་ཀྱི་སྒྱུ་རྩལ་ནི་གནའ་བོའི་གྲི་རིག་པའི་བཟོ་རྒྱུན་ལས་བྱུང་ཞིང་། ལུགས་དེ་རྒྱ་གར་ནུབ་ཕྱོགས་ན་ཕལ་ཆེར་ཁྱབ་ཡོད་ཚུལ་མཚམས་སྦྱོར་མཛད་པ་ལགས། རང་རེར་ཁ་ཆེ་པཎ་ཆེན་གྱི་སྐུ་སྐྱེ་སྔ་མར་གྲགས་པ་ལྷ་རྗེ་ཆོས་བྱང་གིས་བཞེངས་པར་སྐད་པའི་གཞིས་རྩེ་ཁང་དམར་རྫོངས་ཁོངས་ཨེ་ཕྱཾ་དགོན་གྱི་སྐུ་འདྲའི་བཞེངས་རྩལ་དྲི་ཟའི་ལུགས་ཀྱི་རྗེས་སུ་དྲངས་ཚུལ་མཁས་དབང་པ་སངས་དབང་འདུས་ཀྱིས་མཛད་པའི་ཁང་དམར་རྫོང་གི་རིག་གནས་ལོ་རྒྱུས་ཞེས་པའི་དེབ་ཆུང་ནང་ཁུལ་དུ་དཔར་བ་ཞིག་ན་གསལ་ཞིང་། དབྱི་ཏ་ལིའི་བོད་རིག་པའི་མཁས་པ་ཆེན་པོ་ཐུའུ་ཆི་(Tucci/图齐)ཡི་གསུང་འབུམ་Indo-Tibetica《梵天佛地》ཡི་དེབ་དང་པོའི་བམ་པོ་བཞི་པ་རྒྱང་རྩེ་དང་། དེའི་དགོན་སྡེ་[2]ཞེས་པར་ཨེ་ཕྱཾ་དགོན་གྱི་ལྷ་སྐུའི་བཟོ་རྩལ་རྒྱ་གར་གྱི་ལུགས་ཡིན་ཚུལ་གསལ་འགྲེལ་གནང་ཡོད་པས་ཞིབ་ཏུ་དེབ་དེར་གཟིགས་པར་འཚལ།

[70]**རྒྱལ་པོ་མྱ་ངན་མེད།** རྒྱལ་པོ་མྱ་ངན་མེད་(Aśoka/阿育王/阿恕伽/阿输迦)ནི་གནའ་བོའི་རྒྱ་གར་གྱི་ལོ་རྒྱུས་ཐོག་བྱུང་བའི་རྒྱལ་པོ་གྲགས་ཆེ་ཤོས་དེ་ཡིན་ཞིང་། དེའི་མངའ་རིས་ད་ལྟའི་རྒྱ་གར་ནུབ་ཕྱོགས་ཀྱི་ཨབ་ཧྥ་ནི་སི་ཐན་ནས་ཤར་ཕྱོགས་ཀྱི་སྦང་ག་ལ་(孟加拉)བར་རྒྱ་བསྐྱེད་ཐུབ་པ་བྱུང་ཡོད། ཅེད་ཤན་ལིན་གྱིས་མཛད་པའི་ཐང་སན་ལམ་ཡིག་མཆན་[3]ལས། རྒྱལ་པོ་དེ་ནི་གནའ་བོའི་རྒྱ་གར་མཽཪྻའི་རྒྱལ་རབས་ཀྱི་རྒྱལ་པོ་ཐོག་མ་ཙནྡྲ་གུཔྟའི་(Candragupta/旃陀罗笈多)

---

① 《དགེ་འདུན་ཆོས་འཕེལ་གསུང་རྩོམ་》 དེབ་གཉིས་པ། བོད་ལྗོངས་བོད་ཡིག་དཔེ་རྙིང་དཔེ་སྐྲུན་ཁང་། ༢༠༡༧ལོ། ཤ་༡༠༧

② 图齐著，魏正中、萨尔吉译:《翻天佛地》，第一册第四卷，第92页。

③ 季羡林校注:《大唐西域记》，中华书局，2012年，第157页。

ཚ་བོའམ་རྒྱལ་པོ་བིནྡུ་ས་རའི་(Bindusara/宾头沙罗)སྲས་ཡིན་པ་ལ། འབྲུངས་ལོ་གསལ་དུ་མེད་ཅིང་སྤྱི་ལོའི་སྔོན་གྱི་༢༧༢ལོར་ཚེ་ལས་འདས་པ་དང་། སྤྱི་ལོའི་སྔོན་གྱི་༢༧༣ལོར་སྲིད་ཁྲིར་མངའ་གསོལ་བའི་མཇུག་ཏུ་རྒྱ་གར་ཕྱེད་གླིང་(印度半岛)ལྷོ་མཐའ་ཕུད་རྒྱ་གར་ཡུལ་བྱིངས་མངའ་ཞབས་སུ་བསྡུས། སྤྱི་ལོའི་སྔོན་གྱི་༢༦༡ལོར་རྒྱལ་པོ་དེས་ཀ་ལིངྒའི་ཡུལ་(Kalinga/羯陵伽)དེ་ད་ལྟའི་རྒྱ་གར་ཤར་ཨོ་རི་ས་མངའ་སྡེ་(奥里萨邦)དབང་འོག་ཏུ་བཅུག་རྗེས་ནང་ཆོས་ལ་བློ་གཏད་ནས་སངས་རྒྱས་ཆོས་ལུགས་རྒྱལ་ཁབ་སྤྱིའི་ཆོས་སུ་བཀས་བཅད། དག་རྒྱུན་དུ་རྒྱལ་པོ་དེས་གྲོང་ཁྱེར་པཱ་ཊ་ལི་པུ་ཏྲ་(华氏城)རུ་བཀའ་བསྡུ་གསུམ་པ་མཛད་པ་དང་ཆབས་ཅིག་ཕོ་ཉ་བཟུངས་ནས་ཉེ་འཁྲིལ་ཡུལ་ཁག་ཏུ་ནང་ཆོས་ཁྱབ་གདལ་ཆེས་ཆེར་བཏང་བས་སངས་རྒྱས་ཆོས་ལུགས་སྤྱིའི་འཕེལ་རྒྱས་ལ་ཤུགས་རྐྱེན་ཆེན་པོ་ཐེབས་ཡོད། རྒྱལ་པོ་དེའི་ལོ་རྒྱུས་ཞིབ་པ་མྱ་ངན་མེད་ཀྱི་མདོ་《阿育王经》དང་། མྱ་ངན་མེད་ཀྱི་རྟོགས་བརྗོད་《阿育王传》དང་། ཕྱི་གླིང་ཞིབ་འཇུག་པ་ཧྲི་མི་སིས་(史密斯)མཛད་པའི་རྒྱལ་པོ་མྱ་ངན་མེད་《阿育王》དང་། ཧེར་ཙི་ཆི་(赫耳兹奇)ཡིས་མཛད་པའི་རྒྱལ་པོ་མྱ་ངན་མེད་ཀྱི་རྗེ་བཀོས་ཡི་གེ་《阿育王铭刻》དང་། ཁེམ་བེར་རྗིའི་རྒྱ་གར་གྱི་ལོ་རྒྱུས་《剑桥印度史》ཀྱི་བམ་པོ་དང་པོར་གསལ་ཞེས་གསུངས། རང་རེར་མཁས་དབང་དགེ་འདུན་ཆོས་འཕེལ་གྱིས་མཛད་པའི་གསེར་ཐང་དང་དེབ་དཀར་གཉིས་སུ་གུཔྟའི་རྒྱལ་བརྒྱུད་འཆད་པའི་སྐབས་དུ་མར་རྒྱལ་པོ་མྱ་ངན་མེད་ཀྱི་སྐོར་ཐ་ཐོར་ཡིག་དཀྱུས་སུ་བྱུང་མོད། ལར་རྒྱལ་པོ་དེ་གཅིག་ཕྱུར་དམིགས་ནས་ལོགས་སུ་རྩལ་བཏོན་གྱིས་དེའི་བྱུང་བ་བརྗོད་པ་ཇོ་ནང་པ་ཏཱ་ར་ནཱ་ཐའི་རྒྱ་གར་ཆོས་འབྱུང་གི་ས་བཅད་དྲུག་པ་རྒྱལ་པོ་མྱ་ངན་མེད་ཀྱི་ལོ་རྒྱུས་ཀྱི་སྐབས་ཞེས་པ་ཁོ་ནར་བྱུང་བས་ཞིབ་ཏུ་མཁྱེན་འདོད་ན་དེར་གཟིགས་པར་

འཚལ། ཡང་དེ་སྐོར་ལ་ཁང་དཀར་ཚུལ་ཁྲིམས་སྐལ་བཟང་གི་གསུམ་འབུམ་དུ། དེ་ཡང་ཏཱ་ར་ནཱ་ཐའི་རྒྱ་གར་ཆོས་འབྱུང་ལེའུ་དྲུག་པའི་མཇུག་བྱང་ལས། ས་དབང་བཟང་པོས་བྱས་པའི་གཏམ་རྒྱུད་ཀྱི་ཡི་གེ་ན་འདིའི་ལོ་རྒྱུས་ཀྱི་གོ་རིམ་བསྒྲིགས་པ་ཙམ་སྣང་ལ། ཉན་ཐོས་སྡེ་སྣོད་དང་འབྲེལ་བ་ལ་མྱ་ངན་མེད་ཀྱི་རྟོགས་བརྗོད། མྱ་ངན་མེད་བཏུལ་བའི་རྟོགས་བརྗོད། མྱ་ངན་མེད་ཀྱིས་ཀླུ་བཏུལ་བའི་རྟོགས་བརྗོད། མཆོད་རྟེན་གྱི་རྟོགས་བརྗོད། དུས་སྟོན་གྱི་རྟོགས་བརྗོད། གསེར་ཕུལ་བའི་རྟོགས་བརྗོད་དེ་དྲུག་དང་། ཀུ་ན་ལའི་རྟོགས་བརྗོད་དེ་བདུན་ཡོད་པའི་གཉིས་པ་དང་བདུན་པ་བོད་དུ་འགྱུར་ལ། གཞན་རྣམས་ཀྱི་རྒྱ་དཔེ་ཡང་ཕོ་ཐོས་མཐོང་ཞེས་གསུངས་འདུག །དེ་ཡང་མྱ་ངན་མེད་ཟེར་དགོས་པའི་རྒྱུ་མཚན་ཏཱ་ར་ནཱ་ཐའི་ཆོས་འབྱུང་ལས། ནམ་ཞིག་ན་རྒྱལ་དེའི་མ་འདས་པའི་མྱ་ངན་བསལ་བའི་ཉིན་བར་ཆོང་དཔོན་གྱི་ཆུང་མ་ལས་ཁྲིའུ་བཙས་པས་འདི་ནི་མྱ་ངན་བསལ་བའི་ཉིན་པར་བཙས་པའི་ཕྱིར་འདི་མིང་མྱ་ངན་མེད་པར་ཐོགས་ཤིག་ཅེས་དེ་ལྟར་བཏགས་དགོས། ཞེས་གསལ་བ་ལྟར་ཡིན་པར་མངོན། དགེ་བའི་བཤེས་གཉེན་ནི་མྱ་ངན་མེད་ཀྱི་རྟོགས་བརྗོད་སོགས་སུ་ཉེར་སྦས་དང་། སིདྡྷ་ལའི་བཞེད་རྒྱུན་དུ་མོགྒ་ལ་པུཏྲ་ཡིན་པར་གསལ་བ་བཞིན་དེ་གཉིས་ཀྱང་ཆོས་རྒྱལ་མྱ་ངན་མེད་ཀྱི་དགེ་བའི་བཤེས་གཉེན་ཡིན་མོད་ཀྱང་རང་རེའི་བོད་ཀྱི་བཀའ་སྲོལ་དུ་བཞུགས་པ་བཞིན་གྲགས་པའང་དེའི་དགེ་བའི་བཤེས་གཉེན་ཡིན་པར་གསུངས་པའི་ཁུངས་འགོས་ལོས་བསྒྱུར་བའི་གཏད་རབས་རྒྱ་དཔེ་ཤོག་གཅིག་མ་དེབ་སྟོན་དུ་དྲངས་པ་(Ka23a3-4) ལས། བར་སྐབས་དེར་མྱ་ངན་མེད་ཅེས་བྱ་བ་སྟོབས་ཀྱི་འཁོར་ལོས་བསྒྱུར་བའི་རྒྱལ་པོ་བྱུང་སྟེ། བཅོམ་ལྡན་འདས་ཀྱི་བསྟན་པ་ལ་དད་པ་ཕྱི་ཕྱིར་ཐོབ་ནས་འཕགས་པ་གྲགས་པས་དགེ་བའི་བཤེས་གཉེན་བྱས་པས། ཞེས་

གསལ། གང་ལྟར་རྒྱལ་པོ་འདིའི་ལོ་རྒྱུས་མཚོན་པའི་དཔྱད་གཞིའི་ཡིག་ཆ་གལ་ཆེ་ཤོས་ནི་སྐབས་དེར་རྗེ་ལ་བསྔོས་པའི་བསྔོས་ཡིག་གཤམ་དུ་འགོད་རྒྱུའི་བསྔོས་ཡིག་ཁག་དང་དེ་མིན་སིངྷ་ལའི་གླིང་ཕྲན་ལོ་རྒྱུས་དང་། ལོ་རྒྱུས་ཆེ་མོ། བྱང་བརྒྱུད་ནང་པའི་བཞེད་སྲོལ་གོང་འཕོད་མྱ་ངན་མེད་ཀྱི་རྟོགས་བརྗོད་དང་། མྱ་ངན་མེད་ཀྱི་མདོ་དང་དེ་མིན་ཏཱ་ར་ན་ཐའི་ཆོས་འབྱུང་སོགས་ཀྱང་གལ་ཆེ། ཡོངས་གྲགས་སུ་གསུང་སྲོལ་ལྟར་ན། མྱ་ངན་མེད་གཞོན་ནུའི་སྐུ་དུས་སུ་དམག་འཁྲུག་འབབ་ཞིག་ལ་གཞོལ་བས་གཏུམ་པོ་མྱ་ངན་མེད་དང་། སྐུ་ཚེའི་མཇུག་ཏུ་ནང་ཆོས་ཁོ་ན་ལ་བརྩོན་པ་མཛད་པས་ཆོས་རྒྱལ་མྱ་ངན་མེད་ཅེས་གྲགས་ཟེར།① ཞེས་གསལ་བ་ལས་རྒྱལ་པོ་མྱ་ངན་མེད་ཀྱི་ལོ་རྒྱུས་འོལ་སྤྱི་ཙམ་རྟོགས་ནུས་ཤིང་ཁང་དཀར་ཚུལ་ཁྲིམས་སྐལ་བཟང་མཆོག་གི་དྲངས་པའི་གཏམ་དེའི་མཇུག་ཏུ་བསྟན་པའི་དོན་རྣམས་གོང་བཀོད་ཅིད་ཤན་ཞིན་གྱིས་གསུངས་པ་དང་སྤྱིར་གཅིག་མཚུངས་སུ་སྣང་བས་བསྐྱར་མར་མ་དྲངས་སོ། །

[71]དྷརྨ་ཝི་བརྡྷ་ན། དེར་ལམ་ཡིག་ཕྱི་མོར་法益ཞེས་བྱུང་བ་ལེགས་སྦྱར་གྱི་ཐ་སྐད་དྷརྨ་ཝི་བརྡྷ་ན་དོན་བསྒྱུར་བགྱིས་པ་ཡིན་ཞིང་། ཆོས་འཕེལ་བའམ་ཆོས་སྟོན་པའི་དོན་ལ་འཇུག །རྒྱལ་པོ་མྱ་ངན་མེད་ཀྱི་སྲས་དེར་ཐང་སན་ལམ་ཡིག་གི་བམ་པོ་གསུམ་པའི་ཏཀྵི་ཤི་ལཱའི་ཡུལ་དུ་ཀུ་ཎཱ་ལ་ཡང་འབོད་ཅིང་། འདིར་ཧྭ་ཤན་ལམ་ཡིག་གི་法益ཞེས་པའི་ལེགས་སྦྱར་ཐ་སྐད་སྤྱད་པ་ལགས། རྒྱལ་པོ་མྱ་ངན་མེད་ཀྱི་བཙུན་མོ་གསར་པས་ཕྲ་མ་བཙུག་སྟེ་རྒྱལ་སྲས་ཀུ་ཎཱ་ལ་ཏཀྵི་ལའི་ཡུལ་དུ་སྤྱུགས་ཤིང་། སྤྱན་དྲུས་པའི་སྐོར་ཞིབ་པ་ཐང་སན་ལམ་ཡིག་གི་གོང་བཀོད་ས་བཅད་ན་

① ཁང་དཀར་ཚུལ་ཁྲིམས་སྐལ་བཟང་། 《རྒྱ་གར་ནང་པའི་ལྟ་གྲུབ་ཆོས་འབྱུང་ལེགས་བཤད་དཀའ་གནད་མདུད་དགྲོལ་》 གསུང་འབུམ་པོད་ལྔ་པ། སྟོད་ཆ། སི་ཁྲོན་མི་རིགས་དཔེ་སྐྲུན་ཁང་། ༢༠༡༨ལོ། ཤ་༢༠༥

གསལ། གཞན་ཡང་ཅིད་ཤན་ལིན་གྱི་ཐང་སན་ལམ་ཡིག་མཆན་[1]དུ། དུས་ཕྱིས་རྒྱ་གར་གྱི་གནའ་ཤུལ་རྟོགས་ཞིབ་པས་ད་ལྟའི་སིར་བ་ཀ་(Sirbak)ཞེས་པའི་ས་ཆའི་ལྷོ་ནས་བྱང་ཤར་དུ་དེད་པའི་ཧ་ཐི་ཨཱལ་(Hathiāl)ཞེས་པའི་དེའུ་འབུར་སྟེང་གི་ཡོགས་ཤིག་ན་ཀུ་ཎ་ལའི་དགོན་པ་རྙིང་ཚུལ་གསུངས་ཡོད།

[72]**སྤྱན་ཟུང་ཉམས་ཐག་ཡོང་བར་སྦྱིན།** སྤྱན་སྦྱིན་པར་བཏང་བའི་གཏམ་རྒྱུད་དེ་ཉིད་གཞན་དུ་ལོའོ་ཡང་དགོན་སྡེའི་དཀར་ཆག་གི་བམ་པོ་ལྔ་པ་དང་། ཐང་སན་ལམ་ཡིག་གི་བམ་པོ་གཉིས་པ་ཟུང་གི་དྲི་ཟའི་ཡུལ་གྱི་སྐབས་སུ་ཡང་གསལ།

[73]**ཏཀྵ་ཤི་ལཱའི་ཡུལ།** ཡུལ་དེར་ལམ་ཡིག་ཕྱི་མོར་竺刹尸罗ཞེས་བྱུང་། ཅིད་ཤན་ལིན་གྱིས་མཛད་པའི་ཐང་སན་ལམ་ཡིག་གི་མཆན་[2]ལྟར་ན། ཡུལ་དེར་ཐང་སན་ལམ་ཡིག་ན་呾叉始罗བྱ་ཞིང་། དེ་ནི་ལེགས་སྦྱར་གྱི་ཐ་སྙད་ཏཀྵ་ཤི་ལཱ་ཟུར་ཆག་པ་དང་། པ་ལིའི་སྐད་དུ་ཏཀྐ་སི་ལཱ་(Takkasilā)དང་། གྲི་རི་སིའི་ཡུལ་རྙིང་དཀར་ཆག་(希腊古地)དུ་Taxila འམ་Taxiala ཞེས་ཟེར་ཞིང་། ལོ་རྒྱུས་ཤིན་དུ་རིང་བའི་ཆེས་གནའ་བོའི་ཡུལ་རྙིང་ཞིག་ཡིན་པ་ལ་སྤྱི་ལོའི་སྔོན་གྱི་དུས་རབས་བཞི་པ་ཙམ་ན་བྱོན་པའི་དྲང་སྲོང་པཱ་ཎི་ནིས་མཛད་པའི་སྒྲ་གཞུང་བསྟན་བཅོས་པཱ་ཎི་ནི་ཡཱ་ཀ་ར་ཎ་(ཨཥྚཱ་དྷྱཱ་ཡཱི་ཞེས་ཀྱང་བྱ་)དང་། དེའི་ཊཱིཀྐ་པ་ཏཉྫ་ལི་(波檀阇利)ཡིས་མཛད་པའི་མ་ཧཱ་བྷཱ་ཥྱ་སྟེ་འགྲེལ་ཆེན་《大疏》དང་། རྒྱལ་པོ་མྱ་ངན་མེད་ཀྱི་བྲག་བརྐོས་ཡི་གེ་སོགས་སུ་ས་ཆ་དེའི་ཐ་སྙད་བྱུང་ཞིང་། དེ་ནི་དྲི་ཟའི་ཡུལ་གྱི་ལྟེ་བའི་གྲོང་ཁྱེར་ཡིན་ཞེས་གསལ། ཅིད་ཤན་ལིན་གྱིས་མཛད་པའི་ཐང་སན་ལམ་ཡིག་གི་

① 季羡林校注:《大唐西域记》，中华书局，2012年，第307页。

② 季羡林校注:《大唐西域记》，中华书局，2012年，第301页。

མཆན་[1]དང་། ཨ་ཧྣ་ཆེ་ཀི་རོ་ཀུ་ཡི་མཆན་[2]གཉིས་ཞལ་མཐུན་པར་དེའི་རྗེས་ཤུལ་དེང་པ་ཀི་སི་ཐན་བྱང་རྒྱུད་དམ་དེའི་རྒྱལ་ས་ཨི་སི་ལམ་སྦྱོའི་ནུབ་ཕྱོགས་ར་ཝལ་པིན་དི་(Rawalpindi/拉瓦尔品第)ཞེས་པའི་ས་ཆར་ཡོད་ཅེས་གསུངས་མོད། རྩིང་ཁྲིང་ཙུན་གྱི་ནུབ་ཡུལ་ས་མིང་[3]དུ། པ་ཀི་སི་ཐན་གྱི་ཤ་ཧྡེ་རི(Shah-dheir/沙德里)ཞེས་བྱའི་ནུབ་བྱང་ཕྱོགས་ཀྱི་ཧ་སན་ཨབ་ད་ལ་(Hassan-Abdal/哈桑阿卜杜勒)ཞེས་པའི་ས་ཆར་ཡིན་ཞེས་གསལ། རང་རེའི་དགེ་ཆོས་ཀྱི་གསེར་ཐང་དུ་ཡུལ་དེར་བོད་སྐད་ལ་རྡོ་འཇོག་ཅེས་བྱ་མོད་ཀྱི་ཡིག་ཆ་ཕལ་མོ་ཆེས་ཏཀྵི་ཤི་ལཱ་རང་སྤྱོད་པས་མི་འཛོལ་ཆེད་འདིར་ལུགས་སྒྱུར་གྱི་ཐ་སྙད་རང་སོར་བཞག་པ་ལགས། དེ་ཡང་དགེ་འདུན་ཆོས་འཕེལ་གྱིས་དངོས་སུ་ཞབས་བཅགས་པའི་ཡུལ་དེའི་བཀོད་པ་ཇི་ལྟ་བུ་ཡིན་ཚུལ་ཁོང་གི་གསེར་ཐང་དུ་གཏམ་འདི་བཞིན་བྱུང་། གླང་པོ་ཟླ་བ་བརྒྱད་པའི་ནང་ལ་ཏཀྵ་ཤི་ལཱ་རྡོ་འཇོག་ཏུ་སླེབས། ཕྱོགས་འདི་ནི་སྔོན་གཱནྡྷ་ར་སྐེ་དྲི་ཟའི་ཡུལ་ཅེས་བྱ་བར་གྲགས་ཤིང་ས་འཛིན་ཅེས་བསྒྱུར་པ་ཡང་། ཀོ་ལ་ཨཾ་བྱིན་ཏེ་སྒྱུར་བའི་ཚིག་དེ་ག་ཡིན་པས་མདོ་ན་ས་འཛིན་དང་ས་འཛིན་མ་སོགས་གསུངས་པ་རྣམས་ཀུང་འདིའི་ཡུལ་མིར་བྱེད། གྲོང་ཁྱེར་དྲུག་གི་རྒྱལ་བུ་དང་། བྲམ་ཟེ་རྣམས་ཡོན་ཏན་སློབ་ཏུ་འགྲོ་བའི་གནས་ཡིན། གྲོང་ཁྱེར་ནི་སྟུ་མོ་ཞིག་ནས་འཇིག་སྐྱེ་མེད། ཡུལ་དབུས་སུ་བསྟན་པ་ཉམས་ན་ཡང་ཡུལ་འདིར་ད་དུང་སངས་རྒྱས་པ་མང་དུ་གནས་པ་མཆོད་རྟེན་གྱི་རྟོགས་བརྗོད་སོགས་ལས་གསལ། ཡུལ་གྱི་མཐིལ་ནི་ཐང་ཡིན་ཡང་བྱང་ངོས་ཀྱི་ཧི་མ་ལ་ཡའི་རི་རྒྱུད་ལ་ཤིན་ཏུ་ཉེ། ནུབ་བྱང་ཤར་གྱི་ཕྱོགས་གསུམ་པོ་རི་མཐོན་པོ་དག་གིས་བསྐོར་ཞིང་

① 同上

② 足立喜六著，何建民、张小柳译:《〈法显传〉考证》，贵州大学出版社，2014年，第74页。

③ 馮承鈞:《西域南海史地考證論著彙輯》，中華書局出版社，1957年，第92页。

སྣང་། ཐང་དཀྱིལ་ནའང་རི་དེའུ་ཁ་ཤས་འདུག་ཅིང་། བྱང་ངོས་ནས་རི་རྒྱུད་ཆེ་ཙམ་ཞིག་ཐང་གི་དབུས་སུ་མར་བརྒྱངས་བས། ཡུལ་དེ་ལུང་ལག་གཉིས་ལྟ་བུར་ཆད་འདུག །ས་རྣམས་སྐྱ་ཉམས་ཆེ་བ་རེབ་གོང་ལུང་མཐིལ་དང་འདྲ་སེ་བ་འདུག །དབུས་ཀྱི་རི་རྒྱུད་ཟད་པའི་གདོང་ངོས་ཀྱི་ནུབ་ཕྱོགས་ན་སྔོན་གྱི་གྲོང་ཁྱེར་ཆེན་པོ་ཤི་རི་ཀ་བ་ཡི་ཤུལ་སྣང་། སྔོན་གྱི་རྗེ་འཛོམ་གྱི་གྲོང་ཁྱེར་གཙོ་བོ་དེ་ཡིན་ཟེར། ས་བསལ་ཧེ་ད་ལྟ་གྲོང་ཡོངས་ཀྱི་རྩིག་རོ་ལྟར་ཡོད། མཐའ་ལ་ལྕགས་རི་ཆེན་པོ་ཁ་ཁྱེར་ལ་གོམ་བཅུ་གསུམ་ཙམ་ཡོད་པས་བསྐོར་བའི་གྲོང་ཤར་ནུབ་ཏུ་རིང་ཞིང་ཞེང་དེ་ཙམ་མི་ཆེ་བའི་དབུས་སུ་ཤར་ནས་ནུབ་ཏུ་ཤར་གྱིས་ཡོད་པའི་སྲང་ལམ་ཞིག་གི་ཤུལ་འདུག་སྟེ། སྔོན་གྱི་ཚོང་ཁྲོམ་ཡིན་རྒྱུར་སྣང་། ལྷ་ཁང་ཞིག་གི་ཤུལ་ན་རྗེ་ཁྲིའི་སྟེང་དུ། རང་རེའི་མེ་སྲུང་འཁོར་ལོ་ལ་ཡོད་པའི་ནེའུ་ཙོ་མགོ་གཉིས་པ་དེ་འདྲ་ཞིག་གི་གཟུགས་ཀྱང་འདུག །རི་མོས་འདི་ལས་གཞན་དུ་མ་མཐོང་། གྲོང་ཁྱེར་འདི་ཧ་ཅང་ཡང་ཆེན་པོ་ཞིག་བྱུང་ཡོད་ས་རེད། འགའ་ཞིག་གིས་ཀ་ལི་ཀ་ཏ་ཙམ་ཡོད་འདུག་ཟེར་པ་ཅུང་མི་བདེན་ན་ཡང་། ད་ལྟའི་ཕ་ར་ཋ་སི་ཙམ་ན་ངེས་པར་ཡོད་ཚོད་འདུག །གཞན་ཐང་གི་དཀྱིལ་ན་སྔོན་གྱི་གྲོང་ཐོར་བུ་པའི་ཤུལ་ཀྱང་མང་དུ་སྣང་། འགའ་ཞིག་ཡ་བ་རྣམས་ཀྱི་སྡེ་ཤུལ་ཡིན་ཟེར། ད་ལྟའི་གྲོང་ནི་མི་ཚང་ལྔ་བརྒྱ་ཙམ་ཡོད་པའི་སྡེ་ཚོང་ཁྲོམ་དང་བཅས་པ་ཞིག་རི་དེའུ་གཅིག་གི་མཐའ་བསྐོར་ནས་ཆགས་འདུག །དེའི་མིང་ལ་ཏཀྵ་ཤི་ལཱ་སྟེ་ད་དུང་ཡང་རྗེ་འཛོམ་ཉིད་དུ་འབོད། ཀླ་ཀློ་ཤས་ཆེ་ཞིང་། གྲོང་པ་རྣམས་དཀར་ལ་དམར་བའི་མདངས་ཆགས་པའི་མི་རིགས་ཁ་ཆེ་པ་རྣམས་དང་འདྲ་སེ་བ་འདུག །འཕགས་མ་ཨུཏྤལའི་མདོག་དེ་ཡང་དེ་འདྲ་ཞིག་ཡོད་སྙམ་པ་བྱུང་། ཤར་དུ་བལྟས་ན་རི་ལིང་ངེ་བ་འགའ་ཞིག་སྣང་། དེ་རབ་སྣང་གི་སླད་ཆེན་བསྒྱུར་སའི་རི་ག་རྒྱུན་ཤིང་

སོགས་དེ་གྲུས་ནི་ཨེ་ཡོད། རི་དབུས་མའི་ཤར་ངོས་ཀྱི་ཐང་མཚམས་དེར་སྔོན་གྱི་དགོན་ཆེན་ཞིག་གི་ཤུལ་འདུག་ཅིང་། དབུས་སུ་མཆོད་རྟེན་རྣམ་ར་ཛཱ་ཀའི་ལུགས་སུ་བཞེངས་པ་ཞིག་སྣང་། སྐུ་བརྙན་འདུག་པ་ལས་བྱས་པ་ཤིན་ཏུ་བཟོ་ལེགས་པ་འགའ་རེ་དང་། ཞབས་འབབ་ཞིག་ལུས་པའི་ལྡིར་བཟོ་བྱམས་ཆེན་ཐོག་ཚད་གཉིས་གསུམ་པ་ཞིག་ཡིན་རྒྱུར་སྣང་བ་ཞིག་ཀྱང་འདུག །གཞན་ཡང་དེ་ནས་རྙེད་པའི་ངོ་མཚར་ཅན་གྱི་སྐུ་བརྙན་དང་། མཆོད་རྟེན་སོགས་གཞུང་གིས་བདག་སྲུང་བྱས་ཏེ་ཟུར་དུ་ཁང་པ་ཆེན་པོ་ཞིག་བྱས་ནས་བཞག་འདུག །[1]ཅེས་སོགས་གསུངས་པ་ལས་དྲན་དབང་དམ་པ་གང་ཉིད་༡༨༣༤ནས་༡༨༣༩ལོའི་བར་ན་ཡུལ་ཏཀྵ་ཤི་ལཱ་སྟེ། ཇོ་འཇོག་ཏུ་ཕེབས་འགྱུར་བྱུང་བ་དེའི་ཚེ་དེའི་དུས་ཀྱི་གཟིགས་སྣང་ཆེས་གསོན་ཉམས་ལྡན་པ་སྒྲོག་བརྙན་ཇི་ལྟ་བུ་ངེད་ཚོའི་མིག་ལམ་དུ་བསྟར་འདུག་པ་ལས། ཡུལ་ཏཀྵ་ཤི་ལཱ་ནི་སྔ་མོ་ཞིག་ན་དྲི་ཟའི་དབང་འོག་ཏུ་ཡོད་སྙམ་པ་ཚོར་ནུས་ཀྱང་། ཕྱི་ལོ་༨༤༨ལ་བརྩམས་གྲུབ་པའི་ཐང་སན་ལམ་ཡིག་དང་། དེའི་གོང་ཕྱི་ལོ་༧༤ལོར་གྲུབ་པའི་ཐྰ་ཤན་ལམ་ཡིག་གཉིས་སུ་ཡུལ་ཏཀྵ་ཤི་ལཱ་དང་། གནྡྷ་ར་སྟེ་དྲི་ཟའི་ཡུལ་གཉིས་པོའི་གནས་ཕྱོགས་དང་ཐ་སྙད་སོགས་ཐ་དད་ཡིན་ཕྱིར་ལོགས་སུ་དགར་ནས་བརྗོད་པ་ལས་དགེ་ཆོས་ཀྱིས་གསུངས་པ་ལྟར་ཇོ་འཇོག་ལ་བཙུན་པ་ཐྰ་ཤན་ཕྱིན་པའི་སྐབས་སུའང་དྲི་ཟར་མི་འབོད་པར་སྣང་། འོ་ན་དགེ་ཆོས་ཀྱིས་གསུངས་པའི་སྔ་མོ་ཞེས་པ་ཡང་སྐབས་དུས་གང་ཙམ་ན་ཡིན་ཞེ་ན། ཐྰ་ཤན་ལས་སྔ་བ་ལོས་ཁྲབ་ཅིང་སྐབས་དེ་ཤེད་ཀྱི་རྒྱ་གར་ལོ་རྒྱུས་ལ་གཞིགས་ཚེ་ཐྰ་ཤན་གོང་ལ་ཆེས་གནའ་བོའི་ཀུ་ཥཱ་ཎའི་རྒྱལ་རབས་ཀྱི་རྒྱལ་པོ་ཀ་ནི་ཥྐས་མཐའ་བཞི་ཆབ་འོག་ཏུ་བཙུག་པའི་སྐབས་ཏཀྵ་ཤི་ལཱ་ཡང་ཡུལ་ཆེན་དྲི་ཟའི་དབང་འོག་ཏུ་ཡོད་པས་

[1] 《དགེ་འདུན་ཆོས་འཕེལ་གསུང་རྩོམ་》དེབ་གཉིས་པ། བོད་ལྗོངས་བོད་ཡིག་དཔེ་རྙིང་དཔེ་སྐྲུན་ཁང་། ༢༠༡༧ལོ། ཤ་༡༠༥ནས་༡༠༧བར།

ཐུན་མོང་གིས་ས་བྱེ་བྲག་པའི་མིང་དོད་བྱེད་པ་ཞིག་ཡིན་སྙམ་པ་བར་སྐབས་ཀྱི་གཏམ་སོ། །གཞན་ཡང་གོང་དུ་དྲངས་པའི་གསེར་ཐང་གི་གཏམ་ལས་དགེ་ཆོས་ཕྱིན་སྐབས་རྗེ་འཇོག་ཕལ་ཆེར་ཏྐཱ་ཏྐོ་སྡེ་ཨི་སི་ལམ་གྱིས་ཁྱབ་སྟབས་སངས་རྒྱས་བསྟན་པ་མིང་གི་ལྷག་མ་ཙམ་དུ་སོང་བའི་ཚུལ་ངམ་ཤུགས་སུ་ཡོད་ལ་འཆར་ནུས། དགེ་ཆོས་ནས་ཡར་ལོ་༡༣༠༠ཙམ་དེད་པའི་སྲུ་རྒྱལ་ཁྲི་སྲོང་བཙན་གྱི་དུས་ན་ཡུལ་རྗེ་འཇོག་ཇི་ལྟ་བུ་ཡིན་མིན་ཐང་སན་ལམ་ཡིག་གི་བམ་པོ་གསུམ་པའི་ཡན་ལག་ས་བཅད་ཏཀྐ་ཤི་ལཱའི་ཡུལ་[1]ཞེས་པར་གསལ།

[74]**དབྱ་གཞན་ལ་སྨིན།** དེའི་སྐོར་གཞན་དུ་ལོའོ་ཡང་དགོན་སྡེའི་དཀར་ཆག་གི་བམ་པོ་ལྔ་པའི་ནང་འཁོད་གནྡྷ་རའི་ཡུལ་(乾陀罗国)དང་། ཨོ་རྒྱན་ཡུལ་(乌场国)གཉིས་དང་། ཐང་སན་ལམ་ཡིག་གི་བམ་པོ་གསུམ་པའི་ནང་ཚན་ཏཀྐ་ཤི་ལཱའི་ཡུལ་(呾叉始罗国)བཅས་ན་བྱུང་ཞིང་། སྐྱེས་རབས་ཞིབ་པ་མདོ་མཛངས་བླུན་གྱི་བམ་པོ་དྲུག་པ་རྒྱལ་པོ་ཟླ་འོད་ཀྱི་མགོ་བྱིན་པའི་ལེའུ་ཞེས་པར་གསལ།

[75]**སྐུ་ལུས་སྟག་སྟོགས་པར་སྨིན།** དེའི་སྐོར་གཞན་ཡང་ཐང་སན་ལམ་ཡིག་གི་བམ་པོ་གསུམ་པའི་ནང་འཁོད་སིཾ་ཧ་པུ་རའི་ཡུལ་(僧诃补罗国)དུ་བྱུང་ཞིང་། སྐྱེས་རབས་ཞིབ་པ་མདོ་མཛངས་བླུན་གྱི་བམ་པོ་དང་པོའི་ཡན་ལག་སེམས་ཅན་ཆེན་པོས་སྟག་མོ་ལ་ལུས་སྦྱིན་པའི་ལེའུ་ཞེས་པར་གསལ།

[76]**པུ་རུ་ཥ་པུ་རའི་ཡུལ།** དེར་ཐང་སན་ལམ་ཡིག་ཕྱི་མོར་弗楼沙国ཞེས་ཡུལ་དུ་གསུངས་པ་དང་། ཐང་སན་ལམ་ཡིག་ཏུ་布路沙布逻城ཞེས་དྲི་ཟའི་ཡུལ་གྱི་ལྟེ་བའི་གྲོང་ཁྱེར་ཡིན་པར་གསུངས་ཤིང་། དོན་དུ་གཉིས་ཀ་སྐྱེས་བུའི་གྲོང་ཞེས་པའི་སྐད་དོད་ལེགས་སྦྱར་གྱི་ཐ་སྙད་པུ་རུ་ཥ་པུ་ར་ཟུར་ཆག་པའོ། །དེ་ལས་ཤེས་

① རྨེ་རུ་ཚེ་རིང་དོན་གྲུབ། 《ཐང་སན་ལམ་ཡིག་གསར་བསྒྱུར་དང་ཞིབ་འཇུག་》བོད་ལྗོངས་བོད་ཡིག་དཔེ་རྙིང་དཔེ་སྐྲུན་ཁང་། ༢༠༡༨ལོ། ཤ་༡༠༧ནས་༡༠༨བར།

ནུས་པར་ཐྰ་ཤན་སྐབས་སུ་ས་ཆ་དེ་ནི་དྲི་ཟའི་ཡུལ་དང་ཐ་དད་པའི་ཡུལ་ཡན་དགར་བ་ཞིག་ཡིན་མོད། དུས་ཕྱིས་ཐང་སན་བླ་མའི་སྐབས་དྲི་ཟའི་ཡུལ་གྱི་གྲོང་ཁྱེར་ལྟེ་བར་འཕོ་འགྱུར་བྱུང་བར་སྣམ། ད་ཕན་ཅིད་ཤན་ཡིན་དང་། ཨ་རྣ་ཆེ་གི་རོ་ཀུ་དང་། ཀྲང་ཤུན་སོགས་ཞིབ་འཇུག་པ་རྣམས་ཀྱིས་ས་ཆ་དེའི་རྗེས་ཤུལ་ད་ལྟ་པ་ཀི་སི་ཐན་ཁོངས་སུ་བཞུར་བའི་ཀ་བུལ་ཆུ་བོའི་ལྷོ་རྒྱུད་གྲོང་ཁྱེར་པེ་ཤ་ཝའི་(Peshawar/白沙瓦) ནུབ་བྱང་ས་ཁུལ་དུ་ཡིན་ཚུལ་ཞལ་གཅིག་གྲགས་སུ་བཞེད།

[77]ཀུན་དགའ་བོ། ཀུན་དགའ་བོ་(Ānanda/阿难/阿难陀)ནི་ལེགས་སྦྱར་གྱི་ཐ་སྙད་ཨཱ་ནནྡ་ཞེས་པ་བོད་དུ་དོན་བསྒྱུར་བགྱིས་པ་ཡིན་ཞིང་། ཅིད་ཤན་ལིན་གྱིས་མཛད་པའི་ཐང་སན་ལམ་ཡིག་གི་མཆན་དུ། དག་རྒྱུན་དུ་ཁོང་ནི་སངས་རྒྱས་ཤཱཀྱ་ཐུབ་པའི་ཡབ་རྒྱལ་པོ་ཟས་གཙང་གི་ནུ་བོ་བྲེ་བོ་ཟས་(Droṇodana/斛饭王)ཀྱི་སྲས་ཡིན་ལ་ལྷས་བྱིན་གྱི་ནུ་བོ་ཡང་ཡིན་ཞིང་། ལོ་ཉེར་ལྔའི་རིང་སྟོན་པར་ཞབས་ཏོག་སྒྲུབ་མཁན་གྱི་སྐུའི་ཉེ་གནས་གཙོ་བོ་དེ་ཡིན་ཐོག །སྟོན་པས་གསུངས་པའི་ཆོས་ཐམས་ཅད་གསན་པའི་སྟོབས་ཀྱིས་སྟོན་པའི་བུ་སློབ་ཆེན་པོ་བཅུའི་ཁྲོད་ཀྱི་ཉན་ཐོས་ཕུལ་དུ་ཕྱིན་པ་མཆོག་དེ་ཡིན་པར་གྲགས། ཁོང་གི་ལོ་རྒྱུས་ཞིབ་པ་རྒྱ་འགྱུར་ལུང་བར་མའི་《中阿含经》ས་བཅད་བརྒྱད་པ་ཉེ་གནས་ཀྱི་མདོ་《侍者经》དང་། ཤེར་ཕྱིན་ཆེན་པོའི་བསྟན་བཅོས་《大智度论》ཀྱི་བམ་པོ་གསུམ་པར་གསལ། མདོ་བསྟན་རྣམས་སུ་ཨཱ་ནནྡ་ཞེས་པའི་མཚན་མི་འདྲ་བ་གསུམ་ཐོན་ཏེ། གཅིག་ནི་འདིར་བརྗོད་ཨཱ་ནནྡ་(阿难陀)སྟེ་ཀུན་དགའ་བོ་དང་། གཞན་ཞིག་ནི་ཨཱ་ནནྡ་བྷ་དྲ་(阿难跋陀)དང་། ཅིག་ཤོས་ནི་ཨཱ་ནནྡ་སཱ་ག་ར་(阿难娑伽)བཅས་ཡིན་[1]ཞེས་གསུངས། གཞན་ཡང་རང་རེའི་ཡིག་ཆར་ལོ་རྒྱུས་ཞིབ་པ་ཏཱ་ར་ནཱ་ཐའི་

① 季羡林校注:《大唐西域记》，中华书局，2012年，第134页。

རྒྱ་གར་ཆོས་འབྱུང་གི་ས་བཅད་དང་པོ་རྒྱལ་པོ་མ་སྐྱེས་དགྲའི་སྐབས་ཀྱི་གཏམ་ཞེས་པར་ཀུན་དགའ་བོར་འོད་སྲུང་ཆེན་པོས་བསྟན་པ་གཏད་པ་དང་། ཇི་ལྟར་སྐུ་མྱ་ངན་ལས་འདའ་ཚུལ་སོགས་ལོ་རྒྱུས་མང་དུ་བྱུང་ཞིང་། རྒྱ་གར་ཆོས་འབྱུང་དུ་འཁོད་པ་དང་མདོ་བསྟན་གཞན་རྣམས་ནས་གང་བྱུང་རིགས་སྙིང་པོ་བསྒྲིགས་པ་ཏུང་དཀར་ཚིག་མཛོད་[①]དུ་གསལ་ཞིང་། དེར་ཀུན་དགའ་བོས་འོད་སྲུང་ཆེན་པོ་དང་ཐབས་ཅིག་ཏུ་བཀའ་བསྡུ་དང་པོ་མཛད་ཚུལ་སོགས་ཀྱི་ལོ་རྒྱུས་ལ་སྤྱིར་རྒྱ་བོད་དབར་ཁྱད་པར་མི་སྣང་ཙུང་། ཀུན་དགའ་བོའི་ཡབ་ནི་རྒྱལ་པོ་ཟས་གཙང་གི་ནུ་བོ་བདུད་རྩི་ཟས་(Amṛtodana/甘露王)ཡིན་ཟེར་བ་དེ་ཉིད་ཐ་དད་པར་མཐོང་། ཅི་སྟེ་རྒྱས་པར་མཁྱེན་འདོད་ན་འདིར་མཚམས་སྦྱོར་ཞུས་པའི་རྒྱ་བོད་ཀྱི་ཡིག་ཆ་དེ་རྣམས་ལ་གཟིགས་པར་འཚལ།

[78]རྒྱལ་པོ་ཀ་ནི་ཥྐ། རྒྱལ་པོ་དེའི་སྐོར་ལ་ཁང་དཀར་ཚུལ་ཁྲིམས་སྐལ་བཟང་གིས་གསུངས་པ་ལྟར་ན།[②] རྒྱལ་པོ་དེ་ནི་གནའ་བོའི་རྒྱ་གར་གྱི་ཀུ་ཥཱ་ནའི་རྒྱལ་རབས་(Kuṣāna/贵霜王朝) ཀྱི་ཤིན་ཏུ་སྐད་གྲགས་ཆེ་བའི་རྒྱལ་པོ་གསུམ་པ་ཀ་ནི་ཥྐ་(Kaniṣka/迦腻色迦王)ཞེས་བྱ་བ་དེ་ཡིན། དེ་ཡང་ཀུ་ཥཱ་ནའི་རྒྱལ་རབས་ནི་ཨེ་ཤེ་ཡ་དབུས་མའི་ཏུན་ཧོང་(敦煌)ས་ཁུལ་དུ་གནས་གཞི་བཟུང་བའི་རྒྱ་ཤེ་མི་རིགས་ཁག་གཅིག་སྤྱི་ལོའི་སྔོན་གྱི་ལོ་༡༢༨ཙམ་ལ་ནུབ་ཕྱོགས་སུ་གནས་གཞི་སྤོས་ཏེ་ཨོ་ཀ་སུ་ཆུ་བོའི་(Oxus)བྱང་ཕྱོགས་ཀྱི་བྷག་ཏྲི་ཡ་(Bactria)ཞེས་པའི་ཡུལ་དུ་གནས་གཞི་བཅས་རྗེས་མི་སྡེ་དཔོན་ཁག་ཚོ་པ་ལྔར་གྱེས། དེའི་ཡ་གྱལ་

① ཏུང་དཀར་བློ་བཟང་འཕྲིན་ལས། 《ཏུང་དཀར་ཚིག་མཛོད་》 ཀྲུང་གོའི་བོད་རིག་པ་དཔེ་སྐྲུན་ཁང་། ༢༠༡༥ལོ། ཤ་༧༤ནས་༧༦བར།

② ཁང་དཀར་ཚུལ་ཁྲིམས་སྐལ་བཟང་། 《རྒྱ་གར་ནང་པའི་ལྷ་གྲུབ་ཆོས་འབྱུང་ལེགས་བཤད་དགའ་གནད་མདུད་དགྲོལ་》 གསུང་འབུམ་པོད་ལྔ་པ། སྟོད་ཆ། སི་ཁྲོན་མི་རིགས་དཔེ་སྐྲུན་ཁང་། ༢༠༡༤ལོ། ཤ་༣༣༣ནས་༣༣༤བར།

ཀུ་ཥཱ་ནའི་ཚོ་པ་རིམ་གྱིས་ནུས་ཤུགས་ཇེ་རྒྱས་སུ་ཕྱིན་ཏེ་རྒྱལ་པོ་དང་པོ་ཀུ་ཛུ་ལ་ཀད་ཕི་སིའི་(Kujèla Kadphises)དུས་རབས་སུ་ཕར་ཐེ་ཡ་དབང་དུ་བསྡུས་ཏེ་སྤྱི་ལོའི་དུས་རབས་དང་པོའི་མཇུག་ཏུ་རྒྱ་གར་ལ་བཙན་འཛུལ་བྱས། རྒྱལ་པོ་གཉིས་པ་ཝེ་མ་ཀད་ཕི་སེ་ས་(Wema Kadphises)ཡིན། རྒྱལ་པོ་གསུམ་པ་ཀ་ནི་ཥྐ་ཡིས་དབུས་ཨེ་ཤི་ཡ་དང་། ཨབ་ཧྒ་ནི་སི་ཐན་དང་། རྒྱ་གར་ནུབ་བྱང་དང་། རྒྱ་གར་བྱང་ཕྱོགས་བཅས་མངའ་འོག་ཏུ་བསྡུས་པའི་རྒྱལ་ཁབ་ཤིན་ཏུ་ཆེན་པོ་ཞིག་བཙུགས། རྒྱལ་པོ་ཀ་ནི་ཥྐས་དབང་བསྒྱུར་བའི་རྒྱལ་ཁབ་འདི་རྒྱ་གར་གྱི་ལོ་རྒྱུས་ཐོག་མྱ་ངན་མེད་ཀྱི་རྗེས་སུ་བྱུང་བའི་རྒྱལ་ཁབ་ཆེ་ཤོས་ཤིག་ཡིན། རྒྱལ་ཁབ་འདིའི་འོག་ཏུ་རྒྱ་གར་གྱི་མི་རིགས། གྷི་རིག་གི་མི་རིགས། ཤ་ཀའི་མི་རིགས། ཕར་ཐེ་ཡའི་མི་རིགས་བཅས་མི་རིགས་མི་འདྲ་བ་མང་པོ་ཡོད། རྒྱལ་ས་ནི་དྲི་ཟའི་ཡུལ་(健驮罗)གྱི་ཁོངས་གཏོགས་པུ་རུ་ཥ་པུ་ར་(布路沙布罗)སྟེ་སྐྱེས་བུའི་གྲོང་ཞེས་པ་དེང་སང་གི་པ་ཀི་སི་ཏན་གྱི་པེ་ཤ་ཝར་(Peshawar/白沙瓦)ཡིན་ཞིང་། ཉེ་རབས་ཞིབ་འཇུག་གི་གནས་སྟངས་ངོས་ནས་བརྗོད་ན་ཅིད་ཤན་ལིན་གྱི་ཐང་སན་ལམ་ཡིག་མཆན་[1]ལས། རྒྱལ་པོ་ཀ་ནི་ཥྐས་དབང་བསྒྱུར་བའི་ལོ་ཚིགས་ཐད་ད་ཕན་ལོ་རྒྱུས་རིག་པ་སྨྲ་བའི་ཁྲིད་བཞེད་པ་མི་མཐུན་པ་དུ་མ་བྱུང་ཞིང་། ད་ལྟ་ལ་ཐུག་ཏུ་རྒྱལ་པོ་ཀ་ནི་ཥྐའི་ལོ་ཚིགས་ཞེས་པའི་དཀའ་རྙོག་ཆེན་པོ་དེའི་སྐོར་ལ་དཔྱད་པའི་དཔེ་དེབ་དང་། དཔྱད་རྩོམ་བརྒྱ་ཕྲག་སྟང་བ་ལས་འདོད་ཚུལ་ཐ་དད་པ་བཅུ་ལྷག་བྱུང་སྟེ། སྤྱི་ལོའི་སྔོན་གྱི་ལོ་༥༧ནམ་ཁ་འདོད་པ་དང་། སྤྱི་ལོ་༤༣མམ་༦༠ནས་༦༥བར་དང་། ༧༨དང་། ༡༠༣དང་། ༡༡༠ནས་༡༡༥བར་དང་། ༡༢༥དང་། ༡༢༨དང་། ༡༣༠དང་། ༡༤༤དང་། ༢༢༥ནས་༢༣༢བར་

① 季羡林校注:《大唐西域记》，中华书局，2012年，第140页。

དང་། ༢༥༨དང་། ༢༧༨སོགས་སོ། །རྒྱལ་ཁབ་ཁག་གི་ལོ་རྒྱུས་དང་། དངུལ་ཏམ་དང་། ཡིག་རྙིང་དང་། གནའ་ཤུལ་བཅས་ལ་ཞིབ་འཇུག་བྱེད་མཁན་ཆེད་ལས་མཁས་དབང་དུ་མ་ཐབས་ཅིག་ཏུ་སྤྱི་ལོ་༡༨༦༠ལོའི་ཟླ་བཞི་པར་དབྱིན་ཇིའི་རྒྱལ་ས་ལོན་ཏོན་དུ་རྒྱལ་པོ་ཀ་ནི་ཥྐའི་སྲིད་སྐྱོང་ལོ་ཚིགས་སྐོར་གྱི་རིག་གཞུང་དཔྱད་གླེང་ཚོགས་འདུར་ཞུགས་ནས་དེ་དོན་ལ་བརྒལ་བརྟག་མཛད་ཀྱང་མཐའ་མཇུག་ཀུན་གྱིས་ལབ་གླེང་མེད་པའི་བཞེད་པ་ཕུ་ཐག་ཆོད་པ་འདི་རེད་སྙམ་པ་བྱུང་མེད་ཚུལ་བསྟན་པར་སྣང་།

[79]**མཆོད་རྟེན་ཆུང་དུ་ཕྱིར་ཕྱུང་བར་གྱུར།** གཏམ་རྒྱུད་དེ་བཞིན་ཅུང་རྒྱས་པར་ཐང་སན་ལམ་ཡིག་བམ་པོ་གཉིས་པའི་དྲི་ཟའི་ཡུལ་གྱི་ས་བཅད་དང་པོ་པི་པྤ་ལའི་ལྗོན་ཤིང་དང་། རྒྱལ་པོ་ཀ་ནི་ཥྐའི་མཆོད་རྟེན་[①]ཞེས་པར་གསལ།

[80]**སྔོན་པའི་ལྷུང་བཟེད་ཡུལ་དེར་བཞུགས།** སྐབས་བབ་ལམ་ཡིག་ལ་གཞིགས་ཆེ་བཙུན་པ་ཧྭ་ཤན་བྱོན་པའི་དུས་སྟོན་པའི་ལྷུང་བཟེད་ཡུལ་པུ་ཏ་ཁ་པུ་ར་སྟེ། ད་ལྟའི་པ་ཀི་སི་ཐན་གྱི་གྲོང་ཁྱེར་པེ་ཤ་ཝའི་ནུབ་བྱང་ཕྱོགས་སུ་གདའ་བར་བསྟན་ཅུང་། དེ་ནས་ལོ་༢༣༠ཙམ་འདས་པའི་སྐབས་ཙམ་ན་བྱུང་བའི་ཐང་སན་ལམ་ཡིག་གི་བམ་པོ་གཉིས་པའི་དྲི་ཟའི་ཡུལ་གྱི་སྐབས་སུ་ལྷུང་བཟེད་འདི་བཞིན་སྐབས་དེ་ཤེད་ན་ཡུལ་པར་སིག་སྟེ་ད་ལྟའི་ཨི་རན་ཕྱོགས་སུ་ཡོད་ཅེས་འཁོད།

[81]**ཀུ་ཥཱ་ཎ།** ལམ་ཡིག་ཕྱི་མོར་དེར་རྒྱ་ཡིག་ཏུ་月氏王ཞེས་གསལ་བ་དང་། ཨ་རྡ་ཆེ་ཀི་རོ་ཀུ་ཡི་མཆན་[②]དུ། 月氏ནི་ཐོག་མར་ད་ལྟའི་ཀན་སུའུ་ཁུལ་དུ་འཚོ་སྡོད་བྱེད་པའི་བོད་རིགས་ཡིན་ཞིང་། དུས་ཕྱིས་དེ་རྣམས་ཤུང་ནུའུ་(匈奴)

① རྒྱ་ཏུ་ཚེ་རིང་དོན་གྲུབ། 《ཐང་སན་ལམ་ཡིག་གསར་བསྒྱུར་དང་ཞིབ་འཇུག་》བོད་ལྗོངས་བོད་ཡིག་དཔེ་རྙིང་དཔེ་སྐྲུན་ཁང་། ༢༠༡༨ལོ། ཤ་༧༧ནས་༧༨བར།

② 足立喜六著，何建民、张小柳译:《〈法显传〉考证》，贵州大学出版社，2014年，第78页。

དམག་གི་འཛིག་པར་གཡོལ་ཆེད་ཨེ་ཤི་ཡའི་དབུས་ཕྱོགས་སུ་གཞིས་སྤོས་ནས་རྒྱ་གར་ནུབ་བྱང་ཕྱོགས་སུ་རོའུ་ཀྲི་ཆེན་པོའི་ཡུལ་(大月氏)གསར་དུ་བཙུགས་ཞེས་འཁོད། རོའུ་ཀྲི་ཆེན་པོའི་ཡུལ་(大月氏)ནི་ཕལ་མོ་ཆེས་ཀུ་ཥཱ་ཎའི་རྒྱལ་རབས་ལ་ངོས་འཛིན་ཅིང་། དེ་ལྟར་ན་ཀྲང་ཤུན་གྱི་མཆན་དུ།① འདིར་བསྟན་རོའུ་ཀྲི་རྒྱལ་པོ་月氏王ནི་རྒྱལ་པོ་ཀ་ནིཥྐའི་གོང་དུ་བྱུང་བའི་ཀུ་ཥཱ་ཎའི་རྒྱལ་པོ་ཆེ་གེ་མོའམ་ཀུ་ཥཱ་ཎའི་རྒྱལ་རབས་མ་ཚུགས་གོང་ཨེ་ཤ་ཡ་དབུས་མར་དབང་བསྒྱུར་བའི་རོའུ་ཀྲི་ཡུལ་月氏ཀྱི་རྒྱལ་པོ་ཞིག་ལ་གོ་དགོས་ཚུལ་གསུངས། གཞན་ཡང་ཇེམ་སི་ལི་གི་(James Legee)ཡིས་མཛད་པའི་ཧྭ་ཤན་ལམ་ཡིག་དབྱིན་བསྒྱུར་དང་དེའི་མཆན་འགྲེལ་དུ། འདིར་བརྗོད་པའི་རྒྱལ་པོ་ནི་ཀ་ནིཥྐ་རང་ཡིན་ཤས་ཆེ། དེའི་རྒྱུ་མཚན་ནི་བཙུན་པ་ཧྭ་ཤན་གྱིས་རྒྱལ་པོ་ཀ་ནིཥྐའི་གཏམ་རྒྱུད་མི་འདྲ་བ་ལམ་ཡིག་ཏུ་བསྲེས་ནས་བརྗོད་པའི་དབང་གིས་ཡིན་②ཞེས་ཀྱང་གསུངས། འདིར་བོད་འགྱུར་མར་ཕྱོགས་སུ་མི་ལྷུང་བའི་ཕྱིར་ཀུ་ཥཱ་ཎའི་རྒྱལ་པོ་ཞེས་བསྒྱུར་ཁུལ་ལགས་སོ། །

[82]**ཁ་རིས་རིམ་པ་བཞི་བརྩེགས།** ལྷུང་བཟེད་དེར་ཁ་རིས་རིམ་པ་བཞི་བརྩེགས་མཆིས་པའི་རྒྱུ་མཚན་ནི་སྔོན་སྟོན་པ་སངས་རྒྱས་རྗེས་རྒྱལ་ཆེན་རིགས་བཞི་སོ་སོ་ནས་རྗོ་ལས་བྱས་པའི་ལྷུང་བཟེད་རེ་གསོལ་བ་སངས་རྒྱས་ཀྱིས་བཏང་སྙོམས་ཕྱིར་བཞི་ག་གཅིག་ཏུ་བརྩེགས་པ་ལས་དེ་ལྟར་བྱུང་བར་གྲགས་ཏེ། དེ་ཡང་ཐང་སན་ལམ་ཡིག་ལས། དེའི་དྲུང་ན་མཆོད་རྟེན་ཞིག་ཡོད་པ་ནི་རྒྱལ་ཆེན་རིགས་བཞིས་སྟོན་པར་ལྷུང་བཟེད་ཕུལ་བའི་གནས་ཡིན། དེ་ཡང་སྟོན་པས་འབྲས་ཡོས་དང་སྦྲང་རྩི་བཞེས་རྗེས་རྒྱལ་ཆེན་རིགས་བཞིས་གསེར་གྱི་ལྷུང་བཟེད་ཁུར་ཏེ་སྟོན་པར་

---

① 张巽校注:《佛国记》，中国旅游出版社，2016年，第65页。

② James Legge : A Record of Buddhiistic Kingdoms. Beings An Account By The Chinese Monk F‰-Hien, His Travels In Iindia And Celon (A.D. 399-414) . Clarendon press, 1886.P34

ཕུལ་བ་ན་རབ་ཏུ་བྱུང་བས་རིན་པོ་ཆེའི་སྣོད་སྤྱད་པ་མི་ཉུང་བར་དགོངས་ཏེ་མ་བཞེས་པས་རིམ་པར་དངུལ་དང་། ཤེལ་དང་བཻཌཱུརྻ་དང་རྡོའི་སྙིང་པོ་དང་སྤུག་དང་མུ་ཏིག་བཅས་ཀྱི་ལྷུང་བཟེད་ཕུལ་ཀྱང་ཐམས་ཅད་མ་བཞེས་སོ། །དེ་ནས་རྒྱལ་ཆེན་བཞི་པོ་ཕོ་བྲང་དུ་ཕྱིར་ལོག་ནས་རྡོའི་ལྷུང་བཟེད་མཐོན་ཐིང་དྭངས་གསལ་ཅན་ཞིག་སྣར་ཕུལ་བ་སྟོན་པས་བཏང་སྙོམས་ཕྱིར་བཞི་ག་བཞེས་ནས་གཅིག་ཏུ་བརྩེགས་པ་དེ་ཕྱི་ནས་མཇལ་ཆེ་ལྷུང་བཟེད་གཅིག་ལ་ཁ་རིས་བཞི་ཡོད་པ་ལྟ་བུར་སྣང་།[1] ཞེས་གསལ་ལོ། །

[83]སྐྱེ་ཚུང་། དེར་ལམ་ཡིག་ཕྱི་མོར་斛ཞེས་འཁོད་པ་ལ་དེ་ནི་འཇལ་བྱེད་ཀྱི་ཚད་གཞི་ཞིག་སྟེ། སྐད་ལྔ་ཤན་སྦྱར་གྱི་མཆན་འགྲེལ་ཀྱི་སྐད་གསལ་བའི་མེ་ལོང་ལས་རྒྱ་བོད་སྐད་གཉིས་ཟུར་དུ་བཀོད་པ་ཞེས་བྱ་བའི་ནང་གསེས་འདེགས་པ་དང་འཇལ་བའི་སྐོར་ལས། 斛ཡི་གོ་མཐུན་བོད་སྐད་དུ་སྐྱེ་ཚུང་ལ་བསྒྱུར་བ་[2]འདིར་དྲངས་པའོ། །

[84]དཔག་ཚད། དེར་ལམ་ཡིག་ཕྱི་མོར་由廷ཞེས་བྱུང་ཞིང་། རྒྱ་ཡིག་གཞན་དུ་由旬དང་། 逾缮那དང་། 逾阇那སོགས་བྲིས་པ་ཀུན་དཔག་ཚད་ཀྱི་ལེགས་སྦྱར་ཐ་སྙད་ཡོ་ཛ་ནཾ་ཞེས་པའི་སྒྲ་ཟུར་ཆག་པའོ། །དེར་ཐང་སན་ལམ་ཡིག་གི་བམ་པོ་གཉིས་པའི་རྒྱ་གར་སྤྱི་བཤད་དུ་逾缮那ཞེས་གསལ་ཞིང་། ཡང་དེ་ལས། གྲངས་ཚད་ཀྱི་ཐ་སྙད་ལ་དཔག་ཚད་ཅེས་ལེགས་སྦྱར་དུ་ཡོ་ཛ་ནཾ་ཞེས་འབོད་དེ་དོན་དུ་རྒྱ་གར་བ་རྣམས་ཀྱིས་སྔོན་གྱི་རྒྱལ་པོ་འཕགས་པ་རྣམས་ཀྱིས་ཉིན་གཅིག་དམག་ལ་བཞུད་པའི་བར་ཐག་གི་ཚད་ལ་དེ་ལྟར་དུ་གོ་ཞིང་དམིགས་བཀར་མེད།

[1] རྣམ་ཏ་ཚེ་རིང་དོན་གྲུབ། 《ཐང་སན་ལམ་ཡིག་གསར་བསྒྱུར་དང་ཞིབ་འཇུག་》བོད་ལྗོངས་བོད་ཡིག་དཔེ་རྙིང་དཔེ་སྐྲུན་ཁང་། ༢༠༡༨ལོ། ཤ་༢༤༥

[2] ཀུ་ཝན་དབྱིད།(古文义) མ་ཧུང་ཝུའུ།(马宏武) ཧྥིང་ཡིན་ཧྥུ་(冯迎福) བསྒྲིགས། 《སྐད་ལྔ་ཤན་སྦྱར་གྱི་མཆན་འགྲེལ་ཀྱི་སྐད་གསལ་བའི་མེ་ལོང་ལས་རྒྱ་བོད་སྐད་གཉིས་ཟུར་དུ་བཀོད་པ་》མཚོ་སྔོན་མི་རིགས་དཔེ་སྐྲུན་ཁང་། ༡༩༩༠ལོ། ཤ་༨༡༡

འོན་ཏེ་རྒྱ་ནག་པ་ཆོས་ལེ་དབར་བཞི་བཅུའི་ཚད་ལ་བརྩི་བ་དང་། རྒྱ་གར་བ་སྔྲིས་ཕྱིས་སུ་ལེ་དབར་སུམ་ཅུའི་ཚད་ལ་འཇོག །སངས་རྒྱས་ཀྱི་གཞུང་དུ་ལེ་དབར་བཅུ་དྲུག་ལ་འཇོག་ན།[1] ཞེས་གསུངས། དེ་བཞིན་ཨ་ཧྲ་ཆེ་གི་རོ་ཀུ་ཡི་མཆན་[2]དུ་དཔག་ཚད་ལ་འགྲེལ་པ་རྒྱས་པར་བཏབ་འདུག་ཅིང་། དེ་དག་བས་ཀྱང་ཞིབ་ཅིང་ཚང་ལ་གོ་བདེར་བཀྲལ་བ་ནི་དུང་དཀར་ཚིག་མཛོད་དུ་འདི་ལྟར་བྱུང་སྟེ།[3] ཇི་སྐད་དུ། གཟུགས་མཐའ་ཕྲ་རབ་རྡུལ་བདུན་རྡུལ་ཕྲན་གཅིག །དེ་བཞིན་ལྕགས་ཆུ་རི་བོང་ལུག་དང་གླང་། །ཉི་རྡུལ་སྲོ་མ་ཤིག་ནས་སོར་ཚིགས་སོར། །ཉི་ཤུ་རྩ་བཞི་ཁྲུ་གང་དེ་བཞི་ལ། །གཞུ་འདོམས་ཞེས་གྲགས་ལྔ་བརྒྱར་རྒྱང་གྲགས་གཅིག །དཔོན་པའི་ཚད་དེ་དེ་བརྒྱད་དཔག་ཚད་དོ། །ཞེས་སངས་རྒྱས་ཆོས་ལུགས་ཀྱི་མངོན་པའི་གཞུང་དང་དུས་འཁོར་གྱི་གཞུང་ནས་བཤད་པའི་རྒྱང་ཐག་རིང་ཐུང་འཇལ་བྱེད་ཀྱི་ཚད་གཞི་མཐོ་ཤོས་ཀྱི་མིང་ཡིན་ཞིང་། དཔག་ཚད་རྩི་སྟངས་ནི་ཕྲ་རབ་ཀྱི་རྡུལ་བདུན་ལ་རྡུལ་ཕྲན་གཅིག །རྡུལ་ཕྲན་བདུན་ལ་ལྕགས་རྡུལ་གཅིག །ལྕགས་རྡུལ་བདུན་ལ་ཆུ་རྡུལ་གཅིག །ཆུ་རྡུལ་བདུན་ལ་རི་བོང་གི་རྡུལ་(སྤུ་རྩེར་ཆགས་པའི་རྡུལ་)གཅིག །རི་བོང་རྡུལ་བདུན་ལ་ལུག་རྡུལ་(སྤུ་རྩེར་ཆགས་པའི་རྡུལ་)གཅིག །ལུག་རྡུལ་བདུན་ལ་གླང་རྡུལ་(སྤུ་རྩེར་ཆགས་པའི་རྡུལ་)གཅིག །གླང་རྡུལ་བདུན་ལ་ཉི་ཟེར་གྱི་རྡུལ་གཅིག །ཉི་ཟེར་གྱི་རྡུལ་བདུན་ལ་སྲོ་མ་གཅིག །སྲོ་མ་བདུན་ལ་ཤིག་གཅིག །ཤིག་བདུན་ལ་ནས་འབྲུ་གཅིག །ནས་འབྲུ་བདུན་ལ་སོར་མོ་དབུས་མའི་ཚིགས་གཅིག །སོར་ཉི་ཤུ་རྩ་བཞི་ལ་ཁྲུ་གང་། ཁྲུ་བཞི་ལ་འདོམ་གང་། གཞུ་འདོམ་

① རྨི་ཏ་ཚེ་རིང་དོན་གྲུབ། 《ཐང་སན་ལམ་ཡིག་གསར་བསྒྱུར་དང་ཞིབ་འཇུག་》བོད་ལྗོངས་བོད་ཡིག་དཔེ་རྙིང་དཔེ་སྐྲུན་ཁང་། ༢༠༡༨ལོ། ཤ་༡༦༨

② 足立喜六著，何建民、张小柳译:《〈法显传〉考证》，贵州大学出版社，2014年，第81至87页。

③ དུང་དཀར་བློ་བཟང་འཕྲིན་ལས། 《དུང་དཀར་ཚིག་མཛོད་》ཀྲུང་གོའི་བོད་རིག་པ་དཔེ་སྐྲུན་ཁང་། ༢༠༡༥ལོ། ཤ་༡༢༨༧

ལྷ་བརྒྱ་ལ་རྒྱང་གྲགས་གཅིག །གྲོང་ལས་རྒྱང་གྲགས་གཅིག་གིས་འཕགས་པ་ལ་དགོན་པ། རྒྱང་གྲགས་བརྒྱད་ལ་དཔག་ཚད་གཅིག་ཏུ་བརྩིས་པ་ཡིན་ཏེ་སྤྱིར་ན་མི་གཟུགས་ཚད་ལྡན་གྱི་ཁྲུ་གང་ལ་སྤྱི་སྐར(公分)ལྷ་བཅུ་ཐམ་པ་ཡོད། ཁྲུ་བཞི་སྟེ་སྤྱི་སྐར་ཉིས་བརྒྱ་ལ་འདོམ་གང་། འདོམ་ལྔ་བརྒྱ་སྟེ་སྤྱི་སྐར་ཆིག་འབུམ་མམ་སྤྱི་ཁྲི་ཆིག་སྟོང་སྟེ་སྤྱི་ལི་གཅིག་དང་རྒྱང་གྲགས་གཅིག་གི་ཚད་མཉམ་ཞིང་།རྒྱང་གྲགས་བརྒྱད་དམ་སྤྱི་ལི་བརྒྱད་ཀྱི་ཚད་མཉམ་པ་དེ་ལ་དཔག་ཚད་གཅིག་འབོད་པ་ཡིན། འོན་ཀྱང་《བོད་རྒྱ་ཚིག་མཛོད་ཆེན་མོ》དེབ་གཉིས་པའི་ཤོག་གྲངས་༡༨༢༢ནང་དཔག་ཚད་ཅེས་པའི་འགྲེལ་བཤད་རྒྱ་ཡིག་གི་མཇུག་ཏུ་དཔག་ཚད་གཅིག་ནི་རྒྱ་ལི་ཉི་ཤུ་རྩ་དྲུག་གི་ཚད་དང་མཉམ་ཞེས་གསལ་བ་ལྟར་བྱས་ན་རྒྱ་ལི་གཉིས་ལ་སྤྱི་ལི་གཅིག་ཡིན་ཞིང་། རྒྱ་ལི་ཉི་ཤུ་རྩ་དྲུག་ལ་སྤྱི་ལི་བཅུ་གསུམ་སྟེ་སྤྱི་ཁྲི་ཆིག་ཁྲི་སུམ་སྟོང་ཡོད། དེ་རིགས་པས་གཞལ་ན་སྤྱི་ཁྲི་ཆིག་ཁྲི་སུམ་སྟོང་ཆ་བརྒྱད་དུ་བགོས་པའི་ཆ་གཅིག་སྟེ་སྤྱི་ཁྲི་ཆིག་སྟོང་དྲུག་བརྒྱ་ཉི་ཤུ་རྩ་ལྔ་དང་རྒྱང་གྲགས་གཅིག་གི་ཚད་མཉམ་དགོས་ཤིང་། དེ་ལ་སྤྱི་ལི་གཅིག་དང་སྤྱི་ཁྲི་དྲུག་བརྒྱ་ཉི་ཤུ་རྩ་ལྔ་ཡོད་པས་དེ་རྒྱ་ལིར་ཕབ་ན་སྤྱི་ལིའི་ལྷབ་གཅིག་སྟེ་རྒྱ་ལི་སུམ་སྟོང་ཉིས་བརྒྱ་ལྔ་བཅུ་ཐམ་པ་ཡིན་ཞིང་། རྒྱ་ཁྲིར་བརྩིས་ན་སྤྱི་ཁྲིའི་གྲངས་གོང་གསལ་གྱི་ལྷབ་གསུམ་སྟེ་རྒྱ་ཁྲི་བཞི་སྟོང་བརྒྱད་བརྒྱ་བདུན་ཅུ་དོན་ལྔ་ཡོད་པ་མངོན་སུམ་དུ་གྲུབ་པས་གོང་དུ་རྒྱང་གྲགས་ཀྱི་གོ་དོན་འགྲེལ་བཤད་བྱས་པ་དེ་དང་རྒྱབ་འགལ་ཆེན་པོར་སོང་ཡོད། ཅེས་གསལ་ལོ། །

[85]ན་ག་ར་ཧ་རའི་ཡུལ། ཡུལ་དེར་ལམ་ཡིག་ཕྱི་མོར་那揭国དང་། ཐང་སན་ལམ་ཡིག་གི་བམ་པོ་གཉིས་པར་那揭罗曷国དང་། ལོའོ་ཡང་དགོན་སྡེའི་དཀར་ཆག་ཏུ་那伽罗阿国དང་། བླ་ཆེན་རྣམ་ཐར་ལས་སློབ་དཔོན་སངས་རྒྱས་བཟང་

པོའི་རྣམ་ཐར་《高僧传·佛驮跋陀罗传》དུ་那可梨城བཅས་བྱུང་ཞིང་། དེ་ཀུན་ཡུལ་དེའི་ལེགས་སྦྱར་གྱི་ཐ་སྙད་ན་ག་ར་ཧཱ་ར་རྒྱ་ཡིག་ཏུ་སྒྲ་ཟུར་ཆག་པར་སྣམ། ཡུལ་དེའི་རྗེས་ཤུལ་ད་ཕན་ཞིབ་འཇུག་པ་ཕལ་ཆེར་ཞལ་མཐུན་པར་ཨཕ་ག྄ཱ་ནི་སི་ཐན་ནན་གེ་ཧར་ཞིང་ཆེན་(楠格哈尔省)གྱི་གྲོང་ཁྱེར་ཛྷེ་བ་ཛེ་ལཱ་ལཱ་བཱ་ད་(Jelālābād/贾拉拉巴德)ཞེས་པའི་ས་ཆར་ཡོད་ཅེས་གསུངས།

[86]གྲོང་ཁྱེར་ཧཊྚ། གྲོང་དེར་ལམ་ཡིག་གྱི་མོར་醯罗城ཞེས་བྱུང་ཞིང་། དེར་ཀྲང་ཤུན་གྱི་མཆན་དུ། 醯罗ནི་Hiloསྒྲ་ཟུར་ཆག་ཅིང་། Hiloནི་ལེགས་སྦྱར་གྱི་ཧུས་པའི་སྐད་དོད་ཧཊྚ་(Haḍḍa)ཟུར་ཆག་[①]ཅེས་གསུངས་པས། དོན་དངོས་ཐོག་རྒྱ་ཡིག་གི་醯罗城ནི་ཧུས་པའི་གྲོང་ཞེས་པའི་དོན་སྟོན་ཕྱིར་འབྲེལ་བ་རྒྱུ་མཚན་དུ་བྱས་ནས་འདིར་སྟོན་པའི་དབུ་ཐོད་ཀྱི་རིང་བསྲེལ་བཞུགས་པའི་གྲོང་ཡིན་པ་ཤུགས་སུ་གོ་ནུས། ཀྲང་ཤུན་གྱི་མཆན་དེ་རང་དུ་དེའི་རྗེས་ཤུལ་དེང་ཨཕ་ག྄ཱ་ནི་སི་ཐན་གྱི་གྲོང་ཁྱེར་ཛེ་ལཱ་ལཱ་བཱ་དའི་ལྷོ་རོལ་ལེ་དབར་ལྷའི་མཚམས་ཧིཊྚའམ་ཧེའི་ད་(Hiḍḍa/Heida/Ha-da/醯达村)གྲོང་ཚོར་ཡིན་ཟེར། ཡང་ལྷེའི་ཀྲུང་གི་མཆན་ལས། ས་ཆ་དེ་ནི་གནའ་དུས་སངས་རྒྱས་ཆོས་ལུགས་ཀྱི་གནས་མཆོག་ཅིག་ཡིན་པ་ལས། དུས་རབས་༥པའི་དུས་དཀྱིལ་དུ་བཙན་པ་ཧྥ་ཤན་རྒྱ་གར་ནས་ཞལ་གྱིས་ཏེ་རིང་པོར་མ་ཐོགས་པར་དེར་ཞུང་ནུའུ་དཀར་པོའི་(白匈奴或哒哒人)དམག་གིས་གཏོར་བརླག་ཚབས་ཆེན་བཏང་སྐབས། གྲོང་ཁྱེར་དེ་ཤིན་ཏུ་ཉམས་ཉེས་པའི་གྲོང་ཚོ་ཆུང་ངུ་མི་མེད་ལུང་སྟོང་ལྟ་བུར་འགྱུར། མི་རིང་གོང་རྒྱ་རན་སིའི་གནའ་ཤུལ་རྟོགས་ཞིབ་པས་ས་ཆ་དེར་སྟོག་འདོན་བགྱིས་པས་གནའ་རྫས་དུ་མ་རྙེད་པ་རེད་[②]ཅེས་གསལ།

---

① 张巽校注:《佛国记》，中国旅游出版社，2016年，第67页。

② 杨维中注释:《佛国记》，三民书局，2004年，第54页。

[87]**སྟོན་པའི་དབྱ་ཐོད་ཀྱི་རིང་བསྲེལ།** རིང་བསྲེལ་དེའི་སྐོར་གཞན་དུ་ལོའི་ཡང་དགོན་སྡེའི་དཀར་ཆག་གི་བམ་པོ་ལྔ་པ་དང་། ཐང་སན་ལམ་ཡིག་གི་བམ་པོ་གཉིས་པ་ཟུར་གྱི་ན་ག་ར་ཧཱ་རའི་ཡུལ་དུ་གསལ།

[88]**དགེ་བསྙེན།** དགེ་བསྙེན་(Upāsaka/居士)ནི་སོ་སོ་ཐར་པ་རིས་བདུན་གྱི་ནང་གསེས། བསླབ་པ་གཞི་ལྔ་བསྲུང་བར་ཁས་ལེན་པའི་ཁྱིམ་ན་གནས་པའི་གང་ཟག་ཞིག་སྟེ། རང་ཉིད་སངས་རྒྱས་ཆོས་ལུགས་ལ་དད་པ་ཡོད་ཀྱང་རབ་བྱུང་བྱེད་པའི་ཆ་རྐྱེན་མེད་པའམ་རབ་བྱུང་གི་ཚུལ་ཁྲིམས་ཁས་ལེན་བྱེད་མི་ནུས་པའི་མིས་སྲུང་བྱ་ལྔ་སྲུང་བའི་དགེ་བསྙེན་གྱི་སྡོམ་པ་བླངས་ན་ཆོག །སྲུང་བྱ་ལྔ་ནི། སྲོག་གཅོད་པ། མ་བྱིན་པར་ལེན་པ། མི་ཆོས་བླ་མའི་བརྫུན་སྨྲ་བ། ལོག་གཡེམ་བྱེད་པ་བཅས་རྩ་བ་བཞིའི་སྟེང་དུ། ཆང་འཐུང་བ་བསྣན་པའི་སྲུང་བྱ་ཡན་ལག་ལྔ་སྲུང་བར་ཁས་ལེན་པའི་ཁྱིམ་པ་ཞིག་ཡིན། ཀློང་རྫོལ་ངག་དབང་བློ་བཟང་གི་གསུང་འབུམ་ལས། དགེ་བསྙེན་དེ་ལ་རིགས་མི་འདྲ་བ་བདུན་ཡོད་དེ། བཏགས་པ་བཞི། དངོས་གནས་པ་གསུམ་ཡོད་དེ། དང་པོ་ནི། སྐྱབས་འགྲོ་ཙམ་གྱི་དགེ་བསྙེན། རྩ་བ་བཞིའི་སྣ་གཅིག་བསྲུང་བའི་དགེ་བསྙེན། སྣ་གཉིས་བསྲུང་བ་སྣ་འགའི་དགེ་བསྙེན། སྣ་གསུམ་བསྲུང་བ་ཕལ་ཆེར་གྱི་དགེ་བསྙེན་དང་བཞིའོ། །རྩ་བ་བཞི་ཆང་དང་ལྔ་ཇི་སྲིད་འཚོའི་བར་བསྲུང་བ་ཡོངས་རྫོགས་དགེ་བསྙེན་ཏེ། མར་པ་ལོཙྪ་དང་། ས་ཆེན་ཀུན་སྙིང་ལྟ་བུའོ། །རྩ་བ་བཞི་ཆང་དང་ལྔ་སྲོང་བ་ཚངས་སྤྱོད་དགེ་བསྙེན་ཏེ། རྒྱལ་བ་འབྲོམ་དང་། སློབ་དཔོན་ཙནྡྲ་གོ་མི་ལྟ་བུའོ། །དེ་གཉིས་ཀྱི་ཁྱད་པར་ནི་སྔ་མས་ལོག་གཡེམ་སྲོང་ལ། མི་ཚངས་སྤྱོད་མ་སྤང་ཞིང་། ཕྱི་མས་དེ་གཉིས་ཀ་སྤངས་པས་ཁྱད་པར་ཕྱེད་དགོས་སོ། །[①]ཞེས་ཀྱང་གསུངས་སོ། །

① 《ཀློང་བརྫོལ་ངག་དབང་བློ་བཟང་གི་གསུང་འབུམ་》 སྟོད་ཆ། སེར་གཙུག་ནང་བསྟན་དཔེ་རྙིང་འཚོལ་བསྡུ་ཕྱོགས་སྒྲིག་ཁང་། དཔེ་ཨང་༥༥༨ ཤ་༣༤༢

[89]**སྒྲང་འདས་མཆོད་རྟེན།** སངས་རྒྱས་ཤཱཀྱ་ཐུབ་པ་སྐུ་འཚོ་བཞུགས་སྐབས་ཀྱི་མཛད་པ་ཆེ་ཁག་ལ་དམིགས་ནས་ཕྱི་རབས་རྣམས་ཀྱིས་མཆོད་རྟེན་དབྱིབས་མི་འདྲ་བ་བརྒྱད་བཞེངས་པར་ཡོངས་གྲགས་ལ་བདེ་གཤེགས་མཆོད་རྟེན་བརྒྱད་ཅེས་གྲགས་ཤིང་། དེའི་ཡ་གྱལ་འདིར་འཁོད་སྟོན་པ་སྐུ་མྱ་ངན་ལས་འདས་པའི་མཛད་པ་མཚོན་བྱེད་བཞེངས་པའི་མྱང་འདས་མཆོད་རྟེན་ནི། དུང་དཀར་ཚིག་མཛོད་ལས། སངས་རྒྱས་མྱ་ངན་ལས་འདས་པ་ན་གྲོང་ཁྱེར་རྩྭ་ཅན་པའི་གྲོང་མི་རྣམས་ཀྱིས་བཞེངས་པའི་མཆོད་རྟེན་ཏེ། དེའི་བཟོ་དབྱིབས་ནི་གདན་ཁྲིའི་སྟེང་དུ་བང་རིམ་མེད་པར་བུམ་རྟེན་པདྨ་ཡན་ཆད་ཡོད་པ་ཞིག་ཡིན། དེའི་དཔེ་རིས་ནི་རྗེ་པོ་ཏ་ལའི་གསེར་གདུང་འཛམ་གླིང་རྒྱན་གཅིག་གི་གཡས་གཡོན་དུ་ཡོད་པའི་མཆོད་རྟེན་བརྒྱད་དང་སྐུ་འབུམ་དགོན་པའི་གཤམ་གྱི་མཆོད་རྟེན་བརྒྱད་ཀྱི་ནང་དུ་གཟིགས། [1]ཞེས་བསྟན་ནོ། །

[90]**ན་ག་ར་ཧ་རའི་ལྷེ་བའི་གྲོང་།** ཀྲང་ཤུན་གྱི་མཆན་[2]ལས། གྲོང་དེའི་རྗེས་ཤུལ་ད་ལྟ་ཊེ་ལྷ་ལྷ་བ་ད་གྲོང་ཁྱེར་གྱི་ནུབ་རོལ་མི་རིང་བའི་མཚམས་སུ་ཡོད་པར་བསྟན།

[91]**སངས་རྒྱས་མར་མེ་མཛད།** དེར་ལེགས་སྦྱར་དུ་དཱི་པཾ་ཀ་ར་བྷ་ཞེང་སངས་རྒྱས་ཆོས་ལུགས་ཀྱི་ཤོད་སྲོལ་ལྟར་ན་རང་རེ་གནས་པའི་འཇིག་རྟེན་ཁམས་འདི་མ་ཆགས་གོང་གི་བསྐལ་པ་མང་པོའི་སྔོན་ལ་བྱོན་པའི་སངས་རྒྱས་ཤིག་ཡིན་པར་འདོད། སྐབས་བབ་སངས་རྒྱས་མར་མེ་མཛད་ལ་མེ་ཏོག་ཕུལ་བའི་གཏམ་རྒྱུད་དེ་ཐང་སན་ལམ་ཡིག་གི་ཡུལ་དེའི་སྐབས་སུའང་གསལ།

[92]**སྔོན་པའི་ཆེམས་གསོལ་བའི་མཆོད་རྟེན་དབུ་ཐོད་ལ་མཆོད་པའི་རྩལ་ལུགས་**

---

① དུང་དཀར་བློ་བཟང་འཕྲིན་ལས། 《དུང་དཀར་ཚིག་མཛོད་》ཀྲུང་གོའི་བོད་རིག་པ་དཔེ་སྐྲུན་ཁང་། ༢༠༡༥ལོ། ཤ་༡༤༨༥

② 张巽校注:《佛国记》，中国旅游出版社，2016年，第68页。

ཛི་ལྷ་བ་བཞིན་བཞུགས། བཙུན་པ་ཛྷ་ཤན་ཡུལ་དེར་ཕྱིན་པའི་དུས་སུ་སྟོན་པའི་ཚེམས་མངོན་སུམ་མཇལ་དུ་ཡོད་ཀྱང་དུས་ཕྱིས་ཐང་སན་བླ་མ་ཕེབས་འབྱོར་བྱུང་བའི་སྐབས། ཚེམས་གསོལ་བའི་མཆོད་རྟེན་ཞིག་ནས་རྨང་ཙམ་ལས་མི་སྣང་ཞིང་། ཚེམས་དེ་བས་རིག་རྒྱུ་མེད་པའི་སྐོར་གསུངས་ཡོད།

[93]**ཙནྡན་གོ་ཤཱིརྵ།** དེ་ཡང་མངོན་བརྗོད་འཆི་མེད་མཛོད་ཀྱི་རྒྱ་ཆེར་འགྲེལ་པ་འདོད་འཇོའི་བ་མོ་ལས། ཙན་དན་དཀར་པོ་ལ་མིང་གསུམ་བྱུང་སྟེ། ཏཻ་ལ་པརྞི་ཀ། ཏཻལ་མར་འདབ་ཅན་ཞེས་པའི་ཙནྡ་རི་མོ་མ་ལ་ཡའི་ཕྱོག་[ཕྱོགས་]གཅིག་ནས་བྱུང་བའོ། །གོ་ཤཱི་རྵ། ས་མཆོག་གམ། བ་ལང་གོ་ཞེས་བྱ་སྟེ། བ་ལང་དོག་པའི་རྣམ་པ་ཅན། མ་ལ་ཡའི་ཕྱོགས་སུ་སྐྱེ་བའོ། །ཧ་རི་ཙནྡ། ཞེས་པ་ལ། ཧ་རི་སྤྲལ་པ་སྟེ། དེའི་དབྱིབས་ཅན་གྱི་རི་བོ་ཞིག་ལས་སྐྱེས་པས་ཧ་རི་ཙ་ན་[ཙནྡན་]ཞེས་བྱའོ། །[1]ཞེས་བྱུང་བ་ལས་འདིར་བསྟན་ཙནྡན་གོ་ཤཱིརྵ་ལ་མིང་གཞན་དུ་བ་ལང་གོ་ཡང་བྱ་བས་ལམ་ཡིག་ཕྱི་མོར་ཡང་དེའི་རྒྱ་ཡིག་ཐ་སྙད་ལ་牛头旃檀ཞེས་གསལ། འཆི་མེད་མཛོད་ཀྱི་འགྲེལ་པར་ཙནྡན་དེ་ཉིད་ཙནྡན་དཀར་པོར་རིགས་གསུམ་ཡོད་པའི་ཡ་གྱལ་དུ་དྲངས་ཤིང་སྐྱེས་ཡུལ་རི་བོ་མ་ལ་ཡའི་ཕྱོགས་སུ་ཡིན་ཞེས་པའི་མ་ལ་ཡ་ནི་ཐང་སན་ལམ་ཡིག་གི་བམ་པོ་བཅུ་པར་བསྟན་པའི་རྒྱ་གར་ལྷོ་ཕྱོགས་ཀྱི་མ་ལ་ཀུ་ཊའི་ཡུལ་དུ་བྱུང་ཞིང་། རི་བོ་དེར་རྒྱ་ཡིག་ལ་ལེགས་སྦྱར་གྱི་ཟུར་ཆག་ཐ་སྙད་秣剌耶山ཅེས་འབོད། ཅིད་ཤན་ལིན་གྱིས་མཛད་པའི་ཐང་སན་ལམ་ཡིག་གི་མཆན་དུ། མ་ལ་ཡ་ནི་རྒྱ་གར་ལྷོ་ཕྱོགས་ཀྱི་ཁར་ད་མོན་(Cardamon/卡尔达蒙)རི་རྒྱུད་ལ་གོ་བ་དང་། ཁ་ཅིག་གིས་རི་རྒྱུད་དེ་ནི་སྐྱེས་རབས་ཀྱི་མདོར་《本生经》

① རབ་འབྱོར་ཟླ་བས་མཛད། ཡར་ལོ་སོགས་ཀྱིས་བསྒྱུར། ཁྲུང་བདག་གིས་དག་སྒྲིག་ཞུས། 《མངོན་བརྗོད་འཆི་མེད་མཛོད་ཀྱི་རྒྱ་ཆེར་འགྲེལ་པ་འདོད་འཇོའི་བ་མོ་》བོད་ལྗོངས་མི་དམངས་དཔེ་སྐྲུན་ཁང་། ༢༠༡༢ལོ། ཤ་༡༥༢

བསྟན་པའི་ཙནྡ་ཀ་(Candaka/旃陀迦)ཞེས་པའི་རི་བོར་འདོད་ཅིང་། ཐང་གུར་གྱི་ཧྭ་ཤང་ཧུད་ལིང་(慧琳)གིས་མཛད་པའི་ཆོས་རྣམས་ཀྱི་སྒྲ་དོན་《一切经音义》ནམ་ཡོངས་གྲགས་ལ་ཧུད་ལིང་སྒྲ་དོན་《慧琳音义》དུ་འབོད་པར། རི་བོ་མ་ལ་ཡ་ནི་རྒྱ་གར་ལྷོ་ཕྱོགས་སུ་ཡོད་ཅིང་། དེར་དྲི་ཞིམ་ཙནྡན་དཀར་པོ་མང་དུ་སྐྱེ་བས་རི་དེར་ཞུགས་རིགས་ལ་སྨན་ཙནྡན་གྱིས་དྲི་ངན་དག་གོ་ཟེར་རོ། །① ཞེས་གསལ། ལར་རང་རེའི་མཁས་པ་སྔ་མ་རྣམས་ཀྱིས་མཛད་པའི་སྨན་ཚིག་དུ་མར་ཡང་མ་ལ་ཡའི་རླུང་ཞེས་པ་ཤིན་ཏུ་དྲི་བཟང་ཅན་དུ་བྱེད་པའང་གོང་ལས་དང་གིས་ཤེས།

[94]འཁར་གསིལ། འཁར་གསིལ་(Khakkharam/锡杖)ནི་རབ་བྱུང་ལ་གནོད་འཚེ་བསྲུང་བའི་ཕྱིར་དུ་སྟོན་པས་གནང་བའི་སིལ་སྙན་བཅུ་གཉིས་དང་ལྡན་པའི་འཁར་བ་རྒྱུ་ལྕགས་དང་། ཤིང་གཉིས་ལས་གྲུབ་པ་རིམ་པ་གསུམ་བྲིང་ཆགས་སུ་ཡོད་པའི་སྟོད་སྨད་གཉིས་ལྕགས་དང་། བར་མ་ཤིང་ཡིན་ལ། སྟོད་སྨད་ཀྱི་ལྕགས་བརྒྱུད་བཞོག་བྱས་ཤིང་། འོག་མ་ལ་རྒྱ་མདུད་ཡོད་པ། དུམ་བུ་སྟེང་མ་ལ་འཁོར་ལོ་དང་ལྕགས་ཀྱུ་ཡོད་ཅིང་། རྩ་བཞིའམ། གཉིས་སུ་ངེས་པ། དེ་ལ་སིལ་སྙན་བཅུ་གཉིས། སྟེང་དང་ནང་ལ་མཆོད་རྟེན་ཡོད་པ། རྩའི་བར་སྟོང་པ། རྩའི་དཔང་མཐོ་གང་སོར་བཞི་དང་རྩ་མན་ཆད་ལུས་ཚད་དང་མཉམ་ཞེས་སྨོན་ལམ་ཚིག་མཛོད་དུ་གསལ།

[95]སྣམ་སྦྱར། སྣམ་སྦྱར་(Saṅghāṭī/僧伽梨/僧伽胝)ནི་འཚོ་བའི་ཡོ་བྱད་བཅུ་གསུམ་གྱི་ནང་གསེས། ཆོས་གོས་རྣམ་གསུམ་གྱི་ཡ་གྱལ། དགེ་སློང་ཕོ་ནས་རྟེན་ལ། ཕྱག་འཚལ་ཞིང་བསོད་སྙོམས་ལ་རྒྱུ་བ། ཆོས་འཆད་ཉན་དང་ལས་ཆོག་ལ་འདུས་པའི་སྐབས་སུ་གྱོན་པའི་སྟོད་གོས་སེར་པོ་ཞིག་སྟེ་དེ་ལའང་ནང་གསེས་སུ། སྣམ་

① 季羡林校注:《大唐西域记》，中华书局，2012年，第860页。

ཕྲན་དགུ་མ། བཅུ་གཅིག་མ། བཅུ་གསུམ་མ་གསུམ་ནི་གླིགས་བུ་ཕྱེད་དང་གསུམ་ཅན་ཏེ་ཐ་མ་སྐོར་གསུམ་དང་། བཅོ་ལྔ། བཅུ་བདུན། བཅུ་དགུ་གསུམ་ནི་གླིགས་བུ་ཕྱེད་དང་བཞི་ཅན་ཏེ་འབྲིང་སྐོར་གསུམ་དང་། ཉེར་གཅིག་ཉེར་གསུམ། ཉེར་ལྔ་གསུམ་ནི་གླིགས་བུ་ཕྱེད་དང་ལྔ་ཅན་ཏེ་རབ་སྐོར་གསུམ་བཅས་ཡོད་དོ། ཚད་ནི་རབ་སྐོར་གསུམ་ཞེང་དུ་ཁྲུ་གསུམ་དང་སྲིད་དུ་ཁྲུ་ལྔ། ཆུང་སྐོར་གསུམ་དེ་ལས་ཁྲུ་ཕྱེད་ཕྱེད་ཕྲི་བ། འབྲིང་གསུམ་དེ་གཉིས་ཀྱི་བར་རོ་ཞེས་སྨོན་ལམ་ཚིག་མཛོད་དུ་གསལ། དེ་ཡང་ཆོས་གོས་རྣམ་གསུམ་ནི་བླ་གོས་(ཨུཏྟ་ར་སཾ་གཿ/Uttarāsṅgaḥ/嗢呾羅僧伽/上衣)དང་། མཐང་གོས་(ཨནྟརྦ་སཿ/Antarvāsaḥ/安呾婆娑/下衣)དང་། སྣམ་སྦྱར་(སཾ་གྷཱ་ཊི་/Saḥghāṭī/僧伽胝/僧伽梨/袈裟)གསུམ་ཡིན་ཞིང་། བླ་གོས་ནི་དགེ་ཚུལ་སློང་གཉིས་ཀས་ཉིན་མོར་བགོ་བའི་སྟོད་གོས་སེར་པོ་ཞིག་སྟེ། སྣམ་ཕྲན་བདུན་དང་། གླིགས་བུ་ཕྱེད་དང་གསུམ་པ། ཚད་སྣམ་སྦྱར་དང་འདྲ་ལ་དེང་སང་ཡོངས་གྲགས་སུ་ཆོས་གོས་ཞེས་བརྗོད། མཐང་གོས་ནི་སྣམ་ཕྲན་ལྔ་དང་གླིགས་བུ་ཕྱེད་དང་གཉིས་པ། ཚད་ཞེང་དུ་ཁྲུ་དོ་དང་སྲིད་དུ་ཁྲུ་ལྔའམ་བཞི། ཐ་མ་ལྟེ་བ་མན་ཆད་པུས་མོ་ཡན་ཆད་དེ་འཁོར་གསུམ་ཁེབས་པའི་ཚད་ཀྱང་རུང་ལ། ལུས་སྦོམ་པས་མི་ཡོགས་ན་རལ་ཁ་དཔུང་ཆད་བསྟན་ཀྱང་རུང་བའི་སྨད་གོས་ཞིག་ཡིན་པ་ལ་བོད་དུ་ཡོངས་གྲགས་སུ་ཤམ་ཐབས་ཞེས་བྱའོ། །

[96]སྐུའི་གྲིབ་བརྙན། སྟོན་པའི་གྲིབ་བརྙན་ཕུག་པ་དེའི་སྐོར་གཞན་དུ་ལོའོ་ཡང་དགོན་སྡེའི་དཀར་ཆག་གི་བམ་པོ་ལྔ་པ་དང་། ཐང་སན་ལམ་ཡིག་གི་བམ་པོ་གཉིས་པའི་ན་ག་ར་ཧཱ་རའི་ཡུལ་གྱི་བྲག་སྟེང་གི་སྟོན་པའི་སྐུའི་གྲིབ་བརྙན་ཕུག་པ་ཞེས་པར་གསལ་ཞིང་། ཁྱི་མར་ཧྥ་ཤན་ལམ་ཡིག་ལ་མ་འཁོད་པའི་གྲིབ་བརྙན་བྱུང་ཚུལ་གྱི་ལོ་རྒྱུས་ཞིབ་པར་གསལ་བ་འདི་བཞིན་ནོ། །དེའི་ལོ་རྒྱུས་ནི་

སྔོན་སྟོན་པ་འཚོ་ཞིང་གཞེས་པའི་ཚེ་ན་ཀླུ་གོ་པཱ་ལ་དེ་ཉིད་བ་རྫི་ཞིག་གི་ལུས་སུ་བླངས་ནས་རྒྱལ་པོར་འོ་ཞོ་དྭངས་མ་ཉིན་རེ་བཞིན་རྒྱུན་ཆགས་སུ་ཕུལ་བ་ལས། ལན་གཅིག་འོ་ཞོ་ཚད་མི་ལོངས་པས་རྒྱལ་པོས་ཆད་པ་དྲག་པོ་བཅད། དེས་ན་ཁོ་རབ་ཏུ་ཁྲོས་ཏེ་གཡང་གཟར་བྲག་རིའི་རྩེ་མོར་འཛེགས་ནས་བདག་སང་ཕོད་རྒྱལ་པོའི་སྲོག་འཕྲོག་མཁན་གྱི་ཀླུ་སྲིན་གདུག་པ་ཅན་ཞིག་ཏུ་སྐྱེ་བར་ཤོག་ཅེས་སྨོན་ལམ་ངན་པ་བཏབ་པ་དང་ཅིག་ཅར་དུ་རང་སྲོག་ལྷེབས་སོ། །ཕྱིས་སུ་ལས་འབྲས་ཀྱི་རྣམ་སྨིན་མངོན་དུ་གྱུར་ནས་དངོས་སུ་རྒྱལ་པོ་གསོད་པར་བརྩམས་པའི་ཚེ། སྟོན་པས་ཡུལ་དེའི་འབངས་ཀྱི་སྲོག་ཀླུ་སྲིན་གྱིས་འཕྲོག་པར་དགོངས་ནས་རྒྱ་གར་དབུས་ནས་ཀླུ་རྒྱལ་ག་ལ་བ་དེར་བྱོན་པ་དང་། ཀླུའི་རྒྱལ་པོས་སྟོན་པ་མཇལ་མ་ཉིད་དུ་སངས་རྒྱས་ཀྱི་སྐུ་གསུང་ཐུགས་ཀྱི་ཡོན་ཏན་ལ་དད་པའི་སྤུ་ལོང་རབ་ཏུ་གཡོས་ཏེ་དེ་མུར་ཕྱག་བགྱིས་ནས་སྲོག་གཅོད་སྤང་བའི་སྡོམ་པ་བླངས་ཏེ་ཆོས་སྲུང་རྒྱུའི་དམ་བཅའ་བཞག །སླར་སངས་རྒྱས་ལ་རང་གནས་སུ་རྒྱུན་དུ་གཤེགས་པར་འཚལ། ཁོ་བོས་མགོན་ཁྱེད་ཀྱི་སློབ་མར་ཞབས་ཏོག་བསྒྲུབས་ངེས་སོ་ཞེས་ཞུ་བ་ནན་གྱིས་ཕུལ་བ་ལ་སངས་རྒྱས་ཀྱིས་བདག་འཚང་རྒྱ་ཡི་ངའི་གྲིབ་མ་ཁྱེད་ཀྱི་སར་སྡོད་དེ་དགྲ་བཅོམ་པ་ལྔ་ཡང་ཐོང་། ཞབས་ཏོག་ལེགས་པར་གྱིས་ཤིག །ཁྱོད་ང་རྒྱལ་གྱིས་བསླུས་ནས་མི་དགེ་བའི་ལས་བརྩམས་པའི་ཚེ་ནའང་ང་མཐོང་བ་ཙམ་གྱིས་ཞི་བར་གྱུར། བསྐལ་པ་བཟང་པོ་འདིའི་མ་འོངས་པའི་སངས་རྒྱས་རྣམས་ཀྱིས་ཀྱང་ཁྱོད་ལ་བྱིན་གྱིས་བརླབས་ཏེ་སྐུའི་གྲིབ་མ་ཕུག་པའི་རྩར་གནས་བཅས་སོ་ཞེས་བཀའ་བསྩལ་ལོ། །[1]

[97]**མཆན་དཔེ།** སངས་རྒྱས་ཀྱི་སྐུ་ལུས་ལ་མངའ་བའི་མཚན་དཔེའི་ཡོན་

① རྨེ་ཏུ་ཚེ་རིང་དོན་གྲུབ། 《ཐང་སན་ལམ་ཡིག་གསར་བསྒྱུར་དང་ཞིབ་འཇུག》བོད་ལྗོངས་བོད་ཡིག་དཔེ་སྙིང་དཔེ་སྐྲུན་ཁང་། ༢༠༡༨ལོ། ཤ་༧༢

ཏན་ལ་མཚན་མ་བཟང་པོ་ཕྱག་དང་། ཞབས་མཐིལ་ལ་འཁོར་ལོའི་རི་མོ་གསལ་བ་སོགས་སུམ་ཅུ་སོ་གཉིས་དང་། ཕྱག་དང་ཞབས་ཀྱི་སེན་མོ་ཟངས་ཀྱི་མདོག་ལྟར་དམར་བ་ལ་སོགས་པའི་དཔེ་བྱད་བཟང་པོ་བརྒྱད་ཅུ་ཡོད་པ་དེ་དག་ལ་ཟེར་ཞིང་། ཞིབ་པར་མཁྱེན་འདོད་ན་འཕགས་པ་བྱམས་པས་མཛད་པའི་ཕར་ཕྱིན་མངོན་རྟོགས་རྒྱན་གྱི་སྐབས་བརྒྱད་པ་དང་། རྒྱ་བོད་པཎ་གྲུབ་དུ་མས་མཛད་པའི་དེའི་འགྲེལ་པར་གཟིགས་འཚལ།

[98]**བསྐལ་བཟང་སངས་རྒྱས་སྟོང་།** བསྐལ་པ་བཟང་པོའི་དུས་འདིར་བྱོན་དང་འབྱོན་བཞིན་པའི་སངས་རྒྱས་ཏེ། རྣམ་འདྲེན་དང་པོ་འཁོར་བ་འཇིག་ནས་རྣམ་འདྲེན་མོས་པའི་བར་གྱི་སངས་རྒྱས་སྟོང་ལ་བསྐལ་བཟང་སངས་རྒྱས་སྟོང་ཞེས་བྱའོ། །

[99]**རང་སངས་རྒྱས།** རང་སངས་རྒྱས་(Pratyekabuddha/辟支佛/独觉)ནི་སྲིད་པ་ཐ་མའི་ཚེ་སློབ་དཔོན་ལ་མ་ལྟོས་པར་རྟེན་ཅིང་འབྲེལ་བར་འབྱུང་བའི་ཆོས་ཉིད་བརྟགས་ནས་གང་ཟག་གི་བདག་མེད་དང་། ཆོས་ཀྱི་བདག་མེད་ཕྱེད་ཙམ་རྟོགས་ཏེ་རང་བྱང་ཆུབ་མངོན་དུ་བརྙེས་པའི་དགྲ་བཅོམ་པར་ཟེར། མིང་གི་རྣམ་གྲངས་ལ་རྐྱེན་གཅིག་རྟོགས་དང་། ཉེ་ཚེའི་སངས་རྒྱས། རྟེན་འབྲེལ་སྒོམ། རང་རྒྱལ་སངས་རྒྱས། རང་བྱང་ཆུབ། རང་ཞི་དོན་གཉེར། སངས་རྒྱས་འབྲིང་པོ། བསེ་རུའི་རྒྱལ་བ་སོགས་ཡོད།

[100]**གངས་རི་ཆུང་ངུ།** གྲང་ཤུན་དང་། ཨ་ཧྲ་ཆི་གི་ར་ཀུ་དང་། ཕུའུ་ཡུས་ཀུད་སོགས་ཀྱིས་ཞལ་གཅིག་གྲགས་སུ་གངས་རི་དེ་ནི་ད་ལྟའི་ཨབ་ཧྥ་ནི་སི་ཐན་གྱི་གྲོང་ཁྱེར་ལྟེ་བ་ཛེ་ལཱ་ལཱ་བཱ་དའི་ལྷོ་ཕྱོགས་ཀྱི་སེ་ཧྥེ་དེ་ཁེ་(Safed Koh/塞费德科山脉)བྱ་བའི་རི་རྒྱུད་དེ་ཡིན་ཞེས་གསུངས།

[101]**ལོ་ཧ་ནིའི་ཡུལ།** ཀྲང་ཡུན་གྱི་མཆན་[1]ལས་བསྟན་པ་ལྟར་ན། ཨབ་ཧྥ་ནི་སི་ཐན་གྱི་ཤར་རྒྱུད་སོ་ལི་མ་ནི་རི་ཚོགས་(Solimāni hills/苏来曼诸山)ནས་ཆུ་བོ་སིནྡྷུའི་བར་གྱི་མི་སྡེ་རྣམས་ལ་སྤྱི་མིང་དུ་ལོ་ཧ་ནིའི་མི་(Lohanis/罗哈尼人)ཞེས་བྱ་ཞིང་། དེ་ནི་སྔོན་རྒྱ་གར་གྱི་ས་ཁམས་ཞིབ་འཇུག་པས་འབོད་པའི་ལོ་ཧ་(Loha’s)དང་། ཧྥ་ཤན་ལམ་ཡིག་ཏུ་བྱུང་བའི་ལོ་ཧ་(罗夷)ཡི་མི་རྣམས་ལ་ཟེར། མདོར་ན་བཙུན་པ་ཧྥ་ཤན་གངས་རི་ཆུང་དུ་བརྒྱལ་བའི་མཇུག་ཏུ་གངས་རིའི་ལྷོ་ཕྱོགས་ལོ་ཧ་ནིའི་མི་སྡོད་སའི་ཁུལ་དུ་ཕེབས་འབྱོར་བྱུང་བས་ལམ་ཡིག་ཕྱི་མོར་ལོ་ཧ་ནིའི་ཡུལ་(罗夷国)ཞེས་གསུངས་པའོ། །

[102]**དབྱར་གནས་ལ་བཞུགས།** ཞིབ་འཇུག་པ་རྣམས་ཀྱིས་ཞལ་གཅིག་གྲགས་སུ་དབྱར་གནས་འདི་བཞིན་བཙུན་པ་ཧྥ་ཤན་ནུབ་ཡུལ་ལ་ཞབས་སོར་འཁོད་པའི་ལོ་ལྔ་པ་སྟེ་སྤྱི་ལོ་༤༠༢ལ་བཞུགས་པར་འདོད་དོ། །

[103]**བནྣུའི་ཡུལ།** ཡུལ་དེར་ལམ་ཡིག་ཕྱི་མོར་跋那国དང་། ཐང་སན་ལམ་ཡིག་གི་བམ་པོ་བཅུ་གཅིག་པར་伐剌拏国ཟེར། རྫིང་ཁྲིང་ཙུན་གྱི་ནུབ་ཡུལ་ས་མིང་ཤོག་ངོས་༧༠༢དང་། ཅིད་ཤན་ལིན་གྱི་ཐང་སན་ལམ་ཡིག་མཆན་[2]དང་། ཡང་ཝེའི་ཀྲུང་གི་མཆན།[3] ཝུའུ་ཡུས་ཀུད་ཀྱི་མཆན་[4]བཅས་ལ་ཡུལ་དེའི་རྗེས་ཤུལ་དེང་གི་པ་ཀི་སི་ཐན་བྱང་ཕྱོགས་ཀྱི་བནྣུ་(Bannu/邦努)བྱ་བའི་ས་ཆར་ཡིན་པར་འདོད། འོན་ཏེ་ཀྲང་ཡུན་གྱི་མཆན་[5]དུ་སྤྱིར་ཡུལ་དེའི་རྗེས་ཤུལ་གུ་མལ་ཆུ་བོའི་(Gūmal R./古马耳河)རྫིང་སར་ཡོད་པས་གོང་དུ་བརྗོད་པའི་བནྣུ་བྱ་བའི་ས་ཆའི་ཙུང་

① 张巽校注:《佛国记》,中国旅游出版社,2016年,第71页。

② 季羡林校注:《大唐西域记》,中华书局,2012年,第949页。

③ 杨维中注释:《佛国记》,三民书局,2004年,第66页。

④ 吴玉贵释译:《佛国记》,东方出版社,2018年,第123页。

⑤ 张巽校注:《佛国记》,中国旅游出版社,2016年,第72页。

ཟད་ལྷོ་རོལ་དུ་གདའ་ཞེས་བསྟན་ནོ། །

[104]**པཉྫབ་ཀྱི་ཡུལ།** ཡུལ་དེར་ལམ་ཡིག་ཕྱི་མོར་毗荼国བྱ་བ་ལ་ཡང་ལྟེའི་ཀྱུང་གི་མཚན་[1]ལས། དབྱིན་ཇིའི་མཁས་པ་བེ་ཨལ་(Smauel Beal)གྱིས་ཞིབ་འཇུག་གནང་བར་གཞིགས་སོ། ཡུལ་དེའི་རྗེས་ཤུལ་ཐད་དོགས་པ་གཉིས་ཡོད་དེ། གཅིག་ནི་毗荼ཞེས་པ་དེ་ཕལ་ཆེར་ལེགས་སྦྱར་གྱི་ཐ་སྙད་པཉྩ་ན་ད་ཡི་སྒྲ་ཟུར་ཆག་གཤིས། ཐོག་མའི་དོན་ནི་ཆུ་བོ་ལྔའི་ཁུལ་དུ་གོ་ཞིང་སྤྱིར་བཏང་དུ་པཉྫབ་(旁遮普)ལ་ངོས་འཛིན་པས་དེའི་ས་ཆ་གཙོ་བོ་ཤས་ཆེ་དེང་གི་པ་ཀི་སི་ཐན་གྱི་བྱང་ཤར་ཕྱོགས་དང་། ཆ་ཤས་རྒྱ་གར་བྱང་ཕྱོགས་ཀྱི་མངའ་ཁོངས་སུ་ཡོད། གཞན་ཞིག་ནི་毗荼ཕལ་ཆེར་ཆུ་བོ་ཛེ་ལམ་(Jhelam River)མཐར་ཆགས་པའི་བྷི་ཌ་གྲོང་(Bhiḍa/毗达城)ཞེས་པའི་ལེགས་སྦྱར་སྒྲ་ཟུར་ཆག་ཅིང་། གྲོང་དེ་ནི་དུས་ཤིག་རིང་པཉྫབ་ཁུལ་དུ་བྱུང་བའི་བྲམ་ཟེའི་རིགས་ཀྱི་རྒྱལ་པོ་ཁ་ཅིག་གི་ལྟེ་བའི་གྲོང་ཡིན། དེ་ནི་བནྣུ་(Bannu/邦努)དང་། མ་ཐུ་རཱའི་(Mathurā/摩头罗)ས་ཆ་གཉིས་པོའི་བར་གྱི་འགྲོ་ལམ་དུ་ཆགས་ཞེས་གསལ།

[105]**བཅོམ་བརླག་གི་ཡུལ།** ཡུལ་དེར་ལམ་ཡིག་ཕྱི་མོར་摩头罗国དང་། ཐང་སན་ལམ་ཡིག་གི་བམ་པོ་བཞི་པར་秣兔罗国ཞེས་གསལ་བ་གཉིས་ཀ་ལེགས་སྦྱར་ཐ་སྙད་མ་ཐུ་རཱ་ཞེས་པའི་སྒྲ་ཟུར་ཆག་པའོ། །རང་རེའི་སྤུ་རྒྱལ་བཙན་པོ་རབས་གསུམ་རིང་བསྒྲིགས་ཤིང་གཏན་ལ་ཕབ་ཅིང་། བྱ་ཆུང་ཚེ་རིང་ལགས་ཀྱིས་བསྒྱུར་སྒྲིག་ཞུས་པའི་སྒྲ་བྱེ་བྲག་རྟོགས་བྱེད་ཆེ་མོ་སྐད་བཞི་ཤན་སྦྱར་དུ། མ་ཐུ་རཱ་ཞེས་བཅོམ་བརླག་[2]ཏུ་བསྒྱུར་བར་སྣང་བས་འདིར་དེ་བཞིན་སྤྱད་པ་ལགས།

---

① 杨维中注释:《佛国记》，三民书局，2004年，第66页。

② བྱ་ཆུང་ཚེ་རིང་གིས་བསྒྱུར་སྒྲིག་ཞུས། 《སྒྲ་བྱེ་བྲག་རྟོགས་བྱེད་ཆེན་མོ་སྐད་བཞི་ཤན་སྦྱར་མ་》 བོད་ལྗོངས་མི་དམངས་དཔེ་སྐྲུན་ཁང་། ༢༠༡༥ལོ། ཤ་༣༢༨

ཡོངས་གྲགས་མ་ཐྲུ་ནི་སྲོང་རྗེ་དང་མ་ཐྲུ་ར་ནི་མངར་མོར་གོ་བས་མ་ཐྲུ་དང་མ་ཐུ་གཉིས་གཅིག་ཏུ་སེམས་ནས་ཅིད་ཤན་ལིན་གྱི་ཐང་སན་ལམ་ཡིག་མཚན་[1]དུ། མ་ཐུ་ར་ནི་སྲོང་རྗེ་བཟང་པོ་དང་། གཞན་རྨ་བྱའི་དོན་ལ་གོ་བར་ཡང་གསུངས། ཀྱང་ཤུན་གྱི་མཚན་[2]དུ་ཡུལ་དེའི་རྗེས་ཤུལ་དེང་རྒྱ་གར་བྱང་ཕྱོགས་མངའ་སྡེའི་(Uttar Pradesh/北方邦)མུ་ཏྲ་(Muttra/马土腊)ས་ཆའི་ལྷོ་ནུབ་ལེ་དབར་ལྔ་ཡི་མཚམས་མ་ཧོ་ལི་(Maholi/马霍里)ཞེས་པར་གདའ་ཞེས་བྱའོ། །གཞན་ཡང་གོང་དུ་སྨོས་པའི་ཅིད་ཤན་ལིན་གྱི་མཚན་ལྟར་ན། ཡུལ་དེའི་རྗེས་ཤུལ་ཆུ་བོ་ཡ་མུ་ནའི་ནུབ་ངོགས་སུ་མཆིས་ཤིང་། དེའི་གྲོང་མཁར་ཉེ་བའི་ཤུལ་ཀཾ་ཤཱ་སྦྱིའི་ནུབ་བྱང་དབྱིང་ལི་༢༧༧གྱི་སར་ཡོད་ཅེས་གསུངས་པ་ལྟར། རང་རེའི་མཁས་དབང་དགེ་ཆོས་ཀྱི་གསེར་ཐང་དུ་འང་འདི་བཞིན་བྱུང་སྟེ། དེ་ནས་བཙོམ་བརྣག་ཏུ་སླེབས། ཀོ་ཤམྦྷི་ནུབ་བྱང་ཕྱོགས་ཀྱི་ཡ་མུ་ནའི་ཆུ་འགྲམ་ལྷོ་ངོས་སུ་ཆགས། ཡུལ་དེ་ཡང་ཐང་འབབ་ཞིག་གནས། བྱང་དུ་དཔག་ཚད་བརྒྱ་ཙམ་སོང་ན་རི་ཕྲག་ཞིག་གི་ངོས་སུ་གཙུག་ལག་ཁང་ཞིག་རོ་མང་དུ་ཡོད་པ། རི་སྤྱོམ་ཆེ་བྱ་བ་ཤ་ནའི་གོས་ཅན་གྱི་བཞུགས་གནས་དེ་ཡིན་པར་ངེས། གཞན་ཕྱོགས་དེར་རི་ཡེ་མེད་ཟེར། གྲོང་ཁྱེར་ཤར་ནུབ་ཏུ་མཆུར་རིང་བ་རྒྱུད་ནས་བལྟས་ཚེ་སྣང་ཞིག་གི་སྟེང་དུ་ཆགས་པ་ལྟར་སྣང་། དབུས་སུ་ཚོང་ཁང་དང་བཅས་པའི་སྲང་ལམ་རིང་མོ་ཞིག་ལ་མཐིལ་དུ་གནའ་དུས་ཀྱི་རྫོ་གཅལ་ད་དུང་གནས་པ་ཞིག་འདུག །གྲོང་གི་ཤར་དུ་རྫོ་དམར་སྐྱ་ལས་གྲུབ་པའི་རྒྱལ་སྒོ་ཆེན་པོ་མར་ཐག་ལྷ་བུའི་མེ་ཏོག་གི་སྐོར་རིས་གཡོགས་པ་བཞིན་སྣང་། གཞན་རྫོ་ལས་བྱས་པའི་གནའ་དུས་ཀྱི་ཁང་བརྩེགས་སྒོ་རྒྱན་སོགས་ཆེས་ངོ་མཚར་བ་མང་། གྲོང་མི་འབུམ་གཅིག་དང་ཁྱིད་ལྷག་པ་ཙམ་སྡོད།

① 季羡林校注:《大唐西域记》, 中华书局, 2012年, 第379页。

② 张巽校注:《佛国记》, 中国旅游出版社, 2016年, 第73页。

མུ་སྟེགས་རྣམས་ཀྱི་གནས་ཆེན་གཙོ་བོ་ཞིག་ཡིན་ཞིང་། ཁྲབ་འཇུག་གི་འཇུག་པ་བདུན་པ། ཀྲིཥྞ་ན་མ་ནག་པོ་སྐྱེས་པའི་ཡུལ་ཡང་གྲོང་འདི་ཡིན་པར་གྲགས། ལྷ་ཁང་རྙིང་མ་ཞིག་གི་འཁྲུམ་གྱི་གནམ་རྒྱན་ལ་གཟུགས་བརྙན་གྲངས་མེད་པ་ཞིག་བྲིས་སྣང་སྟེ། དེར་རིག་བྱེད་བཞིའི་ལྷ་སྣ་ཚོགས་ཐམས་ཅད་ཚང་ཡོད་ཟེར། གྲོང་ཁྱེར་འདི་ལ་ཀླ་ཀློའི་འཇིགས་པ་ཤིན་ཏུ་ཆེ་བར་བྱུང་ཡང་། ད་ལྟའི་བར་སྔོན་གྱི་ས་མལ་དེ་ལ་འཇགས་ནས་མ་འཇིགས་པར་གནས། མིང་ལ་ཡང་མ་ཐུ་ར་སྟེ་བཅོམ་བརླག་ཉིད་དུ་འབོད།① ཞེས་སོགས་གཟིགས་སྣང་མང་དུ་ཡི་གེར་བཀོད་ཡོད། འདིར་ཐྲ་ཤན་ལམ་ཡིག་གི་བཅོམ་བརླག་ཡུལ་དུ་མ་འཁོད་པ་འཕགས་པ་ཉེར་སྦས་ཀྱི་རྗེས་ཤུལ་དང་། སྤྲེའུས་སྦྲང་རྩི་གསོལ་བའི་གནས་སོགས་ཐང་སན་ལམ་ཡིག་ཏུ་མཇལ་བར་གདའ།

[106]ཆུ་ཀླུང་ཡ་མུ་ནཱ། ལམ་ཡིག་ཕྱི་མོར་ཆུ་བོ་དེར་遥捕那河ཞེས་གསལ་བ་དེའི་ལེགས་སྦྱར་ཐ་སྙད་ཡ་མུ་ནཱ་སྒྲ་ཟུར་ཆག་པར་འདོད། ཅིད་ཤན་ལིན་གྱི་ཐང་སན་ལམ་ཡིག་མཆན་②ལས། རྒྱ་ཡིག་གི་阎牟那ཞེས་པའི་མཚན་དུ་ཆུ་བོ་དེར་ལེགས་སྦྱར་དུ་ཡ་མུ་ནཱ་དང་། ད་ལྟའི་མིང་དུ་ཛུམྣཱ་(Jumnā)འབོད་ཅིང་རྒྱའི་གནའ་ཡིག་ཏུ་耶蒲那དང་། 遥扶那དང་། 阎摩那དང་། 焰牟སོགས་བསྒྱུར་བ་ལ་ད་ལྟ་朱木那河ཞེས་སྒྲ་བསྒྱུར་བྱའོ། །ཆུ་བོ་དེ་ནི་རྒྱ་གར་གྱི་ཆུ་བོ་ཆེན་པོ་ལྔའི་ཡ་གྱལ་ཡིན་ཞིང་། དེའི་ཐ་སྙད་རྒྱ་འགྱུར་ལུང་དག་ལྡན་《杂阿含经》དང་། ལུང་གཅིག་ལས་འཕྲོས་པ་《增一阿含经》སོགས་མདོ་དག་ཏུ་གསལ། ཆུ་བོ་ཡ་མུ་ནཱ་ནི་ཆུ་བོ་གངྒཱའི་ནུབ་རྒྱུད་ཀྱི་ཡན་ལག་ཆུ་བོ་ཆེ་བ་ཞིག་ཡིན་ཞིང་། རི་བོ་ཧི་མ་ལ་ཡའི་

① 《དགེ་འདུན་ཆོས་འཕེལ་གྱི་གསུང་རྩོམ་》པོད་དང་པོ། བོད་ལྗོངས་བོད་ཡིག་དཔེ་རྙིང་དཔེ་སྐྲུན་ཁང་། ༢༠༡༧ལོ། ཤ་༡༠༣ནས་༡༠༤བར།

② 季羡林校注:《大唐西域记》, 中华书局, 2012年, 第393页。

ཀ་མེ་ཏ་(Kamet/卡梅特)རི་རྩ་ནས་འབྱུང་ཐོག །སི་བ་ལི་ཀ་རི་རྒྱུད་(Sivalik/湿婆里克)དང་། གར་ཧ་ཝལ་(Garhwal/迦尔瓦尔)རི་རྒྱུད་བརྒྱུད་དེ་རྒྱ་གར་བྱང་ཐང་ལ་བབུར་ནས་ལྷོ་ཕྱོགས་གཏྲ་དང་གཤིབ་སྟེ་རྒྱུགས་འགྲོ། དེ་ནས་མ་ཐུ་རཱའི་གྲོང་ཁྱེར་ནས་ཤར་ལྷོའི་ཐུར་དུ་དེ་ར་ཏུན་(德拉顿)ས་ཁུལ་ལ་སླེབས་རྗེས་ཡན་ལག་གཙང་པོ་གཞན་གཉིས་དེར་འདུས་པར་འགྱུར། དེ་ལྟར་རྒྱུགས་རྒྱུགས་པ་ལས་མཐར་ཨལ་ལཱ་ཧཱ་བཱ་(Allāhābād/阿拉哈巴德)དང་འཁོར་བ་ན་ཆུ་ཆེན་གངྒཱ་དང་འདྲེས་སོ། །ཆུ་བོ་དེའི་རྒྱུགས་ཁུལ་ལོགས་གཉིས་སུ་གནས་མཆོག་དང་། གྲོང་ཁྱེར་གྲགས་ཆེ་བ་མང་དུ་ཆགས་ཡོད་པ་ལས་མ་ཐུ་རཱ་དང་། ཀཽ་ཤཱམྦི་(Kosambi/憍赏弥)གཉིས་གཡས་ཕྱོགས་སུ་མཆིས་ཞེས་གསལ།

[107]ཤཱ་རིའི་བུ། ཤཱ་རིའི་བུ་(Śāriputra/舍利子)ནི་སྟོན་པ་ཤཱཀྱ་ཐུབ་པའི་སློབ་མ་ཉན་ཐོས་ཉེ་འཁོར་བཅུའི་གྲས་ཤིག་ཡིན་ལ། མཆོག་ཟུང་གི་ཡ་གྱལ་ཤེས་རབ་ཅན་རྣམས་ཀྱི་མཆོག་ཏུ་གྱུར་པ་དེ་ཡིན་ཞིང་བོད་ཀྱི་ལོ་རྒྱུས་ཞིབ་པ་ཐང་སྙན་ལམ་ཡིག་བམ་པོ་དྲུག་པ་དགུ་པ་དང་། མདོ་མཛངས་བླུན་དང་། མཛོད་བརྒྱ་དཔག་བསམ་འཁྲི་ཤིང་སོགས་སུ་གསལ།

[108]མོའུ་འགལ་གྱི་བུ། མོའུ་འགལ་གྱི་བུ་(Maudgalyāyana/大目犍連/没特伽罗子)ནི་སྟོན་པ་ཤཱཀྱ་ཐུབ་པའི་སློབ་མ་ཉན་ཐོས་ཉེ་འཁོར་བཅུའི་གྲས་ཤིག་ཡིན་ལ་རྫུ་འཕྲུལ་ཅན་གྱི་མཆོག་ཏུ་གྱུར་པ་དེ་ཡིན་ཞིང་བོད་ཀྱི་ལོ་རྒྱུས་ཞིབ་པ་ཐང་སྙན་ལམ་ཡིག་བམ་པོ་དྲུག་པ་དགུ་པ་དང་། མདོ་མཛངས་བླུན་དང་། མཛོད་བརྒྱ་དཔག་བསམ་འཁྲི་ཤིང་སོགས་སུ་གསལ།

[109]གང་དང་རོལ་མོའི་བྱེ་བྲག་གིས་ཁྱབ་པར་བྱེད་དོ། །ཚུལ་དེ་བཞིན་ཐང་སྙན་ལམ་ཡིག་གི་བམ་པོ་བཞི་པའི་ཡུལ་བཅོམ་བརླག་གི་ནང་ཚན་སྟོན་པའི་བུ་སློབ་

ལ་སོགས་པའི་རྗེས་ཤུལ་ཞེས་པ་ཏུ་འདི་ལྟར་གསལ་ཏེ། དེར་སྟོན་པ་དེ་བཞིན་གཤེགས་པའི་བུ་སློབ་འཕགས་པ་ཤཱ་རིའི་བུ་དང་། མོའུ་འགལ་གྱི་བུ་དང་། གང་པོ་དང་། ཨུ་པཱ་ལི་སྡེ་ཉེ་བར་འཁོར་དང་། ཨཱ་ནནྡ་སྡེ་ཀུན་དགའ་བོ་དང་། ར་ཧུ་ལ་སྡེ་སྒྲ་གཅན་འཛིན་དང་། མཉྫུ་ཤྲཱི་སྡེ་འཇམ་དཔལ་བཅས་བྱང་ཆུབ་སེམས་དཔའ་རྣམས་ཀྱི་མཆོད་རྟེན་ཡང་བཞུགས། ལོ་རེའི་དུས་གསུམ་དང་ཟླ་རེ་ལན་དྲུག་གི་གསོ་སྦྱོང་དུས་སུ་དགེ་འདུན་མཐུན་པ་རྣམས་ཡོ་བྱད་དང་རིན་པོ་ཆེ་སོགས་མཆོད་པའི་རྫས་སྣ་ཚོགས་ཐོགས་ཏེ་ཆོས་མངོན་པར་འཇུག་པ་རྣམས་ཀྱིས་ཤཱ་རིའི་བུའི་མཆོད་རྟེན་ལ་མཆོད་པ་དང་། བསམ་གཏན་ལ་གནས་པ་རྣམས་མོའུ་འགལ་གྱི་བུ་དང་། མདོ་སྡེ་འདོན་པ་རྣམས་འཕགས་པ་གང་པོ་དང་། འདུལ་བ་ལ་བརྩོན་པ་རྣམས་འཕགས་པ་ཉེ་བར་འཁོར་དང་། དགེ་སློང་མ་རྣམས་ཀུན་དགའ་བོ་དང་། བསྙེན་རྫོགས་ཀྱི་སྡོམ་པ་མ་མནོས་པ་རྣམས་སྒྲ་གཅན་འཛིན་དང་། གཞན་ཡང་ཐེག་ཆེན་བརྩོན་པ་རྣམས་ཀྱིས་བྱང་ཆུབ་སེམས་དཔའ་ཀུན་ལ་མཆོད་པ་སོགས་རང་རང་གི་བསྙེན་ཡུལ་ལ་བསྙེན་བཀུར་ལྷད་མེད་པ་བྱེད། དེའི་ཚེ་ན་མཆོད་རྟེན་ཐམས་ཅད་རིན་པོ་ཆེ་སྣ་ཚོགས་ཀྱིས་བརྒྱན་པའི་རྒྱལ་མཚན་དང་གདུགས་ཀྱིས་ཀུན་ནས་དཀྲིས་ཤིང་། བདུག་སྤོས་ཀྱི་དྲི་བཟང་ཁྱིན་ལྟར་གཡོ་ལ། གང་སར་མེ་ཏོག་གི་ཆར་འབབས་པ་བཞིན་ཁྲབ་སྡེ་ཉི་ཟླའི་འོད་ཀྱང་མི་གསལ་བར་གྱུར། རྒྱལ་པོ་དང་བློན་ཆེན་པོ་ཐམས་ཅད་རྣམ་དཀར་དགེ་བའི་ལས་ལ་འཇུག །[①]

[110]**འོད་སྲུང་ཆེན་པོ།** འོད་སྲུང་ཆེན་པོ་(Mahākāśyapa/大迦叶)ལ་མཚན་གཞན་དུ་འཕགས་པ་འོད་སྲུང་དམ་ཉན་ཐོས་འོད་སྲུང་ཡང་བྱ་སྟེ། བྲམ་ཟེའི་རིགས་ལས་རབ་ཏུ་བྱུང་ཞིང་དགྲ་བཅོམ་པའི་འབྲས་བུ་ཐོབ་པ་དང་། སྟོན་པ་མྱ་ངན་

① རྨེ་ཏུ་ཚེ་རིང་དོན་གྲུབ། 《ཐང་སན་ལམ་ཡིག་གསར་བསྒྱུར་དང་ཞིབ་འཇུག་》བོད་ལྗོངས་བོད་ཡིག་དཔེ་རྙིང་དཔེ་སྐྲུན་ཁང་། ༢༠༡༨ལོ། ཤ་༡༣༧

ལས་འདའ་ཁར་ཉིད་ཀྱི་སྐུ་ཚབ་ཏུ་བསྐོས་ཤིང་སྟོན་པ་མྱ་ངན་ལས་འདས་རྗེས་སློབ་མ་དགྲ་བཅོམ་པ་ལྔ་བརྒྱས་མགྲིན་གཅིག་ཏུ་མདོན་པའི་སྡེ་སྣོད་སྡུད་པ་པོར་བཀུར་ནས་ཉིད་ཀྱི་གཙོ་བོ་བྱས་ཏེ་བཀའ་བསྡུ་དང་པོ་མཛད་པར་གྲགས། ཁོང་ནི་སྟོན་པ་ཤཱཀྱ་ཐུབ་པའི་སློབ་མ་ཉན་ཐོས་ཉེ་འཁོར་བཅུའི་ཡ་གྱལ་སྒྲིངས་པའི་ཡོན་ཏན་གྱི་མཆོག་ཏུ་གྱུར་པ་ཞིག་དང་། བསྟན་པའི་གཏད་རབས་བདུན་གྱི་དང་པོ་ཡིན་ཞིང་། མཐར་རྒྱ་གར་བི་ཧ་ར་མངའ་སྡེའི་ཁོངས་སུ་ཆགས་པའི་རི་བོ་བྱ་རྐང་དུ་ཐེབས་ནས་འགོག་པའི་ཏིང་ངེ་འཛིན་ལ་མཉམ་པར་བཞག་སྟེ་མ་འོངས་སངས་རྒྱས་བྱམས་པ་འཛམ་གླིང་དུ་མ་བྱོན་བར་གསོན་པོར་བཞུགས་པ་ཡིན་ཟེར། ལོ་རྒྱུས་ཞིབ་པ་བཀའ་འགྱུར་འདུལ་བ་ལུང་དུ་གསལ།

[111]**སྒྲ་གཅན་འཛིན།** འདིར་བརྗོད་པའི་སྒྲ་གཅན་འཛིན་(Rāhula/罗怙罗)ནི་སྟོན་པ་ཤཱཀྱ་ཐུབ་པའི་སློབ་མ་ཉན་ཐོས་ཉེ་འཁོར་བཅུའི་གྲས་ཀྱི་བསླབ་པ་ལ་གུས་པ་རྣམས་ཀྱི་མཆོག་ཏུ་གྱུར་པ་ཡིན་ཞིང་། ཁོང་ནི་ཤཱཀྱ་ཐུབ་པ་རབ་ཏུ་མ་བྱུང་གོང་གི་སྐུའི་སྲས་ཡིན། དགུང་ལོ་བཅོ་ལྔར་དགེ་ཚུལ་བསྒྲུབས་པས་སངས་རྒྱས་ཆོས་ལུགས་ཀྱི་དགེ་ཚུལ་ཐོག་མ་དེ་ཡིན་པར་གྲགས། ལོ་རྒྱུས་ཞིབ་པ་མངོན་པར་འབྱུང་བའི་མདོ་[①]རུ་གསལ།

[112]**ཤེས་རབ་ཀྱི་ཕ་རོལ་ཏུ་ཕྱིན་པ།** ཤེས་རབ་ཀྱི་ཕ་རོལ་ཏུ་ཕྱིན་པར་(Prajñāpāramitā/般若波罗蜜)ཤེར་ཕྱིན་ཡང་བྱ་ཞིང་། དེ་ཡང་ཚོགས་ལམ་དང་བཅས་པའི་ལམ་ལྔ་དང་། རབ་ཏུ་དགའ་བ་སོགས་ས་བཅུའི་གནས་སྐབས་རེ་རེ་བཞིན་རིམ་པར་བགྲོད་ནས། མཐར་ས་བཅུ་པའི་མཇུག་ཐོགས་སུ་རྒྱུན་མཐའི་བར་ཆད་མེད་ལམ་གྱིས་ཤེས་སྒྲིབ་ཕྲ་མོའི་རྒྱུན་བཅད་དེ། སྐྱོན་ཀུན་ཟད་ཡོན་ཏན

① 《སྡེ་དགེ་བཀའ་འགྱུར་》མདོ་སྡེ། ས་པོད་ལྡེབ་༡སྲིབ་ངོས་ནས་ལྡེབ་༡༢༥ཉིན་ངོས་བར།

ཀུན་ལྡན་པའི་ཐར་པ་ཐམས་ཅད་མཁྱེན་པ་སྟེ་སངས་རྒྱས་ཀྱི་གོ་འཕང་འཐོབ་པར་འགྱུར་བ་ཞིག་ལ་གོ་དགོས་ཤིང་། འདིར་བསྟན་ཤེར་ཕྱིན་གྱི་མདོ་རྒྱས་འབྲིང་བསྡུས་གསུམ་སོགས་མཆིས་སོ་ཚོག་ལ་བརྗོད།

[113]**འཇམ་དཔལ།** འཇམ་དཔལ་(Mñjuśrī/曼殊室利/文殊室利/妙吉祥/妙首)ལ་ལེགས་སྦྱར་གྱི་མཚན་དུ་མཉྫུ་ཤྲཱི་འབོད་པ་ལ་ཡོངས་གྲགས་སུ་མཉྫུ་ཤྲཱི་ཀྐོཿ་སྟེ་འཇམ་དཔལ་དབྱངས་ཞེས་གསོལ། དེ་ཉིད་བྱང་ཆུབ་སེམས་དཔའ་ཉེ་བའི་སྲས་བརྒྱད་ཀྱི་ནང་ཚན་ཤེས་རབ་མཆོག་གི་ངོ་བོར་གྲུབ་པ་རིག་པའི་ལྷ་ཕྱག་གཡས་ལ་རལ་གྲི་བསྣམས་ཤིང་། དགུ་ལོ་ཟུར་ཕུད་ལྔ་དང་ལྡན་པ་ལས། མཚན་གྱི་རྣམ་གྲངས་ལ་ངག་གི་རྒྱལ་པོ་དང་། ངག་གི་དབང་ཕྱུག་འཇམ་དཔལ། བརྟན་པའི་འཁོར་ལོ། རྡོ་རྗེ་རྣོན་པོ། བློ་ཡི་གཏེར། སྨྲ་བའི་རྒྱལ། སྨྲ་བའི་སེང་གེ། སྨྲ་བའི་ལྷ། ཟུར་ཕུད་ལྔ་པ། ཡེ་ཤེས་སྐུ། ཡེ་ཤེས་མི་ལོང་། རལ་གྲི་ཅན། ཤེས་རབ་སྐུ། ཤེས་རབ་འཁོར་ལོ་སོགས་མཆིས་ཤིང་། སྔར་རྒྱ་བོད་ཀྱི་མཁས་གྲུབ་དུ་མས་ཡི་དམ་གྱི་ལྷར་བསྟེན་ནས་འཆད་རྩོད་རྩོམ་གསུམ་མཐར་ཕྱིན་པར་གྱུར་བའི་ལོ་རྒྱུས་མང་དུ་སྣང་། སངས་རྒྱས་ཆོས་ལུགས་ཀྱི་ཤོད་སྐོལ་ལ། འཇམ་དཔལ་དབྱངས་ཀྱི་འདྲ་སྐུར་བཞུགས་སྟངས་དང་། སྐུ་མདོག །ཕྱག་རྒྱ་སོགས་མི་འདྲ་བ་མང་པོ་ཡོད་ཀྱང་ཕྱག་གཡས་པར་བསྣམས་པའི་མཁྱེན་རབ་ཀྱི་རལ་གྲི་དེ་གདུལ་བྱའི་རྒྱུད་ཀྱི་མ་རིག་པ་གཅོད་བྱེད་དང་། ཕྱག་གཡོན་པར་ཆོས་མཛོད་གླེགས་བམ་བསྣམས་པ་དེ་སེམས་ཅན་ཐམས་ཅད་ལ་ཤེས་བྱའི་གནས་ལུགས་གསལ་བར་བྱེད་པ། མེ་ཏོག་ཨུཏྤལ་དེ་འཁོར་བའི་འདམ་ལས་སྐྱེས་ཀྱང་འདམ་གྱི་སྐྱོན་གྱིས་མ་གོས་པ་མཚོན་པར་གྲགས། ལོ་རྒྱུས་ཁ་གསལ་ཞིང་གོ་བདེ་བ་ཡོངས་འཛིན་ཡེ་ཤེས་རྒྱལ་མཚན་གྱིས་མཛད་

པའི་ལམ་རིམ་བླ་མ་བརྒྱུད་པའི་རྣམ་ཐར་[①]དུ་གསལ།

[114]**སྤྱན་རས་གཟིགས་དབང་ཕྱུག** །སྤྱན་རས་གཟིགས་དབང་ཕྱུག་(Avalokiteśvara/观自在/观世音)གི་ལེགས་སྦྱར་མཚན་དུ་ཨ་ཝ་ལོ་ཀི་ཏེ་ཤྭ་ར་ཞེས་འབོད། བསྒྲུབ་ཐབས་རིན་འབྱུང་བརྒྱ་རྩ་དང་། སྒྲུབ་ཐབས་རྒྱ་མཚོའི་ནང་དུ་གསལ་བ་ལྟར་ན། དེ་ཉིད་ནི་བྱང་ཆུབ་སེམས་དཔའ་ཉེ་བའི་སྲས་བརྒྱད་ཀྱི་ནང་ཚན་ཞིག་དང་། སངས་རྒྱས་ཆོས་ལུགས་ཀྱི་ཡི་དམ་གྱི་ལྷ་ངོ་བོ་ཕྱོགས་བཅུའི་རྒྱལ་བ་ཐམས་ཅད་ཀྱི་སྙིང་རྗེའི་རང་གཟུགས་ཡིན་པ། རྣམ་པ་ལོངས་སྤྱོད་རྫོགས་པའི་སྐུར་རོལ་བ་སྐུ་མདོག་དཀར་པོ་ཞལ་གཅིག་དང་། ཕྱག་བཞི་ལྡན། སྤྱི་བོར་རིགས་ལྡན་བདག་པོ་རྒྱལ་བ་འོད་དཔག་མེད་པའི་དབུས་བརྒྱན་པ་ཞིག་ཏུ་ཡོད། འཕགས་པ་སྤྱན་རས་གཟིགས་ལ་སྐུའི་རྣམ་འགྱུར་མི་འདྲ་བའི་དབང་དུ་བྱས་ན་ཞི་བ་དང་ཁྲོ་བོ་རིགས་གཉིས་ཡོད་པ་དང་། ཞི་བ་ལ་ཡང་སེམས་ཉིད་ངལ་གསོ། དོན་ཡོད་ཞགས་པ། ལོ་ཀེ་ཤྭ་ར། སེང་གེ་སྒྲ། ཡིད་བཞིན་ནོར་བུ། ཕྱག་བཞི་པ། ཕྱག་སྟོང་སྤྱན་སྟོང་སོགས་དང་། ཁྲོ་བོ་ལ། རྟ་མགྲིན། འཁོར་ལོ་བདེ་མཆོག །མགོན་པོ་ལེགས་ལྡན་སོགས་བསྡོམས་པས་རྣམ་གྲངས་ལྔ་བཅུ་ཙམ་དུ་དབྱེ་སྲོལ་ཡོད། འདིར་བརྗོད་པ་ནི་ཞི་བའི་རང་བཞིན་ཅན་ཡིན་ཞིང་། ལོ་རྒྱུས་བསྡུས་པ་རྒྱལ་མཆོག་སྐལ་བཟང་རྒྱ་མཚོས་མཛད་པའི་སྤྱན་རས་གཟིགས་ཀྱི་བསྟོད་པ་ཕན་བདེའི་ཆར་འབེབས་ལ་གསལ།

[115]**བྲམ་ཟེ།** བྲམ་ཟེ་(Brāhmaṇaḥ/婆罗门)ནི་ལེགས་སྦྱར་དུ་བྲཱཧྨཎཿབྱ་བ་ལ་དོན་དུ་ཚངས་པར་སྤྱོད་པར་གོ་ཞིང་། རྒྱ་གར་དུ་མི་རྣམས་ལ་རིམ་པ་མཐོ་དམན་དང་རིགས་ཀྱི་དབང་དུ་བྱས་ན་རྒྱལ་རིགས་དང་། རྗེ་རིགས་དང་། བྲམ་ཟེའི་རིགས་དང་། གདོལ་པའི་རིགས་བཅས་བཞི་རུ་དབྱེ་བའི་ནང་ཚན་ཞིག་སྟེ། དེའི་རིགས་

① ཡོངས་འཛིན་ཡེ་ཤེས་རྒྱལ་མཚན། 《ལམ་རིམ་བླ་མ་བརྒྱུད་པའི་རྣམ་ཐར་》 བོད་ལྗོངས་མི་དམངས་དཔེ་སྐྲུན་ཁང་། ༡༩༩༠ལོ། ཤ་༡༠༩ནས་༡༡༧བར།

ཀྱི་བུ་དང་བུ་མོ་རྣམས་ལོ་ཆུང་དུས་གཉེན་སྒྲིག་མི་བྱེད། ནར་སོན་ནས་ཆོས་བྱེད་པ་དང་། ཁྲུས་དང་གཙང་སྦྲ་ལ་དང་དོད་ཆེ་བ། བུ་དང་བུ་མོ་རྣམས་ཕའི་རིགས་རྒྱུད་ཀྱི་ལས་རིགས་རྒྱུན་འཛིན་བྱེད་པ་སོགས་ཀྱི་ལུགས་སྲོལ་དམིགས་བསལ་ཅན་ཡོད་པ་ཞིག་ཡིན་པར་བཤད། བྲམ་ཟེའི་རིགས་ལ་ཕྱི་པ་དང་ནང་པ་གཉིས་ཀ་ཡོད། རིགས་རྒྱུད་དེ་ནས་བྱུང་བའི་མི་མང་ཆེ་བ་ཨོག་ཆོམ་དང་། ཁ་སྤུ་རིང་པོ་ཡོད་པ་ཤ་སྟག་ཡིན་སྐད་འདུག །རྒྱ་གར་ལ་རིགས་དེ་ཤིན་ཏུ་མཐོ་བར་བརྩི་ཞིང་། རྒྱུན་གཏན་འཚོ་བའི་ཁྲིད་ཆོས་ལུགས་བྱེད་སྒོ་སྣ་ཚོགས་པའི་འགོ་འདོན་བྱེད་པས་དེ་རྣམས་ཀྱིས་སྤེལ་བའི་ཆོས་ལུགས་ལ་བྲམ་ཟེའི་ཆོས་ལུགས་ཞེས་གྲགས། རྒྱ་ནག་ཏུ་གནའ་བོའི་སྐབས་རྒྱ་གར་ལ་བྲམ་ཟེའི་ཡུལ་དུ་འབོད་ཅེས་ཐང་སེན་ལམ་ཡིག་གི་བམ་པོ་གཉིས་པའི་རྒྱ་གར་སྤྱི་བཤད་དུ་གསལ། དུང་དཀར་ཚིག་མཛོད་[1]དང་། ཅིད་ཤན་ལིན་གྱིས་མཛད་པའི་ཐང་སེན་ལམ་ཡིག་གི་མཆན་[2]ལས་བསྟན་པ་དཔྱད་གཞིར་བགྱིས་པའོ། །

[116]**སཾ་ཀཱ་ཤྱའི་ཡུལ།** ཡུལ་དེར་ལམ་ཡིག་ཕྱི་མོར་僧伽施国བྱ་ཞིང་། རྫིང་ཁྲིང་ཅུན་གྱི་ནུབ་ཡུལ་ས་མིང་[3]དུ། རྒྱ་འགྱུར་ལུང་དག་ལྡན་ལ་僧伽舍དང་། ལུང་གཅིག་ལས་འཕྲོས་པ་ཏུ་僧迦尸དང་། བླ་ཆེན་རྣམ་ཐར་ཁ་སྐོང་དུ་迦施དང་། རྒྱལ་པོ་མྱ་ངན་མེད་ཀྱི་མདོར་僧柯奢བཅས་ཟེར། དེ་དག་ཀུན་ཡུལ་དེའི་ལེགས་སྦྱར་ཐ་སྙད་སཾ་ཀཱ་ཤྱ་སྒྲ་ཟུར་ཆག་པར་ངེས། གཞན་དུ་ན་ཡུལ་དེར་ཐང་སེན་ལམ་ཡིག་གི་བམ་པོ་བཞི་པར་ཀ་པི་ཐའི་ཡུལ་(劫比他国)ཟེར་ཞིང་། ཐང་སེན་ལམ་ཡིག་ན་

---

① དུང་དཀར་བློ་བཟང་འཕྲིན་ལས། 《དུང་དཀར་ཚིག་མཛོད་》ཀྲུང་གོའི་བོད་རིག་པ་དཔེ་སྐྲུན་ཁང་། ༢༠༡༥ལོ། ཤ་༡༥༢༡

② 季羡林校注:《大唐西域记》，中华书局，2012年，第152页。

③ 馮承鈞:《西域南海史地考證論著彙輯》，中華書局出版社，1957年，第82頁。

ཡུལ་དེར་སྔོན་གྱི་མིང་དུ་སཾ་ཀཱ་ཤྱ་(僧迦舍)འབོད་ཅེས་ཀྱང་གསུངས་པར་གཞིགས་ན། ཡུལ་དེར་རྒྱ་གར་རང་དུ་སཾ་ཀཱ་ཤྱ་དང་ཀ་པི་ཐ་ཞེས་མིང་གཉིས་ཡོད་པ་རྟོགས་ཐུབ། ཡང་ཝེའི་ཀྲུང་གི་མཆན་①ལས་ཕལ་མོ་ཆེས་ཡུལ་དེའི་ལྟེ་བའི་གྲོང་གི་རྗེས་ཤུལ་དེང་གི་རྒྱ་གར་བྱང་ཕྱོགས་མངའ་སྡེའི་ཕ་རུ་ཁཱ་བཱ་ད་(法鲁迦巴德)རྫོང་གི་སན་ཀཱི་ས་(桑吉沙村)གྲོང་ཚོར་མཆིས་ཞིང་། གྲོང་ཚོ་དེ་ཉིད་ད་ལྟ་ཀུ་དྣར་ཀོ་ཏ་(库达尔柯特)བྱ་བའི་ས་ཆའི་བྱང་ཕྱོགས་དབྱིང་ལེ་༣༨གི་མཚམས་དང་། ཨ་ལི་གཉྫི་(阿里甘杰)ཡི་ས་ཆའི་ཤར་ལྷོའི་དབྱིང་ལེ་༡༠ཡི་མཚམས་སུ་ཡོད་ཅེས་གསུངས་སོ། །

[117]**ལྷ་གནས་སུམ་ཅུ་རྩ་གསུམ།** ལྷ་གནས་སུམ་ཅུ་རྩ་གསུམ་(Trāyāstriṃśāḥ/三十三天/忉利天)ནི་སངས་རྒྱས་ཆོས་ལུགས་ནས་གསུངས་པའི་འདོད་ཁམས་ཀྱི་ལྷའི་གནས་གཉིས་པ་དེ་ཡིན་ཞིང་། དེ་ཉིད་རི་རྒྱལ་ལྷུན་པོའི་རྩེ་ལ་ཆགས་པ་ལས་དབུས་སུ་ལྷའི་དབང་པོ་བརྒྱ་བྱིན་བཞུགས་པའི་གནས་དང་། ཕྱོགས་བཞི་སོ་སོར་རི་བོ་རེ་གདའ་བ་རེ་རེའི་སྟེང་དུ་ལྷ་གནས་བརྒྱད་རེ་ཆགས་པས་ཁྱོན་ལྷ་གནས་སུམ་ཅུ་རྩ་གསུམ་མོ། །དུང་དཀར་ཚིག་མཛོད་②ལས། ལྷ་སུམ་ཅུ་རྩ་གསུམ་དེ་དག་ནི། ཆོས་བཟང་མཐོ་བ་རི་རྩེ་ལེགས་མཐོང་གནས། །ཕྱོགས་གཅིག་ཤིང་གསེབ་ཤིང་རྟ་སྣ་ཚོགས་གནས། །དགའ་བྱེད་རྣམ་མཛེས་ཡོངས་འདུར་གནས་པ་དང་། །འདྲེས་པའི་འཁྲམ་དང་ཚང་ཚིང་འཁྲམ་ན་གནས། །ནོར་བུའི་སྙིང་པོ་གནས་དང་ཀུན་གསལ་སྤྱོད། །གསེར་ཕུག་ཁང་དང་ཕྲེང་བའི་གྲིབ་མ་དང་། །མཐོ་དམར་རྒྱུ་དང་བཀྲ་བ་སྣ་ཚོགས་ཀྱིས། །སྦྱོར་བར་འཇུག་དང་ཞིབ་ཏུ་སྤྱོད་པ་དང་། །སྨྲ་སྒྲར་ཆགས་དང་གཟི་བརྗིད་འབར་བ་དང་། །ཟླ་བའི་གནས་ལྟར་ཉ་དང་ཤིང་སྣ་ལ། །ཟུང་དང་

① 杨维中注释:《佛国记》, 三民书局, 2004年, 第81页。

② དུང་དཀར་བློ་བཟང་འཕྲིན་ལས། 《དུང་དཀར་ཚིག་མཛོད་》ཀྲུང་གོའི་བོད་རིག་པ་དཔེ་སྐྲུན་ཁང་། ༢༠༡༥ལོ། ཤ་༢༧༤༧

མིག་ཕྱིར་འགྲོ་དང་བཅུམས་འགྲོས་དང་། །ལུས་མདོག་བཟང་ཆེ་ནོར་བུ་འཕྲུང་བ་དང་། །རིས་མཐུན་འཁོར་གནས་མཐོ་བར་སྤྱོད་པ་དང་། །གཟི་མཆོག་གཟི་བྲིང་མ་ཐོས་པ་དག་གོ། ཡང་ན། འདི་ལྟར་སྣང་སྟེ། ལྷའི་དབང་པོ་བརྒྱ་བྱིན་ལ་བཙུན་མོ་བཞི་ཡོད་དེ། ཆེ་བ་ཤ་འཚམས་མར་བུ་བཅུ་གཉིས། དེ་འོག་ཟླ་འཚམས་མར་ཉི་ཟླའི་བུ་བདུན། དེ་འོག་ཤ་ཅི་ཀར་དྲུག་པོའི་བུ་བདུན། ཆུང་བ་ཡེ་སྲིད་མར་སྟོབས་ལྡན་གྱི་བུ་དྲུག་ཡོད། དེའི་སྟེང་བརྒྱ་བྱིན་རང་ངོ་། །ཡང་ན། རི་རབ་ཀྱི་སྟེང་དུ་ནོར་ལྷ་བརྒྱད་དང་། དྲག་པོ་བཅུ། ཉི་མ་བཅུ་གཉིས། ཐ་སྐར་གྱི་བུ་གཉིས་ཏེ་ཉེ་དབང་སོ་གཉིས་དང་ལྷ་དབང་བརྒྱ་སྦྱིན་དང་སུམ་ཅུ་རྩ་གསུམ་རྩེ་ཞིང་རོལ་བའི་གནས་ཡིན་ནོ། །ཞེས་བསྟན་ནོ། །

[118]**མ་འགགས་པ།** མ་འགགས་པ་(Aniruddhaḥ/阿泥律陀/阿那律)ནི་སངས་རྒྱས་ཤཱཀྱ་ཐུབ་པའི་ཉན་ཐོས་ཉེ་འཁོར་བཅུའི་གྲས་ལྷའི་སྤྱན་མཆོག་ཏུ་གྱུར་པ་དེའོ། །

[119]**དགེ་སློང་མ་ཨུཏྤལ་མདོག** །དགེ་སློང་མ་ཨུཏྤལ་མདོག་(Utplabhikṣṇī/优钵罗比丘尼/莲花色苾刍尼)ནི་ཐོག་མར་ཤིན་ཏུ་མཛེས་པའི་བུད་མེད་གཟུགས་བཟང་མ་ཞིག་ཡིན་པ་ལས་དུས་ཕྱིས་ཁྱིམ་ཐབ་བཟུང་སྟེ་སྐབས་མ་ལེགས་པར་ཁྱོ་བོ་དུག་སྦྲུལ་གྱིས་ཟིན་ནས་འཆི་བ་དང་། ཕྲུ་གུ་གཅིག་ཅུ་སྤྱང་ཀིས་བཟུང་ཞིང་། ཅིག་ཤོས་ཆུ་གླུང་གིས་འཁྱེར་ཏེ་གཉིས་ཀ་དུས་མིན་ཆེ་ཡི་འདུ་བྱེད་སྟོང་པས་དེའི་ཡིད་ལ་མྱ་ངན་ཚད་མེད་པ་བྱུང་མུར་འཁོར་བའི་གནས་ལ་གཏིང་ནས་སྐྱོ་སྟེ་ནང་པའི་ཆོས་སྒོར་ཞུགས། སངས་རྒྱས་ཀྱིས་དེ་ལ་ལས་འབྲས་ཀྱི་ཆོས་རྒྱ་ཆེར་བསྟན་པ་ན་བསྙེན་པར་རྫོགས་ཏེ་མཐར་དགྲ་བཅོམ་མའི་གོ་འཕང་ཐོབ། དགེ་སློང་མ་དེའི་སྐོར་འདུལ་བ་ཕྲན་ཚེགས་ལས་འདི་ལྟར་བྱུང་སྟེ། དེའི་ཚེ་ཨུཏྤ་ལའི་

མདོག་ཅན་གྱིས་འཁོར་ལོས་བསྒྱུར་བའི་རྒྱལ་པོའི་ཆ་ལུགས་སུ་བྱས་ཏེ། ཕྱོགས་ཀྱི་རྒྱལ་པོ་རྣམས་ཀྱིས་འཁོར་ལོས་བསྒྱུར་བའི་རྒྱལ་པོ་ཞིག་གོ་སྙམ་དུ་རྟོགས་པ་ན། གནས་བརྟན་མོའུ་འགལ་གྱི་བུས་དེའི་ལུས་ཀྱི་ཨུཏྤ་ལའི་དྲི་ལས་ཤེས་ཏེ། དགེ་སློང་རྣམས་ལ་སྨྲས་པ་དང་། དེ་རྣམས་ཀྱིས་སྟོན་པ་ལ་ཞུས་པས། སྟོན་གྱི་སྐྱེ་བར་ཡང་མོའུ་འགལ་གྱི་བུས། ཨུཏྤ་ལའི་མདོག་ཅན་མ་སུམ་ཧྥ་ཞེས་པའི་བུད་མེད་ཁྱིམ་རྒྱུད་མར་སྐྱེས་པ་ན། དེའི་མེ་ཏོག་གི་དྲི་ལས་ཤེས་པའི་གཏམ་རྒྱུད་ཤིན་ཏུ་སྙན་ལ་རིང་བ་ཞིག་གསུངས་ཤིང་། དགེ་སློང་གི་མདུན་དུ་དགེ་སློང་མས་རྫུ་འཕྲུལ་སྟོན་པར་མི་བྱ་ཞེས་གསུངས། དགེ་སློང་མ་ཨུཏྤ་ལའི་མདོག་ཅན་སྐྱེ་བ་སྔོན་མ་ཞིག་ཏུ་སངས་རྒྱས་འོད་སྲུང་གི་མཆོད་རྟེན་ལ་ཨུཏྤ་ལའི་མེ་ཏོག་གིས་མཆོད་པས། ཤིན་ཏུ་མཛེས་ཤིང་དེའི་དྲི་མ་ལུས་ལ་རང་བྱུང་དུ་ཡོད་ཅེས་གསུངས་སོ། །དེའི་ལོ་རྒྱུས་གཞན་ཞིག་མདོ་མཛངས་བླུན་གྱི་བམ་པོ་བདུན་པ་དགེ་སློང་མ་ཨུད་པ་ལའི་ལེའུ་ཞེས་པར་གསལ་ཞིང་བསྙེན་རྫོགས་མ་གྲུབ་གོང་གི་ལོ་རྒྱུས་ཤིན་ཏུ་གོ་བདེ་བ་ཞིག་གནས་བརྟན་སྙི་རི་ཧྲཛྙས་མཛད་ཅིང་ངེས་དོན་རྒྱ་མཚོས་བསྒྱུར་བའི་སྟོན་པའི་མཛད་རྣམ་གསལ་བའི་མེ་ལོང་[①]ཞེས་བྱ་བར་གསལ།

[120]**འཁོར་ལོས་བསྒྱུར་བའི་རྒྱལ་པོ།** དེར་ལེགས་སྦྱར་སྐད་དུ་ཙ་ཀྲ་ཝརྟི་རཱ་ཛྙཱ་ན་(Cakravartirājāna /转轮王)བྱ་ཞིང་། ཐང་སན་ལམ་ཡིག་གི་གླིང་གཞིར་འཁོར་ལོས་བསྒྱུར་བའི་རྒྱལ་པོའི་སྐོར་ལ་འདི་བཞིན་བྱུང་སྟེ། སུ་མེ་རུ་སྟེ་རིའི་རྒྱལ་པོ་རི་རབ་བྱ་བ་རྒྱ་མཚོ་ཆེན་པོའི་སྟེང་དུ་ཆགས་པ་རིན་པོ་ཆེ་སྣ་བཞིས་ཀུན་ནས་བཀང་། དེའི་རྩེ་མོ་གསེར་གྱི་འཁོར་ལོའི་སྦོ་ཉི་ཟླའི་འོད་འཕྲོ་བའི་གནས་སུ

① གནས་བརྟན་སྙི་རི་ཧྲཛྙས་མཛད། ངེས་དོན་རྒྱ་མཚོས་བསྒྱུར། 《སྟོན་པའི་མཛད་རྣམ་གསལ་བའི་མེ་ལོང་》སེར་གཙུག་ནང་བསྟན་དཔེ་རྙིང་འཚོལ་བསྡུ་ཕྱོགས་སྒྲིག་ཁང་། དཔེ་ཨང་༩༠ ཤ་༥ནས་༡༠༨བར།

ལྷ་རྣམས་ཅི་དགར་རྩེན་ཞིང་། རི་དང་མཚོ་མི་གཅིག་པ་བདུན་གྱིས་རི་རབ་ཀྱི་མཐའ་ཡོངས་སུ་བསྐོར་བ་དང་། བར་མཚམས་ན་ཡན་ལག་བརྒྱད་ལྡན་གྱི་ཆུ་ཀླུང་རྒྱུ་ཞིང་། སུ་ཁྲུད་དག་སྣར་ཆགས་སུ་མངོན། དེའི་ཕྱི་རོལ་ཚྭ་མཚོའི་དབུས་སུ་གཙོ་བོ་གླིང་བཞི་མཆིས་པ་ཤར་ཕི་དེ་ཧ་སྦེ་ལུས་འཕགས་གླིང་དང་། ལྷོ་འཛམ་བུ་གླིང་དང་། ནུབ་གོ་དཱ་ནཱི་ཡ་སྦེ་བ་ལང་སྤྱོད་ཀྱི་གླིང་དང་། བྱང་ཀུ་རུ་སྦེ་སྒྲ་མི་སྙན་གྱི་གླིང་རྣམས་སོ། །གསེར་གྱི་འཁོར་ལོས་བསྒྱུར་བའི་རྒྱལ་པོས་གླིང་བཞིར་ཁ་ལོ་བྱེད་པ་དང་། བྱང་སྒྲ་མི་སྙན་བཅད་པའི་གླིང་གསུམ་དངུལ་གྱི་འཁོར་ལོས་བསྒྱུར་བའི་རྒྱལ་པོའི་རིས་སུ་གཏོགས་ཤིང་། ཟངས་ཀྱི་འཁོར་ལོས་བསྒྱུར་རྒྱལ་ནི་གླིང་ནུབ་བྱང་གཉིས་ཕྱེད་པའི་ཆ་རྣམས་དང་། ལྕགས་ཀྱི་འཁོར་ལོས་བསྒྱུར་རྒྱལ་ནི་ལྷོ་འཛམ་བུ་གླིང་ཁོ་ནར་ཟད། འཁོར་ལོས་བསྒྱུར་བའི་རྒྱལ་པོ་ཞེས་བྱ་བ་མངའ་གསོལ་བའི་ཚེ་གང་ཉིད་ཀྱི་བསོད་ནམས་མཐུ་ལས་གསེར་དངུལ་ཟངས་ལྕགས་རིན་པོ་ཆེའི་འཁོར་ལོ་རང་བཞིན་གྱིས་མཁའ་ལ་འཁྱོ་ཞིང་གང་དབང་བའི་སའི་ཆ་དག་ཀྱང་རིམ་པར་གླིང་བཞིའམ་གསུམ་མམ་གཉིས་སམ་གཅིག་བཅས་བསྟན་པར་གྲགས།[1]ཞེས་གསུངས། ཏུང་དཀར་ཚིག་མཛོད་[2]ལས། དེ་ཡང་ཚེ་ལོ་གྲངས་མེད་ནས་བརྒྱད་ཁྲི་ཡན་ཆད་ལ་བྱོན་ལ་མན་ཆད་ལ་མི་བྱོན་ཏེ། དེའི་ལུས་དང་། ཡོ་བྱད། འདུལ་བའི་སྐྱེ་བོ་ལ་སོགས་མི་རྫོགས་པས་སོ། །སྟོབས་ཀྱི་འཁོར་ལོས་བསྒྱུར་བ་ནི་བརྒྱ་པ་ཡན་ཆད་ལ་བྱོན། དབྱེ་ན་གསེར་གྱི་འཁོར་ལོ་ཅན་ཏེ་གསེར་གྱི་འཁོར་ལོས་བསྒྱུར་བ་ཅན། གླིང་བཞི་ཆར་དབང་བྱེད་དེ་མི་དགེ་བ་བཅུ་སྤངས་ཏེ་དགེ་

① རྒྱ་རུ་ཚེ་རིང་དོན་གྲུབ། 《ཐང་སན་ལམ་ཡིག་གསར་བསྒྱུར་དང་ཞིབ་འཇུག་》བོད་ལྗོངས་བོད་ཡིག་དཔེ་སྙིང་དཔེ་སྐྲུན་ཁང་། ༢༠༡༨ལོ། ཤ་༢

② ཏུང་དཀར་བློ་བཟང་འཕྲིན་ལས། 《ཏུང་དཀར་ཚིག་མཛོད་》ཀྲུང་གོའི་བོད་རིག་པ་དཔེ་སྐྲུན་ཁང་། ༢༠༡༥ལོ། ཤ་༨༤༣

བ་བཅུ་ལ་བགོད་པ། དཔུལ་གྱི་འཁོར་ལོས་བསྒྱུར་བ་ཅན། ཤར་ལྷོ་ནུབ་གསུམ་གྱི་གླིང་ལ་དབང་བྱེད་དེ་རང་ཉིད་ཕར་ཕྱིན་ཏེ་རིམ་གྱིས་བསླེབ་བསྒྱུར་སོགས་བྱེད་པ། ཟངས་ཀྱི་འཁོར་ལོས་བསྒྱུར་བ་ཅན། ཤར་ལྷོའི་གླིང་གཉིས་ལ་དབང་བྱེད་དེ། གཡུལ་བཤམ་པའི་ཚུལ་གྱིས་བསྒོ་བ་ཉན་པ་དང་། ལྕགས་ཀྱི་འཁོར་ལོས་བསྒྱུར་བའི་རྒྱལ་པོ་ཛམྦུ་གླིང་པ་ལ་དབང་བྱེད་དེ། རྒྱལ་ཕྲན་རྣམས་ལ་མཚོན་གྱིས་བསྡིགས་ནས་བཀའ་བསྒོ་ཉན་པའོ། །དེ་ལ་ལུས་ནི་མཚན་དཔེ། ཡོ་བྱད་ནི་རིན་པོ་ཆེ་ཉི་ཤུ་རྩ་གཅིག་གོ །གཞན་ཡང་སངས་རྒྱས་ཆོས་ལུགས་ཀྱི་མངོན་པ་མཛོད་ལེའུ་གསུམ་པ་ནས་བཤད་ཚུལ་ལ། འཛིག་རྟེན་འདི་ཆགས་ནས་ཐོག་མའི་སྐབས་ཀྱི་མི་རྣམས་ཚེ་ལོ་ཁྲི་ཕྲག་འབག་ཤས་ཐུབ་པ་ན་སྟོན་གྱི་རྒྱལ་པོའི་ཐོག་མ་མང་པོས་བཀུར་བའི་རྒྱལ་པོ་ཞེས་པ་ཞིག་བྱུང་ཞིང་། དེ་ནས་རིམ་བཞིན་རྒྱལ་པོ་འོད་མཛེས་སོགས་སྟོན་གྱི་རྒྱལ་པོ་སྡེ་ལྔ་བྱུང་བའི་ལྔ་པ་གསོ་སྦྱོང་འཕགས་ཀྱི་སྤྱི་བོའི་ཤ་ཟླེན་ལས་རྒྱལ་པོ་ང་ལས་ནུ། དེའི་བརླ་གཡས་ཀྱི་ཤ་ཟླེན་ལས་རྒྱལ་པོ་མཛེས་པ། དེའི་བརླ་གཡོན་གྱི་ཤ་ཟླེན་ལས་རྒྱལ་པོ་ཉེ་མཛེས། དེའི་རྐང་པ་གཡས་པའི་ཤ་ཟླེན་ལས་མཛེས་ལྡན། དེའི་རྐང་པ་གཡོན་པའི་ཤ་ཟླེན་ལས་རྒྱལ་པོ་ཉེ་མཛེས་ལྡན་བཅས་བྱུང་བ་དང་། འདི་ལྔ་ལ་སྟོན་གྱི་འཁོར་ལོས་བསྒྱུར་བའི་རྒྱལ་པོ་ལྔ་ཟེར་བ་ཡིན་ཞེས་བཤད།

[121]ཚངས་ཆེན་ཚངས་པ། ལྷ་ཆེན་ཚངས་པ་(Mahā Brahamā/大梵王)ནི་རྒྱ་གར་གྱི་གནའ་བོའི་ལྷ་སྲུང་ནང་བརྗོད་པའི་འཛིག་རྟེན་འདིའི་ཐོག་མའི་བགོད་པ་པོ་དང་། ཕྱི་རོལ་པའི་གཏམ་རྒྱུད་དུ་དྲངས་པའི་འཛིག་རྟེན་པའི་ལྷ་ཞིག་ཀྱང་ཡིན། འདི་ལ་ཞལ་གཅིག་པ་དང་། གསུམ་པ། བཞི་པ་བཅས་གསུམ་དུ་དབྱེ་ཚུལ་ཡོད་ཅིང་། སངས་རྒྱས་ཆོས་ལུགས་བྱུང་རྗེས་དེ་ཉིད་སངས་རྒྱས་ཆོས་ལུགས་ཀྱི་སྲུང་མར་ནང་འདྲེན་བྱས་ཡོད། ཁ་ཅིག་གིས་འདི་ཡིས་མིའི་རིགས་ཀྱི་ཡི་གེ་ཐོག

མ་བཟློས་ཞེས་སྨྲ།

[122]ཟྲུ། དེ་ནི་རིང་ཚད་ཀྱི་ཚད་གཞི་ཞིག་སྟེ། ལམ་ཡིག་ཕྱི་མོར་དེའི་རྒྱ་ཡིག་ཏུ་肘བྲིས་པ་དེར་ཐང་སན་ལམ་ཡིག་གི་བམ་པོ་གཉིས་པའི་ཐོག་མ་རྒྱ་གར་གྱི་བཤད་ཀྱི་བྱེ་བྲག་འཇལ་བྱེད་ཚད་གཞིའི་སྐབས་སུ་肘ནི་སོར་ཉེར་བཞིའི་ཚད་ལ་གོ་བར་བསྟན་འདུག་པ་དེ་རང་རེའི་ཟྲུ་དང་མཉམ་མོད། འོན་ཏེ་ལྷ་ཤན་ལམ་ཡིག་ཕྱི་མོའི་རིང་ཚད་བརྗོད་པའི་སྐབས་དུ་མ་ན་དེ་ཉིད་རྒྱ་ཡིག་གི་尺བྲིས་པ་ཡང་སྣང་། དེ་ལྟར་ན་རྒྱ་ནག་ཏུ་肘དང་尺གཉིས་ཀྱི་རིང་ཚད་ལ་ཁྱད་པར་ཅུང་ཟད་ཡོད་རེད་སྙམ་སྲིད། སྐད་ལྔ་ཤན་སྦྱར་གྱི་མཆུའི་སྐད་གསལ་བའི་མེ་ལོང་ལས་རྒྱ་བོད་སྐད་གཉིས་ཟུར་དུ་བཏོན་པ་ཞེས་བྱ་བ་རུ། 尺ནི་ཟྲུ་རང་དུ་བསྒྱུར་འདུག །[1]དེས་ན་ཕོ་བོས་མཇལ་བའི་ཡིག་ཆ་རྣམས་སུ་肘ཡི་གོ་མཐུན་བོད་སྐད་མ་རྙེད་ཅིང་། ང་ཐོག་ཡོད་མེད་ཆ་མི་འཚལ་བས་རྒྱ་ཡིག་གི་རིང་ཚད་བསྟན་པའི་ཐ་སྙད་དེ་གཉིས་པོའི་དོན་དངོས་རིང་ཐུང་ཆ་མཉམ་པར་གཞིགས་ཏེ་འདིར་བོད་འགྱུར་མར་肘དང་尺གཉིས་ཀར་དཀྱུས་ཅིག་ཏུ་ཟྲུ་ཞེས་བསྒྱུར་བ་ལགས།

[123]**འདས་པའི་སངས་རྒྱས་རྣམ་གསུམ།** སངས་རྒྱས་ཆོས་ལུགས་ཀྱི་དགོངས་པ་ལྟར་ན། བསྐལ་བཟང་འདིར་བྱོན་སངས་རྒྱས་སྟོང་གཅིག་བྱོན་པ་ལས་ད་པན་སངས་རྒྱས་ཤཱཀྱ་ཐུབ་པ་བསྩེས་པས་སངས་རྒྱས་བཞི་བྱོན་ཟིན་ཅིང་། འདིར་བརྗོད་པའི་འདས་པའི་སངས་རྒྱས་རྣམ་གསུམ་ནི་སངས་རྒྱས་ཤཱཀྱ་ཐུབ་པའི་གོང་ལ་བྱོན་པའི་སངས་རྒྱས་གསུམ་པོར་བརྗོད་དེ། དེ་ཡང་འཛམ་བུའི་གླིང་གི་མི་རྣམས་ཚེ་ལོ་བཞི་ཁྲི་འཚོ་བའི་དུས་སུ་བྱོན་པའི་སངས་རྒྱས་སྟོང་གི་དང་པོ་

[1] རྒུ་ཝན་དབྱིད།(古文义) མ་ཧུང་ཝུའུ།(马宏武) ཧྥིང་ཡིན་ཧྥུ་(冯迎福)བཅས་ཀྱིས་བསྒྲིགས། 《སྐད་ལྔ་ཤན་སྦྱར་གྱི་མཆུའི་སྐད་གསལ་བའི་མེ་ལོང་ལས་རྒྱ་བོད་སྐད་གཉིས་ཟུར་དུ་བཏོན་པ་》མཚོ་སྔོན་མི་རིགས་དཔེ་སྐྲུན་ཁང་། ༡༩༩༠ལོ། ཤ་༣༧༨

འཁོར་བ་འཇིག་(Krakucchanda/拘楼秦佛/拘留孙佛)དང་། ཚེ་ལོ་གསུམ་ཁྲིའི་དུས་སུ་བྱོན་པའི་སངས་རྒྱས་གཉིས་པ་གསེར་ཐུབ་(Kanakamuni/拘那含牟尼佛)དང་། ཚེ་ལོ་ཉི་ཁྲིའི་དུས་སུ་བྱོན་པའི་སངས་རྒྱས་གསུམ་པ་འོད་སྲུང་(Kāśyapa/迦叶·佛)བཅས་ཡིན།

[124]ཚ་བའི་དུར་ཁྲོད། བསྒྱུར་བྱའི་ལམ་ཡིག་ཕྱི་མོ་རྒྱ་ནག་སུང་ལྷོ་མའི་དཔར་མ་རྒྱ་སྐད་ལ《思溪圆觉》བྱ་བར་ཚ་བའི་དུར་ཁྲོད་ལ་火境བྲིས་མོད། ལམ་ཡིག་དེའི་དཔར་མ་གཞན་རྒྱའི་བཀའ་བསྟན་གཅེས་བཏུས《大正藏》ནང་བཞུགས་པ་དང་། ཀྲང་ཤུན་གྱི་མཆན་[①]དུ་བསྟན་པ་ལྟར་ན། 《金本》དང་《丽本》བཅས་སུ་དེར་大坟ཞེས་འཁོད། 火境ནི་ཚ་བའི་ཁུལ་ལམ་ཡུལ་དང་། 大坟ནི་དུར་ཁྲོད་ཆེན་པོ་ལྟ་བུར་གོ་ཞིང་། ལམ་ཡིག་གི་བརྗོད་བྱའི་ནང་དོན་ལ་གཞིགས་ཚེ་ས་ཆ་དེ་ནི་གྲོང་མཐར་གནས་པའི་ཚ་བའི་ཁུལ་ཡིན་པ་གང་ཞིག་ལ་ཚ་བ་འཛོམས་ཆེད་དུ་སྟོན་པའི་ཕྱག་བསིལ་བའི་ཆབ་དེར་ལྷུང་ཚུལ་དང་། གཞན་གནའ་བོའི་རྒྱ་གར་ན་ཤི་པོའི་ཕུང་པོ་ཀུན་མེར་བསྲེགས་པའི་སྲོལ་ལུགས་བཅས་ལ་གཞིགས་ཚེ། ས་ཆ་དེ་ནི་དུར་ཁྲོད་ཞིག་ཡིན་པར་ངེས་པ་རྙེད་སྲིད། དེས་ན་རྒྱ་ཡིག་དཔར་མ་ཐ་དད་པར་ཐོན་པའི་火境དང་大坟གཉིས་ཀའི་ཐུན་མོང་གི་ཁྱད་ཆོས་བླངས་ཏེ་འདིར་བོད་འགྱུར་མར་ཚ་བའི་དུར་ཁྲོད་ཞེས་བསྒྱུར་བ་ལགས།

[125]དགྲར་གནས་ལ་བཞུགས། ཞིབ་འཇུག་པ་ཀྲང་ཤུན་དང་། ཨ་ཧྲ་ཆི་ཀི་རོ་ཀུ་དང་། ཡང་ལྷེའི་ཀྲུང་སོགས་ཕལ་མོ་ཆེས་དགྲར་གནས་དེ་ནི་བཙུན་པ་ཐྲ་ཤན་གྱི་ལོ་༤༡༡ལོར་ཕ་ཡུལ་རྒྱ་ནག་ནས་ཞལ་གྲོས་ཏེ་བཞུགས་པའི་དགྲར་གནས་ལན་དྲུག་པ་དེ་ཡིན་པ་གང་ཞིག་རྒྱ་གར་ཁོངས་སུ་འབྱོར་རྗེས་ཀྱི་དགྲར་གནས་ཐེངས་གསུམ་པར་ངེས། སྐབས་དེའི་ལོ་ཚིགས་ནི་ཕྱི་ལོ་༤༠༠ཡིན་པར་མཁྱེན་གཅིག

① 张巽校注:《佛国记》，中国旅游出版社，2016年，第82页。

ཏུ་བཞེད་དོ། །

[126]ཀནྱཱ་ཀུབྫའི་གྲོང་། གྲོང་ཁྱེར་དེར་ལམ་ཡིག་ཕྱི་མོར་罽饶夷城ཞེས་ཐོན་ཞིང་། ཧྲིང་ཁྲིང་ཅུན་གྱི་ནུབ་ཡུལ་ས་མིང་[1]དུ། དེར་ཕྲི་རི་སིའི་གནའ་བོའི་ས་ཆའི་དཀར་ཆག་《希腊古地志》ཏུ་ག་ནོ་གི་ཛ་(Ganogiza)དང་། ཐང་སན་ལམ་ཡིག་ཏུ་羯若鞠阇འམ་དེའི་དོན་བསྒྱུར་曲女城དང་། རྒྱ་གར་ཕྱོགས་ལྷོར་བགྲོད་པའི་དཀར་ཆག་ཏུ་葛那及དང་། ལྷ་ཆེན་རྣམ་ཐར་ཁ་སྐོང་གི་ཧྲམ་གུཔྟའི་རྟོགས་བརྗོད་དུ་犍拿究拨阇བཅས་འབོད་པར་གསུངས། མིང་དེ་རྣམས་ཕལ་ཆེར་ས་ཆ་དེའི་ལེགས་སྦྱར་ཐ་སྙད་འདིར་སྤྱོད་པ་ཀནྱཱ་ཀུབྫ་ཞེས་པའི་སྒྲ་རྒྱ་ཡིག་ཏུ་ཟུར་ཆག་པར་ངེས། དེ་ཡང་ཀནྱཱ་ནི་བུད་མེད་དང་། ཀུབྫ་ནི་སྐྱེད་འཁྱོག་གི་དོན་སྟོན་པས་ཐང་སན་ལམ་ཡིག་ཏུ་曲女城ཞེས་དོན་བསྒྱུར་མཛད་པའང་ཤིན་ཏུ་འཐད་པར་སྣམ། ཀྲང་ཤུན་གྱི་མཆན་[2]དུ། གྲོང་ཁྱེར་དེའི་རྗེས་ཤུལ་དེང་གི་རྒྱ་གར་བྱང་ཕྱོགས་མངའ་སྡེའི་ནུབ་རྒྱུད་ཀྱི་ཀ་ནཽ་ཛི་(Kanauj/卡瑙季城)གྲོང་དུ་ཡོད་ཅེས་གསལ། ཐྲ་ཤན་ལམ་ཡིག་དང་། ཐང་སན་ལམ་ཡིག་གཉིས་པོར་སཾ་ཀ་ཤྱའམ་ཀ་པི་ཐར་འབོད་པའི་ཡུལ་དེ་བརྗོད་ཁད་དུ་དེའི་ཤར་ལྷོའི་ཕྱོགས་སུ་ཀནྱཱ་ཀུབྫ་ཡོད་ཚུལ་འབོད་ཡོད། འོན་ཏེ་མཁས་དབང་དགེ་ཆོས་ཀྱི་གསེར་ཐང་དུ་ཀནྱཱ་ཀུབྫ་ནི་མ་ཐུ་ར་སྟེ་བཙོམ་བརྟག་གྲོང་གི་ཤར་དུ་རྒྱང་གྲགས་ཙམ་ཚད་པའི་སར་གནས་ཞེས་བྱུང་བས་སྣར་དཔྱད་པའི་གནས་སུ་འཁུམས། དེ་ཡང་གསེར་ཐང་ལས། གྲོང་ཁྱེར་འདི་ལ་ཟླ་སློའི་འཇིགས་པ་ཤིན་ཏུ་ཆེ་བར་བྱུང་ཡང་། ད་ལྟའི་བར་སྔོན་གྱི་ས་མལ་དེ་ལ་འཛུགས་ནས་མ་འཇིགས་པར་གནས། མིང་ལ་ཡང་མ་ཐུ་ར་སྟེ་བཙོམ་བརྟག་ཉིད་དུ་འབོད། གྲོང་གི་ཤར་དུ་རྒྱང་གྲགས་ཙམ་གྱི་སར་གནའ

① 馮承鈞:《西域南海史地考證論著彙輯》，中華書局出版社，1957年，第84頁。

② 张巽校注:《佛国记》，中国旅游出版社，2016年，第84页。

དུས་ཀྱི་སངས་རྒྱས་པའི་དགོན་སྡེ་ཆེན་པོ་ཞིག་གི་འཇིག་ཤུལ་དང་། རྗེའི་ཀ་བ་སྐུ་བརྙན་སོགས་གྲངས་ཀྱིས་མི་ཚོད་པ་ཡོད། དེ་ཡང་སྔོན་ཡུལ་འདིར་ཚངས་པས་བྱིན་ཞེས་བྱ་བའི་རྒྱལ་པོ་བུ་སྟོང་དང་བུ་མོ་བརྒྱ་ལྡན་མ་ཞིག་བྱུང་། བུ་མོ་རྣམས་ཁྲུས་ལ་སོང་བ་ན་ཏུ་གྲོ་རྡའི་འོག་ཏུ་དྲང་སྲོང་དྲག་པོའི་དཀའ་ཐུབ་ལ་ཡུན་རིང་གནས་པ་ཞིག་གིས་མཐོང་སྟེ་ཆགས། དྲང་སྲོང་བག་ཚ་མེད་པར་རྒྱལ་པོའི་དྲུང་དུ་སོང་སྟེ་ཁྱེད་ཀྱི་བུ་མོ་གཅིག་བདག་ལ་ཆུང་མར་དགོས་སོ་སྨྲས་པས། རྒྱལ་པོ་དམོད་ལ་འཇིགས་ནས་མིན་ཞེས་སྨྲ་མ་ནུས་པར། བུ་མོ་རྣམས་ལ་ནན་གྱིས་བསྐུལ་བས་རྒན་པོ་མི་སྡུག་པ་དེ་འདྲའི་ཁྱིམ་ཐབས་སུས་འདོད་ཅེས་གཅིག་གིས་ཀྱང་མ་མཉན། རྒྱལ་པོ་ཁོང་དུ་ཆུད་པ་ཐ་ཆུང་གིས་མཐོང་ནས་བདག་མཆིའོ་སྨྲས་པས་རྒྱལ་པོ་དགའ་ནས་དྲང་སྲོང་གི་མདུན་དུ་ཁྲིད་པ་ན། དེ་ན་རེ་ཅིའི་ཕྱིར་དར་ལ་བབས་པ་ཞིག་མ་སྦྱིན། ནུ་ཞོ་ཁ་ནས་འཛགས་བཞིན་པ་ལྟ་བུ་སུ་ཞིག་གིས་ཆུང་མར་བྱེད། རྒྱལ་པོས་གཞན་རྣམས་ཀྱིས་མཉན་དུ་མ་བཏུབ་བོ་སྨྲས་པ་དྲང་སྲོང་ཤིན་ཏུ་ཁྲོས་ཏེ། དེ་ཐམས་ཅད་སྒུར་མོར་གྱུར་ཅིག །ཁྱིམ་ཐབས་མི་རྙེད་པར་ཤོག་ཅེས་དམོད་པ་བཏབ་པས། སྐད་ཅིག་དེ་ལ་བུ་མོ་དགུ་བཅུ་གོ་དགུ་པོ་དག་སྒུར་མོར་གྱུར་ཅིང་། དེ་ཕྱིན་ཆད་ཕྱོགས་དེ་ལ་ཀ་ནྱ་ཀུབྫ་སྟེ་བུ་མོ་སྒུར་མོའི་ཡུལ་དུ་གྲགས།[①] ཞེས་འབོད་པའི་གཏམ་རྒྱུད་དེ་མ་ཚང་བ་མེད་པར་ཐང་སན་ལམ་ཡིག་བམ་པོ་ལྔ་པའི་ཀནྱ་ཀུབྫའི་ཡུལ་སྐབས་ཀྱི་བྱེ་བྲག་ཡུལ་མིང་གི་བྱུང་བ་ཞེས་པར་གསལ་ཁར་ཐང་སན་ལམ་ཡིག་ཏུ་ཀནྱ་ཀུབྫའི་ཡུལ་མི་ཚེ་རིང་པོར་བསྲིངས་པའི་དུས། དེའི་རྒྱལ་པོའི་མཁར་རྙིང་པར་ཀུ་སུ་མ་པུ་ར་སྟེ་མེ་ཏོག་གི་ཕོ་བྲང་ཟེར་བའི་གཏམ་དགེ་ཆོས་ཀྱིས་མ་གསུངས་པ་ཞིག་ཀྱང་འདུག

① 《དགེ་འདུན་ཆོས་འཕེལ་གྱི་གསུང་རྩོམ་》དེབ་དང་པོ། བོད་ལྗོངས་བོད་ཡིག་དཔེ་རྙིང་དཔེ་སྐྲུན་ཁང་། ༢༠༡༧ལོ། ཤ་༡༠༤ནས་༡༠༥བར།

[127]ཚུ་ལྨུང་གཏྣ། ཆུ་བོ་དེར་ལམ་ཡིག་ཕྱི་མོར་རྒྱ་ཡིག་ཏུ་恒水དང་། ཐང་སན་ལམ་ཡིག་ཏུ་克伽河བྲིས་ཤིང་། ཅིད་ཤན་ལིན་གྱི་ཐང་སན་ལམ་ཡིག་མཆན[1]ལ་གཞིགས་ན། རྒྱའི་ཡིག་ཚང་ཁ་ཅིག་ཏུ་གཞན་ཡང་强伽དང་། 弶伽དང་། 恒伽དང་། 恒架སོགས་ཐོན་པ་ཐམས་ཅད་ཆུ་བོ་དེའི་ལེགས་སྦྱར་ཐ་སྙད་གངྒཱ་(Gaṅgā) སྒྲ་ཟུར་ཆག་པ་ཡིན་ཞིང་མཁའ་ནས་འོང་བའི་དོན་སྟོན་པར་གསུངས། དེང་རྒྱ་ནག་སྐད་ལ་ཡོངས་གྲགས་སུ་恒河ཟེར། ཆུ་ཆེན་དེ་ནི་རི་བོ་ཧི་མ་ལ་ཡའི་ལྷོ་རྒྱུད་ཀྱི་འཛམ་བུའི་གླིང་གི་ལྟེ་བར་སྐད་པའི་གངས་ཧི་སེའི་ལྷོ་ངོས་ཀྱི་བྲག་སླང་པོ་ཆེའི་ཁ་འདྲ་བ་ནས་ཐོན། དེ་དང་སློབ་དཔོན་དཔྱིག་གཉེན་གྱི་མངོན་པ་མཛོད་ཏུ་ཤར་ཕྱོགས་ཀྱི་བྲག་སླང་པོ་ཆེའི་ཁ་འདྲ་བ་ནས་ཐོན་པ་ཞེས་ཆུ་འགོའི་ཕྱོགས་མཚམས་བཤད་ཚུལ་ཐ་དད་སྣང་ཡང་དོན་སྙིང་ཆུ་བོ་གངྒཱའི་ཆུ་མགོ་གངས་རི་ཧི་སེའི་བྲག་སླང་པོ་ཆེའི་ཁ་འདྲ་བ་ནས་ཐོན་པར་བཤད་ཚུལ་གཅིག་མཚུངས་སུ་གྲུབ། ཆུ་བོ་དེ་ཇི་ལྟར་འབབ་ཚུལ་ཐད་ལྷོ་རོང་ཆོས་འབྱུང་ལས། ཧི་སེའི་ལྷོ་ངོས་བྲག་སླང་པོའི་སྣ་འདྲ་བ་ནས་གངྒཱའི་ཆུ་འགོ་བཙུགས་ཏེ་ནུབ་ཏུ་ཁ་བལྟས་ནས་མ་ཕམ་གྱི་མཚོའི་ནང་གི་དཀྱིལ་གཤགས་ནས་མཚོ་དང་གཙང་པོ་མ་འདྲེས་པར་ལ་ དྭགས་ལ་བརྒྱུད་དེ། ཞང་ཞུང་དང་གུ་གེའི་ཡུལ་བར་ནུབ་ཕྱོགས་སུ་འབབ། དེ་ནས་པོ་ཏི་སྤེལ་ལྤྱོག་དང་གར་ཞའི་ཆུ་རྣམས་བསྡུས་ནས་ལྷོར་འགྲོ། དེ་ནས་རྒྱ་གར་གཞུང་བཞིན་ཤར་དུ་འབབ་སྟེ་ཤར་ཕྱོགས་རྒྱ་མཚོར་འགྲོ[2]ཞེས་གསལ། དེ་ནི་དེང་ཡོངས་གྲགས་ཀྱི་ས་བཀྲའི་ནང་བཀོད་པ་དང་ཀུན་ནས་མཚུངས་པས་འདིར་བཏུས་པའོ། །གཞན་ཡང་ཆུ་བོ་གངྒཱའི་སྐོར་ལ་ཐང་སན་སམ་ཡིག་བམ་པོ་

① 季羡林校注:《大唐西域记》，中华书局，2012年，第43页。

② རྟ་ཚག་ཚེ་དབང་རྒྱལ། 《ལྷོ་རོང་ཆོས་འབྱུང་》 བོད་ཡིག་དཔེ་རྙིང་དཔེ་སྐྲུན་ཁང་། ༡༩༨༦ལོ། ཤ་༢༣༤

བཞི་པའི་ས་ཏུ་སྒྲ་ནའི་ཡུལ་གྱི་ཡན་ལག་ཆུ་བོ་གཙྪ་དང་སློབ་དཔོན་ཨཱནྡ་དེ་བས་གདུལ་བྱ་གྲོལ་བའི་ལོ་རྒྱུས་ཞེས་པའི་ས་བཅད་ལས། ཆུ་བོ་ཡ་མུ་ནཱའི་ཤར་དུ་ལེ་དབར་བརྒྱད་བརྒྱ་ལྷག་བགྲོད་པས་ཆུ་བོ་གཙྪར་ཕྱུག །ཆུ་བོ་འདི་ཉིད་ཤར་ནས་ལྷོ་རུ་བབས་ཤིང་འཕྲེད་ལ་ལེ་དབར་གསུམ་བཞི་ཙམ་དང་རྒྱ་མཚོར་ཞུགས་མཚམས་ཀྱི་ཁ་ཞེང་ལ་ལེ་དབར་བཅུ་ལྷག་གདའ། ཁ་དོག་ལྗང་ཤས་ཆེ་ལ་རོ་ཞིམ། རླབས་ཕྲེང་དྲག་ཏུ་གཡོ་ཞིང་བྱེ་མ་དང་འདྲེས་ནས་བབས། ཀླུ་གདུག་པ་ཅན་མང་ཡང་གནོད་པ་མི་བྱེད། ཡུལ་མི་རྣམས་ཀྱིས་ཕུཎྱ་ཡོ་ད་ཀ་སྟེ་བསོད་ནམས་ཀྱི་ཆུ་ཞེས་འབོད། སྡིག་པ་ཇི་ལྟ་བུ་བསགས་ཀྱང་ཆུ་ནང་བཀྲུས་པས་དག་ཅིང་དེར་མཆོངས་སྟེ་སྲོག་ཞིབས་པ་ཐམས་ཅད་ཕྱི་མ་ལྷ་རུ་སྐྱེ་བ་དང་། གཤིན་པོའི་ཕུང་པོ་ཆུ་བོར་འཕངས་པ་ཀུན་ངན་འགྲོར་མི་ལྟུང་ཟེར། གཞན་ཡང་འབབ་ཆུར་ལག་པས་རེག་ན་ཤི་རྗེས་རྣམ་ཤེས་ཡར་འདྲེན་ཐུབ་པར་སྨྲ།[1]

[128]**མཆོད་རྟེན་བཞེངས་པ།** མཆོད་རྟེན་དེའི་སྐོར་ལ་ཐང་སན་ལམ་ཡིག་བམ་པོ་ལྔ་པ་ཀཎྣ་ཀུབྫའི་ཡུལ་གྱི་ས་བཅད་ལྔ་པ་སྨུར་མོའི་གྲོང་གི་ཉེ་འཁོར་དུ་གནས་པའི་སྟོན་པའི་རྗེས་ཤུལ་ཞེས་པ་རུ། གྲོང་ཁྱེར་གྱི་ནུབ་བྱང་མཚམས་སུ་རྒྱལ་པོ་མྱ་ངན་མེད་ཀྱིས་བཞེངས་པའི་མཆོད་རྟེན་ཞིག་ཡོད་པར་སྟོན་སྟོན་པས་ཉིན་བདུན་རིང་ཟབ་ཆོས་བསྟན་པའོ། །[2] ཞེས་ཀྱང་གསལ།

[129]**ཧ་རི་ཞེས་བྱ་བའི་གྲོང་ཚོ།** ལམ་ཡིག་ཕྱི་མོར་དེར་呵梨村ཞེས་བྱུང་བ་ཀྲང་ཤུན་གྱི་མཆན་[3]དུ་དེ་ནི་ཧ་རི་(Hari)བྱ་བའི་སྒྲ་ཡིན་པར་བསྟན་པས་འདིར་སྦྱར་

① རྨི་ཏུ་ཚེ་རིང་དོན་གྲུབ། 《ཐང་སན་ལམ་ཡིག་གསར་བསྒྱུར་དང་ཞིབ་འཇུག》བོད་ལྗོངས་བོད་ཡིག་དཔེ་སྙིང་དཔེ་སྐྲུན་ཁང་། ༢༠༡༨ལོ། ཤ་༡༤༣

② རྨི་ཏུ་ཚེ་རིང་དོན་གྲུབ། 《ཐང་སན་ལམ་ཡིག་གསར་བསྒྱུར་དང་ཞིབ་འཇུག་》བོད་ལྗོངས་བོད་ཡིག་དཔེ་སྙིང་དཔེ་སྐྲུན་ཁང་། ༢༠༡༨ལོ། ཤ་༡༥༨

③ 张巽校注:《佛国记》，中国旅游出版社，2016年，第84页。

པའོ། །ཨ་དྷ་ཆི་ཀི་རོ་ཀུ་ཡི་མཚན་①ལས་ཧ་རི་(呵梨)ལ་གཞན་དུ་ཧ་རི་ཏི་(Haritī/呵梨底)ཡང་བྱ་ཞིང་། དེས་ལྷ་དགའ་བྱེད་དབང་ཕྱུག་(欢喜天)དང་། འཕྲོག་མའི་(鬼子母)དོན་སྟོན་པར་བཤད། གྲོང་ཚོ་དེ་ནི་ཐང་སེན་ལམ་ཡིག་བམ་པོ་ལྔ་པའི་ཀཱནྱཱ་ཀུབྫའི་ཡུལ་གྱི་ས་བཅད་དྲུག་པ་ལས། གྲོང་ཁྱེར་ཆེན་པོའི་ལྷོ་ཕྱོགས་སུ་ལི་དབར་བརྒྱ་ལྷག་བགྲོད་པས་ཆུ་བོ་གངྒཱའི་ལྷོ་ངོགས་སུ་གནས་པའི་གྲོང་ཁྱེར་ན་བ་དེ་བ་ཀུ་ལར་སླེབས། དེའི་ཁོར་ཡུག་ལ་ལི་དབར་ཉི་ཤུ་ལྷག་མཆིས་ཤིང་མེ་ཏོག་དང་སྐྱེད་ཚལ་དང་ཆུ་རྫིང་དྭངས་མ་སོགས་ལྷག་པར་མང་། ཞེས་བྱུང་བའི་གྲོང་ཁྱེར་ན་བ་དེ་བ་ཀུ་ལ་ཞེས་པ་དེ་ཡིན་ཞིང་། ན་བ་དེ་བ་ཀུ་ལ་(Navadevakula/纳缚提婆矩罗城) ནི་ལྷའི་གྲོང་གསར་པའམ་དགོན་པ་གསར་པའི་དོན་སྟོན། དེའི་ཤུལ་རྗེང་ད་ལྟ་ཀ་ནོའུ་ཛ་(Kanauj)ཞེས་པའི་ས་ཆའི་ཤར་ལྷོའི་ཕྱོགས་ལི་དབར་༣༥ཡི་མཚམས། བན་གར་མའུ་(Bangarmau/般葛尔冒)ཞེས་པའི་བྱང་གི་ནེ་ཝལ་(Newal/奈瓦尔)ཞེས་པར་ཡོད་②ཅེས་ཅིད་ཤན་ལིན་གྱིས་མཛད་པའི་ཐང་སེན་ལམ་ཡིག་གི་མཆན་ལ་གསལ། གྲོང་ཁྱེར་དེའི་ལོ་རྒྱུས་ཐང་སེན་ལམ་ཡིག་ན་ཐྲ་ཤན་ལམ་ཡིག་ལས་ལྷུབ་འགྱུར་གྱིས་མང་བར་གསུངས་འདུག་པས་ཞིབ་ཏུ་མཁྱེན་འདོད་ན་རྨེ་ཙུ་ཚེ་རིང་དོན་གྲུབ་ཀྱི་ཐང་སེན་ལམ་ཡིག་བསྒྱུར་མཆན་③ལ་གཟིགས་པར་འཚལ།

[130]**སཱ་ཀེ་ཏའི་ཡུལ་ཆེན།** ཅིད་ཤན་ལིན་དང་། ཀྲང་ཤུན་སོགས་ཕལ་ཆེར་གྱིས་ལམ་ཡིག་ཕྱི་མོར་བྱུང་བའི་ཡུལ་དེའི་རྒྱ་ཡིག་ཐ་སྙད་沙祇ནི་ལེགས་སྦྱར་གྱི་སྐད་དོད་སཱ་ཀེ་ཏ་(Sāketa)ཡིན་པར་འདོད་པས་སྐབས་འབབ་དེ་ལྟར་བསྒྱུར་བ་

① 足立喜六著，何建民、张小柳译:《〈法显传〉考证》，贵州大学出版社，2014年，第109页。

② 季羡林校注:《大唐西域记》，中华书局，2012年，第447页。

③ རྨེ་ཙུ་ཚེ་རིང་དོན་གྲུབ། 《ཐང་སེན་ལམ་ཡིག་གསར་བསྒྱུར་དང་ཞིབ་འཇུག་》བོད་ལྗོངས་བོད་ཡིག་དཔེ་རྙིང་དཔེ་སྐྲུན་ཁང་། ༢༠༡༨ལོ། ཤ་༡༥༨ནས་༡༦༠བར།

ལགས། དེ་ཡང་ཀྲང་ཤུན་གྱི་མཆན་[1]ལས། ཡུལ་དེ་ནི་གནའ་བོའི་རྒྱ་གར་བྱང་ཕྱོགས་ཀྱི་ཀོ་ས་ལའི་ཡུལ་(Kosala/拘萨罗)གྱི་གནའ་གྲོང་ཡིན། ངག་རྒྱུན་དུ་ཀོ་ས་ལའི་ལྟེ་བའི་གྲོང་སྡེ་ཤོས་ནི་ཨྱོ་དྷྱཱ་(Ayodhyā/阿逾陀)རུ་ཆགས་ཤིང་། དེ་ནས་སཱ་ཀེ་ཏ་(Sāketa/娑枳多)དང་། མཐའ་འཛུག་མཉན་ཡོད་(Śrāvastī/舍卫)དུ་སྤོས་པར་སྐད། ཨྱོ་དྷྱཱའི་རྗེས་ཤུལ་ནི་ད་ལྟའི་རྒྱ་གར་བྱང་ཕྱོགས་མངའ་སྡེའི་དབུས་རྒྱུད་ཀྱི་ཕྱ་ཛ་པ་དའི་(Fyzabad/法扎巴德)ཤར་ཕྱོགས་ལེ་དབར་དྲུག་ཙམ་གྱི་གོ་ག་ར་ཆུ་བོའི་(Gogra R./哥格拉河)ཉེ་འགྲམ་གྱི་ཨ་ཛོ་དྷྱཱ་(Ajodhyā/阿约底)ཞེས་པའི་ས་ཆར་ཡོད། སཱ་ཀེ་ཏའི་(娑枳多)གནའ་ཤུལ་ནི་ཁ་ཅིག་གིས་ཨྱོ་དྷྱཱ་དང་གཅིག་པར་སྨྲ་བ་དང་། ལ་ལས་ཨྱོ་དྷྱཱའི་ཉེ་ལོགས་སུ་མཆིས་ཞིང་། ཨྱོ་དྷྱཱ་དང་ཕན་ཚུན་གཅེན་གཅུང་ལྟ་བུར་གནས་པའི་གྲོང་ཞིག་ཡིན་པས་གོ་བདེར་བརྗོད་ན། སཱ་ཀེ་ཏའི་རྗེས་ཤུལ་དེང་གི་ཨ་ཛོ་དྷྱཱ་རང་དུ་ཡོད་ཐོག །ད་ལྟའི་ཨ་ཛོ་དྷྱཱ་གྲོང་ཁྱེར་ནི་ཀ་ནའུ་ཛི་(Kanauj/卡瑙季城)གྲོང་གི་ཤར་ལྷོའི་ཕྱོགས་ཏེ། ཧྥ་ཤན་ལམ་ཡིག་ལས་བྱུང་བའི་སཱ་ཀེ་ཏ་(沙祇)དང་། ཀནྱ་ཀུབྫ་(罽饶夷)གཉིས་ཀྱི་བར་ན་གནས་པའི་དོན་དངོས་དང་མཐུན། དེ་ལྟར་ན་ཞིབ་འཇུག་པ་ཕལ་མོ་ཆེས་ལམ་ཡིག་ཕྱི་མོའི་沙祇ནི་娑枳多ཡིན་པར་འདོད་པས་དེའི་ལེགས་སྒྱུར་གྱི་ཐོག་མའི་མིང་ནི་སཱ་ཀེ་ཏ་(Sāketa)ཡིན་པར་སྨྲོ། །ཨ་ཛོ་དྷྱཱ་དང་། ཀ་ནའུ་ཛི་ས་ཆ་གཉིས་བར་དུ་ལེ་དབར་༡༥༠མཆིས་པ་དེ་དང་ཧྥ་ཤན་ལམ་ཡིག་ནང་སཱ་ཀེ་ཏ་ཡུལ་ཆེན་དང་། ཀནྱ་ཀུབྫའི་ཡུལ་གཉིས་བར་ལ་དཔག་ཚད་༡༣ཡོད་ཚུལ་གསལ་བ་(ལམ་ཡིག་ཕྱི་མོར་ཀནྱ་ཀུབྫ་ནས་དེའི་གྲོང་ཁྱེར་ཧ་རི་བར་དཔག་ཚད་༣དང་དེའི་སྟེང་ཧ་རི་ནས་སཱ་ཀེ་ཏ་བར་དཔག་ཚད་༡༠གསལ་བ་བསྡོན་པས་༡༣བྱུང་།)

① 张巽校注:《佛国记》，中国旅游出版社，2016年，第85页。

གཉིས་བསྡུར་ཚེ་ལར་རྒྱ་ཤར་ལམ་ཡིག་ན་བྱུང་བའི་ས་ཐག་ཐུང་བར་མངོན་མོད། ཧྥིང་ཁྲིང་ཙུན་གྱིས་བསྒྱུར་བའི་འཕགས་པ་དམ་པའི་ཆོས་དྲན་པ་ཉེ་བར་བཞག་པ་ལས་འཛམ་གླིང་ས་ཁམས་དཀར་ཆག་དག་བསྒྲིགས་ཞེས་པར། བཞེད་པ་ལ་ལར་དཔག་ཚད་གང་གི་གསུམ་ཆ་གཅིག་ལ་ལི་དབར་༡༢ལྷག་ཡོད་པར་བསྟན་པ་ལས་དཔག་ཚད་༡༣ནི་ལི་དབར་༡༥༠ལས་རིང་བའང་འོང་སྲིད་པས་ཤེས་སོ། །①ཞེས་གསུངས། གཞན་ཡང་རྒྱ་ཤར་ལམ་ཡིག་ཏུ་ཡུལ་འདིར་སྟོན་པའི་ཚེམས་ཤིང་ཡོངས་ཏེ་ལྡོན་པར་འགྱུར་ཞིང་། དེར་མུ་སྟེགས་པས་འཚེ་བ་བཙམས་ཀྱང་མ་ཉམས་པར་རང་སོར་གནས་པའི་ཚུལ་དང་། འདས་པའི་སངས་རྒྱས་རྣམ་བཞི་བཞུགས་བཅག་མཛད་པའི་གནས་སུ་མཆོད་རྟེན་མཆིས་པ་བཅས་ཀྱི་བརྗོད་བྱ་དེ་རྣམས་ཐང་སན་ལམ་ཡིག་གི་བམ་པོ་ལྔ་པའི་ཝི་ཥ་ཀའི་ཡུལ་(Viṣaka/鞞索迦国)དུ་ཀུན་ནས་ཆ་འདྲ་བར་གསུངས་ཡོད། (སྟོན་སྟོན་པས་ཚེམས་ཤིང་ཕྲ་མོ་འཕངས་ཏེ་ཡོངས་པ་ཞིག་ཡིན། ལྷ་ངན་བསྒྲིང་པ་རྣམས་དང་ཕྱི་རོལ་པའི་ཚོགས་སྐྱོ་བ་ལྟར་དེར་འོང་ནས་ཤིང་བྲེགས་པར་བྱེད་མོད་ཀྱི་མི་རིང་བར་ལྡོན་པ་སྔར་བཞིན་སྐྱེ་བར་གྱུར། དེའི་ཡོགས་ཀྱི་མི་རིང་བའི་སར་འདས་པའི་སངས་རྒྱས་རྣམ་བཞིའི་བཞུགས་ཁྲི་དང་ཞབས་བཅགས་པའི་རྗེས་ཤུལ་ཡོད།②) དེའི་རྒྱུ་མཚན་གྱིས་ཨ་དྷ་ཆི་གི་རོ་ཀུ་སོགས་ཞིབ་འཇུག་པ་ལ་ལས་ཐང་སན་ལམ་ཡིག་ན་བྱུང་བའི་ཡུལ་ཝི་ཥ་ཀ་ནི་རྒྱ་ཤར་ལམ་ཡིག་གི་ཡུལ་ཆེན་ཡིན་པར་སྨྲ་ཞིང་སཱ་ཀེ་ཏ་ནི་ཝི་ཥ་ཀའི་སྒྲ་བསྡུས་པར་བཞེད་དོ། །

[131]**སངས་རྒྱས་རྣམ་བཞི།** སངས་རྒྱས་ཆོས་ལུགས་ཀྱི་དགོངས་པ་ལྟར་ན།

---

① 冯承钧:《正法念处经阎浮提洲地志勘校录》，商务印书馆，1935年，第100至101页。

② རྒྱ་ཏུ་ཚེ་རིང་དོན་གྲུབ། 《ཐང་སན་ལམ་ཡིག་གསར་བསྒྱུར་དང་ཞིབ་འཇུག་》བོད་ལྗོངས་བོད་ཡིག་དཔེ་རྙིང་དཔེ་སྐྲུན་ཁང་། ༢༠༡༨ལོ། ཤ་༡༥༨

འདི་ཏུ་བརྗོད་པའི་འདས་པའི་སངས་རྒྱས་རྣམ་བཞི་ནི་བསྐལ་བཟང་སངས་རྒྱས་སྟོང་གཅིག་བྱོན་པར་གྲགས་པའི་ཡ་གྱལ་ད་ཕན་བྱོན་ཟིན་པའི་སངས་རྒྱས་རྣམ་བཞི་སྟེ། དེ་ཡང་འཛམ་བུའི་གླིང་གི་མི་རྣམས་ཚེ་ལོ་བཞི་ཁྲི་འཚོ་བའི་དུས་སུ་བྱོན་པའི་སངས་རྒྱས་སྟོང་གི་དང་པོ་འཁོར་བ་འཇིག་(Krakucchanda/拘楼秦佛/拘留孙佛)དང་། ཚེ་ལོ་གསུམ་ཁྲིའི་དུས་སུ་བྱོན་པའི་སངས་རྒྱས་གཉིས་པ་གསེར་ཐུབ་(Kanakamuni/拘那含牟尼佛)དང་། ཚེ་ལོ་ཉི་ཁྲིའི་དུས་སུ་བྱོན་པའི་སངས་རྒྱས་གསུམ་པ་འོད་སྲུང་(Kāśyapa/迦叶佛)དང་། ཚེ་ལོ་བརྒྱ་པའི་དུས་སུ་བྱོན་པའི་སངས་རྒྱས་བཞི་པ་ད་ལྟའི་སྟོན་པ་ཤཱཀྱ་ཐུབ་པ་(Śākyamuni/释迦牟尼)བཅས་ཡིན།

[132]**ཀོ་ས་ལའི་ཡུལ་གྱི་མཉན་ཡོད་གྲོང་།** ལམ་ཡིག་ཕྱི་མོར་拘萨罗བྲིས་པ་ཡུལ་དེའི་ལེགས་སྦྱར་ཐ་སྙད་ཀོ་ས་ལ་སྒྲ་ཟུར་ཆག་པར་ངེས། ཅིད་ཤན་ལིན་གྱི་ཐང་སན་ལམ་ཡིག་མཆན་ལས། གནའ་བོའི་གུཔྟའི་རྒྱལ་རབས་ཀྱི་རྒྱལ་པོ་ས་མུ་དྲ་གུཔྟའི་ཆེ་བ་བརྗོད་པའི་རྡོ་རིང་ཡི་གེར་མ་ཧཱ་ཀོ་ས་ལ་ཞེས་གསལ་ཞིང་། དེའི་དུས་ན་ཡུལ་ཀོ་ས་ལའི་མངའ་རིས་ད་ལྟའི་ན་ག་པུར་(纳格浦尔)གྱི་ལྷོ་ཕྱོགས་ཚན་དྷ་(Chandā/钱达)ས་ཁུལ་ཁྱིངས་དང་། ཁུལ་དེའི་ཤར་རྒྱུད་ཀྱི་ཀ་ན་ཀེར་(Ka-nker/康克尔)ས་ཆའི་རྒྱུད་དུ་ཡིན་①ཞེས་འཁོད་པར་སྣང་། ཀྲང་ཤུན་གྱི་མཆན་②དུ་ཡུལ་ཀོ་ས་ལའི་ལྟེ་བའི་གྲོང་གི་ཐོག་མའི་ལེགས་སྦྱར་མིང་ལ་ཤྲཱ་བ་སྟི་དང་པཱ་ལིའི་སྐད་ལ་སཱ་ཝ་ཏྠི་བྱ་ཞིང་། དེའི་རྗེས་ཤུལ་ད་ལྟ་རྒྱ་གར་བྱང་ཕྱོགས་མངའ་སྡེའི་བྱང་རྒྱུད་ཀྱི་བལ་རཱམ་པུར་(Balrāmpur/巴耳蓝普尔)ས་ཆའི་ནུབ་བྱང་ལེ་དབར་བཅུ་གཉིས་མཚམས་ཀྱི་རཱཔྟི་ཆུ་བོའི་(Rāptī R./腊普提河)ལྷོ་ངོགས་ཀྱི་སཱ་ཧེ་ཏ་དང་། མཱ་ཧེ་ཏ་(Sāhet-Māhet/沙海脱-马海脱)གཉིས་སུ་ཡིན་གསུངས། དེ་དེ་བཞིན་ཅིད་

① 季羡林校注:《大唐西域记》, 中华书局, 2012年, 第823页。

② 张巽校注:《佛国记》, 中国旅游出版社, 2016年, 第86页。

ཤན་ཡིན་གྱི་ཐང་སན་ལམ་ཡིག་མཆན་དུ། ཕྱི་གླིང་ཞིབ་འཇུག་པ་ཁང་ཉིང་ཧ་རྨུས་(Corning hamm/康宁哈姆)ཀྱང་ཤུན་གྱིས་བརྗོད་པའི་སཱ་ཧེ་ཏ་(Sāhet/沙海脱)དང་། མཱ་ཧེ་ཏ་(Māhet/马海脱) གྲོང་ཚོ་གཉིས་ཀྱི་ས་འོག་ནས་བརྙེད་ཆེ་བའི་སྟོན་པའི་སྐུ་བརྙན་རྙེད་པའི་སྟེང་དུ་ཤྲཱ་བ་སྟི་ཞེས་པའི་ཡི་གེ་ཡོད་པ་གཏན་ཚིགས་སུ་བྱས་ནས་མཱ་ཧེ་ཏ་ནི་རྒྱལ་པོའི་གྲོང་མཁར་དང་སཱ་ཧེ་ཏ་ནི་རྒྱལ་བྱེད་ཚལ་གྱི་ཤུལ་རྙིང་ཡིན་པར་བཞེད། དེའང་ཕྱིས་སུ་དུས་རབས་བཅུ་དགུ་པའི་དུས་མཇུག་ཏུ་དབྱིན་ཇིའི་རྟོགས་ཞིབ་པ་ཧོ་ཨེ་(W.Hoey/霍依)ཞེས་པར་སྣར་གྲོང་ཚོ་དེ་གཉིས་པོའི་ས་འོག་ནས་རྫ་རིང་གི་ཡི་གེ་དང་། བྲམ་ཟེ་དང་གཅེར་བུ་བའི་ཤུལ་བཞག་དངོས་རྫས་ཅུང་ཤས་རྙེད་སྐབས་ཁང་ཉིང་ཧ་རྨུའི་ལྟ་བར་བདེན་ཁ་སྦྱད་ཡོད་①ཅེས་བསྟན་ནོ། །རང་རེའི་སྒྲ་བྱེ་བྲག་རྟོགས་བྱེད་ཆེ་མོའི་ཡུལ་གྱི་མིང་ཞེས་པའི་ས་བཅད་དུ་ཡུལ་ཀོ་ས་ལའི་ལྟེ་བའི་གྲོང་ཤྲཱ་ས་སྟི་ལ་བོད་སྐད་དུ་མཉན་ཡོད་དུ་བསྒྱུར་ཡོད་པས་སྐབས་བབ་ཀྱང་དེ་ལྟར་སྦྱད་པ་ལགས། མཁས་དབང་དགེ་འདུན་ཆོས་འཕེལ་གྱིས་མཛད་པའི་རྒྱ་གར་གྱི་གནས་ཆེན་ཁག་ལ་བགྲོད་པའི་ལམ་ཡིག་ལས། དེ་ནས་སྟར་གྱི་རེལ་ལི་ནས་ཕ་རེན་ད་དང་དེ་ནས་ཏེ་ག་མལ་ཉོས་ཏེ་བལ་རམ་པུར་བར་འགྲོ། བལ་རམ་པུར་ནས་མེ་ལི་བཅུ་ཙམ་སོང་ན་མཉན་ཡོད་(ཤྲཱ་བ་སྟི་)ལ་སླེབས། དེང་སང་གི་མིང་ལ་ས་ཧེ་ཏ་མ་ཧེད་ཟེར། འབར་མའི་རྣམ་སྣ་ལ་དང་ཉེ་བ་ན་རྒྱལ་བུ་རྒྱལ་བྱེད་ཀྱི་ཚལ་（ཇེ་ཏ་བ་ན་）མགོན་མེད་ཟས་སྦྱིན་གྱི་ཀུན་དགའ་ར་བའི་ཤུལ་ཡོད་ཅིང་། དེར་སངས་རྒྱས་རང་ཉིད་བཞུགས་པའི་གཙུག་ལག་ཁང་། ༡. རྣ་ཛ་ཀུ་ཊི། ༢. ཀོ་ཤམྦིའི་ཀུ་ཊི། ༣. ག་གེ་རི་ཀོ་ཊི། ༤. གན་དྷ་ཀཱུ་ཊི（དྲི་གཙང་ཁང་）བཞི་གའི་ཤུལ་ཡོད། དེ་ལ་གན་དྷ་ཀཱུ་ཊི་ནི་སྟོན་

① 季羡林校注:《大唐西域记》, 中华书局, 2012年, 第484页。

པ་བཞུགས་པའི་གཟིམ་སྤྱིལ་གཙོ་བོ་ཡིན་ཞིང་། སྤྱིར་མཉན་ཡོད་འདི་ནི་སྟོན་པའི་བཞུགས་གནས་ཀུན་གྱི་ནང་ནས་གཙོ་བོ་ཡིན་ཏེ། རྒྱལ་བྱེད་ཚལ་རང་ལ་དབྱར་ཉི་ཤུ་དང་། རི་དྭགས་འཛིན་གྱི་མའི་ཤར་གྱི་ཀུན་དགའ་ར་བར་དབྱར་ལྔ་སྟེ་ཁྱོན་བསྡོམས་པས་ལོ་ཉི་ཤུ་རྩ་ལྔ་བཞུགས། མཆོག་ཟུང་གཉིས། ལྔ་སྡེ་བཟང་པོ། གནས་བརྟན་བཅུ་དྲུག །འོད་སྲུང་འཆར་ཀ་རྟ་ཐུལ་ལ་སོགས་པ་སྟོན་པའི་འཁོར་གྱི་གཙོ་བོ་ཉན་ཐོས་ཆེན་པོ་བརྒྱད་ཅུ་ཞེས་གྲགས་པ་དེ་ཀུན་ཀྱང་ཕལ་ཆེར་གནས་འདིར་ཡུན་རིང་བཞུགས་པ་ཤ་སྟག་ཡིན། སངས་རྒྱས་ཀྱིས་ཆོ་འཕྲུལ་ཆེ་མོ་བསྟན་པའི་གནས་ཀྱང་འདི་ཡིན། རྒྱལ་བྱེད་ཚལ་ནས་བྱང་དུ་བལྟས་ན་སོ་ཕག་གི་ལྷུགས་རིཞིག་པོ་སྣང་བརྒྱད་ལྔ་བུ་མཐོང་བ་དེ་མཉན་ཡོད་དུ་ཡོད་པའི་གྲོང་ཁྱེར་གྱི་ཤུལ་ཡིན་ཞིང་དེའི་ཤར་ངོས་ན་གྲོང་ཐོར་རེ་བ་ཞིག་མཐོང་བ་དེ་ཤར་གྱི་ཀུན་དགའ་རབའི་ཤུལ་ཡིན་ནམ་ཟེར། དེས་ན་མཉན་ཡོད་འདི་ནི་རང་རེ་སངས་རྒྱས་པ་ཀུན་གྱིས་མཐོང་ན་སྟོན་པའི་མཛད་སྤྱོད་ཀུན་ལ་དྲན་གསོས་ཐེབས་པའི་གནས་ཡིན་མོད་གནས་སྐོར་བ་རྣམས་ཨམ་འབབ་སར་ལ་འགྲོ་བའི་ལམ་ནས་གཡས་བསྐྱུར་གཡོན་བསྐྱུར་བྱས་ཏེ་འགྲོ་བ་འདི་བློ་ཕམ་ཆེ།[1] ཞེས་གསལ་ལོ། །

[133]**རྒྱལ་པོ་གསལ་རྒྱལ།** རྒྱལ་པོ་དེར་ལམ་ཡིག་ཕྱི་མོར་波斯匿王དང་། ཐང་སན་ལམ་ཡིག་གི་བམ་པོ་དྲུག་པར་钵逻犀那恃多ཟེར་བ་གཉིས་ཀ་དེའི་ལེགས་སྦྱར་གྱི་ཐ་སྙད་པྲ་སེ་ན་ཛི་ཏ་སྒྲ་ཟུར་ཆག་པར་ངེས་ཤིང་ཐང་སན་ལམ་ཡིག་རྒྱ་ཡིག་ཕྱི་མོར་胜军王ཞེས་དོན་སྒྱུར་མཛད་ཡོད། རང་རེའི་སྒྲ་བྱེ་བྲག་རྟོགས་བྱེད་ཆེ་མོའི་རྒྱལ་པོ་ཕལ་པའི་མིང་ཞེས་པའི་ས་བཅད་དུ་པྲ་སེ་ན་ཛི་ཏར་རྒྱལ་པོ་གསལ་རྒྱལ་ཞེས་དོན་སྒྱུར་བགྱིས་པ་སྐབས་བབ་བོད་འགྱུར་མར་སྣང་ངས་

[1] 《དགེ་འདུན་ཆོས་འཕེལ་གྱི་གསུང་རྩོམ་》 དེབ་གསུམ་པ། བོད་ལྗོངས་བོད་ཡིག་དཔེ་རྙིང་དཔེ་སྐྲུན་ཁང་། ༢༠༡༧ལོ། ཤ་༥༤༢ནས་༥༤༣བར།

ཡོད། འོན་ཏེ་གནས་བརྟན་སྲི་རི་ཧྲཛས་མཛད་ཅིང་། ངེས་དོན་རྒྱ་མཚོ་ཞུ་བས་ཐོད་བསྒྱུར་གནང་བའི་སྟོན་པའི་མཛད་རྣམ་གསལ་བའི་མེ་ལོང་ཞེས་པ་ཏུ་རྒྱལ་པོ་དེའི་མཚན་དུ་རབ་གསལ་ཞེས་བསྒྱུར་བའང་སྣང་། ཅིད་ཤན་ལིན་གྱིས་མཛད་པའི་ཐང་སན་ལམ་ཡིག་གི་མཆན་[1]དང་ཏུང་ཀྲི་ཆའོ་ཡིས་མཛད་པའི་ཐང་སན་ལམ་ཡིག་གི་མཆན་[2]ལྟར་ན། རྒྱལ་པོ་གསལ་རྒྱལ་(Prasenajit/钵逻犀那恃多/胜军)ལ་པ་ལིའི་སྐད་དུ་པ་སེ་ན་དིའམ་པ་སེ་ན་ཇི་ཏྲ་ཞིང་སྤྱི་ལོའི་སྔོན་གྱི་དུས་རབས་དྲུག་པའི་སྐབས་སྟོན་པ་ཤཱཀྱ་ཐུ་ནི་དང་དུས་མཉམ་པར་འཁྲུངས། ཁོང་ནི་རྒྱ་གར་བྱང་ཕྱོགས་ན་གནས་པའི་ཡུལ་སྟོབས་ལྡན་ཀོ་ས་ལའི་རྒྱལ་པོ་ཚངས་བྱིན་གྱི་སྲས་ཡིན་ཞིང་སྟོན་པར་ཕུ་དུད་ཆེ་བ་དང་ནང་ཆོས་དར་སྤེལ་ལ་རོགས་རམ་ཤུགས་ཆེ་མཛད། རྒྱལ་པོ་དེ་དང་སྟོན་པ་བཀའ་མཆིད་མཛད་པའི་སྐོར་ལུང་ཕྲན་ཚེགས་སམ་ལུང་དག་ལྡན་གྱི་བམ་པོ་༢དང་། ལུང་བར་མའི་བམ་པོ་༤༠སོགས་སུ་གསལ།

[134]**སྐྱེ་དགུའི་བདག་མོ།** སྐྱེ་དགུའི་བདག་མོ་(Prajāpatī/钵逻阇钵底)ནི་སྟོན་པ་སྐུ་བལྟམས་ནས་ཉིན་བདུན་སོང་རྗེས་ཡུམ་སྒྱུ་འཕྲུལ་ཆེ་མོ་ཚེ་ལས་འདས་པ་ན་ཁོང་གིས་མ་ཚབ་གནང་ནས་ནུ་ཞོ་སྦྱིན་ཏེ་སྟོན་པ་སྐུ་ཚེ་གསོན་པས་མཚན་དེ་ལྟར་ཐོགས། ཁོང་ནི་ནང་པའི་བཙུན་མ་དང་པོ་དེ་ཡིན་ཞིང་། དེའི་ལོ་རྒྱུས་ནི་སྟོན་པའི་མཛད་རྣམ་གསལ་བའི་མེ་ལོང་ལས། སྟོན་པ་སངས་རྒྱས་རྗེས་སྐྱེ་དགུའི་བདག་མོས་ཐེངས་གསུམ་གྱི་བར་དུ་སངས་རྒྱས་བཅོམ་ལྡན་འདས་ཀྱི་སྐུ་མདུན་དུ་བཅར་ཏེ། ཁོ་མོ་དགེ་འདུན་སྡེ་ཁོངས་སུ་རབ་ཏུ་བྱུང་བར་ཞུ། ཞེས་ཞུ་བ་ཕུལ་ན་ཡང་། ཞུ་ཐེངས་རེ་རེ་བཞིན་སྟོན་པས་རྒྱུ་མཚན་གང་ཡང་མ་གསུངས་པར་ཞལ་བཞེས་མ་གནང་། འོན་ཏེ་སྐྱེ་དགུའི་བདག་མོ་ཆོད་སེམས་བརྟན་ཞིང་རང་ཉིད་

① 季羡林校注:《大唐西域记》, 中华书局, 2012年, 第484页。

② 董志翘译著:《大唐西域记》, 中华书局, 2012年, 第331页。

ཀྱི་སྐྲ་རང་གིས་བྲེགས་ཏེ་ཅུར་སྨྲིག་གི་གོས་གྱོན་ནས་ངལ་བ་དུ་མ་ཁྱད་དུ་བསད་དེ་བཅོམ་ལྡན་འདས་གང་དུ་བཞུགས་པ་དེར་སོང་བས་ཉན་ཐོས་ཀུན་དགའ་བོ་སྐྱེ་དགུའི་བདག་མོའི་སྙིང་སྟོབས་ལ་ངོ་མཚར་སྐྱེས་ཏེ་བཅོམ་ལྡན་འདས་ལ་ཞུ་བ་ལན་གསུམ་ཕུལ་ཡང་ཞལ་མ་བཞེས་སོ། དེས་ན་ཀུན་དགའ་བོས་ཐབས་ཀྱིས་སངས་རྒྱས་ལ། ཀྱེ། བདག་ཉིད་ཆེན་པོ་ལགས། བུད་མེད་རྣམས་རབ་ཏུ་བྱུང་སྟེ་བཙུན་མ་བྱས་ན་ཕོང་ཆོས་འབྲས་བུ་གང་ཡང་རུང་བའི་ཉམས་རྟོགས་མངོན་དུ་བྱེད་ཐུབ་བམ། ཞེས་ཞུས་པར་བཅོམ་ལྡན་འདས་ཀྱིས། ཀུན་དགའ་བོ། བུད་མེད་རྣམས་ཀྱིས་ཀྱང་ཉམས་རྟོགས་མངོན་དུ་བྱེད་ཐུབ་པ་ཡིན་ཞེས་གསུངས་པས། དེ་ཨུར་ཀུན་དགའ་བོས་འོ་ན་དེ་འདྲ་ཡིན་ན་བུད་མེད་རྣམས་རབ་ཏུ་བྱུང་ན་དགེ་མཚན་ཆེ་བ་མི་འདུག་གམ་ཞེས་ཞུས་པར། བཅོམ་ལྡན་འདས་ཀྱིས་བཀའ་བསྩལ་པ། ཀུན་དགའ་བོ། གལ་ཏེ་སྐྱེ་དགུའི་བདག་མོས་ལྕི་བའི་ཆོས་བརྒྱད་དང་དུ་བླངས་ཏེ་བསྲི་སྲུང་བྱེད་ཐུབ་ཚེ་རབ་ཏུ་བྱུང་ན་ཡང་མི་འགྲིག་པ་མེད་ཅེས་གསུངས།[①]

[135]**ཁྱིམ་བདག་མགོན་མེད་ཟས་སྦྱིན།** ལམ་ཡིག་ཕྱི་མོར་ཁྱིམ་བདག་དེར་须达长者ཞེས་འབོད་པ་须达ནི་དེའི་ལེགས་སྦྱར་སུ་ད་ཏྟ་སྐྲ་ཟུར་ཆག་པ་དང་། 长者ནི་ཁྱིམ་བདག་ལ་གོ་ཞིང་བོད་དུ་ཁྱིམ་བདག་ལེགས་སྦྱིན་ནམ་དེའི་མཚན་གཞན་ཡོངས་གྲགས་སུ་ཁྱིམ་བདག་མགོན་མེད་ཟས་སྦྱིན་ཞེས་མདོ་བསྟན་དུ་མར་གསལ། དེ་ཡང་ཁྱིམ་བདག་མགོན་མེད་ཟས་སྦྱིན་(Anāthapiṇḍika/给孤独)ནམ་ལེགས་སྦྱིན་(Sudatta/苏大多/善施)ནི་སྔོར་རྒྱ་གར་དུ་སྟོན་པ་ཤཱཀྱ་མུ་ནི་ཞལ་བཞུགས་སྐབས་སངས་རྒྱས་དགེ་འདུན་དང་བཅས་པར་ཉིན་ལྟར་བསོད་སྙོམས་འབུལ་མཁན་གྱི་སྦྱིན་བདག་ཡིན་ཞིང་། དེའི་ལོ་རྒྱུས་མདོར་བསྡུས་ནི། ཏུང་དཀར་ཚིག་

① གནས་བརྟན་ཤྲཱི་རི་ཧྲཱས་མཛད། ངེས་དོན་རྒྱ་མཚོས་བསྒྱུར། 《སྟོན་པའི་མཛད་རྣམ་གསལ་བའི་མེ་ལོང་》སེར་གཙུག་ནང་བསྟན་དཔེ་སྐྲུན་འཚོལ་བསྡུ་ཚོགས་སྒྲིག་ཁང་། དཔེ་ཨང་༥༠ ཤ་༢༢༥

མཛོད་[1]ལས། རྒྱ་གར་གྱི་གྲོང་ཁྱེར་མཉན་ཡོད་དུ་ཁྱིམ་བདག་སྦྱིན་པ་ལ་བུ་རབ་སྦྱིན་ཞེས་པ་ཞིག་བྱུང། བུ་དེ་ཆུང་དུས་ནས་སྦྱིན་པ་ལ་ཧ་ཅང་དགའ་བས་རང་ཉིད་ཀྱི་རྒྱན་གོས་དང་ཟས་ནོར་ལ་སོགས་པ་ཕངས་པ་མེད་པར་གཞན་ལ་སྟེར་ཞིང་ལྷག་པར་མགོན་སྐྱབས་མེད་པའི་དབུལ་ཕོངས་རྣམས་ལ་ཤིན་ཏུ་བྱམས་པ་ཞིག་བྱུང་བས་མིང་ལ་མགོན་མེད་ཟས་སྦྱིན་དུ་གྲགས། ནམ་ཞིག་ཕས་མགོན་མེད་རྣམས་ལ་ཟས་དང་གོས་སྟེར་ན་འགྲིག །རྒྱན་ཆ་རྣམས་རྟག་ཏུ་མ་སྟེར་ཞེས་སླས་ཀྱང་བུས་མ་ཉན་པར་སློང་བ་པོའི་འདོད་པར་གང་ཡོད་པ་རྣམས་སྦྱིན་ནས་རྒྱ་མཚོ་ཆེན་པོ་ནས་རིན་པོ་ཆེའི་གཏེར་མང་པོ་བླངས་ནས་ལོངས་སྤྱོད་ཕུན་སུམ་ཚོགས་པར་གྱུར། ཕ་དེ་འདས་རྗེས་མགོན་མེད་ཟས་སྦྱིན་གྱི་བུ་ལ་མནའ་མ་ལེན་ཆེད་བྲམ་ཟེ་ནོར་ཆེན་ལ་ཡི་གེ་བསྐུར་ནས་མནའ་མའི་རིན་རྣམས་ཁྱེར་ནས་བྲམ་ཟེའི་ཕ་ཡུལ་རྒྱལ་པོའི་ཁབ་ཏུ་སོང་བས། བྲམ་ཟེའི་ཁྱིམ་ནི་ཡུལ་གྱི་རྒྱལ་པོ་དང་འདྲ་བའི་ལོངས་སྤྱོད་ཕུན་སུམ་ཚོགས་པ་ཡོད་པར་མཐོང་ཞིང། སྐབས་དེར་མགོན་མེད་ཟས་སྦྱིན་གྱིས་སངས་རྒྱས་བཅོམ་ལྡན་འདས་ལ་ཆ་རྒྱུས་མེད་སྟབས། ཁྱོད་རང་གིས་ཟས་ཕུན་སུམ་ཚོགས་པ་མང་པོ་འདི་ཙམ་ཞིག་གྲ་སྒྲིག་བྱས་ཏེ་ཡུལ་གྱི་རྒྱལ་པོ་སྐུ་མགྲོན་དུ་གདན་དྲངས་རྒྱུ་ཨེ་ཡིན་ཞེས་དྲིས་པར། བྲམ་ཟེ་ནོར་ཆེན་གྱིས་དེ་མིན། སངས་རྒྱས་དགེ་འདུན་དང་བཅས་པ་གདན་དྲངས་ནས་བསྙེན་བཀུར་ཞུ་རྒྱུ་ཡིན་ཞེས་སླས། ཟས་སྦྱིན་གྱིས་སངས་རྒྱས་དང་དགེ་འདུན་ཞེས་པ་སུ་ཡིན་ཞེས་པར། ནོར་ཅན་གྱིས་རྒྱལ་རིགས་སུ་འཁྲུངས་ཀྱང་རྒྱལ་སྲིད་སྤངས་ནས་རབ་ཏུ་བྱུང་སྟེ་སངས་རྒྱས་པ་དེ་ལ་སངས་རྒྱས་ཟེར་བ་དང། དེའི་རྗེས་སུ་འབྲངས་ནས་ཁྱིམ་སྤངས་རབ་ཏུ་བྱུང་སྟེ་གཙུག་ལག་ཁང་དུ་གནས་པ་དེ་ལ་དགེ་འདུན་ཟེར་བ་ཡིན་ཞེས་ངོ་སྤྲོད་

① དུང་དཀར་བློ་བཟང་འཕྲིན་ལས། 《དུང་དཀར་ཚིག་མཛོད་》ཀྲུང་གོའི་བོད་རིག་པ་དཔེ་སྐྲུན་ཁང་། ༢༠༡༥ལོ། ཤ་༣༣༡

བྱས། དེའི་ཕྱི་ཉིན་བྲམ་ཟེ་སྦྲང་རྩིའི་ཕུང་པོས་ལམ་བསྟན་ནས་སངས་རྒྱས་བཅོམ་ལྡན་འདས་ཀྱི་དྲུང་དུ་སོང་ནས་ཆོས་ཉན། དད་པ་ལྷག་པར་སྐྱེས་ནས་སངས་རྒྱས་དགེ་འདུན་དང་བཅས་པ་བཞུགས་སའི་གཙུག་ལག་ཁང་བཞེངས་རྒྱུར་ཁས་བླངས་ནས་རྒྱལ་བྱེད་གཞོན་ནུའི་ས་ནས་ས་ཆ་བགོས་ཏེ་གཙུག་ལག་ཁང་བཞེངས་པ་དེ་ལ་རྒྱལ་བུ་རྒྱལ་བྱེད་ཀྱི་ཚལ་ཞེས་རྒྱ་གར་དུ་ནང་པ་སངས་རྒྱས་ཆོས་ལུགས་ཀྱི་དགོན་པ་དང་པོ་དེ་ཡིན། སྐབས་དེར་དགོན་པ་དེའི་ནང་དགེ་སློང་ཆིག་སྟོང་ཉིས་བརྒྱ་ལྔ་བཅུ་ཙམ་ལས་མེད་ཐོག་འཚོ་བ་ཐམས་ཅད་ཁྱིམ་བདག་མགོན་མེད་ཟས་སྦྱིན་གྱིས་འབུལ་གྱི་ཡོད། ཞིབ་པར་རྟོགས་བརྗོད་དཔག་བསམ་འཁྲི་ཤིང་ཡལ་འདབ་ཉེ་ཤུ་རྩ་གཉིས་པ་རྒྱལ་བྱེད་ཀྱི་ཚལ་ཡོངས་སུ་བཟུང་བའི་རྟོགས་བརྗོད་ཅེས་པར་གསལ་ལོ། །ཞེས་གསུངས།

[136]**སོར་འཕྲེང་ཅན།** སོར་འཕྲེང་ཅན་(Aṅgulimāla/指鬘) ནི་རྒྱལ་པོ་གསལ་རྒྱལ་གྱི་བློན་པོའི་བུ་ཡིན་པ་ལས་ཐོག་མར་མིང་ལ་ཨཧིཾ་ས་ཀ་(Ahiṃsaka/无恼)བྱ་ཞིང་། མུ་སྟེགས་པ་བསྟེན་ནས་སྐྱེ་བོ་དུ་མའི་སྲོག་བཅད་དེ་དེ་རྣམས་ཀྱི་སོར་མོ་འཕྲེང་བར་འདོགས་པ་ཞིག་ཡིན་མོད། དུས་ཕྱིས་སྟོན་པའི་ཆོས་ཐོས་ནས་འགྱོད་ཅིང་བཤགས་ཏེ་ནང་པའི་ཆོས་སྒོར་ཞུགས་མཐར་དགྲ་བཅོམ་པ་ཐོབ་པའི་སྟོན་པའི་སློབ་མའི་གྲས་ཤིག་ཡིན། དེའི་ལོ་རྒྱུས་ཞིབ་པ་མདོ་མཛངས་བླུན་གྱི་བམ་པོ་བཅུ་པ་མི་གདུང་བ་སོར་འཕྲེང་ཅན་གྱི་ལེའུ་ཞེས་པ་དང་། ཐོན་དུ་བརྗོད་ཟིན་པའི་དཔེ་ཆ་སྟོན་པའི་མཛད་རྣམ་གསལ་བའི་མེ་ལོང་[①]སོགས་སུ་གསལ།

[137]**གནས་མཆོག་ཅིག་ཏུ་འབྲུམས།** ཐང་སན་ལམ་ཡིག་གི་བམ་པོ་དྲུག་པའི་

① གནས་བརྟན་སླི་རི་ཧྲམས་མཛད། ངེས་དོན་རྒྱ་མཚོས་བསྒྱུར། 《སྟོན་པའི་མཛད་རྣམ་གསལ་བའི་མེ་ལོང་》སེར་གཙུག་ནང་བསྟན་དཔེ་རྙིང་འཚོལ་བསྡུ་ཕྱོགས་སྒྲིག་ཁང་། དཔེ་ཨང་༥༠ ཤ་༡༠༧ནས་༡༡༨བར།

ཡུལ་མཉན་ཡོད་ན་གསལ་བའི་ཁྱིམ་བདག་མགོན་མེད་ཟས་སྦྱིན་གྱི་ཀུན་དགའ་ར་བའི་གཙུག་ལག་ཁང་གི་ལོ་རྒྱུས་དེས་ཟླ་ཤན་ལམ་ཡིག་ན་བྱུང་བའི་དེའི་སྐོར་ལ་ཁ་སྐོང་མཛད་ནུས་པར་སྙམ་ཏེ། དེ་ཡང་ཐང་སན་ལམ་ཡིག་ལས། གྲོང་ཁྱེར་ཤྲཱ་ཝསྟི་ཞེས་པའི་དབར་ལྡེ་དྲུག་མཚམས་སུ་ཛེ་ཏ་བ་ན་ན་ཐ་པནྡྷ་སྦྱ་རཱུ་མཿསྐྱེ་རྒྱལ་བྱེད་ཚལ་མགོན་མེད་ཟས་སྦྱིན་གྱི་ཀུན་དགའ་ར་བ་གནས། དེ་ནི་རྒྱལ་པོ་གསལ་རྒྱལ་གྱི་བློན་པོ་ཁྱིམ་བདག་མགོན་མེད་ཟས་སྦྱིན་གྱིས་སྟོན་པར་བཞེངས་པའི་ཁང་བུ་ཡིན། དེ་ཉིད་སྔོན་གཙུག་ལག་ཁང་ཡིན་པ་ལ་ད་ཆ་ཞིག་ནས་ཤིན་ཏུ་ཉམས་ཉེས་པར་གྱུར། ཤར་སྒོའི་ཡོགས་གཉིས་སུ་རྒྱལ་པོ་མྱ་ངན་མེད་ཀྱིས་བཞེངས་པའི་རྡོའི་ཀ་བ་མཐོ་ལ་ཁྲུ་བདུན་ཙམ་ལྷག་བྱས་པ་རེ་ཡོད་པའི་གཡོན་ལ་མཚན་བཟང་འཁོར་ལོའི་རིས་དང་གཡས་སུ་བ་ལང་གི་གཟུགས་བརྐོས་པར་སྣང་། གཞན་ཡང་སྟོན་པའི་སྐུ་བརྙན་རྟེན་དུ་གསོལ་བའི་སོ་ཕག་གི་ཁང་བུ་མཐོན་པོ་གཅིག་ཕོ་ན་ལས་གཞན་ཕལ་ཆེ་བ་ཞིག་སྟེ་རྨང་ཙམ་ལས་མཇལ་དུ་མེད། སྐུ་བརྙན་དེ་ཉིད་མ་འོངས་པར་སྟོན་པ་སུམ་ཅུ་རྩ་གསུམ་གྱི་ལྷ་གནས་སུ་ཡུམ་ལ་ཆོས་བསྟན་པའི་སྐབས་རྒྱལ་པོ་སྤྲིང་རྗེ་སྐྱེས་ཀྱིས་ཙནྡན་གྱིས་སྟོན་པའི་སྐུ་བཞེངས་པ་རྒྱལ་པོ་གསལ་རྒྱལ་གྱིས་ཐོས་ནས་བཞེངས་པར་གྲགས། ཁྱིམ་བདག་མགོན་མེད་ཟས་སྦྱིན་འདི་ཉིད་བྱམས་དང་ཤེས་རབ་ཅན་ནོར་གསོག་པར་མཁས་ཤིང་། སྐྱེ་བོ་མགོན་མེད་དང་ཐན་པོ་རྣམས་ལ་ཕངས་མེད་དུ་སྦྱིན་པར་དགའ་བ་ཞིག་ཡིན་པས་སྐབས་དེར་ཐམས་ཅད་ཀྱིས་མགོན་མེད་ཟས་སྦྱིན་ཞེས་འབོད། དེས་སངས་རྒྱས་ཀྱི་སྙན་པ་ཐོས་ནས་ཁང་བུ་ཞིག་བཞེངས་ཏེ་སངས་རྒྱས་སྤྱན་འདྲེན་པར་འདོད་པའི་ཚེ། སྟོན་པས་ཤཱ་རིའི་བུ་མངགས་ནས་ཁྱིམ་བདག་མགོན་མེད་ཟས་སྦྱིན་དང་ལྷན་དུ་གཟིགས་ཞིབ་ལ་བསྐྱོད་མཐར་རྒྱལ་སྲས་ཀྱི་སྐྱེད་ཚལ་ཕོ་ན་ལེགས་པར་སྙམ་ནས་རྒྱལ་སྲས་ལ་རྒྱུ་

མཚན་ཞུས་པས་རྒྱལ་སྲས་ཀྱིས་ཀུ་རེའི་ཚུལ་དུ་གལ་ཏེ་ཁྱོད་ཀྱིས་སྐྱིད་ཚལ་མཐའ་དག་གསེར་ཏམ་གྱིས་བཀབ་ནུས་ན་བདག་གིས་བཙོང་ངོ་ཟེར། མགོན་མེད་ཟས་སྦྱིན་གྱིས་དེ་ལྟར་ཕངས་མེད་མཛད་པས་སའི་ཆ་ཙུང་ཟད་ལུས་པའི་ཚེ་རྒྱལ་སྲས་ཀྱིས་བཀག་སྟེ་གང་ཞིག་སངས་རྒྱས་གནས་པའི་ཡུལ་ནི་བསོད་ནམས་དཔག་ཏུ་མེད་པའི་ཞིང་ཡིན་པས་ཁོ་བོ་ཡང་དགེ་རྩ་གསོག་པར་བྱའོ་ཟེར་ཞིང་ས་ཆའི་ལྷག་མར་གཞལ་ཡས་ཁང་བཏབ་བོ། །དེ་ནས་སྟོན་པ་དེར་གཤེགས་ཏེ་ཀུན་དགའ་བོར་སྐྱིད་མོས་ཚལ་འདི་ཉིད་ཁྱིམ་བདག་ཟས་སྦྱིན་གྱིས་ཉོས་པ་དང་ལྗོན་པ་རྣམས་རྒྱལ་སྲས་ཀྱིས་སྦྱིན་པ་ལས། ཁོང་རྣམ་གཉིས་ཡིད་གཅིག་ཏུ་མཐུན་ནས་བསྟན་པ་ལ་སྦྱི་ཞུ་རྣམ་དག་བསྒྲུབས་པའི་ཕྱིར་ཕྱིས་སུ་གནས་འདི་ཉ་རྒྱལ་བྱེད་ཚལ་མགོན་མེད་ཟས་སྦྱིན་གྱི་ཀུན་དགའ་ར་བ་ཅེས་བྱའོ་ཞེས་བཀའ་བསྩལ་ལོ།།①

[138]འཁོར་རྣམ་པ་བཞི། དགེ་སློང་ཕོ་མོ་དང་དགེ་བསྙེན་ཕོ་མོ་བཅས་བཞིའོ།

[139]སྟོན་པའི་འདྲ་སྐུ་ཐམས་ཅད་ཀྱི་ཐོག་མ། སྐུ་བརྙན་དེ་ནི་ཡིག་ཆ་རྣམས་སུ་ཤྲུང་ལྟར་གྲགས་པའི་ཙནྡན་ཇོ་བོ་ཞེས་པ་དེ་ཡིན་ཞིང་། རང་རེར་སྟོན་པའི་འདས་ཡོའི་བརྩི་སྲོལ་མང་དུ་སྣང་བའི་ཡ་གྱལ་ཅིག་ནི་ཇོ་བོ་འདིའི་ལུགས་ཡིན་ཏེ། སྐུ་བརྙན་དེའི་ལོ་རྒྱུས་ཞིབ་པ་ཞིག་ལུང་སྐྲ་དུ་ཐོག་ཐུ་སྐུ་ཕྲེང་གསུམ་པ་རོལ་པའི་རྡོ་རྗེས་མཛད་པར་སྣང་སྟེ། དེ་ཡང་ལུང་སྐྲ་རོལ་པའི་རྡོ་རྗེས་མཛད་པའི་ཙན་དན་ཇོ་བོའི་ལོ་རྒྱུས་སྐོར་ཚད་ཕན་ཡོན་མདོར་བསྡུས་རིན་པོ་ཆེའི་འཕྲེང་བ་ལས། འདིར་སྐབས་སུ་བབས་པ་ཙན་དན་ཇོ་བོའི་ལོ་རྒྱུས་ལ་སྟོན་པའི་འབྱུངས་ལོ་སོགས་ལ་རྒྱ་དཀར་ནག་དང་བོད་ཀྱི་མཁས་པ་མང་པོའི་བཞེད་ཚུལ་མི་འདྲ་བ་མང་དུ་འབྱུང་བའི་དབང་གིས་ལྷ་གནས་སུ་ཕེབས་པའི་ལོའི་གྲངས་ཀྱང་མི་མཐུན་པ་དང་། བོད་

① རྨི་ཉ་ཚེ་རིང་དོན་གྲུབ། 《ཐང་སན་ལམ་ཡིག་གསར་བསྒྱུར་དང་ཞིབ་འཇུག》བོད་ལྗོངས་བོད་ཡིག་དཔེ་སྙིང་དཔེ་སྐྲུན་ཁང་། ༢༠༡༨ལོ། ཤ་༡༨༨ནས་༡༨༩

ཀྱི་བཀའ་འགྱུར་ནང་འདུལ་བ་ལུང་དང་། དྲིན་ལན་བསབ་པའི་མདོ་སོགས་ལས་སྐུ་བརྙན་འདི་ཉིད་བཞེངས་ཚུལ་མདོ་ཙམ་བྱུང་ཡང་རྒྱ་ནག་གི་ལོ་རྒྱུས་ལས་བྱུང་བ་རྣམས་དེ་ལས་རྒྱས་པར་སྣང་ཞིང་། དེའི་ཁུངས་ཀྱང་ལེགས་པར་སྣང་བས་དེ་བཞིན་དུ་བཤད་ན། སྟོན་པ་དགུང་ལོ་སོ་བརྒྱད་པ་ལ་སྟོན་རང་གི་ཡུམ་སྒྱུ་མ་ལྷ་མཛེས་འཛམ་བུ་གླིང་ནས་ཤི་འཕོས་ཏེ་སུམ་ཅུ་རྩ་གསུམ་དུ་སྐྱེས་པ་དེའི་དོན་མཛད་པ་དང་། གཞན་ཡང་སུམ་ཅུ་རྩ་གསུམ་གྱི་ལྷ་སྐལ་པ་དང་ལྡན་པ་རྣམས་རྗེས་སུ་བཟུང་བའི་ཆེད་དུ་ལྷའི་ཡུལ་དུ་གཤེགས་ཏེ་དེར་ཟླ་བ་གསུམ་དབྱར་གནས་པར་བཞུགས། རང་གི་ཡུམ་དང་ལྷའི་འདུལ་བྱ་མང་པོ་བདེན་པ་ལ་བཀོད་པ་སོགས་ཀྱི་དོན་མཛད། དེའི་ཚེ་ཤ་ར་ན་སིའི་རྒྱལ་པོ་ཨུ་ཏ་ཡ་ནས་སྟོན་པའི་ཞལ་མ་མཇལ་བར་ཡུན་རིང་སོང་ནས་ཡིད་གདུང་སྟེ། སྐུ་དངོས་དང་འདྲ་བའི་སྐུ་བརྙན་བཞེངས་པར་བསམས་ཏེ་མོའུ་འགལ་གྱི་བུ་ལ་སྨྲས། དེས་ཀྱང་བཟོ་བོ་མཁས་པ་སུམ་ཅུ་རྩ་གཉིས་ཁྲིད་དེ་རྫུ་འཕྲུལ་གྱིས་ལྷ་ཡུལ་དུ་ཕྱིན། སྟོན་པའི་སྐུ་དངོས་ལ་བལྟར་བཅུག་པས་བཅོམ་ལྡན་འདས་ཀྱི་འོད་དང་གཟི་བརྗིད་མཐའ་ཡས་པའི་ཟིལ་གྱིས་བཟོ་བོ་རྣམས་ཀྱིས་སྐུའི་མཚན་རྣམས་ཇི་ལྟར་བཞིན་ཡོད་ལ་གཟུང་མ་ནུས་པ་ན་སྟོན་པས་ཆུ་གླང་གི་འགྲམ་དུ་ཕེབས་ནས་སྐུ་བཞེངས་སྟབས་དུ་བཞུགས་པའི་གཟུགས་བརྙན་ཆུ་ནང་དུ་ཤར་བ་ལ་ལན་གསུམ་བསྐྱུར་ཏེ་བལྟས་ལ་མཚན་བཟང་གི་ཁྱད་པར་རྣམས་ཡིད་ལ་བཟུང་བ་ལྟར་ཙན་དན་གོཾ་ཤིརྵ་ལས་སྐུ་གཟུགས་བཞེངས་པ་ཡིན་ཞིང་། དེའི་ཚེ་ན་བཟའ་ཡང་ཆུའི་གཉེར་ལས་བསྐྱོད་པའི་རྣམ་པ་ཅན་དུ་ཡོད་པ་ལ་དཔེ་བྱས་ཏེ་ཆུ་རིས་མར་བསྒྲུབས། དེ་ཡང་སྟོན་པའི་བྱིན་རླབས་ཀྱིས་ཉི་མ་གཅིག་ལ་བསྒྲུབས་ནས་རྒྱལ་པོ་ཨུ་ཏ་ཡ་ནའི་མཆོད་གནས་སུ་བཞུགས། དེ་ནས་སྟོན་པ་སླར་མི་ཡུལ་ཕེབས་པའི་ཚེ་རིན་པོ་ཆེའི་ཐེམ་སྐས་གསུམ་སྤྲུལ་ཏེ་གཡས་

པར་ཚངས་པ་ཆེན་པོ་གདུགས་དཀར་པོ་གསེར་གྱི་ཡུ་བ་ཅན་གཟུང་བ་གཟུགས་ཁམས་ཀྱི་ལྷ་རྣམས་དང་བཅས་པ་དང་། གཡོན་པར་བརྒྱ་བྱིན་རྔ་ཡབ་དཀར་པོ་ནོར་བུའི་ཡུ་བ་ཅན་ཐོགས་པ་འདོད་ཁམས་ཀྱི་ལྷའི་ཚོགས་དང་བཅས་པ་དང་། སྟེང་ནས་གནས་གཙང་མའི་རིས་ཀྱི་ལྷའི་བུ་དང་བུ་མོ་མང་པོས་མཆོད་རྫས་སྣ་ཚོགས་ཐོགས་པས་མཆོད་ཅིང་། མདུན་ནས་རྒྱལ་ཆེན་བཞིའི་རིས་ཀྱི་ལྷ་རྣམས་ཀྱིས་དྲི་བཟང་པོའི་སྤོས་ཐོགས་པས་བསུས་ཏེ་སྟོན་པ་རང་ཉིད་ཐེམ་སྐས་དབུས་མ་ནས་མཚན་དཔེའི་འོད་ཟེར་རབ་ཏུ་འབར་བར་ཉི་མའི་དཀྱིལ་འཁོར་ལྟར་ལྷམ་མེ་ལྷན་ནེ་ལྷང་ངེར་རེས་རྫུ་འཕྲུལ་དང་རེས་ཞབས་ཀྱིས་བཅགས་ཏེ་རིམ་གྱིས་བྱོན། དེའི་ཚེ་དགེ་སློང་དགེ་འདུན་རྣམས་དང་། རྒྱལ་པོ་དང་། བློན་པོ། བྲམ་ཟེ། ཁྱིམ་བདག་པོ་མོ་རྣམས་ཀྱིས་རང་རང་གི་ཅི་འབྱོར་བའི་མཆོད་རྫས་སྣ་ཚོགས་པ་ཐོགས་ནས་བསུ་བ་བྱ་སྐབས་སྐུ་དེ་བཞེངས་ནས་གོམ་པ་ཁ་ཤས་བར་བསུ་བ་བྱས་ཏེ། སྐུ་དངོས་དང་མཇལ་སྐབས་དབུ་གུག་གུག་པ་ལ་ལན་གསུམ་གྱིས་སྐུ་ཁམས་འདྲི་བའི་ཚུལ་མཛད། སྟོན་པ་སྐུ་བརྟན་འདིའི་དབུ་ལ་ཕྱག་གཡས་པ་བརྐྱངས་ཏེ་བཞག་ནས་སངས་རྒྱས་དངོས་དང་འདྲ་བའི་བསྟུགས་པ་མཛད་དེ་ང་མྱ་ངན་ལས་འདས་ནས་ལོ་ངོ་སྟོང་ལོན་པའི་ཚེ། སྐུ་ཁྱོད་ཀྱིས་རྒྱ་ནག་གི་ཡུལ་དུ་སེམས་ཅན་གྱི་དོན་བྱེད་པར་འགྱུར་ཞེས་ལུང་བསྟན་ནས་རྒྱལ་པོ་ཨུ་ཏ་ཡ་ན་ལ་ལེགས་སོ་བྱིན་ཏེ་སྐུ་གཟུགས་ཀྱི་ཐོག་མ་བཞེངས་པ་འདི་ངའི་བསྟན་པ་ལ་བྱ་བ་བྱས་ཤིང་སྐྱེ་བོ་བསྐལ་བ་དང་ལྡན་པ་མང་པོའི་བསོད་ནམས་ཀྱི་ཞིང་དམ་པར་གྱུར་པ་དང་། གཞན་ཡང་སེམས་ཅན་དཔག་ཏུ་མེད་པའི་དགེ་བའི་རྩ་བ་བསྐྱེད་པའི་གཞི་སྡིག་སྒྲིབ་དག་པར་བྱེད་པའི་ཐམས་ཅད་བླ་ན་མེད་པ་བདེ་བར་གཤེགས་པའི་སྐུ་བརྟན་བཞེངས་པའི་སྤྲོལ་གསར་དུ་གཏོད་པ་ཁྱེད་དང་འདྲ་བ་མེད་དོ་ཞེས་བཀའ་བསྩལ་

བ་དང་། ལྷའི་དབང་པོས་ཀྱང་། ཀྱེ་རྒྱལ་པོ་ཆེན་པོ་ལེགས་སོ་ལེགས་སོ་དགའ་བར་བྱོས་ཤིག་རྟེད་པ་ལེགས་པར་བརྟེས་སོ་ཞེས་རྗེས་སུ་ཡི་རང་བས་གཟིངས་བསྟོད། དེ་ནས་བཟུང་སྟེ་ལོ་ཆིག་སྟོང་ཉིས་བརྒྱ་ཀྱ་ལྔའི་བར་དུ་རྒྱ་གར་ཡུལ་དུ་སྐྱེ་འགྲོ་རྣམས་ཀྱི་མཆོད་གནས་དམ་པར་བཞུགས། དེ་ནས་ཁིའུ་ཆིའི་(ཧན་ནུབ་མའི་སྐབས་ཀྱི་རྒྱལ་ཁབ་དེང་སང་ཤིན་ཅང་ཁུ་ཁྲེ་རྫོང་ཉེ་འདབས་)ཞེས་བྱ་བ་ལི་ཡུལ་དུ་ལོ་དྲུག་ཅུ་རེ་བརྒྱད་བཞུགས། དེའི་དུས་དུ་རྒྱ་ནག་བྱང་ཕྱོགས་སུ་ཆེན་རྒྱལ་ཁབ་སྔོན་མས་ (前奏) སྲིད་དབང་བཟུང་བའི་སྐབས་ཡིན་པས་དེའི་གོང་མ་གསུམ་པ་ཞེན་ཀྲའོ་ཏིས་ཧྥུ་ཅན་ (宜昭帝符坚) གྱིས་དམག་དཔོན་ཆེན་པོ་ལུའི་ཀོང་ (吕光) ཞེས་པ་རྒྱ་གར་གྱི་ཡུལ་དུ་མངགས་ཏེ་རྒྱ་གར་ཡུལ་ཕྲན་འགའ་ཞིག་དབང་དུ་བསྡུས། ཇོ་བོའི་སྐུ་བརྙན་འདི་དང་། སྟོན་པའི་རིང་བསྲེལ་ཤ་རི་རམ་ཆེ་བ། པཎྜི་ཏ་ཀུ་མ་ར་ཤྲི་རྣམས་ (རྒྱ་ཡིག་ལོ་རྒྱུས་ནང་པཎྜི་ཏ་འདིའི་མིང་ལ་ཅིའུ་མོ་ལོ་ (鸠摩罗什) ཞེས་གསལ་) གདན་དྲངས། ཕྱིར་ལོག་པའི་ལམ་དུ་པཎྜི་ཏས་མདོན་ཤེས་དང་གྲུབ་རྟགས་མང་པོ་བསྟན་པས་དམག་དཔོན་དད་པ་ཆེར་འཕེལ། དེའི་ཕྱི་ལོ་ཅིའུ་ཆོན་ (酒泉) དུ་སླེབས་པ་ན། ཆང་མི་རིགས་ཀྱི་འགོ་པ་ཡའོ་ཁྲིང་ (姚苌) གིས་གོང་མ་ཧྥུ་ཅིའན་ (符坚) བསད་ནས་རང་ཉིད་གོང་མ་བྱས་པ་དང་། དུས་ཐེང་ཆེན་པོ་བྱུང་བ་དང་སྟབས་ཁེལ་ཏེ། ལུའི་ཀོང་གིས་རང་གི་དམག་དཔུང་རྣམས་ཁྲིད་དེ་ལེའང་ཀྲའུ་ (凉州) མཁར་བཟུང་ནས་སྨེར་བཙན་རྒྱལ་ཁབ་བཙུགས་པའི་མིང་ལ་ཧོའུ་ལེའང་ (后凉) ཟེར་ཞིང་རྒྱལ་ས་འགུ་ཚང་(དེང་སང་ཀན་སུའུ་ཞིང་ཆེན་གྱི་ཝུ་ཝེའི་རྫོང་) (威武) ཡིན། དམག་དཔོན་གོང་མ་བྱས་པའི་མིང་ལ་དབྱི་ཝུ་ཏིས་ལུའི་ཀོང་ (义武帝) ཟེར་བ་དང་། རུས་མིང་ནི་ལུའི (吕) ཡིན། དེས་རྒྱལ་པོ་བྱས་རྗེས་དེ་སྔོན་པཎྜི་ཏས་ལུང་

བསྟན་པ་ལྟར་ཇོ་བོའི་སྐུ་ཡང་རྒྱལ་སར་གདན་དྲངས་ནས་རེ་ཞིག་དེར་བཞུགས། རྗེས་སུ་ཆིན་རྗེས་མའི་རྒྱལ་རབས་ཀྱི་རྒྱལ་པོ་ཡའོ་ཤིན་（姚兴）གྱི་ཁྲི་ལོ་གསུམ་པར་གོང་གསལ་ལུའི་ཀོང་གི་མི་རྒྱུད་ཀྱི་ལག་ནས་ཇོ་བོའི་སྐུ་དང་། འཕེལ་གདུང་། པཎྜི་ཏ་རྣམས་རྒྱལ་ས་ཁྲང་ཨན་མཁར་དུ་གདན་དྲངས་ནས། གཙུག་ལག་ཁང་གསར་དུ་བཞེངས། གསུང་རབ་མང་པོ་རྒྱ་ཡིག་ཏུ་བསྒྱུར། དགེ་འདུན་སྟོང་ཕྲག་ལྷོངས་པའི་དགོན་སྡེ་གསར་དུ་བཙུགས། སྐུ་བརྙན་འདི་ཉིད་ཀྲུང་ཧུའུ་ནན་（湖南）དང་། ཅང་ནན་（江南）སོགས་ཞིང་ས་མང་པོར་རྒྱལ་པོ་རྣམས་ཀྱིས་གདན་དྲངས་ནས་མཆོད་པའི་རྟེན་དུ་བཟུང་། དེ་ནས་མན་ཇུའི་ཅིན་（女真金）རྒྱལ་རབས་ཀྱི་དུས་དཀྱིལ་དུ་པེ་ཅིན་ཕོ་བྲང་དུ་གདན་དྲངས། ཋིན་ཙུང་སི་（宁钟寺）ཞེས་བྱ་བའི་ལྷ་ཁང་ནང་བཞུགས་སུ་གསོལ། དེ་རྗེས་ཡོན་རྒྱལ་རབས་ཀྱིས་དུས་སུ་ཞིང་ཨན་སི་(兴安寺)ཞེས་པའི་ལྷ་ཁང་དུ་གདན་དྲངས་ཤིང་། དེ་ནས་མིང་རྒྱལ་རབས་ཀྱི་རིང་དང་། ཆིང་རྒྱལ་རབས་ཀྱི་དུས་འགོ་བར་ལྷ་ཁང་འདི་ཉིད་དུ་བཞུགས་མུས་ལ། གོང་མ་ཁང་ཤིའི་ཁྲི་ལོ་བཞི་པར་ཕོ་བྲང་ནང་མའི་ཉེ་འདབས་ནུབ་ཕྱོགས་ངོས་སུ་སྙིང་རྗེ་ཆེན་པོའི་ལྷ་ཁང་（大慈佛殿）ཞེས་བྱ་བ་ཞིག་གསར་དུ་བཞེངས་ནས་ཇོ་བོ་རིན་པོ་ཆེ་འདི་ཉིད་དེར་གདན་དྲངས་ཏེ་རྟེན་གྱི་གཙོ་བོར་བཞུགས་སུ་བཅུག། རང་རེའི་རོ་བོ་དགེ་ལྡན་པའི་ལུགས་འཛིན་པའི་དགེ་འདུན་སྡེ་ཚོགས་པར་བྱས། བྱམས་གླིང་མཁན་པོ་ལྷ་རྗེ་སངས་རྒྱས་རྒྱལ་མཚན་བླ་མར་བསྐོས། རྟེན་རྣམས་ལ་རིན་པོ་ཆེའི་རྒྱན་སྣ་ཚོགས་དང་། མཆོད་པའི་དངོས་པོ་བསམ་གྱིས་མི་ཁྱབ་པས་བསྡི་སྟང་ཏུ་བྱས། དགེ་འདུན་གྱི་སྡེ་ལ་བསྙེན་བཀུར་ནང་མའི་རྒྱུན་འཇུགས་པ་སོགས་ཐུབ་པའི་བསྟན་པ་ལ་སྲི་ཞུ་བླ་ན་མེད་པ་མཛད། དེ་ལྟར་ན་སྟོན་པའི་འབྲུངས་ལོའི་སྐོར་རྒྱ་བོད་ཀྱི་བཞེད་ཚུལ་མི་འདྲ་བ་མང་དུ་སྣང་

ནའང་རྗེན་འདིའི་ལོ་རྒྱུས་རྒྱ་ནག་གི་ཡིག་ཚང་ལ་ཡོད་པ་ལས་བཤད་པ་ལྟར་ན། སྔོན་པ་ཅེའུ་གུར་གྱི་དུས་ཤིང་ཕོ་སྟག་ལ་འཁྲུངས་པ་ནས་རྩིས་པར་ད་ལྟའི་ཆེན་པོ་ཆིང་གི་གནམ་སྐྱོང་ལོ་སོ་ལྔ་པ་ལྕགས་ཕོ་སྟག་གི་ལོ་འདི་ཉིས་སྟོང་བདུན་བརྒྱ་གོ་བདུན་པ་ཡིན་པར་སྣང་ཞིང་། སྐུ་བརྙན་འདི་ཉིད་སོ་བརྒྱད་པ་ལྕགས་མོ་ཡོས་ལ་བཞེངས་པར་བཤད་དོ། དེ་ལྟ་བུའི་སྐུ་བརྙན་འདི་ཉིད་ནི་སྐུ་རྒྱུ་ཙནྡན་གོ་ཤཱིར་ལས་བསྒྲུབས་པ། སྤྱི་གཙུག་བལྟར་མི་མངོན་པ་སོགས་མཚན་དཔེ་རྣམས་གསལ་བ། འགྲོ་བ་རྣམས་འཁོར་བ་ལས་འདྲེན་པ་མཚོན་པའི་སྤྱན་ཟུང་ཟད་གྱེན་དུ་གཟིགས་པ། ཕྱག་གཡས་སྐྱབས་སྦྱིན་གྱི་ཕྱག་རྒྱས་སྐྱེ་རྒུ་ཐམས་ཅད་སྲིད་བཞིའི་འཇིགས་པ་ལས་སྐྱོབ་པ་དང་། ཕྱག་གཡོན་མཆོག་སྦྱིན་གྱི་ཕྱག་རྒྱས་འགྲོ་བ་རྣམས་མངོན་མཐོ་ངེས་ལེགས་ཀྱི་བདེ་བ་ལ་བཀོད་པ་མཚོན་པ། ཞབས་གཉིས་མཉམ་སྟབས་ཀྱིས་བཞེངས་པས་འགྲོ་བའི་དོན་ལ་ནམ་ཡང་སྐྱོ་ངལ་མེད་པ་མཚོན་པ། ཐུགས་ཀ་ན་རྡྲོད་ཧ་ཛ་ཙམ་རྒྱུན་དུ་ཡོད་པ་དང་། ཞབས་མཐིལ་དང་གདན་གྱི་བར་ན་སྐྱུད་པ་ཤོང་བ་ཙམ་གྱི་བར་སྟོང་ཡོད་པ། བཟོ་བོ་གཞན་གྱིས་འདྲ་སྐུ་ཇི་ལྟར་བཞེངས་ཀྱང་སྐུའི་ཉམས་ཇི་ལྟ་བ་བཞིན་ཡོང་དཀའ་བ་སོགས་ཁྱད་ཆོས་དུ་མ་དང་ལྡན་ཞིང་། བླ་མ་སྐྱེས་བུ་དམ་པ་རྣམས་དང་རྒྱལ་བློན་སྦྱིན་བདག་དང་ལྡན་པ་རྣམས་ཀྱིས་མཇལ་སྐབས་སྐུ་ལས་འོད་ཟེར་འཕྲོ་བ་སོགས་ཀྱི་མཐོང་སྣང་དུ་མ་བྱུང་བ་དང་། ནད་དང་། སྡུག་བསྔལ་དྲག་པོས་གཙེས་པ་རྣམས་ཀྱིས་གསོལ་བ་བརྩེ་གཅིག་ཏུ་བཏབ་པ་ན་ཉམས་དང་རྨི་ལམ་དུ་སྐུ་དངོས་ཀྱི་སྣང་བ་བསྟུལ་ཏེ་དབུགས་འབྱིན་པར་མཛད་པ་སོགས་སྐུ་ཆེ་བའི་ཡོན་ཏན་བསམ་གྱིས་མི་ཁྱབ་པ་ད་ལྟའི་བར་དུ་ཡང་ཀུན་ལ་མཐུན་སྣང་དུ་གྲུབ་པ་དེ་བཞིན་ལགས་སོ། །[①]ཞེས་

① 《ལྕང་སྐྱ་རོལ་པའི་རྡོ་རྗེའི་གསུང་འབུམ་》 ཇ་པ། བོད་ལྗོངས་མི་དམངས་དཔེ་སྐྲུན་ཁང་། ༢༠༡༥ལོ། ཤ་༢༧༥ནས་༢༧༨

ཐུང་། དེ་ལྟར་ན་བཙུན་པ་ཟླ་ཤན་རྒྱ་གར་དབུས་ཁོངས་ཀྱི་ཡུལ་ཀོ་ས་ལའི་གྲོང་ཁྱེར་མཉན་ཡོད་དུ་འབྱོར་བའི་སྐབས་སྤྱི་ལོ་༩༠༩ཙམ་ལ་འཁེལ་བས་དེའི་དུས་སུ་སྐུ་བརྙན་སྔ་ས་ནས་མཉན་ཡོད་ན་མེད་ཚུལ་འོལ་སྤྱི་ཙམ་རྟོགས་ཐུབ་སྟེ། གང་ལགས་ཤེ་ན་ཚེ་ཏན་ཞབས་དྲུང་མཆོག་གིས་མཛད་པའི་བསྟན་རྩིས་ཀུན་བཏུས་ལས་ཙནྡན་ཇོ་བོའི་ལུགས་ལྟར་ན་སྟོན་པ་སྤྱི་ལོའི་སྔོན་༡༠༢༧ཤིང་སྟག་ལོར་འཁྲུངས་[①]པར་གསུངས་ཤིང་། གོང་དུ་ལྟུང་སྐྱུས་བསྟན་པར་སྟོན་པ་དགུང་ལོ་༣༨ལ་ལྷ་ཡུལ་དུ་བྱོན་ཐོག་ལོ་དེ་རང་ལ་ཙནྡན་ཇོ་བོ་བཞེངས་པ་དང་། སྐུ་བརྙན་དེ་རྒྱ་གར་ལ་ལོ་༡༢༨༥བཞུགས་པ་བཅས་ལོ་ཚིགས་དེ་དག་སྟར་ཆགས་སུ་གཤམ་བཞིན་བརྩིས་ཆོ། སྤྱི་ལོ་༡༢༨༥—(༡༠༢༧—༣༨)= སྤྱི་ལོ་༢༩༦ དེར་གཞིགས་ན་རྩིས་འབྲས་སྤྱི་ལོ་༢༩༦ཙམ་སྟེ་བཙུན་པ་ཟླ་ཤན་མ་འཁྲུངས་གོང་ནས་ཙནྡན་ཇོ་བོའི་སྐུ་བརྙན་ལི་ཡུལ་ལ་སྤྱན་དྲངས་པས་ཤེས་ནུས་སོ། །གཞན་ཡང་འདིར་དོགས་པ་སྐྱེ་འོས་པ་ཞིག་ལ། ཟླ་ཤན་ལམ་ཡིག་ཏུ་ཙནྡན་གོ་ཤཱིརྵའི་སྐུ་བརྙན་དེ་རྒྱལ་པོ་གསལ་རྒྱལ་གྱིས་བཞེངས་པ་གསལ་པོར་བསྟན་ཡང་ཐང་སན་ལམ་ཡིག་ལས། དེ་ནི་རྒྱལ་པོ་གསལ་རྒྱལ་གྱི་བློན་པོ་ཁྱིམ་བདག་མགོན་མེད་ཟས་སྦྱིན་གྱིས་སྟོན་པར་བཞེངས་པའི་ཁང་བུ་ཡིན། དེ་ཉིད་སྟོན་གཙུག་ལག་ཁང་ཡིན་པ་ལ་ད་ཆ་ཞིག་ནས་ཤིན་ཏུ་ཉམས་ཉེས་པར་གྱུར། ཤར་སྒོའི་ཡོགས་གཉིས་སུ་རྒྱལ་པོ་མྱ་ངན་མེད་ཀྱིས་བཞེངས་པའི་རྡོའི་ཀ་བ་མཐོ་ལ་ཁྲུ་བདུན་ཙུ་ལྷག་ཐུས་པ་རེ་ཡོད་པའི་གཡོན་ལ་མཆན་བཟང་འཁོར་ལོའི་རིས་དང་གཡས་སུ་བ་ལང་གི་གཟུགས་བརྐོས་པར་སྣང་། གཞན་ཡང་སྟོན་པའི་སྐུ་བརྙན་རྟེན་དུ་གསོལ་བའི་སོ་ཕག་གི་ཁང་བུ་མཐོན་པོ་གཅིག་ཁོ་ན་ལས་གཞན་པལ་ཆེ་བ་ཞིག་སྟེ་རྨང་ཙམ་ལས་མཐལ་དུ་མེད། སྐུ་བརྙན་དེ་ཉིད་

① ཚེ་ཏན་ཞབས་དྲུང་། 《བསྟན་རྩིས་ཀུན་ལས་བཏུས་པ་》མཚོ་སྔོན་མི་རིགས་དཔེ་སྐྲུན་ཁང་། ༡༩༨༢ལོ། ཤ་༣༠

སྔོན་སྟོན་པ་སུམ་ཅུ་རྩ་གསུམ་གྱི་ལྷ་གནས་སུ་ཡུམ་ལ་ཆོས་བསྟན་པའི་སྐབས་རྒྱལ་པོ་སྙིང་རྗེ་སྐྱེས་ཀྱིས་ཙནྡན་གྱིས་སྟོན་པའི་སྐུ་བཞེངས་པ་རྒྱལ་པོ་གསལ་རྒྱལ་གྱིས་ཐོས་ནས་བཞེངས་པར་གྲགས།[1] ཞེས་སྟོན་ལ་རྒྱལ་པོ་སྙིང་རྗེ་སྐྱེས་དང་མཇུག་ལ་རྒྱལ་པོ་གསལ་རྒྱལ་སོ་སོ་ནས་ཙནྡན་གྱི་སྐུ་བརྙན་རེ་བཞེངས་པར་གསུངས་ཤིང་གང་ཉིད་མགོན་མེད་ཟས་སྦྱིན་གཙུག་ལག་ཁང་ལ་ཕེབས་དུས་མཇལ་བའི་སྐུ་བརྙན་དེ་རྒྱལ་པོ་གསལ་རྒྱལ་གྱིས་བཞེངས་པ་དེ་ཡིན་པར་བསྟན་པས་ཤུགས་སུ་རྒྱལ་པོ་སྙིང་རྗེ་སྐྱེས་ཀྱི་སྐུ་བརྙན་དེ་མཇལ་དུ་མེད་པར་གོ་བས་གོང་གི་ལོ་ཚིགས་དངོས་ལ་གཞིགས་ཚེ་དེའི་ཚེ་དེའི་དུས་ཙནྡན་གོ་ཤཱིརྵའི་སྐུ་བརྙན་གཤའ་མ་རྒྱ་གར་ནས་རྒྱ་ནག་ལ་སྤྱན་དྲངས་ཟིན་པ་ཡོངས་གྲགས་ཡིན་པས་རྒྱལ་པོ་སྙིང་རྗེ་སྐྱེས་ཀྱི་བཞེངས་པའི་སྐུ་བརྙན་དེ་ཙནྡན་རྗེ་བོའི་སྐུ་བརྙན་རེད་སྙམ་སྲིད། དེ་ལྟར་ན་ལྷུང་སྐྱེས་ཙནྡན་གོ་ཤཱིརྵའི་སྐུ་བརྙན་བཞེངས་མཁན་རྒྱལ་པོ་ཨུ་ཏ་ཡ་ནའམ་རྒྱལ་པོ་སྙིང་རྗེ་སྐྱེས་ལ་གསུངས་པའང་ཐང་སན་ལམ་ཡིག་གི་ལྟ་བ་དང་མཐུན། འདོད་ཚུལ་དེ་དང་མཉམ་པར་ཅིད་ཤན་ལིན་གྱི་ཐང་སན་ལམ་ཡིག་མཆན་[2]དུ། རྒྱལ་པོ་སྙིང་རྗེ་སྐྱེས་(Udayana/邬陀衍那/优填/优陀延/出爱/出光)ནི་རྒྱལ་པོ་གསལ་རྒྱལ་དང་འདྲ་བར་སྟོན་པ་དང་དུས་མཉམ་དུ་བྱོན་ཚུལ་གསུངས་ཐོག །རྒྱ་འགྱུར་ལུང་གཅིག་ལས་འཕྲོས་པ་《增一阿含经》ཏུ་རྒྱལ་པོ་དེས་ཙནྡན་གྱི་སྟོན་པའི་སྐུ་བརྙན་བཞེངས་ཚུལ་གསུངས། དེ་ལྟར་ཡིན་པར་ཆ་འཇོག་ཚེ་ཆེས་སྔ་ཤོས་སུ་ཐོན་པའི་ཐང་ཤན་ལམ་ཡིག་ཏུ་རྒྱལ་པོ་གསལ་རྒྱལ་མ་གཏོགས་རྒྱལ་པོ་སྙིང་རྗེ་སྐྱེས་ཀྱི་སྐུ་བརྙན་བཞེངས་ཚུལ་མ་གསུངས་པའི་རྒྱུ་མཚན་ཅི་ཡིན། དེའི་ཕྱིར་གང་ཞིག

① རྗེ་རུ་ཚེ་རིང་དོན་གྲུབ། 《ཐང་སན་ལམ་ཡིག་གསར་བསྒྱུར་དང་ཞིབ་འཇུག་》བོད་ལྗོངས་བོད་ཡིག་དཔེ་རྙིང་དཔེ་སྐྲུན་ཁང་། ༢༠༡༨ལོ། ཤ་༡༨༨

② 季羡林校注：《大唐西域记》，中华书局，2012年，第469页。

ཚད་མར་བྱེད་དགོས་པ་མ་ངེས་པས་སོམ་ཉིའི་དྲྭ་བ་རེ་ཞིག་ཚོད་པར་དཀའ། གོང་གི་དོགས་གཞི་དེ་དག་ལ་མཐའ་སྟོམ་ཞིག་བྱས་ཚེ། ད་ཕན་ཙནྡན་ཇོ་བོའི་སྐུ་བརྙན་སྐོར་ལ་འདོད་ཚུལ་གསུམ་ཡོད་པར་འཛིན་ན་གནོད་བྱེད་གཞན་ཨེ་ཡོང་སྙམ་སྟེ། གཅིག་ནི་ཐྲ་ཤན་ལམ་ཡིག་གི་དགོངས་པ་བཞིན་ཙནྡན་ཇོ་བོའི་སྐུ་བརྙན་གཅིག་ལས་མེད་པ་དེ་རྒྱལ་པོ་གསལ་རྒྱལ་གྱིས་བཞེངས་ཤིང་དུས་ཕྱིས་རྒྱ་ནག་ལ་སྤྱན་དྲངས་པ་དང་། གཉིས་ནི་སྐུ་བརྙན་གཉིས་ཡོད་པའི་ཐོག་མ་རྒྱལ་པོ་སྙིང་རྗེ་སྐྱེས་དང་། གཞུག་མ་རྒྱལ་པོ་གསལ་རྒྱལ་གྱིས་བཞེངས་ཤིང་ཐོག་མ་དེ་རྒྱ་ནག་ལ་སྤྱན་དྲངས་པ་དང་། གསུམ་ནི་སྐུ་བརྙན་གཉིས་བཞེངས་ཡོད་ཅིང་། དེ་ལས་རྒྱལ་པོ་གསལ་རྒྱལ་གྱིས་བཞེངས་པ་རྒྱ་ནག་ལ་སྤྱན་དྲངས་པ་བཅས་སོ། ཞར་བྱུང་གསལ་ཁ་གཏོང་རྒྱུར་འདིར་དྲངས་པའི་ལུང་སྐྱའི་གསུང་བར་དུ་བྱུང་བའི་གུག་རྟགས་ནང་གི་རྒྱ་ཡིག་དེ་རྣམས་དུས་ཕྱིས་དུང་དཀར་བློ་བཟང་འཕྲིན་ལས་མཆོག་གིས་ཁ་གསབ་མཛད་པ་དུང་དཀར་ཚིག་མཛོད་①ན་གསལ།

[140]ཟད་མོ་ཤི་ཤཱ་ཁཱ། དེར་ལེགས་སྦྱར་དུ་ཝི་ཤཱ་ཁཱ་(Viśākhā/毗舍佉母/鹿母/鹿子母)དང་། པ་ལིའི་སྐད་དུ་ཝི་སཱ་ཁཱ་ཡང་བྱ་ཞིང་། གྲོང་ཁྱེར་མཉན་ཡོད་ཀྱི་ཁྱིམ་བདག་མི་ག་རཱ་(Migarā/弥伽罗)ཞེས་པའི་ཡུམ་ཡིན། དེར་ཁ་ཅིག་གིས་ཤ་བའི་སྐད་དོད་མྲི་ག་(Mṛga/弥罗伽)ཡང་ཟེར་བས་ཤ་བའི་ཨ་མ་ཞེས་པའི་མིང་ཡང་ཐོགས། འདི་སངས་རྒྱས་ཀྱི་ཆོས་སྐོར་ཞུགས་རྗེས་མགོན་མེད་ཟས་སྦྱིན་གཙུག་ལག་ཁང་གི་བྱང་ཤར་ལི་དབར་གསུམ་བཞིའི་མཚམས་སུ་དྲི་གཙང་ཁང་བཏབ་ནས་ཆེད་དུ་སྟོན་པ་སྤྱན་དྲངས་ཏེ་ཆོས་གསུངས་པས་སྐྱིད་ཚལ་ཤར་དྲི་གཙང་

① དུང་དཀར་བློ་བཟང་འཕྲིན་ལས། 《དུང་དཀར་ཚིག་མཛོད་》ཀྲུང་གོའི་བོད་རིག་པ་དཔེ་སྐྲུན་ཁང་། ༢༠༡༥ལོ། ཤ་༡༤༧༣

ཁང་(Pūrvārāma/东园精舍)ངམ་ཤ་བའི་ཨ་མའི་ཆོས་ར་ཟེར་[1]ཞེས་ཅིད་ཤན་ཞིན་གྱི་ཐང་སན་ལམ་ཡིག་མཆན་དུ་གསལ། འདིར་བསྟན་ཐྭ་ཤན་ལམ་ཡིག་ན་དྲི་གཙང་ཁང་དེའི་གནས་ཡུལ་མགོན་མེད་ཟས་སྦྱིན་བྱང་ཤར་ལི་དཔར་དྲུག་བདུན་ན་མཆིས་ཚུལ་བསྟན་པ་དེ་ཅིད་ཤན་ཞིན་གྱིས་གསུངས་པ་དང་ལི་དཔར་གསུམ་བཞིའི་ཁྱད་པར་སྣང་། གཞན་ཡང་གོང་དང་ཅུང་ཟད་མི་མཐུན་པའི་ཐད་སོ་ལི་ཤྭ་ཁྭ་འདིའི་ཤོད་ཚུལ་གཞན་ཞིག་ཡོད་པ་དེ་སྟོན་པའི་མཛད་རྣམ་གསལ་བའི་མེ་ལོང་དུ་ཞིབ་པར་གསལ།[2]

[141]**གཙུག་ལག་ཁང་རིན་གྱིས་ཉོས།** གཙུག་ལག་ཁང་དེ་ཇི་ལྟར་ཉོ་ཚུལ་གཞན་ཐང་སན་ལམ་ཡིག་གི་བམ་པོ་དྲུག་པའི་ཡུལ་མཉན་ཡོད་ཀྱི་ནང་ཚན་རྒྱལ་བྱེད་ཚལ་མགོན་མེད་ཟས་སྦྱིན་གྱི་ཀུན་དགའ་ར་བ་ཞེས་པར་ཡང་འཁོད་དོ། །

[142]**སྨད་འཚོང་མ་སུན་ད་རི།** སུན་ད་རི་(Sundarī/孙陀利)ཞེས་པ་ནི་ཐང་སན་ལམ་ཡིག་བམ་པོ་དྲུག་པའི་ཡུལ་མཉན་ཡོད་ཀྱི་ནང་ཚན་གཙུག་ལག་ཁང་ཉེ་འཁོར་གྱི་ས་དོང་གསུམ་གྱི་ལོ་རྒྱུས་ཞེས་པ་ལས། ཕྱི་རོལ་པ་རྣམས་གནོད་སེམས་སྐྱེས་ནས་སྨད་འཚོང་མ་ཞིག་བསླུས་ཏེ་སྟོན་པའི་ཆོས་ཉན་པར་བརྫུས་པ་དང་། མཐར་དེ་ཉིད་ལྐོག་ཏུ་བསད་ནས་ལྡོན་འགྲམ་དུ་སྦས་ཏེ་ཡུལ་གྱི་རྒྱལ་པོར་ཞུས། འཁོར་གཡོག་གིས་རྒྱལ་བྱེད་ཚལ་ནས་གཡེམ་མའི་རོ་རྙེད་མ་ཐག་མུ་སྟེགས་པས་སྐད་གསང་མཐོན་པོས་དགེ་སློང་ཆེན་པོ་གཽ་ཏ་མས་རྒྱུན་དུ་ཆགས་སྤྱོད་ཟེར་ཡང་ད་ལན་བུད་མེད་འདི་དང་ལོག་པར་གཡེམ་ཏེ་མི་གསོད་ཁ་བཀག་གི་ལས་

① 季羡林校注:《大唐西域记》, 中华书局, 2012年, 第500页。

② གནས་བརྟན་སྒྲི་རི་ཧྲཱམས་མཛད། རིས་དོན་རྒྱ་མཚོས་བསྒྱུར། 《སྟོན་པའི་མཛད་རྣམ་གསལ་བའི་མེ་ལོང་》སེར་གཙུག་ནང་བསྟན་དཔེ་སྐྲུན་འཚོལ་བསྡུ་ཕྱོགས་སྒྲིག་ཁང་། དཔེ་ཨང་༥༠ ཤ་༡༣༠ནས་༡༥༥བར།

བཙམས་ན་ཚུལ་ཁྲིམས་ཅི་བསྲུང་། སྤྱོད་པ་ཇི་ལྟར་བསྒྲུབ།① ཅེས་སངས་རྒྱས་ལ་བསྙོན་བཏབ་པའི་རྐྱེན་གཞི་སྨད་འཚོང་མ་དེ་ཡིན་པར་འདོད་དོ། །

[143]མུ་སྟེགས་པའི་རིགས་གོ་དྲུག །དེ་ཡང་ཇོ་བཙུན་དཀོན་མཆོག་འཇིག་མེད་དབང་པོའི་གྲུབ་མཐའ་རིན་ཆེན་ཕྲེང་བ་དང་། ལྕང་སྐྱའི་གྲུབ་མཐའ་ལྷུན་པོའི་མཛེས་རྒྱན་དང་། ཀུན་མཁྱེན་འཇམ་དབྱངས་བཞད་པའི་གྲུབ་མཐའ་ཆེ་མོ་སོགས་ཡིག་ཆ་དག་ཏུ་ཕྱི་རོལ་པའི་ལྟ་གྲུབ་མཐའ་ཡས་ཀྱང་བསྡུ་ན་ལྟ་ངན་ཉི་ཤུ་རྩ་ལྔ་བཞེད་ཅིང་དེ་དག་ཀྱང་བསྡུ་ན་གྲངས་ཅན་པ་དང་། རྒྱལ་འབྱོར་པ་དང་། བྱེ་བྲག་པ་དང་། རིག་པ་ཅན་པ་དང་། དཔྱོད་པ་བ་དང་། རྒྱང་འཕེན་པ་དང་། གཅེར་བུ་བ་དང་། ཚངས་པ་བ་དང་། རིག་བྱེད་མཐའ་པ་དང་། བརྡ་སྤྲོད་པ་བཅས་བཅུ་ཙམ་དུ་གསུངས་ཤིང་དེ་དག་གི་སྟོན་པ་ནི་དྲང་སྲོང་སེར་སྐྱ་དང་། རྒྱལ་བ་དམ་པ་དང་། ཕུར་བུ་སོགས་ཡིན་པར་འདོད། ཀྲང་ཤུན་གྱི་མཆན་ལྟར་ན།② སངས་རྒྱས་ཆོས་ལུགས་ཀྱི་གཞུང་རྣམས་སུ་མུ་སྟེགས་པའི་གྲུབ་མཐའི་སྐོར་ལ་དབྱེ་ཚུལ་ཤིན་ཏུ་མང་བ་ལས་ངག་རྒྱུན་དུ་སྟོན་པ་འཚོ་ཞིང་གཞེས་པའི་དུས་ཕྱི་རོལ་མུ་སྟེགས་པའི་སྟོན་པ་དྲུག་ཡོད་པར་འདོད། དེ་དག་ནི། ༡ སྟོན་པ་རྫོགས་བྱེད་(Pūraṇa-kāśyapa/富蘭那迦葉波)དང་། ༢ གནག་ལྷས་ཀྱི་བུ།(Maskarī-gośalīputra/末伽黎拘舍梨子) ༣ ཡང་དག་རྒྱལ་བ་ཅན།(Saṃjayīvairaḍīputra/刪闍夜比罗胝子) ༤ མི་ཕམ་སྐྲའི་ལ་བ་ཅན།(Ajitakeśakambala/阿耆多翅舍欽婆罗) ༥ ཀ་ཏའི་བུ་ནོག་ཅན།(Kakuda-kātyāyana/迦羅鳩馱加旃延) ༦ གཅེར་བུ་གཉེན་གྱི་བུ་(Nirgrantho-jñātiputra/尼犍陀若提子)བཅས་ཡིན་ཞིང་། སྟོན་པ་དྲུག་པོ་རེ་

① རྨི་ཏུ་ཚེ་རིང་དོན་གྲུབ། 《ཐང་སན་ལམ་ཡིག་གསར་བསྒྱུར་དང་ཞིབ་འཇུག་》བོད་ལྗོངས་བོད་ཡིག་དཔེ་རྙིང་དཔེ་སྐྲུན་ཁང་། ༢༠༡༨ལོ། ཤ་༡༩༡

② 张巽校注:《佛国记》，中国旅游出版社，2016年，第89页。

རེར་ཡན་ལག་ལྔ་གྲུབ་བཙོ་ལྔ་མཆིས་པར་སྨྲ་བས་ཁྱོན་ལྔ་གྲུབ་དགུ་བཅུ་གདའ་བ་དེའི་སྐྱེང་དུ་དེ་དག་གི་རྩ་བའི་སྟོན་པ་དྲུག་བསྟན་པས་ལམ་ཡིག་ཕྱི་མོར་བསྟན་པའི་མུ་སྟེགས་པའི་རིགས་གོ་དྲུག་བྱུང་བར་གསུངས་སོ། །

[144]**མུ་སྟེགས་མོ་ཙིཉྩ་མཱ་ན་བི་ཀ** །མུ་སྟེགས་མོ་ཙིཉྩ་མཱ་ན་བི་ཀ་(Ciñcāmānavika/旃柘摩那)ནི་མུ་སྟེགས་བྱེད་ཀྱི་བྲམ་ཟེའི་བུད་མེད་སངས་རྒྱས་ལ་སྐུར་བ་འདེབས་མཁན་ཞིག་ཡིན་ཞིང་། ཐང་སན་ལམ་ཡིག་བམ་པོ་དྲུག་པའི་ཡུལ་མཉན་ཡོད་སྐབས་སུ་བྲམ་ཟེ་མོ་ཙིཉྩ་(Ciñcā/战遮)ཞེས་ཀྱང་བྱུང་། སំ་བོད་སྐད་གཉིས་ཤན་སྦྱར་དུ་ཙིཉྩ་ནི་སྐྱུར་ཤིང་དང་། མཱ་ན་བི་ཀ་ནི་བྲམ་ཟེའི་བུ་མོར་གོའོ། །[①]

[145]**ལྷས་བྱིན**། ལྷས་བྱིན་(Devadatta/调达/提婆达多)ནི་སྟོན་པ་ཤཱཀྱ་མུ་ནེའི་ཡབ་རྒྱལ་པོ་ཟས་གཙང་གི་གཅུང་པོ་བྲེ་བོ་ཟས་ཀྱི་བུ་སྟེ་ཀུན་དགའ་བོའི་གཅེན་པོ་ཡིན། ངག་རྒྱུན་དུ་འདིས་ལོ་བཅུ་གཉིས་དཀའ་ཐུབ་བསྐྱངས་མུར་ཆོས་ཕུང་བརྒྱད་ཁྲི་བཞི་སྟོང་ངག་ནས་འདོན་ནུས་པའི་མངོན་ཤེས་ལྔའི་བདག་ཉིད་ཅན་དུ་གྱུར་ཐོག །རྒྱལ་པོ་མ་སྐྱེས་དགྲའི་རོགས་སྐྱོར་འོག་རང་གི་ལྔ་གྲུབ་རྒྱ་ཆེར་གཏོང་དེ་ཐུབ་ཤཱཀྱ་ཐུབ་པར་ཞེ་སྡང་གིས་མ་བཟོད་པར་རྟག་ཏུ་སངས་རྒྱས་ཀྱི་སྐུ་ལ་གནོད་སྐྱེལ་མཁན་མུ་སྟེགས་སྟོན་པ་དྲུག་དང་ཁྱད་པར་མ་མཆིས་པ་ཞིག་ཡིན། དེའི་ལོ་རྒྱུས་ཞིབ་པ་སྡེ་དགེ་བཀའ་འགྱུར་འདུལ་བ་གཞི་རུ་[②]གསལ་བས་དེར་གཟིགས་པར་འཚལ།

[146]**ཕྱི་རོལ་པའི་ལྷ་ཁང་ཁྲིབ་མས་བསྐྲིབས་པ**། ལྷ་ཁང་དེའི་གཏམ་རྒྱུད་ཐང་

---

① 《སំ་བོད་སྐད་གཉིས་ཤན་སྦྱར་གསེར་གྱི་ཕྲེང་མཛེས་》 སི་ཁྲོན་ཞིང་ཆེན་ཛ་བ་བོད་རིགས་ཆའང་རིགས་རང་སྐྱོང་ཁུལ་བོད་ཡིག་རྩོམ་སྒྱུར་ཚུས་ཀྱིས་རྩོམ་སྒྲིག་བྱས། གན་སུའུ་མི་རིགས་དཔེ་སྐྲུན་ཁང་། ༡༩༨༥ལོ། ཤ་༣༠༤ ཤ་༧༠༧

② 《སྡེ་དགེ་བཀའ་འགྱུར་》 ཀ་པོད་ལྡེབ་༡ནས་ང་པོད་ལྡེབ་༣༠༢བར།

སན་ལམ་ཡིག་བམ་པོ་དྲུག་པའི་ཡུལ་མཉན་ཡོད་ཀྱི་ནང་གསེས་བདུན་པར་ཡང་གསལ།

[147]**རྒྱལ་པོ་འཕགས་སྐྱེས་པོ།** རྒྱལ་པོ་འཕགས་སྐྱེས་པོ་(Virūḍhaka/毗卢择迦/琉璃王)ནི་ངག་རྒྱུན་དུ་ཡུལ་ཀོ་ས་ལའི་རྒྱལ་པོ་གསལ་རྒྱལ་གྱི་བུ་དང་། མ་ནི་སེར་སྐྱའི་གནས་ཀྱི་གྲོང་ཁྱེར་གྱི་ཤཱཀྱའི་པོལ་མོ་ཡིན་པས་རྒྱལ་པོ་དེ་ཉིད་ཚེ་སྟོད་དུ་སེར་སྐྱའི་གནས་ཀྱི་གྲོང་ཁྱེར་དུ་ཕེབས་པའི་སྐབས་སུ་དེའི་མི་རྣམས་ཀྱིས་དམའ་ཕབ་བརྙས་བཅབ་པ་འཁོན་དུ་བཟུང་ནས་སྲིད་བསྐྱངས་པའི་མཇུག་ཏུ་གྲོང་ཁྱེར་དེར་དམག་དྲངས་ནས་ཤཱཀྱའི་རིགས་དུ་མའི་སྲོག་འཕྲོག་པར་གྲགས། གཏམ་རྒྱུད་དེ་ཐང་སན་ལམ་ཡིག་གི་བམ་པོ་དྲུག་པའི་ཡུལ་མཉན་ཡོད་སྐབས་འདི་བཞིན་བྱུང་སྟེ། སྟོན་པ་སྤྱན་དྲངས་པ་ཞལ་གྱིས་བཞེས་པའི་མཆོད་རྟེན་ལྷོ་ཕྱོགས་སུ་རྒྱལ་པོ་ཕི་རུ་ཌྷ་ཀ་སྟེ་འཕགས་སྐྱེས་པོས་དམག་དྲངས་ནས་ཤཱཀྱའི་རིགས་རྣམས་བཅོམ་པར་འོང་སྐབས་སྟོན་པ་མཇལ་ནས་ཕྱིར་ལོག་པའི་གནས་ཡིན། རྒྱལ་པོ་དེ་ཉིད་ཁྲིར་འཁོད་རྗེས་སྔོན་གྱི་འཁོན་ལན་བསློག་ཕྱིར་དཔུང་ཆེན་བཏེགས་ནས་ཤཱཀྱ་རྣམས་ལ་དམག་དྲངས་པའི་སྔ་གོན་ལ་ཞུགས་པའི་མུར། དགེ་སློང་ཞིག་གིས་དེའི་གཏམ་ཐོས་ནས་སངས་རྒྱས་ཀྱི་སྙན་དུ་གསོལ། དེ་ལྟར་སྟོན་པ་སྟོང་སྐམ་ཞིག་གི་འོག་ན་བཞུགས་བཞིན་པ་རྒྱལ་པོས་རྒྱང་མ་ནས་མཐོང་སྟེ་རྟ་ལས་བབས་པ་དང་། ཕྱག་འཚལ་ནས་ཕྱིར་བཤོལ་བཞིན་ཡལ་ག་ལོ་འདབ་རྒྱས་པའི་ལྗོན་པ་སྤུངས་ནས་སྟོང་ཀན་སྐམ་རྫེང་འདི་ལྟ་བུའི་འོག་ན་བཞུགས་པ་ཅི་ལགས་ཞེར་བས། སྟོན་པས་རིགས་རུས་རྒྱུད་པ་རྣམས་ནི་ལྗོན་པའི་ལོ་འདབ་དང་འདྲ་སྟེ། ལོ་འདབ་མེད་ན་གྲིབ་བསིལ་ག་ལ་འོང་ཞེས་བཀའ་བསྩལ་བས་རྒྱལ་པོ་སངས་རྒྱས་ཀྱི་ཞལ་མཇལ་བ་ཙམ་གྱིས་དད་ནས་དཔུང་ཆེན་དང་བཅས་རང་གནས་སུ་ཕྱིར་ལོག་གོ །རྒྱལ་པོ་ཕྱིར་ལོག

པའི་གནས་ཀྱི་འགྲམ་དུ་མཆོད་རྟེན་ཞིག་ཡོད་པ་ནི་ཤཱཀྱའི་བུད་མེད་བསད་པའི་གནས་ཡིན། རྒྱལ་པོ་འཕགས་སྐྱེས་པོ་ཤཱཀྱའི་རིགས་ལས་རྣམ་པར་རྒྱལ་ཏེ་ཤཱཀྱའི་བུད་མེད་ལྔ་བརྒྱ་ཐམ་པ་ཕོ་བྲང་དུ་གཡོག་ལ་བདམས་པ་ཀུན་གྱིས་མ་འདུལ་བར་ཁོང་ཁྲོའི་བབ་ཅོལ་སྨྲས་ཏེ་རྒྱལ་པོ་དེ་ནི་ཤཱཀྱའི་ཁོལ་ཕྲུག་རེད་ཟེར། རྒྱལ་པོ་རབ་ཏུ་ཁྲོས་ནས་ཐམས་ཅད་གསོད་པར་བཀའ་བཏང་བ་བཞིན་བུད་མེད་རྣམས་རྐང་ལག་བཅད་ནས་ཁྲོན་དོང་དུ་འཕངས་པས་དེ་དག་གིས་བཟོད་པ་ཆེན་པོས་སངས་རྒྱས་ཀྱི་མཚན་ནས་འབོད་དོ། །དེ་ཉིད་སྟོན་པའི་ཡེ་ཤེས་ཀྱིས་མཁྱེན་ནས་སྙིང་རྗེས་དགོངས་ཏེ་མྱུར་བར་དགེ་སློང་གཅིག་བུད་མེད་རྣམས་ཀྱི་ཆེད་དུ་བཏང་བས། དེས་འདོད་པའི་ཡོན་ཏན་ལྔར་ཆགས་ན་ངན་སོང་གསུམ་དུ་བར་མེད་དུ་འཁོར་བའི་ལས་འབྲས་ཀྱི་ཆོས་ཅི་རིགས་བསྟན་པས་དེ་དག་ཚེ་འཕོས་ནས་ལྷར་སྐྱེས་སོ། །དེའི་ཚེ་བརྒྱ་བྱིན་གྱིས་བྲམ་ཟེ་ཞིག་ལ་སྤྲུལ་ནས་བུད་མེད་རྣམས་ཀྱི་ཀེང་རུས་ཕྱོགས་གཅིག་ཏུ་བསྡུས་པ་དང་། མེར་བཤམས་ཤིང་དེའི་གཏམ་ཕྱི་རབས་ལ་གྲགས་སོ། །[①] ཞེས་དང་། ཨ་ཧྲ་ཆི་གི་རོ་ཀུ་ཡི་མཆན་དུ། རྒྱལ་པོ་འདིའི་ལོ་རྒྱུས་ཞིབ་པ་རྒྱ་འགྱུར་ལུང་གཅིག་ལས་འཕྲོས་པའི་བམ་པོ་ཉེར་དྲུག་དང་། རྒྱལ་པོ་འཕགས་སྐྱེས་པོའི་མདོ། དེ་མིན་འདུལ་བ་ཕྲན་ཚེགས་ཀྱི་གཞི་《根本说一切有部比奈耶杂事》ཡི་བམ་པོ་བདུན་དང་། བརྒྱད། དགུ་སོ་སོར་གསལ་[②]ཞེས་གསུངས་སོ། །

[148]ཏཛྫ། གྲོང་རྡལ་དེར་ལམ་ཡིག་ཕྱི་མོའི་རྒྱ་ཡིག་ཏུ་都维ཞེས་འབོད་ལ་ཕྱི་གླིང་ཞིབ་འཇུག་པ་ཁང་ཉིང་ཏ་ཧྨུས་(Cunninghaml/康宁哈姆)གསུངས་དོན་ལ་གྲོང་རྡལ་དེ་ད་ལྟ་སཱ་ཧེ་ཏ་མཱ་ཧེ་ཏ་(Sāhet-Māhet/沙海脱-马海脱)ཡི་ས་ཆའི་

① རྨི་ཏུ་ཚེ་རིང་དོན་གྲུབ། 《ཐང་སན་ལམ་ཡིག་གསར་བསྒྱུར་དང་ཞིབ་འཇུག་》བོད་ལྗོངས་བོད་ཡིག་དཔེ་སྙིང་དཔེ་སྐྲུན་ཁང་། ༢༠༡༨ལོ། ཤ་༡༡༨ནས་༡༢༥བར།

② 足立喜六著，何建民、张小柳译：《〈法显传〉考证》，贵州大学出版社，2014年，第120页。

ནུབ་རོལ་ལེ་དབར་(མཚམས་ཀྱི་ཏ་ཀྵ་(Tad a)གྲོང་ཚོ་ཡིན་[①]ཞེས་ཡང་ལྡེའི་ཀྱང་གི་མཆན་དུ་གསུངས། འདིར་བྱུང་བའི་ད་ལྟའི་གྲོང་ཚོའི་མིང་ཏ་ཀྵ་ཞེས་པ་བོད་འགྱུར་མར་སྨྲད་པའོ། །དེར་ཡང་ཐང་སན་ལམ་ཡིག་གི་བམ་པོ་དྲུག་པའི་ཡུལ་མཐུན་ཡོད་ཀྱི་ནང་གསེས་བཅུ་པ་གྲོང་རྫིང་ཞེས་པར། གྲོང་ཁྱེར་ཆེན་པོའི་ནུབ་བྱང་མཚམས་ལེ་དབར་དྲུག་ཅུ་ལྷག་གི་སར་གྲོང་རྫིང་པ་ཞིག་མཆིས་པ་དེ་འདས་པའི་བསྐལ་བཟང་ཚེ་ལོ་ཉི་ཁྲིའི་དུས་སངས་རྒྱས་འོད་སྲུང་འཁྲུངས་པའི་གནས་ཡིན། གྲོང་གི་ལྷོར་མཆོད་རྟེན་གཅིག་མཇལ་དུ་ཡོད་པ་དེ་འོད་སྲུང་ཆེན་པོ་སངས་རྒྱས་ནས་ཡབ་དང་ཐོག་མར་མཇལ་བའི་གནས་ཡིན། གཞན་ཡང་གྲོང་གི་བྱང་དུ་སངས་རྒྱས་འོད་སྲུང་གི་སྐུ་གདུང་ཆ་ཚང་བར་བཞུགས་པའི་མཆོད་རྟེན་ཞིག་ཀྱང་མཆིས། མཆོད་རྟེན་གཉིས་ཀ་རྒྱལ་པོ་མྱ་ངན་མེད་ཀྱིས་བཞེངས་པའོ། །[②]ཞེས་གསལ། དེར་བརྗོད་པའི་གྲོང་ཁྱེར་ཆེན་པོ་ནི་མཐུན་ཡོད་ཡིན་ཞིང་། དེ་ནས་སྐབས་བབ་གྲོང་རྡལ་དེའི་བར་ལ་རྒྱ་ཤན་ལམ་ཡིག་དང་ཐང་སན་ལམ་ཡིག་གཉིས་དབར་ཁ་ཕྱོགས་དང་ལམ་ཐག་གཉིས་ཀར་ཁྱད་པར་ཆེ་བས་བརྟག་དགོས་པར་མཐོང་།

[149]རིང་བསྲེལ། དེར་ལེགས་སྦྱར་དུ་ཤ་རཱི་ར་(Śarīra/舍利)བྱ་ཞིང་སំ་བོད་སྐད་གཉིས་ཤན་སྦྱར་དུ། ལུས་དང་གདུང་འཛིན་[③]ཞེས་བྱུང་བ་དོན་དུ་སྐྱེས་ཆེན་དམ་པའི་གདུང་རུས་ལ་གོ་བ་ལགས། དེ་ཡང་དུང་དཀར་ཚིག་མཛོད་ལས། སངས་རྒྱས་ཀྱི་ཆོས་གཞུང་ལྟར་ན་མི་ཤི་བའི་ཕུང་པོའི་ཤ་རུས་ལས་རིང་བསྲེལ་བྱུང་

① 杨维中注释：《佛国记》，三民书局，2004年，第109页。

② རྨེ་རུ་ཚེ་རིང་དོན་གྲུབ། 《ཐང་སན་ལམ་ཡིག་གསར་བསྒྱུར་དང་ཞིབ་འཇུག》བོད་ལྗོངས་བོད་ཡིག་དཔེ་རྙིང་དཔེ་སྐྲུན་ཁང་། ༢༠༡༨ལོ། ཤ་༡༩༤

③ 《སំ་བོད་སྐད་གཉིས་ཤན་སྦྱར་གསེར་གྱི་ཕྲེང་མཛེས》 སི་ཁྲོན་ཞིང་ཆེན་ཇ་བ་བོད་རིགས་ཆའང་རིགས་རང་སྐྱོང་ཁུལ་བོད་ཡིག་རྩོམ་སྒྱུར་ཚུས་ཀྱིས་རྩོམ་སྒྲིག་བྱས། ཀན་སུའུ་མི་རིགས་དཔེ་སྐྲུན་ཁང་། ༡༩༨༥ལོ། ཤ་༧༨༠

བ་ནི། མི་དེ་བྱང་ཆུབ་སེམས་དཔའམ། དགེ་སློང་ཚུལ་ཁྲིམས་གཙང་མ། སྟོང་ཉིད་རྟོགས་པའི་གང་ཟག །སྔགས་ཀྱི་ལམ་ལ་ཞུགས་ནས་གནས་ཚད་མཐོན་པོར་སླེབས་པ་སོགས་ཡིན་ན་དེའི་ཕུང་པོ་ལས་རིང་བསྲེལ་བྱུང་བ་ཡོད་ཅིང་། དེ་ལ་མདོག་དཀར་པོ་དང་། ནག་པོ། དཀར་དམར། ལི་ཁྲི་སོགས་སྣ་ཚོགས་ཡོད་པ་དང་། སྐྱེ་བོ་ཕལ་པ་དང་སྡིག་ཅན་ལ་རིང་བསྲེལ་མི་འབྱུང་ཞེས་གྲགས། རིང་བསྲེལ་ལ་དབྱེ་ན་ཆོས་སྐུའི་རིང་བསྲེལ། སྐྲ་བལ་གྱི་རིང་བསྲེལ། སྐུ་གདུང་གི་རིང་བསྲེལ་ལོ། །དང་པོ་ནི་གཟུགས་ཀྱི་རིགས། གཉིས་པ་ནི་དབུ་སྐྲ་དང་ཕྱག་སེན་སོགས་དང་། གསུམ་པ་ནི་སྐུ་གདུང་གི་རིང་བསྲེལ་དངོས་བཅས་ཡིན། གཞན་ཡང་ས་པཎ་གྱི་སྡོམ་གསུམ་རབ་དབྱེའི་ནང་རིང་བསྲེལ་སྐོར་ལ་དཔྱད་པའི་གསུང་མང་དུ་སྣང་བས་དེར་གཟིགས་པར་འཚལ།① ཞེས་གསུངས་སོ། །

[150]ནཱ་ཧྲི་ཀ །ལམ་ཡིག་ཕྱི་མོར་གྲོང་རྡལ་དེར་རྒྱ་ཡིག་ཏུ་那毗加བྲིས་ཞིང་། ཀྲང་ཤུན་གྱི་མཆན་ལྟར་ན།② ཕྱི་གླིང་ཞིབ་འཇུག་པས་བཞེད་པ་བཞིན་དེའི་ལེགས་སྦྱར་མིང་ལ་ནཱ་ཧྲི་ཀ་ཟེར་བ་བོད་འགྱུར་མར་སྤྱད་པ་ལགས། ཐང་སན་ལམ་ཡིག་བམ་པོ་དྲུག་པའི་ཡུལ་སེར་སྐྱའི་གྲོང་གི་ཡུལ་ཞེས་པར་འདིར་བརྗོད་པའི་སངས་རྒྱས་འཁོར་བ་འཇིག་སྐུ་བལྟམས་པའི་གནས་དེ་ཡང་ཡུལ་སེར་སྐྱའི་རྒྱལ་པོའི་མཁར་གྲོང་གི་ལྷོ་ཕྱོགས་ལི་དབར་༥༠མཚམས་ན་མཆིས་ཞིང་། དེ་ནས་ཤར་ཕྱོགས་སུ་ལི་དབར་སུམ་ཅུ་ལྷག་བགྲོད་པས་སངས་རྒྱས་གསེར་ཐུབ་སྐུ་བལྟམས་པའི་གནས་གདའ་ཚུལ་གསུངས། སངས་རྒྱས་གསེར་ཐུབ་སྐུ་བལྟམས་པའི་གནས་ད་ཆ་གང་དུ་མཆིས་མིན་ཐད་ལ་ཅིད་ཤན་ལིན་གྱི་ཐང་སན་ལམ་ཡིག་མཆན་ལྟར་

① དུང་དཀར་བློ་བཟང་འཕྲིན་ལས། 《དུང་དཀར་ཚིག་མཛོད་》ཀྲུང་གོའི་བོད་རིག་པ་དཔེ་སྐྲུན་ཁང་། ༢༠༡༥ལོ། ཤ་༡༨༣༥

② 张巽校注:《佛国记》，中国旅游出版社，2016年，第93页。

ན། ཐང་སན་ལམ་ཡིག་ཏུ། དེའི་ནང་དུ་མཆོད་རྟེན་གཅིག་བཞེངས་ཡོད་པ་དེ་ནི་འདས་པའི་སྐལ་བཟང་ཚེ་ལོ་བཞི་ཁྲིའི་དུས་སངས་རྒྱས་གསེར་ཐུབ་སྐུ་བལྟམས་པའི་གནས་ཡིན། དེའི་ཤར་བྱང་མཚམས་མི་རིང་བའི་སར་མཆོད་རྟེན་གཞན་ཞིག་མཇལ་དུ་ཡོད་པ་དེ་ནི་དེ་བཞིན་གཤེགས་པ་གསེར་ཐུབ་སངས་རྒྱས་རྫེས་ཡབ་འདྲེན་པའི་གནས་ཡིན། ཡང་དེའི་བྱང་དུ་བགྲོད་པས་མཆོད་རྟེན་ཞིག་མཇལ་དུ་ཡོད་པའི་ནང་དུ་སངས་རྒྱས་མྱ་ངན་ལས་འདས་རྗེས་ཀྱི་སྐུའི་རིང་བསྲེལ་གསོལ་ཡོད། དེའི་མདུན་ན་རྒྱལ་པོ་མྱ་ངན་མེད་ཀྱིས་བཞེངས་པའི་རྡོའི་ཀ་བ་དཔངས་སུ་ཁྲུ་ཉི་ཤུ་ལྷག་བྱས་པའི་སྟེང་ན་སེང་གེའི་གཟུགས་བརྙན་བཀོས་ཡོད་ཅིང་། འགྲམ་དུ་སངས་རྒྱས་མྱ་ངན་ལས་འདས་པའི་མཛད་པ་འཁོད་ཡོད། ཅེས་བསྟན་པ་ལས་སངས་རྒྱས་གསེར་ཐུབ་སྐུ་བལྟམས་སའི་བྱང་ཕྱོགས་མི་རིང་བར་རྒྱལ་པོ་མྱ་ངན་མེད་ཀྱིས་བཞེངས་པའི་རྡོ་རིང་[1] ཡོད་པར་བསྟན། ཡང་ཅིད་ཤན་ལིན་གྱིས་སྤྱི་ལོ་༡༨༩༥ལོར་གནའ་ཤུལ་རྟོག་ཞིབ་པ་A.Fÿhrerཡིས་ད་ལྟའི་ལུམ་བི་ནིའི་སྐྱིད་ཚལ་ཡོད་སའི་ནུབ་བྱང་དབྱིང་ལེ་༡༤མཚམས་ཀྱི་ནི་གླི་ཧྭ་གྲོང་ཚོའི་ལྷོ་རོལ་དུ་མིང་ལ་ནི་གླི་སྭ་གར་བྱ་བའི་ཆུ་རྫིང་ནུབ་ངོགས་ནས་ཡུལ་མི་རང་བཞིན་པའི་བཙ་སྦྲོད་ལུགས་བཞིན་བྲཱ་ཧྨིའི་ཡི་གེར། རྒྱལ་པོ་སྐར་རྒྱལ་ལ་དབང་བསྒྱུར་བའི་ལོ་བཅུ་གསུམ་ཚེ་ན། སངས་རྒྱས་གསེར་ཐུབ་ཀྱི་མཆོད་རྟེན་སྔར་བས་ཉིས་འགྱུར་དུ་རྒྱ་བསྐྱེད་ཅིང་། ལོ་ཉེར་དྲུག་སྐབས་ཡང་མཆོད་རྟེན་ལ་མཇལ་ཁ་ཞུས་ཐོག་སླར་རྡོ་རིང་བརྩིགས་སོ། །[2]ཞེས་བྲིས་པའི་རྡོ་རིང་ཆག་གྲུམ་ཞིག་རྙེད་ཚུལ་གསལ། དེ་ལྟར་ན་ད་ལྟའི་ཆུ་རྫིང་ནི་གླི་སྭ་གར་ལྟེ་བར་འཛིན་ནས་ཐང་སན་ལམ་ཡིག་ནས་བསྟན་པའི་སངས་རྒྱས་འཁོར་བ་འཇིག་དང་གསེར་ཐུབ་གཉིས་པོ་སྐུ་བལྟམས་

① 季羡林校注:《大唐西域记》，中华书局，2012年，第515页。

② 同上

པའི་ས་གནས་ངོས་འཛིན་སླ་བས་དེ་ལྟར་རྒྱ་མ་ཕུ་ཡིས་དེད་ཙ་ན་ཐྲ་ཤན་ལམ་ཡིག་ཏུ་བརྗོད་པའི་གྲོང་རྡལ་གཉིས་པོའི་རྗེས་ཤུལ་གང་དུ་མཆིས་མིན་ཡང་སྐྱ་ལམ་ཙམ་རྟོགས་ནུས་སོ། །

[151]**སངས་རྒྱས་འཁོར་བ་འཇིག** །སངས་རྒྱས་འཁོར་བ་འཇིག་(Krakucchanda/迦罗迦村驮佛/拘留孙佛) ནི་འདས་པའི་སངས་རྒྱས་རྣམ་བཞི་དང་རྣམ་བདུན་གཉིས་སུ་དབྱེ་སྲོལ་ཡོད་པའི་གཉིས་ཀའི་ནང་གསེས་ཤིག་ཡིན། སངས་རྒྱས་ཆོས་ལུགས་ཀྱི་ཤོད་སྲོལ་ལ། སྔོན་བསྐལ་པ་མཛེས་པར་སྣང་བ་ལ་གླིང་བཞི་ལ་དབང་བའི་འཁོར་ལོས་བསྒྱུར་བའི་རྒྱལ་པོ་ཡུལ་འཁོར་སྲུང་ཞེས་བྱ་བ་བྱུང་། དེར་བཙུན་མོ་བདུན་འབུམ་དང་སྲས་སྟོང་དུ་ཚང་བ་ཡོད་དོ། །རྒྱལ་པོས་འདི་སྙམ་དུ་རྒྱལ་བུ་འདི་དག་ཐམས་ཅད་བྱང་ཆུབ་ཏུ་ཞུགས་པ་འགྱུར་བ་ཤ་སྟག་ཡིན་ན་གང་ཐོག་མ་སངས་རྒྱས་བརྟག་པར་བྱའོ་སྙམ་སྟེ། གཞོན་ནུ་དེ་ཐམས་ཅད་ཀྱི་མིང་བྲིས་ནས་བུམ་པར་བཅུག་སྟེ་ཞག་བདུན་དུ་མཆོད་པ་བྱས་ཏེ་བུམ་པའི་ནང་དུ་མིང་རྣམས་རིམ་བཞིན་བྱུང་བས། ཐོག་མར་གཞོན་ནུ་རྣམ་པར་དག་པའི་བློ་གྲོས་ཀྱི་མིང་བྱུང་བས་དེ་ནི་འཁོར་བ་འཇིག་གོ། དེ་ནས་གཞོན་ནུ་རྣམ་པར་འབྱུང་བའི་སྡེ་ནི་གསེར་ཐུབ། དབང་པོ་ཞི་བ་ནི་འོད་སྲུང་། དོན་ཐམས་ཅད་གྲུབ་པ་ནི་ཤཱཀྱ་ཐུབ་པ། སྐ་རགས་ཅན་ནི་བྱམས་པ། མཆོག་གི་བློ་གྲོས་ནི་སེང་གེ། སློག་གི་ལྷ་ནི་ཏོག །བཟང་པོ་ནི་མེ་ཏོག་དམ་པའོ། །འོད་ཀྱི་དཔལ་ནི་མེ་ཏོག་ཆེ། རྣམ་པར་སྣང་བའི་པདྨ་ནི་སྐར་རྒྱལ་ལོ། །དྲི་མ་མེད་པའི་འོད་ནི་སྤྱན་ལེགས་སོ། །རྟུལ་མེད་ནི་ལག་བཟང་ངོ་། །བློ་གྲོས་རྒྱལ་པོ་ནི་འོད་དོ། །དགེ་བ་བཀོད་པའི་རྒྱལ་པོ་ནི་སྐར་མ་ལ་དགའ་བའོ། །ཕྱོགས་འཁྱོར་པ་ནི་མངོན་པར་འཕགས་པ་གཤེགས་པའོ། །རྣམ་པར་དག་པ་བཀོད་པའི་རྒྱལ་པོ་ནི་ཡོན་ཏན་མངའ་བའོ། །དཔལ་སྦས་ནི་ནོར་དཔལ་ལོ། །ལུས་

ཤིན་ཏུ་རྣམ་པར་འབྱེད་པ་ནི་ཡེ་ཤེས་འབྱུང་གནས་སོ། །རིན་ཆེན་གྲགས་ནི་ཀུན་ཏུ་སྣང་བའོ། །དེ་ནས་དགུ་བཅུ་གོ་དགུ་པ་སངས་རྒྱས་ཡོན་ཏན་མཐའ་ཡས་གྲགས་པའི་བར་བྱུང་། དེ་ནས་ཐ་ཆུང་བློ་མཐའ་ཡས་ཀྱི་མིང་བྱུང་། ཁོང་གིས་སངས་རྒྱས་དགུ་བརྒྱ་དང་དགུ་བཅུ་གོ་དགུའི་ཚེ་ཚད་དང་ཉན་ཐོས་ཀྱི་དགེ་འདུན་ཇི་སྙེད་དུ་འགྱུར་བ་མོས་པས་ན། སངས་རྒྱས་སྟོང་གི་ཐ་མ་མོས་པ་ཞེས་པ་མཚན་ཡང་དེ་ལྟར་ཐོབ་པར་གསུངས། བསྐལ་པ་བཟང་པོ་འདི་ལ་སངས་རྒྱས་སྟོང་འབྱུང་བ་དང་། གོང་དུ་གྲངས་འདྲེན་རྣམས་གསང་བ་བསམ་གྱིས་མི་ཁྱབ་པའི་མདོའི་རྗེས་སུ་འབྲང་བ་ལས། སྙིང་རྗེ་པད་དཀར་དང་མདོ་སྡེ་སྐལ་བཟང་བཅས་ཀྱི་བཤད་ཚུལ་འདི་དང་མི་མཐུན་པ་ཡོད། བསྐལ་པ་བཟང་པོ་འདི་ལ་སངས་རྒྱས་སྟོང་འབྱུང་བ་འཛམ་གླིང་འདི་ལ་མཛད་པ་བཅུ་གཉིས་དངོས་སུ་སྟོན་པའི་དབང་དུ་བྱས་པ་ལས། བསྐལ་པ་བཟང་པོ་འདི་ལ་ཐེག་ཆེན་གྱི་བྱང་ཆུབ་ཐོབ་པ་ཙམ་སྟོང་གིས་མ་ངེས་པ་བུ་སྟོན་ཆོས་འབྱུང་ལས་གསུངས། དེ་ལ་སངས་རྒྱས་སྟོང་འབྱུང་བ་གནས་བསྐལ་ལས་མར་འགྲིབ་བརྒྱད་ཁྲི་པ་ནས་བརྒྱ་པའི་བར་ལ་འབྱུང་ངོ་། །བརྒྱད་ཁྲི་བས་སྔ་བར་མི་འབྱུང་སྟེ། འཁོར་བ་ལ་སྐྱོ་ཤས་ཆུང་བས་ཆོས་དོན་དུ་མི་གཉེར། བརྒྱ་པ་ལས་ཕྱི་བར་མི་འབྱུང་སྟེ། ཚེ་དང་སེམས་ཅན། ཉོན་མོངས་པ། ལྟ་བ། དུས་ཀྱི་སྙིགས་མ་བཅས་ལྔ་བདོ་བས་སོ། །ཡར་འཕེལ་ལ་མི་འབྱུང་སྟེ། མི་དགེ་བ་ངང་གིས་སྤོང་ཞིང་དགེ་བ་ངང་གིས་འཕེལ་བས་སངས་རྒྱས་བྱོན་པའི་དགོས་པ་མེད་ཅིང་འཁོར་བ་ལས་སྐྱོ་ཤས་ཀྱང་ཆུང་བས་སོ། །དེས་ན་འཛམ་བུ་གླིང་པ་ཚེ་ལོ་བཞི་ཁྲིའི་དུས་སུ་སངས་རྒྱས་སྟོང་གི་དང་པོ་འཁོར་བ་འཇིག་བྱོན། སུམ་ཁྲིའི་དུས་སུ་གསེར་ཐུབ། ཉི་ཁྲིའི་དུས་སུ་འོད་སྲུང་། བརྒྱ་པའི་དུས་སུ་ཤཱཀྱ་ཐུབ་པ། བརྒྱད་ཁྲི་པའི་དུས་སུ་བྱམས་པ་འབྱོན་པར་གསུངས། ཞེས་དུང་དཀར་

ཚིག་མཛོད་[①]དུ་གསུངས།

[152]**སངས་རྒྱས་གསེར་ཐུབ།** སངས་རྒྱས་གསེར་ཐུབ་(Kanakamunibuddha/迦诺迦牟尼佛/拘那含牟尼佛) ནི་འདས་པའི་སངས་རྒྱས་རྣམ་བཞི་དང་རྣམ་བདུན་གཉིས་སུ་དབྱེ་སྲོལ་ཡོད་པའི་གཉི་གའི་ནང་གསེས་ཤིག་ཡིན། དུང་དཀར་ཚིག་མཛོད་ལས། སངས་རྒྱས་ཆོས་ལུགས་ཀྱི་ཤོད་སྲོལ་ལ། བསྐལ་པ་འདི་ལ་སངས་རྒྱས་སྟོང་དང་ལྔ་བྱོན་པའི་ནང་གི་གཉིས་པ་ཡིན་པ་དང་། སངས་རྒྱས་གསེར་ཐུབ་འཇིག་རྟེན་ན་བྱོན་པའི་དུས་སུ་བསྐལ་པ་གསུམ་ལྡན་གྱི་དུས་སུ་སླེབས་པ་དང་། མི་རྣམས་ཀྱི་ཆ་སྙོམས་ཚེ་ཚད་མི་ལོ་སུམ་ཁྲི་ཡིན་པར་ཤོད་སྲོལ་ཡོད།[②] ཅེས་གསུངས་སོ། །

[153]**སེར་སྐྱའི་གནས་ཀྱི་གྲོང་།** གྲོང་དེར་སྐྱ་བྱེ་བྲག་རྟོགས་བྱེད་ཆེ་མོར་ལེགས་སྦྱར་དུ་ཀ་པི་ལ་བསྟུ་ན་ག་རཾ་ཞེས་བྱུང་བ་འདིར་བཀོལ་བ་ལགས། དེར་ཟླ་ཤན་ལམ་ཡིག་ཕྱི་མོར་迦维罗卫城ཟེར་བ་དང་། རྫིང་ཁྲིད་ཅུན་གྱི་ནུབ་ཡུལ་ས་མིང་དུ། གྲོང་དེར་ཀྲུ་ཟླ་ཧུའུ་(竺法护)ཡི་རྒྱ་འགྱུར་མདོ་རྒྱ་ཆེར་རོལ་པར་《普曜经》迦维罗竭འམ་迦夷卫国འམ་བསྡུས་མིང་迦卫ཟེ་བ་དང་། རྒྱ་འགྱུར་ལུང་གཅིག་ལས་འཕྲོས་པ་ཏུ་迦毗罗越འམ་迦毗罗卫དང་བླ་ཆེན་རྣམ་ཐར་དུ་迦夷དང་། ཐང་སན་ལམ་ཡིག་ཏུ་劫比罗伐窣堵དང་། རྨ་ཐེ་རྒྱལ་མོའི་མདོ་ཏུ་ཤང་ཨི་ཀྲིང་(义净)གི་འགྱུར་དུ་劫比罗དང་། ཏུ་ཤང་དོན་ཡོད་(不空)ཀྱི་འགྱུར་དུ་劫毗罗[③]སོགས་རྒྱའི་ཡིག་ཆ་དག་ཏུ་དེའི་ལེགས་སྦྱར་Kapilavstuཞེས་པ་རྒྱ

① དུང་དཀར་བློ་བཟང་འཕྲིན་ལས། 《དུང་དཀར་ཚིག་མཛོད་》ཀྲུང་གོའི་བོད་རིག་པ་དཔེ་སྐྲུན་ཁང་། ༢༠༡༥ལོ། ཤ་༥༥༧

② དུང་དཀར་བློ་བཟང་འཕྲིན་ལས། 《དུང་དཀར་ཚིག་མཛོད་》ཀྲུང་གོའི་བོད་རིག་པ་དཔེ་སྐྲུན་ཁང་། ༢༠༡༥ལོ། ཤ་༢༠༨༥

③ 冯承钧原编，陸峻岭增订：《西域地名》，中华书局，1982年，第41页。

ནག་སྐད་དུ་སྲ་འདོན་སྟངས་མང་དུ་ཡོད་ཚུལ་འཁོད་པར་སྣང་། ཀྱང་ཤུན་གྱི་མཆན་དུ། སེར་སྐྱའི་གནས་ཀྱི་གྲོང་ཁྱེར་རྗེས་ཤུལ་དེང་ཁ་ཅིག་གིས་བལ་ཡུལ་ལྷོ་ཕྱོགས་ཀྱི་ཏི་ལའུ་ར་ཀོ་ཏ་(Tilaura Ko/提劳勒科脱)བྱ་བའི་ས་ཆར་ཡིན་ཟེར་བ་དང་། ལ་ལས་ཏི་ལའུ་ར་ཀོ་ཏའི་ཤར་ལྷོའི་ལེ་དབར་བཅུ་མཚམས་ཏེ། ད་ལྟའི་རྒྱ་གར་བྱང་ཕྱོགས་མངའ་སྡེའི་བྱང་རྒྱུད་བ་སྟི་ས་ཁུལ་(Basti/巴斯提区)བྱང་རོལ་གྱི་པི་པྲཱ་ཝཱ་(Piprāwā/帕台利亚)ཡིན་པར་འདོད་ཅིང་དེ་ནི་སའི་གོ་ལའི་བྱང་འཕྲེད་27°37′དང་ཤར་གཞུང་83°11′ཐོག་གནས་①ཅེས་གསལ། དེ་གཉིས་ལས་དགེ་འདུན་ཆོས་འཕེལ་གྱི་བཞེད་ཚུལ་དང་པོ་དེ་དང་མཐུན་པར་འདུག་སྟེ། དེ་ཡང་ཁོང་གི་རྒྱ་གར་གནས་ཆེན་ཁག་ལ་བགྲོད་པའི་ལམ་ཡིག་ལས། ལུམྦི་ནིའི་ནུབ་ཕྱོགས་མེ་ལི་ལྔ་དྲུག་ཙམ་ན་(ཀ་པི་ལ་བསྟུ་)སེར་སྐྱའི་གྲོང་ཁྱེར་གྱི་ཤུལ་ཡོད་ཅིང་། དེང་སང་གི་མིང་ལ་ཏི་ལོ་ར་ཀོ་ཏེ་ཟེར། དེ་ནས་མེ་ལེ་གཅིག་ཙམ་ན་དིག་ལེ་ཤ་བྱ་བར་སངས་རྒྱས་འཁོར་བ་འཇིག་གི་ཁྲིན་པ་སྟོན་གྱི་ཁ་བྱང་བཏབ་པ་ཡོད་②ཅེས་གསུངས་པ་ལས་ཤེས་སོ། །ཅིད་ཤན་ལིན་གྱི་ཐང་སན་ལམ་ཡིག་མཆན་ལས་བསྟན་པར་གཞིགས་ན། ཡུལ་དེར་ལེགས་སྦྱར་སྐད་དུ་ཀ་པི་ལ་ཤ་སྟུ་(Kapilavastu/劫比逻伐翠诸)དང་པ་ལིའི་སྐད་དུ་ཀ་པླི་ཤ་ཐྠུ་(Kapliavat-tthu)ཟེར། སྤྱི་ལོའི་སྔོན་གྱི་དུས་རབས་དྲུག་པའི་སྟོད་སྨད་ཙམ་དུ་ཡུལ་དེར་ཤཱཀྱའི་རིགས་རབ་ཏུ་མཆེད་ནས་རིམ་པར་རྒྱ་གར་བྱང་ཕྱོགས་དང་བལ་ཡུལ་ལྷོ་ཕྱོགས་ཁུལ་དུ་འཚོ་ཞིང་གཞིས་ཆགས། ངག་རྒྱུན་དུ་ཡུལ་དེ་ནི་ཉེ་མའི་རིགས་ཀྱི་རྒྱུད་པ་ཕུལ་དུ་བྱུང་བ་གཽ་ཏ་མས་བཙུགས་པར་གྲགས་ཤིང་སྟོན་པ་ཡུལ་དེར་བལྟམས་ནས་འཚོ་ཞིང་གཞེས་པའི་སྐབས་ཤཱཀྱའི་རིགས་ཀྱི་

① 张巽校注:《佛国记》，中国旅游出版社，2016年，第93页。

② 《དགེ་འདུན་ཆོས་འཕེལ་གྱི་གསུང་འབུམ་》 པོད་གསུམ་པ། བོད་ལྗོངས་བོད་ཡིག་དཔེ་རྙིང་དཔེ་སྐྲུན་ཁང་། ༢༠༡༧ལོ། ཤ་༢༥༢

སྐོར་ཤུགས་རྩེ་མོར་སོན་ཏེ་མི་འཁོར་ཁྲི་བརྒྱ་ཙམ་འཕེལ་བ་རྣམས་ཡུལ་དེའི་ཡན་ལག་གྲོང་ཁྱེར་བཅུ་ཙམ་ལ་གནས་བཅའ་བར་བྱེད་ཟེར་རོ། རྒྱ་གར་གྱི་གནའ་རྫས་རྟོག་ཞིབ་པས་སྤྱི་ལོ་༡༨༩༡ནས་༡༨༩༨བར་དེང་གི་རྒྱ་གར་བྱང་མངའ་སྡེའི་བ་སྟི་(Bastī/巴斯底)དང་པི་པྲཱ་ཝཱ་(Piprāvā/比普拉瓦)ཞེས་པའི་ཁུལ་དུ་སྔར་ཡང་སྟོག་འདོན་བགྱིས་པས་མཆོད་རྟེན་དང་། སྤྱི་ལོའི་སྔོན་གྱི་དུས་རབས་ལྔ་པ་ནས་བཞི་པ་བར་གྱི་རིང་བསྲེལ་བཀང་བའི་བུམ་པ་སོགས་རྙེད་པ་དང་། ལྷག་པར་དུ་ཁུལ་དེ་ནས་སྤྱི་ལོ་སྔ་ཕྱིའི་བར་མཚམས་ཙམ་ན་བྱུང་བའི་སྨྲྀཙྪ་ལྔ་བཅུ་ཐོན་པ་ལས་བཞི་བཅུའི་སྟེང་ཆེས་གནའ་བོའི་བྲཱ་ཧྨིའི་ཡིག་གཟུགས་ཀ་པི་ལ་ཝ་སྟུ་ཞེས་པ་བརྐོས་པར་མཐོང་། དེ་མིན་རྫ་བུམ་ཞིག་རྙེད་པའི་སྟེང་དུའང་དེ་བཞིན་བྱུང་། རྒྱུ་མཚན་དེ་ཡི་ཕྱིར་ཡུལ་སེར་སྐྱའི་གྲོང་གི་ཤུལ་རྙིང་དེང་གི་རྒྱ་གར་བྱང་མངའ་སྡེའི་བ་སྟི་རྫོང་དང་པི་པྲཱ་ཝཱ་ཞེས་པའི་ཁུལ་དུ་མཆིས་པར་འདོད་①ཅེས་བྱུང་ངོ་། །

[154]**རྒྱལ་པོ་ཟས་གཙང་།** རྒྱལ་པོ་དེ་ནི་སངས་རྒྱས་ཤཱཀྱ་ཐུབ་པའི་ཡབ་ཡིན། དེའི་ལེགས་སྦྱར་མཚན་ལ་ཤུདྡྷོ་ད་ན་(Śudda-hodana/白净王/净饭王)བྱ་ཞིང་སྔོན་པ་འཚོ་ཞིང་གཞིས་པའི་དུས་སེར་སྐྱའི་ཡུལ་གྱི་རྒྱལ་པོ་ཡིན།

[155]**རྒྱལ་སྲས་ཀྱི་ཡུམ།** སངས་རྒྱས་ཤཱཀྱ་ཐུབ་པའི་ཡུམ་སྒྱུ་འཕྲུལ་ཆེ་མོའི་ལེགས་སྦྱར་མཚན་ལ་མ་ཧཱ་མཱ་ཡཱ་(Mahāmāyā/摩诃摩耶)ཟེར་བ་དེ་ཡིན་ཞིང་། སྔོན་པ་འཁྲུངས་རྗེས་ཀྱི་ཉིན་བདུན་པར་སྐུ་ཚེ་འདས་པར་གྲགས།

[156]**གཙང་དགའ་བོ།** དེར་ལེགས་སྦྱར་ལ་ནནྡ་(Nanda/难陀)བྱ་ཞིང་རྒྱལ་པོ་ཟས་གཙང་གི་སྲས་ཆུང་བ་སངས་རྒྱས་ཤཱཀྱ་ཐུབ་པའི་ནུ་བོ་ཡིན།

[157]**ཉེ་བར་འཁོར།** དེར་ལམ་ཡིག་ཕྱི་མོར་优波离དང་། ཐང་སྙན་ལམ་ཡིག

① 季羡林校注:《大唐西域记》, 中华书局, 2012年, 第507页。

ཏུ་邬波厘ཟེར་ཞིང་གཉིས་ཀ་དེའི་ལེགས་སྦྱར་མཚན་ཨུ་པཱ་ལིཿསྒྲ་བསྒྱུར་བགྲིས་པ་ཡིན་ཞིང་། རང་རེ་བོད་དུ་སྒྲ་བྱེ་བྲག་རྟོགས་བྱེད་ཆེ་མོ་སོགས་ལ་ཡོངས་གྲགས་སུ་ཉེ་བར་འཁོར་ཞེས་དོན་བསྒྱུར་མཛད་པའོ། །ཀྲང་ཤྲུན་གྱི་མཆན་[①]དང་། དུང་དཀར་ཚིག་མཛོད།[②] ཅིད་ཤན་ལིན་གྱི་ཐང་སན་ལམ་ཡིག་མཆན་[③]བཅས་ལྟར་ན། འཕགས་པ་ཉེ་བར་འཁོར་ནི་གདོལ་རིགས་ལས་སྐྱེས་ཤིང་། ཐོག་མར་སྔོན་པ་རྒྱལ་སྲས་སྐབས་ཀྱི་ཉེ་འཁོལ་ཕོ་བྲང་དུ་སྐྲ་བཞར་མཁན་ཡིན་པ་དང་། དུས་ཕྱིས་རབ་ཏུ་བྱུང་སྟེ་སངས་རྒྱས་ཤཱཀྱ་མུ་ནེའི་དངོས་སློབ་ཆེན་པོ་བཅུའི་ཡ་གྱལ་དུ་འགྱུར་ཏེ་དགྲ་བཅོམ་པའི་གོ་འཕང་ཐོབ། འདུལ་བའི་བསླབ་ཁྲིམས་ཀྱི་གནད་དོན་མང་པོར་དོགས་པ་ཡོད་པ་རྣམས་སངས་རྒྱས་རང་ཉིད་ལ་དངོས་སུ་དྲི་བ་ཞུས་ནས་དོགས་གཅོད་མཛད་པས་འདུལ་བ་ལ་ཤིན་ཏུ་མཁས་པ་དང་། སངས་རྒྱས་མྱ་ངན་ལས་འདས་རྗེས་ཉན་ཐོས་འོད་སྲུང་ཆེན་པོ་སོགས་སློབ་མ་དགྲ་བཅོམ་པ་ལྔ་བརྒྱས་མགྲིན་གཅིག་ཏུ་འདུལ་བའི་སྡེ་སྣོད་སྡུད་པ་པོར་བསྐོས་ཐོག་རང་ཉིད་ཀྱི་བློ་ལ་ཡོད་པའི་འདུལ་བའི་སྡེ་སྣོད་རྣམས་བཏོན་ནས་ཕྱོགས་བསྡུས་བྱས། འདིའི་ལོ་རྒྱུས་ཞིབ་པ་ནི་བཀའ་འགྱུར་གྱི་འདུལ་བ་ལུང་དང་། རྒྱ་འགྱུར་ཉེ་བར་འཁོར་གྱིས་ཞུས་པའི་མདོ་《优波离问佛经》དང་གཅིག་ལས་འཕྲོས་པའི་ལུང་གི་བམ་པོ་གསུམ་པ་དང་། མངོན་པར་འབྱུང་བའི་མདོ་ཆེན་པོའི་《佛本行集经》བམ་པོ་ང་གསུམ་བཅས་ལ་གསལ་ཞེས་གསུངས་སོ། །

[158]རྒྱལ་ཆེན་རིགས་བཞི། དེ་ཡང་རྒྱ་གར་སློབ་དཔོན་བ་སུ་བནྡྷཿཡིས་མཛད་

① 张巽校注:《佛国记》, 中国旅游出版社, 2016年, 第94页。

② དུང་དཀར་བློ་བཟང་འཕྲིན་ལས། 《དུང་དཀར་ཚིག་མཛོད་》ཀྲུང་གོའི་བོད་རིག་པ་དཔེ་སྐྲུན་ཁང་། ༢༠༡༥ལོ། ཤ་༡༣༧༥

③ 季羡林校注:《大唐西域记》, 中华书局, 2012年, 第384页。

ཅིང་། བོད་ཀྱི་ལོ་ཙཱ་བ་སྐ་བ་དཔལ་བརྩེགས་དང་རྒྱ་གར་གྱི་མཁན་པོ་ཛཱི་ན་མི་ཏྲ་གཉིས་ཀྱིས་བསྒྱུར་བའི་ཆོས་མངོན་པ་མཛོད་ཀྱི་གནས་གསུམ་པ་སྣོད་ཀྱི་འཇིག་རྟེན་བཤད་པ་ལས་བསྟན་པར་གཞིགས་ན། ཁམས་གསུམ་གྱི་ཡ་གྱལ་འདོད་ཁམས་ལ་འདོད་ལྷ་དྲུག་ཡོད་པའི་ནང་གསེས་རྒྱལ་ཆེན་རིགས་བཞིའམ་རིས་བཞི་ནི་རིའི་རྒྱལ་པོ་རི་རབ་ཀྱི་ཕྱོགས་བཞིར་གནས་པ་སྟེ། ཤར་ཕྱོགས་དཏུལ་གྱི་རང་བཞིན་དུ་རྒྱལ་ཆེན་ཡུལ་འཁོར་སྲུང་(Dhṛitarāṣṛra/持国天)སྐུ་མདོག་དཀར་པོ་པི་ཝང་འཛིན་པ་དང་། ལྷོ་ཕྱོགས་བཻཌཱུརྻའི་རང་བཞིན་དུ་རྒྱལ་ཆེན་འཕགས་སྐྱེས་པོ་(Virūḍhaka/增长天)སྐུ་མདོག་སྔོན་པོ་རལ་གྲི་འཛིན་པ་དང་། ནུབ་ཕྱོགས་པདྨ་རཱ་གའི་རང་བཞིན་དུ་རྒྱལ་ཆེན་མིག་མི་བཟང་(Virūpākṣa/广目天)སྐུ་མདོག་དམར་པོ་སྦྲུལ་ཞགས་དང་མཆོད་རྟེན་འཛིན་པ་དང་། བྱང་ཕྱོགས་གསེར་གྱི་རང་བཞིན་དུ་རྒྱལ་ཆེན་རྣམ་ཐོས་སྲས་(Vaiśramaṇa/多闻天)སྐུ་མདོག་སེར་པོ་ཞལ་བཙུམ་ཞིང་ཕྱག་ཏུ་རྒྱལ་མཚན་དང་ནེའུ་ལེ་འཛིན་པ་བཅས་ཡོད། ཤོད་སྒྲོལ་ལ་རྒྱལ་ཆེན་ཡུལ་འཁོར་སྲུང་ལ་ཐོས་པའི་དུག་ཡོད་པས་གཞན་གྱིས་སྨྲས་པའི་གཏམ་རྣམས་ཕྱག་ཏུ་བཟུང་བའི་པི་ཝང་བརྒྱུད་ནས་གོ་དགོས་པ། རྒྱལ་ཆེན་འཕགས་སྐྱེས་པོ་ལ་རིག་པའི་དུག་ཡོད་པས་གཞན་གྱིས་རང་ལ་རིག་པ་འགོག་ཆེད་རལ་གྲི་བཟུང་དགོས་པ། རྒྱལ་ཆེན་མིག་མི་བཟང་ལ་མཐོང་བའི་དུག་ཡོད་པས་མིག་གཉིས་པོ་ལག་ཏུ་བཟུང་བའི་མཆོད་རྟེན་ལ་མ་ཡེངས་པར་ལྟ་དགོས་པ། རྒྱལ་ཆེན་རྣམ་ཐོས་སྲས་ལ་ཁ་རླངས་ཀྱི་དུག་ཡོད་པས་གཞན་ལ་ཁ་རླངས་ཕོག་པ་སྲུང་ཆེད་ཞལ་བཙུམས་ནས་བཞུགས་དགོས་པ་བཅས་ཀྱི་ལུགས་བཞིན་བྲིས་འབུར་གྱི་སྐུ་ལ་ཡང་དེ་དང་མཚུངས་པར་བཞེངས་པར་སྣང་ལ་རྒྱལ་ཆེན་བཞི་ནི་སངས་རྒྱས་ཆོས་ལུགས་ཀྱི་སྲུང་མ་གཙོ་ཆེ་བའི་གྲས་ཡིན་སྐབས་འདིར་ལམ་ཡིག་ཏུ་བརྗོད་པ་ལྟར་ནང་པའི་

གཙུག་ལག་ཁང་ཡིན་ནོ་ཅོག་གི་འདུ་ཁང་སྒོ་འགྲམ་གཡས་གཡོན་གཉིས་སུ་ངེས་པར་བཞེངས་དགོས་པའི་སྲོལ་རྒྱུན་ཆགས་ཡོད་དོ། །

[159]**ཤིང་ནྱ་གྲོ་དྷ།** ནྱ་གྲོ་དྷ་(Nyagrodha/尼拘律树)ནི་ལེགས་སྦྱར་གྱི་སྒྲ་ཡིན་ཞིང་། བོད་སྐད་དུ་བསྒྱུར་ན་མཆུ་ཞིང་གབ་པའམ་དཔང་མཉམ་ཞེས་པ་སྟེ། ཡལ་གའི་ཁྱོན་དང་དཔང་མཐོ་དམན་ཚད་མཉམ་པའི་ཤིང་ཞིག་ཡིན། གཞན་ཡང་ཤིང་དེར་བོད་སྐད་དུ་ཀང་མང་ཞེས་ཀྱང་བྱ་ཞིང་། དེའི་ས་བོན་ནི་ཡུངས་དཀར་གྱི་བཞི་ཆ་ཙམ་ཡོད་པ་ལ་ལོ་རེ་ལ་ཡལ་ག་རྒྱང་གྲགས་ཙམ་དུ་ཁྱབ་པར་སྐྱེ་བར་བཤད་པས་ཤིན་ཏུ་འཕེལ་སྟོབས་ཆེ་བའི་ཤིང་ཞིག་གི་མིང་། ས་བོན་ཆུང་སྨིན་ཉ་གྲོ་ཏའི། ཡལ་འདབ་རྒྱས་པས་རྒྱང་གྲགས་ཁེབས། མིང་གི་རྣམ་གྲངས་ལ་ཉ་གྲོ་དྷ་དང་། པ་ཊ། སྨྲ་བད་སོགས་ཡོད།

[160]**རྒྱུན་ཞུགས།** དེ་ཡང་གྲུབ་མཐའ་རིན་ཆེན་ཕྲེང་བའི་ཚིག་འགྲེལ་ཐོར་བུར་གསལ་བ་ལྟར་ན།① ཉན་ཐོས་ཐེག་པའི་དགེ་སྦྱོང་གི་འབྲས་བུར་རྒྱུན་ཞུགས་(Srotāpana/须陀洹/预流果)དང་། ལན་ཅིག་ཕྱིར་འོང་(Sakṛidāgmin/斯陀含/一来果)དང་། ལན་ཅིག་ཕྱིར་མི་འོང་(Anāgāmin/阿那含/不还果)དང་། དགྲ་བཅོམ་པ་(Arhat/阿罗汉)བཅས་བཞི་པོ་རེ་རེ་ལ་ཞུགས་གནས་གཉིས་སུ་ཕྱེ་བས་ཞུགས་པ་བཞི་དང་གནས་པ་བཞི་སྟེ་ཁྱོན་བརྒྱད་མཆིས་པ་ནི། རྒྱུན་ཞུགས་ཞུགས་པ། རྒྱུན་ཞུགས་འབྲས་གནས། ཕྱིར་འོང་ཞུགས་པ། ཕྱིར་འོང་འབྲས་གནས། ཕྱིར་མི་འོང་ཞུགས་པ། ཕྱིར་མི་འོང་འབྲས་གནས། དགྲ་བཅོམ་ཞུགས་པ། དགྲ་བཅོམ་འབྲས་གནས་བཅས་དེ་དག་གི་ཐོག་མ་རྒྱུན་ཞུགས་ནི་མཐོང་སྤང་སྤངས་ནས་སྒོམ་སྤང་མ་སྤངས་པའོ། །དེ་ལ་དབྱེ་ན་རྒྱུན་ཞུགས་ཞུགས་པ་དང་རྒྱུན་ཞུགས་འབྲས་

① མཁྱེན་རབ་དབང་ཕྱུག །《གྲུབ་མཐའ་རིན་ཆེན་ཕྲེང་བའི་ཚིག་འགྲེལ་ཐོར་བུ་》མི་རིགས་དཔེ་སྐྲུན་ཁང་། ༢༠༠༨ལོ། ཤ་༢༠༨

གནས་གཉིས་སོ། །དང་པོ་ནི། མཐོང་སྣང་ཀུན་སྒྲོར་གསུམ་སྣངས་ཤིང་ཤེས་བཟོད་སྐད་ཅིག་མ་བཅུ་དྲུག་ལས་དང་པོ་བཅོ་ལྔ་གང་རུང་ལ་གནས་པའི་དགེ་སྦྱོང་ཚུལ་གྱི་འབྲས་བུ་ཐོབ་ཕྱིར་བརྩོན་ཞིང་ཞུགས་པའི་གང་ཟག་ལ་བརྗོད་ཅིང་། གཉིས་པ་ནི། མཐོང་སྣང་ཀུན་སྒྲོར་གསུམ་སྣངས་ཤིང་སྐད་ཅིག་བཅུ་དྲུག་པ་ལ་རྟོག་པ་ཐོབ་པའི་དགེ་སྦྱོང་ཚུལ་གྱི་འབྲས་བུ་ལ་གནས་པའི་གང་ཟག་ལ་འཇུག་ཅེས་འཕོད་དོ། །

[161]**ལུམ་བི་ཧྣི།** དེར་ལམ་ཡིག་ཕྱི་མོར་王园论民དང་། ཐང་སན་ལམ་ཡིག་ཏུ་腊伐尼园བྱ་ཞིང་གཉིས་ཀ་དེའི་ལེགས་སྦྱར་གྱི་ཐ་སྙད་ལུམ་བི་ཧྣི་ཞེས་པའི་སྒྲ་རྒྱ་ཡིག་ཏུ་ཟུར་ཆག་པར་སྙམ། ཅིད་ཤན་ལིན་གྱི་ཐང་སན་ལམ་ཡིག་མཆན་ལས། ལུམ་བི་ཧྣིར་རྒྱལ་པོ་མྱ་ངན་མེད་ཀྱི་རྡོ་རིང་དུ་ལེགས་སྦྱར་ཐ་སྙད་ལུྃ་མི་ནི་གསལ་ཞིང་། པ་ལིའི་སྐད་དུ་ལུམ་བི་ནྡི་ཟེར། ད་ལྟ་རུམ་མིན་དེ་ཨི་(Rummindei/鲁明台)བྱ་གསུངས། སྐྱིད་ཚལ་དེར་སྔོན་སྟོན་པ་སྐུ་འཁྲུངས་པའི་སྐབས་ཀྱིས་ད་ཆ་གྲགས་པ་ས་གསུམ་ན་ཁྱབ་པའི་གནས་མཆོག་ཅིག་ཏུ་འགྱུར་①ཞེས་གསལ། ཀྲང་ཤུན་གྱི་མཆན་དུ། དེའི་རྗེས་ཤུལ་དེང་གི་བལ་ཡུལ་ལྷོ་རྒྱུད་ཀྱི་རུམ་མུན་དེ་ཨྀ་(Rummindeī/腊明地)ཞེས་པའི་ས་ཆར་ཡོད་②ཅེས་གསུངས་སོ། །

[162]**རྣ་མའི་ཡུལ།** ཡུལ་དེར་ལམ་ཡིག་ཕྱི་མོར་蓝莫དང་། ཐང་སན་ལམ་ཡིག་གི་བམ་པོ་དྲུག་པར་蓝摩བྱ་བ་ཟུང་དེའི་ལེགས་སྦྱར་ཐ་སྙད་རྣ་མ་ཞེས་པ་རྒྱ་ཡིག་ཏུ་སྒྲ་ཟུར་ཆག་པར་ངེས་ཤིང་གྲོང་ཚོམ་སྡེ་པའི་དོན་ལ་གོ །དེའི་ཤུལ་རྗེང་ད་ལྟ་གང་དུ་ཡོད་མེད་ཐད་ཀྲང་ཤུན་གྱི་མཆན་དུ་དེང་གི་བལ་ཡུལ་ལྷོ་ཕྱོགས་ཀྱི་དྷརྨ་ལཱའུལ་དྷརྨ་པུ་རཱི་(Dharmaul/Dharmapurī/达马里)བྱ་བའི་ས་ཆའི་ལོགས་སུ་

① 季羡林校注:《大唐西域记》，中华书局，2012年，第521页。

② 张巽校注:《佛国记》，中国旅游出版社，2016年，第96页。

ཡོད་[①]ཟེར། ཅིད་ཤན་ལིན་གྱི་ཐང་སན་ལམ་ཡིག་མཆན་ལས། རྟོགས་ཞིབ་པ་ཁང་ཉིད་ཏ་རྒྱུས་དེ་ཨོ་ཀ་ལི་(Deokali/德奥迦利)ཞེས་པར་ཡོད་[②]བྱ་བ་དང་། མིག་སྔར་ཞིབ་འཇུག་པ་ཕལ་མོ་ཆེས་ཨོ་དའི་ཁོངས་བ་སི་ཏྲི་རྫོང་(Bastī/巴斯提)གི་རམ་པུར་དེ་ཨོ་རི་ཡ་(Rampur Deoriya/拉姆浦尔·德奥里亚)ཞེས་པའི་ས་ཆར་བཞེད་ཅེས་ཀྱང་གསུངས་སོ། །

[163]ནཱ་མའི་མཆོད་རྟེན། མཆོད་རྟེན་དེའི་སྐོར་ལ་ཐང་སན་ལམ་ཡིག་གི་བམ་པོ་དྲུག་པའི་ནཱ་མའི་ཡུལ་ཞེས་པར་འདི་ལྟར་གསལ་ཏེ། གྲོང་གོག་གི་ཤར་ལྷོར་དཔངས་སུ་ཁྲུ་བརྒྱ་མ་ཟིན་པའི་མཆོད་རྟེན་ཞིག་ཡོད་པར་སྟོན་སྟོན་པ་མྱ་ངན་ལས་འདས་རྗེས་ཡུལ་དེའི་རྒྱལ་པོར་སྟོན་པའི་རིང་བསྲེལ་བགོ་བཤའ་བྱས་པ་ཐོབ་སྟེ་རང་ཡུལ་དུ་ཕྱིར་ལོག་རྗེས་བཀྲ་ཤིས་པའི་ཆ་ག་བཤམས་ནས་ངོ་མཚར་ཞིང་སྐབས་སྐབས་སུ་འོད་འཕྲོ་བའི་མཆོད་རྟེན་འདི་ཉིད་བཞེངས་སོ། །[③]

[164]དགེ་ཚུལ། དེར་ལེགས་སྦྱར་ལ་ཤྲ་མཎེ་རཿབྱ་ཞིང་(Śramaṇeraḥ/沙弥)སོ་ཐར་རིགས་བདུན་དང་རིགས་བརྒྱད་གཉིས་ཀའི་ནང་གསེས་ཤིག་སྟེ། གསོད་དང་། རྐུ་དང་། རྫུན་སྨྲ་དང་། ལོག་གཡེམ་དང་། ཆང་དང་། གར་སོགས་དང་། ཕྲེང་སོགས་དང་། སྟན་མཐོན་པོ་དང་། ཕྱི་དྲོའི་ཁ་ཟས་དང་། གསེར་དངུལ་ལེན་པོ་སོགས་སྤང་བྱ་ཡན་ལག་བཅུ་དོན་དུ་གཉེར་བའི་གང་ཟག་ལ་གོ །འདིར་ལམ་ཡིག་ཏུ་བརྗོད་པའི་རབ་བྱུང་བ་དེ་བསྒྱུར་དུ་དགེ་ཚུལ་མཛད་དོན་ཡང་དགེ་སློང་གི་སྡོམ་ཁྲིམས་ཉིས་བརྒྱ་ལྔ་བཅུ་རྩ་གསུམ་གི་བསྲུང་བྱ་ལས་འགལ་ནས་ཕམ་

---

① 张巽校注:《佛国记》，中国旅游出版社，2016年，第97页。

② 季羡林校注:《大唐西域记》，中华书局，2012年，第527页。

③ རྨེ་ཏྲ་ཚེ་རིང་དོན་གྲུབ། 《ཐང་སན་ལམ་ཡིག་གསར་བསྒྱུར་དང་ཞིབ་འཇུག་》བོད་ལྗོངས་བོད་ཡིག་དཔེ་རྙིང་དཔེ་སྐྲུན་ཁང་། ༢༠༡༨ལོ། ཤ་༢༠༧

པ་བྱུང་བར་དོགས་པར་མིན་ནམ་སྙམ།

[165]**མཆོད་རྟེན་ཡང་བཞེངས་པར་སྣང་།** ཐང་སན་ལམ་ཡིག་བམ་པོ་དྲུག་པའི་ནྲ་མའི་ཡུལ་ཞེས་པར་བསྟན་པ་ལྟར་ན། མཆོད་རྟེན་དེ་ཡོད་སར་སྟོན་སྟོན་པ་ཁྲིམ་ནས་ཁྲིམ་མེད་པར་རབ་ཏུ་བྱུང་བའི་སྐབས་དབུ་ལོ་བྲེགས་ཤིང་རྒྱན་རྣམས་ཕུད་པ་དང་ཅིག་ཅར་དུ་ཇོན་པའི་གོས་དང་ཉིད་ཀྱི་ན་བཟའ་བརྗེ་བར་མཛད་པའི་གནས་ཡིན།

[166]**གདུང་ཐལ་མཆོད་རྟེན།** མཆོད་རྟེན་དེ་ནི་སྟོན་སྟོན་པ་སྐུ་མྱ་ངན་ལས་འདས་རྗེང་པུར་སྦྱངས་སྐབས་བྱུང་བའི་གདུང་ཐལ་གྱིས་བཞེངས་པའི་མཆོད་རྟེན་ཞིག་ཡིན་ཞིང་། དེའི་བྱུང་རིམ་ཐང་སན་ལམ་ཡིག་ལས། རྒྱལ་སྲས་དབུ་ལོ་བྲེགས་པའི་མཆོད་རྟེན་གྱི་ཤར་ལྷོའི་ཕྱོགས་མྱ་ངམ་གྱི་ཐང་ཆེན་པོར་ལི་དབར་བརྒྱ་དང་བརྒྱད་བཅུ་དགུ་བཅུ་བགྲོད་པས་ཤིང་ཉ་གྲོ་དྷའི་སྐྱིད་ཚལ་དུ་དཔངས་ལ་ཁྲུ་སུམ་ཅུ་ལྷག་མཆིས་པའི་མཆོད་རྟེན་ཞིག་མཇལ་དུ་ཡོད། གནས་དེར་སྟོན་སྟོན་པ་སྐུ་མྱ་ངན་ལས་འདས་ཏེ་སྐུའི་རིང་བསྲེལ་བགོ་བཤའ་བྱས་རྗེས་བྲམ་ཟེ་རྣམས་ལ་ཅི་ཡང་མ་ཐོབ་པས་ནི་ཧྲུ་པ་ན་སྡེ་སྤུར་སྦྱངས་པའི་གནས་སུ་གདུང་ཐལ་ལྷག་མ་རྣམས་འདུས་ཏེ་དེ་དག་རང་ཡུལ་དུ་ཕྱིར་ལོག་ནས་མཆོད་རྟེན་བཞེངས། ངོ་མཚར་བའི་མཆོད་རྟེན་འདི་ཉིད་བྱིན་རླབས་ཆེ་བས་ཕྱིས་སུ་སྐྱེ་བོ་ནད་ཀྱིས་གདུང་སྡེ་སྔོན་ལམ་གདབ་པ་ཅི་རིགས་ཕལ་མོ་ཆེ་སེལ་བར་གྱུར[①]ཞེས་གསལ།

[167]**རྩྭ་མཆོག་གྲོང་།** གྲོང་དེར་ལམ་ཡིག་ཕྱི་མོར་拘夷那竭城དང་། ཐང་སན་ལམ་ཡིག་ཏུ་རྒྱ་ཡིག་ལ་拘尸那揭罗国ཟེར་ཞིང་། རྫིང་ཁྲིང་ཅུན་གྱི་ནུབ་ཡུལ་ས་མིང་དུ་བསྟན་པ་ལྟར། གཞན་དུ་རྒྱ་འགྱུར་གཅིག་ལས་འཕྲོས་པའི་ལུང་དུ་拘尸城

① རྨི་དྭ་ཚེ་རིང་དོན་གྲུབ། 《ཐང་སན་ལམ་ཡིག་གསར་བསྒྱུར་དང་ཞིབ་འཇུག》བོད་ལྗོངས་བོད་ཡིག་དཔེ་རྙིང་དཔེ་སྐྲུན་ཁང་། ༢༠༡༨ལོ། ཤ་༢༧༠

དང་། ལུང་རིང་པོར་拘尸那揭罗国དང་། བཙུན་པ་ཏའོ་ཨན་(道安312、314～385)གྱི་ནུབ་ཡུལ་དཀར་ཆག་《西域志》ཏུ་拘夷国ཟེར་བ་[1]སོགས་རྒྱ་ཡིག་ཏུ་འབྲི་ཚུལ་དུ་མ་ཡོད་པ་ཐམས་ཅད་དེའི་ལེགས་སྦྱར་ཐ་སྙད་ཀུ་ཤི་ན་ག་ར་སྒྲ་ཟུར་ཆག་པར་ཐེ་ཚོམ་མེད་ཅིང་། རང་རེའི་སྒྲ་བྱེ་བྲག་རྟོགས་བྱེད་ཆེ་མོར་ཀུ་ཤའི་གྲོང་ཁྱེར་ཞེས་པར་བསྒྱུར་མོད་ཀྱི་དུས་ཕྱིས་རྩ་མཆོག་གྲོང་ཁྱེར་དུ་དོན་སྒྱུར་མཛད་པ་སྤྱོད་ཆེ་བས་འདིར་དེ་ལྟར་དྲངས་པ་ལགས། ཐང་སེན་ལམ་ཡིག་ལས་བསྟན་པ་ལྟར་གྲོང་ཁྱེར་དེའི་ནུབ་བྱང་ལེ་དབར་གསུམ་བཞིའི་མཚམས་ཀྱི་ཤིང་སཱ་ལ་ཟུང་གི་ཚལ་དུ་སྟོན་སྟོན་པ་སྐུ་མྱ་ངན་ལས་འདས་པའི་སྐབས་ཀྱིས་སངས་རྒྱས་ཆོས་ལུགས་པ་རྣམས་ཀྱིས་གྲོང་དེ་གནས་མཆོག་ཅིག་ཏུ་བཀུར། གཞན་ཡང་ཀྲང་ཤུན་གྱི་མཆན་[2]དང་། ཅིད་ཤན་ལིན་གྱི་ཐང་སེན་ལམ་ཡིག་མཆན་[3]དང་། ཧྥིང་ཁྲིང་ཙུན་གྱི་ནུབ་ཡུལ་ས་མིང་[4]སོགས་སུ་གྲོང་དེའི་རྗེས་ཤུལ་དེང་གང་དུ་མཆིས་མིན་ཐད་བཞེད་ཚུལ་མང་དུ་སྣང་བ་ལས་གྲགས་ཆེ་བ་གཉིས་ཡིན་པར་འཁོད་ཅིང་། དེ་ཡང་གཅིག་ནི་ཞིབ་འཇུག་པ་ཝེར་ཤུན་(威尔逊) གྱིས་འདོད་པ་བཞིན་དེའི་རྗེས་ཤུལ་ད་ལྟའི་རྒྱ་གར་བྱང་མངའ་སྡེའི་ཁོངས་གོ་ར་ཁ་པུར་(Gorakhpur/戈勒克布尔) གྱི་བྱང་ཕྱོགས་དབྱིང་ལེ་༣༥ཡི་མཚམས་ཀ་སི་ཡའི་(Kasia/迦西亚)གྲོང་ཚོར་ཡོད་ཅེས་པ་དང་། གཞན་ཞིག་ནི་ཧྲེ་མི་སི་ཡིས་གསུངས་པ་ལྟར་ན་པ་ལའི་ཀ་ཏ་མན་དུའི་ཤར་ཕྱོགས་དབྱིང་ལེ་༣༠ཡི་རཱ་པ་ཏི་ཆུང་དུ་(Little Rāpti/小拉普特)དང་གན་ད་ཀ་(Gandak/甘达克)གཙང་པོ་གཉིས་འདྲེས་མཚམས་སུ་

① 冯承钧原编，陆峻岭增订：《西域地名》，中华书局，1982年，第57页。

② 张巽校注：《佛国记》，中国旅游出版社，2016年，第99页。

③ 季羡林校注：《大唐西域记》，中华书局，2012年，第537页。

④ 冯承钧原编，陆峻岭增订：《西域地名》，中华书局，1982年，第57页。

ཡོད་པར་འདོད་དོ། །

[168]ཆུ་བོ་གསེར་ལྡན། ཆུ་བོ་དེར་ལམ་ཡིག་གི་ནང་希连河དང་། ཐང་སན་ལམ་ཡིག་ཏུ་阿恃多伐底河ཟེར་ཞིང་། རང་རེའི་ཡིག་ཚང་རྣམས་སུ་ཆུ་བོ་གསེར་ལྡན་བྱའོ། །ཅིད་ཤན་ལིན་གྱི་ཐང་སན་ལམ་ཡིག་མཆན་①ལས་བསྟན་པར་གཞིགས་ན། 希连河ནི་ལེགས་སྦྱར་གྱི་ཐ་སྙད་ཧི་རཎྱ་ཝ་ཏྀ་སྒྲ་ཟུར་ཆག་པ་དང་། 阿恃多伐底河ནི་ལེགས་སྦྱར་ཐ་སྙད་ཨ་ཛི་ཏ་ཝ་ཏྀ་དང་། པཱ་ལིའི་ཐ་སྙད་ཨ་ཅི་ར་ཝ་ཏྀ་སྒྲ་ཟུར་ཆག་ཅིང་ཆུ་བོ་དེ་ནི་ད་ལྟའི་ཆུ་བོ་གན་ད་ཀ་ཆུང་བ་(Little Gandak/小甘达克)ཡིན་པར་འདོད་དོ། །

[169]ཀུན་ཏུ་རྒྱུ་རབ་བཟང་། ཀུན་ཏུ་རྒྱུ་རབ་བཟང་(Subhadra/须跋/苏跋陀罗)ནི་སངས་རྒྱས་ཆོས་ལུགས་ཀྱི་དགོངས་པ་ལྟར་ན་སྟོན་པ་སྐུ་མྱ་ངན་ལས་འདའ་ཁར་ལྷའི་གདུལ་བྱ་མཐའ་མ་དྲི་ཟའི་རྒྱལ་པོ་རབ་དགའ་དང་། མིའི་གདུལ་བྱ་མཐའ་མ་ཀུན་ཏུ་རྒྱུ་རབ་བཟང་ཡིན་པ་ལས། ཁོང་ནི་མི་ཡུལ་གྱི་སྟོན་པའི་སློབ་མ་མཐའ་མ་དེར་གྲགས། དེ་ཡང་ཐང་སན་ལམ་ཡིག་གི་བམ་པོ་དྲུག་པའི་རྩ་མཆོག་གྲོང་གི་ཡུལ་ཞེས་པ་ལས། ཀུན་ཏུ་རྒྱུ་རབ་བཟང་ནི་ཐོག་མར་བྲམ་ཟེའི་ཆོས་བྱེད་པ་ལ་དགུང་ལོ་བརྒྱ་དང་ཉི་ཤུར་སོན་པའི་དུས་རིག་པའི་གནས་མཐའ་དག་ལ་མཁས་པར་གྱུར་ནས་སྙན་པའི་གྲགས་པ་ཕྱོགས་བཅུར་ཁྱབ། དེའི་ཚེ་སྟོན་པ་སྐུ་མྱ་ངན་ལས་འདའ་བ་ལ་མངོན་དུ་ཕྱོགས་པའི་གཏམ་ཐོས་ཏེ་ཤིང་སཱ་ལ་ཟུང་གི་ཚལ་དུ་ལྷགས་ནས་ཀུན་དགའ་བོར་རིང་པོར་མི་ཐོགས་པར་སངས་རྒྱས་སྐུ་མྱ་ངན་ལས་འདའ་བས་ཁོ་བོའི་ཐེ་ཚོམ་ཁ་ཅིག་སངས་རྒྱས་ལ་བཀའ་འདྲི་ཞུས་ན་འགྲིག་གམ་ཟེར་བར་ཀུན་དགའ་བོས་སྟོན་པ་མྱ་ངན་ལས་འདའ་ཁར་ཐུགས་

① 季羡林校注：《大唐西域记》，中华书局，2012年，第541页。

བསྲུན་མ་བཟློས་ན་ལེགས་གསུངས། ཁོ་བོ་སྟོན་པ་སྐུ་བལྟམས་པ་མཇལ་མེད་ལ་ཟབ་མོའི་ཆོས་བསྟན་པ་ཡང་ཐོས་མེད་པས་འགྱོད་པ་ཆེ། ཕྱིས་བདག་གི་རྗོངས་པ་སུ་ཞིག་གིས་སེལ་ཟེར་ཞིང་དེ་མུར་ནང་དུ་དོང་ནས་སྟོན་པ་མཇལ་ཏེ་དགེ་སྦྱོང་གོཏ་མ་མཆོག །གྲུབ་མཐའ་ཤིན་ཏུ་མང་པོ་སོ་སོར་སློབ་དཔོན་དང་ལྟ་བ་ཁྱད་པར་མཆིས་པ་ཀུན་ཁྱེད་ཀྱིས་མཁྱེན་ནམ་ཞེས་བཀའ་འདྲི་ཞུས་པར། སངས་རྒྱས་ཀྱིས་དེ་དག་ཀུན་ལ་ང་ཡིས་ཞིབ་མོར་དཔྱད་ཡོད་ཅེས་བཀའ་བསྩལ་མ་ཐག་ཀུན་ཏུ་རྒྱུ་རབ་བཟང་ཉམས་སད་དེ་རབ་ཏུ་བྱུང་བར་ཞུས་པས་སངས་རྒྱས་ཀྱིས་ཁྱོད་ཀྱིས་དེ་ལྟར་འོང་ངམ། ཕྱི་རོལ་བྲམ་ཟེའི་ཆོས་རྣམ་དག་ལ་འཇུག་འདོད་པ་རྣམས་ལ་ཐོག་མར་ལོ་བཞི་ཙམ་དུ་དཔྱད་ཅིང་བྱ་སྤྱོད་ཅི་རིགས་སྟོད་ལྡན་དུ་སོང་ཚེ་ད་གཟོད་སློབ་གཉེར་བྱ་ཆོག་པ་ཡིན། ཡིན་ནའང་ཐམས་ཅད་སྐྱེས་བུའི་ལས་ལས་བྱུང་བ་ཡིན་པས་སྐྱོན་ཆེར་མེད་དོ་ཞེས་བཀའ་བསྩལ་བས། ཀུན་ཏུ་རྒྱུ་རབ་བཟང་གིས་སངས་རྒྱས་ཀྱིས་ཉེ་རིང་མེད་པར་ཐུགས་བརྩེ་བ་ཆེན་པོས་རྗེས་སུ་བཟུང་བར་སྐྱབས་མཆིས་སོ། །ཁོ་བོས་ད་ནས་ལོ་བཞི་ལ་ཐུག་ཏུ་སྒོ་གསུམ་ཆོས་ལ་འཇུག་པར་བགྱིའོ་ཞེས་གསོལ། སངས་རྒྱས་ཀྱིས་ང་ཡིས་སྔོན་དུ་ཐམས་ཅད་སྐྱེས་བུའི་ལས་ལས་བྱུང་བ་ཡིན་པ་བརྗོད་ཡོད་ཅེས་བཀའ་བསྩལ་ནས་རབ་བྱུང་གི་སྡོམ་པ་མནོས་ཤིང་དམིགས་པ་ཆོས་ལ་གཏད་དགོས་པའི་གདམས་པ་མཛད། དེ་ལྟར་ཙུང་མ་སོང་བར་ཀུན་ཏུ་རྒྱུ་རབ་བཟང་སྒྲིབ་པ་ཟད་ནས་དགྲ་བཅོམ་པའི་གོ་འཕང་ཐོབ་སྟེ་སྟོན་པ་སྐུ་མྱ་ངན་ལས་འདའ་བ་མཇལ་མ་བཟོད་པར་བསམ་གཏན་བཞི་པ་རྫོགས་པར་བྱས་ཤིང་། མིའི་དཀྱིལ་འཁོར་དུ་མཉམ་པར་བཞག་སྟེ་སྟོན་པའི་སྔོན་དུ་སྐུ་མྱ་ངན་ལས་འདས། དགྲ་བཅོམ་པ་དེ་ཉིད་སྟོན་པ་སྐུ་མཐའ་མའི་བུ་སློབ་ཡིན་ལ་སྔོན་སྟོན་པ་ཤ་བའི་ལུས་སུ་སྐྱེ་བ་བཞེས་པ་དེའི་ཚེ་དེའི་དུས་ཆུ་ལས་མཐའ་མར་

བསྒྲལ་བའི་རི་བོང་འཐེང་པོ་དེའོ། །[1] ཞེས་བྱུང་ཞིང་། དེའི་སྐོར་གཞན་དུ་མདོ་སྡེ་ལས་བརྒྱ་པའི་ཀུན་ཏུ་རྒྱུ་རབ་བཟང་གི་གཏམ་རྒྱུད་ཅེས་པར་གསལ།

[170]སྟོན་པའི་སྐུ་གདུང་གསེར་གྱི་ཟ་མ་ཏོག་ཏུ་ཉིན་བདུན་མཆོད་པ། དེའི་སྐོར་ལ་ཐང་སན་ལམ་ཡིག་ཏུ་འདི་བཞིན་བྱུང་། ལག་ན་རྡོ་རྗེ་ས་ལ་འགྱེལ་བའི་གནས་ཀྱི་ཡོགས་སུ་མཆོད་རྟེན་ཞིག་སྣང་བ་དེ་སྟོན་པ་སྐུ་མྱ་ངན་ལས་འདས་ཏེ་ཉིན་བདུན་མཆོད་པའི་གནས་ཡིན། སྟོན་པ་མྱ་ངན་ལས་འདས་པའི་སྐབས་སུ་སྐུའི་འོད་སྣང་ཕྱོགས་བཅུར་ཁྱབ་ཅིང་ལྷ་མིའི་ཚོགས་ཡིད་ཤིན་ཏུ་གདུང་བའི་ངང་གནས་འདི་རུ་འཚོགས་ནས་སེམས་དཔའ་ཆེན་པོ་ད་ལན་མྱ་ངན་འདས་པ་སེམས་ཅན་གྱི་བསོད་ནམས་ཟད་པའི་རྣམ་སྨིན་ལགས་ཏེ་ཕྱི་མར་འཇིག་རྟེན་འདི་ན་སྐྱབས་མགོན་མ་མཆིས་སོ་ཟེར་བ་ན། སྟོན་པའི་སྐུའི་རྩིབ་ཡོགས་གཡས་སེང་གེའི་གདན་ན་བཞག་པའི་ཚུལ་གྱིས་གདུལ་བྱ་རྣམས་ལ་ང་ཉིད་ཡོངས་སུ་མྱ་ངན་ལས་འདས་པ་མ་ཡིན་པར་སྲིད་ལས་གྲོལ་བ་ཙམ་སྟེ་ཆོས་སྐུ་རྟག་ཏུ་གནས་ངེས་པས་ཁྱེད་རྣམས་ལེ་ལོ་སྤངས་ནས་གྲོལ་བ་བསྒྲིན་ཅིག་ཅེས་བཀའ་བསྩལ་བ་ན་རབ་ཏུ་བྱུང་བ་མཐའ་དག་ངུ་ཞིང་སྐྱི་སྡུགས་འདོན་པར་བྱེད། དེའི་ཚེ་ཉན་ཐོས་ཨ་ནི་རུ་དྡྷ་སྟེ་མ་འགགས་པས་ངུ་བར་མི་བྱ་སྐྱོ་ཡང་མི་བྱ་སྟེ། ལྷ་ཡིས་ཁྲེལ་ཞིང་དགོད་པའོ་གསུངས། དེ་ལྟར་སྟོན་པ་སྐུ་མྱ་ངན་ལས་འདས་རྗེས་བུ་སློབ་རྣམས་ཀྱིས་མཆོད་ཅིང་གསེར་གྱི་ཤུར་སྒྲོམ་མེ་ལ་སྦྱངས་ཁར་ཡང་ཉན་ཐོས་མ་འགགས་པས་སྐྱུག་པར་མཛོད་ཅིག །ལྷ་མི་ཐམས་ཅད་ཀྱིས་ཉིན་བདུན་མཆོད་པར་བྱའོ་གསུངས་པ་དང་ནམ་མཁའ་ནས་མེ་ཏོག་འཐོར་ཞིང་སྟོན་པའི་མཛད་པར་བསྔགས་སོ། །[2]

① རྨི་རུ་ཚེ་རིང་དོན་གྲུབ། 《ཐང་སན་ལམ་ཡིག་གསར་བསྒྱུར་དང་ཞིབ་འཇུག》བོད་ལྗོངས་བོད་ཡིག་དཔེ་རྙིང་དཔེ་སྐྲུན་ཁང་། ༢༠༡༨ལོ། ཤ་༡༡༣ནས་༡༡༥བར།

② རྨི་རུ་ཚེ་རིང་དོན་གྲུབ། 《ཐང་སན་ལམ་ཡིག་གསར་བསྒྱུར་དང་ཞིབ་འཇུག》བོད་ལྗོངས་བོད་

[171]**རྡོ་རྗེ་ཕྱག་ནས་ཕོར་བ།** དེའི་སྐོར་ལ་འང་ཐང་སྲན་ལམ་ཡིག་ལས། ཀུན་ཏུ་རྒྱུ་རབ་བཟང་སྐུ་མྱུ་ངན་ལས་འདས་པའི་གནས་ཀྱི་འགྲམ་དུ་མཆོད་རྟེན་ཞིག་སྣང་བ་དེ་ནི་ལག་ན་རྡོ་རྗེ་ཡིད་གདུང་ནས་འགྱེལ་བའི་གནས་ཡིན། སྟོན་པ་སྐུ་མྱུ་ངན་ལས་འདའ་ཁར་གདུལ་བྱ་རྟག་འཛིན་ཅན་ཁ་ཅིག་ལ་སོགས་སུ་གདམས་ངག་གནང་རྗེས་ཤིང་སཱ་ལ་ཟུང་གི་ཚལ་དུ་ཞལ་བྱང་དུ་གཟིགས་ནས་གཟིམས་པའི་ཚུལ་གྱིས་མྱུ་ངན་ལས་འདས་པའི་ཚེ། ལག་ན་རྡོ་རྗེ་ཡིད་རབ་ཏུ་གདུང་ནས་དུ་འབོད་བྱེད་ཅིང་སྟོན་པ་དེ་བཞིན་གཤེགས་པ་ང་ཅག་རྣམས་དང་ཞལ་གྱིས་པས་ད་ནས་བཟུང་མགོན་དང་སྐྱབས་མ་མཆིས་སོ་ཟེར་ཞིང་དུག་མདའ་རྣོན་པོ་ལུས་ལ་ཟུག་པ་ཇི་བཞིན་སྡུག་བསྔལ་གྱི་མེ་ལྕེ་རབ་ཏུ་མཆེད་ནས་རྡོ་རྗེ་ཕྱག་ནས་ཕོར་ཏེ་ས་ལ་འགྱེལ། དུས་རིང་པོ་སོང་མཚམས་སུ་ད་གཟོད་དྲན་པ་སྙེད་ནས་སྟོན་པའི་བཀའ་དྲིན་དྲན་ཏེ་ཨུ་ཅག་བུ་སློབ་ཚོ་སྐྱེ་འཆི་སྡུག་བསྔལ་གྱི་འཁོར་བའི་རྒྱ་མཚོ་ཆེ་མོ་ལས་སྒྲོལ་མཁན་གྱི་དེད་དཔོན་སུ་ཞིག་གིས་བྱ། སྨག་རུམ་མུན་ནག་གི་ཡུན་རིང་མཚན་མོར་འོད་དཀར་སྤྲིན་མཁན་གྱི་སྒྲོན་མེ་གང་ན་མཆིས་ཟེར་ཞིང་ཚོ་ངེ་འདོན་ནོ། །① ཞེས་བྱུང་།

[172]**རིང་བསྲེལ་བགོ་བཤའ་མཛད་པ།** རིང་བསྲེལ་ཇི་ལྟར་བགོ་ཚུལ་གྱི་གཏམ་རྒྱུད་ཞིབ་པ་ཐང་སྲན་ལམ་ཡིག་ལས། ཞབས་བསྟན་པའི་སོགས་སུ་རྒྱལ་པོ་མྱུ་ངན་མེད་ཀྱིས་བཞེངས་པའི་མཆོད་རྟེན་ཞིག་མཇལ་དུ་ཡོད་པ་ནི་རྒྱལ་པོ་བརྒྱད་ཀྱིས་རིང་བསྲེལ་བགོས་པའི་གནས་ཡིན། དེའི་མདུན་ན་བཞེངས་པའི་རྡོའི་ཀ་བའི་ཐོག་སྐབས་དེའི་ལོ་རྒྱུས་འཁོད་ཡོད། དེ་ཡང་སངས་རྒྱས་སྐུ་མྱུ་ངན་ལས་འདས་

ཡིག་དཔེ་སྙིང་དཔེ་སྐྲུན་ཁང་། ༢༠༡༨ལོ། ཤ་༢༧༤ནས་༢༧༥བར།

① ཐེ་ཧྲུ་ཚེ་རིང་དོན་གྲུབ། 《ཐང་སྲན་ལམ་ཡིག་གསར་བསྒྱུར་དང་ཞིབ་འཇུག་》བོད་ལྗོངས་བོད་ཡིག་དཔེ་སྙིང་དཔེ་སྐྲུན་ཁང་། ༢༠༡༨ལོ། ཤ་༢༧༥

ཏེ་ཞུགས་འབུལ་གྲུབ་རྗེས་ཕྱོགས་ཁག་གི་རྒྱལ་པོ་བརྒྱད་སོ་སོས་དཔུང་ཚོགས་ཡན་ལག་བཞི་དྲངས་ནས་གྲམ་ཟེ་དྲོ་ཎ་ཞེས་བྱ་བ་མངགས། དེ་ཡིས་རྫ་མཆོག་གྲོང་གི་ཡུལ་མི་ཚོར་ལྷ་མིའི་མགོན་སྐྱབས་ཆེན་པོ་སངས་རྒྱས་མྱ་ངན་ལས་འདས་པའི་གཏམ་ཐོས་ཏེ། བདག་ཅག་རྣམས་ས་ཐག་རིང་པོ་ནས་འདིར་རིང་བསྲེལ་ཞུ་བར་འོང་བ་ཡིན་ཟེར་བར་ཡུལ་མི་རྣམས་ཀྱིས་ངོ་མ་སྤྲད་ཅིང་སྟོན་པ་རྒྱང་མ་ནས་བདག་ཅག་གི་ཡུལ་དུ་གཤེགས་པས་རིང་བསྲེལ་ང་ཅག་གིས་མཆོད་པ་གོར་མ་ཆག་སྟེ་ཁྱེད་རྣམས་ངལ་བའི་རྒྱུ་ལས་མ་འདས་ཟེར། དེ་རྗེས་རྒྱལ་པོ་རྣམས་ཀྱིས་མགོ་བོ་དུད་དེ་ཞུ་བ་ནན་གྱིས་བྱས་ཀྱང་ཐབས་མ་བྱུང་བས་ཞི་འཇམ་གྱིས་པས་མ་ཕན་ན་དྲག་པོའི་དཔུང་གིས་ཐག་གཅོད་དོ་ཟེར་རོ། །སྐབས་དེར་གྲམ་ཟེ་དྲོ་ཎས་སྐད་གསང་ཐོན་པོས། སེམས་ཤིག །སྟོན་པ་སྙིང་རྗེ་ཆེན་པོས་དཀའ་བ་དཔག་མེད་སྤྱད་ནས་དགེ་བའི་ལས་མཛད་པ་ང་ཅག་གིས་ཆུད་གཟོན་པར་ཕོད་དམ་ཅི། དྲག་པོའི་དཔུང་གིས་འཐབ་པ་ཅིས་ཀྱང་མི་རིགས་ཏེ་རིང་བསྲེལ་ཆ་བརྒྱད་དུ་བགོས་པས་ཆོག་ཟེར་བས་ཡུལ་མི་ཚོས་དེའི་ངག་བཞིན་རིང་བསྲེལ་སྲང་ལ་འཇལ་ནས་ཆ་བརྒྱད་དུ་བགོས། སྐབས་དེར་ལྷ་དབང་བརྒྱ་བྱིན་གྱིས་ལྷ་ཡུལ་དུའང་རིང་བསྲེལ་ཐོབ་ཆ་ཡོད་པས་ལྷའི་དཔུང་མ་དྲངས་ན་བཟང་ཞེས་སྒྲ་གྲགས་པ་ན། ཀླུའི་རྒྱལ་པོ་མ་དྲོས་པ་དང་ཀླུའི་རྒྱལ་པོ་མུ་ཅི་ལིན་ད་དང་ཀླུའི་རྒྱལ་པོ་ཨེ་ལའི་འདབ་གསུམ་གྱིས་ཀྱང་དེ་བཞིན་ངེད་ཅག་རྣམས་ཀྱང་མ་བརྗེད་པར་གྱིས། ཅི་སྟེ་འཐབ་ན་ཁྱེད་རྣམས་ཀྱིས་འགྲན་ཡ་མ་ནུས་སོ་ཟེར་བས་མཇུག་ཏུ་གྲམ་ཟེ་དྲོ་ཎས་རིང་བསྲེལ་ཆ་གསུམ་དུ་བགོས་ཏེ། ཆ་གཅིག་ལྷ་དང་ཆ་གཅིག་ཀླུ། གཞན་ཆ་གཅིག་པོ་མི་ཡུལ་དུ་བཞག་ནས་དེ་ཆ་བརྒྱད་དུ་བགོས་ཏེ་རྒྱལ་པོ་རེ་རེར་

གནང་། དེས་ན་ལྷ་དང་ཀླུ་དང་མིའི་རྒྱལ་པོ་ཐམས་ཅད་དགའ་བས་བརྟས་སོ། །[①] ཞེས་གསུངས་པའི་ཡུལ་བརྒྱད་ནི་ཀྲང་ཤུན་གྱི་མཆན་དུ། ཡུལ་བརྒྱད་པོ་གང་དག་ཡིན་མིན་ཡིག་ཚང་རྣམས་སུ་འཕོད་ཚུལ་གཅིག་ཏུ་མ་ངེས་ཤིང་། རྒྱ་འགྱུར་ལུང་རིང་པོར་བསྟན་པ་ལྟར་ན་ཡུལ་དེ་དག་ནི། ༡ རྩྭ་མཆོག་གྲོང་། ༢ པཱ་ཝཱ།(Pāvā/波婆) ༣ ཨལླ་ཀཔྤ།(Allakappa/遮罗) ༤ རཱ་མའི་ཡུལ།(Rāma/蓝莫) ༥ ཝཻ་ཥྚ་ར་དྭཱི་པ།(Vaiṣṭaradvīpa/毗留提) ༦ མཉན་ཡོད། ༧ ཡངས་པ་ཅན། ༨ མ་ག་དྷ་བཅས་ཡིན་པར་གསལ།[②]

[173]ལིཙྪ་བི། དེར་རྒྱ་ཡིག་ལ་ལམ་ཡིག་ཕྱི་མོར་梨车དང་། ཐང་སན་ལམ་ཡིག་ཏུ་栗呫婆ཟེར་བ་གཉིས་ཀ་དེའི་ལེགས་སྦྱར་ཐ་སྙད་ལིཙྪ་བི་སྒྲ་ཟུར་ཆག་པར་ངེས། རང་རེའི་ཡིག་ཆར་ཕལ་མོ་ཆེར་བརྗོད་བདེའི་ཕྱིར་ལེགས་སྦྱར་སྒྲ་རང་སོར་བཞག་སྟེ་ལིཙྪ་བིའི་རིགས་ཞེས་བྱུང་མོད་ཀྱི་འགའ་ཞིག་ཏུ་སྒྲ་གཟུགས་ཉམས་ཏེ་ལི་ཙ་བྱི་དང་ལི་ཙ་ཕྱི་ཟེར་བའང་སྣང་། དེའི་དོན་ནི་ཡ་རབས་སམ་མཛངས་པའམ་མཁས་པར་ཡང་གོ་ཚུལ་སཾ་བོད་ཚིག་མཛོད་རྣམས་སུ་གསལ། དེ་ཡང་ལིཙྪ་བི་ནི་ཏུང་དཀར་ཚིག་མཛོད་[③]ཏུ་ཤཱཀྱའི་རིགས་རྒྱུད་ལ་གསུམ་ཡོད་པའི་ནང་གསེས་ཤིག་ཡིན་པར་གསུངས། ཅིད་ཤན་ལིན་གྱི་ཐང་སན་ལམ་ཡིག་མཆན་[④]ལྟར་ན། སྤྱི་ལོའི་སྔོན་གྱི་དུས་རབས་དྲུག་པར་ཤཱཀྱ་མུ་ནི་བྱོན་པའི་སྐབས་སུ་རྒྱ་གར་བྱང་ཕྱོགས་ལ་ཡུལ་བཅོ་བརྒྱད་ཡོད་པའི་བྱེ་བྲག་ཡུལ་བྲི་ཛི་(Vṛji/跋耆国)ཞེས་པར་རུས་རྒྱུད་ཚོ་

① རྗེ་རུ་ཚེ་རིང་དོན་གྲུབ། 《ཐང་སན་ལམ་ཡིག་གསར་བསྒྱུར་དང་ཞིབ་འཇུག་》བོད་ལྗོངས་བོད་ཡིག་དཔེ་རྙིང་དཔེ་སྐྲུན་ཁང་། ༢༠༡༨ལོ། ཤ་༢༧༨ནས་༢༧༩བར།

② 张巽校注:《佛国记》，中国旅游出版社，2016年，第100页。

③ ཏུང་དཀར་བློ་བཟང་འཕྲིན་ལས། 《ཏུང་དཀར་ཚིག་མཛོད་》ཀྲུང་གོའི་བོད་རིག་པ་དཔེ་སྐྲུན་ཁང་། ༢༠༡༥ལོ། ཤ་༡༩༨༢

④ 季羡林校注:《大唐西域记》，中华书局，2012年，第599、587页。

པ་བརྒྱད་ཡོད་པའི་ནང་དུ་ལིཙྪ་བི་ནི་སྟོབས་ཆེ་ཤོས་ཡིན་ཐོག །ཚོ་པ་དེའི་ལྟེ་བའི་གྲོང་ཁྱེར་ཡངས་པ་ཅན་དུ་ཆགས་ཤིང་། སྐབས་དེ་ཤེད་སངས་རྒྱས་ཆོས་ལུགས་ལ་མཐའ་གཅིག་ཏུ་སྲུང་སྐྱོང་མཛད་མཁན་ཞིག་ཡིན། ཕལ་མོ་ཆེས་ཉུས་རྒྱུད་དེ་རི་བོ་ཧི་མ་ལ་ཡའི་ལྷོ་རྒྱུད་ཀྱི་མི་རྒྱུད་སེར་པོའི་མི་རིགས་ཡིན་ཚུལ་གསུངས། དེ་ཡང་སྔོན་སྟོན་པ་ཡངས་པ་ཅན་ནས་རྩ་མཆོག་གྲོང་དུ་སྐུ་མྱ་ངན་ལས་འདའ་བར་གཤེགས་པའི་སྐབས་སུ་ལིཙྪ་བི་རྣམས་ཀྱིས་རྗེས་བསྙེགས་པའི་ཚུལ་རྒྱ་ཤན་ལམ་ཡིག་ཏུ་འཁོད་པ་ཇི་བཞིན་ཐང་སན་ལམ་ཡིག་གི་བམ་པོ་བདུན་པའི་ཡངས་པ་ཅན་གྱི་ཡུལ་ལས། གྲོང་ཁྱེར་ནས་ནུབ་བྱང་ལི་དབར་ལྔ་བཅུ་དྲུག་ཙམ་ལྷག་བགྲོད་པའི་མཚམས་སུ་མཆོད་རྟེན་ཞིག་ཡོད་པར་ལིཙྪ་བིའི་རིགས་ཀྱིས་སྟོན་པར་སྐྱེལ་མ་ཞུས་པའི་གནས་ཡིན། དེ་ཡང་སྟོན་པ་ཡངས་པ་ཅན་གྱི་གྲོང་ཁྱེར་ནས་རྩ་མཆོག་གྲོང་དུ་གཤེགས་པའི་སྐབས་ལིཙྪ་བིའི་རིགས་ཀྱིས་སྟོན་པ་མྱ་ངན་ལས་འདས་པའི་གཏམ་ཐོས་ནས་རྗེས་བསྙེགས་ཏེ་ངུ་བཞིན་སྐྱེལ་མ་ཞུས། སྟོན་པས་དེ་རྣམས་ཡིད་གདུང་བར་གཟིགས་ཏེ་སྙིང་རྗེ་དགོངས་ནས་སྐུ་རྒྱབ་ཏུ་ཆུ་ཀླུང་ཆེན་པོ་དྲག་ཏུ་རྒྱུགས་པ་ཞིག་སྤྲུལ་པ་ན་ཐམས་ཅད་དུ་མཚམས་འཛེགས་པ་དང་ཉིད་ཀྱི་ལྷུང་བཟེད་དྲན་རྟེན་དུ་གནས་འདིར་འཇོག་པར་མཛད་དོ། །ཅེས་བསྟན་ནོ། །

[174]**ཡངས་པ་ཅན་གྱི་ཡུལ།** ཡུལ་དེར་ལམ་ཡིག་ཕྱི་མོར་毗舍离དང་། ཐང་སན་ལམ་ཡིག་ཏུ་吠舍厘ཟེར་བ་གཉིས་ཀ་ལེགས་སྦྱར་ཐ་སྙད་བཻ་ཤཱ་ལཱི་སྦྲ་ཟུར་ཆག་པར་དེས། ཀྲང་ཤུན་གྱི་མཆན་ལས། ཡུལ་དེའི་རྗེས་ཤུལ་དེང་གི་རྒྱ་གར་བི་ཧཱར་མངའ་སྡེའི་(Bihār/比哈尔邦)བྱང་རྒྱུད་མུ་ཛ་ཕྷ་པུ་ར་(Muzaffarpur/木札法普尔)ས་ཁུལ་གྱི་བ་སཱ་རཿ(Basārh/比沙尔)ཞེས་པའི་ས་ཆར་ཡིན་[1]གསུངས་པ་དེ་

① 张巽校注:《佛国记》,中国旅游出版社,2016年,第202页。

དང་ཅིད་ཤན་ལིན་གྱི་ཐང་སན་ལམ་ཡིག་མཆན་[1]དང་། རྫིང་ཁྲིང་ཙུན་གྱི་ནུབ་ཡུལ་ས་མིང་[2]དུ་བསྟན་པའི་ཡུལ་དེའི་གནས་ཡུལ་མཐུན་པར་སྣང་། ཅིད་ཤན་ལིན་གྱི་ཐང་སན་ལམ་ཡིག་མཆན་གོང་དེ་རང་དུ་ཡུལ་ཡངས་པ་ཅན་ནི་སྤྱི་ལོའི་སྔོན་གྱི་དུས་རབས་དྲུག་པའི་སྔ་ཕྱི་ཙམ་ན་རྒྱ་གར་ཤར་ཕྱོགས་སུ་བྱུང་བའི་ཏུས་རྒྱུད་ཚོ་པ་ཆེ་གྲས་ལིཙྪ་བིའི་གྲོང་ཁྱེར་ལྟེ་བ་ཡིན་ཞིང་། སྤྱི་ལོ་༡༩༠༣ནས་༡༩༠༤བར་གནའ་ཤུལ་རྟོག་ཞིབ་པ་པུ་ལོ་ཧེ་(T.Bloch/布洛赫)བྱ་བས་ཡུལ་ཡངས་པ་ཅན་གྱི་ད་ལྟའི་རྗེས་ཤུལ་བ་སཱ་རཿཞེས་པའི་ས་ཆར་སྔོགས་འདོན་བགྱིས་པའི་སྐབས་སུ་མིང་དུ་ཏྣ་ཧྲཱ་བི་ཤཱ་ཀླཱ་ག་རཿཞེས་པའི་མཁར་ཤུལ་རྙེད་པའི་ཁྲོད་ཀྱི་ཁང་བུ་ནས་སཙྪ་བདུན་བརྒྱ་ལྷག་ཐོན་པའི་གྲས་སུ་བཻ་ཤཱ་ལིའི་ཁྲིམ་བདག་ཆེ་གེ་མོའི་ཐམ་ག་ཞེས་འགོད་པའི་ཡི་གེ་གསལ་ཞིང་། རྗེས་ཤུལ་དེའི་ཁོར་ཡུག་རྒྱ་ཁྱོན་འཇལ་བའི་ཚོ་ཐང་སན་ལམ་ཡིག་ལས་བསྟན་པ་དང་ཆེ་ཆུང་མཉམ་པའི་ཚུལ་བསྟན་པར་སྣང་། རང་རེའི་ཆག་ལོ་ཙཱ་བ་ཆོས་རྗེ་དཔལ་དུས་རབས་༡༣ཙམ་ལ་རྒྱ་གར་དུ་ཕྱིན་པའི་དུས་སུ་ཁོང་གི་ལམ་ཡིག་ལས། ཡངས་པ་ཅན་གྱི་གྲོང་ཁྱེར་ཆེན་པོར་ཕྱིན་པ་ན། དེའི་མི་ཀུན་ཤིན་ཏུ་བྲེལ་བར་འདུག་སྟེ་གར་ལོག་གི་དམག་ཨུར་ཆེ་བས་དངངས་ཤིང་སྐྲག་པར་གདའ་སྐད།[3]ཞེས་གསལ་ཞིང་དུས་ཕྱིས་བཙན་པོ་བསྟན་འཛིན་འཕྲིན་ལས་(1789～1838) ཀྱིས་རྒྱ་གར་གནས་ཆེན་ཁག་ལ་དངོས་སུ་ཞབས་བཅགས་ཏེ་སྤྱི་ལོ་༡༨༣༠ལོར་མཛད་གྲུབ་པའི་འཛམ་གླིང་རྒྱས་བཤད་དུ་ཡུལ་ཡངས་པ་ཅན་གྱི་སྐོར་ལ་འདི་ལྟར་གསུངས་ཏེ། ཚ་སླུང་ཀའམ་ཡིད་འོང་ལྡན་ཟེར་བ་ཡོད་པ་དེ་

① 季羡林校注:《大唐西域记》,中华书局,2012年,第588页。

② 冯承钧原编,陆峻岭增订:《西域地名》,中华书局,1982年,第101页。

③ འཇུ་བ་ཆོས་དཔལ་དར་བྱང་། 《ཆག་ལོ་ཙཱ་བའི་རྣམ་ཐར་》 མཚོ་སྔོན་མི་རིགས་དཔེ་སྐྲུན་ཁང་། ༢༠༡༨ལོ། ཤ་༡༥

བརྒྱལ་བ་ན་ཡངས་པ་ཅན་གྱི་གྲོང་ཁྱེར་དུ་ཕྱིན་པར་འགྱུར་ཞིང་། གྲོང་ཁྱེར་དེའི་མིང་ལ་རྒྱ་གར་པ་རྣམས་ཀྱིས་བཻ་ཤཱ་ལ་གྲི་ཧྲའམ་བེ་སར་སྐད་ཟེར། གྲོང་ཁྱེར་དེ་ནི་སྔོན་དུས་ལྟེགས་རི་རིམ་པ་གསུམ་པ། ནང་དུ་གསེར་དང་དངུལ་དང་ཟངས་ཀྱི་རྒྱ་ཕིབས་ཅན་གྱི་ཁང་པ་བརྩེགས་པ་མང་པོས་གང་བ། སྟོབས་འབྱོར་ལྷ་དང་འདྲ་བར་མདོ་སྡེ་དུ་མ་ལས་གསུངས་མོད། དེང་སང་དུས་ཀྱི་དབང་གིས་ལི་ཙ་བྱི་རྣམས་ནུབ་ཅིང་བདག་པོ་མེད་པས་ཞིག་རལ་ཆེ་བར་མ་ཟད། གྲོང་དེའི་ལྷོ་གནྡྷ་དང་བྱང་གཙྩ་ཀ་ལ་ཐུག་ཡོད་པས། གྲོང་གི་ལྷོ་ངོས་ཀྱི་ལྟེགས་རི་ཡང་དེང་སང་ཆུས་ཁྱེར་ཏེ་མེད་ཅེས་ཨ་ཙཱརྱ་དག་གིས་སྨྲས་པ་ཐོས། འོན་ཀྱང་ཡངས་པ་ཅན་གྱི་ཤར་ཆུ་ཀླུང་ཡིད་འོང་ལྡན་གྱི་འགྲམ་དུ་གསར་དུ་ཆགས་པའི་གྲོང་ཁྱེར་ཧུ་ཅི་སུ་ར་ཟེར་བ་ད་དུང་ཡོད།[1] ཞེས་འཁོད་པ་ལས་ཡངས་པ་ཅན་གྱི་གྲོང་ཁྱེར་རྗེས་ཤུལ་ལ་དེང་དུས་བེ་ས་སྐར་འབོད་པ་དེ་དང་གོང་དུ་ཀྲང་ཤུན་གྱི་བསྟན་པའི་བ་སྦ་རཿཞེས་པ་གཉིས་ས་ཆ་གཅིག་ཡིན་པར་སྙམ།

[175]བུ་མོ་ཨཱ་མྲ་སྐྱོང་། ཅིད་ཤན་ལིན་གྱི་ཐང་སན་ལམ་ཡིག་མཆན་ལས། བུ་མོ་དེའི་མིང་ལ་ལེགས་སྦྱར་སྐད་དུ་ཨཱ་མྲ་པཱ་ལཱི་(Āmrapālī/庵没罗女/庵婆罗女)དང་། པ་ལིའི་སྐད་དུ་ཨ་མྦ་པཱ་ལཱི་བྷཱ་[2]ཞིང་། པཱ་ལཱི་ནི་སྲུང་བ་མོའི་དོན་ལ་འཇུག་པས་འདིར་བུ་མོ་ཨཱ་མྲ་སྲུང་ཞེས་བསྒྱུར་བའོ། །ཤོད་སྒྲོལ་ལ་བུ་མོ་དེ་ནི་ཐོག་མར་གྲོང་ཁྱེར་ཡངས་པ་ཅན་གྱི་སྨད་འཚོང་མ་མཚར་སྡུག་ཅན་ཞིག་ཡིན་པ་ཕྱིས་སུ་སངས་རྒྱས་ཀྱི་ཆོས་སྐོར་ཞུགས་ནས་རང་གི་ཤིང་ཨཱ་མྲའི་སྐྱེད་ཚལ་ཀུན་སྟོན་པའི་བཞུགས་གནས་སུ་ཕུལ་ཞིང་དགེ་སློང་མའི་སྡོམ་པ་མནོས་པར་གྲགས། དེའི་སྐོར་

---

① བཙན་པོ་བསྟན་འཛིན་འཕྲིན་ལས། 《འཛམ་གླིང་རྒྱས་བཤད་》 བོད་ལྗོངས་བོད་ཡིག་དཔེ་རྙིང་དཔེ་སྐྲུན་ཁང་། ༢༠༡༡ལོ། ཤ་༥༣

② 季羡林校注:《大唐西域记》,中华书局,2012年,第592页。

རྒྱ་འགྱུར་ལུང་རིང་པོའི་བམ་པོ་གཉིས་པ་དང་། གཅིག་ལས་འཕྲོས་པའི་ལུང་གི་བམ་པོ་བཅུ་པ་དང་། འདུལ་བ་ལུང་སྡེ་བཞིའི་བམ་པོ་བཞི་བཅུ་སོགས་སུ་འཁོད་ཚུལ་གསུངས།

[176]རང་སངས་རྒྱས་ཀྱི་འབྲས་བུ་མངོན་དུ་བྱས། གཏམ་རྒྱུད་དེའི་སྐོར་གཞན་དུ་ཐང་སན་ལམ་ཡིག་བམ་པོ་བདུན་པའི་ཡུལ་ཡངས་པ་ཅན་གྱི་ནང་གསེས་སངས་རྒྱས་སྟོང་གི་སྐྱེས་རབས་ཞེས་པར་ཡང་གསལ།

[177]ཀུན་དགའ་བོ་བདུད་ཀྱིས་བསླུས། དེ་ཡང་སྟོན་པ་སྐུ་མྱ་ངན་ལས་འདས་རྗེས་འོད་སྲུང་ཆེན་པོ་གཙོ་བོར་གྱུར་པའི་དགྲ་བཅོམ་པ་ལྔ་བརྒྱས་བཀའ་བསྡུ་དང་པོ་མཛད་པའི་སྐབས་སུ་འོད་སྲུང་ཆེན་པོས་ཀུན་དགའ་བོ་བཀའ་བསྡུའི་གྲྭ་ནས་ཕྱི་རུ་ཕུད་ཅིང་། ཀུན་དགའ་བོའི་ཉེས་པ་བརྒྱད་བསྒྲགས་པའི་ཡ་གྱལ་གཅིག་ནི་སྐབས་བབ་འདིར་འཁོད་པའི་གཏམ་རྒྱུད་དེ་ཡིན་ཏེ། དེའི་སྐོར་ཙུང་ཞིབ་པ་མཁས་པ་ལྷེའུས་མཛད་པའི་རྒྱ་བོད་ཆོས་འབྱུང་རྒྱས་པ་ལས། གཞན་ཡང་ཉེས་པ་ཡོད་དེ། སངས་རྒྱས་ལ་བདུད་ཀྱིས་ཞུས་པ་ཁྱོད་སེམས་ཅན་ཐམས་ཅད་ཀྱི་དོན་བྱེད་པ་ཡིན་ནམ་ཞེས་དྲིས་ནས། ངའི་དོན་དུ་འདའ་བར་ཞུས་པས། སངས་རྒྱས་ཀྱིས་ཁོའི་དོན་དུ་ཞལ་གྱིས་བཞེས་དགོངས་ནས་ཁྱོད་བོས་ཏེ། ཀུན་དགའ་བོ་ང་ནི་རྫུ་འཕྲུལ་གྱི་རྐང་པ་བཞི་སྒོམ་པར་འདོད་ན། བསྐལ་པ་གྲངས་མེད་པར་ཡང་མི་འདའ་བའི་དབང་ཡོད་ན། ད་མྱ་ངན་ལས་འདའ་འམ་སྡོད་ཅེས་དྲིས་པས། ལན་མི་སྟེར་བ་ཁྱོད་མིན་ནམ། དེ་ནས་སངས་རྒྱས་ཀྱིས་བདུད་ལ་ཅི་ཡང་མི་གསུང་བར། ཞལ་གྱིས་བཞེས་པས་སངས་རྒྱས་འདས་པ་ཡིན། དེའི་ཚེ་ཁྱོད་ཀྱིས་བདུད་གཅིག་པུའི་ཆེད་བས། སེམས་ཅན་འགྲོ་བ་མཐའ་དག་གི་དོན་དུ། བཞུགས་དགོས་ཟེར་བ་ཡིན་མོད་ཅེས་སྨྲས་པས། ཁོ་ན་རེ་དེའི་ཚེ་བདག་བདུད་

ཀྱིས་བྱིན་གྱིས་བརླབས་ཀྱིས་ཉོག་ཉོག་པོར་གྱུར་ནས། རྣ་བ་ཡང་འཕྱིབས་པས་བདག་གིས་དེ་སྐད་དུ་གསུངས་པ་མ་ཐོས་ཟེར། དེས་ན་མ་ཉུངས་པ་ཁྱོད་སངས་རྒྱས་ཀྱི་དྲུང་ན་རྟག་ཏུ་འདུག་ན། སངས་རྒྱས་ནི་དྲི་མ་ངན་པ་ཐམས་ཅད་སྤངས་ཏེ། བདུད་ཀྱི་སྟོབས་ལ་སོགས་པའི་སྟོབས་ཐམས་ཅད་ཟིལ་གྱིས་གནོན་པ་ཡིན་ན། ཇི་ལྟར་བདུད་ཀྱིས་བྱིན་གྱིས་བརླབས་ཞེས་པ་དང་། དེ་ཡང་བདག་གིས་མ་འཚལ་བས། འོད་སྲུང་ཆེན་པོའི་སྐུ་ལ་བཟོད་པར་གསོལ་ཞེས་པ་དང་། ཉེས་པ་བདུན་པའོ །[1] ཞེས་འཁོད་པ་ལས་ཤེས་ནུས་སོ། །

[178]**ཉུང་བ་མ་ཡིན་པའི་གཞི་བཅུ།** དེར་རྒྱ་ཡིག་ཏུ་十事བྱ་ཞིང་འདུལ་བ་ཕྲན་ཚོགས་ཀྱི་གཞི་[2]ཉུ་དེའི་སྐོར་ཤིན་ཏུ་རྒྱས་པར་བསྟན་པ་རྣམས་སྙིང་པོར་འདྲིལ་ཚེ། སྟོན་པ་སྐུ་མྱ་ངན་ལས་འདས་ནས་ལོ་བརྒྱ་དང་བཅུ་ལོན་ཙམ་ལ་ཡངས་པ་ཅན་གྱི་དགེ་སློང་རྣམས་ཀྱིས་སྟོན་པའི་བཀའ་དང་བྲལ་ཞིང་། མདོ་སྡེ་དང་འདུལ་བ་གང་ལའང་མི་འཇུག་ཅིང་ཆོས་ཉིད་དང་འགལ་བའི་ཉུང་བ་མ་ཡིན་པའི་གཞི་བཅུ་སྟོན་ཏེ་སྤྱོད་པའོ། །གཞི་བཅུ་པོ་དེ་དག་ནི། ༡ .ཆོས་མ་ཡིན་པའི་ལས་བྱས་ཤིང་མཇུག་ཏུ་ཐལ་མོ་བརྡབས་ཏེ་ཧུ་ལུ་ཧུ་ལུ་ཞེས་བརྗོད་པའམ། ༢.ཡང་ན། དགེ་འདུན་ལྷག་མ་རྣམས་རྗེས་སུ་ཡི་རངས་བྱེད་བཅུག་པས་དག་གོ་ཞེས་པ། ༣.ས་གཞི་འདི་ནི་ཀུན་གྱིས་སྤྱོད་ཉུང་བས་ཉེས་པ་མེད་པ་ཡིན་ཞེས་ཁྱིམ་པ་བཞིན་དུ་ས་བརྐོ་བ། ༤.ན་བར་གྱུར་ན་ཆང་སྣོད་སྲིན་བུ་པད་པས་འཛིབ་པ་ལྟར་གཞིབ་ནས་ཆང་བཏུང་ཉུང་བ། ༥.ལན་ཚྭ་འདེབས་ན་ཟས་ཀྱི་རོ་འགྱུར་བས་དུས་མིན་གྱི་ཁ་ཟས་ཟ་ཉུང་བ། ༦. ཟས་སྤྱངས་ཟིན་ནས་རྒྱང་གྲངས་ཕྱེད་ཙམ་ལམ་དུ་བགྲལ་ནས་སླར་ཡང་ཟར་

[1] མཁས་པ་ལྡེའུ། 《རྒྱ་བོད་ཆོས་འབྱུང་རྒྱས་པ་》 བོད་ཡིག་དཔེ་རྙིང་དཔེ་སྐྲུན་ཁང་། ༡༩༨༧ལོ། ཤ་༡༨༠

[2] 《སྡེ་དགེ་བཀའ་འགྱུར་》ད་པོད། ལྡེབ་༣༢༣བྱིབ་ངོས་ནས་༣༢༨བྱིན་ངོས་བར།

ཅུང་བ། ༧.ཟས་སྤྱངས་ནས་ལྷག་པོ་བྱས་མི་དགོས་པར་སླར་སོར་མོ་གཉིས་ཀྱིས་རེག་ནས་ཟར་ཅུང་བ། ༨.འོ་མ་དང་ཞོ་གཉིས་བྲེ་གང་རེ་བསྲེས་ཏེ་དཀྲུགས་ནས་ཕྱི་དྲོ་འཐུང་ཅུང་བ། ༩.གདིང་བ་རྙིང་པ་ནས་བདེ་བར་གཤེགས་པའི་མཐོ་གང་ལྷན་མི་དགོས་ཞེས་པ། ༡༠.དགེ་ཚུལ་གྱི་མགོ་ལ་ཁྲིའུ་བཅིངས། དེའི་སྟེང་དུ་མེ་ཏོག་གི་ཕྲེང་བས་བརྒྱན་པའི་ལྷུང་བཟེད་བཞག་སྟེ། གསེར་དངུལ་སོགས་འབུལ་བ་དེར་འཕེན་བཅོལ་ན་ཕྱིས་དགེ་སློང་རང་ཉིད་ཀྱིས་རེག་ཆོག་པར་འདོད་པ་བཅས་བཅུའོ། །

[179]འདུལ་བའི་སྡེ་སྣོད་ལ་བསྐྱར་དུ་དག་ཐེར་མཛད། དེ་ནི་སངས་རྒྱས་ཆོས་ལུགས་ཀྱི་ལོ་རྒྱུས་ཐོག་རླུང་ལྟར་གྲགས་པའི་བཀའ་བསྡུ་གཉིས་པ་མཛད་ཚུལ་བསྟན་ཞིང་། བཀའ་བསྡུ་དེ་མཛད་དགོས་པའི་རྒྱུ་རྐྱེན་ནི་ཧྥ་ཤན་ལམ་ཡིག་ལ་བསྟན་པ་བཞིན་ཡུལ་ཡངས་པ་ཅན་གྱི་དགེ་སློང་རྣམས་ཀྱིས་སངས་རྒྱས་ཀྱི་བཀའ་དང་འགལ་བའི་ཅུང་བ་མ་ཡིན་པའི་གཞི་བཅུ་ཟེར་བ་གསར་དུ་བཅོས་པ་བཟློག་ཆེད་ཡིན། བཀའ་བསྡུ་དེའི་མཛད་པ་པོ་ནི་དགྲ་བཅོམ་པ་གྲགས་པ་(Yaśoda/耶舍陁)ཡིན་མོད་ཀྱི་རང་རེའི་མཁས་པ་ལྡེའུས་མཛད་པའི་རྒྱ་བོད་ཆོས་འབྱུང་རྒྱས་པ་དང་ཀློང་ཆེན་ཆོས་འབྱུང་གཉིས་སུ་སངས་རྒྱས་བསྟན་པའི་གཏད་རབས་བཞི་པ་འཕགས་པ་ཉེར་སྦས་དང་། ལྡེའུ་ཇོ་སྲས་ཀྱི་ལྡེའུ་ཆོས་འབྱུང་དུ་གང་པོ་ཡིན་པར་གསུངས། བཀའ་བསྡུ་མཛད་མཁན་ནི་དགྲ་བཅོམ་པ་གྲགས་པས་གཙོ་བོར་བྱས་པའི་འཕགས་པ་བདུན་བརྒྱ་པོ་ཡིན་ཞིང་། མཛད་པའི་གནས་ནི་བུ་སྟོན་ཆོས་འབྱུང་དུ་ཡུལ་ཡངས་པ་ཅན་གྱི་ཀུ་སྨ་པུ་རིའི་གཙུག་ལག་ཁང་དང་། རྒྱ་བོད་ཆོས་འབྱུང་རྒྱས་པར་ཡངས་པ་ཅན་གྱི་ཕུར་མ་ཕུ་རིའི་གཙུག་ལག་ཁང་དུ་གསུངས། སྦྱིན་བདག་ནི་རྒྱལ་པོ་མྱ་ངན་མེད་སྔ་ཕྱི་གཉིས་བྱུང་བའི་སྔ་མ་ཀཱ་ལ་ཨ་ཤོ་ཀ་སྟེ་ནག་པོ་མྱ་ངན་

མེད་ཞེས་བྱ་བ་དེ་ཡིན་ཞིང་ཊཱི་ལྷར་མཛད་ཚུལ་བུ་སྟོན་ཆོས་འབྱུང་དང་ལྡེའུ་ཆོས་འབྱུང་སོགས་ལ་གསལ་ཏུང་། ཐང་སན་ལམ་ཡིག་ན་འཁོད་པ་ཆེས་བསྡུས་ཤིང་ངོ་ཐོག་ལ་སྨིན་ཆེ་བར་སྙམ་པས་འདིར་དྲངས་ན། གྲོང་ཁྱེར་ཡངས་པ་ཅན་ནས་ཤར་ལྷོའི་མཚམས་སུ་ལེ་དབར་བཅུ་བཞི་བཅོ་ལྔ་བགྲོད་པའི་ཕ་རོལ་ན་མཆོད་རྟེན་ཆེན་པོ་མཇལ་དུ་ཡོད་པར་སྟོན་འཕགས་པ་བདུན་བརྒྱུས་བཀའ་བསྡུ་གཉིས་པ་མཛད་པའི་གནས་ཡིན། དེ་ཡང་སྟོན་སྟོན་པ་མྱ་ངན་ལས་འདས་ནས་ལོ་བརྒྱ་དང་བཅུ་ཡི་སྐབས། ཡངས་པ་ཅན་གྱི་དགེ་སློང་དག་གིས་ཚུལ་ཁྲིམས་བག་ཡངས་སུ་སྤྱད་པའི་ཚུལ་ཐོན་ནོ། །གཞན་དུ་ན་ཚེ་དང་ལྡན་པ་ཡ་ཤོ་ད་སྡེ་གྲགས་པ་ཡུལ་ཀོ་ས་ལ་དང་། ཚེ་དང་ལྡན་པ་སམ་ཛྷོ་ག་སྡེ་ཤཱ་ཎའི་གོས་ཅན་ཡུལ་བཅོམ་བརླག་དང་། ཚེ་དང་ལྡན་པ་རེ་བ་ཏ་ཡུལ་ཏན་རོ་དང་། ཚེ་དང་ལྡན་པ་སྦ་ལྷི་ཧ་ཡུལ་ཡངས་པ་ཅན། ཚེ་དང་ལྡན་པ་ཀུ་བྫ་ཤོ་བྷི་ཏ་ཡུལ་སྐྱ་ནར་གྱི་བུ་བཅས་ན་བཞུགས། ཐམས་ཅད་ཀུན་དགའ་བོའི་སློབ་མ་སྡེ་སྣོད་གསུམ་ལ་ཐོགས་པ་མེད་ཅིང་རིག་པ་གསུམ་ཐོབ་པའི་དགྲ་བཅོམ་ཆེན་པོ་སྙན་པའི་གྲགས་པ་འབར་བ་ཤ་སྟག་ཡིན། དེ་མཉམ་དུ་ཚེ་དང་ལྡན་པ་གྲགས་པས་ཕོ་ཉ་མངགས་ཏེ་འཕགས་པ་ཀུན་ཡུལ་ཡངས་པ་ཅན་དུ་འཚོགས་པར་བཀའ་བཏང་ཞིང་གཅིག་མ་གཏོགས་བདུན་བརྒྱ་ལོངས་ནས་བཀའ་བསྡུ་མཛད། དེའི་ཚེ་ཀུབྫ་ཤོ་བྷི་ཏས་ཤེས་རབ་སྤྱན་གྱིས་གཟིགས་ནས་རྫུ་འཕྲུལ་གྱི་ཞབས་ལ་བརྟེན་ཏེ་བཀའ་བསྡུ་བའི་ཆོས་གྲྭར་གཤེགས་པ་དང་། ཤཱ་ཎའི་གོས་ཅན་གྱིས་ཕུ་ཐུང་གཡས་པ་ཕུད་དེ་དཔུང་ཕྱིར་ཕྱུང་ཞིང་ཡུན་རིང་ཕྱག་འཚལ་ཞུར་སྐད་གསང་མཐོན་པོས། སེམས་མེར་བཞུགས་ལ་ཞིབ་མོར་སོམས་དང་། མཉམ་མེད་ཐུབ་པའི་དབང་པོ་སྐུ་མྱ་ངན་ལས་འདས་ཏེ་དུས་རིང་པོ་སོང་མོད་ཀྱི་བསླབ་ཁྲིམས་སྔར་བཞིན་གནས་པ་ལགས། འོན་ཏང་གྲོང་ཁྱེར་ཡངས་པ་ཅན་གྱི་དགེ་སློང་

ཆོས་འདུལ་ཁྲིམས་བག་ཡངས་སུ་བྱས་ནས་ཉུང་བ་མ་ཡིན་པའི་གཞི་བཅུ་ཟེར་བ་གསར་དུ་གཏོད་པ་སྤོབས་དང་རིག་པ་བཅུ་ལས་འགལ་ཞིང་སངས་རྒྱས་ཀྱི་ཆོས་དང་མི་མཐུན་ནོ། །དེ་ལན་འདིར་བཞུགས་པའི་འཕགས་པ་ཀུན་འདུལ་ཁྲིམས་སྲུང་འགལ་གྱི་ཚུལ་རྣམ་པར་རྟོགས་ཤིང་སེམས་དཔའ་ཆེན་པོ་ཀུན་དགའ་བོའི་སློབ་མ་ཤ་སྟག་ཡིན། དེ་ལྟར་ན་སྟོན་པའི་སྐུ་དྲིན་དྲན་ཏེ་གང་གི་བཀའ་ཇི་བཞིན་འདུལ་ཁྲིམས་དྲི་མ་མེད་པ་བསྐྱར་དུ་དར་བར་བྱ་ཞེས་བཀའ་བསྒོ་བ་དང་། ཐམས་ཅད་ཡིད་བརྟངས་པར་གྱུར་ཞིང་འཕྲུལ་མར་དགེ་སློང་རྣམས་འདུས་ཏེ་སངས་རྒྱས་ཀྱི་བཀའ་ནས་བྱུང་བའི་འདུལ་ཁྲིམས་རྣལ་མར་གཞིགས་ཏེ་དགེ་སློང་བག་ཡངས་ཅན་ཐམས་ཅད་སུན་འབྱིན་ཞིང་བསྟན་ལ་དག་ཐེར་མཛད་དོ། །①

[180]ཆུ་ཀླུང་རྣམ་ལྔའི་མདོ། དེ་ནི་ཡངས་པ་ཅན་ནས་མ་ག་དྷའི་གྲོང་ཁྱེར་སྐྱ་ནར་བུར་བགྲོད་པའི་ཆུ་བོ་གངྒཱའི་འཇུག་ངོགས་ཀྱི་ཆུ་བོ་རྣམ་ལྔར་བརྗོད་དེ། ཀུང་ཤུན་གྱི་མཆན་ལས། ཆུ་ཀླུང་དེ་དག་ནི་ཀན་ད་ཀ་(Kandak/干达克)དང་། རཱ་པྟི་(Rāptī/腊普提)དང་། གོ་གྲ་(Gogra/哥格拉)དང་། གངྒཱ་དང་། སོན་ཆུ་(Son/宋河)བཅས་ཡིན་ཞིང་། དེ་རྣམས་གཅིག་ཏུ་ཆུ་བོ་གངྒཱའི་སྨད་དུ་འདྲེས་ནས་བཞུར་བའི་རྒྱུ་མཚན་གྱིས་ཆུ་ཀླུང་རྣམ་ལྔའི་མདོ་②ཞེས་བྱའོ་གསུངས།

[181]རྒྱལ་པོ་མ་སྐྱེས་དགྲ། རྒྱལ་པོ་དེར་ལེགས་སྦྱར་དུ་ཨ་ཛཱ་ཏ་ཤ་ཏྲུ་(Ajātaśatru/阿阇世王/阿阇多设咄路王/未生怨)བྱ་ཞིང་། རང་རེའི་ཡིག་ཆར་ཡོངས་གྲགས་སུ་རྒྱལ་པོ་མ་སྐྱེས་དགྲ་ཞེས་བྱུང་མོད་ཀྱི་རྒྱ་གར་ཆོས་འབྱུང་ལེའུ་དང་པོར་མཚན་གཞན་དུ་རྒྱལ་པོ་མཐོང་ལྡན་དགེ་ཡང་བྱ་བར་གསུངས། རྒྱལ་པོ་དེའི་སྐོར་ཡིག

---

① རྨེ་ཉ་ཚེ་རིང་དོན་གྲུབ། 《ཐང་སན་ལམ་ཡིག་གསར་བསྒྱུར་དང་ཞིབ་འཇུག་》བོད་ལྗོངས་བོད་ཡིག་དཔེ་རྙིང་དཔེ་སྐྲུན་ཁང་། ༢༠༡༨ལོ། ཤ་༢༩༥ནས་༢༩༨བར།

② 张巽校注:《佛国记》，中国旅游出版社，2016年，第106页。

ཚང་དུ་མར་འཁོད་པ་ལས་འདིར་ཉེ་བར་མཁོ་བ་ནི་རྒྱའི་མཁས་པ་ཀྲང་ཅན་རྨུའུ་ཡིས་རྒྱ་ནག་སྐད་དུ་བསྒྱུར་བའི་རྒྱ་གར་ཆོས་འབྱུང་གི་རྒྱལ་པོ་མ་སྐྱེས་དགྲའི་མཚན་ལས། སྤྱི་ལོའི་སྔོན་གྱི་དུས་རབས་དྲུག་པའི་དུས་དཀྱིལ་དུ་རྒྱ་གར་གྱི་ཕྱོགས་རྣམས་ད་དུང་ཡུལ་ཕྲན་དུ་མས་ཁྱབ་ཅིང་། ཆབ་སྲིད་གཅིག་གྱུར་མེད་པ་ལ་སྐབས་དེ་ཙམ་ན་ད་ལྟའི་བི་ཧ་ར་མངའ་སྡེའི་ཡུལ་མ་ག་དྷ་ཏུ་རྒྱལ་པོ་གཟུགས་ཅན་སྙིང་པོའི་སྟོབས་ཤུགས་རིམ་གྱིས་འཕེལ་ནས་ཡུལ་ཕྲན་ཀུན་ལ་མངའ་མཛད་དེ་ཐམས་ཅད་ཀྱི་རྗེ་བོར་གྱུར། དུས་ཕྱིས་རང་གི་བུ་མ་སྐྱེས་དགྲས་སྤྱི་ལོ་སྔོན་གྱི་༤༩༡ཙམ་ལ་(ཀྲང་ཤུན་གྱི་མཆན་①དུ་སྤྱི་ལོ་སྔོན་གྱི་༤༩༣ནས་༤༦༢ ལོ་བར་སྲིད་བསྐྱངས་ཚུལ་གསལ།)དགྲོངས་ཏེ་རྒྱལ་སྲིད་བླངས་ཤིང་མ་སྐྱེས་དགྲ་སྤྱི་ལོའི་སྔོན་གྱི་༤༥༩ལོར་ཚེ་ལས་འདས། ངག་རྒྱུན་དུ་རྒྱལ་པོ་དེ་མ་བཙས་གོང་མཚོན་མཁན་གྱིས་དེ་སྐྱེས་ནས་ནར་སོན་ཏེ་ཕ་མ་གཉིས་ཀ་གསོད་པར་ལུང་བསྟན་པས་མ་སྐྱེས་དགྲར་གྲགས་སོ། །སངས་རྒྱས་ཆོས་ལུགས་ཀྱི་ཤོད་སྒྲོལ་ལ་རྒྱལ་པོ་དེས་རང་གི་ཕ་བསད་པའི་འགྱོད་པ་དྲག་པོས་གདུང་སྟེ་སྟོན་པའི་དྲུང་དུ་བཤགས་སྡོམ་མཛད་ཅིང་ནང་པར་སྐྱབས་སུ་འཛིན་པར་གྲགས། རྒྱ་འགྱུར་ཤིན་ཏུ་མཐོང་བའི་འདུལ་བའི་རྣམ་བཤད་《善见律毗婆沙》ལས། རྒྱལ་པོ་མ་སྐྱེས་དགྲས་ལོ་སུམ་ཅུ་རྩ་གཉིས་རིང་སྲིད་བསྐྱངས་ཤིང་། ཁྲི་ལོ་བརྒྱད་པར་སངས་རྒྱས་མྱ་ངན་ལས་འདས་ཞེས་འཁོད། (དགེ་ཆོས་ཀྱི་གསེར་ཐང་དུའང་དེ་ལྟར་གསུངས།) རྒྱལ་པོ་དེས་དབང་བསྒྱུར་རྗེས་མཐའི་ཡུལ་གྲུ་ཁག་ལ་དཔུང་བསྐྱོད་པས་མ་ག་དྷའི་མངའ་རིས་ཤུགས་ཆེར་འཕེལ་ཞིང་། གནའ་བོའི་མུ་སྟེགས་པའི་ཡིག་ཚང་དག་ཏུ་རྒྱལ་པོ་དེ་ནི་གཅེར་བུ་བའི་སྟོན་པ་རྒྱལ་བ་དམ་པའི་རྗེས་འབྲངས་པ་ཡིན་ཟེར་བ་དང་། སངས་རྒྱས་ཆོས་ལུགས་ཀྱི་

① 张巽校注：《佛国记》，中国旅游出版社，2016年，第57页。

ཡིག་ཆར་ནང་ཆོས་སྐྱབས་སུ་འཛིན་ཞིང་བཀའ་བསྡུ་དང་པོའི་སྐབས་སྦྱིན་བདག་མཛད་ནས་བསྟན་པ་དར་སྤེལ་ཆེད་ནུས་པ་ཤུགས་ཆེར་བཏོན་①ཞེས་གསུངས་སོ། །

[182]**སྐུ་མྱ་ངན་ལས་འདའ་བ།** འདིར་ལམ་ཡིག་ཕྱི་མོར་བརྗོད་པའི་ཀུན་དགའ་བོ་མྱ་ངན་ལས་འདས་པའི་ལོ་རྒྱུས་དེ་དང་ཆ་འདྲ་བ་ནི་གཞན་དུ་ཐང་སན་ལམ་ཡིག་བམ་པོ་བདུན་པའི་ཡུལ་ཡངས་པ་ཅན་གྱི་སྐབས་སུའང་བྱུང་།

[183]**ཡུལ་མ་ག་དྷའི་གྲོང་ཁྱེར་སྐུ་ནར་ཟུ།** ཡུལ་དེར་ལམ་ཡིག་ཕྱི་མོར་རྒྱ་ཡིག་ཏུ་摩竭提དང་། རྫིང་ཁྲིང་ཅན་གྱི་ནུབ་ཡུལ་ས་མིང་ལས། ཝེའི་ཧྲུའུ་《魏书》ཏུ་莫伽陁དང་། ཐང་སན་ལམ་ཡིག་དང་། ཐང་ཡིག་གསར་མར་摩揭陀དང་། བླ་ཆེན་གྱི་རྣམ་ཐར་ལ་摩伽陀བཅས་བྱ་ཞིང་། ཐང་གུར་གྱི་ཧྲུ་ཤང་ཞོན་དབྱིང་(玄应)གིས་མཛད་པའི་མིང་དོན་བརྡ་སྤྲོད་《一切经音义》དུ་དེ་དག་ལས་摩揭陀ཁོ་ན་དག་ཅིང་གཞན་རྣམས་ལེགས་སྦྱར་གྱི་སྒྲ་འཆོལ་བར་གསུངས་②ཞེས་གསལ། རྒྱ་འགྱུར་བྱིངས་རྣམས་དོན་དུ་ཡུལ་དེའི་ལེགས་སྦྱར་གྱི་ཐ་སྙད་མ་ག་དྷ་སྒྲ་བསྒྱུར་བགྱིས་པ་བསྙོན་དུ་མེད། སྒྲ་བྱེ་བྲག་རྟོགས་བྱེད་ཆེ་མོར་བོད་དུ་མ་ག་དྷ་རང་སོར་བཞག་པ་འདིར་སྤྱོད་པ་ལགས། ཡུལ་དེ་ནི་ཆུ་བོ་གང་གཱའི་རྒྱུགས་ཁུལ་དབུས་སུ་ཆགས་པའི་གནའ་བོའི་རྒྱ་གར་གྱི་ཡུལ་ཆེན་ཞིག་དང་། རྒྱ་གར་ཕྱོགས་ལྷོར་བརྗོད་པའི་དབུས་དང་སངས་རྒྱས་ཆོས་ལུགས་ཀྱི་གནས་ཆེན་མང་ཤོས་ཀྱི་ཡུལ་ཞིག་ཀྱང་ཡིན་ཞིང་སྟོན་པ་སྐུ་འཚོ་ཞིང་གཞེས་པའི་སྐབས་ཡུལ་དེར་ཡུན་རིང་ཤོས་བཞུགས་འཆག་མཛད་པའི་ཕྱིར་ཐང་སན་ལམ་ཡིག་གི་བམ་པོ་བརྒྱད་པ་དང་དགུ་པ་ཧྲིལ་པོ་ཡུལ་དེ་འབའ་ཞིག་བརྗོད་པར་སྣང་། ཀྲང་ཤུན་གྱི་མཚན་དུ། སྟོན་པ་ཤཱཀྱ་ཐུབ་པའི་དུས་ཡུལ་དེའི་གྲོང་ཁྱེར་ལྕེ་བ་ཐོག་མར་རྒྱལ་པོའི་ཁབ་གསར་མར་ཆགས་མོད་

① 多罗那它著，张健木译：《印度佛教史》，四川民族出版社，1988年，第18页。

② 冯承钧原编，陆峻岭增订：《西域地名》，中华书局，1982年，第60页。

ཀྱི་རྒྱལ་པོ་མ་སྐྱེས་དགྲས་སྲིད་བསྐྱངས་པའི་སྐབས་རྒྱལ་པོའི་ཁབ་གསར་མའི་བྱང་ཕྱོགས་ཀྱི་ཆུ་བོ་གངྒཱའི་གལ་ཆེའི་འཇུག་ངོགས་ལྷོ་རུ་གྲོང་གསར་ལེགས་སྲུར་མིང་ཏུ་པཱ་ཊ་ལི་པུ་ཏྲ་(Pāṭaliputra/巴连弗邑/波吒厘子城/华氏城/香花宫城) སྟེ་གསེར་ཐང་སོགས་སུ་སྐྱ་ནར་བུར་འབོད་པ་དེ་བསྐྲུན། གྲོང་དེ་ནི་དེ་ཤེད་ཏུ་འཕྲིམ་འགྲུལ་གྱི་ལྟེ་གནས་ཤིག་ཡིན་གཤིས། ཕྱིས་ཀྱི་མཽརྱ་རྒྱལ་རབས་(Maurya dynasty/孔雀王朝)དབུ་མ་བརྙེས་གོང་བར་ཡུལ་མ་ག་དྷའི་གྲོང་ཁྱེར་གཙོ་བོར་འགྱུར། རྒྱལ་པོ་མྱ་ངན་མེད་ཀྱི་མེས་པོ་མཽརྱའི་རྒྱལ་རབས་གཏོད་པ་པོ་ཙནྡྲ་གུཔྟ་(Chandragupta/旃陀罗笈多，约公元前324~300)དང་། མྱ་ངན་མེད་ཀྱི་ཕ་བིནྡུ་སཱ་ར་(Bindusāra/宾头沙罗，约公元前300~273)དང་། མྱ་ངན་མེད་རང་བཅས་ཀྱིས་ལྟེ་བའི་གནས་གཞི་དེར་བཙུགས་པར་གྲགས། ཐང་སན་ལམ་ཡིག་བམ་པོ་བརྒྱད་པར་གྲོང་དེར་波吒厘子城ཟེར་ཞིང་། དེའི་རྗེས་ཤུལ་དེང་རྒྱ་གར་བི་ཧར་མངའ་སྡེའི་པ་ཏ་ན་(Patna/巴特那)ཡིན་པར་གསུངས།[①] ཅིད་ཤན་ལིན་གྱི་ཐང་སན་ལམ་ཡིག་མཆན་ལས་དེང་བི་ཧ་ར་མངའ་སྡེའི་པ་ཏ་ནའི་ནུབ་བྱང་ནས་དི་ན་པོ་རེ་(Dinapore/订那浦尔)ཞེས་པའི་ས་ཆའི་ཕྱེད་ཙམ་བར་གྱི་ས་འོག་ནས་ཉེ་རབས་རྫོགས་ཞིབ་པས་གནའ་བོའི་ཀུ་ཥ་ཎའི་རྒྱལ་རབས་(贵霜王朝)དང་གུཔྟའི་རྒྱལ་རབས་སྐབས་ཀྱི་དངུལ་ཏམ་རྙེད་[②]ཅེས་ཀྱང་གསལ།

[184]རྗེས་ཤུལ་ད་ལྟའང་མངོན་སུམ་སྣང་། འདིར་ལམ་ཡིག་ཕྱི་མོ་ལྟར་ན་བཙུན་པ་ཧྥ་ཤན་ཕྱིན་པའི་སྐབས་སུ་གྲོང་ཁྱེར་སྐྱ་ནར་བུའི་ངོ་མཚར་བཀོད་པ་མངོན་སུམ་སྐྱེས་བུའི་མཛལ་སྐལ་དུ་གདའ་རུང་། དེའི་རྗེས་ཀྱི་ལོ་༢༠༠ཙམ་དུ་ཐང་སན་བླ་མ་གྲོང་དེར་ཕེབས་འཁོར་བྱུང་སྐབས་མཁར་ཤུལ་ཙམ་ལས་མི་སྣང་བའི་སྐྱོ་ཉམས་

① 张巽校注:《佛国记》, 中国旅游出版社, 2016年, 第108页。

② 季羡林等校注:《大唐西域记》, 中华书局, 2012年, 第637页。

ཤིག་ཐང་སན་ལམ་ཡིག་ན་གསལ།

[185]**མྱ་ངན་མེད་ཀྱི་ནུ་བོ།** འདིར་བརྗོད་པའི་རྒྱལ་པོ་མྱ་ངན་མེད་ཀྱི་ནུ་བོ་ནི་ལེགས་སྦྱར་དུ་མ་ཧེནྡྲ་སྟེ་བོད་དུ་དབང་ཆེན་སྡེ་ཞུ་བ་དེ་ཡིན་ཞིང་། ཐང་སན་ལམ་ཡིག་བམ་པོ་བརྒྱད་པའི་ས་བཅད་དྲུག་པར་དེའི་ལོ་རྒྱུས་ཧྥ་ཤན་ལམ་ཡིག་ལས་རྒྱས་པར་བསྟན། ཅིད་ཤན་ལིན་གྱི་ཐང་སན་ལམ་ཡིག་མཆན་ལས། མ་ཧེནྡྲར་རྒྱ་ཡིག་ལ་摩哂陀དང་། 摩呻提དང་། 摩醯因陀罗སོགས་བྱུང་ཞིང་། བྱང་རྒྱུད་ནང་པ་རྣམས་ཀྱིས་རྒྱལ་པོ་མྱ་ངན་མེད་ཀྱི་ཡུམ་གཅིག་པའི་ནུ་བོ་ཡིན་པར་མྱ་ངན་མེད་ཀྱི་རྟོགས་བརྗོད་ཀྱི་བམ་པོ་གཉིས་པ་དང་། མྱ་ངན་མེད་ཀྱི་མདོའི《阿育王经》བམ་པོ་གསུམ་པར་གསལ། འོན་ཏེ་དྭི་པ་བཾ་ས་ཡིས་པཱ་ལིའི་ཡི་གེར་མཛད་པའི་ལྷོ་རྒྱུད་ནང་པའི་བྱུང་རབས་གལ་ཆེན་གླིང་ཕྲན་ལོ་རྒྱུས་ལས་མ་ཧེནྡྲ་ནི་རྒྱལ་པོ་མྱ་ངན་མེད་ཀྱི་བུ་ཡིན་ཞིང་། དག་རྒྱུན་དུ་མ་ཧེནྡྲས་རྒྱལ་པོ་མྱ་ངན་མེད་ཀྱི་བཀའ་བཞིན་ཐེག་དམན་གནས་བརྟན་པའི་ལུགས་སིངྒ་ལའི་ཡུལ་དུ་སྤེལ་བར་མཛད་པས་དེ་ཉིད་སིངྒ་ལའི་ནང་ཆོས་ཀྱི་ཤིང་རྟའི་སྲོལ་འབྱེད་དུ་བཀུར་བཞིན་ཡོད་[①]ཅེས་གསལ།

[186]**བྱ་རྒོད་ཕུང་པོའི་རི།** དེར་ལེགས་སྦྱར་དུ་གྲྀ་དྷྲ་ཀཱུ་ཊ་ཞིང་ལམ་ཡིག་ཕྱི་མོར་རྒྱ་ཡིག་ཏུ་耆阇崛山དང་ཐང་སན་ལམ་ཡིག་གི་བམ་པོ་དགུ་པའི་ས་བཅད་ཉེར་གསུམ་པར་姞栗陀罗矩吒山ཞེས་སྒྲ་བསྒྱུར་བགྱིས་མོད་ཀྱི་རྒྱའི་ཡིག་ཆ་ཕལ་མོ་ཆེར་དོན་སྒྱུར་གྱི་ཐ་སྙད་鹫峰དང་灵鹫山འབྲི་བའོ། །རི་བོ་དེའི་སྟེང་སྟོན་སྟོན་པས་ཧྥ་ཤན་ལམ་ཡིག་ལས་དམ་པའི་ཆོས་དཔའ་བར་འགྲོ་བའི་ཏིང་ངེ་འཛིན《楞严经》དང་། ཐང་སན་ལམ་ཡིག་བམ་པོ་དགུ་པར་མདོ་སྡེ་པད་མ་དཀར་པོ་

① 韩廷杰译:《岛史》,中国藏学出版社,2020年,第70页。

དང་། དགེ་ཆོས་ཀྱི་རྒྱ་གར་ལམ་ཡིག་ཏུ་ཡུམ་གྱི་མདོ་[1]བཅས་ཐེག་པ་ཆེན་པོའི་ཆོས་གསུངས་པར་བསྟན་པ་བཞིན་རི་དེ་ནི་སངས་རྒྱས་ཆོས་ལུགས་ཀྱི་གནས་རི་གྲགས་ཅན་ཞིག་ཡིན། དེ་ཡང་བྱང་ཆུབ་སེམས་དཔའ་མང་པོ་ཞིག་རང་ལུས་བྱ་རྒོད་དུ་སྤྲུལ་ནས་ཆོས་ཉན་པའི་གནས་ཡིན་པས་མིང་དེ་ལྟར་ཐོགས་པར་སྐད། ལམ་ཡིག་ཕྱི་མོའི་འདི་མཇུག་གི་གྲོང་ཁྱེར་རྒྱལ་པོའི་ཁབ་གསར་མ་ཞེས་པར། ད་ཆ་སྔོན་སྟོན་པས་ཆོས་གསུངས་པའི་གྲྭ་ཕལ་ཆེར་ཞིག་སྟེ་སོ་ཕག་གི་རྨང་གཞི་ཙམ་ལས་མ་མཆིས་ཞེས་སོགས་གནས་རི་དེའི་སྐོར་མང་དུ་གསལ། ཅིད་ཤན་ལིན་གྱི་ཐང་སན་ལམ་ཡིག་མཆན་དུ་ཞིབ་འཇུག་པ་ཁང་ཉིད་ཀ་རྨུས་རི་བོ་དེ་དེང་སང་སེ་ལ་གི་རི་(Sailagiri)ཡིན་ཞེས་གསུངས་མོད་ཀྱི་དེར་ད་ཆ་ཕུག་པ་ཡེ་ནས་མེད་པས་ལམ་ཡིག་གཉིས་པོར་འཁོད་པའི་བསམ་གཏན་ལ་འཇུག་སའི་བྲག་ཕུག་མང་དུ་ཡོད་ཚུལ་འཁོད་པ་དང་འགལ་བ་ཆེ་[2]ཞེས་དོགས་པ་མཛད་ཡོད། ཆག་ལོ་ཙཱ་བ་ཆོས་རྗེ་དཔལ་དུས་རབས་༡༣ཙམ་ལ་བྱ་རྒོད་ཕུང་པོའི་རིར་ཐེབས་འགྱོར་བྱུང་བའི་སྐབས་གཟིགས་སྣང་འདི་བཞིན་བྱུང་བ་ཡོངས་གྲགས་ཆག་ལོའི་ལམ་ཡིག་ལས། བྱ་རྒོད་ཕུང་པོའི་རི་དེ་ནི་མཐོན་པོ་མེད། སྤྱིར་རྒྱ་གར་ན་རི་མེད། བྱ་རྒོད་ཕུང་པོའི་རི་དེ་བོད་ཀྱི་རི་འབྲིང་ཙམ་པ་དོ་བོར་ཡོད་པ། རྩེ་མོ་ཟླུམ་འཁྱིལ་ལེ་བ། ཕྱོགས་ཐམས་ཅད་ནགས་ཀྱིས་ཁེངས་པ། རི་སུལ་ལ་ལ་ནས་ཆུ་འབབ་པ། ལ་ལ་ན་བྲག་ཡོད་པ། སྟག་དང་། དོམ་དང་། དྲེད་དང་། གཅན་གཟན་མང་པོ་གནས་པ། དེར་མི་ཕལ་གྱིས་འགྲོ་མ་ནུས་པ། གྲུབ་པ་ཐོབ་པའི་པཎྜི་ཏ་དུག་སྤྲུལ་དང་། གཅན་གཟན་གྱིས་མི་ཚུགས་པ་འགའ་རེ་ཙམ་བཞུགས་པ། དབྱར་ཤིང་དང་རྩྭ་ཐམས་

① 《དགེ་འདུན་ཆོས་འཕེལ་གྱི་གསུང་རྩོམ་》པོད་གསུམ་པ། བོད་ལྗོངས་བོད་ཡིག་དཔེ་རྙིང་དཔེ་སྐྲུན་ཁང་། ༢༠༡༧ལོ། ཤ་༢༨༨

② 季羡林等校注:《大唐西域记》, 中华书局, 2012年, 第726页。

ཅད་སྐྱེས་པས། རི་མདོག་སྔོན་པོར་སྣང་བ། དགུན་རྩྭ་དང་། འཇག་མ་གང་ཡོད་རྣམས་བསྐམས་པས། ཁ་དོག་སྐྱ་བོར་སྣང་བ། བྱ་རབས་ཤིང་རབས་བཞིན་དུ་བྱ་དང་། ཤིང་སྣ་ཚོགས་ཡོད་པའོ། །[1] ཞེས་སོགས་གསུངས་ཤིང་། ཆག་ལོའི་རྗེས་ཀྱི་དུས་རབས་༡༨དང་༢༠ཙམ་ལ་སྤྱི་ཕྱིར་གནས་རི་དེར་ཞབས་བཅགས་སྐྱོང་བའི་བཙན་པོ་བསྟན་འཛིན་འཕྲིན་ལས་དང་། དགེ་འདུན་ཆོས་འཕེལ་རྣམ་གཉིས་ཀྱི་ཕྱག་རྩོམ་འཛམ་གླིང་རྒྱས་བཤད་དང་། རྒྱ་གར་གནས་ཆེན་ཁག་ལ་བསྐྱོད་པའི་ལམ་ཡིག་ལའང་དེའི་སྐོར་གསལ་མོད་ཀྱི་ཆག་ལོ་ཁོ་ན་དོན་ཐོག་ལ་འཕེར་ཆེ་བས་འདིར་ཕྱི་མ་གཉིས་སྨོར་མ་དྲངས་སོ། །

[187]རྣ་ཛ་ལྷ་མིཏྲ། དེ་ནི་བྲམ་ཟེའི་རིགས་ལས་འབྲུངས་པ་ལམ་ཡིག་ཕྱི་མོའི་རྒྱ་ཡིག་ཏུ་罗沃私婆迷བྱ་ཞིང་། རྒྱ་ནག་ལེང་(梁)རྒྱལ་རབས་སྐབས་ཀྱི་ཧྭ་ཤང་སེང་ཡོའུ་(僧祐445～518)ཡིས་མཛད་པའི་སྡེ་སྣོད་གསུམ་གའི་ཆོས་ཀྱི་རྣམ་གྲངས་ཀྱི་བརྗེད་བྱང་ཆེན་པོའི་《出三藏记集》བམ་པོ་བཅོ་ལྔ་ཧྭ་ཤང་ཡེ་ཤེས་དཔའ་བོའི་(智猛)རྣམ་ཐར་བརྗོད་པའི་སྐབས་ལས། ཧྭ་ཤང་དེ་ཉིད་བཙུན་པ་ཐྲ་ཤན་འཕགས་ཡུལ་དུ་ཕེབས་འགྲོར་བྱུང་རྗེས་མི་རིང་བར་གྲོང་ཁྱེར་སྐྱ་ནར་བུར་ཕྱིན་སྐབས་ཤེས་རབ་འགྲན་ཟླ་བྲལ་བའི་བྲམ་ཟེའི་སློབ་དཔོན་མཚན་དུ་ལོ་ཡོད་ཙུང་(罗阅宗)བྱ་བ་སངས་རྒྱས་བསྟན་པ་སྤེལ་བཞིན་གནས་པ་ལ་ཡུལ་གྱི་རྒྱལ་པོས་རབ་ཏུ་བཏུད་ཅིང་དངུལ་གྱི་མཆོད་རྟེན་མཐོར་འདོམ་དྲུག་ལོངས་པ་བརྩིགས། བྲམ་ཟེ་ཆེན་པོའི་བཞུགས་གནས་ནས་བཙུན་པ་ཐྲ་ཤན་ལ་སྔོན་མྱང་འདས་བམ་པོ་དྲུག་ཐོབ་ཅིང་། ཡེ་ཤེས་དཔའ་བོར་རྒྱ་ཡུལ་དུ་ཐེག་ཆེན་ཡོད་མེད་བཀའ་འདྲི་མཛད་པར་ཡོད་དོ་བྱས་པས་སློབ་དཔོན་ངོ་མཚར་ཞིང་བྱང་ཆུབ་སེམས་དཔའ་གཤེགས་མེད་

① འཇུ་བ་ཆོས་དཔལ་དར་བྱང་། 《ཆག་ལོ་ཙྪ་བའི་རྣམ་ཐར་》 མཚོ་སྔོན་མི་རིགས་དཔེ་སྐྲུན་ཁང་། ༢༠༡༨ལོ། ཤ་༥༣ནས་༥༥བར།

ཇོ་ཞེས་བཀའ་སྩལ། དེའི་དྲུང་ནས་ཡེ་ཤེས་དཔའ་བོར་ལེགས་སྦྱར་གྱི་སྐད་འདས་བམ་པོ་གཅིག་དང་། དགེ་འདུན་ཕལ་ཆེན་པའི་འདུལ་བ་པོད་གཅིག །དེ་མིན་ལེགས་སྦྱར་དཔེ་ཆ་གཞན་ཁ་ཅིག་ཐོབ་པས་དགའ་སྟེ་དེ་དག་སློབ་བར་དམ་བཅས་ཤིང་ཕ་ཡུལ་དུ་བཟློག་གོ །ཞེས་གསལ་བའི་བྲམ་ཟེའི་སློབ་དཔོན་ལོ་ཡོད་ཙུང་(罗阅宗)ནི་ཨ་ཤྭ་ཆི་གི་རོ་ཀུ་ཡི་མཆན་དུ་མཚོན་དངོས་ལ་ནཱ་ཛ་སྭཱ་མིནྣ་ཧི་རྒྱལ་པོའི་རྗེ་བོ་ཞུ་བར་[1]རིག་བགྲེ་མཛད་པས་འདིར་བོད་འགྱུར་མར་དེ་ལྟར་བྲིས་པ་ལགས།

[188]ཐེག་པ་ཆེན་པོའི་གཙུག་ལག་ཁང་བརྟག་པ། ཀྲང་ཤྲུན་གྱི་མཆན་[2]དང་། ཨ་ཤྭ་ཆི་གི་རོ་ཀུ་ཡི་མཆན་[3]གཉིས་སུ་མཆོད་རྟེན་དེ་ནི་གཤམ་དུ་བྱུང་བའི་གྲོང་ཁྱེར་སྐྱུ་ནར་བུའི་ལྷོ་ཕྱོགས་ལི་དབར་གསུམ་ལྷག་གི་སར་མཇལ་བའི་མཆོད་རྟེན་ཆེན་པོ་དེ་ཡིན་པར་ཐུན་མོང་དུ་བཞེད་ཅིང་། དེའི་ལོགས་ཀྱི་ཐེག་པ་ཆེན་པོའི་གཙུག་ལག་ཁང་དེ་ནི་ཨ་ཤྭ་ཆི་གི་རོ་ཀུ་ཡིས་སྨྲས་མ་ཐག་པའི་བྲམ་ཟེའི་སློབ་དཔོན་ནཱ་ཛ་སྭཱ་མིནྣ་སོགས་དེར་བཞུགས་པར་འདོད་ཅིང་། ཀྲང་ཤྲུན་གྱིས་དེ་ནི་ཐང་སེན་ལམ་ཡིག་བམ་པོ་བརྒྱད་པར་འཁོད་པའི་ཀུ་ཀུ་ཊཱ་ནཱ་མ་སྟེ་ཁྱིམ་བྱའི་ཚལ་གྱི་གཙུག་ལག་བྱ་བ་དེ་ཡིན་པར་གསུངས།

[189]ཇོའི་ཀ་བ། ཐང་སེན་ལམ་ཡིག་གི་བམ་པོ་བརྒྱད་པར་ཇོའི་ཀ་བའམ་ཇོ་རིང་དེའི་སྐོར་ལ་འདི་བཞིན་གསལ། སྔོན་པའི་ཞབས་རྗེས་ཀྱི་མཆོད་ཁང་ནས་མི་རིང་བའི་མཚམས་སུ་ཇོའི་ཀ་བ་ཆེན་པོ་ཁྲུ་སུམ་ཅུ་ལྷག་བྱས་པ་ཞིག་ཡོད། དེའི་སྟེང་གི་ཡི་གེར་ཆག་སྐྱོན་ཤོར་བར་སྤྱི་དོན་དུ་རྒྱལ་པོ་མྱ་ངན་མེད་སངས་རྒྱས་ཀྱི་ཆོས་ལ་དད་པ་མི་ཕྱེད་ཅིང་། འཛམ་བུའི་གླིང་ལན་གསུམ་མཆོག་གསུམ་ལ་སྐྱེས

① 足立喜六著，何建民、张小柳译：《〈法显传〉考证》，贵州大学出版社，2014年，第158页。

② 张巽校注：《佛国记》，中国旅游出版社，2016年，第110页。

③ 足立喜六著，何建民、张小柳译：《〈法显传〉考证》，贵州大学出版社，2014年，第159页。

སུ་ཕྱུལ་ནས་ལན་གསུམ་སྣར་རིན་པོ་ཆེས་བླུས་པར་མཛད་ཅེས་པ་ཙམ་གསལ།[①] གཞན་ཡང་གནའ་ཤུལ་རྟོག་ཞིབ་པ་ཝཱལ་དེལ་(L.A.Waddel)ལ་རྗེ་རིང་དེའི་ཆག་རོ་༡༩༠༣ལོར་ཀུ་མ་ར་ཧ་ར་(Kumrahar)ཞེས་པའི་ས་ཆ་ནས་རྙེད་སྐབས་སྔོན་བཙུན་པ་རྒྱ་ཤར་དང་ཐང་སན་བླ་མས་དངོས་སུ་མཇལ་བའི་ཡི་གེ་དེ་རྣམས་ལོ་ཟླའི་འཕོ་འགྱུར་གྱིས་ཅི་ཡང་རིག་རྒྱུ་མེད་པའི་སྐོར་ཅིད་ཤན་ལིན་གྱི་ཐང་སན་ལམ་ཡིག་མཆན་[②]ལ་གསལ།

[190]དམྱལ་བའི་གྲོང་ཁྱེར། དེའི་སྐོར་གཤམ་གྱི་ས་བཅད་ག་ཡཱའི་གྲོང་དང་པིཔྤ་ལའི་ལྷོན་འོག་ཞེས་པར་གསལ་ཞིང་། གཞན་དུ་ཐང་སན་ལམ་ཡིག་གི་བམ་པོ་བརྒྱད་པའི་རྒྱལ་པོ་མྱ་ངན་མེད་ཀྱི་བཙོན་ར་ཞེས་པར་ཡང་འཁོད་དོ། །

[191]རྗེའི་ཕྱག་པ། འདིར་བརྗོད་པའི་རི་བོ་ཆིག་རྐྱང་གི་རྗེའི་ཕུག་པ་དང་བཅས་པར་ཐང་སན་ལམ་ཡིག་གི་བམ་པོ་དགུ་པར་དབང་པོའི་བྲག་ཕུག་ཅེས་བྱུང་བའི་བརྗོད་དོན་སྤྱིར་རྒྱ་ཤར་ལམ་ཡིག་དང་མཐུན་ཡང་ལྷའི་རོལ་མོ་བ་ཟུར་ཕུད་ལྦ་པས་པི་ཝང་དཀྲོལ་བའི་སྐོར་གསུངས་མེད་པར་སྣང་། ཅིད་ཤན་ལིན་གྱི་ཐང་སན་ལམ་ཡིག་མཆན་དུ། རྗེའི་ཕུག་པ་དེར་ལེགས་སྦྱར་དུ་ཨིནྡྲ་ཤཻ་ལ་གུ་ཧཱ་དང་། པ་ལིའི་སྐད་དུ་ཨིན་ད་སཱ་ལ་གུ་ཧཱ་བྱ་ཞིང་། དེ་ལྟར་ཐོགས་དོན་ཡང་བྲག་ཕུག་དེའི་མདུན་དུ་ཨིནྡྲའི་ལྷོན་པ་གདའ་བས་ཡིན་གསུངས། ཁང་ཉིང་ཧ་རྒྱུས་དེའི་རྗེས་ཤུལ་ད་ལྟ་གྲོང་ཁྱེར་རྒྱལ་པོའི་ཁབ་ཀྱི་ཤར་ཕྱོགས་དབྱིང་ལེ་དྲུག་མཚམས་ཀྱི་རི་བོ་གི་རི་ཡེ་ཀར་(Giriyek/吉里也克山)ཡིན་པར་གསལ་མོད་ཀྱི་དེ་དང་རྒྱ་ཤར་ལམ་ཡིག་ཏུ་འཁོད་པའི་གནས་ཡུལ་གཉིས་ཐ་དད་པས་མུ་མཐུད་དཔྱད་པའི་

① རྨི་ཏུ་ཚེ་རིང་དོན་གྲུབ། 《ཐང་སན་ལམ་ཡིག་གསར་བསྒྱུར་དང་ཞིབ་འཇུག་》བོད་ལྗོངས་བོད་ཡིག་དཔེ་རྙིང་དཔེ་སྐྲུན་ཁང་། ༢༠༡༨ལོ། ཤ་༢༥༥

② 季羡林等校注:《大唐西域记》, 中华书局, 2012年, 第635页。

གནས་སུ་འཕྲུམས་[1]ཞེས་གསལ།

[192] **ལྷའི་རོལ་མོ་མཁན་ཟུར་ཕུད་ལྔ་པ།** དེར་ལམ་ཡིག་ཕྱི་མོར་天乐般遮བྱ་ཞིང་། ཀྲང་ཤུན་གྱི་མཆན་ལྟར་ན། 般遮ནི་ལེགས་སྦྱར་གྱི་གྲངས་ལྔའི་སྐད་དོད་པཉྩ་སྨྲ་ཟུར་ཆག་པར་གསུངས་ཐོག་ལྷའི་རོལ་མོ་མཁན་དེའི་མཚན་ཆ་ཚང་ལ་ལེགས་སྦྱར་དུ་པཉྩ་ཤི་ཁཿའཁོད་པར་བསྟན།[2] དེ་ལྟར་ན་པཉྩ་ཤི་ཁཿནི་སཾ་བོད་སྐད་གཉིས་ཤན་སྦྱར་དུ་སེང་གེའམ་གཙུག་ཕུད་ལྔ་པར་གོ་བས་[3]འདིར་ལམ་ཡིག་ཕྱི་མོའི་བརྗོད་དོན་སྔ་ཕྱིར་གཞིགས་ནས་ལྷའི་རོལ་མོ་མཁན་ཟུར་ཕུད་ལྔ་པ་ཞེས་བསྒྱུར་བའོ། །

[193]**ཐེ་ཆོས་ཀྱི་དོན་བཞི་བཅུ་རྩ་གཉིས།** ཐང་སེན་ལམ་ཡིག་བམ་པོ་དགུ་པར་རྫོའི་ཕུག་པ་དེའི་སྐོར་བརྗོད་པའི་སྐབས། ནང་རོལ་དུ་ལྷ་དབང་བརྒྱ་བྱིན་གྱིས་སྐབས་དེར་ཐེ་ཆོས་ཀྱི་དོན་བཞི་བཅུ་རྩ་གཉིས་བྲག་ལྡེབས་སུ་བྲིས་ཏེ་སྟོན་པར་དགོངས་སྐོར་ཞུས་པའི་རྗེས་ཤུལ་མཇལ་དུ་ཡོད།[4]ཞེས་སྐབས་བབ་ཐ་ཤན་ལམ་ཡིག་དང་མཐུན་པར་གསལ་ཞིང་། ཐེ་ཆོས་ཀྱི་དོན་བཞི་བཅུ་རྩ་གཉིས་ཀྱི་སྐོར་ལ་ཨ་ཀྲ་ཆི་ཀི་རོ་ཀུ་ཡི་མཆན་དུ།[5] རྒྱ་འགྱུར་ལུང་རིང་པོའི་(བོད་ན་ཆ་ཚང་བ་མེད།)བམ་པོ་བཅུ་པ་དང་། བརྒྱ་བྱིན་གྱིས་ཞུས་པའི་མདོ་(བོད་ན་མེད་སྙམ།)གཉིས་ཀར། ལྷའི་དབང་པོས་ཉིད་ལ་ཐེ་ཆོས་དུ་འགྱུར་རིགས་བཞི་བཅུ་རྩ་གཉིས་སངས་རྒྱས་

① 季羡林等校注:《大唐西域记》,中华书局,2012年,第770页。

② 张巽校注:《佛国记》,中国旅游出版社,2016年,第114页。

③ 《སཾ་བོད་སྐད་གཉིས་ཤན་སྦྱར་གསེར་གྱི་ཕྲེང་མཛེས་》 སི་ཁྲོན་ཞིང་ཆེན་ཟ་བ་བོད་རིགས་ཆའང་རིགས་རང་སྐྱོང་ཁུལ་བོད་ཡིག་རྩོམ་སྒྱུར་ཙུས་ཀྱིས་རྩོམ་སྒྲིག་བྱས། ཀན་སུའུ་མི་རིགས་དཔེ་སྐྲུན་ཁང་། ༡༩༩༥ལོ། ཤ་༧༧༢

④ རྨེ་ཏུ་ཚེ་རིང་དོན་གྲུབ། 《ཐང་སེན་ལམ་ཡིག་གསར་བསྒྱུར་དང་ཞིབ་འཇུག་》བོད་ལྗོངས་བོད་ཡིག་དཔེ་རྙིང་དཔེ་སྐྲུན་ཁང་། ༢༠༡༨ལོ། ཤ་༣༢༨

⑤ 足立喜六著,何建民、张小柳译:《〈法显传〉考证》,贵州大学出版社,2014年,第165页。

ལ་འདི་སྐད་བཀའ་འདྲི་ཞུས་སོ། །ཉོན་མོངས་པའི་རྒྱུ་ཅི་ལགས། ཅིའི་ཕྱིར་ཉོན་མོངས་ཏེ་ཆགས་ཤིང་སྡང་བར་འགྱུར། གཉེན་ལ་གང་གིས་ཁྲོ་བའོ། །ཀུན་འབྱུང་གང་ཞིག །རྒྱུ་གང་གིས་སྐྱེ། ཅི་ལ་བརྟེན།…ཞེས་སོགས་ཞུས་ཚུལ་གསལ།

[194]**ཤཱ་རིའི་བུ་སྐུ་བལྟམས་ཤིང་མྱ་ངན་ལས་འདས་པའི་གནས།** ཀཱ་ལ་པི་ནཱ་ཀ་(Kālapināka/迦罗臂拿迦)གྲོང་སྡེ་ནི་ཤཱ་རིའི་བུ་འཁྲུངས་པའི་གནས་ཡིན་པ་དང་། དེང་དུས་སཱ་རི་ཆ་ཀ་(Sārichak)ཟེར་ཞིང་ཞིབ་འཇུག་པ་ཤཱ་སྟྲིས་(H.Śāstrī)རྒྱ་གར་གྱི་གནའ་བོའི་ཡིག་ཚང་མ་ཧཱ་ཝསྟུ་《大事》ཏུ། ཤཱ་རིའི་བུ་སྐུ་འཁྲུངས་པའི་གནས་ལ་ནཱ་ལནྡཱ་གྲཱ་མ་ཀ་བྱ་བ་ཡིན་པས་སྐབས་བབ་ཀཱ་ལ་པི་ནཱ་ཀ་ནི་ནཱ་ལནྡཱའི་མིང་གི་རྣམ་གྲངས་གཞན་ཡིན་པར་འདོད་①ཅེས་ཅིད་ཤན་ལིན་གྱི་ཐང་སན་ལམ་ཡིག་མཆན་ལ་གསལ། ཤཱ་རིའི་བུ་སྐུ་མྱ་ངན་ལས་ཇི་ལྟར་འདས་པའི་སྐོར་ལ་ཐང་སན་ལམ་ཡིག་བམ་པོ་དགུ་པར་འདི་བཞིན་བྱུང་། དེ་ཡང་འཕགས་པ་ཤཱ་རིའི་བུ་ནི་བྲམ་ཟེ་ཆེན་པོའི་རིགས་རྒྱུད་ཡིན་པ་ལས། ཡབ་གསུང་རབ་སྣ་ཚོགས་ལ་མཁྱེན་རྒྱ་ཆེ་ཞིང་རྣམ་དཔྱོད་ཤིན་ཏུ་བཀྲ། དེ་ཡང་ཤཱ་རིའི་བུ་མ་བལྟམས་པའི་གོང་ཞིག་ཡུམ་གྱི་མནལ་ལམ་དུ་སྐྱེ་བོ་ཡ་མཚན་ཅན་ཁྲབ་ཀྱིས་བརྒྱན་ཞིང་མུ་ཁྱུད་ཐམས་ཅད་རྡིག་མེད་དུ་བརྡགས་ནས་མཐུག་ཏུ་རི་བོ་ཞིག་གི་འོག་ཏུ་ཡིབ་པ་རྨིས། དེའི་ཕྱི་ཉིན་ཡབ་ཀྱིས་རྨི་ལྟས་ལེགས་སོ། །ཁྱེད་ལ་བུ་ཤེས་རབ་འགྲན་ཟླ་བྲལ་བ་སྲིད་ན་དཀོན་ཞིང་ཕྱིས་ལྷ་ངན་མུན་ཀུན་འཇོམས་ནུས་པའི་བདག་ཉིད་ཅིག་གི་སློབ་མར་འགྱུར་བ་ཞིག་བཙས་ངེས་སོ་གསུངས། དེ་ནས་ཡུན་རིང་མ་སོང་བར་ལྷུམས་སུ་ཞུགས་ཏེ་ཡུམ་རིག་པ་སྨིན་ཅིང་ཐོགས་མེད་སྨྲ་ནུས་པ་ཞིག་ཏུ་གྱུར་ནས་འཕགས་པ་ཤཱ་རིའི་བུ་བལྟམས། དགུང་ལོ་བརྒྱད་ཙམ་ནས་ཀུན་སྤྱོད་གཙང་ལ་སྙིང་རྗེ་ཆེ་བ། ཟག་པ་ཟད་དེ་ཤེས་རབ་མཆོག་གི་སྙན་པ་ཕྱོགས་བཞིར་ཁྱབ་ནས་འཕགས་

① 季羡林等校注:《大唐西域记》,中华书局,2012年,第765页。

པ་མོའུ་འགལ་གྱི་བུ་དང་མཛའ་གྲོགས་སུ་འགྱུར་ཞིང་གཉིས་ཀ་འཁོར་བའི་ཕུན་ཚོགས་ལ་ཡིད་རབ་ཏུ་ངེས་པར་འབྱུང་རྟུང་ཆོས་ལམ་དུ་སོང་བའི་མགོན་སྐྱབས་མ་རྙེད་པར་གནས། དེ་ལྟར་ན་མོའུ་འགལ་གྱི་བུ་དང་ལྷན་དུ་ཨུ་སྟེགས་སྟོན་པ་སྐྱ་འདོད་བུ་མོའི་བུ་ཡང་དག་རྒྱལ་བ་ཅན་གྱི་སར་རིག་པ་སྦྱངས་པར་སོང་མོད་ཀྱི། ཡོང་གཉིས་ཀ་ཨུ་སྟེགས་པའི་ལྟ་བར་བློ་དོགས་སྐྱེས་ནས། དེ་ཡིས་ཕྱུགས་ཀྱི་བདེན་པ་རྟོགས་ཏེ་ཟག་པ་ཐམས་ཅད་ཟད་པར་མི་ནུས་སྙམ་ཞིང་སྟོན་ལ་རང་རང་སློབ་དཔོན་གཞན་འཚོལ་བར་བསྐྱོད་དེ་སུ་ཞིག་སྟོན་ལ་བདེན་པ་ཐོབ་ཚེ་མཉམ་དུ་བློ་སྦྱོང་བའི་གྲོས་མཛད་དོ། །དེའི་ཚེ་ན་ཤཱ་རིའི་བུས་དགྲ་བཅོམ་ཆེན་པོ་རྟ་ཐུལ་གྲོང་ནང་དུ་ལྷུང་གཟེད་བསྣམས་ནས་བསོད་སྙོམས་ལ་སྐུ་ཟེལ་གྱིས་གནོན་པའི་ངང་ཚུལ་པ་མཇལ་ཏེ། མདུན་ན་ལྷགས་ཤིང་སློབ་དཔོན་སུའམ་དྲིས་པས། འཁོར་བ་སྤངས་ཏེ་རབ་ཏུ་བྱུང་བའི་ཤཱཀྱའི་སྲས་པོ་ཡང་དག་པར་རྫོགས་པའི་སངས་རྒྱས་པ་དེའོ་གསུངས། འོ་ན་དེ་ཡིས་ཆོས་གང་འཆད་པ་བརྗོད་ན་འཐད་དམ་བྱས་པས། བདག་ཐོག་མར་འཇུག་ཕྱིར་ཟབ་དོན་མི་ཤེས་གསུངས། ནན་གྱིས་ཞུ་བ་མཛད་པར་སྟོན་པའི་བཀའ་ཇི་བཞིན་བསྟན་པ་ན་ཤཱ་རིའི་བུར་རྒྱུན་ཞུགས་ཀྱི་འབྲས་བུ་ཐོབ་སྟེ་འཁོར་ཉིས་བརྒྱ་ལྔ་བཅུ་དང་བཅས་སྟོན་པ་ག་ལ་བ་དེར་ཕྱིན། སངས་རྒྱས་ཀྱིས་རྒྱང་མ་ནས་གཟིགས་ཏེ་ཕ་རོལ་ནས་འོང་བ་ནི་ངའི་ཉན་ཐོས་ཤེས་རབ་མཆོག་ཏུ་གྱུར་པ་དེའོ་ཞེས་བཀའ་བསྩལ། ཤཱ་རིའི་བུས་སྟོན་པ་མཇལ་ཏེ་དམ་པའི་ཆོས་ལ་འཇུག་པའི་ཞུ་བ་བགྱིས་པར་སྟོན་པས་དགེ་སློང་ལེགས་པར་འོངས་སོ་ཞེས་བྱ་བ་བྱིན་པས་ཤཱ་རིའི་བུ་སྡོམ་པ་ཀུན་རྫོགས་པར་བྱས་ཞིང་། ཟླ་ཕྱེད་སོང་མཚམས་སུ་སངས་རྒྱས་ཀྱིས་ཨུ་སྟེགས་སེན་རིང་ལ་ཆོས་བསྟན་པའི་སྐབས་ཚུང་ཟད་གསན་ཙམ་ལ་དགྲ་བཅོམ་པའི་གོ་འཕང་ཐོབ་བོ། །ཕྱིས་སུ་སྟོན་པས་ཀུན་དགའ་བོར་

ཡོངས་སུ་མྱ་ངན་ལས་འདའ་བའི་ལུང་བསྟན་པས་སློབ་མ་འཁོར་བཅས་ཡིད་ལྷག་པར་གདུང་ཞིང་ཤཱ་རིའི་བུ་མ་བཟོད་པར་རང་ཉིད་སྔོན་ལ་འདའ་བའི་ཞུ་བ་ཕུལ་བ་སྔོན་པས་ཞལ་བཞེས་སོ། །དེའི་གཏམ་ཁོང་གི་སློབ་མས་གྲོང་སྡེ་ཀུན་ན་བསྒྲགས་པས་རྒྱལ་པོ་མ་སྐྱེས་དགྲ་ཡུལ་མི་དང་བཅས་འོང་སྟེ་ཤཱ་རིའི་བུའི་ཆོས་རྒྱ་ཆེར་བསྟན་པ་གསན་ནས་དེ་རྣམས་ཕྱིར་ལོག་རྗེས་ནམ་གྱི་ཆ་སྨད་ལ་ཐུགས་རྩེ་གཅིག་ལ་འགོག་པའི་སྙོམས་འཇུག་ལ་ཞུགས་མ་ཐག་སྐྱ་མྱ་ངན་ལས་འདས་སོ། །①

[195]གྲོང་ཁྱེར་རྒྱལ་པོའི་ཁབ་གསར་མ། གྲོང་ཁྱེར་དེར་ཐང་སན་ལམ་ཡིག་གི་བམ་པོ་དགུ་པར་གྲོང་ཁྱེར་རྒྱལ་པོའི་ཁབ་(Rājagṛha/王舍城)ཅེས་འབོད། ཐ་ཤན་ལམ་ཡིག་ཏུ་རྒྱལ་པོའི་ཁབ་ནི་རྒྱལ་པོ་གཟུགས་ཅན་སྙིང་པོའི་སྲས་རྒྱལ་པོ་མ་སྐྱེས་དགྲས་བསྐྲུན་པར་གསུངས་མོད་ཀྱི་ཐང་སན་ལམ་ཡིག་ཏུ་ཁ་ཅིག་གིས་རྒྱལ་པོ་གཟུགས་ཅན་སྙིང་པོ་དང་ལ་ལས་རྒྱལ་པོ་མ་སྐྱེས་དགྲས་བསྐྲུན་པའི་བཞེད་ཚུལ་གཉིས་མཆིས་པར་གསུངས། དེ་ནི་སངས་རྒྱས་ཆོས་ལུགས་ཀྱི་གནས་ཆེན་བརྒྱད་དུ་དྲངས་པའི་ཡ་གྱལ་རྒྱལ་པོའི་ཁབ་དབྱེན་ཟླུམ་པའི་གནས་བྱ་བ་དེ་ཡིན། ཅིད་ཤན་ལིན་གྱི་ཐང་སན་ལམ་ཡིག་མཆན་ལས། གྲོང་ཁྱེར་རྒྱལ་པོའི་ཁབ་བསྐྲུན་པའི་ཐོག་མའི་དགོས་པ་ནི་ལིཙྪ་བི་རྣམས་ཀྱི་དཔུང་འགོག་ཆེད་དུ་ཡིན་ཞིང་། གྲོང་ཁྱེར་གྱི་བཟོ་སྐྲུན་བཀོད་པ་རྒྱ་ཆེ་ལ་སྲ་ཞིང་བརྟན། སྒོ་མོ་ཆེ་སུམ་ཅུ་རྩ་གཉིས་དང་། སྤེའུ་དྲུག་ཅུ་རྩ་བཞི་དང་ལྡན། རྒྱལ་པོ་གཟུགས་ཅན་སྙིང་པོ་དང་མ་སྐྱེས་དགྲ་ཕ་བུ་གཉིས་ཀྱི་དུས་སུ་གྲོང་ཁྱེར་དེ་མངའ་ཐང་རབ་ཏུ་རྒྱས། སྟོན་པ་སྐྱ་མྱ་ངན་ལས་འདས་རྗེས་ཀྱི་ལོ་ཉིར་ལྔར་ལྔ་བའི་གྲོང་སྐྱ་ནར་བུར་སྤོས་རྗེས་གྲོང་ཁྱེར་རྒྱལ་པོའི་ཁབ་ཀྱི་གལ་ཆེའི་རང་བཞིན་རིམ་བཞིན་ཉམས་པར་འགྱུར་

① ཛེ་ཏ་ཚེ་རིང་དོན་གྲུབ། «ཐང་སན་ལམ་ཡིག་གསར་བསྒྱུར་དང་ཞིབ་འཇུག་»བོད་ལྗོངས་བོད་ཡིག་དཔེ་རྙིང་དཔེ་སྐྲུན་ཁང་། ༢༠༡༨ལོ། ཤ་༣༢༤ནས་༣༢༥བར།

མོད། སངས་རྒྱས་ཆོས་ལུགས་ཀྱི་ལོ་རྒྱུས་ཐོག་རྒྱལ་པོའི་ཁབ་ནི་འགངས་ཆེ་བའི་གནས་མཆོག་ཅིག་ཡིན་ཞིང་། བཀའ་བསྡུ་དང་པོ་ཡང་དེར་མཛད། སྔོན་སྟོན་པ་རྒྱུན་པར་རྒྱལ་པོའི་ཁབ་ཏུ་ཞབས་བཅགས་ཐོག་སྲུས་ཀྱི་ཐུ་བོ་འོད་སྲུང་ཆེན་པོ་དང་། ཉེ་བར་འཁོར་རྣམ་གཉིས་གྲོང་དེར་ནང་པའི་ཆོས་སྒོར་ཞུགས། མུ་སྟེགས་པའི་ངོས་ནས་བརྗོད་ན་འང་གྲོང་དེ་ནི་གནས་མཆོག་ཅིག་ཡིན་ལ་གདོད་མའི་ཆོས་ལུགས་ལས་ བླུ་དང་གནོད་སྦྱིན་ལ་དད་མོས་ཀྱང་གྲོང་དེར་ཆེས་ཆེར་དར་[1]ཞེས་གསུངས། རྒྱ་ནག་ཅིན་ཤར་མའི་བཙུན་པ་ཐྲ་ཤན་དང་ཐང་གུར་གྱི་ཐང་སན་ཙྭ་མ་དང་ཨི་ཅིང་སོགས་སྔ་ཕྱིར་གྲོང་དེར་ཕྱིན་དུས་སངས་རྒྱས་ཆོས་ལུགས་དར་བའི་སྐབས་ཡིན་ཞིང་། དུས་རབས་༧༣པའི་སྐབས་རང་རེའི་ཚག་ལོ་ཙཱ་བ་ཆོས་རྗེ་དཔལ་ཕེབས་འགྱུར་བྱུང་སྐབས་གར་ལོག་གི་དམག་གིས་བཅོམ་པའི་སྐབས་དང་འཕེལ། དེ་ཡང་ཚག་ལོའི་ལམ་ཡིག་ལེའུ་དགུ་པར། ལོ་ཙཱ་བ་བོང་གིས་རྒྱལ་པོའི་ཁབ་ནས་པཎ་ཆེན་ཡ་ཤ་མི་ཏྲ་ལས་ཆོས་མང་དུ་གསན་གསུངས།[2]ཉེ་རབས་དྲན་དབང་དམ་པ་དགེ་འདུན་ཆོས་འཕེལ་ཡང་རྒྱལ་པོའི་ཁབ་ཏུ་ཕེབས་ཚུལ་ཁོང་གིས་མཛད་པའི་རྒྱ་གར་གྱི་གནས་ཆེན་ཁག་ལ་བགྲོད་པའི་ལམ་ཡིག་ལ་གསལ་ཏེ། ན་ལནྡྲ་ནས་ར་ཛེ་གི་རི་ལ་སླེབས། དེ་ནི་རྒྱལ་པོའི་ཁབ་ཡིན་ཞིང་དེར་རིས་བསྐོར་བའི་དབུས་ཀྱི་ཐང་དེ་ཐམས་ཅད་སྔོན་གྲོང་ཁྱེར་ཆགས་པའི་ཤུལ་ཡིན། ཧྥར་མའི་ཧྲཱུ་སྣ་ལ་ཉེ་བ་ན་སྔོན་གྱི་རྗེ་ཁང་ཆེན་པོ་ཞིག་ཡོད་དེ་རྒྱལ་པོའི་ཁབ་གསར་པ་བྱེ་བ་རྒྱལ་པོ་མ་སྐྱེས་དགྲའི་ཕོ་བྲང་གི་ཤུལ་ཡིན།[3]སོགས་མང་དུ་གསུངས། ཀྲང་ཤུན་གྱི་མཚན་དུ

① 季羡林等校注:《大唐西域记》,中华书局,2012年,第743页。

② འཇུ་བ་ཆོས་དཔལ་དར་བྱང་།《ཚག་ལོ་ཙཱ་བའི་རྣམ་ཐར་》མཚོ་སྔོན་མི་རིགས་དཔེ་སྐྲུན་ཁང་། ༢༠༡༨ལོ། ཤ་༦༥

③《དགེ་འདུན་ཆོས་འཕེལ་གྱི་གསུང་འབུམ་》པོད་གསུམ་པ། བོད་ལྗོངས་བོད་ཡིག་དཔེ་རྙིང་དཔེ་སྐྲུན་ཁང་། ༢༠༡༧ལོ། ཤ་༢༨༧

གྲོང་ཁྱེར་དེའི་རྗེས་ཤུལ་ད་ལྟ་རྒྱ་གར་ཤར་ཕྱོགས་བི་ཧར་མངའ་སྡེའི་ལྟོ་ནུབ་ལེ་དབར་བཙོ་ལྔ་ཙམ་གྱི་མཚམས་སུ་ཆགས་པའི་རཱ་ཛ་གིར་(Rājgir/腊季吉尔)ཞེས་པའི་ས་ཆར་ཡིན་[①]གསུངས་སོ། །

[196]སྟོན་པའི་རིང་བསྲེལ་ཆ་གང་གིས་བཞེངས་པའི་མཆོད་རྟེན། ཐང་སན་ལམ་ཡིག་གི་བམ་པོ་དགུ་པར་ཡང་མཆོད་རྟེན་འདིའི་སྐོར་འཕོད་མོད་ཀྱི་དེའི་གནས་ཡུལ་ཀ་རནྡྷ་ཀ་འོད་མའི་ཚལ་གྱི་ཤར་ཕྱོགས་སུ་གདའ་ཚུལ་གསུངས་པ་དེ་ཧྰ་ཤན་ལམ་ཡིག་དང་ཅུང་ཐ་དད་པར་སྣང་།

[197]རི་བོ་ལྔ། ཀུང་ཤུན་གྱི་མཆན་དུ་ཨ་ཧྲ་ཆེ་གི་རོ་ཀུ་གྱི་མཆན་[②]ལ་གཞིགས་ཏེ་ཁ་སྐོང་མཛད་པར། རྒྱ་འགྱུར་ཤེས་རབ་ཀྱི་ཕ་རོལ་ཏུ་ཕྱིན་པ་ཆེན་པོའི་བསྟན་བཅོས་《大智度论》ཀྱི་བམ་པོ་གསུམ་པར། གྲོང་ཁྱེར་རྒྱལ་པོའི་ཁབ་ཏུ་བསམ་གཏན་ལ་འཇུག་པའི་དྲི་གཙང་ཁང་མང་བ་དེ་འདྲ་ཡུལ་གཞན་ན་མེད་དེ། འོད་མའི་ཚལ་དང་། ཝེ་བྷཱ་ར་པ་ན་དང་། སཔྟ་པརྞ་གུ་ཧཱ་དང་། ཨིནྡྲ་ཤཻ་ལ་གུ་ཧཱ་དང་། སརྤི་ཤཽཎྜི་ཀ་པྲཱ་བྷཱ་ར་དང་། གྲྀ་དྷྲ་ཀཱུཊ་བཅས་རི་བོ་ལྔའི་བར་ན་དྲི་གཙང་ཁང་ལྔ་གདའ་ཞིང་འོད་མའི་ཚལ་ཐང་ཡངས་ལ་ཆགས་སོ། །(（佛）多住王舍城，…以坐禅精舍多故，余处无有。如竹园、鞞婆罗跋恕、萨多般那求呵、因陀世罗求呵、萨簸恕魂直迦钵婆罗、耆阇崛。五山中有五精舍，竹园在平地，余国无此多精舍。）[③]ཞེས་གསུངས་པའི་རི་བོ་ལྔ་པོ་ལས་ཝེ་བྷཱ་ར་པ་ན་ནི་ཐང་སན་ལམ་ཡིག་བམ་པོ་དགུ་པར་འཕོད་པའི་ལྟོ་རིའམ་རི་བོ་ཝི་པུ་ལའམ་དགེ་ཆོས་ཀྱི་རྒྱ་གར་ལམ་ཡིག་ཏུ་རི་བོ་ཝི་པུ་ལ་སྟེ་ངོས་ཡངས་བྱ་

① 张巽校注：《佛国记》，中国旅游出版社，2016年，第115页。

② 足立喜六著，何建民、张小柳译：《〈法显传〉考证》，贵州大学出版社，2014年，第167页。

③ 张巽校注：《佛国记》，中国旅游出版社，2016年，第116页。

བ་དེང་སང་ཝཻ་བྷཱ་ར་གི་རི་འབོད་པ་གང་ཞིག་གྲོང་ཁྱེར་རྒྱལ་པོའི་ཁབ་རྙིང་པའི་ནུབ་བྱང་དུ་གནས་པ་དང་། སཔྟ་པརྞ་གུ་ཧཱ་ནི་ལོ་མ་བདུན་པའི་ཕུག་རིར་གོ་ཞིང་མིང་གཞན་དུ་ལྷོ་རི་བྱ་རྒོག དེང་སང་སོ་ན་གི་རི་ཟེར་བ་ཁབ་རྙིང་གི་ལྷོ་ནུབ་མཚམས་ལྷོ་རིའི་སྤྱིབ་ངོས་ལ་ཆགས་པ་དང་། ཨིནྡྲ་ཤཻ་ལ་གུ་ཧཱ་ནི་གོང་དུ་བརྗོད་པའི་དབང་པོ་བྲག་ཕུག་ཡོད་སའི་རི་བོ་ཆིག་རྒྱང་ལ་གོ་ཞིང་དེར་ད་ལྟ་གི་རི་ཡེ་ག་ཟེར་བ་ཁབ་རྙིང་གི་ཤར་དུ་ཡོད་པ་དང་། སཔི་ཤུཎྜི་ཀ་པྣ་ཕ་ར་ནི་དེང་སང་གི་རི་བོ་ཝི་པུ་ལ་གི་རི་ཟེར་བ་ཁབ་རྙིང་གི་བྱང་ཤར་ལ་གདའ་བ་དང་། གྲྀ་དྷྲ་ཀཱུ་ཊ་ནི་ཐང་སན་ལམ་ཡིག་བམ་པོ་དགུ་པར་བསྟན་པའི་གྲྀདྷྲ་ཀཱུ་པཏ་ཏ་སྟེ་བྱ་རྒོད་ཕུང་པོའི་རི་སྟེ་ད་ལྟ་ཆ་ཏ་གི་རི་འམ་ལྷུལ་ཏུ་རེ་པེ་ཀ་བྱ་བ་ཁབ་རྙིང་གི་ཤར་ཙམ་ཙུང་བྱང་ལ་ཕྱོགས་པར་མཆིས[①]ཚུལ་གསུངས་སོ། །

[198]**རྒྱལ་པོ་གཟུགས་ཅན་སྙིང་པོའི་གྲོང་ཁྱེར་རྙིང་པ།** གྲོང་ཁྱེར་དེར་ཐང་སན་ལམ་ཡིག་གི་བམ་པོ་དགུ་པར་སྟོད་ཀུ་ཤའི་གྲོང་(Kuāgrapura/上茅宫城)ངམ་རྒྱལ་པོའི་ཁབ་རྙིང་པ་(旧王舍城)དང་། སྐབས་བབ་ཐྭ་ཤན་ལམ་ཡིག་ཏུ་རྒྱལ་པོ་གཟུགས་ཅན་སྙིང་པོའི་གྲོང་རྙིང་པར་(蓱沙王旧城)འབོད་ཅིང་། སྦྲ་ཕྱེ་བྲག་རྟོགས་བྱེད་ཆེ་མོར་ཀུ་ཤའི་གྲོང་ཁྱེར་ཞེས་བསྒྱུར་མོད་ཀྱི་ད་ཕན་གསེར་ཐང་སོགས་ཕལ་མོ་ཆེས་སྟོན་པ་སྐུ་མྱ་ངན་ལས་འདས་པའི་གནས་རྩྭ་མཆོག་གྲོང་ཞེས་ཟེར་རོ། །གྲོང་ཁྱེར་དེ་ནི་སྟོན་པ་སྐུ་འཚོ་བཞུགས་སྐབས་ཀྱི་ཡུལ་མ་ག་དྷའི་རྒྱལ་པོ་བིམ་བི་སཱ་ར་སྟེ་གཟུགས་ཅན་སྙིང་པོའི་བཞུགས་གནས་ཡིན། ཐྭ་ཤན་ལམ་ཡིག་ལས་བསྟན་པ་ལྟར་གྲོང་ཁྱེར་དེ་བྱ་རྒོད་ཕུང་པོའི་རི་སོགས་རི་བོ་ལྔ་ཡིས་བསྐོར་ནས་ཆགས་ཤིང་། ཅེད་ཤན་ལིན་གྱི་ཐང་སན་ལམ་ཡིག་མཆན་དུ་གནའ་བོའི་རྒྱ

① 《དགེ་འདུན་ཆོས་འཕེལ་གྱི་གསུང་འབུམ་》 པོད་གསུམ་པ། བོད་ལྗོངས་བོད་ཡིག་དཔེ་རྙིང་དཔེ་སྐྲུན་ཁང་། ༢༠༡༧ལོ། ཤ་༢༨༧

གར་གྱི་སྐད་ངག་གདམ་རྒྱུད་རིང་མོ་མ་ཧཱ་བྷཱ་ར་ཏ་(摩诃婆罗多)དང་རཱ་མཱ་ཡ་ཎ་(罗摩衍那)གཉིས་སུ་གྲོང་དེར་ཡུལ་མ་ག་དྷའི་རྒྱལ་པོ་རཱ་ཛ་སནྡྷའི་གྲོང་རྙིང་ཞེས་འབོད་ཚུལ་གསུངས།[1] ཀྱང་ཤུན་གྱི་མཚན་དུ་གྲོང་ཁྱེར་རྒྱལ་པོའི་ཁབ་རྙིང་པའམ་ཀུ་ཤའི་གྲོང་ཁྱེར་སྟོད་ནི་རྒྱལ་པོ་མ་སྐྱེས་དགྲས་སྤོས་པའི་གྲོང་ཁྱེར་རྒྱལ་པོའི་ཁབ་གསར་མ་དང་ཐ་དད་ཅུང་གྲོང་ཁྱེར་གསར་རྙིང་གཉིས་པོ་ནི་གནའ་བོའི་རྒྱ་གར་ཤར་ཕྱོགས་ཀྱི་རིག་གནས་དང་། འགྲིམ་འགྲུལ་གྱི་ལྟེ་གནས་ཡིན་ཞིང་དཔལ་འབྱོར་འཕེལ་རྒྱས་ཆེ་ལ་ཚོང་ལས་རབ་ཏུ་དར་[2]ཞེས་འབོད། གྲོང་དེའི་སྐོར་འདིར་བརྗོད་པའི་ཐང་སན་བླ་མ་དང་ཧྭ་ཤན་ཅམ་མ་ཟད་སྤྱི་ལོ་༤༡༣ལོར་འཕགས་ཡུལ་ལ་ཕྱིན་པའི་ཨི་ཅིང་བཅས་རྒྱ་ནག་གི་སློབ་དཔོན་གསུམ་གྱི་ལམ་ཡིག་ན་གསལ་བར་འཁོད་ཁར། ཨ་ཧྲ་ཆི་ཀི་རོ་ཀུ་ཡི་མཚན་[3]ལས། རྒྱ་འགྱུར་ཤེས་རབ་ཕ་རོལ་ཏུ་ཕྱིན་པ་ཆེན་པོའི་བསྟན་བཅོས་ན་གསལ་ཚུལ་བསྟན། རང་རེའི་མཁས་པའི་རྒྱ་གར་ལམ་ཡིག་ཁག་ལས་ཅུང་ཞིབ་པར་བཀོད་པ་དགེ་ཆོས་ཀྱི་རྒྱ་གར་གནས་ཆེན་ཁག་ལ་བགྲོད་པའི་ལམ་ཡིག་ལས། ས་ར་ནཱ་ཐའི་གྲུ་ཟན་ནས་ཏེ་ཀ་བླངས་ཏེ་ཏ་སིལ་དེ་བོ་རི་ཡ་བར་དང་། དེ་ནས་མོ་ཊར་ནས་ཀུ་ཤི་ན་ར་ལ་སླེབས། དེ་ནི་རྩ་མཆོག་གྲོང་ཡིན་ཞིང་དེར་སང་མིང་ལ་མ་ཐ་ཀུ་ཕར་ཟེར། རྒྱ་གར་ཤར་ཕྱོགས་ན་ཡང་རྩ་མཆོག་གྲོང་སོགས་ཡོད་ཅིང། ནུབ་ཕྱོགས་ཨ་ཕ་ག་ནི་སཏན་དུ་ཡང་སྐུ་འཁྲུངས་པ། ཆོས་འཁོར་བསྐོར་བ། མྱ་ངན་འདས་པའི་གནས་ཐམས་ཅད་ཡོད་ཅིང། དེ་བཞིན་ཡུལ་གྲུ་གཞན་མང་པོར་ཡང་ཡོད་མོད། སྟོན་པ་རང་ཉིད་གདུལ་བྱ་ཐུན་མོང་གི་ངོར་མྱ་ངན་ལས་འདས་པའི་གནས་ནི་ཡུལ་དབུས་ཀྱི་འདི་

① 季羡林等校注:《大唐西域记》, 中华书局, 2012年, 第718页。

② 张巽校注:《佛国记》, 中国旅游出版社, 2016年, 第116页。

③ 足立喜六著, 何建民、张小柳译:《〈法显传〉考证》, 贵州大学出版社, 2014年, 第168页。

ཉིད་འཁྲུལ་མེད་ཡིན་ནོ། ཧྣར་མས་བཞེངས་པའི་གསེར་གྱི་མཆོད་རྟེན་གྱི་ཤར་མལ་ལེ་གཅིག་ལྷག་ཙམ་ན་མཆོད་རྟེན་ཞིག་པོ་ཨ་སྨྲའི་སྟོང་པོ་སྐྱེས་པ་ཞིག་ཡོད་པ་ཨུ་ཀུ་ཏ་གས་བན་ཧྣ་ན་བྱའི་མཆོད་རྟེན་དེ་སྐུ་གདུང་ཞུགས་ལ་བཞུས་པའི་གནས་ཡིན་ཞིང་དེང་སང་གི་མིང་ལ་ར་མ་ཧྣར་ཞེས་ཟེར། དེ་གྱད་ཀྱིས་དབུ་རྒྱན་བཅིངས་པའི་མཆོད་རྟེན་ཞེས་མདོ་ལས་འབྱུང་བ་དེ་ལགས།[1] ཞེས་གསུངས་སོ། །

[199]**རྟ་ཐུལ།** དེར་ལམ་ཡིག་ཕྱི་མོར་额鞞བྱ་ཞིང་། དེའི་ལེགས་སྦྱར་མཚན་ལ་ཨ་ཤྭ་ཛིཏ་(Aśvajit/马胜)ཟེར་བ་ལ་ཁོང་ནི་སྟོན་པ་སངས་རྒྱས་ནས་ཞག་ཞེ་དགུ་སོང་རྗེས་ཐོག་མར་བདེན་བཞིའི་ཆོས་འཁོར་བསྐོར་བའི་དུས་ཀྱི་སློབ་མ་འཁོར་ལྔ་སྡེ་བཟང་པོའི་ཡ་གྱལ་ཞིག་ཡིན།

[200]**དཔལ་སྦས།** དེར་ལམ་ཡིག་ཕྱི་མོར་尼犍子བྱ་ཞིང་། བོད་དུ་དཔལ་སྦས་ཞེས་འདོད། ཀྲང་ཤུན་གྱི་མཆན་[2]དང་། ཅིད་ཤན་ལིན་གྱི་ཐང་སན་ལམ་ཡིག་མཆན།[3] ཏུང་དཀར་ཚིག་མཛོད་[4]བཅས་ལས་ཤྲཱི་གུཔྟ་དཔལ་སྦས་(Śrīgupta/胜密)ནི་རྒྱལ་པོའི་ཁབ་ཀྱི་ཁྱིམ་བདག་འཁྱོར་པ་ཅན་དགེ་བ་བྱེད་པ་ལ་མི་དགའ་བ་དང་། མུ་སྟེགས་སྟོན་པ་དྲུག་གི་ནང་ཚན་གཅེར་བུ་བ་གཉེན་གྱི་བུ་གྲོགས་སུ་བསྟེན་པ་ཞིག་ཡིན། ཐང་སན་ལམ་ཡིག་བམ་པོ་དགུ་པར་འཁོད་པ་ལྟར་ན་ཁྱིམ་བདག་དཔལ་སྦས་ཀྱིས་མུ་སྟེགས་པའི་ངག་ལ་ཉན་ནས་རང་གི་སྒོ་རྩར་གསང་བའི་འོབས་དོང་ལ་མེ་འབར་བའི་སོལ་བས་བཀང་སྟེ་དེའི་སྟེང་དུ་ཤིང་སོབ་ཀྱི་ཁེབས་

---

① 《དགེ་འདུན་ཆོས་འཕེལ་གྱི་གསུང་འབུམ་》 པོད་གསུམ་པ། བོད་ལྗོངས་བོད་ཡིག་དཔེ་རྙིང་དཔེ་སྐྲུན་ཁང་། ༢༠༡༧ལོ། ཤ་༢༥༠

② 张巽校注:《佛国记》,中国旅游出版社,2016年,第117页。

③ 季羡林等校注:《大唐西域记》,中华书局,2012年,第723页。

④ ཏུང་དཀར་བློ་བཟང་འཕྲིན་ལས། 《ཏུང་དཀར་ཚིག་མཛོད་》ཀྲུང་གོའི་བོད་རིག་པ་དཔེ་སྐྲུན་ཁང་། ༢༠༡༥ལོ། ཤ་༣༣༧

བཀབ་ནས་ཕྱིར་མི་མངོན་པར་བྱས་ཤིང་། ཟས་ལ་དུག་བཏབ་ནས་སྟོན་པ་མགྲོན་དུ་བོས་ཏེ་ང་སངས་རྒྱས་ཀྱི་སྐུ་ལ་འཚེ་བ་གང་ཡང་མ་བྱུང་བས་དཔལ་སྦས་དང་པ་རབ་ཏུ་སྐྱེས་ཤིང་འགྲོད་པ་དྲག་པོས་གདུང་མཐར་ནང་པའི་ཆོས་སྒོར་ཞུགས་པའོ། །དེའི་ལོ་རྒྱུས་རྒྱས་པ་དཔག་བསམ་འཁྲི་ཤིང་གི་ཡལ་འདབ་བརྒྱད་པ་དཔལ་སྦས་ཀྱི་རྟོགས་བརྗོད་དུ་གསལ།

[201]འཚོ་བྱེད་གཞོན་ནུ། དེར་ལམ་ཡིག་ཕྱི་མོར་耆旧ཞེས་གསལ་ཞིང་། བོད་དུ་ཡོངས་གྲགས་འཚོ་བྱེད་གཞོན་ནུར་(Jīvaka/时缚迦大医)འབོད། ཁོང་ནི་སྟོན་པ་ཞལ་བཞུགས་པའི་དུས་རྒྱལ་པོ་གཟུགས་ཅན་སྙིང་པོ་དང་འཕྱོན་མ་བཞོས་ནས་བྱུང་བའི་བུ་ནར་སོན་རྗེས་ཡུལ་མ་ག་དྷའི་སྨན་པ་གྲགས་ཅན་ཞིག་ཏུ་འགྱུར། ཁོང་གི་ལོ་རྒྱུས་ཞིབ་པ་སྟོན་པའི་མཛད་རྣམ་གསལ་བའི་མེ་ལོང་ལ་གསལ།[①] གཞན་དུ་ན་རྒྱ་འགྱུར་ལུང་རིང་པོའི་བམ་པོ་བཅུ་བདུན་དང་། འདུལ་བ་ལུང་སྡེ་བཞི་《四分律》ཡི་བམ་པོ་སོ་དགུ་དང་། བཞི་བཅུ་གཉིས་དང་། ཤིན་ཏུ་མཐོང་བའི་འདུལ་བའི་རྣམ་བཤད་《善见律》ཀྱི་བམ་པོ་བཅུ་བདུན་བཅས་ན་འཕོད་[②]ཅེས་ཅིད་ཤན་ལིན་གྱི་ཐང་སན་ལམ་ཡིག་མཆན་དུ་གསུངས།

[202]ཟླ་ཇོ་ར་ལྷའང་སྐྱང་། དེའི་ལོ་རྒྱུས་ཐང་སན་ལམ་ཡིག་གི་བམ་པོ་དགུ་པར་ཡང་འཕོད་ཅིང་། གཞན་དུ་ཨ་དྷ་ཆི་གི་རོ་ཀུ་ཡི་མཆན་[③]དུ་རྒྱ་འགྱུར་ལུང་གཅིག་ལས་འཁྲོས་པ་དང་། དགེ་འདུན་གྱི་དབྱེན་གྱི་གཞི་[④]《根本说一切有部破僧事》གཉིས་སུ་འཕོད་ཅེས་གསུངས་སོ། །

---

① གནས་བརྟན་སྦྱི་རི་རྡྷཱས་མཛད། ངེས་དོན་རྒྱ་མཚོས་བསྒྱུར། 《སྟོན་པའི་མཛད་རྣམ་གསལ་བའི་མེ་ལོང་》སེར་གཙུག་ནང་བསྟན་དཔེ་རྙིང་འཚོལ་བསྡུ་ཕྱོགས་སྒྲིག་ཁང་། དཔེ་ཨང་༥༠ ཤ་༡༧༣

② 季羡林等校注:《大唐西域记》, 中华书局, 2012年, 第724页。

③ 足立喜六著, 何建民、张小柳译:《〈法显传〉考证》, 贵州大学出版社, 2014年, 第170页。

④ 《སྡེ་དགེ་བཀའ་འགྱུར་》འདུལ་བ་གཞི། ག །པོད།

[203]དཔའ་བར་འགྲོ་བའི་ཏིང་ངེ་འཛིན། མདོ་དེའི་ལེགས་སྦྱར་གྱི་མཚན་བྱང་ལ་ཨཱརྱ་ཤཱུ་རངྒ་མ་ས་མཱ་དྷི་ནཱ་མ་མ་ཧཱ་ཡཱ་ན་སཱུ་ཏྲ་ཞེས་བྱ་བ་བོད་སྐད་དུ་འཕགས་པ་དཔའ་བར་འགྲོ་བའི་ཏིང་ངེ་འཛིན་ཞེས་བྱ་བ་ཐེག་པ་ཆེན་པོའི་མདོའོ། །བོད་འགྱུར་མར་བམ་པོ་ལྔ་དང་ལེའུ་དགུ་ཡོད་པ་རྒྱ་གར་གྱི་མཁན་པོ་ཤཱཀྱ་པྲ་བྷ་དང་། ཞུ་ཆེན་གྱི་ལོ་ཙཱ་བ་བྷེ་རཏྣ་རཀྵི་ཏས་བསྒྱུར་ཅིང་ཞུས་ཏེ་གཏན་ལ་ཕབ་ཐོག་སྐད་གསར་བཅད་ཀྱིས་ཀྱང་བཅོས་པ་སྡེ་དགེ་བཀའ་འགྱུར་[①]དུ་བཞུགས། མདོ་དེར་རྒྱ་ཡིག་གི་མཚན་ཆ་ཚང་ལ་首楞严三昧经དང་། བསྡུས་མིང་ལ་楞严经བྱ་ཞིང་། ལམ་ཡིག་ཕྱི་མོར་首楞严ཞེས་བྲིས་པར་སྣང་། རྒྱའི་ཡིག་ཚང་དག་ལ་ཡོངས་གྲགས་སུ་དེར་རྒྱ་འགྱུར་སྔ་ཕྱི་གཉིས་བྱུང་བར་སྨྲ་ཞིང་། ཕྱི་མ་ནི་ཐང་གུར་གྱི་ལོ་ཙཱ་བ་པྲ་མི་ཏ་(般剌蜜帝)བྱ་བས་བསྒྱུར་བ་མཚན་བྱང་ལ་བཅོམ་ལྡན་འདས་གཙུག་ཏོར་ཆེན་པོ་དཔའ་བར་འགྲོ་བའི་མདོ་《大佛顶首楞严经》ཞེས་བྱ་བ་བམ་པོ་བཅུའི་བདག་ཉིད་ཅན་རྒྱའི་བཀའ་བསྟན་གཅེས་བཏུས་རྒྱ་སྐད་དུ་ཏཱ་ཀྲེང་ཙང་[②]དུ་འབོད་པར་བཞུགས། སྔ་མ་《佛说首楞严三昧经》ནི་ཧྲིན་ཕྱི་མའི་(后秦)སྐབས་བྱོན་པའི་སློབ་དཔོན་ཀུ་མ་རཱ་ཛཱི་བས་སྤྱི་ལོ་༤༠༢ནས་༤༡༢བར་བསྒྱུར་བ་རྒྱའི་བཀའ་བསྟན་གཅེས་བཏུས་[③]ན་བཞུགས། མདོ་དེའི་བརྗོད་བྱ་གཙོ་བོ་ནི་བཅོམ་ལྡན་འདས་ཀྱིས་བྱང་ཆུབ་སེམས་དཔའ་སྙིང་གྲོས་བརྟན་པས་གསོལ་བ་བཞིན་འཁོར་རྣམས་ལ་དཔའ་བར་འགྲོ་བའི་ཏིང་ངེ་འཛིན་གྱི་སྤྱོད་ཡུལ་དང་ཡོན་ཏན་སོགས་བཅས་པ་བསྟན་ནས་སེམས་ཅན་རྣམས་ཀྱིས་དཔའ་བར་འགྲོ་བའི་ཏིང་ངེ་འཛིན་ཐོབ་ཅིང་དེ་ལ་བརྟེན་ནས་སངས་རྒྱས་ཀྱི་ཞིང་སྣ་ཚོགས་པ་

① 《སྡེ་དགེ་བཀའ་འགྱུར་》མདོ་སྡེ། ད་པོད། ལྡེབ་༢༥༣ཀྱི་ཤོག་ངོས་ནས་༣༡༨གི་ཤོག་ངོས་བར།

② 《大正藏》，第19册，No.0945

③ 《大正藏》，第15册，No.0642

སྟོན་པ་དང་། སྤྲུལ་བའི་སྐུ་རྣམ་པ་ཐམས་ཅད་སྟོན་པར་ནུས་པའི་བཀའ་བསྩལ་བ་ཞིག་ཡིན། འདིར་བརྗོད་འདོད་པ་ལ་ལམ་ཡིག་ལས་བསྟན་པ་ལྟར་བཙུན་པ་ཐང་ཤན་ཕ་ཡུལ་ནས་ཞལ་གྱིས་ཏེ་དབྱར་གནས་ལན་དྲུག་པ་མཛད་ཡུལ་ཀནྱ་ཀུབྫའི་གྲོང་ཁྱེར་དུ་ཕེབས་འཁོར་བྱུང་སྐབས་ཀྱི་ལོ་༡༠༦ཡིན་པ་ཀུན་གྱིས་མཁྱེན་གཅིག་ཏུ་བཞེད་པས་དེ་ལྟར་ན་བཙུན་པ་ཐང་ཤན་བྱ་རྐོད་ཕུང་པོའི་རིར་གཤེགས་སྐབས་འདིར་བརྗོད་བྱའི་མདོ་དཔལ་བར་འགྲོ་བའི་ཧིང་ང་འཛིན་རྒྱ་ནག་སྐད་དུ་བསྒྱུར་མེད་པས་ལམ་ཡིག་ཕྱི་མོར་སློབ་དཔོན་གྱིས་མདོ་དེ་ཞལ་འདོན་མཛད་ཅེས་པའང་སཾསྐྲིཏའི་སྐད་རང་ནས་འདོན་པ་བློ་ལ་འཆར་ནུས།

[204]ཀ་རནྡ་ཀའི་འོད་མའི་ཚལ། ཐང་སན་ལམ་ཡིག་བམ་པོ་དགུ་པར་ཀ་རནྡ་ཀའི་འོད་མའི་ཚལ་(Karaṇḍaka/迦兰陀竹园)གྱི་བདག་པོ་ནི་རྒྱལ་པོའི་ཁབ་ཀྱི་ཁྱིམ་བདག་ཀ་རནྡ་ཀ་ཞེས་བྱ་བ་ནོར་ལོངས་སྤྱོད་ལ་སྐབས་དེར་སུས་ཀྱང་དོ་བར་མི་ནུས་པ་ཞིག་ཡོད་པ་དེ་ཡིན་ཞིང་། དེས་ཐོག་མར་འོད་མའི་ཚལ་ཀུན་མུ་སྟེགས་པ་རྣམས་ལ་སྦྱིན་མོད་ཀྱི་ཕྱིས་སུ་སྟོན་པའི་ཆོས་ཉན་པས་རབ་ཏུ་དད་པར་གྱུར་ཏེ་མུ་སྟེགས་རྣམས་ཕྱིར་འབུད་བཏང་སྟེ་འོད་མའི་ཚལ་དུ་དྲི་གཙང་ཁང་བཞེངས་ནས་ཚལ་དེ་ཉིད་སྟོན་པར་ཕུལ་བར་གསལ། ཅེད་ཤན་ལིན་གྱི་མཆན་དུ། རྒྱ་འགྱུར་འཇིག་རྟེན་ཆགས་འཇིག་གི་མདོ་བར་མ་《中本起经》ཡི་སྟོད་(བོད་ན་མ་རྙེད་)དང་། རྒྱ་འགྱུར་དགེ་འདུན་གྱི་དབྱེན་གྱི་གཞི་[1]《根本说一切有部破僧事》ཡི་བམ་པོ་བརྒྱད་པ་གཉིས་ལ་འཕོད་པར། སྐྱེད་ཚལ་དེར་ཐོག་མར་མུ་སྟེགས་གཅེར་བུ་བ་སྡོད་མོད། ཕྱིས་སངས་རྒྱས་ལ་ཕུལ་རྗེས་དགེ་འདུན་པའི་བཞུགས་གནས་སུ་གྱུར། ལྷོ་རྒྱུད་གནས་བརྟན་སྡེ་པ་པོ་ནས་སྐྱེད་ཚལ་དེ་རྒྱལ་པོ་གཟུགས་ཅན་སྙིང་

① 《སྡེ་དགེ་བཀའ་འགྱུར་》འདུལ་བ་གཞི། ག་པོད།

པོས་སྟོན་པར་ཕུལ་བ་ལགས་[①]ཞེས་གསལ།

[205]པིཔྤ་ལ་བྱ་བའི་རྫོའི་ཁང་བྱ། པིཔྤ་ལའི་རྫོ་ཁང་(Pippala/宾波罗/卑钵罗/)གི་སྐོར་ཐང་སན་ལམ་ཡིག་བམ་པོ་དགུ་པར་ཡང་བྱུང་ཞིང་། ཅིད་ཤན་ལིན་གྱི་ཐང་སན་ལམ་ཡིག་མཆན་[②]ལྟར་ན། པིཔྤ་ལ་ནི་ལྗོན་ཤིང་གི་རིགས་ཤིག་སྟེ་རྫོའི་ཁང་བུའི་མདུན་ན་ལྗོན་ཤིང་དེ་རིགས་སྐྱེས་པས་པིཔྤ་ལའི་རྫོ་ཁང་ཞེས་མིང་དེ་ལྟར་དུ་ཐོགས་གསུངས། རང་རེའི་སཾ་བོད་སྐད་གཉིས་ཤན་སྦྱར་ཤོག་ངོས་༥༠༩ཏུ་པིཔྤ་ལླི་ནི་པི་པི་ལིང་ལ་བརྗོད་ཅིང་། པི་པི་ལིང་ནི་ཚིག་མཛོད་ཆེ་མོ་ལས་ཤིང་སྨན་གྱི་རིགས་ཤིག་ཡིན་ཞིང་། རོ་ཚ་ལ་མངར་བ་ཞུ་རྗེས་དྲོད་པ། དེའི་ནུས་པས་ཕོ་དྲོད་ཉམས་པ་དང་། བད་རླུང་གི་ནད། དབུགས་མི་བདེ་བ་སོགས་ལ་ཕན་ཞིང་། མིང་གི་རྣམ་གྲངས་ལ་དྲོད་སྐྱེད་བྱེད་དང་། དྲོད་སྨན་དང་། སྦྱོད་ནར་དང་། བྱང་ཆུབ་ལྗོན་ཤིང་དང་། ཡུལ་དབུས་སྐྱེས་དང་། ལུས་འཕགས་སྐྱེས་སོགས་ཤིན་ཏུ་མང་།

[206]དགྲ་བཅོམ་ལྔ་བརྒྱས་བཀའ་བསྡུ་མཛད་པའི་གནས། བཀའ་བསྡུ་དེ་ནི་ད་ཕན་སངས་རྒྱས་ཆོས་ལུགས་པ་ཀུན་གྱིས་མགྲིན་གཅིག་ཏུ་བཞེད་པའི་བཀའ་བསྡུ་དང་པོ་དེ་ཡིན། བུ་སྟོན་ཆོས་འབྱུང་[③]དང་། རྒྱ་བོད་ཆོས་འབྱུང་རྒྱས་པ།[④] ཐང་སན་ལམ་ཡིག་བམ་པོ་དགུ་པ་དང་། རྒྱ་འགྱུར་ཤེས་རབ་ཀྱི་ཕ་རོལ་ཏུ་ཕྱིན་པ་ཆེན་པོའི་བསྟན་བཅོས་ཀྱི་བམ་པོ་གཉིས་པ་དང་། དགེ་འདུན་ཕལ་ཆེན་པའི་

① 季羡林等校注:《大唐西域记》, 中华书局, 2012年, 第734页。

② 季羡林等校注:《大唐西域记》, 中华书局, 2012年, 第731页。

③ བུ་སྟོན་རིན་ཆེན་གྲུབ།《བུ་སྟོན་ཆོས་འབྱུང་》ཀྲུང་གོའི་བོད་ཀྱི་ཤེས་རིག་དཔེ་སྐྲུན་ཁང་། ༡༩༩༡ལོ། ཤ་༡༡༧ནས་༡༢༨༨བར།

④ མཁས་པ་ལྡེའུ། 《རྒྱ་བོད་ཆོས་འབྱུང་རྒྱས་པ་》 བོད་ཡིག་དཔེ་རྙིང་དཔེ་སྐྲུན་ཁང་། ༡༩༨༧ལོ། ཤ་༡༥༣ནས་༡༦༦བར།

སྡེའི་འདུལ་བའི་བམ་པོ་སོ་གཉིས་དང་། འདུལ་བ་ཕྲན་ཚེགས་ཀྱི་གཞིའི་བམ་པོ་སོ་དགུ་དང་། བཞི་བཅུ[1] གཉིས་དང་། ལུང་སྡེ་བཞིའི་《四分律》(བོད་ན་ཆ་ཚང་མེད་)བམ་པོ་ང་བཞི་དང་། ས་སྟོན་པའི་སྡེའི་འདུལ་བའི་《五分律》(བོད་ན་ཆ་ཚང་མེད་)བམ་པོ་སུམ་ཅུ་དང་། ཤིན་ཏུ་མཐོང་བའི་འདུལ་བའི་རྣམ་བཤད་བམ་པོ་དང་པོ་དང་། ལྷ་ལིའི་སྐད་ཀྱི་གླིང་ཕྲན་ལོ་རྒྱུས་《岛史》སོགས་སུ་གསལ། དེ་ཡང་དང་པོ་བཀའ་བསྡུ་དེ་ཉིད་མཛད་པའི་དགོས་པ་ནི། བུ་སྟོན་ཆོས་འབྱུང་དུ་སྟོན་པ་འཁོར་དགེ་སློང་ཁྲི་བརྒྱད་སྟོང་དང་བཅས་པ་འདས་པས་བསྐལ་པ་མང་པོ་ཐུབ་པའི་ལྷ་རྣམས་སྟོན་པའི་གསུང་རབ་ནི་དུད་པ་ཙམ་དུ་གྱུར་ཏེ་དགེ་སློང་དབང་ཡོད་པ་དག་ཀྱང་འདས་པས་སྡེ་སྣོད་གསུམ་མི་སྒྲོག་གོ །[2] ཞེས་འཕྱ་བ་བསལ་བའི་ཕྱིར་གསུངས་པ་དང་། ཐང་སན་ལམ་ཡིག་གི་བམ་པོ་དགུ་པར་སངས་རྒྱས་འདས་རྗེས་དགེ་སློང་ཁ་ཅིག་ཚུལ་ཁྲིམས་འཆལ་བ་ལ་དག་ཐེར་མཛད་ཆེད་དུ་ཡིན་ཚུལ་གསལ་ཞིང་། དུང་དཀར་ཚིག་མཛོད་དུ་སངས་རྒྱས་མྱ་ངན་ལས་འདས་ནས་རེ་ཞིག་བར་དགེ་སློང་སོགས་སློབ་མ་རྣམས་ཧིང་ངེ་འཛིན་སྒོམ་པ་གཙོར་འདོན་མཛད་དེ་ཆོས་འཆད་ཉན་ལ་སྤྲོ་བ་མེད་པར་གྱུར་པ་ལ་སྐྱོ་བོ་མང་པོ་ཞིག་གིས་འཕྱ་སྨོད་བྱེད་པ་བྱུང་བ་དེ་ཡིན[3]སོགས་གསུངས། གཉིས་པ་བཀའ་བསྡུ་དེའི་མཛད་པ་པོ་ནི་ཐང་སན་ལམ་ཡིག་བམ་པོ་དགུ་པར་གསུངས་པ་ལྟར་འོད་སྲུང་ཆེན་པོས་བཀའ་ཕབ་པ་བཞིན་ཀུན་དགའ་བོས་ཐོས་པའི་མདོ་སྡེ་རྣམས་སྟོན་པའི་གནང་བ་ཐོབ་པས་དེས་གཙོ་བྱས་ཏེ་སུ་ཏྲ་པི་ཊ་ཀ་སྟེ་མདོ་སྡེའི་སྡེ་སྣོད་

① 《སྡེ་དགེ་བཀའ་འགྱུར་》འདུལ་བ་ཐ་པོད། ལྡེབ་༡སྦྲེབ་ངོས་ནས་ལྡེབ་༣༧༠ཉིན་ངོས།

② བུ་སྟོན་རིན་ཆེན་གྲུབ།《བུ་སྟོན་ཆོས་འབྱུང་》ཀྲུང་གོའི་བོད་ཀྱི་ཤེས་རིག་དཔེ་སྐྲུན་ཁང་། ༡༩༩༡ལོ། ཤ་༡༡༧

③ དུང་དཀར་བློ་བཟང་འཕྲིན་ལས། 《དུང་དཀར་ཚིག་མཛོད་》 ཀྲུང་གོའི་བོད་རིག་པ་དཔེ་སྐྲུན་ཁང་། ༢༠༡༥ལོ། ཤ་༡༧༠

དང་། ཨུ་པཱ་ལི་སྟེ་ཉེ་བར་འཁོར་འདུལ་ཁྲིམས་ལ་ཤིན་ཏུ་བྱང་བས་ཝི་ན་ཡ་པི་ཊ་ཀ་སྟེ་འདུལ་བའི་སྡེ་སྣོད་དང་། ང་འོད་སྲུང་གིས་ཨབྷི་དྷརྨ་པི་ཊ་ཀ་སྟེ་མངོན་པའི་སྡེ་སྣོད་རྣམས་བསྡུ་བ་ཡིན་གསུངས་པ་ལྟར་རོ། །གཞན་ཡང་ཀུན་དགའ་བོ་ཐོག་མར་དགྲ་བཅོམ་པ་ལྔ་བརྒྱ་ཚོགས་པའི་བཀའ་བསྡུའི་གྲྭར་བཞུགས་པའི་སྐབས་འོད་སྲུང་ཆེན་པོས་ཀུན་དགའ་བོ་ནི་མང་དུ་ཐོས་པ་འཛིན་པའི་མཆོག་ཏུ་གྱུར་པ་ཡིན་ཀྱང་། སངས་རྒྱས་མྱ་ངན་ལས་འདས་སྐབས་རྒྱུན་ཞུགས་ལ་གནས་པ་ལས། དགྲ་བཅོམ་པའི་གོ་འཕང་ཐོབ་མེད་པར་གསུངས་ཐོག་ཀུན་དགའ་བོ་ལ་ཉེས་པ་བརྒྱད་བགྲངས་ཏེ་གནས་སྐབས་དགེ་འདུན་གྱི་ནང་ནས་གནས་དབྱུང་མཛད་མོད་ཀྱི་མི་རིང་བར་བསམ་སྒོམ་ལ་ནན་ཏན་མཛད་པས་མྱུར་དུ་དགྲ་བཅོམ་པ་མངོན་དུ་བྱས་སྐབས་བཀའ་བསྡུའི་གྲྭར་བཞུགས་སོ། །ཡོངས་གྲགས་སུ་བཀའ་བསྡུ་མཛད་མཁན་དགྲ་བཅོམ་པ་ལྔ་བརྒྱར་བཞེད་ཀྱང་ཐང་སན་ལམ་ཡིག་ཏུ་དགྲ་བཅོམ་པ་དགུ་བརྒྱ་གོ་དགུར་གསུངས་པའང་སྣང་བས་བརྟག་གོ །གསུམ་པ་བཀའ་བསྡུའི་ཡོན་བདག་ནི་སྐབས་དེའི་མ་ག་དྷའི་རྒྱལ་པོ་མ་སྐྱེས་དགྲ་ཡིན། བཞི་པ་བཀའ་བསྡུ་མཛད་པའི་དུས་ནི་དུང་དཀར་ཚིག་མཛོད་[①]དུ་སངས་རྒྱས་མྱ་ངན་ལས་འདས་པའི་ཕྱི་ལོ་སྟེ་ཕུག་ལུགས་ལྟར་ན་ལྕགས་སྤྲུལ（སྤྱི་ལོའི་གོང་གི་༨༨༧）ལོ་གནས་བརྟན་སྡེ་པའི་ལུགས་ལྟར་ན་ས་རྟ（སྤྱི་ལོའི་གོང་༥༩༥）ལོར་རྒྱལ་པོ་མ་སྐྱེས་དགྲས་སྲིད་དབང་བཟུང་བའི་ཁྲི་ལོ་དགུ་པ་ལ་ཡིན། ལྔ་པ་བཀའ་བསྡུ་མཛད་པའི་གནས་ནི་གྲོང་ཁྱེར་རྒྱལ་པོའི་ཁབ་ཀྱི་ལྷོ་ཕྱོགས་སྟོན་ལྷོ་རིའམ་དགེ་ཆོས་ཀྱི་རྒྱ་གར་ལམ་ཡིག་ཏུ་རི་བོ་པི་པུ་ལ་སྟེ་ངོས་ཡངས་བྱ་བ་དེང་པི་བླ་ར་ཞེས་འབོད་པའི་རི་བོའི་བྱང་མཚམས་ཀྱི་ལོ་མ་བདུན་པའི་ཕུག་ཅེས་པར་ཡིན་ཞིང་ཕུག་པ་དེར་རྒྱ་བོད་

① དུང་དཀར་བློ་བཟང་འཕྲིན་ལས། 《དུང་དཀར་ཚིག་མཛོད་》ཀྲུང་གོའི་བོད་རིག་པ་དཔེ་སྐྲུན་ཁང་། ༢༠༡༥ལོ། ཤ་༡༧༠

ཆོས་འབྱུང་རྒྱས་པར་གསང་བའི་བྲག་ཕུག①དང་། དུང་དཀར་ཚིག་མཛོད་དུ་བདེ་ཅན་མའི་བྲག་ཕུག②ཅེས་འཁོད། བཀའ་བསྡུ་མཛད་པའི་ཐབས་ཤེས་ནི་དུང་དཀར་ཚིག་མཛོད③དུ་གསུངས་པ་བཞིན་མཛད་པ་པོ་རྣམས་ཀྱིས་དེ་སྔོན་སངས་རྒྱས་ཞལ་བཞུགས་སྐབས་དངོས་སུ་གསན་པའི་བཀའ་རྣམས་བློ་ཐོག་ནས་གསུངས་རྗེས་དཔང་པོར་བཞུགས་པའི་དགྲ་བཅོམ་པ་ལྔ་བརྒྱས་ཚིག་དང་དོན་ལ་ཆད་ལྷག་དང་གོ་རིམ་འཁྲུགས་པ་ཡོད་མེད་དྲི་བ་མཛད་སྐབས། ཚང་མས་ནོར་འཁྲུལ་བྱུང་མེད་པའི་ཞལ་བཞེས་དང་བསྟོད་བསྔགས་མཛད། འོན་ཏེ་རྒྱ་བོད་ཆོས་འབྱུང་རྒྱས་པར་ཆོས་སྡེ་སྣོད་གསུམ་གང་ཟག་གི་བློ་ལ་བསྡུས་ཏེ་གཞུང་དུ་མ་བཀོད་དོ④ཞེས་གསུངས་སོ། །

[207]ནང་དུ་རྡོང་མི་ཆོག །དེའི་རྒྱུ་མཚན་གོང་གི་མཆན་༢༠༨ལ་གསལ།

[208]རྒྱུན་ཞུགས་ཀྱི་འབྲས་བུ་ཐོབ། དེའི་སྐོར་གོང་དུ་བརྗོད་ཟིན་པའི་མཆན་༡༥༣ལ་གསལ།

[209]ཕྱིར་མི་འོང་བ། དེ་ཡང་གྲུབ་མཐའ་རིན་ཆེན་ཕྲེང་བའི་ཚིག་འགྲེལ་ཐོར་བུ་ལྟར་ན།⑤ ཉན་ཐོས་ཐེག་པའི་དགེ་སྦྱོང་གི་འབྲས་བུར་རྒྱུན་ཞུགས་དང་། ལན་ཅིག་ཕྱིར་འོང་དང་། ལན་ཅིག་ཕྱིར་མི་འོང་དང་། དགྲ་བཅོམ་པ་བཅས་བཞི་ཡོད་

① མཁས་པ་ལྡེའུ། 《རྒྱ་བོད་ཆོས་འབྱུང་རྒྱས་པ་》 བོད་ཡིག་དཔེ་རྙིང་དཔེ་སྐྲུན་ཁང་། ༡༩༨༧ལོ། ཤ་༡༦༥

② དུང་དཀར་བློ་བཟང་འཕྲིན་ལས། 《དུང་དཀར་ཚིག་མཛོད་》ཀྲུང་གོའི་བོད་རིག་པ་དཔེ་སྐྲུན་ཁང་། ༢༠༡༥ལོ། ཤ་༡༧༠

③ གོང་དང་མཚུངས།

④ མཁས་པ་ལྡེའུ། 《རྒྱ་བོད་ཆོས་འབྱུང་རྒྱས་པ་》 བོད་ཡིག་དཔེ་རྙིང་དཔེ་སྐྲུན་ཁང་། ༡༩༨༧ལོ། ཤ་༡༦༨

⑤ མཁྱེན་རབ་དབང་ཕྱུག །《གྲུབ་མཐའ་རིན་ཆེན་ཕྲེང་བའི་ཚིག་འགྲེལ་ཐོར་བུ་》 མི་རིགས་དཔེ་སྐྲུན་ཁང་། ༢༠༠༦ལོ། ཤ་༢༠༨ནས་༢༡༠

པའི་གསུམ་པ་ལན་ཅིག་ཕྱིར་མི་འོང་པ་ནི། འདོད་པའི་སྒོམ་སྤང་དགུ་པོ་སྤངས་ཏེ་འདོད་ཁམས་སུ་ཕྱིར་འོང་མི་དགོས་པའོ། །དེ་ལ་དབྱེ་ན་ཕྱིར་མི་འོང་ཞུགས་པ་དང་ཕྱིར་མི་འོང་འབྲས་གནས་གཉིས་སོ། །དང་པོ་ནི་འདོད་པའི་སྒོམ་སྤངས་བདུན་པ་ནས་དགུ་པའི་བར་སྤོང་བའི་དགེ་སྦྱོང་ཚུལ་གྱི་འབྲས་བུ་ཐོབ་ཕྱིར་བརྩོན་ཞིང་ཞུགས་པའི་གང་ཟག །ལན་ཅིག་ཕྱིར་འོང་འབྲས་གནས་དེས་ཕྱིར་མི་འོང་གི་འབྲས་བུ་ཐོབ་ཕྱིར་དེའི་ལམ་ལ་འབྲེལ་ཆགས་སུ་བརྩོན་པར་བྱས་པས་ཕྱིར་མི་འོང་ཞུགས་པར་འགྱུར་བ་ཡིན། ཕྱིར་མི་འོང་ཞུགས་པ་དེས་འདོད་ཉོན་དགུ་པ་ནམ་སྤངས་པའི་ཚེ་དེའི་འབྲས་གནས་སུ་འགྱུར་རོ། །གཉིས་པ་ནི། འདོད་པའི་སྒོམ་སྤང་དགུ་པ་སྤངས་པའི་དགེ་སྦྱོང་ཚུལ་གྱི་འབྲས་བུ་ལ་གནས་པའི་གང་ཟག་ལའོ། །

[210]**སྐུ་སྒྲ་ངན་ལས་འདས།** དེའི་སྐོར་ལ་ཐང་སན་ལམ་ཡིག་བམ་པོ་དགུ་པར་ཡང་འདི་བཞིན་བྱུང་། རི་གྲོང་བྱང་སྒོའི་ལྷོ་རོལ་བྲག་སྐྱིབས་ཀྱི་བྱང་ནས་ཤར་ཕྱོགས་སུ་ལི་དབར་གཉིས་གསུམ་བགྲོད་པའི་སར་ལྷས་བྱིན་བསམ་གཏན་ལ་གནས་པའི་རྡོ་ཁང་ཆེན་པོ་མཆིས། རྡོ་ཁང་ཤར་ཕྱོགས་མི་རིང་བའི་མཚམས་ཀྱི་ཕ་བོང་སྟེང་མེ་ཏོག་གི་རིས་ཁྲག་གིས་བྱས་པ་ལྷ་བུ་སྣང་བའི་དྲུང་དུ་མཆོད་རྟེན་ཞིག་མཆིས་པ་ནི་དགེ་སློང་བསམ་གཏན་པས་སྲོག་བཏང་སྟེ་འབྲས་བུ་ཐོབ་པའི་གནས་ཡིན།[①]

[211]**ག་ཡའི་གྲོང་ཁྱེར།** ག་ཡའི་གྲོང་ཁྱེར་(Gayā/伽耶城)ལ་དེང་ག་ཡ་བྱ་ཞིང་རྒྱ་ཡིག་ཏུ་加雅ཟེར། ད་ལྟའི་ག་ཡ་ལ་གཞན་དུ་ཚངས་པ་ག་ཡ་(Brahma Gayā/梵天加雅)ཏུ་འབོད་པ་དེ་ཉིད་སྟོན་པ་འཚང་རྒྱ་བའི་གནས་བོ་དྷི་ག་ཡཱ་(Bodhi Gayā/菩提加雅)འམ་བུདྡྷ་ག་ཡཱ་(Buddha Gayā/佛陀加雅)དང་མི་འབྲུལ་བའི་ཆེད་དུ་ཡིན། གྲོང་ཁྱེར་དེའི་ལོ་རྒྱུས་ཧ་ཅང་རིང་བས་རྒྱ་གར་གྱི་གནའ་བོའི་ལོ་

① ཚེ་ཏུ་ཚེ་རིང་དོན་གྲུབ། «ཐང་སན་ལམ་ཡིག་གསར་བསྒྱུར་དང་ཞིབ་འཇུག» བོད་ལྗོངས་བོད་ཡིག་དཔེ་རྙིང་དཔེ་སྐྲུན་ཁང་། ༢༠༡༨ལོ། ཤ་༣༠༨

རྒྱུས་སྣན་ངག་རིང་མོ་མ་ཧྲ་ཧླ་ར་ཁ་ཎུ་གྲོང་ཁྱེར་དེའི་སྐོར་འཕོད་པར་སྣང་། ག་ཡཱའི་གྲོང་གི་གནའ་ཤུལ་ཁོངས་སུ་གྲོང་ཁྱེར་བྱང་ངོས་ཀྱི་ད་ལྟའི་ས་ཧེབ་གན་ཇི་(Saheb-ganj/萨希布甘吉)དང་དེའི་ལྷོ་ངོས་ཀྱི་ག་ཡཱའི་གྲོང་རྡིང་འདུས་ཡོད་ཅིང་དེའང་སྟོན་དྲང་སྲོང་ག་ཡ་བྱ་བ་གནས་དེར་ཏིང་འཛིན་ལ་ཞུགས་པས་མིང་དེ་ལྟར་ཐོགས་པར་གྱུར། བུདྡྷ་ག་ཡཱ་ནི་སྟོན་པ་འཚང་རྒྱ་བའི་གནས་ཡིན་ཞིང་དེར་ཐོག་མར་ཨུ་རུ་བི་ལྭ་(Uruvilva)འམ་ཨུ་རུ་བེ་ལཱ་(Uruvelā)ཟེར་ཞིང་། དེའི་ལྷོ་ཕྱོགས་ནས་གྲོང་ཁྱེར་ག་ཡ་བར་དབྱིང་ལེ་༦ཚོད་ཅིང་ད་ལྟ་མ་ཧཱ་བོ་དྷིར་འབོད། གནས་མཆོག་རྡོ་རྗེ་གདན་(Vajrāsana/金刚座)དང་བྱང་ཆུབ་ལྗོན་ཤིང་ཡང་དེར་བཞུགས་སོ། ༡༨༨༠ལོར་དེའི་དུས་ཀྱི་ཧྥང་ག་ལ་སྲིད་གཞུང་གིས་ཞིབ་འཇུག་པ་ཁང་ཉིད་ཧྲ་སྒྱུའི་སྡེ་ཤར་བརྒྱུད་ཐང་སན་ལམ་ཡིག་ལ་གཞི་བཟུང་ནས་སྔོག་འདོན་ཞིག་བཅོས་བགྱིས་པས་རྡོ་རྗེ་གདན་དང་འདུ་ཁང་བསྐྱར་གསོ་བྱ་ཐུབ་པ་བྱུང་[1]ཞེས་ཅིད་ཤན་ལིན་གྱི་ཐང་སན་ལམ་ཡིག་མཆན་དུ་གསུངས།

[212]ལོ་དྲུག་དཀའ་བ་སྤྱད་པའི་གནས། དེའི་ལོ་རྒྱུས་ནི་སྟོན་རྒྱལ་སྲས་གཞོན་ནུ་དོན་གྲུབ་སྐྱེ་རྒ་ན་འཆིའི་འཁོར་བའི་གནས་ལས་ཐར་བའི་སླད་དུ་ཁྱིམ་ནས་ཁྱིམ་མེད་པར་རབ་ཏུ་བྱུང་སྟེ་དབེན་པའི་གནས་སུ་འཕགས་བདེན་ཉམས་སུ་བླང་བར་བྱོན་པའི་སྐབས་རྒྱལ་པོ་ཟས་གཙང་གིས་ཀུན་ཤེས་ཀོཎྜི་ནྱ་སོགས་འཁོར་ལྔ་སྡེ་བཟང་པོ་ཁོང་གི་ཕྱག་ཕྱིར་བརྫངས། དེ་ལྟར་རྒྱལ་སྲས་སློབ་དཔོན་ལྷག་སྤྱོད་ཀྱི་མདུན་ནས་ཐོན་རྗེས་ཡུལ་ལུང་རིམ་པར་བརྒྱུད་དེ་གནས་ངེས་མེད་དུ་ཉུལ་མཐར་ག་ཡཱའི་གྲོང་གི་ལྷོ་ཕྱོགས་ལེ་དབར་ཉེ་ཤུའི་ཆུ་བོ་ནཻ་རཉྫ་ནཱའི་འགྲམ་དུ་ཟས་གཅོད་ཀྱི་དཀའ་ཐུབ་ནི་ཐར་པའི་ལམ་སྟེར་བགྲོད་པའི་ཐབས་མཆོག་ཏུ་དགོངས་ནས་ཐོག་མར་ཁ་ཟས་ཉུང་དུ་ལས་མ་བཞེས་ཤིང་། རིམ་པར་ཉིན་གཅིག་ལ་ཟས་

① 季羡林等校注:《大唐西域记》，中华书局，2012年，第663页。

ཐུན་རེ་ནས་ཉིན་གཉིས་དང་ཉིན་གསུམ་ཕྱུག་ལ་ཟས་ཐུན་རེ་བཞེས་པའི་ངང་དུ་སྒྲུང་གནས་ལ་རྩེ་གཅིག་གཞོལ། དེ་ཡང་གཙོ་བོ་ལྗོན་ཤིང་གི་རྩ་བ་དང་ལོ་མ་དེ་བཞིན་ཤིང་ཏོག་གི་ཁུ་བ་ཙམ་ལས་བཞེས་རྒྱུ་གཞན་མ་མཆིས་པས་ཟས་བཅུད་ཀྱིས་ཤིན་ཏུ་དབེན་སྐབས་སྐུ་ལུས་རྩིལ་པོ་མདངས་དང་བྲལ་ཞིང་ཤིན་ཏུ་རིད་པོར་སོང་ནས་ཀེང་རུས་གསོན་པོ་དང་ཀུན་ནས་མཚུངས་པར་ཤ་མེད་པའི་རུས་སྒྲོམ་ཞིག་ཏུ་གྱུར་མཐར་ལུས་ཀྱི་དཀའ་སྤྱད་སྤངས་སོ། །དེའི་ཚེ་འཁོར་ལྔ་སྡེ་བཟང་པོས་སྟོན་པ་དཀའ་ཐུབ་ལ་འཇིགས་ནས་བཤོལ་བཏབ་པར་སྙམ་ཏེ་དེ་རྣམས་ཡུལ་ཝཱ་ར་ཎ་སཱིའི་ཕྱོགས་སུ་བགྲོད་རྗེས་ཙང་མ་སོང་བར་སྟོན་པ་བྱང་ཆུབ་ལྗོན་ཤིང་འོག་ཏུ་རྫོགས་པའི་བྱང་ཆུབ་ཏུ་མངོན་པར་སངས་རྒྱས་སོ། །

[213]**ལེགས་སྐྱེས་མས་འོ་ཐུག་ཕུལ་བའི་གནས།** དེར་ལམ་ཡིག་ཕྱི་མོར་弥家女ཞེས་གསལ་ཞིང་ཀྱང་ཤུན་གྱི་མཆན་དུ། འཕགས་པ་དཀོན་མཆོག་བརྩེགས་པ་ཆེན་པོའི་མདོ་རྒྱ་འགྱུར་མའི་《大宝积经》བམ་པོ་བཅུ་གཅིག་ཏུ་弥家ནི་ལེགས་སྐྱུར་གྱི་ཐ་སྙད་གྲཱ་མི་ཀ་ཡི་སྒྲ་ཟུར་ཆག་པར་གསུངས་པ་ལ་གྲཱ་མི་ཀ་ནི་གྲོང་དཔོན་ལ་གོ་བ་དང་། ཕྱི་གླིང་ཞིབ་འཇུག་པ་རོ་ཁི་ཨི་(W.W.Rockhill/柔克义)ཡིས་མཛད་པའི་ཤཱཀྱ་ཐུབ་པའི་རྣམ་ཐར་(The life of Buddha/释迦牟尼传)དུ་སྟོན་པར་འོ་ཐུག་ཕུལ་མཁན་བུ་མོའི་ཕ་ནི་སེ་ན་ནི་(Senani/斯那尼村)ཞེས་པའི་གྲོང་ཚོའི་གྲོང་དཔོན་སེ་ན་(Sena/斯那)བྱ་བ་ཡིན་[1]གསུངས། བུ་མོ་དེའི་ལེགས་སྐྱུར་གྱི་མིང་ལ་གང་འདོད་མིན་ཐད་ཉི་ཧོང་གི་ནང་བསྟན་ཞིབ་འཇུག་པ་ཆེ་མོ་ཕིང་ཁྲིན་ཀྱང་གིས་མཛད་པའི་རྒྱ་གར་ནང་པའི་ཆོས་འབྱུང་ལས། སུ་ཛཱ་ཏཱ་(Sujātā/修舍佉)ཞེས་ཟེར་[2]བ་དེའི་དོན་ནི་བོད་ཀྱི་ཡིག་ཆ་ཕལ་མོ་ཆེར་བུ་མོ་ལེགས་སྐྱེས་མ་ཞེས་བསྒྱུར་

① 张巽校注：《佛国记》，中国旅游出版社，2016年，第122页。

② 平川彰著，庄昆木译：《印度佛教史》，北京联合出版公司，2018年，第15页。

བ་དེར་ལབ་གླིང་མ་མཆིས་པས་འདིར་སེ་ན་ཉིའི་གྲོང་བར་གྱི་བུ་མོ་ལེགས་སྐྱེས་མ་ཞེས་བོད་བསྒྱུར་བགྱིས་པ་ལགས།

[214]**པིབྲ་ལའི་ལྗོན་འོག** །ལམ་ཡིག་ཕྱི་མོར་དེར་རྒྱ་ཡིག་ལ་贝多树དང་ཐང་སན་ལམ་ཡིག་ཏུ་菩提树ཞེས་འཁོད་པ་ལ་སྔ་མ་ནི་དེའི་ལེགས་སྦྱར་གྱི་སྒྲ་པིཔྤ་ལ་ཟུར་ཆགས་ཤིང་ཕྱི་མ་ནི་སྟོན་སྟོན་པ་ལྗོན་པ་དེའི་འོག་ན་བྱང་ཆུབ་མཆོག་ཏུ་ཐུགས་བསྐྱེད་དེ་མངོན་པར་སངས་རྒྱས་པས་འབྲེལ་བ་རྒྱུ་མཚན་དུ་བྱས་ནས་བྱང་ཆུབ་ལྗོན་ཤིང་དུ་མིང་བཏགས། དེ་དང་འབྲེལ་བའི་ལོ་རྒྱུས་ཞིབ་པ་ཐང་སན་ལམ་ཡིག་གི་བམ་པོ་བརྒྱད་པར་གསལ། གཞན་ཡང་འགའ་ཞིག་ཏུ་贝多树ནི་ཤིང་ཏ་ལར་བརྗོད་པའང་སྣང་།

[215]**རྩྭ་བཟང་ཀུ་ཤ** །གྲོང་ཁྱེར་རྒྱལ་པོའི་ཁབ་ཉིང་དུ་རྩྭ་ཀུ་ཤ་མང་དུ་སྐྱེ་བའི་རྒྱུ་མཚན་གྱིས་ཀུ་ཤའི་གྲོང་ཡང་བྱ་ཞིང་སློག་རྩལ་ཚིག་མཛོད་ཆེ་མོ་རུ་ཀུ་ཤ་ནི་ལེགས་སྦྱར་གྱི་སྐད་ཡིན་པ་ལ་ངན་སེལ་ལམ་རྩྭ་མཆོག་ཏུ་གོ །རྩྭ་གྲ་མ་ཅན་རོ་མངར་ལ་བསྐ། ཞུ་རྗེས་སྙོམས། ནུས་པས་ཚེ་རིང་དུ་སྲིང་བ་དང་། ལུས་ཟུངས་རྒྱས་པར་བྱེད། མིང་གི་རྣམ་གྲངས་ལ་ཁྲུས་རྩྭ་དང་། ངན་སེལ། མཆོད་སྦྱིན་རྒྱན། དག་བྱེད། བདུད་འདུལ་ལྡན། གཙང་བྱེད། རྩྭ་མཆོག །རྩྭ་དབང་། ས་གནས་བཅས་ཡོད་པར་གསལ།

[216]**བུད་མེད་མཛེས་མ་གསུམ།** སྟོན་པའི་མཛད་རྣམ་གསལ་བའི་མེ་ལོང་དུ་བུད་མེད་དེ་གསུམ་པོའི་མིང་ལ་ཏན་ཧ་(Tanha)དང་། ར་ཏི་(Rati) ར་ག་(Raga) བཅས་ཟེར་བ་བསྟན།[1]

[217]**སྦྲུལ་ལོང་བ་མུ་ཅི་ལིན་ད།** ཀླུ་དེ་ནི་སྦྲུལ་ལོང་བ་ཞིག་ཡིན་པ་ལ་ལམ་ཡིག

① གནས་བརྟན་སྲི་རི་ཧྲཱཀྵ་མཛད། ངེས་དོན་རྒྱ་མཚོས་བསྒྱུར། 《སྟོན་པའི་མཛད་རྣམ་གསལ་བའི་མེ་ལོང་》སེར་གཙུག་ནང་བསྟན་དཔེ་སྙིང་འཚོལ་བསྡུ་ཕྱོགས་སྒྲིག་ཁང་། དཔེ་ཨང་༩༠ ཤ་༥༨

ཕྱི་མོར་རྒྱ་ཡིག་ཏུ་文麟盲龙ཞེས་བྱུང་ཞིང་ཐང་སན་ལམ་ཡིག་གི་བམ་པོ་དགུ་པར་目支邻陁ཞེས་གསལ་བ་ནི་དེའི་ལེགས་སྦྱར་གྱི་སྒྲ་མུ་ཙི་ལིན་ད་ཟུར་ཆག་པར་སེམས། གླུ་དེས་སྟོན་པའི་སྐུ་ལུས་ཇི་ལྟར་སྲུང་ཚུལ་ཐང་སན་ལམ་ཡིག་གི་གོང་གི་བམ་པོ་ལས། བརྒྱ་བྱིན་གྱིས་སྤྲུལ་བའི་ཆུ་རྫིང་ཤར་གྱི་ནགས་ཁྲོད་དུ་ཀླུའི་རྒྱལ་པོ་མུ་ཙི་ལིན་དའི་རྫིང་ཆུ་སྔུམ་ཞིང་དྭངས་བ་རོ་ཞིམ་པ་སྣང་། གཞན་ཡང་ནུབ་ཏུ་སྟོན་པའི་སྐུ་བརྟན་བཞུགས་པའི་མཆོད་ཁང་ཡོད་པར་སྔོན་སྟོན་པ་བྱང་ཆུབ་སྙིང་པོར་གཤེགས་པའི་ཕྱོག་མར་ཞག་བདུན་མཉམ་པར་བཞག་པའི་དུས་ཀླུའི་རྒྱལ་པོ་དེ་ཡིས་ལུས་སྟོན་པའི་སྐུ་ལ་སྐོར་བ་བདུན་དུ་དཀྲིས་ནས་སྟོན་པའི་དབུ་ཕྱོད་ནས་མགོ་གླད་གདུགས་ལྟར་བརྒྱངས་ཏེ་བསྐྱེན་བཀུར་ཞུས་པའི་གནས་ཡིན་ཞིང་ཆུ་རྫིང་ཤར་དུ་ཀླུ་རྒྱལ་གྱི་ཁང་བུ་ཡོད།[①]ཅེས་གསལ།

[218]ཚོང་པ་ལྔ་བརྒྱ། ལམ་ཡིག་ཕྱི་མོར་སྟོན་པར་འབྲས་དང་སྦྲང་རྩི་གསོལ་མཁན་ཚོང་པའི་གྲངས་ལྔ་བརྒྱ་ཡིན་པར་གསལ་མོད་ཀྱི་ཐང་སན་ལམ་ཡིག་གི་བམ་པོ་བརྒྱད་པར་གཉིས་སུ་གསུངས། ཕྱི་མ་ལྟར་ན་ཅིད་ཤན་ལིན་གྱི་ཐང་སན་ལམ་ཡིག་མཆན་ལས། ཚོང་པ་དེ་གཉིས་པོའི་མིང་ལ་ཏྲ་པུ་ས་(Trapusa/帝梨富沙)དང་བྷལླི་ཀ(Bhallika/跋梨迦)བྱ་ཞིང་། གནའ་བོའི་རྒྱ་གར་བྱང་ཕྱོགས་ཀྱི་མི་ཡིན་པ་དང་། སྟོན་སྟོན་པ་སངས་རྒྱས་རྗེས་ཕྱོག་མར་ཕོང་གཉིས་ལ་ལྷ་མིའི་ཆོས་གསུངས་ཕྱོག་འདུན་པ་བསྐོང་ཆེད་ཉིད་ཀྱི་དབུ་སྐྲ་དང་། ཕྱག་སེན་གནང་བ་ཕྱིས་ཚོང་པ་གཉིས་པོས་ཕྱག་སེན་རྟེན་དུ་གསོལ་ནས་སོ་སོར་མཆོད་རྟེན་རེ་བཞེངས་ཚུལ་གསལ།[②] གཞན་ཡང་སྟོན་པའི་མཛད་རྣམ་གསལ་བའི་མེ་ལོང་ལས། ཚོང་པ་

① རྨི་ཏྭ་ཚེ་རིང་དོན་གྲུབ། 《ཐང་སན་ལམ་ཡིག་གསར་བསྒྱུར་དང་ཞིབ་འཇུག་》བོད་ལྗོངས་བོད་ཡིག་དཔེ་རྙིང་དཔེ་སྐྲུན་ཁང་། ༢༠༡༨ལོ། ཤ་༢༨༨

② 季羡林等校注:《大唐西域记》，中华书局，2012年，第112页。

གཉིས་ལ་ཏྲ་པུ་ས་ར་ག་གོན་དང་། ཕལ་ལི་ཀར་བཟང་པོ་ཞེས་བསྒྱུར་བར་སྣང་།[1] དེ་དང་ཡེ་ཤེས་རྒྱ་མཚོས་བརྩམས་པའི་སྟོན་པ་ཤཱཀྱ་ཐུབ་པའི་རྣམ་ཐར་[2]ནང་གསལ་བའི་ཚོང་པ་གཉིས་པོའི་བོད་མིང་ཡོངས་སུ་མཚུངས་སོ། །

[219]**འོད་སྲུང་སྤུ་ཏྲ།** ཐང་སན་ལམ་ཡིག་བམ་པོ་བརྒྱད་པར་འཁོད་པ་ལྟར་ན། འདི་ཏུ་འོད་སྲུང་ཕུ་ནུ་གསུམ་གྱི་སྐོར་བརྗོད་པ་ཡིན་ཏེ། དེ་གསུམ་ལས་ཕུ་བོ་ནི་ཨུ་རུ་བིལ་བཱ་འོད་སྲུང་(Uruvilvā-kāśyapa/优娄频螺迦叶波)དང་། འབྲིང་པོ་ནི་ན་དཱི་འོད་སྲུང་(Nadi- kāśyapa/那提迦叶波) དང་། ཐ་ཆུང་ནི་ག་ཡཱ་འོད་སྲུང་(Gayā- kāśyapa/迦耶迦叶波)བཅས་ཡིན་ཞིང་། ཁོང་དག་ཐོག་མར་ཕྱི་རོལ་དཔྱོད་པ་བའི་རྗེས་སུ་འབྲངས་མོད་ཀྱི་ཕྱིས་སུ་རང་རང་གི་སློབ་མ་འཁོར་བཅས་ཆིག་སྟོང་ཙམ་དང་མཉམ་དུ་ནང་པར་ཞུགས་པར་གྲགས།

[220]**མཆོད་རྟེན་བཞི།** རྒྱ་ཤན་ལམ་ཡིག་ཏུ། པིཔྤ་ལ་སྐྱེ་བྱང་ཆུབ་ལྗོན་ཤིང་སངས་རྒྱས་པའི་གནས་དང་། དྲང་སྲོང་ལྷུང་བ་རི་དྭགས་ནགས་ཐོག་མར་ཆོས་འཁོར་བསྐོར་བའི་གནས་དང་། རྩྭ་མཆོག་གྲོང་མྱ་ངན་ལས་འདས་པའི་གནས་བཅས་གསུམ་དུ་མཆོད་རྟེན་བཞེངས་ཚུལ་དངོས་སུ་གསུངས་མོད་ཀྱི་སྟོན་པ་སྐུ་བལྟམས་པའི་གནས་ལུམ་བི་ནིར་མཆོད་རྟེན་བཞེངས་སྐོར་གསལ་དུ་མེད། དེ་ཡང་ཐང་སན་ལམ་ཡིག་གི་བམ་པོ་དྲུག་པར་ལུམ་བི་ནིར་སྟོན་པ་སྐུ་བལྟམས་ཤིང་དེའི་འགྲམ་དུ་རྒྱལ་པོ་མྱ་ངན་མེད་ཀྱིས་བཞེངས་པའི་རྡོའི་ཀ་བ་ཡོད་ཚུལ་གསུངས།

[221]**བསྙེན་གནས་ཡན་ལག་བརྒྱད།** མདོ་རྒྱུད་རིན་པོ་ཆེའི་མཛོད་ལས། རྒྱས་

① གནས་བརྟན་སྒྲི་རི་རྣམ་མཛད། ངེས་དོན་རྒྱ་མཚོས་བསྒྱུར། 《སྟོན་པའི་མཛད་རྣམ་གསལ་བའི་མེ་ལོང་》སེར་གཙུག་ནང་བསྟན་དཔེ་སྙིང་འཚོལ་བསྡུ་ཕྱོགས་སྒྲིག་ཁང་། དཔེ་ཨང་༤༠ ཤ་༥༨

② ཡེ་ཤེས་རྒྱ་མཚོ། 《སྟོན་པ་ཤཱཀྱ་ཐུབ་པའི་རྣམ་ཐར་》 ཟི་ཁྲིན་མི་རིགས་དཔེ་སྐྲུན་ཁང་། ༢༠༡༤ལོ། ཤ་༨༥

འགྲེལ་སྐབས་བདུན་པ་སྐབས་འགྲོ་ལས་བྱུང་བའི་དུས་ཁྲིམས་བསྙེན་གནས་ཡན་ལག་བརྒྱད་ནི། དང་པོ་ཚུལ་ཁྲིམས་ཀྱི་ཡན་ལག་བཞི་སྟེ། ༡ སྲོག་གཅོད་པ། ༢ མ་བྱིན་པར་ལེན་པ། ༣ མི་ཚངས་པར་སྤྱོད་པ། ༤ རྫུན་དུ་སྨྲ་བ་བཅས་སྤོང་བ་དང་། གཉིས་པ་བག་ཡོད་ཀྱི་ཡན་ལག་གཅིག་སྟེ། ༥ འབྲུའི་ཆང་དང་བཙོས་ཆང་དང་། མྱོས་པར་འགྱུར་བ་དང་། བག་མེད་པའི་གནས་སྤོང་བ། གསུམ་པ་བརྟུལ་ཞུགས་ཀྱི་ཡན་ལག་གསུམ་སྟེ། ༦ གླུ་གར་དང་རོལ་མོའི་སྒྲ་སྙེ་གར་སོགས་དང་། ཕྲེང་བ་དང་སྤོས་བྱུག་པ། རྒྱན་དང་ཁ་དོག་འཆང་བ་སྟེ་ཕྲེང་སོགས་གཅིག །༧ ཁྲི་བསྟན་ཆེ་མཐོ་སྤོང་བ། ༨ ཕྱི་དྲོའི་ཁ་ཟས་སྤོང་བ་བཅས་སོ། །①

[222]རི་བོ་བྱ་རྐང་། ཐང་སན་ལམ་ཡིག་བམ་པོ་དགུ་པར་རི་བོ་དེར་ལེགས་སྦྱར་སྐད་དུ་ཀུ་ཀྐུ་ཊ་པཱ་ད་གི་རི་(屈屈吒播陁/鸡足)བྱ་ཞིང་མིང་གཞན་དུ་གུ་རུ་པཱ་ད་སྟེ་བླ་ཞབས་སུའང་འབོད་པར་གསལ། རི་བོ་དེ་དེང་དུས་གང་དུ་མཆིས་པའི་ཐད་ཀྲང་ཤུན་གྱི་མཆན་②དང་། ཨ་རྡ་ཆི་ཀི་རོ་ཀུ་ཡི་མཆན།③ ཅིད་ཤན་ལིན་གྱི་ཐང་སན་ལམ་ཡིག་མཆན་④བཅས་སུ་བཞེད་ཚུལ་འགའ་ཞིག་བསྟན་པ་ལས། ཀྲང་ཤུན་དང་ཅིད་ཤན་ལིན་གཉིས་པོས་ཞལ་མཐུན་པར་བཞེད་པའི་ཕྱི་གླིང་ཞིབ་འཇུག་པ་ཁང་ཉིད་ཧ་མུའི་(Cunningham/康宁哈姆)ལྟ་བ་སྟེ། དེང་གི་རྒྱ་གར་བི་ཧ་ར་མངའ་སྡེའི་ཙ་ཡ་(加雅)གྲོང་ཁྱེར་གྱི་བྱང་ཤར་དབྱིང་ལེ་༡༦གི་མཚམས་ཁུར་ཙི་ཧར་(库尔基哈尔)ཞེས་པའི་བྱང་ཕྱོགས་དབྱིང་ལེ་གཅིག་གི་རི་གསུམ་རྩེ་མོར་ཡིན་ཟེར་བ་འཐད་པར་སྣམ་སྟེ། དེའི་ཉེ་འགྲམ་ནས་ཕྱིས་སུ་སངས་རྒྱས་ཀྱི་སྐུ

① 《མདོ་རྒྱུད་རིན་པོ་ཆེའི་མཛོད་》ཤིང་དཔར། ད་པོད། ལྡེབ་༡༦༢

② 张巽校注:《佛国记》,中国旅游出版社,2016年,第129页。

③ 足立喜六著,何建民、张小柳译:《〈法显传〉考证》,贵州大学出版社,2014年,第185页。

④ 季羡林等校注:《大唐西域记》,中华书局,2012年,第709页。

བརྙན་དང་མཆོད་རྟེན་དུ་མ་རྙེད་པས་ཤེས་ནུས་པར་མཐོང་། འོད་སྲུང་ཆེན་པོ་སྐུ་མྱ་ངན་ལས་འདས་པའི་གནས་འཁྲུལ་མེད་ནི་འདིར་བརྗོད་པའི་རྒྱ་གར་དབུས་ཀྱི་རི་བོ་བྱ་རྐང་ཡིན་རུང་ཁ་ཅིག་གིས་དེང་ཡུན་ནན་ཏཱ་ལི་(大理)དུ་ཡོད་པའི་རི་བོ་བྱ་རྐང་ཞེས་པ་དེ་ཡིན་ཟེར་བས་དེ་གཉིས་མི་འཁྲུལ་བར་ཞུ་ཞེས་གསོལ་ལོ། །

[223]**འགོག་སྙོམས།** དེར་མཚན་ཆ་ཚང་ལ་འགོག་པའི་སྙོམས་པར་འཇུག་པ་ཟེར་ཞིང་ལེགས་སྦྱར་ལ་ནི་རོ་དྷ་ས་མཱ་པཏྟིཿ(Nirodhasamāpattiḥ/灭尽定)ཞེས་བྱ། ཀློག་རྟུལ་ཚིག་མཛོད་ཆེ་མོ་ལས། ཚོར་བ་དང་འདུ་ཤེས་རགས་པ་འགོག་པར་བྱེད་པའི་སྙོམས་འཇུག་ཅི་ཡང་མེད་པའི་སྐྱེ་མཆེད་ཀྱི་འདོད་ཆགས་དང་བྲལ་བ་སྲིད་པའི་རྩེ་མོ་ལས་གྱེན་དུ་བསྐྱོད་པ་ཞི་བར་གནས་པའི་འདུ་ཤེས་སྔོན་དུ་བཏང་བའི་ཡིད་ལ་བྱེད་པས་སེམས་དང་སེམས་ལས་བྱུང་བའི་ཆོས་བརྟན་པ་མ་ཡིན་པ་རྣམས་དང་། བརྟན་པ་རྣམས་ལས་ཀྱང་ཁ་ཅིག་འགོག་པ་སྟེ། རྣམ་པར་ཤེས་པ་བདུན་འགོག་པ། སྙོམས་འཇུག་དགུའི་མཐར་གནས་ཀྱི་ཏིང་ངེ་འཛིན་ནོ། །

[224]**འོད་སྲུང་ཆེན་པོའི་སྐུ་ལུས་ཧྲིལ་པོ་བཞུགས་སོ།** །དེའི་གཏམ་རྒྱུད་ཞིབ་པ་ཐང་སེན་ལམ་ཡིག་གི་བམ་པོ་དགུ་པར་གསལ།

[225]**འབྲོག་དགོན་པ་ཞེས་བྱ་བའི་གཙུག་ལག་ཁང་།** ཨ་ཏྲ་ཆི་གི་རོ་ཀུ་ཡི་མཆན་[①]དང་། ཀྲང་ཤུན་གྱི་མཆན་[②]གཉིས་སུ་གཅིག་མཐུན་དུ་གཙུག་ལག་ཁང་དེ་ནི་ཐང་སེན་ལམ་ཡིག་བམ་པོ་བདུན་པར་བརྗོད་པའི་གཛ་པ་ནིའི་ཡུལ་[དེང་གྷཱ་ཛི་པུར་(Ghāzipur/迦齐浦耳)]གྱི་ལྷོ་བའི་གྲོང་ནས་ཤར་དུ་ལི་དབར་ཉིས་བརྒྱ་ལྷག་བགྲོད་རྗེས་ཀྱི་ཨ་བིདྡྷ་ཀརྞ་སྟེ་སྙན་མ་ཕུག་པ་ཞེས་པའི་གཙུག་ལག་ཁང་ནས་སྐར་ཡང་ཤར་ལྷོར་ལི་དབར་བརྒྱ་ལྷག་བགྲོད་པའི་མ་ཧཱ་ཤཱ་ལཱ་སྟེ་གནས་གཞི་ཆེན་

① 足立喜六著，何建民、张小柳译：《〈法显传〉考证》，贵州大学出版社，2014年，第188页。

② 张巽校注：《佛国记》，中国旅游出版社，2016年，第130页。

པོའམ་ཁྲིམ་ཆེན་པོའི་གཙུག་ལག་ཁང་[དེང་མ་སྣར་གྲོང་ཚོ་(Masār/马莎尔)]གི་ཤར་ཕྱོགས་ལེ་དབར་སུམ་ཅུར་སྣང་བའི་རྒྱལ་པོ་མྱ་ངན་མེད་ཀྱིས་བཞེངས་པའི་མཆོད་རྟེན་ཡོད་སར་ཡིན། མཆོད་རྟེན་དེའི་མདུན་ན་རྒྱལ་པོ་མྱ་ངན་མེད་ཀྱིས་བཞེངས་པའི་རྡོ་ཀ་བ་འདོམ་བཞི་ལྷག་པ་མཆིས་པའི་ངོས་སུ་སེང་གེའི་གཟུགས་བརྙན་བརྐོས་པར་སྟོན་པས་གནོད་སྦྱིན་བཏུལ་བའི་མཛད་པ་བཀོད་ཡོད། དེའི་གཏམ་རྒྱུད་ནི་ཐང་སན་ལམ་ཡིག་ལས། དེ་ཡང་འདས་པའི་དུས་སུ་ས་འདི་རུ་ཤ་ཁྲག་ཟློས་པའི་གནོད་སྦྱིན་གདུག་པ་ཅན་ཁྲུ་ཞིག་གིས་སྐྱེ་བོ་དུ་མའི་སྲོག་བཅད་ནས་སྡུག་བསྔལ་ཟད་མི་ཤེས་པ་སྟེར་བའི་ཚེ། སངས་རྒྱས་ཀྱི་སྙིང་རྗེའི་ཐུགས་ཀྱིས་སེམས་ཅན་རྣམས་ཀྱི་དགེ་བའི་ལས་ལ་བར་ཆད་བྱུང་བར་དགོངས་ནས་ཤེས་རབ་ཀྱིས་དེ་རྣམས་དམ་པའི་ཆོས་ལ་བཀུག་པར་མཛད་ཅིང་སྲོག་མི་གཅོད་པའི་དམ་བཅའ་འཛོག་པར་བསྐུལ་བ་ན་ཐམས་ཅད་ཀྱིས་སྟོན་པའི་བཀའ་སྤྱི་བོར་བླངས་ཏེ་ཡིད་ལ་བརྟན་པོར་བཟུགས། དེ་ནས་རྡོའི་ཕ་བོང་གི་བཞུགས་ཁྲི་བཤམས་ནས་སྟོན་པ་སྤྱན་དྲངས་ཤིང་ཆོས་ཉན་ཏེ་བསྟན་པ་སྲུང་བཞིན་གནས། རྗེས་སུ་མུ་སྟེགས་པ་སྟོང་གིས་རྡོའི་ཕ་བོང་དེ་ཉིད་ལན་དུ་མར་བསྣག་པར་བརྩམས་ཀྱང་མི་གཡོ་བར་གནས། གཞན་ཡང་ཚང་ཚིང་སྟུག་པོ་དང་དྭངས་གསལ་མཚོའུ་ཡིས་མཆོད་རྟེན་གྱི་མཐའ་ནས་རབ་ཏུ་བརྒྱན་པས་དེར་ལྷགས་པ་ཀུན་དབང་མེད་དུ་དད་པར་གྱུར།[1]ཞེས་གསལ།

[226]**ཀཱ་པི་ཤིའི་ཡུལ་གྱི་གྲོང་ཁྱེར་ཤྭེ་ཏཱ་ཙ་སི།** ཀཱ་པི་ཤིའི་ཡུལ་ནི་གནའ་བོའི་རྒྱ་གར་གྱི་ཡུལ་ཆེན་བཅུ་དྲུག་གི་ཡ་གྱལ་དང་། མདོ་ལས་གསུངས་པའི་གནས་ཆེན་བཞིའི་བྱེ་བྲག་གོ །ཤྭེ་ཏཱ་ཙ་སི་ནི་ཡུལ་དེའི་གྲོང་ཁྱེར་ལྟེ་བ་ཡིན་མོད་ཀྱི་ཐང་སན་ལམ་ཡིག་

① རྨེ་རུ་ཚེ་རིང་དོན་གྲུབ། 《ཐང་སན་ལམ་ཡིག་གསར་བསྒྱུར་དང་ཞིབ་འཇུག་》བོད་ལྗོངས་བོད་ཡིག་དཔེ་སྙིང་དཔེ་སྐྲུན་ཁང་། ༢༠༡༨ལོ། ཤ་༢༣༥ནས་༢༣༦

གི་བམ་པོ་བདུན་པར་ཝཱ་རཱ་ཎ་སིའི་ཡུལ་ཞེས་གསལ། ཧྥིང་ཁྲིང་ཅུན་གྱི་ནུབ་ཡུལ་ས་མིང་དུ་ཡུལ་དེའི་རྒྱ་ཡིག་ལ་ཏའོ་ཨན་(道安)གྱི་ནུབ་ཡུལ་དཀར་ཆག་《西域志》ཏུ་波罗奈斯དང་། ལེང་རྒྱལ་རབས་ཀྱི་ལོ་ཙཱ་བ་སྒྷ་བྷ་དྲའི་(僧伽婆罗)རིགས་སྔགས་ཀྱི་རྒྱལ་མོ་རྨ་བྱ་ཆེ་མོའི་རྒྱ་འགྱུར་དང་། ཞོན་དབྱིང་(玄应)གི་མིང་དོན་བརྡ་སྤྲོད་《一切经音义》དུ་婆罗痆斯དང་། དོན་ཡོད་(不空)ཀྱི་རིགས་སྔགས་ཀྱི་རྒྱལ་མོ་རྨ་བྱ་ཆེ་མོའི་རྒྱ་འགྱུར་དུ་婆罗拏斯དང་། ཐང་ཡིག་གསར་རྙིང་གཉིས་སུ་迦尸（Kāśī）འམ་波罗奈དང་། 波罗那斯ཞེས་སོགས་གསལ་བར་གསུངས་[1]པ་ཀུན་དེའི་ལེགས་སྦྱར་གྱི་སྒྲ་བཱ་རཱ་ཎ་སི་ཞེས་པ་དེ་ཟུར་ཆག་པར་ཐེ་ཚོམ་མེད་ཅིང་། དེ་དག་ལས་ད་ཕན་རྒྱའི་ཡིག་ཆ་ཐང་ཡིག་གསར་རྙིང་དང་། ཐྔ་ཤན་ལམ་ཡིག་གཉིས་སུ་ཡུལ་དེའི་མིང་རྙིང་ཀཱ་ཤཱི་ཞེས་ཐོན་པ་གསལ་རྟོགས་ཐུབ། ཅིད་ཤན་ལིན་གྱི་ཐང་སན་ལམ་ཡིག་མཆན་[2]དང་། ཀྲུང་ཤིན་ཇི་ཡིས་བསྒྲིགས་པའི་ནུབ་ཡུལ་ས་མིང་དཔྱད་བཏུས་[3] གཉིས་ལས་བསྟན་པར་གཞིགས་ན། ཡུལ་དེར་ལེགས་སྦྱར་དུ་ཝཱ་རཱ་ཎ་སི་དང་བཱ་རཱ་ཎ་སི་ཞེས་འབོད་ཚུལ་གཉིས་ཡོད་ཅིང་། ཧྥི་མ་ལཱ་ལའི་སྐད་དུ་སྤྱོད་པ་དང་། ད་ལྟའི་མིང་དུ་ཝཱ་རཱ་ཎ་སི་(瓦腊纳西)ཟེར་བ་ལ་དེའི་རྗེས་ཤུལ་དེང་གི་རྒྱ་གར་བྱང་མངའ་སྡེའི་ཨ་ལཱ་ཧ་བཱ་ད་ཆུ་བོའི་སྨད་རྒྱུད་དབྱིང་ལེ་༤༠ས་སྟེ། ཆུ་བོ་གངྒཱའི་གཡོན་ཕྱོགས་སུ་ཡོད་ཅིང་། ཀཱ་ཤཱིའི་ཡུལ་(迦尸国)ཞེས་པ་ནི་ཝཱ་རཱ་ཎ་སིའི་ཡུལ་གྱི་གནའ་བོའི་མིང་ཡིན། ངོ་ཐོག་ལ་ཝཱ་རཱ་ཎ་སི་ནི་ཀཱ་ཤཱིའི་ཡུལ་གྱི་གྲོང་ཁྱེར་ལྟེ་བ་ཡིན་པས་ཐྔ་ཤན་ལམ་ཡིག་ཏུ་ཀཱ་ཤཱིའི་ཡུལ་གྱི་གྲོང་ཁྱེར་ཝཱ་རཱ་ཎ་སི་ཞེས་གསལ་ཕྱིར་གྲོང་ཁྱེར་དེར་མིང་གཞན་དུ་ཀཱ་ཤཱིའི་གྲོང་(Kāśinagara/

① 冯承钧原编，陆峻岭增订：《西域地名》，中华书局，1982年，第101页。

② 季羡林等校注：《大唐西域记》，中华书局，2012年，第559页。

③ 钟兴麒：《西域地名考录》，国家图书馆出版社，2008年，第127页。

迦尸城)ཡང་བྱ་བ་ལགས། སྟོན་པ་མ་བྱོན་གོང་ཀཱ་ཤཱི་ནི་རྒྱ་གར་བྱང་ཕྱོགས་ཀྱི་ཡུལ་སྟོབས་ཆེན་གྱི་ཡ་གྱལ་ཞིག་ཡིན་མོད་ཀྱི་སྟོན་པ་འཚོ་ཞིང་གཞེས་པའི་དུས་ཙམ་ནས་རིམ་གྱིས་རྒུད་པར་གྱུར། དེ་ཡང་ཡུལ་ཀོ་ས་ལའི་རྒྱལ་པོ་གསལ་རྒྱལ་(胜军王)གྱིས་སྲིད་མ་བསྐྱངས་པའི་སྔོན་ནས་ཡུལ་དེ་ཀོ་ས་ལའི་མངའ་ཞབས་སུ་བཙུག་ཟིན་ཅིང་། རྒྱལ་པོ་གསལ་རྒྱལ་གྱི་ཡབ་མ་ཧཱ་ཀོ་ས་ལས་རང་གི་བུ་མོ་ཡུལ་མ་ག་དྷའི་རྒྱལ་པོ་གཟུགས་ཅན་སྙིང་པོའི་(频毗娑罗王)བཙུན་མོར་སྟེར་བའི་སྐབས་ཀཱ་ཤཱིའི་གྲོང་སྐལ་རྫོང་དུ་བཟངས། ཕྱིས་སུ་ཡུལ་མ་ག་དྷའི་རྒྱལ་པོ་སྙིང་རྗེ་སྐྱེས་ཀྱིས་ཡུལ་ཀོ་ས་ལ་བཅོམ་ནས་རྒྱ་གར་བྱང་རྒྱུད་དབང་དུ་བསྡུས་རྗེས་ཀཱ་ཤཱིའི་ཡུལ་མ་ག་དྷའི་མངའ་རིས་སུ་གྱུར། ཝཱ་རཱ་ཎ་སི་དེ་སྐམ་ས་དང་ཆུ་ལམ་གྱི་ལྟེ་བར་ཆགས་ཤིང་བཟོ་ཚོང་གཉིས་ཀ་འཕེལ་རྒྱས་ཆེ་ལ་མི་ཁྲིམ་སྡུག་པས་རྒྱ་གར་བྱང་ཕྱོགས་ཀྱི་གྲོང་རྡལ་གཙོ་བོ་ཞིག་ཏུ་ཆགས་ཡོད། དེས་ན་སྟོན་པ་སྐུ་འཚོ་བཞུགས་སྐབས་ཕལ་མོ་ཆེ་ས་དེར་བཞུགས་འཚག་མཛད་ཅིང་ཆོས་ཀྱི་འཁོར་ལོ་ཐོག་མ་ཡང་དེར་བསྐོར་བར་མཛད་ཅེས་གསལ། གཞན་ཡང་དུང་དཀར་ཚིག་མཛོད་དུ། ཝཱ་རཱ་ཎ་སཱི་ནི་རྒྱ་གར་བྱང་ཕྱོགས་སུ་ཡོད་པའི་ཆུ་བོ་ཝཱ་རཱ་དང་། ཎ་སཱི་གཉིས་ཀྱི་བར་དུ་ཡོད་པའི་ཡུལ་དེའི་སྤྱི་མིང་སྟེ། ནཻ་པཱ་ལའི་ལྷོ་ནུབ་ཀྱི་མཚམས་ཆུ་བོ་གངྒཱའི་འགྲམ་དུ་ཡོད་པའི་གྲོང་ཁྱེར་གྱི་མིང་ཞིག་ཡིན། འདི་རྡོ་རྗེ་གདན་ནས་ག་ཡའི་གྲོང་ཁྱེར་དང་། དེ་ནས་ནུབ་ཕྱོགས་སུ་སོང་ན་ཀ་ཤིའི་གྲོང་ཁྱེར་དུ་སླེབས་ཤིང་། དེ་ནས་ཀྱང་ནུབ་ཕྱོགས་སུ་སོང་བ་ན་གནས་དེ་ཡོད། དེ་ནི་རྒྱ་གར་གྲོང་ཁྱེར་ཀུན་གྱི་ནང་ནས་རྙིང་ཤོས་སུ་གྲགས་ཤིང་། སྲང་ལམ་འོག་ཆུ་འགྲོ་དང་། གངྒཱའི་སྒོ་ཞེས་གྲགས་པ་ཆུ་བོ་གངྒཱའི་འོག་གི་ས་ཕུག་བརྒྱུད་ནས་རྒྱ་མཚོ་ཆེན་པོའི་འགྲམ་ལ་མ་སླེབས་ཙམ་བར་འགྲོ་ས་ཡོད་པ་སོགས་ངོ་མཚར་ཅན་མང་པོ་དང་། སྲང་ལམ་གཡས་གཡོན་

ཀུན་ཏུ་ཁྲིམ་རས་ཁེངས་པའི་ཚོང་འདུས་སོགས་གྲོང་ཁྱེར་གྱི་ཁྱད་ཆོས་ཀུན་ཚང་ཞིང་། ཕྱི་རོལ་པའི་ལྷ་ཁང་བི་ཤ་ན་ཐ་སོགས་འཛིག་རྟེན་མཐུ་པོ་ཆེར་གྲགས་པའི་ལྷ་འདྲེ་ཁྲི་ཕྲག་མང་པོའི་ལྷ་ཁང་དང་གཟུགས་བརྙན་ཡོད་པར་གྲགས་ཞེས་ཀྱང་གསལ།[①] ཡུལ་དེར་དངོས་སུ་ཞབས་ཀྱིས་བཅགས་པའི་དགེ་འདུན་ཆོས་འཕེལ་གྱི་རྒྱ་གར་གྱི་གནས་ཆེན་ཁག་ལ་བགྲོད་པའི་ལམ་ཡིག་ལས། གཱ་ཡ་ནས་ཝཱ་རཱ་ཎཱ་སི་ལ་འགྲོ། དེང་སང་གི་མིང་བི་ན་ར་ས་(BENARES)ཞེས་ཟེར། གྲོང་ཁྱེར་དེ་ནི་རྒྱ་གར་གྲོང་ཁྱེར་ཀུན་གྱི་སྙིང་ཤོས་སུ་གྲགས་ཤིང་བི་ཤྭ་ན་ཐ་བྱ་བའི་ཕྱི་རོལ་པའི་ལྷ་ཁང་གྲགས་ཅན་དེ་ཡང་དེ་ན་ཡོད་[②]ཅེས་ཀྱང་བྱུང་ངོ་། །

[227]**དྲང་སྲོང་ལྷུང་བ་རི་དྭགས་ཀྱི་ནགས།** བོད་ཀྱི་ཡིག་ཆ་རྣམས་སུ་གསལ་བའི་དྲང་སྲོང་ལྷུང་བ་རི་དྭགས་ཀྱི་ནགས་(鹿野苑)ཞེས་པར་ལེགས་སྦྱར་དུ་མྲི་ག་དཱ་བ་དང་པཱ་ལིའི་སྐད་དུ་མི་ག་དཱ་ཡ་ཟེར། དེ་ནི་སྟོན་པ་སངས་རྒྱས་རྗེས་ཐོག་མར་འཁོར་ལྔ་སྡེ་བཟང་པོར་བདེན་པ་བཞིའི་ཆོས་འཁོར་བསྐོར་བའི་སངས་རྒྱས་ཆོས་ལུགས་ཀྱི་གནས་མཆོག་གྲགས་ཅན་ཞིག་ཡིན། དེའི་ཤུལ་སྙིང་དེང་གི་ཝཱ་རཱ་ཎ་སིའི་བྱང་ཕྱོགས་དབྱིད་ལེ་བཞིའི་སཱར་ནཱ་ཐ་(Sārnāth)ཞེས་པར་ཡོད་[③]ཅེས་ཅིད་ཤན་ལིན་གྱི་མཆན་ལ་འཕོད་ཅིང་། དགེ་འདུན་ཆོས་འཕེལ་གྱི་རྒྱ་གར་གྱི་གནས་ཆེན་ཁག་ལ་བགྲོད་པའི་ལམ་ཡིག་ལས། ཝཱ་རཱ་ཎཱ་སི་…གྲོང་ཁྱེར་ནས་རེལ་ལི་ལ་ཞུགས་ཏེ་ཐུང་ཟད་སོང་ནས་སཱ་ར་ནཱ་ཐ་(SARNATH)ལ་སླེབས། དེ་ནི་དྲང་སྲོང་ལྷུང་བ་རི་དྭགས་ཀྱི་ནགས་ཚལ་བྱ་བ་སྟོན་པས་དང་པོར་ཆོས་ཀྱི་འཁོར་ལོ་བསྐོར་བའི་གནས་ཡིན།

① དུང་དཀར་བློ་བཟང་འཕྲིན་ལས། 《དུང་དཀར་ཚིག་མཛོད་》ཀྲུང་གོའི་བོད་རིག་པ་དཔེ་སྐྲུན་ཁང་། ༢༠༡༥ལོ། ཤ་༡༧༥༣

② 《དགེ་འདུན་ཆོས་འཕེལ་གྱི་གསུང་རྩོམ་》 པོད་གསུམ་པ། བོད་ལྗོངས་བོད་ཡིག་དཔེ་སྙིང་དཔེ་སྐྲུན་ཁང་། ༢༠༡༧ལོ། ཤ་༢༨༨

③ 季羡林等校注:《大唐西域记》, 中华书局, 2012年, 第562页。

དེར་སྟོན་གྱི་དགོན་ཆེན་ཆགས་པའི་ཤུལ་དང་ཆོས་འཁོར་བསྐོར་བའི་ས་མིག་དེར་མཆོད་རྟེན་ཆུང་ངུ་རྡོའི་དྲྭ་མིག་གིས་བསྐོར་བ་ཞིག་དང་དེའི་མདུན་ན་ཆོས་རྒྱལ་མྱ་ངན་མེད་ཀྱིས་བཞེངས་པའི་མཆོད་རྟེན་ཆེན་པོ་ཞིག་ཡོད་པ་ད་ལྟའི་ལོ་བརྒྱ་ཕྲག་ཙམ་གྱི་སྔོན་ལ་ཝཱ་རཱ་ཎཱ་སིའི་བློན་པོ་ཕྱིག་ཅན་གྱིས་བཤིག་སྟེ་ཁང་རྡོ་ལ་འཁྱེར་བ་དེའི་ཤུལ་ཡོད། དེ་དང་ཉེ་བ་ནས་ཆོས་རྒྱལ་མྱ་ངན་མེད་ཀྱི་རྡོ་རིང་ཆག་གྲུམ་ཞིག་རྙེད་པ་དེའི་སྟེང་གི་ཡི་གེ་རྣམས་ལོ་ཉིས་སྟོང་ལྷག་པའི་སྔོན་གྱི་རྒྱ་གར་གྱི་ཡི་གེ་ཡིན། ཚུར་ངོས་སུ་རྡོའི་མཆོད་རྟེན་ཤིན་ཏུ་ཆེན་པོ་ཞིག་ཡོད་པ་དེ་དྷམེ་ཀའི་མཆོད་རྟེན་བྱ་བ་ཡིན་ཞིང་གུཔྟའི་རྒྱལ་རྒྱུད་སྐབས་སུ་བཞེངས། (གྲུ་ཟན་འབབ་ཚུགས་)ནས་ཡར་འོངས་པའི་ལམ་ཟུར་གྱི་མཆོད་རྟེན་ཞིག་པོ་དེ་ཙོ་ཁན་དེའི་མཆོད་རྟེན་བྱ་བ་འཁོར་བུ་དེ་ནི་ཀླ་ཀློ་རྣམས་ཀྱིས་བྱས། དེ་ཡང་རང་རེའི་ཡུལ་དུ་ཀུན་མཁྱེན་བུ་སྟོན་བཞུགས་པའི་དུས་ཙམ་ནས་ཡུལ་དབུས་སུ་བསྟན་པ་ལྷག་མེད་དུ་ཞིག་སྟེ་ལོ་འདི་སླེབ་སོང་ཞིང་། དེ་དག་གི་སྐབས་སུ་ཕྱིར་རྒྱ་གར་ན་བོ་དྷི་གཱ་ཡ་ཙམ་ལས་གནས་གཞན་རྣམས་གར་ཡོད་ཀྱི་མིང་ཙམ་ཡང་མི་ཤེས་ཤིང་། ཕྱི་བྲག་ཏུ་ཕྱོགས་འདིར་ཡང་ལོ་དྲུག་ཅུ་ཙམ་གྱི་སྔོན་དུ་མུ་སྟེགས་གཅེར་བུ་བའི་ལྷ་ཁང་ཞིག་ལས་གཞན་ཅི་ཡང་མེད་ཅིང་། ད་ལྟའི་དགོན་ཤུལ་འདི་དག་ཀྱང་ཕག་འཚོ་བའི་ཞིང་དུ་བྱས་ཏེ། ཐ་ན་ཆོས་འཁོར་བསྐོར་བའི་གནས་ཡིན་པ་ཙམ་ཡང་ཤེས་དཀའ་བར་གྱུར་པ་ན། ལྷོ་ཕྱོགས་སིངྒ་ལའི་གླིང་ནས་སྐྱེས་བུ་སྙིང་སྟོབས་ཀྱི་བདག་ཉིད་ཆེན་པོ་དགེ་བསྙེན་དྷརྨ་པཱ་ལ་བྱ་བ་བྱོན་ཏེ། ལུས་སྲོག་གི་ལོངས་སྤྱོད་ལ་མ་ལྟོས་པའི་དཀའ་བ་བརྒྱ་ཕྲག་གི་སྒོ་ནས། དྲང་སྲོང་ལྷུང་བ་རི་དྭགས་ཀྱི་ནགས་ཚལ་འདིར་གཙུག་ལག་ཁང་དང་མ་ཧཱ་བོ་དྷིའི་ཆོས་ཚོགས་བཙུགས། སིངྒ་ལའི་གླིང་ནས་འདུལ་ཚིག་སྟེ་གསུམ་ཚང་བའི་དགེ་འདུན་སྤྱན་དྲངས་ཏེ། སླར་ཡུལ་དབུས་མ་ག་དྷ་ནས་

ཤཱཀྱའི་དགེ་སློང་རྣམ་སྨྱུར་གྱི་རྒྱལ་མཚན་གྱིན་པ་རྣམས་མིག་གིས་མཐོང་བར་གྱུར་ཅིང་། དེ་མཚུངས་རྡོ་རྗེ་གདན། ཀ་ལི་ཀ་ཏ། ཕྱི་གླིང་གི་རྒྱལ་ས་ལོན་ཊོན་རྣམས་སུ་ཡང་གཙུག་ལག་ཁང་དང་དགེ་འདུན་གྱི་སྡེ་བཙུགས་ཏེ། སླར་ཡང་རྒྱ་གར་དུ་བསྟན་པ་ཕྱི་དར་གྱི་འགོ་བརྩམས་སོ། །[1]ཞེས་འཁོད་པ་འདི་ཉ་གསུངས་པའི་དྲང་སྲོང་ལྷུང་བ་རི་དྭགས་ནགས་ཀྱི་མཐའ་འཁོར་དུ་ཡོད་པའི་ཤུལ་རྙིང་དེ་དག་གི་གཟུགས་བརྙན་གཤའ་མ་ཌེ་ལྷ་བུ་ཡིན་མིན་དགེ་འདུན་ཆོས་འཕེལ་ལས་ལོ་ཆིག་སྟོང་སུམ་བརྒྱ་ཙམ་གྱི་སྔོན་དུ་གནས་དེར་ཕེབས་འབྱོར་བྱུང་བའི་ཐང་སན་བླ་མའི་ལམ་ཡིག་གི་བམ་པོ་བདུན་པར་ཡང་གསལ་ལོ། །

[228]**བྱམས་པར་ལུང་བསྟན་པའི་གནས།** དེ་ནི་སྟོན་པས་བྱང་ཆུབ་སེམས་དཔའ་བྱམས་པར་ལུང་དུ་བསྟན་པ་སྟེ། རང་རེའི་སྡེ་དགེ་བཀའ་འགྱུར་གྱི་དཀོན་བརྩེགས་[ཆ་]ཏུ། འཕགས་པ་བྱམས་པས་ཞུས་པ་ཞེས་བྱ་བ་ཐེག་པ་ཆེན་པོའི་མདོ་ཞེས་མཚན་བྱང་ཡོངས་སུ་མཚུངས་པའི་མདོ་བརྗོད་དོན་ཐ་དད་པ་གསུམ་ཙམ་བཞུགས་པ་ལས་གཉིས་ནི་བྱ་རྒོད་ཕུང་པོའི་རིར་གསུངས་ཤིང་། ཅིག་ཤོས་དཀོན་བརྩེགས་[ཆ་]ཡི་ལྡེབ་༡༠༤སྤྱིབ་ངོས་ནས་༡༡༨གི་སྤྱིབ་ངོས་སུ་བཞུགས་པ་དེའི་དབུ་རུ། འདི་སྐད་བདག་གིས་ཐོས་པ་དུས་གཅིག་ན། བཅོམ་ལྡན་འདས་ཡུལ་བཀྲ་ན་ཚ་སྲིན་བྱིས་པ་གསོད་ལྷ་བུའི་རི་འཇིགས་སུ་རུང་བའི་ནགས་རི་དགས་ཀྱི་ནགས་ན་ཞེས་གསལ་བས་མདོ་དེ་ཉིད་སྐབས་བབ་རྩ་ཤིན་ལམ་ཡིག་གི་བརྗོད་གཞིའི་གནས་དྲང་སྲོང་ལྷུང་བ་རི་དྭགས་ནགས་སུ་ལུང་དུ་བསྟན་པའི་མདོ་དེ་མིན་ནམ་སྙམ། མདོ་དེ་ནི་བོད་ཡིག་ན་རྒྱ་གར་གྱི་མཁན་པོ་ཛི་ན་མི་ཏྲ་དང་། སུ་རེནྡྲ་བོ་དྷི་དང་། ཞུ་ཆེན་གྱི་ལོ་ཙཱ་བ་བནྡེ་ཡེ་ཤེས་སྡེས་བསྒྱུར་ཅིང་ཞུས་ཏེ་གཏན་ལ་ཕབ་པ་

① 《དགེ་འདུན་ཆོས་འཕེལ་གྱི་གསུང་རྩོམ་》 པོད་གསུམ་པ། བོད་ལྗོངས་བོད་ཡིག་དཔེ་རྙིང་དཔེ་སྐྲུན་ཁང་། ༢༠༡༧ལོ། ཤ་༢༨༨ནས་༢༩༠

དང་། རྒྱ་ནག་ན་འགྱུར་མི་འདྲ་བ་གཉིས་ཙམ་ཡོད་པ་ལས་གཅིག《弥勒菩萨所问本愿经》བྱ་བ་ནི་ཅིན་ནུབ་མའི་(西晋)དུས་ཀྱི་ལོ་ཙཱ་བ་དྷརྨ་རཀྵས་(昙摩罗刹)སྤྱི་ལོ་༣༠༣ལོར་བསྒྱུར་བ་དང་། མཚན་བྱང་གོང་དང་མཚུངས་པའི་འགྱུར་གཞན་ཞིག་ནི་ཐང་རྒྱལ་རབས་ཀྱི་ལོ་ཙཱ་བ་བོ་དྷི་རུ་ཅིས་(菩提流支)སྤྱི་ལོ་༥༠༨ལོར་འགོ་བཙམས་ནས་༥༡༣ལོར་ཡོངས་སུ་རྫོགས་པར་བསྒྱུར་བའོ། །གཞན་ཡང་ཐང་སན་ལམ་ཡིག་གི་བམ་པོ་བདུན་པའི་ཡུལ་ཝཱ་ར་ཎ་སིའི་སྐབས་སུ་བྱམས་པ་ལུང་བསྟན་པའི་སྐོར་ལ་འདི་བཞིན་འཁོད་དེ། སངས་རྒྱས་རྣམ་གསུམ་གྱིས་ཞབས་བཅགས་པའི་རྗེས་ཤུལ་ལོགས་སུ་མཆོད་རྟེན་ཞིག་མཆིས་པར་སྟོན་པས་མཻ་ཏྲེ་ཡ་སྟེ་རྗེ་བཙུན་བྱམས་པ་ལུང་བསྟན་པའི་གནས་ཡིན། དེ་ཡང་སྔོན་སྟོན་པ་རྒྱལ་པོའི་ཁབ་བྱ་རྒོད་ཕུང་པོའི་རིར་དགེ་སློང་རྣམས་ལ་མ་འོངས་པར་འཛམ་བུའི་གླིང་སྐྱེམ་པའི་ཡུལ་དུ་མི་རྣམས་ཚེ་ལོ་བརྒྱད་ཁྲིའི་བར་འཚོ་བའི་སྐབས། བྲམ་ཟེའི་ཁྱིའུ་བྱམས་པ་ཞེས་བྱ་བ་སྐུ་གཟུགས་གསེར་གྱི་མདོག་དང་མཉམ་པ་འོད་ཟེར་ཕྱོགས་བཅུར་འཕྲོ་བ་ཞིག་རབ་ཏུ་བྱུང་བ་དང་བྱང་ཆུབ་མཆོག་ཏུ་སངས་རྒྱས་ནས་དམ་ཆོས་རིམ་པ་གསུམ་དུ་བསྟན་ཞིང་དེས་གྲོལ་བའི་གདུལ་བྱ་རྣམས་ང་ནས་བརྒྱུད་པའི་ཆོས་ཀྱི་སྐལ་བ་ཅན་འབའ་ཞིག་གོ །[1]ཞེས་བྱུང་།

[229]**ཀླུ་ཨེ་ལཱ་པཏྲ།** ཀླུ་དེར་ལམ་ཡིག་ཕྱི་མོར་རྒྱ་ཡིག་ཏུ་翳罗钵འཁོད་པ་དེ་ནི་དེའི་ལེགས་སྦྱར་གྱི་ཐ་སྙད་ཨེ་ལཱ་པཏྲ་སྒྲ་ཟུར་ཆག་པ་ཡིན་ཞིང་། ཨེ་ལཱ་ནི་ཤིང་ག་གོ་ལར་གོ་བ་དང་པཏྲ་ནི་འདབ་མའི་དོན་སྟོན་པས་བསྡུ་ན་ཤིང་ག་གོ་ལའི་འདབ་མ་ཞེས་པའོ། །དེ་ཡང་ཐང་སན་ལམ་ཡིག་བམ་པོ་གསུམ་པའི་ཡུལ་ཏཀྵ་ཤི་ལཱ་སྟེ་རང་རེའི་གསེར་ཐང་སོགས་སུ་རྗོ་འཇོག་ཏུ་བརྗོད་པའི་ཡུལ་དུ་ཀླུ་དེའི་

① རྨི་རུ་ཚེ་རིང་དོན་གྲུབ། 《ཐང་སན་ལམ་ཡིག་གསར་བསྒྱུར་དང་ཞིབ་འཇུག་》བོད་ལྗོངས་བོད་ཡིག་དཔེ་སྙིང་དཔེ་སྐྲུན་ཁང་། ༢༠༡༨ལོ། ཤ་༢༢༣

སྐོར་བསྟན་པ་འདི་ལྟ་སྟེ། ཡུལ་དེའི་ལྟེ་བའི་གྲོང་གི་ནུབ་བྱང་ལེ་དབར་བདུན་ཙུ་ལྷག་ན་ཀླུའི་རྫིང་བུ་དྭངས་ཤིང་གསལ་བ་ཁྱོན་ལ་གོམ་པ་བརྒྱ་ལྷག་ཙམ་མཆིས་པ། སྙིང་དུ་ཁ་དོག་རྣམ་པར་བཀྲ་བའི་མེ་ཏོག་པདྨ་དུ་མ་གཅིག་ཏུ་བཞད་པའི་ནང་དུ་འཚོ་བའི་ཀླུ་དེ་ཉིད་སྔོན་སངས་རྒྱས་འོད་སྲུང་སྐབས་ཨེལཱ་པཏྲ་སྟེ་ཤིང་གཀོ་ལར་གནོད་བྱེད་པའི་དགེ་སློང་ཡིན། དེའི་ཕྱིར་ཐན་པ་བྱུང་བའི་དུས་ཡུལ་མི་རྣམས་ཀྱིས་དགེ་སློང་སྤྱན་དྲངས་ནས་རྫིང་འགྲམ་དུ་ལྷན་ཅིག་ཀླུ་རྒྱལ་ལ་མཆོད་པ་བྱེད་དོ། །[①] ཞེས་བྱུང་བ་ལས་ཐང་སན་ལམ་ཡིག་ཏུ་ཀླུ་དེ་ཉིད་ཡུལ་ཏཀྵ་ཤི་ལཱ་སྟེ་ད་ལྟའི་པ་ཀི་སི་ཐན་རྒྱལ་ཁབ་ཀྱི་རྒྱལ་ས་ཨི་སི་ལམ་སྦྲོའི་(伊斯兰堡)ནུབ་ཡོགས་ས་ཆར་གནའ་ཚུལ་བསྟན་པ་དེ་དང་། སྐབས་བབ་ཐྔ་ཤན་ལམ་ཡིག་ཏུ་ཀླུ་དེ་ཡུལ་ཛཱ་ནྡྷ་ཊ་སི་སྟེ་ད་ལྟའི་རྒྱ་གར་བྱང་མཐའ་སྟེའི་ཁོངས་སུ་མཆིས་པ་གཉིས་ས་ཁྱད་ཆེ་ཞིང་ཡུལ་གཅིག་ཏུ་མ་ངེས། སྔོས་སུ་ཐང་སན་ལམ་ཡིག་གི་ཡུལ་ཛཱ་ནྡྷ་ཊ་སིའི་སྐབས་སུ་ཀླུ་རྫིང་ཙམ་བརྗོད་པ་ལས་ཀླུའི་མིང་མི་གསལ་བས་ཕོ་བོ་ཅག་གི་བློ་ངོར་ཐང་སན་བླ་མ་དང་བཙུན་པ་ཐྔ་ཤན་གཉིས་ལས་སུ་ཞིག་འཁྲུལ་བར་སྙམ་དུ་ཡང་སྲིད། ཞིབ་ཏུ་བརྟད་ཅ་ན་ཅིད་ཤན་ལིན་གྱིས་མཛད་པའི་ཐང་སན་ལམ་ཡིག་མཆན་[②]གྱི་翳罗钵呾罗龙王池ཞེས་པའི་མཆན་བུར་གཏམ་འདི་ལྟར་གསུངས་ཏེ། ཀླུ་དེར་ལེགས་སྦྱར་དུ་ཨེ་ལཱ་པཏྲ་དང་པཱ་ལིའི་སྐད་དུ་ཨེ་རཱ་པ་ཐ་ཟེར། ཨེ་ལཱ་ནི་དྲི་ངན་གྲོ་བའི་ལྗོན་ཤིང་སྨན་དུ་སྤྱོད་རུང་བ་ཞིག་དང་། པཏྲ་ནི་ལོ་མའི་དོན་ཡིན། སངས་རྒྱས་ཆོས་ལུགས་ཀྱི་གསུང་རབ་ཁྲིད་ཀླུ་རྒྱལ་དེའི་གཏམ་རྒྱུད་མི་ཉུང་བ་མཇལ་དུ་ཡོད་པ་ལས་དཔེར་ན། རྒྱ་འགྱུར་ཚོགས་གཉིས་བསྡུས་

① རྨེ་རུ་ཚེ་རིང་དོན་གྲུབ། 《ཐང་སན་ལམ་ཡིག་གསར་བསྒྱུར་དང་ཞིབ་འཇུག་》བོད་ལྗོངས་བོད་ཡིག་དཔེ་རྙིང་དཔེ་སྐྲུན་ཁང་། ༢༠༡༨ལོ། ཤ༡༠༩

② 季羡林等校注:《大唐西域记》,中华书局,2012年,第302页。

པའི་ཚོམས་(སློབ་དཔོན་ཀླུ་སྒྲུབ་ཀྱིས་མཛད། བོད་ན་མ་རྙེད་དོ་)《福盖正行所集经》ཀྱི་ཨང་བཅུ་གཅིག་པར་སྟོན་སངས་རྒྱས་འོད་སྲུང་གི་དུས་དགེ་སློང་ཞིག་གདའ་བ་དེ་ཡིས་ཤིང་ག་ཀོ་ལ་བཅད་དེ་ཕན་མེད་དུ་བཏང་བ་མ་ཟད་ཕྱི་དྲོ་ཁ་ཟས་བསྐྱེན་པའི་ཕམ་ལྟུང་གིས་ཆད་པ་ཕོག་ནས་ཚེ་རབས་བར་མ་ཆད་པར་ཀླུའི་སྐྱེ་བར་གནས་སོ། །ཀླུ་དེ་ཡང་སྤྱི་བོ་བདུན་དང་ལྡན་ཞིང་རེ་རེའི་ཐོག་ཏུ་ཤིང་ག་ཀོ་ལ་སྐྱེས་པ་ལས་རྒྱུན་པར་ཁྲག་རྣག་འཛགས་པ་དེར་འབུ་ཕྲ་མོས་རྟུབ་ནས་སྡུག་བསྔལ་བཟོད་སྒླགས་མེད་པར་མྱངས་སོ། །དུས་ཕྱིས་སྟོན་པ་ཤཱཀྱ་ཐུབ་པ་གྲོང་ཁྱེར་ཝཱ་རཱ་ཎ་སིར་བཞུགས་འཆག་མཛད་པའི་སྐབས་ཀླུ་དེ་ཉིད་ལ་ཆོས་བསྟན་ཏེ་གྲོལ་བར་མཛད་ཅིང་མ་འོངས་རྗེ་བཙུན་བྱམས་མགོན་འཇིག་རྟེན་དུ་བྱོན་ཙ་ན་ཁྱོད་ཉིད་ཚེ་འཕོས་ཏེ་ཀླུའི་ལུས་ལས་ཐར་བར་འགྱུར་ཞེས་ལུང་བསྟན་ནོ། །ཀླུ་དེའི་སྤྱི་བོ་གྲོང་ཁྱེར་ཝཱ་རཱ་ཎ་སིར་ཡོད་ཅིང་མཇུག་མ་ཏཀྵ་ཤི་ལཱའི་ཡུལ་དུ་གནས། ཞེས་གསལ་བའི་གཏམ་རྒྱུད་དེ་ལས་ཀླུ་དེའི་སྐྱེས་རབས་གསལ་བར་ཤེས་ཐོག་ཐང་སན་ལམ་ཡིག་གི་ཏཀྵ་ཤི་ལཱའི་ཡུལ་དང་། རྒྱ་ཤར་ལམ་ཡིག་གི་ཝཱ་རཱ་ཎ་སིའི་གྲོང་གཉིས་སུ་ཀླུ་དེའི་སྐོར་འཕྲོད་པའི་གཏན་ཚིགས་ཀྱང་ཞར་དུ་རྟོགས་ནུས་སོ། །

[230]**ཀཽ་ཤཱམྦིའི་ཡུལ།** ཡུལ་དེའི་རྒྱ་ཡིག་ལ་རྒྱ་ཤར་ལམ་ཡིག་ཏུ་拘睒弥དང་། ཐང་སན་ལམ་ཡིག་ཏུ་憍赏弥ཞེས་གསལ་བ་གཉིས་ཀ་དེའི་ལེགས་སྦྱར་གྱི་སྒྲ་ཀཽ་ཤཱམྦྷཱི་ཟུར་ཆགས་པར་ངེས། ཅིད་ཤན་ལིན་གྱི་ཐང་སན་ལམ་ཡིག་མཆན་[1]ཏུ་བསྟན་པར་གཞིགས་ན། ཡུལ་དེར་རྒྱལ་པོ་མྱ་ངན་མེད་ཀྱི་རྡོ་རིང་ཐོག་ཀོ་སཾ་བི་ཡ་(Kosambiya)ཞེས་འཁོད་ཡོད་ཅིང་། དེ་ནི་གནའ་བོའི་རྒྱ་གར་གྱི་ཡུལ་ཆེན་བཅོ་བརྒྱད་དུ་དྲངས་པའི་ཡ་གྱལ་ཞིག་ཡིན། ཞིབ་འཇུག་པ་ཁང་ཉིང་ཏ་རྨུས་ཡུལ་

① 季羡林等校注:《大唐西域记》,中华书局,2012年,第466至468页。

དེའི་རྗེས་ཤུལ་ད་ལྟའི་ཀྭུ་མ་ན་(朱木那)ཆུ་བོའི་ལོགས་ཀྱི་ཀོ་སམ་(Kosam/柯桑)གྲོང་ཚོར་ཡིན་ཟེར་བ་དང་། གཞན་དུ་ན་ཞིབ་འཇུག་པ་ཧྲི་སྨི་སི་(史密斯)ཡིས་གོང་དུ་ཁང་ཉིད་ཏ་རྒྱུས་བརྗོད་པའི་ཀོ་སམ་གྲོང་ཚོ་ནི་ཨལླཱ་ཧཱ་བཱ་ད་(Allāhābād/阿拉哈巴德)གྲོང་ཁྱེར་དང་དབྱིང་ལེ་སུམ་ཅུ་ཙམ་ལས་མེད་པས་དེ་ནི་ལམ་ཡིག་ཕྱི་མོར་གསུངས་པའི་ལམ་ཐག་དང་འགལ་བར་མཐོང་སྟེ་ཀཽ་ཤཱམྦིའི་ཡུལ་གྱི་ཤུལ་ཉིད་དེང་བ་ གྷེལ་ཁན་ད་དམིགས་བསལ་ཁུལ་(Baghelkhand Agency/巴格尔甘德特区) གྱི་ཊོན་ས་(Tons/东斯)ཆུ་བོའི་ངོགས། ཨལླཱ་ཧཱ་བཱ་ད་དང་ཛ་བལ་པུ་ར་(Jabalpur/贾巴尔浦尔)བར་གྱི་རྒྱ་གར་ཤར་མའི་མེ་འཁོར་ལྕགས་ལམ་ལམ་ཐིག་དང་མི་རིང་བའི་མཚམས་ས་ཏ་ནཱ་(Satnā/莎特纳)འབབ་ཚུགས་འགྲམ་དུ་ཡིན་པར་བཞེད། དེར་ཡང་ཞིབ་འཇུག་པ་ཕ་སི་ཐེ་ཡིས་དགག་ལན་མཛད་ཡོད། ཉེ་ལམ་རྒྱ་གར་གྱི་གནའ་ཤུལ་རྟོགས་ཞིབ་པ་ཤར་མས་(夏尔玛)ཀོ་སམ་(Kosam/柯桑)གྲོང་ཚོར་ས་མཐུད་སློག་འདོན་བགྱིས་པས་ཡུལ་དེའི་རྗེས་ཤུལ་ད་ལྟ་ཀོ་སམ་གྲོང་ཚོ་རང་ཡིན་པར་ཐག་ཆོད་ཅེས་གསལ། དགེ་འདུན་ཆོས་འཕེལ་གྱི་རྒྱ་གར་གྱི་གནས་ཆེན་ཁག་ལ་བགྲོད་པའི་ལམ་ཡིག་ལས། བི་ན་ར་སི་ནས་ཨ་ལ་ཧ་བ་ད་དང་དེ་ནས་ཇྷ་ར་ཕ་རི་བར་སོང་ནས་མོ་ཊར་ལས་མེ་ལེ་མང་ཙམ་སོང་བ་ན་ཆུ་བོ་ཡ་མུ་ནའི་འགྲམ་དུ་ཀཽ་ཤམྦིའི་ཤུལ་ཡོད། དེང་སང་ཡང་ཀོ་ཤམ་ཟེར། དེར་སྨྱུ་ངན་མེད་ཀྱི་རྡོ་རིང་དང་ཞིང་གི་དཀྱིལ་ན་སྔོན་གྱི་ལྷུགས་རི་གསལ་ཙམ་ཡོད། འདིར་ལྷོན་པོ་གདངས་ཅན་གྱིས་སངས་རྒྱས་སྤྱན་དྲངས་ཏེ་ལོ་གཅིག་བཞུགས། ཀཽ་ཤམྦི་ནས་ལྷོ་ཕྱོགས་རྒྱང་རིང་པོ་ན་རི་བོ་འབིགས་བྱེད་ཀྱང་གསལ་བར་མཐོང་།[1]ཞེས་ཀྱང་འཁོད་པར་སྣང་།

① 《དགེ་འདུན་ཆོས་འཕེལ་གྱི་གསུང་རྩོམ་》 པོད་གསུམ་པ། བོད་ལྗོངས་བོད་ཡིག་དཔེ་རྙིང་དཔེ་སྐྲུན་ཁང་། ༢༠༡༧ལོ། ཤ་༥༤༣

[231]**གྷོ་ཥི་ལ།** ཁྱིམ་བདག་གྷོ་ཥི་ལའི་(Ghoṣila/具史罗/瞿师罗)སྐོར་ལ་ཐང་སན་ལམ་ཡིག་བམ་པོ་ལྔ་པར་ཀཽ་ཤཱམྦིའི་གྲོང་གི་ཤར་ལྷོར་ཁྱིམ་བདག་གྷོ་ཥི་ལའི་གནས་རྙིང་གདའ་བ་དེར་སྟོན་པའི་གཞལ་ཡས་ཁང་དང་། དབུ་ལོ་དང་ཕྱག་སེན་བཞུགས་པའི་མཆོད་རྟེན་ཡོད་ཅིང་དེའི་ལོགས་ཀྱི་རྫིང་རྙིང་པའི་ཤུལ་དུ་སྟོན་པ་ཁྲུས་ལ་བཞུགས་པའི་རྗེས་ཤུལ་མཆིས་ཚུལ་བསྟན། ཅིད་ཤན་ལིན་གྱི་ཐང་སན་ལམ་ཡིག་མཆན་ལས། གྷོ་ཥི་ལ་ནི་ལེགས་སྦྱར་གྱི་སྐད་ཡིན་ཞིང་དེར་པཱ་ལིའི་སྐད་དུ་གྷོ་སི་ཏ་བྷ་བ་ལ་ཀཽ་ཤཱམྦིའི་ཡུལ་གྱི་ཁྱིམ་བདག་འབྱོར་པ་ཅན་ཞིག་ཡིན་པ་ལས་ཕྱིས་ནང་པར་ཞུགས་ཏེ་རང་གི་སྐྱེད་ཚལ་ཡོངས་དགེ་འདུན་ལ་ཕུལ་ནས་དགོན་གནས་བཞེངས། ད་ལྟའི་ཀོ་སམ་གྲོང་ཚོའི་ཤར་སྒོའི་བྱང་ལོགས་སུ་དེའི་སྐྱེད་ཚལ་གྱི་རྗེས་ཤུལ་རྙེད་ཡོད་[①]ཅེས་བསྟན་ནོ། །

[232]**དཀྲི་ཙའི་ཡུལ།** ཡུལ་དེར་ལམ་ཡིག་ཕྱི་མོར་达儭国ཞེས་གསལ་བའི་达儭ནི་ཀུང་ཤུན་གྱི་མཆན་[②]དུ་ལེགས་སྦྱར་གྱི་ཐ་སྙད་དཀྲི་ཙ་སྒྲ་ཟུར་ཆགས་པར་བཞེད་ཅིང་དེ་ནི་གཡས་སམ་ལྷོ་ཕྱོགས་ཀྱི་དོན་ལ་གོ་བ་ལྟར་ཀུང་ཤུན་གྱི་མཆན་དེ་གར་དཀྲི་ཙའི་ཡུལ་ནི་ཐང་སན་ལམ་ཡིག་བམ་པོ་བཅུ་པར་བསྟན་པའི་ཀོ་ས་ལའི་ཡུལ་ཡིན་པར་གསུངས། དེའང་རྒྱ་གར་བྱང་ཕྱོགས་སུ་གྲོང་ཁྱེར་མཉན་ཡོད་ཀྱིས་ལྟེ་བ་བྱས་པའི་ཀོ་ས་ལའི་ཡུལ་(ཁོང་དུ་བརྗོད་བྱེད་པའི་ཧྥ་ཤན་ལམ་ཡིག་གི་ཀོ་ས་ལའི་ཡུལ་)ཡིན་པ་གང་ཞིག་ལ་ཡུལ་དེའི་ཁོངས་ཀྱི་ལྷོ་རྒྱུད་ལ་དཀྲི་ཙ་ཀོ་ས་ལ་འབོད་དགོས་པ་དེར་བཙུན་པ་ཧྥ་ཤན་གྱིས་བསྡུས་མིང་ཙམ་ཡི་གེར་བཏབ་པའི་སྐབས་ཀྱིས་ཁོང་གི་ལམ་ཡིག་ཕྱི་མོར་དཀྲི་ཙའི་ཡུལ་ཞེས་པར་སྣང་། ཡུལ་དེའི་མངའ་རིས་འོལ་སྤྱི་ཙམ་ནི་དེང་གི་རྒྱ་གར་དབུས་ཁོངས་ཀྱི་མ་ཧ་ན་དི་(Mahanadi/马哈

① 季羡林等校注：《大唐西域记》，中华书局，2012年，第470页。

② 张巽校注：《佛国记》，中国旅游出版社，2016年，第133页。

纳迪)དང་གོ་ད་ཝ་རིའི་(Govavari/哥达瓦里)ཆུ་རྒྱུད་ཀྱི་སྟོད་ཁུལ་ལ་ཡིན་ཞེས་གསལ། ལར་ཡུལ་དེར་ལྷོ་ཀོ་ས་ལར་འབོད་ཀྱང་རྒྱ་གར་གྱི་ལྷོ་ཁོངས་སུ་འདུ་བ་མ་ཡིན་ཏེ། རྒྱའི་ཧྭ་ཤང་ཧུད་ལིད་དང་ཡན་ཚུང་གིས་མཛད་པའི་བྱམས་ཆེན་དགོན་གྱི་སྡེ་སྣོད་གསུམ་པ་ཐང་སན་བླ་མའི་རྣམ་ཐར་དུ། དེ་ནས་ནུབ་བྱང་དུ་ལེ་དབར་ཆིག་སྟོང་བརྒྱད་བརྒྱ་ལྷག་བགྲོད་པས་ལྷོ་ཀོ་ས་ལའི་ཡུལ་དུ་སླེབས།(རྒྱ་གར་དབུས་ཁོངས་)[1] ཞེས་འཁོད་པ་ལས་ཤེས་སོ། །

[233]**སངས་རྒྱས་འོད་སྲུང་གི་གཙུག་ལག་ཁང་།** ཀྲང་ཤུན་གྱི་མཆན་[2]དུ་བསྟན་པར་གཞིགས་ན། གཙུག་ལག་ཁང་དེ་ནི་ཐང་སན་ལམ་ཡིག་བམ་པོ་བཅུ་པའི་ཡུལ་ཀོ་ས་ལའི་སྐབས་བསྟན་པའི་བྷྲ་མ་ར་གི་རི་སྟེ་རི་བོ་སྦྲང་ནག་གམ་ཀཱ་ར་ནཱ་ཐའི་རྒྱ་གར་ཆོས་འབྱུང་དུ་དཔལ་གྱི་རི་བོར་འབོད་པའི་སྟེང་དུ་རྒྱལ་པོ་བདེ་སྤྱོད་ཀྱིས་རང་གི་མཛའ་བཤེས་སློབ་དཔོན་ཀླུ་སྒྲུབ་ལ་ཆེད་དུ་བཞེངས་པའི་གཙུག་ལག་ཁང་དེ་ཡིན། དེའི་རྒྱུ་མཚན་ནི་ཀྲང་ཤུན་གྱི་དགོངས་པ་ལྟར་ན་གཅིག་ནས་གཙུག་ལག་ཁང་ཆགས་སའི་རི་བོའི་མིང་དངོས་ལ་ལེགས་སྦྱར་དུ་བྷྲ་མ་ར་གྲི་ཞིང་དེ་དང་སྐབས་བབ་པཱ་རཱ་བ་ཏ་གཉིས་སྒྲ་ཤིན་ཏུ་འདྲ་ཆེ། གཉིས་ནས་གཙུག་ལག་ཁང་དེ་ནི་བྲག་རིའི་སྟེང་དུ་བཞེངས་པ་ལ་ལེགས་སྦྱར་དུ་པརྦ་ཏ་ཡིས་བྲག་རིའི་དོན་སྟོན་ཅིང་སྐབས་བབ་པཱ་རཱ་བ་ཏ་དང་བྲག་རིའི་སྐད་དོད་པརྦ་ཏ་གཉིས་སྒྲ་འདྲ་བས་འཁྲུལ་ཉེན་ཆེ། གསུམ་ནས་བཙུན་པ་ཧྭ་ཤན་གྱིས་འདིར་གསུངས་པའི་གཙུག་ལག་ཁང་གི་སྐོར་དེ་རྣམས་གང་ཉིད་ཀྱིས་གང་གསན་ནོ་ཅོག་ཡི་གེར་བཀབ་པ་ལས་དངོས་སུ་དེར་ཞབས་བཅགས་མེད་སྟབས་གཙུག་ལག་ཁང་གི་མིང་དངོས་བྷྲ་མ་ར་ཞེས་པ་གསན་ཚུལ་ལོག་ཅིང་སྒོས་སུ་གཙུག་ལག་ཁང་བྲག་རིའི་སྟེང་དུ་

① 慧立、彦悰著，孙毓棠、谢方点校：《大慈恩寺三藏法师传》，中华书局，2008年，第84页。

② 张巽校注：《佛国记》，中国旅游出版社，2016年，第134页。

ཆགས་པ་གཞིར་བཅས་བྲག་རིའི་སྐད་དོད་པརྦ་ཏ་ཞེས་པའི་སྒྲ་དང་འབྲེལ་ཏེ་པཱ་རཱ་བ་ཏར་འཛིན་རྐྱེན་ལམ་ཡིག་ཕྱི་མོར་ཕུག་རོན་གྱི་གཙུག་ལག་ཁང་ཞེས་པ་འབྱུང་ངོ་། །གཞན་ཡང་ཐང་སན་ལམ་ཡིག་གི་བམ་པོ་བཅུ་པར་གཙུག་ལག་ཁང་དེ་སློབ་དཔོན་ཀླུ་སྒྲུབ་ཀྱི་བཞུགས་གནས་ཡིན་པར་འཁོད་མོད་ཀྱི་ཧྭ་ཤན་ལམ་ཡིག་ཏུ་སངས་རྒྱས་འོད་སྲུང་གི་ཡིན་ཚུལ་བསྟན།

[234]**མ་དྷ་ཡཱ་ནའི་གཙུག་ལག་ཁང་།** གཙུག་ལག་ཁང་དེ་ནི་གོང་དུ་སྨོས་ཟིན་པའི་ཡུལ་མ་ག་དྷའི་གྲོང་ཁྱེར་སྐྱ་ནར་བུའི་སྐབས་གསལ་བའི་བྲམ་ཟེའི་རིགས་ཀྱི་སློབ་དཔོན་རཱ་ཛ་སྭཱ་མིན་གྱི་བཞུགས་གནས་ཐེག་པ་ཆེན་པོའི་གཙུག་ལག་ཁང་དེ་ཡིན་ཞིང་། ད་ཆ་མཇལ་སྐལ་དུ་འགྱུར་བ་བཙུན་པ་ཧྭ་ཤན་དང་བུདྡྷ་བྷ་དྲ་(佛陀跋陀罗)སོགས་ཀྱིས་བསྒྱུར་བའི་དགེ་འདུན་ཕལ་ཆེན་པའི་འདུལ་བའི་དཔེ་ཆའི་རང་མཚན་《摩诃僧祇律私记》(བོད་ན་མ་རྙེད་)དུ། ཡུལ་མ་ག་དྷའི་གྲོང་ཁྱེར་སྐྱ་ནར་བུར་མྱ་ངན་མེད་ཀྱི་མཆོད་རྟེན་ལྷོ་ཕྱོགས་རྒྱལ་ཆེན་གཙུག་ལག་ཁང་དུ་འདུལ་བའི་རྒྱ་དཔེ་འདི་བཞིན་བཤུས། (于摩竭提国巴连弗邑阿育王塔南天王精舍写得(此律)梵本。)ཞེས་འཁོད་ཅེས་ཀྱང་ཤུན་གྱི་མཆན་[1]ལ་གསལ།

[235]**དགེ་འདུན་ཕལ་ཆེན་པའི་སྡེའི་འདུལ་བ།** དགེ་འདུན་ཕལ་ཆེན་པར་ལེགས་སྦྱར་དུ་མ་ཧཱ་སཱཾ་གྷི་ཀ་(摩诃僧祇)བྱ་ཞིང་། སྡེ་པ་དེའི་འདུལ་བའི་སྡོམ་རྒྱུན་ནི་སྟོན་པ་མྱ་ངན་ལས་འདས་རྗེས་གདོད་མའི་དགེ་འདུན་རྩ་བའི་སྡེ་གཉིས་སུ་གྱེས་པའི་ཡ་གྱལ་དགེ་འདུན་ཕལ་ཆེན་པའི་སྡེ་ལས་མཆེད་པའོ། །ཨ་ཧྭ་ཆི་ཀི་རོ་ཀུ་ཡི་མཚན་དུ་བརྗོད་པ་ལྟར་བཙུན་པ་ཧྭ་ཤན་རྒྱ་ཡུལ་ཅན་ཁང་(建康)དུ་ཕེབས་འཁོར་བྱུང་རྗེས་ཀྱི་དབྱི་ཤི་(义熙)ཁྲི་ལོ་བཅུ་གཉིས་ཏེ་སྤྱི་ལོ་༤༡༦ལོར་ཏའོ་ཁྲང་དགོན་(道场

---

① 张巽校注:《佛国记》，中国旅游出版社，2016年，第136页。

寺)དུ་བུདྡྷ་ཧྲ་དྲ་དང་ལྷན་ཅིག་ཏུ་དགེ་འདུན་ཕལ་ཆེན་པའི་སྡེའི་འདུལ་བ་བམ་པོ་བཞི་བཅུ་བསྒྱུར་བར་གསུངས།[1]

[236]**སྡེ་པ་བཅོ་བརྒྱད།** སངས་རྒྱས་ཆོས་ལུགས་ཀྱི་དགེ་འདུན་སྡེ་པའི་གྲེས་ཚུལ་སྐོར་ལ་གཙོ་བོར་ཟེ་ཁྲོན་མི་རིགས་དཔེ་སྐྲུན་ཁང་གིས་༢༠༡༣ལོར་དཔར་དུ་བཏབ་པའི་ཁང་དཀར་ཚུལ་ཁྲིམས་སྐལ་བཟང་གི་རྒྱ་གར་ནང་པའི་ལྷ་གྲུབ་ཆོས་འབྱུང་[2]དང་། ཉི་ཧོང་གི་ནང་བསྟན་ཞིབ་འཇུག་པ་ཕིང་ཁྲོན་ཀྲང་གིས་མཛད་ཅིང་ཀྲོང་ཁུན་རྨུ་ཡིས་རྒྱ་ནག་སྐད་དུ་བསྒྱུར་བའི་རྒྱ་གར་ནང་པའི་ཆོས་འབྱུང་།[3] ལེ་ཅིང་སློབ་གྲྭ་ཆེ་མོའི་དགེ་རྒན་ཆེ་མོ་བ་ལུའི་ཁྲིང་གི་རྒྱ་གར་ནང་ཆོས་བྱུང་འཕེལ་མདོ་ཙམ་བརྗོད་པ་[4]བཅས་སུ། རྒྱ་གར་གྱི་བྱེ་བྲག་སྨྲ་བའི་བཙུན་པ་དབྱིག་བཤེས་(Vasumitra/世友)ཀྱིས་མཛད་ཅིང་ཐང་སན་ཟླ་མས་བསྒྱུར་བའི་བྱེ་བྲག་བཀོད་པའི་འཁོར་ལོ《异部宗轮论》[5]དང་། སློབ་དཔོན་ལེགས་ལྡན་འབྱེད་(Bhavaviveka/清辩)ཀྱིས་མཛད་ཅིང་ཇོ་བོ་རྗེ་དཔལ་ལྡན་ཨ་ཏི་ཤའི་ཞལ་སྔ་ནས་ནག་ཚོ་ལོ་ཙཱ་བ་ཚུལ་ཁྲིམས་རྒྱལ་བས་བསྒྱུར་ཅིང་ཞུས་ཏེ་གཏན་ལ་ཕབ་པའི་དབུ་མ་སྙིང་པོའི་འགྲེལ་པ་རྟོག་གེ་འབར་བ་[6]དང་། དྷི་པ་བཾ་ས་ཡིས་པ་ལིའི་ཡི་གེར་མཛད་པའི་ལྷོ་རྒྱུད་ནང་པའི་བྱུང་རབས་གལ་ཆེན་གླིང་ཐུབ་ལོ་རྒྱུས《岛史》དང་། སྨྲ་བྱེ་བྲག་རྟོགས་བྱེད་ཆེ་མོ་དང་། ཏཱ་ར་ནཱ་ཐའི་རྒྱ་གར་ཆོས་འབྱུང་

① 足立喜六著，何建民、张小柳译：《〈法显传〉考证》，贵州大学出版社，2014年，第196页。

② ཁང་དཀར་ཚུལ་ཁྲིམས་སྐལ་བཟང་། 《རྒྱ་གར་ནང་པའི་ལྷ་གྲུབ་ཆོས་འབྱུང་ལེགས་བཤད་དཀའ་གནད་མདུད་དགྲོལ་》 གསུང་འབུམ་པོད་ལྔ་པ། སྟོད་ཆ། སི་ཁྲོན་མི་རིགས་དཔེ་སྐྲུན་ཁང་། ༢༠༡༩ལོ། ཤ་༢༡༨ནས་༢༥༨བར།

③ 〔日〕平川彰著，庄昆木译：《印度佛教史》，北京联合出版公司，2018年，第80至99页。

④ 吕澂著：《印度佛学源流略讲》，上海世纪出版集团，2014年，第23至35页。

⑤ 《大正藏》，第49册，No.2031

⑥ 《སྡེ་དགེ་བསྟན་འགྱུར་》ཛ་པོད། ལྡེབ་༨༠ནས་༣༤༨བར།

སོགས་སུ། གདོད་མའི་སངས་རྒྱས་ཆོས་ལུགས་ཀྱི་དགེ་འདུན་གྱི་སྡེ་དེ་ཉིད་ཕལ་ཆེན་སྡེ་པ་དང་གནས་བརྟན་སྡེ་པ་ཞེས་རྩ་བའི་སྡེ་པ་གཉིས་སུ་གྱེས་པ་རྗེ་མང་དུ་འཕེལ་ཏེ་རིམ་བཞིན་ཡན་ལག་བཅོ་བརྒྱད་དུ་མཆེད་ཚུལ་གྱི་བཞེད་པ་གཅིག་དང་། ཐམས་ཅད་ཡོད་པར་སྨྲ་བའི་སྡེ་དང་། ཀུན་གྱིས་བཀུར་བའི་སྡེ། དགེ་འདུན་ཕལ་ཆེན་པའི་སྡེ། གནས་བརྟན་པའི་སྡེ་བཅས་སྡེ་བཞི་ནས་རིམ་པར་སྡེ་པ་བཅོ་བརྒྱད་དུ་གྱེས་ཚུལ་གྱི་བཞེད་པ་གཉིས་ཡོད་པ་ལས། སྔ་མ་ནི་བྱེ་བྲག་བཀོད་པའི་འཁོར་ལོར་གསུངས་པ་བཞིན་ཉི་ཧོང་གི་ནང་བསྟན་ཞིབ་འཇུག་པ་ཕིང་ཁྲོན་ཀྲང་གིས་མཛད་པའི་རྒྱ་གར་ནང་པའི་ཆོས་འབྱུང་དུ་ཀུང་བསྒྲིགས་པ་འདི་ལྟ་སྟེ།① དེ་ཡང་སངས་རྒྱས་ཀྱི་འདས་ལོ་བརྒྱ་ཕྲག་གཉིས་པའི་བར་དགེ་འདུན་ཕལ་ཆེན་པའི་སྡེ་གྱེས་ཐེངས་བཞི་ལས་གྱེས་པ་བརྒྱད་དེ། ༡ ཐ་སྙད་གཅིག་པའི་སྡེ་(Ekavyavahārika/一说部) ༢ འཇིག་རྟེན་ལས་འདས་པར་སྨྲ་བའི་སྡེ་(Lokottaravādin/说出世部) ༣ བྱ་གག་རིའི་སྡེ་(Kaukuṭika/鸡胤部) ༤ མང་དུ་ཐོས་པའི་སྡེ་(Bahurutya/多闻部) ༥ བཏགས་པར་སྨྲ་བའི་སྡེ་(Prajñaptivādin/说假部) ༦ མཆོད་རྟེན་པའི་སྡེ་(Caitika/制多山部) ༧ ནུབ་ཀྱི་རི་བོའི་སྡེ་(Aparaśaila/西山住部) ༨ བྱང་གི་རི་བོའི་སྡེ་(Uttaraśaila/北山住部) བཅས་དང་། དེའི་སྟེང་དུ་སངས་རྒྱས་འདས་ལོ་བརྒྱ་ཕྲག་གསུམ་པ་ནས་བཞི་པའི་བར་དུ་གནས་བརྟན་སྡེ་པ་གྱེས་ཐེངས་བདུན་ལས་གྱེས་པ་བཅུ་བྱུང་བ་ནི། ༩ ཐམས་ཅད་ཡོད་པར་སྨྲ་བའི་སྡེ་(Sarvāstivādin/说一切有部) ༡༠ གནས་མ་བུ་བའི་སྡེ་(Vātsīputrīya/犊子部) ༡༡ ཆོས་མཆོག་གི་སྡེ་(Dharmottarīya/法上部) ༡༢ བཟང་པོའི་བུའི་སྡེ་(Bhadrayānya/贤胄部) ༡༣ ཀུན་གྱིས་བཀུར་བའི་སྡེ་(Sammatīya/正量部)

① 〔日〕平川彰著，庄昆木译：《印度佛教史》，北京联合出版公司，2018年，第86页。

༡༤ གྲོང་ཁྱེར་དྲུག་པའི་སྡེ་(Ṣaṇṇagarika/密林山住部) ༡༥ ས་སྟོན་པའི་སྡེ་(Māhīśasaka/华地部) ༡༦ ཆོས་སྲུང་པའི་སྡེ་(Dharmaguptaka/法藏部) ༡༧ འོད་སྲུང་པའི་སྡེ་(Kāśyapīya/饮光部) ༡༨ འཕོ་བར་སྨྲ་བའི་སྡེ་(Saṅkrāntika/说转部) བཅས་བསྟན་པས་བཅོ་བརྒྱད་དོ། །གོང་དུ་བརྗོད་པའི་བཞེད་ཚུལ་ཡིན་མ་ནི་གཞི་ཐམས་ཅད་ཡོད་པར་སྨྲ་བའི་མཁན་པོ་དུལ་བ་ལྷས་མཛད་པའི་སྡེ་པ་ཐ་དད་པ་བསྟན་པ་བསྡུས་པར་བསྟན་པའི་སྔོམ་ཚིག་གཞིར་བཟུང་རང་རེའི་སྒྲ་བྱི་སྦྲག་རྟོགས་བྱེད་ཆེ་མོར་འགོད་པ་སྟེ། ཐམས་ཅད་ཡོད་པར་སྨྲ་བ་ལས་གྱེས་པ་བདུན་ནི། ༡ གཞི་ཐམས་ཅད་ཡོད་པར་སྨྲ་བའི་སྡེ་(Mūlasarvāstivādin/诸根存在部/说言一切有部) ༢ འོད་སྲུང་བའི་སྡེ། ༣ ས་སྟོན་སྡེ། ༤ ཆོས་སྲུང་སྡེ། ༥ མང་དུ་ཐོས་པའི་སྡེ། ༦ གོས་དམར་སྡེ་(Tāmraśāīyaḥ/红衣部) ༧ རྣམ་པར་ཕྱེ་སྟེ་སྨྲ་བའི་སྡེ་(Vibhajyavādinaḥ/开示论部)བཅས་དང་། ཀུན་གྱིས་བཀུར་བའི་སྡེ་ལས་གྱེས་པ་གསུམ་ནི། ༨ སར་སྒྲོགས་རིགས་ཀྱི་སྡེ་(Kaurukullakāḥ/新演部) ༩ སྲུང་བ་པའི་སྡེ་(Āvantakāḥ/守护部/不可弃部) ༡༠ གནས་མ་བུ་བའི་སྡེ་བཅས་དང་། དགེ་འདུན་ཕལ་ཆེན་པའི་སྡེ་ལས་མཆེད་པ་ལྔ་ནི། ༡༡ ཤར་གྱི་རི་བོའི་སྡེ། ༡༢ ནུབ་ཀྱི་རི་བོའི་སྡེ། ༡༣ གངས་རི་པའི་སྡེ་(Haimavatāḥ/雪山部) ༡༤ འཇིག་རྟེན་ལས་འདས་པར་སྨྲ་བའི་སྡེ། ༡༥ བཏགས་པར་སྨྲ་བའི་སྡེ་བཅས་དང་། གནས་བརྟན་སྡེ་པ་ལས་གྱེས་པ་གསུམ་ནི། ༡༦ གཙུག་ལག་ཁང་ཆེན་གནས་སྡེ་(Mahāvihāravāsināḥ/住圣妙宫部) ༡༧ རྒྱལ་བྱེད་ཚལ་གནས་པའི་སྡེ་(Jetavanīyāḥ/作圣住部) ༡༨ འཇིགས་མེད་རི་གནས་སྡེ་(Abhyagirivāsināḥ/住无畏山部)བཅས་བཅོ་བརྒྱད་དོ། །

[237]ཐམས་ཅད་ཡོད་སྨྲའི་སྡེའི་འདུལ་བོད་བཤུས་མ། རྒྱ་ནག་ལིང་རྒྱལ་རབས་

ཀྱི་ཧྲ་ཤང་སེང་ཡའོ་(僧祐445～518)ཡིས་མཛད་པའི་སྡེ་སྣོད་གསུམ་གའི་ཆོས་ཀྱི་རྣམ་གྲངས་ཀྱི་བརྗེད་བྱང་ཆེན་པོའི་《出三藏记集》བམ་པོ་གཉིས་པ་བཙུན་པ་ཟླ་ཤན་གྱི་དཀར་ཆག་ལས། ཐམས་ཅད་ཡོད་སྨྲའི་འདུལ་བའི་དཔེ་ཆ་བཤུས་མ། རྒྱ་དཔེ། མ་བསྒྱུར།(萨婆多律抄，梵文，未译。) ཞེས་འཁོད་པ་ལས་སྐབས་དེ་ཤེད་དུ་འདུལ་དཔེ་དེ་ཉིད་རྒྱ་ནག་སྐད་དུ་བསྒྱུར་མེད་པ་ཤེས་ནུས།

[238]**ཆོས་མངོན་པའི་ཡང་དག་ལྡན་པའི་སྙིང་པོ།** ལམ་ཡིག་ཕྱི་མོར་མངོན་པའི་བསྟན་བཅོས་དེར་རྒྱ་ཡིག་ཏུ་杂阿毗昙心ཞེས་གསལ་བ་ཅེ་བྲག་སྨྲ་བའི་སློབ་དཔོན་ཆོས་སྐྱོབས་(Dharmtrātaḥ/法救)ཀྱིས་མཛད། ཁང་དཀར་ཚུལ་ཁྲིམས་སྐལ་བཟང་གི་གསུང་འབུམ་དུ་ཆོས་མངོན་པའི་ཡང་དག་ལྡན་པའི་སྙིང་པོ་[①]ཞེས་བསྒྱུར་བ་འདིར་སྤྱད་པ་ལགས། སྡེ་སྣོད་གསུམ་གའི་ཆོས་ཀྱི་བརྗེད་བྱང་ཆེན་པོའི་བམ་པོ་གཉིས་པ་བཙུན་པ་ཟླ་ཤན་གྱི་དཀར་ཆག་ལས། ཆོས་མངོན་པའི་ཡང་དག་ལྡན་པའི་སྙིང་པོ་བམ་པོ་བཅུ་གསུམ། ད་ལྟ་མེད།(杂阿毗昙心十三卷，今阙。)ཅེས་གསལ་མོད་ཀྱི་ཐང་གུར་གྱི་ཧྲ་ཤང་ཀྲི་ཧྲན་(智昇)གྱིས་སྤྱི་ལོ་༧༣༠ལོར་མཛད་གྲུབ་པའི་ཁའི་ཡུའན་ལུ་དཀར་ཆག་《开元释教录》ཡི་བམ་པོ་བཅོ་ལྔར། བཙུན་པ་ཟླ་ཤན་དང་། སངས་རྒྱས་བཟང་པོ་(Budhabhadra/佛陀跋陀罗/觉贤)ལྷན་དུ་ཆོས་མངོན་པའི་ཡང་དག་ལྡན་པའི་སྙིང་པོ་བམ་པོ་བཅུ་གསུམ་བསྒྱུར་བ་ཐེག་དམན་གྱི་བསྟན་བཅོས་དཔེ་དཀོན་རིགས་སུ་བཏུས།(法显、觉贤共译之杂阿毗昙心十三卷收入小乘论阙本。)ཞེས་ཀྱང་བྱུང་ཞིང་། ད་ཆ་རྒྱ་ནག་གི་བཀའ་བསྟན་དུ་བཞུགས་པའི་ཆོས་མངོན་པའི་ཡང་དག་ལྡན་པའི་སྙིང་པོ་བམ་

① ཁང་དཀར་ཚུལ་ཁྲིམས་སྐལ་བཟང་། 《རྒྱ་གར་ནང་པའི་ལྷ་གྲུབ་ཆོས་འབྱུང་ལེགས་བཤད་དཀའ་གནད་མདུད་དགྲོལ་》 གསུང་འབུམ་པོད་ལྔ་པ། སྟོད་ཆ། སི་ཁྲོན་མི་རིགས་དཔེ་སྐྲུན་ཁང་། ༢༠༡༥ལོ། ཤ་༢༥༨

པོ་བཅུ་གཅིག་ཅན་དེ་ནི་ཀྲང་ཤུན་གྱི་མཆན་[①]དང་། ཨ་རྡ་ཆི་ཀི་རོ་ཀུ་ཡི་མཆན།[②] དེ་བཞིན་ཁང་དཀར་ཚུལ་ཁྲིམས་སྐལ་བཟང་གི་གསུང་འབུམ་[③]བཅས་སུ་རྒྱ་ནག་རྒྱལ་པོ་སུང་ཝེན་ཏིད་(宋文帝)སྐབས་སུ་རྒྱ་གར་གྱི་སློབ་དཔོན་དགེ་འདུན་གོ་ཆས་(Sanghavarman/僧伽跋摩)སྤྱི་ལོ་༤༣༤བསྒྱུར་ཞེས་འཁོད་དོ། །རྒྱའི་མཁས་པ་ཧོང་མིང་ཤིན་(黄明信)གྱིས་མཛད་པའི་ཀྲེ་ཡུའན་ལྷ་དཀར་ཆག་དང་དེའི་བོད་འགྱུར་མའི་མཆན་འགྲེལ་དུ་ཆོས་མངོན་པའི་ཡང་དག་ལྡན་པའི་སྙིང་པོ་བོད་ན་མེད།[④] ཅེས་འཁོད་པར་སྣང་།

[239]**མདོ་སྡེའི་པོད།** ལམ་ཡིག་ཕྱི་མོར་དེར་རྒྱ་ཡིག་ཏུ་綖经ཞེས་གསལ་བའི་綖ནི་ད་ལྟའི་线དང་དོན་གཅིག་པར་འགྲོ་བས་ཀྲང་ཤུན་གྱི་མཆན་[⑤]དུ་སངས་རྒྱས་ཀྱི་མདོར་རྒྱུན་པར་素呾缆(Sètra)བྱ་བ་གཞན་དུ་经线ཡང་ཟེར་ཞིང་། བཙུན་པ་རྒྱ་ཤན་ལ་ཐོབ་པའི་綖经ནི་མདོ་སྡེའི་དཔེ་ཆ་པོད་གཅིག་མ་ཞིག་ཡིན་པ་དེ་སྡེ་སྣོད་གསུམ་ཀའི་ཆོས་ཀྱི་རྣམ་གྲངས་ཀྱི་བརྗེད་བྱང་ཆེན་པོའི་བམ་པོ་གཉིས་པ་བཙུན་པ་རྒྱ་ཤན་གྱི་དཀར་ཆག་ལས། མདོ་སྡེ་པོད་གཅིག །རྒྱ་དཔེ། མ་བསྒྱུར།(綖经，梵文，未译出。) ཞེས་འཁོད་པ་ལས་དེའི་ཚེ་ན་མདོ་པོད་གཅིག་མ་དེ་ཉིད་རྒྱ་ནག་སྐད་དུ་བསྒྱུར་མེད་པ་ཤེས་ནུས།

[240]**ཕྱོགས་སུ་སྒྲ་ངན་ལས་འདས་པའི་མདོ།** ལམ་ཡིག་ཕྱི་མོ་དེར་རྒྱ་ཡིག་ཏུ་方

---

① 张巽校注:《佛国记》,中国旅游出版社,2016年,第137页。

② 足立喜六著,何建民、张小柳译:《〈法显传〉考证》,贵州大学出版社,2014年,第197页。

③ ཁང་དཀར་ཚུལ་ཁྲིམས་སྐལ་བཟང་། 《རྒྱ་གར་ནང་པའི་ལྟ་གྲུབ་ཆོས་འབྱུང་ལེགས་བཤད་དཀའ་གནད་མདུད་དགྲོལ་》 གསུང་འབུམ་པོད་ལྔ་པ། སྟོད་ཆ། སི་ཁྲོན་མི་རིགས་དཔེ་སྐྲུན་ཁང་། ༢༠༡༨ལོ། ཤ་༢༤༨

④ 黄明信:《汉藏大藏经目录异同研究—〈至元法宝勘同总录〉及其藏译本笺证》,中国藏学出版社,2003年,第244页。

⑤ 张巽校注:《佛国记》,中国旅游出版社,2016年,第137页。

等般泥洹经ཞེས་བྱ་ཞིང་། མདོ་དེ་ནི་ད་ལྟའི་རྒྱ་ནག་གི་བཀའ་བསྟན་ཆེ་མོ་(大藏经)རུ་བཞུགས་པའི་ཡོངས་སུ་མྱ་ངན་ལས་འདས་པ་ཆེན་པོའི་མདོ་《佛说大般泥洹经》བམ་པོ་དྲུག་གི་བདག་ཉིད་ཅན་དེ་ཡིན་ཞིང་། མདོ་དེ་ཉིད་ཨ་ཛ་ཆི་གི་རོ་ཀུ་ཡི་མཆན་[①]ལས། ཁའི་ཡུའན་ལྷུ་དཀར་ཆག་གི་བམ་པོ་གསུམ་པར། དབྱིད་ཤིའི་ཁྲི་ལོ་བཅུ་གསུམ་(སྤྱི་ལོ་༤༡༧)གྱི་ཟླ་བཅུ་པའི་ཚེས་གཅིག་ལ་ཏའོ་ཁྲང་དགོན་ལ་སློབ་དཔོན་སངས་རྒྱས་བཟང་པོས་བསྒྱུར་ཅིང་ཧྭ་ཤང་པའོ་ཡུན་གྱིས་ཡི་གེར་བཀོད་དེ་ཕྱི་ལོའི་ཟླ་དང་པོའི་ཚེས་གཅིག་ལ་གྲུབ་ཅེས་བསྟན་ཞིང་། ཀྲི་ཡུའན་ལྷུ་དཀར་ཆག་དང་དེའི་བོད་འགྱུར་མའི་མཆན་འགྲེལ་[②]དུ་མདོ་དེ་ཉིད་ཀྱི་བོད་དཔེ་མ་རྙེད་ཅེས་གསལ།

[241]དགེ་འདུན་ཕལ་ཆེན་པའི་སྡེའི་མངོན་པ། དེ་ནི་དགེ་འདུན་ཕལ་ཆེན་པའི་སྡེ་ལས་བརྒྱུད་པའི་མངོན་པའི་དཔེ་ཆ་ཞིག་ཡིན་པ་ལ་ཡང་ལྟེའི་གྲུང་གི་མཆན་[③]དུ་དེའི་ལེགས་སྦྱར་གྱི་མཚན་བྱང་ལ་མ་ཧཱ་སཾགྷི་ཀ་ནི་ཀཱ་ཡ་བྱ་བར་གསུངས་མོད་ཀྱི་ད་ཕན་འཛིག་རྟེན་ན་བཞུགས་པའི་ནང་པའི་མདོ་བསྟན་གང་ནའང་མ་རྙེད་ཅེས་ཞིབ་འཇུག་པ་ཀུན་གྱིས་མགྲིན་གཅིག་ཏུ་གསུངས།

[242]དེར་ལོ་གསུམ་བཞུགས། ཨ་ཛ་ཆི་གི་རོ་ཀུ་ཡི་མཆན་ལས།[④] བཙུན་པ་ཕ་ཤན་གྱིས་གོང་དུ་བརྗོད་ཟིན་པའི་སཾ་ཀཱ་ཤྱའི་ཡུལ་གྱི་སྦྲུ་གནས་སའི་གཙུག་ལག་ཁང་དུ་དབྱར་གནས་བཞུགས་རྗེས་སྐབས་བབ་ལ་ཐུག་ཏུ་དབྱར་གནས་བཞུགས་པ་ལམ་ཡིག་ཕྱི་མོར་མི་གསལ་བས་དེ་ལྟར་དུ་རྒྱ་མ་ཕུ་དེད་ཀྱིས་དྲངས་ཚེ་འདིར་

① 足立喜六著，何建民、张小柳译：《〈法显传〉考证》，贵州大学出版社，2014年，第197页。

② 黄明信：《汉藏大藏经目录异同研究—〈至元法宝勘同总录〉及其藏译本笺证》，中国藏学出版社，2003年，第52页。

③ 杨维中注释：《佛国记》，三民书局，2004年，第195页。

④ 足立喜六著，何建民、张小柳译：《〈法显传〉考证》，贵州大学出版社，2014年，第198页。

བསྟན་པོ་གསུམ་ནི་དབྱིད་ཞི་ཁྲི་ལོ་དང་པོ་(ཕྱི་ལོ་༦༠༥)དང་། གཉིས་པ་(ཕྱི་ལོ་༦༠༨)གསུམ་པ་(ཕྱི་ལོ་༦༠༧)བཅས་ཡིན་པ་ངེས་ཤེས་ཐུབ་ཅེས་གསུངས་སོ། །

[243]ཡུལ་ཆེན་ཙམྤ། ཡུལ་དེ་ནི་ཐང་སན་ལམ་ཡིག་བམ་པོ་བཅུ་པར་གསལ་བའི་ཙམྤའི་ཡུལ་(瞻波国)བྱ་བ་དེ་ཡིན། ཅིད་ཤན་ལིན་གྱི་ཐང་སན་ལམ་ཡིག་མཆན་ལྟར་ན། ཙམྤ་ནི་ལེགས་སྦྱར་དང་པྲ་ལིའི་སྐད་གཉིས་ཀ་ཡིན་ཞིང་། དོན་དུ་མཆོག་མེད་པར་གོ་①གསུངས། དེའི་རྗེས་ཤུལ་ད་ལྟ་རྒྱ་གར་བི་ཧ་ར་མངའ་སྡེའི་བྷཱ་གལ་པུར་(Bhāgalpur/巴迦尔普尔) ཉེ་འགྲམ་གྱི་ཙམྤ་ན་ག་ར་(Campānagara)དང་ཙམྤ་པུ་རི་(Campāpurī)ཞེས་པའི་གྲོང་ཚོ་གཉིས་ཀྱི་བར་ན་ཡོད་ཅེས་ཀྲུང་ཤིན་ཆི་ཡིས་བསྒྲིགས་པའི་ནུབ་ཡུལ་ས་མིང་དཔྱད་བཏུས་②ལ་གསལ།

[244]ཏཱ་མྲ་ལིཔྟིའི་ཡུལ། ཡུལ་དེར་ལམ་ཡིག་ཕྱི་མོར་རྒྱ་ཡིག་ལ་多摩梨帝དང་། ཐང་སན་ལམ་ཡིག་ཏུ་耽摩栗底དང་། ཨི་ཅིང་གི་ལམ་ཡིག་ན་耽摩立底བྲིས་པ་ཀུན་དེའི་ལེགས་སྦྱར་གྱི་ཐ་སྙད་ཏཱ་མྲ་ལིཔྟི་སྒྲ་ཟུར་ཆག་པའོ། །ཀྲང་ཤུན་གྱི་མཆན་③དང་། ཅིད་ཤན་ལིན་གྱི་ཐང་སན་ལམ་ཡིག་མཆན་④གཉིས་སུ་ཞལ་མཐུན་པར་ཡུལ་དེའི་རྗེས་ཤུལ་ད་ལྟ་རྒྱ་གར་གྱི་ནུབ་བྷཾ་ག་ལའི་མངའ་སྡེའི་(West Bengala deshe/西孟加拉邦)མི་ད་ན་པུར་རྫོང་(Midnapur/米的纳浦耳)གི་ཏ་མ་ལུ་ཀ་(Tamluk/塔姆鲁克)ཞེས་པའི་ས་ཆར་ཡིན་ཚུལ་གསལ། ཐང་སན་བླ་མའི་མཇུག་ཏུ་ཕྱི་ལོ་༦༧༡ཙམ་ལ་རྒྱ་གར་དུ་ཕེབས་པའི་སློབ་དཔོན་ཨི་ཅིང་(义净)གིས་མཛད་པའི་ལྷོ་ཡི་རྒྱ་མཚོ་ནས་ཕྱིར་ལོག་ནང་ཆོས་བཤད་སྲོལ་

① 季羡林等校注:《大唐西域记》,中华书局,2012年,第786页。

② 钟兴麒:《西域地名考录》,国家图书馆出版社,2008年,第1154页。

③ 张巽校注:《佛国记》,中国旅游出版社,2016年,第139页。

④ 季羡林等校注;《大唐西域记》,中华书局,2012年,第806页。

《南海寄归内法传》ཀྱི་བམ་པོ་བཞི་པ་རུ། ཞན་ཧེང་ཁྲི་ལོ་གཉིས་པའི་ཟླ་བཅུ་གཅིག་པར་ཀོང་ཀྲོའུ་ནས་གྲུར་ཞུགས་ཏེ་ལྷོ་རྒྱ་མཚོར་ཆས་པའི་ཚེ། ཡུལ་ལུང་དུ་མར་འཕར་གསིལ་ཐོགས་ཏེ་བགྲོད་མཐར་འཕགས་ཡུལ་དུ་འབྱོར་ཞིང་ཞན་ཧེང་ཁྲི་ལོ་བཞི་པའི་ཟླ་གཉིས་པའི་ཚེས་བརྒྱད་ལ་ཏཱ་མྲ་ལིཔྟིའི་ཡུལ་དུ་སླེབས། དེ་ནི་རྒྱ་གར་ཤར་ཕྱོགས་ཀྱི་མཚོ་ཁ་ཞིག་ཡིན་པར་སྣང་།(遂以咸亨二年十一月，附舶广州，举帆南海，缘历诸国，震锡西天。至咸亨四年二月八日，方达耽摩立底国，即东印度之海口也。)ཞེས་དང་། ཐང་སན་ལམ་ཡིག་གི་བམ་པོ་བཅུ་པར། ཡུལ་འདི་ཉིད་མཚོ་འགྲམ་དུ་སྐམ་ས་དང་ཆུ་གཉིས་ཀྱི་མདོ་གལ་པོ་ཆེར་ཆགས་སྟབས་རིན་པོ་ཆེའི་རིགས་དུ་མ་དེར་འདུས་པས་འབངས་ཕལ་མོ་ཆེ་ཕྱུག་པོར་གདའ།[①]ཞེས་འཁོད་པ་ལས་ཡུལ་དེ་ནི་གནའ་བོའི་རྒྱ་གར་ཤར་ཕྱོགས་ཀྱི་མཚོ་ཁའི་འགྲིམ་འགྲུལ་ལྟེ་གནས་ཤིག་ཡིན་པ་ཤེས་ནུས་སོ། །

[245]**ལོ་གཉིས།** ཐོང་བཞིན་རིགས་པས་དེད་ཚེ་ལོ་དེ་གཉིས་པོ་ནི་དབྱིད་ཤིའི་ཁྲི་ལོ་བཞི་པ་(སྤྱི་ལོ་༦༧༣)དང་ཁྲི་ལོ་ལྔ་པ་(སྤྱི་ལོ་༦༧༤)ཡིན་པའོ། །

[246]**སིངྒ་ལའི་ཡུལ།** ཧྥེང་ཁྲིང་ཅུན་གྱི་ནུབ་ཡུལ་ས་མིང་དུ་ཡུལ་དེར་ཐང་ཤན་ལམ་ཡིག་དང་། སུང་ཧྲུའུ《宋书》དང་། ལེང་ཧྲུའུ《梁书》དང་། ཐང་ཡིག་གསར་རྙིང་བཅས་སུ་རྒྱ་ཡིག་ཏུ་师子国(ཐ་སྙད་འདི་ཆོས་གཞུང་དང་ལོ་རྒྱུས་ཡིག་ཆ་ཕལ་མོ་ཆེར་འཁོད་)བཅས་འཁོད་ཅིང་། ཐང་སན་ལམ་ཡིག་ལ་僧伽罗国དང་། ཨི་ཅིང་གི་བླ་ཆེན་རྣམ་ཐར་དུ་僧诃罗国བྲིས་པ་ནི་དེའི་ལེགས་སྦྱར་ཐ་སྙད་སིཾ་ཧ་ལ་སྒྲ་ཟུར་ཆག་པ་ལ་དོན་དུ་སེང་གེ་འཛིན་(执师子)ལ་གོ[②]ཞེས་གསལ། དེ་མིན་

① རྩེ་ཏུ་ཚེ་རིང་དོན་གྲུབ། 《ཐང་སན་ལམ་ཡིག་གསར་བསྒྱུར་དང་ཞིབ་འཇུག་》བོད་ལྗོངས་བོད་ཡིག་དཔེ་རྙིང་དཔེ་སྐྲུན་ཁང་། ༢༠༡༨ལོ། ཤ་༣༥༧

② 冯承钧原编，陆峻岭增订:《西域地名》，中华书局，1982年，第85页。

རྒྱའི་ཡིག་ཚང་དུ་མར་དེའི་ལེགས་སྦྱར་གྱི་སྒྲ་ཟུར་ཆག་པའི་རྒྱ་ཡིག་སྒྲ་འདྲ་བ་ལ་གཟུགས་ཐ་དད་པའི་ཡུལ་མིང་མང་དུ་སྣང་། ཡུལ་དེའི་ལེགས་སྦྱར་གྱི་མིང་སིཾ་ཧ་ལ་(Siṃlala/僧伽罗)ཞེས་པའི་སིཾ་ཧ་ནི་སེང་གེར་གོ་བ་དང་། ཡུལ་མི་རང་བཞིན་པའི་སྐད་དུ་སིམ་ཧ་ལ་ཟེར་བ་ལ་བོད་ཀྱི་ཡིག་ཆ་རྣམས་སུ་སིཏྡ་ལ་ཞེས་གསལ། འདིར་མི་འཇོལ་བའི་ཕྱིར་བོད་སྔ་མ་རྣམས་ཀྱི་ལུགས་བཞིན་དྲངས་པའོ། །ཅིད་ཤན་ལིན་གྱི་ཐང་སན་ལམ་ཡིག་མཆན་དུ། རྒྱ་གར་གྱི་གནའ་བོའི་ཡིག་ཚང་རྣམས་སུ་ཡུལ་དེར་ཟངས་གླིང་(铜色国)ཡང་ཟེར་ཞིང་། སྤྱི་ལོ་༡༩༧༢ལོར་ད་གཟོད་ད་ལྟའི་མིང་སི་རི་ལང་ཀ་(斯里兰卡)ཞེས་པར་བསྒྱུར་[①]ཞེས་འཁོད། ཁང་དཀར་ཚུལ་ཁྲིམས་སྐལ་བཟང་གིས་ཡུལ་དེར་དར་བའི་ནང་པའི་བསྟན་པ་ནི་ད་ལྟའི་བར་སིཏྡ་ལའི་གླིང་དང་། འབར་མ།(Myanmar/缅甸) ཐེ་ལན།Thailand/泰国) ལ་ཨོ་སི།(Laos/老挝) ཀམ་བོ་དི་ཡ་(Cambodia/柬埔寨) བཅས་ལ་དར་ཁྱབ་ཡོད་པའི་ལྷོ་བརྒྱུད་ནང་པའི་ཆོས་ཀྱི་འབྱུང་ཁུངས་ཡིན་པའི་ཆ་ནས་ནང་པའི་ཆོས་ལུགས་པར་བལྟོས་ན་ཤིན་ཏུ་གལ་ཆེ་བའི་ས་གནས་ཤིག་ཡིན་[②]ཞེས་ཀྱང་གསུངས། ཡུལ་དེའི་མིང་གི་བྱུང་བའི་གཏམ་རྒྱུད་ཐང་སན་ལམ་ཡིག་བམ་པོ་བཅུ་གཅིག་པའི་དབུ་རུ་གསལ་བ་དེ་རྣམས་ཀྱང་ཐང་སན་བླ་མ་ཡུལ་དེར་དངོས་སུ་ཞབས་བཅགས་མེད་སྐབས་གང་ཞིག་མཐོང་ཐོས་རྣམས་ཡི་གེར་བཏབ་པར་གྲགས། བཤད་པ་དེ་དང་སྦྱོར་ཆ་འདྲ་བའི་སིཏྡ་ལའི་འབྱུང་བ་དགེ་འདུན་ཆོས་འཕེལ་གྱིས་གསེར་ཐང་ལེའུ་བཅུ་བཞི་པ་སིཏྡ་ལའི་ལོ་རྒྱུས་སྐོར་ཞེས་པར་ཡང་གསུངས།[③] སྐབས་བབ་རྒྱ་ཤར་ལམ་

① 季羡林等校注:《大唐西域记》，中华书局，2012年，第867页。

② ཁང་དཀར་ཚུལ་ཁྲིམས་སྐལ་བཟང་། 《རྒྱ་གར་ནང་པའི་ལྟ་གྲུབ་ཆོས་འབྱུང་ལེགས་བཤད་དཀའ་གནད་མདུད་དགྲོལ་》 གསུང་འབུམ་པོད་ལྔ་པ། སྟོད་ཆ། སི་ཁྲོན་མི་རིགས་དཔེ་སྐྲུན་ཁང་། ༢༠༡༨ལོ། ཤ་༢༥༥

③ 《དགེ་འདུན་ཆོས་འཕེལ་གྱི་གསུང་རྩོམ་》 པོད་གཉིས་པ། བོད་ལྗོངས་བོད་ཡིག་དཔེ་རྙིང་དཔེ་

ཡིག་ནི་རྒྱ་ནག་གི་ཡིག་ཚང་ཁྲིངས་ལས་ཡུལ་དེའི་སྐོར་འཕོད་པ་སྔ་ཤོས་སུ་ངེས་ཤིང་པཱ་ལིའི་ཡི་གེར་བྲིས་པའི་ལྷོ་བརྒྱུད་ནང་བསྟན་གྱི་ཡིག་ཚང་ལོ་རྒྱུས་ཆེ་མོ་《大史》(Mahāvaṃsa)དང་། གླིང་ཕྲན་ལོ་རྒྱུས་《岛史》(Dīpavaṃsa)གཉིས་ནི་ད་པན་སིངྒ་ལའི་བྱུང་རབས་བརྗོད་པ་གལ་ཆེ་ཤོས་གཉིས་ཡིན། ཡུལ་དེར་དངོས་སུ་ཞབས་བཅགས་པའི་མཁས་དབང་དགེ་འདུན་ཆོས་འཕེལ་གྱིས་གོང་དུ་བརྗོད་པའི་སིངྒ་ལའི་ལོ་རྒྱུས་སྐོར་ཞེས་པར། སིངྒ་ལའི་ལོ་རྒྱུས་ནི་ནགས་རིན་གྱི་རྣམ་ཐར་ན་ཅུང་ཟད་ཞིག་གསལ་བ་དེ་ལས་གཞན་རང་ཅག་རྣམས་ལ་རྒྱུས་ཅུང་ཟད་ཙམ་ཡང་མེད་ཅེས་གསུངས་ཤིང་། ཡང་དེ་མུར་གླིང་འདིའི་མིང་ཆེས་ཡོངས་སུ་གྲགས་པ་ནི། ལངྐ་བྱ་བ་ཡིན་ཞིང་། ཕོང་པ་རྣམས་ཀྱང་རང་ཡུལ་ལ་མིང་དེ་ག་དང་། རྒྱ་གར་ལ་འཛམ་བུ་གླིང་ཞེས་འབོད། དེའི་འོག་ན་གྲགས་ཆེ་བའི་མིང་ནི་སིངྷ་ལ་སྟེ་ཡི་གེ་མཚམས་སྦྱར་བ་དང་སིཾ་ཧ་ལ་སྟེ་མཚམས་སྦྱོར་མེད་པ་འདི་ཡང་ཀུན་གྱིས་འབོད་པའི་མིང་ཡིན་ཞིང་། དོན་ནི་སེངྒེ་འཛིན་བྱ་བར་འགྱུར། མིང་གཞན་ཡང་ཙ་མ་ར་དྭི་པ་བྱ་བ་སྟེ། ཕོང་ཅག་གི་རྒྱལ་རབས་ན་ཡང་མིང་དེ་གསལ་ཞིང་། རང་ཅག་གི་གཞུང་མང་པོར་ཡང་སིངྒ་ལ་དང་དེ་གཉིས་དོན་གཅིག་ཏུ་གསུངས། དེ་བཞིན་ཏཱ་མྲ་པ་དྭི་སྟེ་ཟངས་གླིང་ཡང་འདི་ལ་ཟེར་བ། རང་རེའི་འདུལ་བའི་དཔེ་མེད་མའི་བྱུང་བའི་སྐབས་ན་ཡང་གསལ་ལོ། ཕོང་དག་ལ་ཡང་རྒྱུས་འདུག་①ཅེས་སོགས་མང་དུ་གསུངས་སོ། །

[247]**ཏཱ་མྲ་ལིཔྟི་ནས་སིངྒ་ལ་བར།** དགེ་ཆོས་ཀྱིས་གསུངས་པའི་ནགས་རིན་ཏེ་འགོས་ལོ་ཙྪ་བ་གཞོན་ནུ་དཔལ་གྱི་བླ་མ་པཎྜི་ཏ་ནགས་ཀྱི་རིན་ཆེན་དུ་འབོད་པ་

སྐྲུན་ཁང་། ༢༠༡༧ལོ། ཤ་༣༨

① 《དགེ་འདུན་ཆོས་འཕེལ་གྱི་གསུང་རྩོམ་》པོད་གཉིས་པ། བོད་ལྗོངས་བོད་ཡིག་དཔེ་རྙིང་དཔེ་སྐྲུན་ཁང་། ༢༠༡༧ལོ། ཤ་༡ནས་༣བར།

གང་གི་རྣམ་ཐར་འགོས་ལོས་མཛད་པར། སིང་ག་ལའི་གླིང་དེ་ནི་གསུང་རབ་དག་ལས་ལང་ཀའི་གླིང་དུ་གྲགས་པ་དེ་ཡིན་གསུངས་ཏེ། ར་མ་ཎས་འཛམ་བུའི་གླིང་ནས་ལང་ཀའི་གླིང་བར་དུ་རྡོའི་ཟམ་པ་བཙུགས་པ་རྣམས་ཀྱང་རྒྱ་མཚོའི་ནང་ན་རྡོའི་ཕུང་པོ་འདུག་པ་དངོས་སུ་སྣང་①ཞེས་འཕོད།

[248]**ལེ་དབར་ཉི་བརྒྱ་མངའ་བའང་ཡོད།** ཨ་ཌྷ་ཆི་ཀི་རོ་ཀུ་ཡི་མཆན་②ལྟར་ན། འདིར་ལམ་ཡིག་ཕྱི་མོར་བརྗོད་པའི་རྒྱ་ཁྱོན་གྱི་གྲངས་དེ་རྣམས་ཤར་ནུབ་དང་ལྷོ་བྱང་ཁ་ཕྱོགས་འཛོལ་ཞིང་། དག་རྒྱུན་དུ་གྲགས་པའི་རིང་ཚད་འོལ་སྤྱི་ཙམ་ཞིག་ཡི་གེར་བཏབ་པར་གསུངས།

[249]**སྨུ་ཏིག་གི་རིགས་མ་ཎི།** དེར་ལམ་ཡིག་ཕྱི་མོའི་རྒྱ་ཡིག་ཏུ་摩尼珠ཞེས་གསལ་བ་དེ་ནི་ཀྲང་ཤུན་གྱི་མཆན་③དུ་ལེགས་སྦྱར་གྱི་ནོར་བུའི་སྐད་དོད་མ་ཎི་ཡིན་ཚུལ་བསྟན་པ་སྐབས་བབ་བོད་འགྱུར་མ་འདིར་དྲངས་པ་ལགས། ཨ་ཌྷ་ཆི་ཀི་རོ་ཀུ་ཡི་མཆན་④དུ་摩尼珠བྱ་བ་ནི་དག་རྒྱུན་དུ་ཀླུ་རྒྱལ་གྱི་ཀླད་ཁྱིམ་དུ་གནས་ཤིང་། ནོར་བུའི་མཆོག་དང་རབ་ཏུ་གྲགས་ལ་གཞན་དུ་ནོར་བུ་ཀུན་གྱི་སྤྱི་མིང་དུའང་གོ་ཞེས་གསུངས། དགེ་འདུན་ཆོས་འཕེལ་གྱི་སིངྒ་ལའི་ལོ་རྒྱུས་ལས། སྤྱིར་གླིང་འདི་རིན་པོ་ཆེའི་འབྱུང་ཁུངས་ས་སྙིང་ན་གྲགས་ཆེ་བ་ཞིག་ཡིན་ཞིང་། སངས་རྒྱས་བཞུགས་དུས་ནས་བཟུང་ཐག་ཉེ་རིང་གི་ཚོང་པ་མང་པོ་རྒྱ་མཚོ་བརྒལ་ནས་རིན་ཆེན་ལེན་དུ་འགྲོ་ས་གཅིག་ཡིན་འདུག །ལྷག་པར་དུང་དང་མུ་ཏིག་གཉིས་ཀའི་འབྱུང་གནས་སུ་གྲགས། གླིང་གི་མིང་ལ་ལྷོ་ཕྱོགས་རྒྱ་མཚོའི་མུ་ཏིག་སོགས་

① འགོས་ལོ་གཞོན་ནུ་དཔལ། 《ལོ་པཎ་རྣམ་ཐར་ཕྱོགས་བསྒྲིགས་》ཀྲུང་གོའི་ཤེས་རིག་དཔེ་སྐྲུན་ཁང་། ༢༠༡༨ལོ། ཤ་༡༡

② 足立喜六著，何建民、张小柳译:《〈法显传〉考证》，贵州大学出版社，2014年，第202页。

③ 张巽校注:《佛国记》，中国旅游出版社，2016年，第141页。

④ 足立喜六著，何建民、张小柳译:《〈法显传〉考证》，贵州大学出版社，2014年，第203页。

སུ་ཡང་བརྗོད།[1] ཅེས་གསལ་བ་ལས་ཡུལ་དེ་ཉིད་རིན་པོ་ཆེའི་གླིང་གཤའ་མ་ཞིག་ཡིན་པ་རྟོགས་ནུས།

[250]**དུས་ཚིགས་ལ་མི་རྟེན་ནོ།** །དེར་ཡང་དགེ་འདུན་ཆོས་འཕེལ་གྱི་སིངྒ་ལའི་ལོ་རྒྱུས་ལས། གླིང་འདིའི་ཐང་རྣམས་ནི་ཏ་ལའི་ནགས་ཚལ་གྱིས་ཁྱབ། རིའི་ངོས་ལ་ནི་ཤིང་རིགས་ལ་འདི་མེད་བྱ་བ་མི་འདུག...གླིང་འདི་ན་ཉིན་མཚན་རིང་ཐུང་འཕོ་བ་ཡང་མེད། དབྱར་དགུན་ཀྱང་མེད་པར་ཧྲིལ་པོར་བསིལ་དྲོད་སྙོམས། ཧོར་ཟླ་གཉིས་པའི་ཚེས་གཅིག་ནས་བརྩིས་པའི་ཟླ་བ་བརྒྱད་ཀྱི་རིང་ལ་ནམ་དུས་ཆེན་པོ་དང་། ལྷག་མ་བཞི་ལ་ནམ་དུས་ཆུང་དུར་འབོད་པ་ཙམ་ལས་དྲོ་གྲང་གོ་ལྡོག་ནམ་ཡང་མེད། ཀོ་ལའི་བྱང་ཆ་མ་ལུས་པར་ཟད་པས་ཆོས་གཅིག་གི་དུས་སུ་ཟླ་ཚེས་མཐོང་། ལྷོ་བསྐྱོད་མཐར་ཐུག་པའི་སྐབས་ཉིན་གུང་མི་འགྲིབ་ན་གྲིབ་མ་ཡང་རང་རེ་ལས་གོ་བཟློག་སྟེ་བྱང་ནས་ལྷོར་འབབ་[2]ཅེས་གསུངས།

[251]**རྒྱལ་པོའི་མཁར་གྲོང་།** ཀྲང་ཤུན་གྱི་མཆན་[3]དང་། ཅེད་ཤན་ལིན་གྱི་ཐང་སན་ལམ་ཡིག་མཆན་[4]གཉིས་སུ་ཞལ་མཐུན་པར་རྒྱལ་པོའི་མཁར་གྲོང་རྙིང་པའི་རྗེས་ཤུལ་ནི་ད་ལྟའི་སིངྒ་ལའི་ནུབ་བྱང་ཁུལ་གྱི་གནའ་མཁར་ཨ་ནུ་རཱ་དྷ་པུ་ར་(阿努拉达普拉)བྱ་བ་ཡིན་པར་བཞེད་ཅིང་། ཅེད་ཤན་ལིན་གྱིས་མཁར་གྲོང་དེ་ཉིད་སྤྱི་ལོའི་སྔོན་གྱི་དུས་རབས་བཞི་པའི་དུས་མཇུག་གི་རྒྱལ་པོ་དེ་ཕ་ནམྤི་ཏིསྶ་(天爱帝须)སྲིད་བསྐྱངས་པའི་དུས་ཀྱི་གྲོང་མཁར་ལྟེ་བ་ཡིན་པར་གསུངས། དགེ་

① 《དགེ་འདུན་ཆོས་འཕེལ་གྱི་གསུང་རྩོམ་》པོད་གཉིས་པ། བོད་ལྗོངས་བོད་ཡིག་དཔེ་རྙིང་དཔེ་སྐྲུན་ཁང་། ༢༠༡༧ལོ། ཤ་༥ནས་༨བར།

② 《དགེ་འདུན་ཆོས་འཕེལ་གྱི་གསུང་རྩོམ་》པོད་གཉིས་པ། བོད་ལྗོངས་བོད་ཡིག་དཔེ་རྙིང་དཔེ་སྐྲུན་ཁང་། ༢༠༡༧ལོ། ཤ་༧

③ 张巽校注:《佛国记》,中国旅游出版社,2016年,第141页。

④ 季羡林等校注:《大唐西域记》,中华书局,2012年,第86页。

འདུན་ཆོས་འཕེལ་གྱི་སིངྒ་ལའི་ལོ་རྒྱུས་སྐོར་དུ། རྒྱལ་རབས་བདུན་པ་རྒྱལ་པོ་ཧྲིསྨྲི་སྐར་རྒྱལ་གྱིས་མ་འཁགས་པའི་གྲོང་དུ་སྲིད་བསྐྱངས་པའི་ཚེ།[①] ཞེས་དང་། ད་ལྟའི་བར་མ་འཁགས་ཀྱི་གྲོང་ཁྱེར་ཨ་ནུ་ར་དྷ་པུ་ར་ན་ཤིན་ཏུ་རྣམས་ཤིང་ཞུམ་པའི་རྣམ་པ་ཅན་དུ་བཞུགས་ཤིང་།[②] ཞེས་གསུངས་པ་ལས་གོང་དུ་ཅིད་ཤན་ལིན་གྱིས་གསུངས་པའི་རྒྱལ་པོ་ཨ་ནུ་རཱ་དྷ་པུ་ར་ནི་སིངྒ་ལའི་རྒྱལ་རབས་བདུན་པ་སྐར་རྒྱལ་ཡིན་ཞིང་། གྲོང་མཁར་ཨ་ནུ་རཱ་དྷ་པུ་ར་ནི་བོད་དུ་མ་འཁགས་པའི་གྲོང་དུ་གྲགས་པ་རྟོགས་ཐུབ། འོན་ཏེ་མ་འཁགས་པའི་གྲོང་ཞེས་པ་ལེགས་སྦྱར་དུ་ཕབ་ཚེ་ཨ་ནི་རོདྡྷ་པུ་ར་ཡིན་པས་དེ་དང་ཨ་ནུ་རཱ་དྷ་པུ་ར་གཉིས་ལས་གང་ཞིག་བདེན་མིན་མུ་མཐུད་དཔྱད་པའི་གནས་སུ་འཁུམས།

[252]རི་བོ། ཀྲང་ཤུན་གྱི་མཆན་ཤོག་ངོས་༡༤༢ལ་རི་བོ་དེ་ནི་ད་ལྟའི་སིངྒ་ལའི་ཡུལ་གྱི་ལྷོ་ཕྱོགས་སུ་གདའ་བའི་ཨ་དམ་རི་བོ་(Adam’s peak/亚当峰)བྱ་བ་དེ་ཡིན་ཞིང་། གནའ་དུས་སུ་སུ་མ་ན་ཀུ་ཏ་(苏摩那俱多山)ཟེར་[③]གསུངས། དགེ་འདུན་ཆོས་འཕེལ་གྱི་སིངྒ་ལའི་ལོ་རྒྱུས་སྐོར་ན་རི་དེ་བརྗོད་པའི་སྐབས། རི་འདི་ལ་ཧྲཱ་མྲ་ཀུ་ཏ་དང་། ས་མནྟ་ཀྵ་ཊ་ཀུན་ཏུ་བཟང་པོ་སོགས་མིང་འགའ་ཙམ་ཡོད། རྩེ་ན་བྲག་གི་སྟེང་དུ་སངས་རྒྱས་ཀྱི་ཞབས་རྗེས་ཀྱང་ཁྲུ་གང་བ་ཞིག་ཡོད། དེ་རྣམ་ཊའི་ཞབས་རྗེས་ཡིན་ཅེས་མུ་སྟེགས་རྣམས་ཀྱང་མཆོད། ཨ་ཧཾ་གྱི་ཞབས་རྗེས་ཀླ་ཀློ་དག་ཀྱང་མཆོད།[④] ཞེས་གསུངས་པ་ལས་རི་བོ་དེ་ནི་ཕྱི་ནང་གཉིས་ཀའི་མཆོད་

① 《དགེ་འདུན་ཆོས་འཕེལ་གྱི་གསུང་རྩོམ་》 པོད་གཉིས་པ། བོད་ལྗོངས་བོད་ཡིག་དཔེ་རྙིང་དཔེ་སྐྲུན་ཁང་། ༢༠༡༧ལོ། ཤ་༣༨

② 《དགེ་འདུན་ཆོས་འཕེལ་གྱི་གསུང་རྩོམ་》 པོད་གཉིས་པ། བོད་ལྗོངས་བོད་ཡིག་དཔེ་རྙིང་དཔེ་སྐྲུན་ཁང་། ༢༠༡༧ལོ། ཤ་༤༠

③ 张巽校注:《佛国记》，中国旅游出版社，2016年，第142页。

④ 《དགེ་འདུན་ཆོས་འཕེལ་གྱི་གསུང་རྩོམ་》 པོད་གཉིས་པ། བོད་ལྗོངས་བོད་ཡིག་དཔེ་རྙིང་དཔེ་སྐྲུན་ཁང་། ༢༠༡༧ལོ། ཤ་༣༥

གནས་ཤིག་ཡིན་པ་ཤེས་སོ། །

[253]**མཆོད་རྟེན་ཆེན་པོ།** ཀྱང་ཤུན་གྱི་མཆན་ལས། མཆོད་རྟེན་ཆེན་པོ་དེ་ནི་སེངྒ་ལའི་གནའ་བོའི་རྒྱལ་པོ་དུ་ཊྛ་གཱ་མ་ཎྰི་(杜多伽摩尼)ཡྗ་བས་བཞེངས་པར་གྲགས། ཕྱི་གླིང་ཞིབ་འཇུག་པ་གེའི་གེར་(W.Geiger/盖格)གྱིས་དཔྱད་པར་གཞིགས་ན། རྒྱལ་པོ་དུ་ཊྛ་གཱ་མ་ཎྰིའི་སྲིད་བསྐྱངས་པའི་དུས་ནི་སྤྱི་ལོའི་སྔོན་གྱི་༡༠༡ནས་༧༧ལོ་བར་ཡིན་ཞིང་། དུས་རབས་བཞི་པའི་དུས་མཇུག་ཏུ་མ་སླེབས་གོང་སེངྒ་ལའི་ཡུལ་དུ་ཡོངས་གྲགས་ཀྱི་ལོ་ཆོགས་བརྩི་སྲོལ་ནི་སྔོན་པའི་འདས་ལོ་སྤྱི་ལོའི་སྔོན་གྱི་༥༤༣ལོར་འདོད་པའི་ལུགས་དེ་ཡིན་ཞིང་། དེ་ཇི་བཞིན་རིགས་དེད་ཀྱིས་ཡུལ་དེའི་རྒྱལ་པོ་ན་རིམ་གྱིས་སྲིད་བསྐྱངས་པའི་ལོ་ཆོགས་བརྩི་བ་རེད་[1]ཅེས་གསུངས།

[254]**འཇིགས་མེད་རི་བོའི་གཙུག་ལག་ཁང་།** གཙུག་ལག་ཁང་དེའི་ལེགས་སྦྱར་མཚན་ལ་ཨབྷ་ཡ་གི་རི་བྱ་ཞིང་ལམ་ཡིག་ཕྱི་མོར་དོན་བསྒྱུར་མཛད་དེ་རྒྱ་ཡིག་ཏུ་无畏山དང་། ཐང་སན་ལམ་ཡིག་གི་བམ་པོ་བཅུ་གཅིག་པར་སྒྲ་སྒྱུར་ཚུལ་དུ་阿跋耶祇厘བྲིས་པར་སྣང་། གཙུག་ལག་ཁང་དེ་ནི་དགེ་འདུན་ཆོས་འཕེལ་གྱིས་གསུངས་པའི་སེངྒ་ལའི་ཡུལ་གྱི་གནས་གཞི་ཀུན་གྱི་རྩ་བ་མ་ཧཱ་བི་ཧཱར་གཙུག་ལག་ཁང་ཆེན་དང་། ཛོ་ཏ་བན་རྒྱལ་བྱེད་ཚལ། ཨབྷ་གི་རི་འཇིགས་མེད་རི་བོ་གསུམ་གྱི་ཡ་གྱལ་ཡིན་ཞིང་། རྒྱལ་པོ་འཇིགས་མེད་ཀྱིས་བཞེངས། འཇིགས་མེད་རི་གནས་སྡེ་ནི་ཉན་ཐོས་སྡེ་པ་བཅོ་བརྒྱད་ཀྱི་ནང་ཚན་ཞིག་དང་ཡུལ་སེངྒ་ལར་དར་བའི་གཙུག་ལག་ཁང་ཆེན་གནས་སྡེ་འཇིགས་མེད་རི་གནས་སྡེ་གཉིས་ཀྱི་མཇུག་ཏུ་བྱུང་བར་གྲགས།[2] ཁང་དཀར་ཚུལ་ཁྲིམས་སྐལ་བཟང་གིས། ཕྱི་ལོ་མ་ཚུགས་གོང་རོལ་དུས་རབས་

① 张巽校注：《佛国记》，中国旅游出版社，2016年，第142页。

② 《དགེ་འདུན་ཆོས་འཕེལ་གྱི་གསུང་རྩོམ་》 པོད་གཉིས་པ། བོད་ལྗོངས་བོད་ཡིག་དཔེ་རྙིང་དཔེ་སྐྲུན་ཁང་། ༢༠༡༧ལོ། ཤ་༢༩

དང་པོར་བཞེངས་པའི་འཇིགས་མེད་རིའི་གཙུག་ལག་ཁང་(Abhayagr-vihāra) གྲགས་པ་འདི་འཇིགས་མེད་རིའི་སྡེ་པའི་གདན་ས་ལྟེ་བ་ཆགས། སྐབས་དེའི་སྦྱིན་བདག་ཆོས་རྒྱལ་འཇིགས་མེད་(Vaṭṭagāmaṇi-Abhaya)ཕྱི་ལོ་མ་ཚུགས་གོང་རོལ་གྱི་༨༨ལོར་རྒྱལ་ཁྲིར་མངའ་གསོལ་ཡོད་ཀྱང་། ཏ་མིར་(Tamir)མི་རིགས་ཀྱི་ནུས་པས་རེ་ཞིག་ཁྲི་ལས་བཤོལ་དགོས་བྱུང་ཡང་དེ་རྗེས་ལོ་བཅོ་ལྔ་ནས་སླར་ཡང་མངའ་གསོལ་ཏེ་ལོ་བཅུ་གཉིས་རིང་སྟེ་ཕྱི་ལོ་མ་ཚུགས་གོང་རོལ་༤༤ནས་༡༧ལོ་བར་རྒྱལ་སྲིད་བསྐྱངས་ཤིང་སྐབས་དེར་ཆོས་རྒྱལ་འདིས་འཇིགས་མེད་རིའི་གཙུག་ལག་ཁང་བཞེངས་ནས་གནས་བརྟན་མ་ཧཱ་ཏིསྶ་(Mahātissa)ལ་ཕུལ་བའི་དུས་རབས་ནི་ཕྱི་ལོ་མ་ཚུགས་གོང་རོལ་ལོ་༤༤ལོར་ཡིན་ཟེར། གནས་བརྟན་འདི་བཞིན་གཙུག་ལག་ཁང་ཆེ་མོ་ནས་གནས་དབྱུང་བཏང་བ་ལྟར་གནས་བརྟན་གྱིས་ཀྱང་གནས་དེ་བཞག་ནས་འཁོར་སློབ་མའི་ཚོགས་མང་པོ་དང་ལྷན་ཅིག་ཏུ་འཇིགས་མེད་རིའི་གཙུག་ལག་ཁང་དུ་གནས་གཞི་བཟུང་། དེ་ལ་བརྟེན་ནས་སེངྒ་ལའི་ནང་ཆོས་ཀྱང་ནང་གསེས་སྡེ་པ་གཉིས་སུ་གྱེས་འདུག་①ཅེས་གསུངས། ཁང་དཀར་གྱིས་གསུངས་པའི་སྡེ་གཉིས་ནི་གོང་དུ་དགེ་ཆོས་ཀྱིས་གསུངས་པའི་རྒྱལ་བྱེད་ཚལ་གནས་ཕུད་པའི་སྡེ་གཉིས་ལ་གོ་དགོས་སོ། |

[255]སྔོན་གྱི་རྒྱལ་པོ། འདིར་བརྗོད་པའི་ཡུལ་དེའི་སྔོན་གྱི་རྒྱལ་པོ་ནི་གོང་དུ་བརྗོད་པའི་སེངྒ་ལའི་ཡུལ་གྱི་རྒྱལ་རབས་བདུན་པ་རྒྱལ་པོ་ཏིསྶ་སྐར་རྒྱལ་(天爱帝须)ལ་གོ་བར་འདུག་སྟེ། དགེ་འདུན་ཆོས་འཕེལ་གྱིས་མཛད་པའི་སེངྒ་ལའི་ལོ་རྒྱུས་ལས། རྒྱལ་པོ་སྐར་རྒྱལ་གྱིས་རང་གི་ཚ་བོ་རྒྱལ་བུ་འཆི་ལྟས་ཨཱཧྲཱི་བྱ་བ་ལ། གཡས་

① ཁང་དཀར་ཚུལ་ཁྲིམས་སྐལ་བཟང་། 《རྒྱ་གར་ནང་པའི་ལྟ་གྲུབ་ཆོས་འབྱུང་ལེགས་བཤད་དགའ་གནད་མདུད་དགྲོལ་》 གསུང་འབུམ་པོད་ལྔ་པ། སྟོད་ཆ། སི་ཁྲོན་མི་རིགས་དཔེ་སྐྲུན་ཁང་། ༢༠༡༨ལོ། ཤ་༢༥༥

འཁྲིལ་དང་། མུ་ཏིག་ལ་སོགས་པ་སྐྱེས་མང་པོ་དང་བཅས་སྐྱ་ནར་བུར་བརྫངས་པས། སྨྲ་ངན་མེད་ཀྱིས་རྒྱལ་པོ་སྐར་རྒྱལ་ཆོས་ལ་མོས་པ་ཐོབ་པ་ཐོས་ནས་ཤིན་ཏུ་དགའ་བར་གྱུར་ཅིང་། རང་གི་བུ་མོ་དགེ་འདུན་རྩ་ལག་མ་ཡང་བརྫངས། བྱང་ཆུབ་ཤིང་གི་ཡལ་ག་ཞིག་བླངས་ཏེ་གསེར་གྱི་ཡོལ་ཀོ་ལུས་ཚད་མཉམ་པའི་ནང་དུ་བཙུགས། ཉིན་བདུན་ལ་དུས་སྟོན་བྱས་ཏེ་དཔུང་གི་ཚོགས་ཆེན་པོ་དང་བཅས་པས་སིངྒ་ལའི་གླིང་དུ་བསྐྱལ། རྒྱལ་པོ་སྐར་རྒྱལ་གྱིས་སྟོན་མ་མཛད་བའི་བསུ་བ་རྒྱ་ཆེན་པོ་བྱས་ཏེ། ཡལ་ག་དེ་སྦྲིན་ཆེན་པོའི་ཀུན་དགའ་ར་བར་བཙུགས་པ་ད་ལྟའི་བར་མ་འགགས་ཀྱི་གྲོང་ཁྱེར་ཨ་ནུ་རཱ་དྷ་པུ་ར་ན་ཤིན་ཏུ་རྒས་ཤིང་ཞུམ་པའི་རྣམ་པ་ཅན་དུ་བཞུགས་ཤིང་། སིངྒ་ལ་པ་རྣམས་ཀྱིས་སྲོག་གི་སྙིང་པོ་ལྟར་གཅེས་སྤྲས་བྱེད། ཡ་ང་བའི་སྐབས་ཀུན་ཏུ་དམག་དཔུང་ཆེན་པོས་བསྐོར་ཏེ་བསྲུངས། འདབ་མ་རེ་ལ་གསེར་དང་འདྲ་བའི་རྩིས་ཐང་བྱེད་དོ། །བྱང་ཆུབ་ཤིང་འདི་གདན་དྲངས་པའི་བསུ་བཀོད་རྣམས་རྒྱ་གར་སཉྩིའི་ཡུལ་ན་ཨ་ཤྭ་ཀ་རང་ཉིད་ཀྱིས་བཞེངས་པའི་མཆོད་རྟེན་ཆོས་ཀྱི་རྒྱལ་པོ་པ་ཞིག་ཡོད་པའི་ར་བའི་དྭ་མིག་གི་སྟེང་དུ་རྗེ་ལ་རི་མོར་བཀོས་པ་དེང་སང་གི་བར་དུ་གནས་སོ། །བྱང་ཆུབ་ཤིང་སིངྒ་ལར་བཙུགས་པའི་ལོ་དེ་སྨྲ་ངན་མེད་ཀྱི་ཁྲི་ལོ་བཅོ་བརྒྱད་ཡིན་པར་བཤད།[1] ཅེས་གསུངས་པ་ལས་རྟོགས་ཐུབ་ཅིང་། ཀྲང་ཤུན་གྱི་མཆན་དུ། དེང་གི་ཞིབ་འཇུག་པ་ཕལ་མོ་ཆེས་ཚད་མར་བྱེད་པའི་སྟོན་པའི་འདས་ལོ་༤༨༦ལ་བརྩིས་ཚེ་སྨྲ་ངན་མེད་ཁྲིར་གསོལ་བའི་ལོ་ནི་སྤྱི་ལོའི་སྔོན་གྱི་༢༨༩ཡིན་ཞིང་། དེ་ལྟར་ན་སྨྲ་ངན་མེད་ཀྱི་ཁྲི་ལོ་བཅོ་བརྒྱད་ནི་སྤྱི་ལོའི་སྔོན་གྱི་༢༥༧ལ་འཁེལ་[2]ཞེས་གསུངས།

① 《དགེ་འདུན་ཆོས་འཕེལ་གྱི་གསུང་རྩོམ་》 པོད་གཉིས་པ། བོད་ལྗོངས་བོད་ཡིག་དཔེ་རྙིང་དཔེ་སྐྲུན་ཁང་། ༢༠༡༧ལོ། ཤ་༣༩

② 张巽校注：《佛国记》，中国旅游出版社，2016年，第143页。

[256]**གཙུག་ལག་ཁང་།** འདིར་བརྗོད་པའི་བྱང་ཆུབ་ཤིང་གི་འདབ་མ་བཙུགས་སའི་གཙུག་ལག་ཁང་དེར་སྨོས་ཁད་ཀྱི་མཆན་དུ། དགེ་འདུན་ཆོས་འཕེལ་གྱིས་མ་འགགས་པའི་གྲོང་གི་སྤྲིན་ཆེན་པོའི་ཀུན་དགའ་ར་བ་བྱ་བར་གསུངས་པའི་ཀུན་དགའ་ར་བ་ནི་ཀྲང་ཤུན་གྱི་མཆན་[①]དང་ཨ་རྷ་ཆི་གི་རོ་ཀུ་ཡི་མཆན་[②]གཉིས་ལ་མ་ཧཱ་བི་ཧཱ་རའི་གཙུག་ལག་ཁང་ཡིན་པར་གསུངས་ཤིང་། དེའང་གོང་གི་མཆན་གཉིས་པོ་ལས་བསྟན་པ་ལྟར་རྒྱལ་པོ་མྱ་ངན་མེད་ཀྱི་བུ་མོ་དགེ་འདུན་རྩ་ལག་མས་བྱང་ཆུབ་ཤིང་གི་འདབ་མ་རྒྱ་གར་ཡུལ་དབུས་ཀྱི་གྲོང་ཁྱེར་སྐྱ་ནར་བུ་ནས་སིངྒ་ལའི་མ་འགགས་པའི་གྲོང་དུ་གདན་དྲངས་ཤིང་། དེར་བཏབ་པའི་དུས་ནི་རྒྱལ་པོ་མྱ་ངན་མེད་ཀྱི་ཁྲི་ལོ་བཅོ་བརྒྱད་པ་སྤྱི་ལོའི་སྔོན་གྱི་༢༥༧ལ་འཁེལ་ཞིང་། འཇིགས་མེད་རིའི་གཙུག་ལག་ཁང་ནི་སྤྱི་ལོའི་སྔོན་གྱི་ལོ་༢༠ལ་བཞེངས་པ་ལས་ཤེས་ནུས།

[257]**སྟོན་པའི་ཚེམས་གསོལ་བའི་གཙུག་ལག་ཁང་།** ཚེམས་དེའི་སྐོར་གཞན་དུ་ཐང་སན་ལམ་ཡིག་གི་བམ་པོ་བཅུ་གཅིག་ཏུ་ཕྲན་ཙམ་གསལ་མོད་ཀྱི་ཇི་ལྟར་བྱུང་ཚུལ་གྱི་ལོ་རྒྱུས་ཞིབ་ཏུ་འཕོད་མེད། ཅིད་ཤན་ལིན་གྱི་ཐང་སན་ལམ་ཡིག་མཆན་དུ་སྟོན་པའི་ཚེམས་དེ་ཉིད་ད་ལྟའི་སིངྒ་ལའི་རྒྱལ་ཁབ་ཀྱི་གྲོང་ཁྱེར་དང་པོ་ཀན་དི་(Kan dy/坎迪)ཡི་སྟོན་པའི་ཚེམས་ཀྱི་གཙུག་ལག་ཁང་དུ་བཞུགས་ཡོད་[③]ཅེས་གསུངས། དགེ་འདུན་ཆོས་འཕེལ་གྱི་སིངྒ་ལའི་ལོ་རྒྱུས་སུ་ཡིག་ཆ་གཞན་ན་མཐོང་དཀོན་པའི་སྐབས་བབ་སིངྒ་ལའི་སྟོན་པའི་ཚེམས་ཀྱི་ལོ་རྒྱུས་ཞིབ་ཕྲ་འཕོད་པ་འདི་ལྟ་སྟེ། དེ་ནས་དེའི་བུ་མེ་ཧྲ་བ་ནས་སྲིད་སྐྱོང་བའི་རིང་ལ་ སྔར་གྱི་བསྟན་པ་ཉམས་པ་ཡང་སོར་ཆུད།…འདིའི་ཁྲི་ལོ་དགུ་པར་བབས་པ་ན། ཀ་ལིངྒའི་རྒྱལ་པོ་གདུང་

① 张巽校注:《佛国记》,中国旅游出版社,2016年,第144页。

② 足立喜六著,何建民、张小柳译:《〈法显传〉考证》,贵州大学出版社,2014年,第206页。

③ 季羡林等校注:《大唐西域记》,中华书局,2012年,第882页。

སྐལ་སངས་རྒྱས་ཀྱི་ཚེམས་མཆེ་བ་དེ་སིདྷ་ལར་ཕྱིན། དེ་ཡང་ཀ་ལིངྐའི་རྒྱལ་པོ་ཨུ་སྟེགས་ཀྱི་དམག་གིས་ཕམ་སྟེ་མཚོན་ཕོག་ནས་འཆི་ལ་ཉེ་བ་ན། རང་གི་བུ་མོ་ལ་ཁྱོད་ཚེམས་འཁྱེར་ལ་བྲོས་ནས་སིདྷ་ལའི་རྒྱལ་པོ་ནང་པར་ཡོད་པ་ལ་ཕྱིན་ཅིག་ཅེས་སྨྲས་པ་བཞིན། དེས་ཚེམས་སྐྲ་གསེབ་ཏུ་བཅུག་སྟེ་སིདྷ་ལར་སླེབས་ནས་རྒྱལ་པོ་མེ་ཐྭ་བ་ན་ལ་ཕུལ། རྒྱལ་པོས་སྟོན་མཐོང་མ་མྱོང་བའི་བསུ་བཀོད་དང་བཅས་ཏེ། ཆོས་རྒྱལ་སྐར་རྒྱལ་གྱིས་བཞེངས་པའི་ཆོས་ཀྱི་འཁོར་ལོའི་གཙུག་ལག་ཁང་དུ་བཞུགས་སུ་གསོལ།…དེ་ལྟ་བུའི་སྟོན་པའི་ཚེམས་མཆེ་བ་དེ་ནི། གསུམ་པ་ཀ་ལིངྐའི་རྒྱལ་པོ་ཡུལ་ན་སྟེ་ཞེས་མདོ་ལས་གསལ་བ་དེ་རང་ཡིན་པར་གྲགས་ཤིང་། ད་ལྟ་ཀཎྜི་ན་ཁྲིང་ལྡན་མའི་གཙུག་ལག་ཁང་བྱ་བར་བཞུགས། དགོན་དེ་སིདྷ་ལའི་གནས་གཞི་ཀུན་གྱི་གཙོ་བོ་ཡིན་ཞིང་། ཡུལ་སྤྱིའི་དགེ་འདུན་གནས་བརྟན་ཡང་དེར་ཡོད། དེ་ལ་སདྷ་ནྡ་ཛ་སྟེ་དགེ་འདུན་རྒྱལ་པོར་ཡང་འབོད།[1] ཅེས་གསུངས་པའི་སྟོན་པའི་ཚེམས་མཆེ་བ་དེ་ཉིད་ཅེད་ཤན་ལིན་གྱི་ཐང་སན་ལམ་ཡིག་མཆན་[2]དུ་སྟོན་པ་སྐུ་མྱ་ངན་ལས་འདས་རྗེས་མི་རིང་བར་ཡུལ་ཀ་ལིངྐ་གར་གདན་དྲངས་ནས་ཡུལ་དེའི་གྲོང་མཁར་མདོ་བསྟན་རྣམས་སུ་དནྟ་པུ་ར་(Dantapura/檀塔补罗)སྟེ་ཚེམས་གྲོང་དུ་འབོད་པར་བཞུགས་སུ་གསོལ་ཞིང་ད་ལྟ་བཞུགས་ཡུལ་ཅེད་ཤན་ལིན་གྱིས་བསྟན་པའི་ཀན་དི་(Kan dy/坎迪)གྲོང་ཁྱེར་ཞེས་པ་དང་དགེ་འདུན་ཆོས་འཕེལ་གྱིས་གསུངས་པའི་ཀཎྜི་ན་གཉིས་ས་ཆ་གཅིག་ཡིན་པར་སྣམ། ལར་ཡུལ་ཀ་ལིངྐའི་(Kaliṅga/羯陵伽)རྗེས་ཤུལ་ནི་ད་ལྟ་རྒྱ་གར་ཤར་ཕྱོགས་མཚོ་ངོགས་མངའ་སྡེ་ཨོ་རི་སའི་(奥里萨邦)གན་ཇམ་རྫོང་(Ganjam/甘贾姆)གི་བྱང་རྒྱུད་ཆིར་ཀ་(Chilka/

[1] 《དགེ་འདུན་ཆོས་འཕེལ་གྱི་གསུང་རྩོམ་》པོད་གཉིས་པ། བོད་ལྗོངས་བོད་ཡིག་དཔེ་སྙིང་དཔེ་སྐྲུན་ཁང་། ༢༠༡༧ལོ། ཤ་༥༤ནས་༥༥བར།

[2] 季羡林等校注:《大唐西域记》, 中华书局, 2012年, 第820页。

奇尔加)མཚོའི་ཝོགས་སུ་ཡོད་①ཅེས་ཀྱང་ཤིན་ཧྲེ་ཡིས་བསྒྲིགས་པའི་ནུབ་ཡུལ་ས་མིང་དཔྱད་བཏུས་ལ་གསལ།

[258]**ཨ་རབ་ཀྱི་ཚོང་པ།** དེར་རྒྱ་ཡིག་ཕྱི་མོར་薩博商人ཞེས་བྱུང་བ་ལ་ཀྱང་ཤུན་②དང་། ཝུའུ་ཡུད་ཀུས།③ ཡང་ཝེའི་ཀྲུང་④བཅས་ཀྱི་མཆན་ལ་ཞལ་མཐུན་པར་薩博ནི་Sabaeanསྒྲ་ཟུར་ཆག་པ་ཡིན་ཞིང་། Sabaeanནི་གནའ་བོའི་ཨ་རབ་ཕྱེད་གླིང་(阿拉伯半岛)ལྷོ་ནུབ་རྒྱུད་ཀྱི་Sabáས་ཁུལ་གྱི་སྐྱི་བོ་མཚོ་འགྲུལ་ཚོང་ལས་ལ་ཤིན་ཏུ་མཁས་པར་གྲགས། དེས་ན་ཨ་རབ་ཀྱི་ཚོང་པ་དེ་རིགས་གནའ་ནས་ཉེ་རབས་བར་དུ་སིནྡྷུ་ལའི་ཚོང་དོན་འབྲེལ་ལམ་ལ་བྱས་པ་ཆེ་བ་རྒྱུ་མཚན་དུ་བྱས་ནས་薩博商人ནི་ཨ་རབ་ཀྱི་ཚོང་པ་(阿拉伯商人)ཡིན་པར་བཞེད་པས་སྐབས་བབ་དེ་བཞིན་བོད་བསྒྱུར་བགྱིས་པ་ལགས། ཨ་ཧྲ་ཆི་གི་རོ་ཀུ་ཡི་མཆན་དུ། 薩博ནི་ལེགས་སྦྱར་ཐ་སྙད་ཐམས་ཅད་ཀྱི་སྐད་དོད་སརྦ་ཞེས་པ་སྒྲ་ཟུར་ཆག་པས་薩博商人ཚོང་པ་ཐམས་ཅད་ཞེས་པར་གོ་དགོས།⑤ ཞེས་གོང་གི་ཞིབ་འཇུག་པ་གསུམ་པོ་དང་ཐ་དད་པའི་བཞེད་ཚུལ་གསུངས་པའང་སྣང་།

[259]**ཇི་ཙམ་ཤོང་བ་དེ་ཙམ་སྦྱིན།** དེའི་སྐོར་ལ་ཐང་སན་ལམ་ཡིག་གི་བམ་པོ་བཅུ་གཅིག་པའི་སིནྡྷུ་ལའི་ཡུལ་དུ་འང་འདི་ལྟར་འཁོད་དེ། ཕོ་བྲང་ཉེ་འགྲམ་ན་ཙུང་ཁང་ཆེན་པོ་བཞེངས་ཡོད་པར་ཉིན་རེར་དགེ་འདུན་ཆིག་ཁྲི་བརྒྱད་སྟོང་ཙམ་དུས་བཞིན་ལྷུང་བཟེད་བསྣམས་ཏེ་བསོད་སྙོམས་བཞེས་རྗེས་རང་ཤག་ཏུ་ཕྱིན། ཚུལ་འདི་ཉིད་ཡུལ་དེར་ནང་ཆོས་དར་བ་ནས་བཟུང་ཚེ་ཚེ་རབས་རབས་

① 钟兴麒:《西域地名考录》,国家图书馆出版社,2008年,第314页。

② 张巽校注:《佛国记》,中国旅游出版社,2016年,第145页。

③ 吴玉贵释译:《佛国记》,东方出版社,2018年,第258页。

④ 杨维中注释:《佛国记》,三民书局,2004年,第215页。

⑤ 足立喜六著,何建民、张小柳译:《〈法显传〉考证》,贵州大学出版社,2014年,第209页。

སུ་གནས། འོན་ཏེ་ཉེ་བའི་ལོ་བཅུའི་ཆར་ཡུལ་གྱི་ཆབ་སྲིད་འཁྲུགས་རྐྱེན་གཏན་གྱི་རྗེ་བོ་མེད་སྟབས་ཉམས་པར་གྱུར[1] ཞེས་གསལ།

[260]**བསྐལ་ཆེན་གྲངས་མེད་གསུམ།** དེར་ལམ་ཡིག་ཕྱི་མོའི་རྒྱ་ཡིག་ཏུ་三阿僧祇劫བྲི་བ་ལས། 阿僧祇ནི་གྲངས་མེད་ཀྱི་ལེགས་སྦྱར་སྐད་དོད་ཨ་སཾཁྱེ་ཡཾ་སྒྲ་ཟུར་ཆག་པ་དང་། 劫ནི་སྐབས་འདིར་བསྐལ་ཆེན་ལ་གོ་བས་三阿僧祇劫ནི་བསྐལ་ཆེན་གྲངས་མེད་གསུམ་མོ། །དེ་ཡང་སངས་རྒྱས་ཆོས་ལུགས་ཀྱི་བསྟན་བཅོས་མངོན་པ་མཛོད་ལས་བྱུང་ཞིང་། དེའི་སྐོར་ལ་དུང་དཀར་བློ་བཟང་འཕྲིན་ལས་མཆོག་གིས་རྗེ་དགེ་འདུན་གྲུབ་པར་བྱང་བདག་རྣམ་རྒྱལ་གྲགས་བཟང་གིས་དྲི་བ་ཞུས་པའི་ལན་གཞིར་བཟུང་ནས་བཀོད་པ་དུང་དཀར་ཚིག་མཛོད་ལས་བསྟན་པ་འདི་ལྟ་སྟེ། སངས་རྒྱས་ཆོས་ལུགས་ཀྱི་གཞུང་ནས་བཤད་སྲོལ་ལ། འཇིག་རྟེན་གྱི་ཁམས་ལ་གྲངས་དང་མཐའ་གཏན་ནས་མེད་པ་དང་། དེ་དག་གི་བཟོ་དབྱིབས་ཀྱང་མི་འདྲ་བ་ཡིན་ཞིང་། རང་ཅག་གནས་པའི་འཇིག་རྟེན་གྱི་ཁམས་འདི་ཆགས་པ་ནས་མེད་པར་གྱུར་སྐེ་འཇིག་རྟེན་རྗེས་མ་གསར་དུ་མ་ཆགས་བར་གྱི་དུས་ཡུན་དེ་ལ་མི་ལོ་དཀྲིགས་ཆེན་པོ་གསུམ། དཀྲིགས་ཆུང་བ་གསུམ། གཏམས་ཆེན་པོ་དགུ། གཏམས་ཆུང་བ་བདུན། རབ་བཀྲམ་ཆེན་པོ་བདུན། རབ་བཀྲམ་མེད། ཁྲག་ཁྲིག་ཆེན་པོ་དྲུག །ཁྲག་ཁྲིག་གཉིས། ཐེར་འབུམ་ཆེན་པོ་བཞི་བཅས་ཡོད་པ་རྣམས་ཨང་རྟགས་སུ་བཀོད་ན་༣༣༥༡༧༧༠༤༣༦༠༠༠༠༠༠༠༠༠༠ཡོད་པ་སྟེ། དེང་སང་དུང་ཕྱུར་རྩེ་གཞིར་བྱས་པ་ལྟར་ན་དུང་ཕྱུར་སུམ་བརྒྱ་སུམ་ཅུ་སོ་དགུ་དང་། བྱེ་བ་བདུན། ས་ཡ་བདུན། འབུམ་མེད་དྲུག་ཁྲི། ཉིས་སྟོང་། བཞི་བརྒྱ་ཐམ་པ་ཡིན། དེ་ཉིད་དུམ་བུ་བཞིར་བགོས་པའི་དུམ་བུ་དང་པོ་འཇིག་རྟེན་ཆགས་པའི་དུས། གཉིས་པ་འཇིག

① རྨེ་ཏྲ་ཚེ་རིང་དོན་གྲུབ། 《ཐང་སན་ལམ་ཡིག་གསར་བསྒྱུར་དང་ཞིབ་འཇུག་》བོད་ལྗོངས་བོད་ཡིག་དཔེ་སྙིང་དཔེ་སྐྲུན་ཁང་། ༢༠༡༨ལོ། ཤ་༣༧༢

རྟེན་གནས་པའི་དུས། གསུམ་པ་འཇིག་རྟེན་འཇིག་པའི་དུས། བཞི་པ་འཇིག་རྟེན་སྟོ་མ་སྟོངས་ནས་རྫེས་མ་གསར་དུ་མ་ཆགས་པའི་བར་སྟོང་གི་དུས་བཅས་རེ་རེ་ལ་བར་བསྐལ་ཉི་ཤུ་རེ་དང་། བར་བསྐལ་རེ་རེ་ལ་མི་ལོ་བྱེ་བ་བརྒྱད་དང་ས་ཡ་དྲུག །འབུམ་བཞི་རེ་ཡོད་པ་དེ་ཉི་ཤུས་བསྒྱུར་ན་མི་ལོ་(༡༧༢༨༠༠༠༠༠༠)དུང་ཕྱུར་བཅུ་བདུན་དང་། བྱེ་བ་གཉིས། ས་ཡ་བརྒྱད་ཡིན་པས་འཇིག་རྟེན་འདི་ཉིད་ཐོག་མར་ཆགས་པ་ནས་གནས་པའི་མཇུག་མ་ཛོགས་ཀྱི་བར་ཧེ་མིའི་རིགས་ཐོག་མར་བྱུང་བ་ནས་འཇིག་པའི་འགོ་མ་ཚུགས་ཀྱི་བར་གྱི་དུས་ཡུན་ལ་བར་བསྐལ་ཉི་ཤུ་ཐམ་པའི་ཡུན་ཡོད་ཅིང་། ད་ལྟ་ཕན་ལ་མ་མཐར་ཡང་མི་ལོ་ས་ཡ་ཁ་ཤས་ཧེ་ཁྲི་སྟོང་ཕྲག་ཁ་ཤས་སོང་ཟིན་པར་ཁས་ལེན། ཆགས་པའི་བསྐལ་པ་ཟེར་བ་ནི། འཇིག་རྟེན་ཁམས་ཐོག་མར་ཆགས་པ་ནས་འགྲོ་བ་མིའི་རིགས་མ་བྱུང་གི་བར་ལ་ཟེར་ཞིང་། དེ་མི་ལོ་དུང་ཕྱུར་མང་པོ་ཡོད། གནས་པའི་བསྐལ་པ་ནི་འཇིག་རྟེན་ཐོག་མི་ཐེངས་དང་པོར་བྱུང་བ་ནས་རང་བྱུང་གི་གནོད་འཚེས་འཇིག་རྟེན་འདི་ཉིད་འཇིག་པའི་འགོ་མ་ཚུགས་བར་ལ་ཟེར། དེའི་རིང་ལ་མིའི་ཚེ་ཚད་ཆ་སྙོམས་ལོ་བརྒྱད་ཁྲི་ནས་ཚེ་ལོ་བཅུ་པ་བར་མར་འགྲིབ་དང་སླར་ཡང་ཚེ་ལོ་བཅུ་པ་ནས་ཚེ་ལོ་བརྒྱད་ཁྲི་བར་ཡར་འཕེལ་བཅས་རེས་མོས་བྱེད་པའི་ཁྱུག་པ་བཅོ་བརྒྱད་ཡོད། འཇིག་པའི་བསྐལ་པ་ནི་རང་བྱུང་གི་གནོད་འཚེས་འཇིག་རྟེན་ཁམས་འདི་འཇིག་པའི་འགོ་ཚུགས་པ་ནས་རྫ་མེད་མ་སོང་བར་ལ་ཟེར། སྟོངས་པའི་བསྐལ་པ་ནི་འཇིག་རྟེན་རྫ་མེད་སོང་བནས་འཇིག་རྟེན་རྫེས་མ་གསར་དུ་ཆགས་པའི་འགོ་མ་ཚུགས་བར་ལ་ཟེར། འཇིག་རྟེན་གནས་པའི་བསྐལ་པ་དེ་ལ་བསྐལ་པ་མར་འགྲིབ་སྐྱེ་སྲི་ཚོགས་ཉམས་རྒུད་སོང་བའི་སྐབས་ཤིག་དང་བསྐལ་པ་ཡར་འཕེལ་ཞེས་སྤྱི་ཚོགས་ཡར་རྒྱས་ཀྱི་དུས་ཤིག་བཅས་རྒྱ་མཚོའི་ཐ་རླབས་ལྟར་རེས་མོས་བྱེད་པའི་

དུས་ཡུན་རེ་ལ་ཁུག་པ་རེར་བརྩིས་པའི་བར་གྱི་ཁུག་པ་བཅོ་བརྒྱད་ཡོད། ཁུག་པ་བཅོ་བརྒྱད་ཀྱི་དུས་ཡུན་བསྡོམས་ན་བར་བསྐལ་ཉི་ཤུ་ཡོད། འཇིག་རྟེན་ཆགས་པ་དང་། གནས་པ། འཇིག་པ། སྟོངས་པ་བཅས་ཀྱི་དུས་ཡུན་རེ་ལ་བར་བསྐལ་ཉི་ཤུ་རེ་ཡོད་པ་བསྡོམས་ན་བར་བསྐལ་བརྒྱད་ཅུ་ཐམ་པ་ཡོད་པས་དེ་ལ་བསྐལ་པ་ཆེན་པོ་གཅིག་གམ་བསྐལ་ཆེན་གྲངས་མེད་གཅིག་ཟེར་ཞིང་། དེ་འདྲ་གསུམ་ལ་འདིར་བསྟན་བསྐལ་ཆེན་གྲངས་མེད་གསུམ་མོ། །①

[261]སྤྱན་གཞན་ལ་སྦྱིན། སྤྱན་སྦྱིན་པར་བཏང་བའི་གཏམ་རྒྱུད་སྐབས་བབ་ལམ་ཡིག་གི་གོང་མར་བརྗོད་ཟིན་པའི་དྲི་ཟའི་ཡུལ་དང་། ལོའོ་ཡང་དགོན་སྡེའི་དཀར་ཆག་གི་བམ་པོ་ལྔ་པ་དང་ཐང་སན་ལམ་ཡིག་གི་བམ་པོ་གཉིས་པ་ཟུང་གི་དྲི་ཟའི་ཡུལ་གྱི་སྐབས་སུ་ཡང་གསལ། གཞན་རང་གི་ཡུལ་དང་བུ་དང་ཆུང་མ་བཅས་སྦྱིན་པའི་གཏམ་རྒྱུད་རྒྱ་འགྱུར་རིགས་དྲུག་འདྲེན་པའི་མདོ་《六度集经》(ཁོད་ན་མ་རྟེད་)དང་། ས་སྐྱའི་སྐབས་ཤེང་སྟོན་ལོ་ཙཱ་བ་རྡོ་རྗེ་རྒྱལ་མཚན་གྱིས་ལེགས་སྦྱར་ནས་བོད་དུ་བསྒྱུར་བའི་དཔག་བསམ་འཁྲི་ཤིང་དང་། སྡེ་དགེ་བཀའ་འགྱུར་དུ་བཞུགས་པའི་ལོ་ཙཱ་བ་འགོས་ཆོས་གྲུབ་ཀྱིས་རྒྱ་ནག་གིས་སྐད་ནས་བསྒྱུར་བ་མཛངས་བླུན་ཞེས་བྱ་བའི་མདོའམ་ཡོངས་གྲགས་མདོ་མཛངས་བླུན་②སོགས་སུ་གསལ།

[262]དབྱུ་གཞན་ལ་སྟེར་བ། སྐྱེས་རབས་དེའི་སྐོར་ཐང་སན་ལམ་ཡིག་གི་བམ་པོ་གསུམ་པའི་ཏཀྴ་ཤི་ལཱའི་ཡུལ་དུའང་འཁོད་ཅིང་། གཏམ་རྒྱུད་ཞིབ་པ་མདོ་མཛངས་བླུན་གྱི་བམ་པོ་དྲུག་པ་རྒྱལ་པོ་ཟླ་འོད་ཀྱིས་མགོ་བྱིན་པའི་ལེའུ་ལ་གསལ།

① དུང་དཀར་བློ་བཟང་འཕྲིན་ལས། 《དུང་དཀར་ཚིག་མཛོད་》ཀྲུང་གོའི་བོད་རིག་པ་དཔེ་སྐྲུན་ཁང་། ༢༠༡༥ལོ། ཤ་༢༧༨

② 《སྡེ་དགེ་བཀའ་འགྱུར་》མདོ་སྡེ། ཨ་པོད། ལྡེབ་༡༢༥་ཉིན་ངོས་ནས་༢༥ཀྱི་ཉིན་ངོས་བར།

[263]**སྟག་མོ་ལ་ལུས་སྦྱིན་པ།** དེའི་སྐོར་སྐབས་བབ་ལམ་ཡིག་གི་གོང་མར་བརྗོད་ཟིན་པའི་ཏཀྵ་ཤི་ལྭའི་ཡུལ་དང་། ཐང་སན་ལམ་ཡིག་གི་བམ་པོ་གསུམ་པའི་ནང་འཁོད་སེང་ཧ་པུ་རའི་ཡུལ་(僧诃补罗国)དུ་བྱུང་ཞིང་། སྐྱེས་རབས་ཞིབ་པ་མདོ་མཛངས་བླུན་གྱི་བམ་པོ་དང་པོའི་ཡན་ལག་སེམས་ཅན་ཆེན་པོས་སྟག་མོ་ལ་ལུས་སྦྱིན་པའི་ལེའུ་ཞེས་པར་གསལ།

[264]**ལོ་བཞི་བཅུ་རྩ་ལྔ།** དེར་ཀྱང་ཤུན་གྱི་མཆན་དུ་གསུངས་པ་ལྟར་ན། ལམ་ཡིག་འདིའི་རྒྱ་ཡིག་དཔར་མ་གཞན་ཅིན་དེབ་《津本》དང་། ཞོད་དེབ་《学本》དང་། ཡོན་དེབ་《院本》གསུམ་དུ་ལོ་བཞི་བཅུ་རྩ་དགུ་འཁོད་[①]ཅེས་བསྟན། ལར་ཅིན་དེབ་《津本》ནི་༡༩༢༢ལོར་ཧུང་ཧའི་ཧུ་ཐོན་པའི་དཔར་མ་ཡིན་ཞིང་། ཞོད་དེབ་《学本》ནི་ཆིང་གོང་མ་བསྡོགས་སྐྱོན་(嘉庆)ཁྲི་ལོ་བཅུ་པ་སྤྱི་ལོ་༡༨༠༥ལོར་བཏབ་པའི་དཔར་མ་ཞིག་དང་། ཅིག་ཤོས་ཡོན་དེབ་《院本》ནི་ཀྲུང་ཧྭ་མིང་གོའི་ཙི་ན་ནང་བསྟན་སློབ་གླིང་(支那内学院)གིས་སྤྱི་ལོ་༡༩༣༢ལོ་ལ་དཔར་དུ་བཏབ་པ་བཅས་སོ། །

[265]**ལོ་ཆིག་སྟོང་བཞི་བརྒྱ་དགུ་བཅུ་རྩ་བདུན།** ལམ་ཡིག་ཕྱི་མོ་ལྟར་ན་བཙུན་པ་རྒྱ་ཤར་ཧྥ་ཤྱན་ལེགྒའི་ཡུལ་ལ་དབྱིད་ཤིའི་ཁྲི་ལོ་བཞི་པ་སྤྱི་ལོ་༤༠༨དང་ཁྲི་ལོ་ལྔ་པ་སྤྱི་ལོ་༤༠༩བཅས་ལོ་གཉིས་རིལ་པོ་བཞུགས་པས་སིཏྣ་ལར་ཐེབས་འགྱོར་བྱུང་སྐབས་དབྱིད་ཞིའི་ཁྲི་ལོ་དྲུག་པ་སྤྱི་ལོ་༤༡༠ལ་འཁེལ་ཞིང་། དེ་ནས་གོང་དུ་ལམ་ཡིག་ལས་བསྟན་པ་བཞིན་ལོ་༡༤༩༧དེད་ཚེ། སྤྱི་ལོའི་སྔོན་གྱི་༡༠༨༧ལོ་ནི་བཙུན་པ་རྒྱ་ཤར་ལུགས་ཀྱི་སྟོན་པ་མྱ་ངན་ལས་འདས་པའི་ལོ་ཚིགས་ལ་ངེས་དགོས།

[266]**རྒྱལ་བུ་ས་དྷ་ན།** རྒྱལ་བུ་དེའི་རྒྱ་ཡིག་གི་མཚན་ལ་རྒྱ་ཤར་ལམ་ཡིག་ཏུ་

① 张巽校注：《佛国记》，中国旅游出版社，2016年，第146页。

须大拿དང་། ཐང་སན་ལམ་ཡིག་ཏུ་苏达拿བྲིས་པ་གཉིས་ཀ་ལེགས་སྦྱར་གྱི་སུ་དྣ་ནའམ་སུ་དཏྟ་སྒྲ་ཟུར་ཆག་པར་སྐམ་ཞིང་། དོན་དུ་ལེགས་པར་སྦྱིན་པའམ་སོ་བཟང་པོ་ལ་གོ །དེའི་གཏམ་རྒྱུད་ཐང་སན་ལམ་ཡིག་གི་བམ་པོ་གཉིས་པའི་དྲི་ཟའི་ཡུལ་གྱི་པ་ལུ་ཁྲའི་གྲོང་ཞེས་པར་འདི་བཞིན་གསལ་ཏེ། སེམས་དཔའ་ཆེན་པོར་མདའ་ཕོག་པའི་གནས་ནས་ཤར་ཕྱོར་ལེ་དབར་ཉིས་བརྒྱ་ལྷག་འདས་པའི་སར་པ་ལུ་ཁྲའི་གྲོང་ཆགས། དེའི་བྱང་ཕྱོགས་སུ་རྒྱལ་བུ་སུ་དྣ་ན་སྟེ་སྦྱིན་པ་ལ་དགའ་བས་ཡབ་རྒྱལ་པོའི་གླང་པོ་ཆེ་བྲམ་ཟེར་སྦྱིན་པའི་སྐབས་ཀྱིས་ཡུལ་གཞན་དུ་སྤྱུགས་པའི་སྐབས་ཡབ་དང་ཞལ་གྱེས་པའི་གནས་ཡིན།[1]

[267]ཤྱཱ་མ་ཀ །སེམས་དཔའ་ཆེན་པོ་དེ་ནི་སྔོན་སྟོན་པ་བྱང་ཆུབ་སེམས་དཔའི་སྤྱོད་པ་སྤྱོད་པའི་སྐབས་ཀྱི་སྐྱེ་བ་ཡིན་ཞིང་། དེའི་མཚན་རྒྱ་ཡིག་ལ་རྒྱ་ཤན་ལམ་ཡིག་ཏུ་睒变དང་། ཐང་སན་ལམ་ཡིག་ལ་商莫迦菩萨ཞེས་གསལ་བ་ལས་ སྔ་མ་དེའི་པྣ་ལིའི་མཚན་སྣ་མ་དང་། ཕྱི་མ་ལེགས་སྦྱར་ཤྱཱ་མ་ཀ་སྒྲ་ཟུར་ཆག་པར་སྐམ། དེའི་གཏམ་རྒྱུད་ཀྱང་ཐང་སན་ལམ་ཡིག་གི་བམ་པོ་གཉིས་པའི་དྲི་ཟའི་ཡུལ་དུ་འཁོད་དེ། དེ་ནས་བྱང་དུ་ལེ་དབར་ལྔ་བཅུ་ལྷག་སོང་བ་ན་ཡང་མཆོད་རྟེན་ཞིག་བཞུགས་པ་འདིར་སྔོན་སེམས་དཔའ་ཆེན་པོ་ཤྱཱ་མ་ཀས་རང་གི་ཕ་མ་ལོང་བ་གཉིས་སྐྱུག་སྟེ་ཤིང་ཏོག་འཐུ་བའི་སྐབས་རྒྱལ་པོའི་མདའ་ཕོག་ནས་རེ་ཞིག་བརྒྱལ་བ་དང་། ལྷའི་དབང་པོ་དེའི་སྲི་ཞུའི་སྟོབས་ལ་ངོ་མཚར་ནས་བདུད་རྩིས་གསོས་པར་བྱས་སོ། །[2]

[268]འགའ་ཞིག་ཏུ་གླང་པོ་ཆེའི་རྒྱལ་པོ་དང་། རི་འགར་ཤ་བ། སྔོན་སྟོན་པ་བྱང་

---

① རྨེ་ཊ་ཚེ་རིང་དོན་གྲུབ། 《ཐང་སན་ལམ་ཡིག་གསར་བསྒྱུར་དང་ཞིབ་འཇུག་》བོད་ལྗོངས་བོད་ཡིག་དཔེ་རྙིང་དཔེ་སྐྲུན་ཁང་། ༢༠༡༨ལོ། ཤ་༥༥

② གོང་དང་མཚུངས།

ཆུབ་སེམས་དཔའི་སྤྱོད་པ་སྤྱོད་པའི་སྐབས་སྣང་པོ་ཆེ་དང་ཤྭ་བར་སྐྱེས་པའི་རབས་ཀྱི་གཏམ་རྒྱུད་ནི་གཞན་དུ་ཐང་སན་ལམ་ཡིག་གི་བམ་པོ་བདུན་པའི་ཡུལ་ལྷཱ་ནྡཱ་ཧ་སླིའི་སྐབས་སུའང་འཁོད་པ་འདིར་དྲངས་ན། གླུ་རྫིང་ནས་མི་རིང་བའི་མཚམས་སུ་མཆོད་རྟེན་ཞིག་མཛལ་དུ་ཡོད་པར་སྟོན་སྟོན་པ་བྱང་ཆུབ་མཆོག་གི་སྤྱོད་པ་སྤྱོད་པའི་ཚེ། སྣང་པོ་ཆེའི་རྒྱལ་པོ་མཆེ་བ་དྲུག་ལྡན་ལ་སྐྱེ་བ་བཞེས་ནས་རྔོན་པ་མཆེ་བར་རྔམས་པ་ཞིག་ཆོས་གོས་གྱོན་ཏེ་སྣང་པོའི་གམ་དུ་བཙར་ཞིང་གཞུ་བཀང་ནས་གསོད་པར་བརྩམས་པའི་སྐབས། སྣང་པོ་ཆེ་བྱང་སེམས་ཅན་ཆོས་གོས་ལ་དད་ནས་རང་གི་མཆེ་བ་བཅད་དེ་རྔོན་པར་གཏད་པའི་གནས་སོ། །ཞེས་དང་། དེའི་འགྲམ་གྱི་མི་རིང་བའི་ནགས་ཚེན་པོའི་གསེབ་ཏུ་མཆོད་རྟེན་ཞིག་ཡོད་པར་སྟོན་སྟོན་པ་ལྷས་བྱིན་དང་མཉམ་དུ་ཤྭ་བའི་རྒྱལ་པོ་བྱང་སེམས་ཅན་ཞིག་ཏུ་སྐྱེ་བ་བཞེས་པའི་དུས་ལེགས་བྱས་སྐྱོང་བའི་གནས་ཡིན། དེ་ཡང་སྔོན་ནགས་ཚལ་ཆེན་པོ་དེའི་གསེབ་ན་ཤྭ་བའི་ཁྱུ་ཚོགས་གཉིས་ཡོད་པ་ལ་རེ་རེར་ཤྭ་བ་ལྔ་བརྒྱ་ཡོད་པ་ལ། སྐབས་ཤིག་ཡུལ་གྱི་རྒྱལ་པོ་གནས་དེར་རྔོན་བྱ་བར་འོང་པས་བྱང་ཆུབ་སེམས་དཔའ་ཤྭ་བའི་རྒྱལ་པོས་མདུན་དུ་ལྷགས་ཏེ་རྒྱལ་པོ་ཆེན་པོ་ནགས་གསེབ་ན་འཁོང་འགྲན་ཞིང་འཁོར་རྣམས་དང་ཅི་འདོད་དུ་མདའ་ཟད་མེད་འཕངས་བ་ན་དེད་ཅག་ཀུན་ད་ལྟ་ཉིད་དུ་འཆི་ཞིང་ཅང་མ་སོང་བར་ཕུང་པོ་རྨུག་ནས་ཟ་བར་མི་ཕན། དེ་ལས་རྒྱལ་པོ་མཆོག་ལ་ཉིན་རེར་ཤྭ་བ་རེ་འབུལ་ན་ཁྱེད་ཟས་དྭངས་མ་གསོལ་བས་བཟང་ལ་དེད་ཅག་རྣམས་ཀྱང་ཚེ་ཐུང་ཟད་བསྲིངས་བར་འདུག་ཟེར་བ་རྒྱལ་པོས་ཞལ་བཞེས་ཏེ་ཆིབས་ཁ་བསྒྱུར་ནས་ཕྱིར་ལོག་གོ །དེ་ལྟར་ཤྭ་བའི་ཁྱུ་ཚོགས་གཉིས་པོས་རེས་མོས་སུ་རྒྱལ་པོར་ཤྭ་བ་གསོན་པོ་རེ་ཕུལ་ནས་འདའ་ཞིང་ལན་ཅིག་ལྷས་བྱིན་ཁྱུ་ཚོགས་ཁྲིད་ཀྱི་ཡུ་མོ་སྦྲུམ་དང་ལྡན་པ་ཞིག་འགྲོ་བའི་དུས་ལ་འཁེལ་བས་དེ་ཉིད་

ཀྱིས་ཤྭ་བའི་རྒྱལ་པོ་ལྷས་བྱིན་ལ་ཕོ་མོ་སྤྲོལ་བཞིན་འཆི་བར་མི་འགྱོད་མོད། ཕོག་ནང་གི་ཤྭ་ཕྲུག་འཆི་བའི་དུས་མ་ཡིན་ཟེར་བས་ལྷས་བྱིན་ཁྲོས་ཏེ་སྲོག་ལ་མི་གཅེས་པ་སུ་ཞིག་གདའ་ཞེས་སྨྲོན་ཐབ་པས་ཡུ་མོ་ཡིད་སྐྱོ་ཞིང་ང་ཅག་གི་རྒྱལ་པོ་བྱམས་དང་སྙིང་རྗེ་མེད། ད་འཆི་བའི་དུས་ལ་བབས་སོ་ཟེར་ཏེ་ཚེ་རིང་འདོན་བཞིན་བྱང་ཆུབ་སེམས་དཔའ་ཤྭ་བའི་རྒྱལ་པོར་སྐྱབས་འཚོལ་དུ་སོང་། བྱང་ཆུབ་སེམས་དཔའ་ཤྭ་བའི་རྒྱལ་པོས་ཡུ་མོའི་རྒྱུ་མཚན་རྟོགས་ནས་མའི་བརྩེ་བར་སྙིང་རྗེ་ཚད་མེད་པ་འཁྲུངས་ཏེ་ཕོ་བོས་ཁྱོད་ཀྱི་ཚབ་ཏུ་འགྲོ་ཟེར་ནས་རྒྱལ་པོའི་ཕོ་བྲང་གི་སྒོ་མདུན་དུ་ལྷགས། ལམ་བར་དུ་མི་རྣམས་ཀྱིས་སྐད་གསང་མཐོན་པོས་ཤྭ་བའི་རྒྱལ་པོ་སུ་གྲོང་ཁྱེར་དུ་འོང་ངམ་ཟེར་ཞིང་ཐམས་ཅད་ལྟད་མོར་སླེབས། རྒྱལ་པོས་ཐོག་མར་གཏམ་དེ་རྫུན་མར་སྙམ་པའི་ཚེ་ཤྭ་བའི་རྒྱལ་པོས་རྒྱུ་མཚན་བཤད་པ་ལྟར་ན་ཤྭ་བ་སྦྲུམ་མ་ཞིག་འགྲོ་བའི་དུས་ལ་འཁེལ་མོད་ཀྱི་དེར་ཅི་ནས་ཀྱང་བདག་མ་བཟོད་པས་ཚབ་ཏུ་ལྷགས་པ་ལགས་ཟེར། རྒྱལ་པོས་གཏམ་དེ་ཐོས་མ་ཐག་ཐུགས་རབ་ཏུ་གཡོས་ཏེ་ང་ཉིད་མི་ཡི་ལུས་བླངས་ཀྱང་དུད་འགྲོ་དང་གཉིས་སུ་མེད། འོན་ཏང་ཁྱེད་ནི་དུད་འགྲོ་ཤྭ་བའི་ལུས་ལ་མི་ཡི་བྱམས་སེམས་མངའ་ཟེར་ཞིང་ཕོ་བྲང་དུ་ཡོད་པའི་ཤྭ་བ་ཀུན་བཏང་ནས་ནགས་ཚལ་འདི་ཉིད་རི་དྭགས་འཚོ་བའི་གནས་ཡིན་པར་ཁྲིམས་བཅད་པས་ཕྱིས་རི་དྭགས་ཀྱི་ནགས་ཞེས་པའི་མིང་ཆགས་སོ། །[①]

[269]**ཆོས་ཚུལ་བཞིན་ཕྲུག་ཟླ་བོ།** །སྟོན་པའི་ཚེམས་དེ་ཉིད་མཆེ་བ་ཡིན་པ་ལས་དེར་མཆོད་པ་ཇི་ལྟར་བྱེད་ཚུལ་སྐོར་ལ་གཞན་དུ་བཙུན་པ་ཧྭ་ཤན་རྗེས་ཀྱི་ལོ་75००ཙམ་ལ་ཡུལ་སིནྡྷ་ལར་དངོས་སུ་བྱོན་པའི་མཁས་དབང་དགེ་འདུན་ཆོས་འཕེལ་གྱི་གསེར་ཐང་དུ་འདི་ལྟར་གསུངས་ཏེ། ཚེམས་དེ་ད་ལྟ་ཀཏྟི་ན་ཕྲེང་ལྡན་

① རྨེ་ཏུ་ཚེ་རིང་དོན་གྲུབ། 《ཐང་སན་ལམ་ཡིག་གསར་བསྒྱུར་དང་ཞིབ་འཇུག་》བོད་ལྗོངས་བོད་ཡིག་དཔེ་རྙིང་དཔེ་སྐྲུན་ཁང་། ༢༠༡༨ལོ། ཤ་༢༢༢༥ནས་༢༢༨བར།

མའི་གཙུག་ལག་ཁང་བྱ་བར་བཞུགས།...ཚེམས་དེ་རྒྱུན་དུ་མཆོད་རྟེན་ཆུང་ངུ་རིམ་པ་དུ་མ་ཡོད་པ་ཞིག་ཏུ་བཞུགས། སྐབས་འགར་ཕྱི་ལ་བཏོན་ཏེ་མཇལ་ཐུབ། སྦོམ་ཕྲ་བྱིས་པའི་མཛུབ་ཆུང་ཙམ་ལ་རིང་ཚ་སོར་གཉིས་ལྷག་ཙམ་པ། ཁ་དོག་དཀར་ལ་སེར་མདངས་ཆགས་པ། སྡེ་གཅིག་ཤིན་ཏུ་ཇོ་བའི་དབྱིབས་ཟླ་ཚེས་ཀྱི་ཕྱེད་འདྲ་བ་ཡོད། ཧོར་ཟླ་དགུ་པའི་ཚེས་གསུམ་ནས་རེས་མོས་ཀྱིས་ཉིན་དགུའི་རིང་ལ། ཚེམས་སྤྱན་འདྲེན་པའི་དུས་སྟོན་བྱེད་ཅིང་། སེར་སྤྲེང་རྒྱ་ཆེན་པོ་བྱེད། སྤྲོས་ལ་འགོ་བཙུགས་ཏེ་ཉིན་རེ་བཞིན་སླང་ཆེན་གྱི་གྲངས་སྤར་ཏེ་ཉ་བའི་ཉིན་མོ་སླང་ཆེན་སུམ་བརྒྱ་ཙམ་རེ་ཡོད། སླང་ཆེན་གསུམ་བཤིབ་ཏུ་བསྒྲིགས་པའི་དབུས་མའི་སྟེང་དུ་ཚེམས་ཀྱི་མཆོད་རྟེན་བཞུགས་ཁང་དང་བཅས་དང་། གཞན་གཉིས་ལ་གདུགས་དཀར་དང་རྔ་ཡབ་ཐོགས་པ་བཞག །སླང་ཆེན་དགུ་རེའི་མཚམས་ན་རྒྱལ་པོའི་ཆས་གྱོན་པ་ཞིག་རོལ་མོ་འཁྲོལ་བའི་མི་སུམ་ཅུ་ཙམ་རེས་བསྐོར་ཏེ་གྲོ་གར་བྱེད་པ་བཅས་ཤིན་ཏུ་ཡང་མཚར། གྲོང་ཁྱེར་གྱི་སྲང་ཆེན་རྣམས་བསྐོར་ནས་ནམ་གུང་ཡོལ་ཙམ་ནས་མཇུག་བསྡུས་ཐུབ།[①] ཅེས་གསལ།

[270]རི་བོ་ཞིག །ཞིབ་འཇུག་པ་ཀྲང་ཤྲུན་[②]དང་། ཨ་ཧྲ་ཆི་ཀི་རོ་ཀུ།[③] ཡང་ཝེའི་ཀྲུང་[④]སོགས་ཀུན་གྱིས་རི་བོ་དེ་ནི་མ་འགགས་པའི་གྲོང་ཤར་ལི་དབར་བརྒྱད་(ཨ་ཧྲ་ཆི་ཀི་རོ་ཀུ་ཡི་ལི་དབར་བཞི་བཅུར་བཞེད།)ཀྱི་སར་ཆགས་པའི་མི་ཏིནྡྲ་ལི་འམ་(密兴多列)མིང་གཞན་དུ་ཅེ་ཏི་ཡ་གི་རི་(塔山)འམ་མི་སླ་ཀ་(眉沙迦山)བྱ་བའི་རི་བོ་ཡིན་ཞིང་། ངག་རྒྱུན་དུ་རྒྱལ་པོ་མྱ་ངན་མེད་ཀྱི་སྲས་(ཐང་སན་ལམ་ཡིག་ཏུ་

① 《དགེ་འདུན་ཆོས་འཕེལ་གྱི་གསུང་རྩོམ་》པོད་གཉིས་པ། བོད་ལྗོངས་བོད་ཡིག་དཔེ་རྙིང་དཔེ་སྐྲུན་ཁང་། ༢༠༡༧ལོ། ཤ་༥༠

② 张巽校注:《佛国记》,中国旅游出版社,2016年,第148页。

③ 足立喜六著,何建民、张小柳译:《〈法显传〉考证》,贵州大学出版社,2014年,第212页。

④ 杨维中注释:《佛国记》,三民书局,2004年,第220页。

ཉུ་པོར་བཞེད།)མ་ཧེནྡྲ་དབང་ཆེན་སིངྷ་ལར་ཕེབས་རྗེས་རི་བོ་དེ་ཡོད་སར་ཡུལ་གྱི་རྒྱལ་པོ་སྐར་རྒྱལ་དང་མཇལ་ནས་དེར་ཆོས་བསྟན་པར་གྲགས།

[271]**མཆོད་རྟེན་རི་བོའི་གཙུག་ལག་ཁང་།** གཙུག་ལག་ཁང་དེར་ལམ་ཡིག་ཕྱི་མོར་རྒྱ་ཡིག་ཏུ་跋提འབོད་པ་དེ་ནི་ཡང་ལྷེའི་ཀྲུང་གི་མཚན་ལས། གོང་དུ་བརྗོད་པའི་རི་བོ་ཙེ་ཏི་ཡ་གི་རིའི་སྟེང་དུ་གཙུག་ལག་ཁང་རྙིང་པ་ཙེ་ཏི་ཡ་གི་རི་བི་ཧཱ་ར་སྟེ་མཆོད་རྟེན་རི་བོའི་གཙུག་ལག་ཁང་བཞུགས་པ་དེར་བྱ་ཞིང་། གཙུག་ལག་ཁང་དེ་ནི་སིངྷ་ལའི་རྒྱལ་པོ་སྐར་རྒྱལ་གྱིས་ཚེ་དང་ལྡན་པ་མ་ཧེནྡྲར་བཞེངས་པའི་རྗོའི་ཕུག་པ་༨༤ལས་གྲུབ་པ་ཞིག་ཡིན་པ་དེ་རྣམས་སུ་མ་ཧེནྡྲ་སོགས་སིངྷ་ལར་ཐོག་མར་ཕེབས་འཕྲོར་བྱུང་རྗེས་དབྱར་གནས་ལ་བཞུགས་པར་གསལ།① གཞན་དུ་ན་ཨ་ཧྲ་ཆེ་ཀི་རོ་ཀུ་ཡི་མཚན་དུ་跋提ཞེས་པ་ཧྥ་ཤན་ལམ་ཡིག་ཏུ་ཀྲེང་ཙང《大正藏》དཔར་མར་支提ཞེས་འབོད་པ་ལས་ཕྱི་མ་ནི་ལེགས་སྦྱར་ཙེ་ཏི་ཡ་སྒྲ་ཟུར་ཆག་པ་གང་ཞིག་སྐབས་བབ་རི་བོ་དེའི་མིང་དང་མཐུན་པས་སྔ་མ་跋提ནི་ཨབྦྷ་སྟ་ལ་ཞེས་པའི་སྒྲ་དང་འབྲེལ་བ་ཡིན་②ཞེས་ཀྱང་བྱུང་།

[272]**དྷརྨ་ཀ་ཐིན།** དེར་ལམ་ཡིག་ཕྱི་མོར་达摩瞿谛བྱ་ཞིང་། ཀྲང་ཤུན་གྱི་མཚན་དུ་ཕྱི་གླིང་ཞིབ་འཇུག་པ་མེ་གོ་ཕྱེན་(William Montgomery McGoven/麦高文)གྱིས་མཛད་པའི་ཨེ་ཤ་ཡ་དབུས་མའི་གནའ་བོའི་རྒྱལ་ཁབ་ལོ་རྒྱུས་《中亚古国史》ཀྱི་པོད་གསུམ་པའི་ཤོག་ངོས་༢༤༥ལ་བསྟན་པ་བཞིན། སྤྱི་ལོ་དུས་རབས་ལྔ་པའི་དུས་འགོར་སིངྷ་ལར་སློབ་དཔོན་ཆེན་པོ་མ་ཏྲ་དྷརྨ་ཀ་ཐིན་ཞུ་བ་ཞིག་བྱོན་པ་དེ་ཡིས་ནང་པའི་གཞུང་སིངྷ་ལའི་ཡི་གེར་ཕབ་པས་ཕན་པ་ཆེ་ཞེས་གསུངས་པའི་

---

① 杨维中注释：《佛国记》，三民书局，2004年，第220页。

② 足立喜六著，何建民、张小柳译：《〈法显传〉考证》，贵州大学出版社，2014年，第212页。

སློབ་དཔོན་དེ་ཡིན་པར་བཞེད།[1]

[273]**མ་ཧཱ་བི་ཧཱ་རའི་གཙུག་ལག་ཁང་།** དེར་ལམ་ཡིག་ཕྱི་མོར་摩诃毗诃罗精舍བྱ་ཞིང་། དེའི་སྐོར་ལ་ཁང་དཀར་ཚུལ་ཁྲིམས་སྐལ་བཟང་གིས། སིངྒ་ལའི་གླིང་དུ་ཆོས་རྒྱལ་མྱ་ངན་མེད་ཀྱི་སྲས་གནས་བརྟན་མ་ཧེནྡྲའམ་དབང་ཆེན་སྡེས(Mahinda)ཐོག་དྲངས་དགེ་སློང་ལྔས་ནང་པའི་བསྟན་པ་ཐོག་མར་ཁྱབ་སྤེལ་མཛད་སྐབས་སིངྒ་ལའི་རྒྱལ་པོ་དེ་བྷ་ནམ་པི་ཡ་ཏིསྱའམ་(Devānampiya-Tissa)སྐར་རྒྱལ་ཞུ་བ་ཡིན། ཆོས་རྒྱལ་འདིས་གནས་བརྟན་དབང་ཆེན་སྡེ་ལ་རྒྱལ་ས་ཨ་ནུ་རཱ་དྷ་པུ་ར་(Anurādhapura)སྐྱེ་མ་འཁྱགས་པའི་གྲོང་ཁྱེར་དུ་གནས་གཞི་གཙུག་ལག་ཁང་བཞེངས་ཡུལ་ཕུལ། སྐབས་དེར་བཞེངས་པའི་གཙུག་ལག་ཁང་དེ་བཞིན་ཕྱིས་སུ་གཙུག་ལག་ཁང་ཆེ་མོ་(Mahāvihāra)ཞེས་ཏེ་ཙང་དར་རྒྱས་བྱུང་སྡེ་གཙུག་ལག་ཁང་ཆེ་མོའི་སྡེ་པའི་(Mahāvihāravāsin)གདན་ས་ལྟེ་བ་ཡིན།[2] ཞེས་གསུངས་པ་ལས་རྟོགས་ནུས་སོ། །

[274]**རྒྱབ་ཐོ་གར་ཡུལ།** ཡུལ་དེར་ལམ་ཡིག་ཕྱི་མོར་西月氏国ཞེས་འཁོད་ཅིང་། རྒྱའི་ཀྱི་月氏ཞེས་པའི་སྐོར་ལ་ཨ་རྡ་ཆི་གི་རོ་ཀུ་ཡི་མཆན་དུ། 月氏ནི་ཐོག་མར་ད་ལྟའི་ཀན་སུའུ་ཁུལ་དུ་འཚོ་སྡོད་བྱེད་པའི་བོད་རིགས་ཡིན་ཞིང་། དུས་ཕྱིས་དེ་རྣམས་ཤུང་ནུའུ་(匈奴)དམག་གི་འཇིག་པར་གཡོལ་ཆེད་ཨེ་ཤེ་ཡའི་དབུས་ཕྱོགས་སུ་གཞིས་སྤོས་ནས་རྒྱ་གར་ནུབ་བྱང་ཕྱོགས་སུ་རྒྱའི་ཀྱི་ཆེན་པོའི་ཡུལ་(大月氏国)གསར་དུ་བཙུགས་ཞེས་འཁོད།[3] རྫིང་ཁྲིང་ཅན་གྱི་ནུབ་ཡུལ་ས་མིང་དཀར་

[1] 张巽校注:《佛国记》, 中国旅游出版社, 2016年, 第148页。

[2] ཁང་དཀར་ཚུལ་ཁྲིམས་སྐལ་བཟང་། 《རྒྱ་གར་ནང་པའི་ལྷ་གྲུབ་ཆོས་འབྱུང་ལེགས་བཤད་དཀའ་གནད་མདུད་དགྲོལ་》 གསུང་འབུམ་པོད་ལྔ་པ། སྟོད་ཆ། སི་ཁྲོན་མི་རིགས་དཔེ་སྐྲུན་ཁང་། ༢༠༡༥ལོ། ཤ་༢༥༥

[3] 足立喜六著, 何建民、张小柳译:《〈法显传〉考证》, 贵州大学出版社, 2014年, 第78页。

ཆག་ཏུ་月氏国དེ་ཡུལ་གཉིས་ལ་གོ་བར་བསྟན་པ་ལས། གཅིག་ནི་རྒྱའི་ཡིག་ཚང་བླ་ཆེན་རྣམ་ཐར་གྱི་བམ་པོ་གསུམ་པ་ཧྭ་ཤང་ཆོས་འཕགས་ཀྱི་རྟོགས་བརྗོད་《高僧传·昙无竭传》གཞིར་བཟུང་ཡུལ་དེ་དེང་གི་པ་ཀི་སི་ཐན་པེ་ཤཱ་ཝར་(Peshāwar\白沙瓦)གཙོ་བོར་བྱས་པའི་གནའ་བོའི་གནྡྷ་ར་དྲི་ཟའི་ཡུལ་ཡིན་ཚུལ་བསྟན་པ་དང་།① ཅིག་ཤོས་ནི་རྒྱ་ནག་སུང་རྒྱལ་རབས་དུས་སུ་བྱུང་ཞིང་རྩོམ་པ་པོ་མི་གསལ་བའི་ཏུན་ཧོང་རྒྱའི་ཡིག་ཚང་འཕགས་ཡུལ་ལམ་ཐོ་《西天路竟》ཞེས་པར་ཡུལ་དེ་ད་ལྟའི་ཤིན་ཅང་ཡུ་གུར་རང་སྐྱོང་ལྗོངས་ཁོངས་ཡན་ཛི་(焉耆)ཧུད་རིགས་རང་སྐྱོང་རྫོང་དུ་རྗེས་ཤུལ་ཆགས་པའི་གནའ་བོའི་ཡུལ་ཀོའོ་ཁྲང་དང་གུ་ཟན་གཉིས་ཀྱི་བར་ན་གནས་པའི་ཡུལ་ཨགྣི་ཡིན་ཚུལ་གསལ།② དེ་གཉིས་ལས་སྔ་མ་ནི་ལམ་ཡིག་འདིའི་རབ་བྱེད་གཉིས་པའི་པུ་རུ་ཥ་པུ་རའི་ཡུལ་དུ་བསྟན་པའི་月氏王སྐབས་བྱུང་བའི་月氏དེར་གོ་དགོས་པར་སྙམ། ད་ཕན་ཁོ་བོས་མཇལ་བའི་རྒྱ་བོད་ཡིག་ཆ་དག་ན་月氏国དང་大月氏国ཞེས་པ་གསལ་ཙང་སྐབས་བབ་西月氏国ཡང་སྙིང་གང་དུ་མཆིས་མིན་ཤིན་ཏུ་མཇལ་དཀར་བར་སྣང་། དེའི་སྐབས་ཀྱིས་ཚད་མར་བྱེད་པའི་གྲང་ཤུན་དང་། ཨ་ཧྣ་ཆེ་ཀི་རོ་ཀུ་གྱི་མཆན་དུ་འང་ཡུལ་དེར་གསལ་ཁ་ཅི་ཡང་གཏོད་མེད་ཅིང་། ཡང་ལེའི་གྲུང་གིས། 月氏བྱ་བ་ནི་གནའ་བོའི་མི་རིགས་ཤིག་གི་མིང་ཡིན་པ་དང་། རིགས་རྒྱུད་ཆེ་བ་དེ་ཉིད་ཐོག་མར་ཏུན་ཧོང་ནས་ཛི་ལན་རི་བོའི་(祁连山)བར་དུ་འགྲོག་པའི་འཚོ་བ་སྐྱེལ་ཞིང་། སྤྱི་ལོའི་སྔོན་གྱི་༡༧༤ནས་༡༦༡ལོའི་བར་ཙམ་ལ་གནའ་བོའི་ཤུང་ནུའུ་(匈奴)ཡི་བཙན་འཛུལ་ལ་འཛིགས་ནས་ད་ལྟའི་ཤིན་ཅང་དབྱི་ལིའི་ཆུ་བོའི་རྒྱུགས་ཁུལ་དུ་གནས་གཞི་སྤོས་རྗེས་རིམ་པར་ཡུལ་དུ་མ་བཙུགས་ཤིང་འཕེལ། འདིར་བསྟན་西月氏

① 冯承钧原编，陆峻岭增订：《西域地名》中华书局，1982年，第28页。

② 冯承钧原编，陆峻岭增订：《西域地名》中华书局，1982年，第35至43页。

国ཡང་སྙིང་ཡུལ་ཅི་ཡིན་ཁ་ཚོན་གཅོད་པར་དཀའ་[①]ཞེས་འཁོད། འོན་ཏེ་ཛེམ་སི་ལི་ཡ་ག་(James Legee)ཡིས་མཛད་པའི་ཧྥ་ཤན་ལམ་ཡིག་དབྱིན་བསྒྱུར་དང་དེའི་མཆན་འགྲེལ་དུ།[②] 西月氏国ལ་Western Thukâra ཞེས་པར་བསྒྱུར་ཅིང་དེའང་སྐབས་བབ་ལམ་ཡིག་གི་རབ་བྱེད་གཉིས་པའི་པུ་རུ་ཥ་པུ་རའི་ཡུལ་དུ་རྒྱལ་པོ་ཆེ་གེ་མོས་སྔོན་པའི་ལྷུང་གཟེད་ཡུལ་པུ་རུ་ཥ་པུ་ར་ནས་འཕྱིར་བར་ལྷགས་པ་ལས་ཤེས་ནུས་ཞེས་གསུངས།[Westrn Tukhâra（西月支）is the same probably as the Tukhâra（月支）of chapter xii, a king of which is there described as trying to carry off the bowl from Purushapura.] ཛེམ་སི་ལི་ཡ་ག་ཡིས་བཞེད་པའི་Thukâra ནི་ཐང་སྔན་ལམ་ཡིག་བམ་པོ་དང་པོར་睹货逻དང་། ཐང་ཡིག་གསར་མར་土豁罗དང་ཡོངས་གྲགས་སུ་吐火罗བྱ་བའི་ཡུལ་རང་རེ་བོད་རྣམས་ཀྱི་ཐོ་གར་རམ་ཐོ་ཀར། ཐོད་གར་སོགས་སུ་འབོད་པ་དེ་ཉིད་ཡིན་པས་Western Thukâra ནི་ནུབ་ཐོ་གར་ལྟ་བུར་གོ་དགོས་པར་མཐོང་། དེར་མ་ཟད་ཡུལ་ཐོ་གར་ནི་ཐང་སྔན་ལམ་ཡིག་གི་བམ་པོ་དང་པོར། ཤར་ཕྱོགས་རི་བོ་ཚུང་ལིང་ལ་བསྙེགས་ཤིང་ནུབ་པར་སིག་དང་སྦྲེལ། ལྷོ་ཕྱོགས་གངས་རི་ཆེན་པོའི་རྩར་ཐུག །བྱང་ལྕགས་ཀྱི་སྒོ་མོས་འགག་བཙན་བྱས་སོ། ཆུ་བོ་ཆེན་པོ་པཀྵུ་ཡུལ་དེའི་ཤར་ནས་ནུབ་ཏུ་རྒྱུགས། སྔོན་ཡུལ་དེའི་རྒྱལ་པོ་རབས་ཆད་ནས་ལོ་བརྒྱ་ཕྲག་ཏུ་མའི་རིང་ཚོ་པ་ཁག་གི་ཇོ་བོའི་དབར་འཁྲུག་འཛིང་རིམ་པར་བྱས་མཐར་ད་ཆ་ས་བཅད་རང་སྲུང་གི་ཡུལ་ཕྲན་ཉེར་བདུན་དུ་གྱེས་ཤིང་ཐམས་ཅད་ཏུ་རུའི་འབངས་

---

① 杨维中注释:《佛国记》,三民书局,2004年,第227页。

② James Legge : A Record of Buddhiistic Kingdoms. Beings An Account By The Chinese Monk F‰-Hien, His Travels In Iindia And Celon (A.D. 399-414) . Clarendon press, 1886.P109.

སུ་གཏོགས།[①] ཞེས་གསལ། དེ་ལྟར་གོང་གི་སྒྲུབ་བྱེད་དག་གུང་བསྒྲིགས་ཆོ། གཅིག་ནས་ཐོ་གར་ཡུལ་དེ་དྲུ་གུའི་ཁོངས་སུ་འདུ་ཞིང་། དྲུ་གུའི་མིང་སྔོན་མར་ཤུང་ནུའུ་བྱ་བ་དང་། གཉིས་ནས་ཐོ་གར་གྱི་གནས་ཡུལ་པར་སིག་གི་ཤར་ཏེ། ད་ལྟའི་ཨ་མུ་ཆུ་བོའི་(阿姆河)ལྷོ་ཕྱོགས་ནས་ཤིང་ཏུ་ཁུ་ཧྲི་རི་བོའི་(兴都库什山)བྱང་བར་དུ་ཡིན་པ་དང་། གསུམ་ནས་དྲི་ཟའི་ཡུལ་གྱི་གནས་ཡུལ་ད་ལྟའི་པ་གི་སི་ཐན་པེ་ཤ་ཝར་(PeshŒwar\白沙瓦)བྱང་ཤར་ལི་དབར་༡༧ཀྱི་མཚམས་སུ་ཡིན་པ། བཞི་ནས་ཐོ་གར་ནི་དྲི་ཟའི་ནུབ་ཏུ་ཡོད་པ། ལྔ་ནས་སློས་ཁད་ཀྱི་ཨ་ཧྲ་ཆི་ཀི་རོ་ཀུ་ཡིས་月氏国ནི་ཤུང་ནུའུ་བཙན་འཛུལ་འོག་གནས་པ་བཅས་ལ་གཞིགས་ཆེ་བརྗོད་སྙིང་西月氏国དེ་ནུབ་ཐོ་གར་དུ་ངོས་འཛིན་ན་གནོད་བྱེད་གཞན་ཨེ་ཡོང་སྙམ་པས་བོད་འགྱུར་མར་དེ་བཞིན་བསྒྱུར་བ་ལགས།

[275]**ཀུ་ཟན་ཡུལ།** ཡུལ་དེར་ཐང་སན་ལམ་ཡིག་གི་བམ་པོ་དང་པོར་屈支དང་། ཐང་ཡིག་རྙིང་མར་丘兹དང་། སྡེ་སྣོད་གསུམ་པའི་ཆོས་ཀྱི་རྣམ་གྲངས་ཀྱི་བརྗེད་བྱང་ཆེན་པོའི་བམ་པོ་བཅུ་གཅིག་པར་拘夷དང་། གཞན་ཁ་ཅིག་ཏུ་龟兹དང་། 丘慈དང་屈茨སོགས་འབོད་ཚུལ་མང་། ཏུན་ཧོང་བོད་ཀྱི་ཤོག་དྲིལ་P.T1288དུ་ཀུ་ཟན་བྱ་བས་འདིར་དེ་བཞིན་དྲངས། ཅིད་ཤན་ལིན་གྱི་ཐང་སན་ལམ་ཡིག་མཆན་དུ་ཡུལ་དེར་ལེགས་སྦྱར་ལ་ཀུ་ཙི་ཡིན་པར་བཞེད་ཅིང་། དེའི་རྗེས་ཤུལ་ད་ལྟ་ཤིན་ཅང་ཡུ་གུར་རང་སྐྱོང་ལྗོངས་ཀྱི་ཨ་ཁ་སུ་(阿克苏)ས་ཁུལ་གྱི་ཁུ་ཁྲ་རྫོང་(库车县)དུ་ཡིན་[②]ཞེས་གསུངས།

[276]**རི་བོ་ཕི་ན་ཏ་ཀ** །དེར་ལམ་ཡིག་ཕྱི་མོར་频那山བྱ་ཞིང་། ཨ་ཧྲ་ཆི་ཀི་རོ་

① རྒྱ་ཙ་ཚེ་རིང་དོན་གྲུབ། 《ཐང་སན་ལམ་ཡིག་གསར་བསྒྱུར་དང་ཞིབ་འཇུག་》བོད་ལྗོངས་བོད་ཡིག་དཔེ་རྙིང་དཔེ་སྐྲུན་ཁང་། ༢༠༡༨ལོ། ཤ་༢༨

② 季羡林等校注:《大唐西域记》, 中华书局, 2012年, 第55页。

ཀུ་ཡི་མཆན་ལས། འདིར་བསྟན་རི་བོ་ཤྲི་ན་ཏ་ཀ་ནི་སངས་རྒྱས་ཆོས་ལུགས་ཀྱི་ཤོད་སྐྱོལ་བཞིན་སུ་མེ་རུ་སྟེ་རིའི་རྒྱལ་པོ་རི་རབ་ཀྱི་མཐའ་འཁོར་དུ་རྒྱལ་ཆེན་རིགས་བཞིའི་བཞུགས་ཡུལ་གསེར་གྱི་རི་བོ་བདུན་ཆགས་པའི་ཡ་གྱལ་ཡིན་ཞིང་། དེར་མིང་གཞན་དུ་རི་བོ་སྤྲང་སྣ་ཡང་བྱ་[1]གསུངས།

[277]སྐྱབས་གསུམ། སངས་རྒྱས་ཆོས་དང་དགེ་འདུན་གསུམ་མགོན་སྐྱབས་ལ་བསྟེན་པར་གོ །

[278]གཏན་ཁྲིམས་ལྔ། དེར་བསླབ་པའི་གནས་ལྔའམ་སྤང་བྱ་ལྔ་ཡང་བྱ་སྟེ། ༡ སྲོག་གཅོད་པ། ༢ མ་བྱིན་པར་ལེན་པ། ༣ མི་ཆོས་བླ་མའི་རྫུན་སྨྲ་བ། ༤ ལོག་གཡེམ་བྱེད་པ་བཅས་རྩ་བ་བཞིའི་སྟེང་དུ། ༥ ཆང་འཐུང་བ་བསྣན་པ་བཅས་ལྔ་སྤང་བ་ལ་བྱའོ། །

[279]བསྙེན་པར་གནས་པ། འདིར་བསྙེན་གནས་ཡན་ལག་བརྒྱད་ལ་གོ་ཞིང་། དེ་དག་ནི་གོང་དུ་བརྗོད་ཟིན་མཆན་༢༢༧ལ་གསལ།

[280]ལོ་གཉིས་བཞུགས་འཆག་མཛད། གོང་གི་ལོ་ཚིགས་བཞིན་དཀྱུས་ཅིག་ཏུ་དེད་པས་ལོ་དེ་གཉིས་པོ་ནི། དབྱིད་ཤིའི་ཁྲི་ལོ་དྲུག་པ་སྤྱི་ལོ་༤༡༠དང་། ཁྲི་ལོ་བདུན་པ་སྤྱི་ལོ་༤༡༡ལ་འཁེལ་བ་ཡིན།

[281]ས་སྟོན་པའི་སྡེའི་འདུལ་བ། འདུལ་བའི་དཔེ་ཆ་དེར་ལམ་ཡིག་ཕྱི་མོར་弥沙塞律ཞེས་བྱ་བ་ནི་ལེགས་སྦྱར་མ་ཧི་ཤཱ་ས་ཀ་སྨྲ་ཟུར་ཆག །ཀྲང་ཤུན་གྱི་མཆན་[2]དུ་བསྟན་པ་ལྟར་ན། སྤྱིར་འདུལ་བ་སྡེ་ལྔར་དབྱེ་བ་དེ་དག་ནི། ཆོས་སྲུང་སྡེ་དང་། ཐམས་ཅད་ཡོད་སྨྲའི་སྡེ། ས་སྟོན་པའི་སྡེ། འོད་སྲུང་པའི་སྡེ། གནས་མ་བུ་པའི་སྡེ་བཅས་ཡིན་ཞིང་། རྒྱའི་ཡིག་ཚང་སྡེ་སྣོད་གསུམ་གའི་ཆོས་ཀྱི་རྣམ་

① 足立喜六著，何建民、张小柳译：《〈法显传〉考证》，贵州大学出版社，2014年，第216页。

② 张巽校注：《佛国记》，中国旅游出版社，2016年，第152至153页。

གྲངས་ཀྱི་བརྗོད་བྱང་ཆེན་པོའི་《出三藏记集》བམ་པོ་གཉིས་པའི་བཙུན་པ་ཧྥ་ཤན་གྱི་དཀར་ཆག་ལས། ས་སྟོན་པའི་འདུལ་བ། ལེགས་སྦྱར། མ་བསྒྱུར། ཞེས་འཁོད་པའི་མ་བསྒྱུར་བའི་དོན་ནི་བཙུན་པ་ཧྥ་ཤན་སྐུ་འཚོ་བཞུགས་སྐབས་འདུལ་བའི་དཔེ་ཆ་དེ་གང་ཉིད་དངོས་ཀྱིས་མ་བསྒྱུར་བར་གོ་ཞིང་། དེས་ན་གོང་གི་རྒྱའི་ཡིག་ཚང་དེ་གའི་བམ་པོ་གཉིས་པའི་ཁ་སྐོང་དུ། ས་སྟོན་པའི་འདུལ་བ། བམ་པོ་སོ་བཞི། ཤཱཀྱའི་དགེ་སློང་ཧྥ་ཤན་ལ་སོན་པའི་ལེགས་སྦྱར་རྒྱ་དཔེ། སུང་ཇིང་པིང་ཁྲི་ལོ་དང་པོའི་(宋景平元年སྤྱི་ལོ་༤༢༣)ཟླ་བདུན་པར་བསྒྱུར། འདུལ་བའི་དཀར་ཆག་ཏུ་བཅུག་ཟིན། ཞེས་འཁོད། གཞན་ཡང་རྒྱའི་ཡིག་ཚང་བླ་ཆེན་རྣམ་ཐར་《高僧传》ཀྱི་བམ་པོ་གསུམ་པའི་སློབ་དཔོན་བུདྡྷ་ཛཱི་བའི་(Buddhajiva/佛驮什)སྐབས་སུ། སློབ་དཔོན་བུདྡྷ་ཛཱི་བ་སངས་རྒྱས་སྲོག་ཅེས་བྱ་བ་ཁ་ཆེའི་ཡུལ་དུ་འཁྲུངས་ཤིང་སྐུ་ན་ཕྲ་བའི་དུས་ས་སྟོན་པའི་འདུལ་བའི་གྲྭར་རབ་ཏུ་བྱུང་།...སུང་ཇིང་པིང་ཁྲི་ལོ་དང་པོའི་ཟླ་བདུན་པར་ཡང་ཀྲོའུ་(杨州)ལ་ཕྱིན། སྔོན་དགེ་སློང་ཧྥ་ཤན་གྱིས་སིངྒ་ལ་ནས་བསྣམས་ཕེབས་པའི་ས་སྟོན་པའི་འདུལ་བའི་རྒྱ་དཔེ་ཉིད་ཀྱིས་བསྒྱུར་མ་ཁོམ་པར་སྐུ་མྱ་ངན་ལས་འདས། (དེ་ལྟར་ན་བཙུན་པ་ཧྥ་ཤན་སྤྱི་ལོ་༤༢༣ཀྱི་ཟླ་བདུན་པའི་གོང་ནས་འདས་ཟིན།) དེས་ན་གྲོང་ཁྱེར་གྱི་དགེ་འདུན་རྣམས་ཀྱིས་སློབ་དཔོན་བུདྡྷ་ཛཱི་བ་དེར་མཁས་པར་ཤེས་ཏེ་ཆེད་དུ་གདན་དྲངས་ནས་ལོ་དེའི་དགུན་ཟླ་བཅུ་གཅིག་པར་ལུང་ཀོང་དགོན་(龙光寺)དུ་སློབ་དཔོན་གྱིས་ལེགས་སྦྱར་གྱི་ཁྲིད་མཛད་པ་ལི་ཡུལ་གྱི་དགེ་སློང་ཀྲི་ཧྲེང་(智胜)གིས་རྒྱ་ནག་སྐད་དུ་བསྒྱུར་ཅིང་ལུང་ཀོང་དགོན་གྱི་ཧྭ་ཤང་ཏའོ་ཧྲེན་(道生)དང་། ཏུང་ཨན་དགོན་(东安寺)གྱི་ཧྭ་ཤང་ཧུའི་ཡན་(慧严)གཉིས་ཀྱིས་ཞི་གེར་ཕབ་སྟེ་ཞུས། སུང་ཧྲེ་ཀྲུང་ལང་ཡའི་ཝང་(宋侍中琅琊王)གིས་ཡོན་བདག་མཛད། ཕྱི་ལོ་ཟླ་བཞི་པར་

ལེགས་པར་གྲུབ། བམ་པོ་སོ་བཞི། འདུལ་བ་སྡེ་ལྔར་གྲགས། ཞེས་དང་། གཞན་ཡང་དཀར་ཆག་ཁའི་ཡུའན་ལྷུ་《开元释教录》ཡི་སློབ་དཔོན་བུདྡྷ་ཛཱི་བའི་སྐབས་སུའང་འདུལ་དཔེ་དེར་འདུལ་བ་སྡེ་ལྔར་འབོད་ཅིང་། ད་ལྟའི་རྒྱ་ནག་བཀའ་བསྟན་ཆེ་མོར་《大藏经》བཏུས་པའི་ས་སྟོན་སྡེ་པའི་འདུལ་བ་སྡེ་ལྔ་(弥沙塞部和醯五分律)བྱ་བ་དེ་ཡིན། ད་ལྟ་བམ་པོ་སུམ་ཅུ་ལས་མེད། ཅེས་གསལ། གཞན་ཡང་འདུལ་བའི་དཔེ་ཆ་དེ་ཉིད་བོད་དུ་ཕལ་ཆེར་བསྒྱུར་མེད་པ་འདྲ་སྟེ། དེ་ཡང་རྒྱའི་མཁས་པ་ཧོང་མིང་ཤིན་(黄明信)གྱིས་མཛད་པའི་ཀྲེ་ཡུའན་ལྷུ་དཀར་ཆག་དང་དེའི་བོད་འགྱུར་མའི་མཆན་འགྲེལ་དུ། 弥沙塞律གི་མཆན་དུ་བོད་ན་མ་བསྒྱུར་(蕃本未译) [1]ཞེས་གསལ་བས་ཞར་དུ་ཤེས་ནུས།

[282]ལུང་རིང་པོ་དང་། ཡང་དག་པར་ལྡན་པའི་ལུང་། ལུང་རིང་པོ་དང་ཡང་དག་པར་ལྡན་པའི་ལུང་གཉིས་ལས། དང་པོ་ལུང་རིང་པོར་ལམ་ཡིག་ཕྱི་མོར་རྒྱ་ཡིག་ཏུ་长阿含经བྱ་བ་ལ་ཏུན་ཧོང་ཤོག་དྲིལ་P.T.1257ཆོས་ཀྱི་རྣམ་གྲངས་རྒྱ་བོད་ཤན་སྦྱར་དུ་གཞུང་རིང་པོ་ཞེས་བསྒྱུར་བར་སྣང་། 阿含ནི་ལེགས་སྦྱར་གྱི་ལུང་གི་སྐད་དོད་ཨཱ་ག་མའི་སྒྲ་ཟུར་ཆག་པ་དང་经ནི་ལེགས་སྦྱར་གྱི་མདོའི་སྐད་དོད་སཱུ་ཏྲ་དོན་བསྒྱུར་བ་རྒྱུ་མཚན་དུ་བྱས་ནས་དུས་ཕྱིས་རང་རེའི་མདོ་བསྟན་དང་དེའི་ཊཱི་ཀཱ་རྣམས་སུ་དེར་ལུང་རིང་པོའམ་མདོ་སྡེ་ལུང་རིང་པོ་ཞེས་དོན་བསྒྱུར་མཛད་པ་ད་ཕན་ཡོངས་གྲགས་ཡིན། རྒྱ་ནག་ཏུ་ཀྲང་ཤུན་གྱི་མཆན་ལས། རྒྱའི་ཡིག་ཚང་སྡེ་སྣོད་གསུམ་གའི་ཆོས་ཀྱི་རྣམ་གྲངས་ཀྱི་བརྗོད་བྱང་ཆེན་པོའི་《出三藏记集》བམ་པོ་གཉིས་པའི་བཙུན་པ་རྒྱ་ཤན་དཀར་ཆག་ལས། མདོ་སྡེ་ལུང་རིང་པོ། ལེགས་

① 黄明信:《汉藏大藏经目录异同研究—〈至元法宝勘同总录〉及其藏译本笺证》，中国藏学出版社，2003年，第211页。

སྒྱུར། མ་བསྒྱུར། (长阿含经，梵文，未译。)[1]ཞེས་བསྟན་པ་ལས་བཙུན་པ་ཧྭ་ཤན་གྱིས་མདོ་དེ་ཉིད་བསྣམས་ཕེབས་པ་ཙམ་ལས་མ་བསྒྱུར་བ་གསལ་སྒྲོས་མཛད་མོད། རྒྱའི་ཡིག་ཚང་དེ་ཉིད་ཀྱི་བམ་པོ་དེ་གའི་སློབ་དཔོན་བུདྡྷ་ཡ་ཤས་སངས་རྒྱས་གྲགས་(Buddayaśas/佛驮耶舍)ཀྱི་གསུང་འབུམ་དཀར་ཆག་ལས། ལུང་རིང་པོ། བམ་པོ་ཉི་ཤུ། ཛིན་ཧུང་ཧྲི་ཁྲི་ལོ་བཅོ་ལྔར་(秦弘始十五年公元413)གྲུ་ཧྥོ་ཉན་(竺佛念)དང་ལྷན་དུ་བསྒྱུར། ཞེས་དང་། ཡང་ཡིག་ཚང་དེ་གའི་བམ་པོ་བཅུ་བཞི་སློབ་དཔོན་བུདྡྷ་ཡ་ཤས་སངས་རྒྱས་གྲགས་ཀྱི་རྣམ་ཐར་ལས། ལུང་རིང་པོ།...ལེང་ཀྲའུ་(凉州)ཡི་དགེ་སློང་གྲུ་ཧྥོ་ཉན་གྱིས་རྒྱ་ནག་སྐད་དུ་བསྒྱུར་ཅིང་། ཡི་གེ་བ་ཏྭ་ཤང་ཏའོ་ཏན་(道含)ནོ། །ཞེས་ཀྱང་བྱུང་། དེ་ལྟར་ན་ལོ་ཚིགས་བཞིན་བརྩིས་ཚེ་བཙུན་པ་ཧྭ་ཤན་ལ་ཡུལ་སིངྒ་ལ་ནས་དེའི་ཚེ་ལུང་རིང་པོ་ཐུག་ལ་སོན་པའི་སྐབས་སློབ་དཔོན་བུདྡྷ་ཡ་ཤས་དེ་ཉིད་བསྒྱུར་བའི་སྔོན་ལ་འཕེལ་སྟབས་སྐབས་དེ་ཙམ་ན་རྒྱའི་གྲོང་ཁྱེར་ཁྲང་ཨན་(长安)དུ་མདོ་སྡེ་ལུང་རིང་པོའི་རྒྱ་དཔེ་གདའ་བ་བཙུན་པ་ཧྭ་ཤན་གྱིས་མ་མཁྱེན་པས་ལམ་ཡིག་ཕྱི་མོར་རྒྱ་ཡུལ་ན་མེད་པའི་ཆོས་དཔེ་ཁ་ཅིག་རྙེད་ཅེས་གསུངས་སོ། །དེའང་ཁ་ཆེའི་སློབ་དཔོན་བུདྡྷ་ཡ་ཤས་དང་དགེ་སློང་གྲུ་ཧྥོ་ཉན་གྱིས་མཉམ་དུ་བསྒྱུར་བའི་ལུང་རིང་པོ་བམ་པོ་ཉི་ཤུའི་བདག་ཉིད་ཅན་དེ་ད་ལྟའི་རྒྱ་ནག་བཀའ་བསྟན་ཆེ་མོར་བཞུགས་པ་དེའོ། །ཞེས་འཐད། གཉིས་པ་ཡང་དག་པར་ལྡན་པའི་ལུང་ལ་ལམ་ཡིག་ཕྱི་མོར་རྒྱ་ཡིག་ཏུ་杂阿含ཟ་བ་ལ་ཏུན་ཧོང་ཤོག་དྲིལ་P.T.1257ཆོས་ཀྱི་རྣམ་གྲངས་རྒྱ་བོད་ཤན་སྦྱར་དུ་གཞུང་བསྡུས་པ་ཞེས་བསྒྱུར་ཅིང་། དུས་ཕྱིས་ཀྱི་མདོ་བསྟན་རྣམས་སུ་ཕལ་མོ་ཆེར་ལུང་དག་ལྡན་འབྲི་ཚུང་སྐབས་ལ་ལར་ལུང་ཕྲན་ཚེགས་ཞེས་པའང་སྣང་། རྒྱའི་ཡིག་ཚང་སྡེ་སྣོད་གསུམ་ཀའི་ཆོས་ཀྱི་རྣམ་གྲངས་ཀྱི་བརྗེད་བྱང་ཆེན་པོའི་《出三藏记集》བམ་པོ་

① 张巽校注:《佛国记》，中国旅游出版社，2016年，第152至153页。

གཉིས་པའི་བཙུན་པ་རྒྱ་ཤན་དཀར་ཆག་ལས། ལུང་དག་ལྡན། ཞིགས་སྒྱུར། མ་བསྒྱུར། (杂阿含经，梵文，未译。)ཞེས་པ་ལས་དེ་ཉིད་བཙུན་པ་རྒྱ་ཤན་གྱི་རྗེས་ལ་བསྒྱུར་བ་རྟོགས་ནུས། ལར་རྒྱའི་ཡིག་ཚང་བླ་ཆེན་རྣམ་ཐར《高僧传》གྱི་བམ་པོ་གསུམ་པ་གུ་ཎ་བྷ་དྲའི་(求那跋陀)རྣམ་ཐར་ལས། གུ་ན་བྷ་དྲ་ཡོན་ཏན་བཟང་པོ་ནི་ཡུལ་དབུས་སུ་འཁྲུངས།...སུང་ཡོན་ཙྭ་ཁྲི་ལོ་བཅུ་གཉིས་པར་(宋元嘉二十年，公元435)ཀོང་ཀྲོའུ་(广州)རུ་སྙེན།...ཐོག་མར་རྒྱལ་བྱེད་ཚལ་དགོན་(祇洹རྒྱ་ནག་ཏུ་ཡོད་)དུ་བཞུགས་པ་ལས་ཅང་མ་སོང་བར་འདུས་ཚོགས་ཀྱིས་ཆོས་བསྟན་པར་གསོལ་བ་བཞིན་རྒྱལ་བྱེད་ཚལ་དགོན་གྱི་སློབ་གཉེར་བ་དགེ་འདུན་རྣམས་དང་ལྷན་དུ་ལུང་དག་ལྡན་བསྒྱུར། རྒྱའི་ཡིག་ཚང་དུས་རབས་རིམ་པའི་མཆོག་གསུམ་དཀར་ཆག《历代三宝纪》གི་བམ་པོ་བཅུ་པའི་སློབ་དཔོན་གུ་ཎ་བྷ་དྲའི་མཛད་བྱང་དུ། ལུང་དག་ལྡན། བམ་པོ་ལྔ་བཅུ། ཝ་ཀོན་དགོན་(瓦官寺)དུ་བསྒྱུར། བཙུན་པ་རྒྱ་ཤན་གྱིས་བསྒྲམས་ཞེབས། ཡང་ཡིག་ཚང་དེར་གུ་ཎ་བྷ་དྲས་ལུང་དག་ལྡན་སོགས་མདོ་བསྒྱུར། ཧྥ་ཤང་པའོ་ཡུན་(宝云)གྱིས་གསུངས། ཡི་གེ་བ་ཧུའེ་ཀོན་(慧观)ནོ། །ཞེས་གསལ་ཞིང་ད་ལྟའི་རྒྱ་ནག་བཀའ་བསྟན་ཁྲིད་བཞུགས་པའི་དཔར་མ་ཡང་དེའོ། །ཞེས་འཁོད། རང་རེར་སྨོས་ན་མདོ་སྡེ་ལུང་རིང་པོ་དང་ལུང་དག་ལྡན་གཉིས་མཚན་གོང་མར་རྒྱའི་མཁས་པ་ཧོང་མིང་ཤིན་(黄明信)གྱིས་མཛད་པའི་ཀྲི་ཡུའན་ལྷུ་དཀར་ཆག་དང་དེའི་བོད་འགྱུར་མའི་མཚན་འགྲེལ་[1]ལས། 长阿含经，二十卷。与蕃本同。མདོ་སྡེ་ལུང་རིང་མོ་ཞེས་དང་། ཡང་杂阿含经，五十卷。与蕃本同。ཡང་དག་པར་ལྡན་པའི་ལུང་། ལུང་ཕྲན་ཚེགས། ཞེས་འཁོད། དེར་གཞིགས་ན་མདོ་དེ་གཉིས་བོད་ཀྱི་

① 黄明信：《汉藏大藏经目录异同研究—〈至元法宝勘同总录〉及其藏译本笺证》，中国藏学出版社，2003年，第162页。

བཀའ་བསྟན་ན་བཞུགས་ཅིང་བམ་ཚད་ཡང་རྒྱ་འགྱུར་དང་ཆ་མཉམ་པའི་ངེས་པ་ཆེད་སྲིད། འོན་ཏེ་དཀར་ཆག་དེར་མདོ་གཉིས་པོ་བོད་འགྱུར་བཀའ་བསྟན་གྱི་ཞིབ་ཕྲའི་པོད་གྲངས་གང་ན་བཞུགས་མིན་མ་གསལ། སྔོས་སུ་ཧོང་མིན་ཤིན་གྱིས་དཔེ་ཨང་འོག་ཏུ་བཏབ་པའི་རྒྱ་ཡིག་གི་མཚན་ དུ། དཀར་ཆག་གྲེ་ཡུའན་ལྷུ་ཡི་དཔེ་ཨང་༡༡༧དང་། ༡༡༡དང་། ༡༡༥དང་། ༥༠བཅས་བཞི་པོར་ལུང་སྡེ་བཞི《四阿含》བྱ་ཞིང་། དཀར་ཆག་ཕྱི་མོར་ལུང་དེ་བཞི་པོ་རྣམས་བོད་དང་མཚུངས་ཞེས་གསལ་མོད་ཀྱི་ངོ་ཐོག་ལུང་རིང་མོར་བམ་པོ་༢༢ཆོས་ཚན་༣༠དང་། ལུང་བར་མར་བམ་པོ་༦༠ཆོས་ཚན་༢༢༢དང་། ལུང་དག་ལྡན་ལ་བམ་པོ་༥༠ཆོས་ཚན་༡༣༦༢དང་། གཅིག་ལས་འཕྲོས་པའི་ལུང་ལ་བམ་པོ་༥༡ཆོས་ཚན་༤༧༢བཅས་ཡོད་པ་དེ་དག་བོད་ཀྱི་བཀའ་བསྟན་ན་ཆ་ཚང་བར་བཞུགས་མེད་ཅིང་། དེ་ནི་རྒྱ་འགྱུར་ན་ཡོད་པ་གང་ཞིག་བོད་འགྱུར་ན་མེད་པའི་ཆ་གཙོ་བོ་དེ་ཡིན་ཞེས་བསྟན། དེ་ཡང་དེ་དང་འདྲ་བར་ད་ལྟའི་ཡོངས་གྲགས་སྣར་ཐང་དང་སྡེ་དགེ་སོགས་བཀའ་བསྟན་འགྱུར་དཔར་མ་དག་ཏུ་མདོ་སྡེ་དེ་དག་རེ་རེ་བཞིན་མཇལ་དཀའ་བར་སྣང་། གཞན་ཡང་མདོ་སྡེ་ལུང་སྡེ་བཞིའི་སྐོར་ལ་མཁས་དབང་དགེ་འདུན་ཆོས་འཕེལ་གྱི་སིདྡྷ་ལའི་ལོ་རྒྱུས་ལས། གནས་བརྟན་པའི་སྡེ་སྣོད་རྣམས་ནི་གླིགས་བམ་གྱི་རྩིས་གདབ་ན་བོད་ཀྱི་བཀའ་འགྱུར་འདིའི་སུམ་ཆ་ལྷག་ཙམ་བཞུགས། དེ་ལ་སྡེ་སྣོད་གསུམ་ལས། ...མདོ་སྡེ་ལ་ནི། ལུང་རིང་པོ། ལུང་བར་མ། ཡང་དག་པར་ལྡན་པ། གཅིག་ལས་འཕྲོས་པ། ཕྲན་ཚེགས་ཏེ་ལྔ་ཡོད་ཅིང་། ལུང་རིང་པོ་ལ་ཚངས་པ་དྲ་བའི་མདོ་སོགས་མདོ་ཚན་སོ་བཞི་དང་། དེའི་ཁྲོད་ན་རྟོག་གེ་འབར་བར་གསལ་བའི་ཤིང་གི་ཕུང་པོ་ལྟ་བུའི་མདོ་ཡང་བཞུགས། མདོ་དེ་ནི་སྔོན་པས་ཤིང་སྡོང་མེ་འབར་བ་ཞིག་ལ་གཟིགས་ཏེ་ཚུལ་འཆལ་གྱི་ཉེས་པ་གསུངས་པས། དགེ་སློང་

དྲུག་རུ་ཁྲག་ཚབས་ཆེར་སྐྱུགས་ནས་ཤི། གཞན་དྲུག་རུས་བསླབ་པ་ཕུལ། གཞན་དྲུག་རུས་འཐྲས་བུ་ཐོབ་པ་སོགས་དྲུག་རུ་ཚན་མང་པོ་ཞིག་གི་སྐོར་ཡོད། ལུང་བར་མ་ནི་མདོ་ཕྲན་བརྒྱ་དང་ལྔ་བཞུགས་ཤིང་། མདོ་སྡེ་ཀུན་གྱི་གཙོ་བོར་བྱེད། གཅིག་ལས་འཕྲོས་པ་ལ་མདོ་ཆེན་ཉིས་སྟོང་སུམ་བརྒྱ་དང་བརྒྱད་བཞུགས། ལུང་ཕྲན་ཚེགས་སུ་སྡེ་ཚན་བཅོ་ལྔའི་ནང་ན་ཆེད་དུ་བརྗོད་པའི་ཚོམ་འདྲ་བའི་གཞུང་ཞིག་དང་སྐྱེས་རབས་སོགས་བཞུགས།...མདོ་རྣམས་ལ་སྟོན་པ་རང་གི་ཞལ་ནས་གསུངས་པའི་ཚན་གཅིག་དང་། སྡུད་པ་པོ་རྣམས་ཀྱི་ངག་ཏུ་རྟོགས་པ་ཨ་ཁ་ཀ་ཐ་བྱ་བའི་ཚན་གཉིས་གཉིས་སུ་ཕྱེས་ཏེ་ཤིན་ཏུ་ངོས་གཙང་བ་ཞིག་ཡོད། རང་རེའི་མདོ་རྣམས་ལ་ཚ་གཉིས་ཀ་མ་ཕྱེས་པར་ཡོད་འདུག །[①]ཅེས་གསུངས་པའི་དབུར་མདོ་སྡེ་ལུང་ལྔར་དབྱེ་བའི་ལུང་ཕྲན་ཚེགས་དང་ལུང་དག་ལྡན་གཉིས་གཅིག་ལ་གོ་སྟེ་ཞབས་སུ་ལུང་ཕྲན་ཚེགས་ལས་ལུང་དག་ལྡན་གྱི་སྦྲོས་པ་མི་སྣང་བས་མདོ་སྡེ་ལུང་བཞི་མིན་ནམ་སྙམ།

[283]**ཕྲན་ཚེགས་འདུས་པའི་མདོ།** དེར་ལམ་ཡིག་ཕྱི་མོར་རྒྱ་ཡིག་ཏུ་杂藏འབོད་པ་དེ་ནི་ཀྲང་ཤུན་གྱི་མཆན་དུ་བསྟན་པ་ལྟར་ན།[②] རྒྱ་ནག་བཀའ་བསྟན་ཆེ་མོར་བཞུགས་པའི་བཙུན་པ་ཧྥ་ཤན་གྱི་འགྱུར་གཞུང་དཀར་ཆག་ཏུ་གསལ་བའི་སངས་རྒྱས་ཀྱི་བཀའ་ཕྲན་ཚེགས་འདུས་པའི་མདོ་(佛说杂藏经)ཡིན་ཏེ། རྒྱའི་ཡིག་ཚང་སྡེ་སྣོད་གསུམ་གའི་ཆོས་ཀྱི་རྣམ་གྲངས་ཀྱི་བརྗོད་བྱང་ཆེན་པོའི་བམ་པོ་གཉིས་པ་བཙུན་པ་ཧྥ་ཤན་གྱི་དཀར་ཆག་ལས། ཕྲན་ཚེགས་འདུས་པའི་མདོ། བམ་པོ་གཅིག་(杂藏经，一卷。)ཞེས་གསལ་བ་དང་། དུས་རབས་རིམ་པའི་མཆོག་

① 《དགེ་འདུན་ཆོས་འཕེལ་གྱི་གསུང་རྩོམ་》 པོད་གཉིས་པ། བོད་ལྗོངས་བོད་ཡིག་དཔེ་རྙིང་དཔེ་སྐྲུན་ཁང་། ༢༠༡༧ལོ། ཤ་༢༥

② 张巽校注：《佛国记》，中国旅游出版社，2016年，第152至153页。

གསུམ་དཀར་ཆག་《历代三宝纪》བམ་པོ་བདུན་པའི་བཙུན་པ་ཐྲ་ཤན་གྱི་མཛད་བྱང་དུ། ཐྲན་ཚོགས་འདུས་པའི་མདོ། བམ་པོ་གཅིག །དེ་དང་ཡི་དྭགས་ཀྱིས་མཽ་འགལ་གྱི་བུ་ལ་དྲིས་པ་དང་། ཡི་དྭགས་ཀྱི་ལས་འབྲས། མཽ་འགལ་གྱི་བུས་དམྱལ་བའི་ཡི་དྭགས་ཀྱི་ལས་འབྲས་བསྟན་པ་བཅས་འགྱུར་བཞི་པོ་ནི་ཕྱི་མོ་གཅིག་ལ་འགྱུར་མིང་ཐ་དད་པ་དག་གོ།(杂藏经，一卷，与鬼问目连、恶鬼报应、目连说地狱饿鬼姻缘等四本同体，异名别译。)ཞེས་དང་། ཡང་ཁའི་ཡེའུན་ལུ་དཀར་ཆག་《开元释教录》གི་བམ་པོ་བཅུ་གསུམ་དུ། ཡི་དྭགས་ལ་ལས་འཁོར་བའི་མདོར་མཚན་གཞན་དུ་མཽ་འགལ་གྱི་བུས་དམྱལ་བའི་ཡི་དྭགས་ཀྱི་ལས་འབྲས་བསྟན་པའི་མདོ་བྱ་ཞིང་། དེར་སྔ་ཕྱིར་འགྱུར་མི་འདྲ་བ་བཞི་ཡོད་པ་ལས་གཅིག་མི་ཚང་ངོ་།(饿鬼报应经，一名目连说地狱饿鬼因缘经。又云：此经“前后有四译，一译厥本”) ཞེས་གསལ་ཞིང་། རང་རེ་བོད་དུ་ལས་འབྲས་བསྟན་པའི་མདོ་བམ་པོ་གཅིག་ཙན་དེ་ཕལ་ཆེར་བསྒྱུར་མེད་པར་སྣང་སྟེ། རྒྱའི་མཁས་པ་ཧོང་མིང་ཤིན་(黄明信)གྱིས་མཛད་པའི་ཀྲེ་ཡུའན་ལུ་དཀར་ཆག་དང་དེའི་བོད་འགྱུར་མའི་མཆན་འགྲེལ་ཤོག་ངོས་༡༧༨ཡི་དཔེ་ཨང་༡༠༠༣杂藏经དང་དེའི་མཚན་བྱང་གཞན་དཔེ་ཨང་༡༠༠༥饿鬼报应经，一卷，又名《目连说地狱饿鬼因缘经》。蕃本缺。ཞེས་འཁོད་པ་ལས་རྟོགས་ནུས་སོ། །

[284]མཐུན་རྐྱེན་འཛོམས། ཨ་ཧྲ་ཆི་གི་རོ་ཀུ་ཡི་མཆན་དུ། བཙུན་པ་ཐྲ་ཤན་ཤར་ཕྱོགས་སུ་རྒྱ་མཚོ་ཆེན་པོར་ཉིན་བཅོ་ལྔ་བགྲོད་ཅིང་ཕྱོགས་ངེས་མེད་དུ་ཉིན་དགུ་བཅུ་ཙམ་ལ་མཐར་ཡ་བ་དྭི་པའི་ཡུལ་དུ་ཞབས་སོར་འཁོད་ཅིང་། དེར་ཡང་ཟླ་བ་ལྔ་བཞོལ་བཏབ་མུར་ཕྱི་ལོའི་ས་གའི་ཚེས་བཅུ་དྲུག་ཉིན་ཡུལ་དེ་ནས་ཞལ་གྱིས་པས་དེ་ལྟར་དུས་ཕྱི་མ་ནས་སྔ་མར་ཡར་བཟློག་སྟེ་བརྩིས་ཆེ། སིཧྣ་ལའི་ཡུལ་ནས་

ཕེབས་པའི་དུས་ཚོད་ནི་དབྱིད་ཤིའི་ཁྲི་ལོ་བདུན་པ་སྤྱི་ལོ་༤༡༡གི་ཟླ་བ་བརྒྱད་པ་སྟེ་ཕྱི་རྩིས་སམ་ཉི་རྩིས་ཀྱི་སྤྱི་ལོ་༤༡༡གི་ཟླ་བ་དགུ་པར་འཁེལ། སྐབས་དེ་ཤེད་ནི་ལྷོ་ནུབ་ནམ་དུས་རླུང་(季风)གི་མཇུག་མཐའི་ཆར་སླེབས་པས་ནམ་དུས་རླུང་འགྱུར་ཁད་ལ་ཉེ་བར་བརྟེན་རྒྱུན་པར་འཚུབ་རླུང་ངེས་མེད་ལྷང་སྟེ་མཚོ་ལམ་ལ་བར་ཆད་ཆེ། དེས་ན་ལམ་ཡིག་ཕྱི་མོར་བཤད་ཚོག་རླུང་བཟང་པོའི་མཐུན་རྐྱེན་སྨུག་མོད་ཀྱི་སྔོ་བུར་རླུང་འཚུབ་ལྷང་སྟེ་གྲུ་བརྫོལ་བ་སོགས་འགལ་རྐྱེན་དུ་མས་བསླད་རྐྱེན་རྒྱ་མཚོ་ཆེན་པོར་ཉིན་དགུ་བཅུ་ཙམ་ཉུལ་དགོས་པའི་བར་ཆད་འཕྲད་པ་ལགས་[1]ཞེས་གསུངས་སོ། །

[285]**རིལ་ཚགས།** དེ་ནི་དགེ་སློང་གི་ཡོ་བྱད་ཅིག་སྟེ་ལེགས་སྦྱར་དུ་ཀུཎྜི་ཀ་(君墀)བྱ་ཞིང་། བོད་དུ་རིལ་བ་སྤྱི་བླུགས་ཀྱང་ཟེར་བ་ལ་དོན་དུ་ཁ་བཤལ་བྱེད་ཀྱི་ཆུ་གཙང་བླུགས་སའི་བུམ་པའོ། །

[286]**གླིང་ཕྲན་ཞིག** །ཨ་ཧྲ་ཆི་གི་རོ་ཀུ་ཡི་མཆན་དུ། བཙུན་པ་ཐྭ་ཤན་རྒྱ་མཚོར་ཞུགས་ནས་ཉིན་གཉིས་བསྐྱོད་ཙམ་ལ་རླུང་ཆེན་དང་འཕྲད་ཅིང་དེ་ནས་སླར་ཉིན་བཅུ་གསུམ་ངེས་མེད་དུ་ཉུལ་མཐར་ཆ་མི་འཚལ་བའི་གླིང་ཕྲན་ཞིག་ཏུ་སླེབས་པ་དེ་ནི་ཕལ་ཆེར་ད་ལྟའི་ཉི་ཁོ་པར་(Nicobar Is/尼科巴群岛)གླིང་ཚོམས་ཀྱི་ཡ་གྱལ་གླིང་ཕྲན་ཞིག་ཡིན་པར་གསུངས། དེའི་རྒྱུ་མཚན་ནི་སིངྒ་ལ་ནས་ཉི་ཁོ་པར་གླིང་ཚོམས་བར་ལི་དབར་དྲུག་བརྒྱ་ཙམ་ཡོད་ཅིང་། ཅི་སྟེ་རླུང་དྲག་པོས་དེད་ཚེ་ཉིན་རེར་ཆ་སྙོམས་ལི་དབར་སོ་དགུ་ཙམ་བགྲོད་འགྲོ་བས་དེ་ལྟར་བརྩིས་ཙ་ན་བཙུན་པ་ཐྭ་ཤན་གྱིས་ཡ་བ་དྭི་པའི་ཡུལ་ནས་སིངྒ་ལའི་བར་བགྲོད་པའི་ལམ་ཐག་དང་འགལ་བ་མ་མཆིས། དེས་ན་སིངྒ་ལའི་ཤར་ཕྱོགས་སུ་ཉི་ཁོ་པར་གླིང་ཚོམས་ཕུད་

① 足立喜六著，何建民、张小柳译《〈法显传〉考证》，贵州大学出版社，2014年，第219页。

བབས་ཚུགས་གླིང་ཕྲན་གཞན་མེད་པས་ཞར་དུ་རྟོགས་ནུས་[①]ཞེས་འཁོད།

[287]**ཉིན་དགུ་བཅུ་ལྷག་ཙམ་བགྲོད།** བླ་ཆེན་རྣམ་ཐར་གྱི་བམ་པོ་གསུམ་པའི་བཙུན་པ་ཧྥ་ཤན་གྱི་རྣམ་ཐར་དུ། བཙུན་པ་ཧྥ་ཤན་མི་ཉིས་བརྒྱ་དང་བཅས་ཚོང་གྲུ་ཆེན་པོར་ཞུགས་ནས་རྒྱ་མཚོའི་གླིང་དུ་ཕ་ཡུལ་ལ་ཕྱིར་ཕེབས་པའི་སྐབས་རླུང་དྲག་ཏུ་ལྡང་བ་ན། འགྲུལ་པ་ཀུན་འཇིགས་ཏེ་ཡོ་བྱད་ཚང་རིགས་ཐམས་ཅད་ཆུ་ལ་བསྐྱུར་བས་སློབ་དཔོན་གྱི་ཐུགས་ལ་ཉིད་ཀྱིས་བསྣམས་ཕེབས་པའི་སངས་རྒྱས་ཀྱི་སྐུ་བརྙན་ཡང་གཞན་གྱིས་བསྐྱུར་བར་དོགས་ནས། རྩེ་གཅིག་ཏུ་ཐུགས་རྗེ་ཆེན་པོར་གསོལ་བ་འདེབས་ཀྱིན་རླུང་བུའི་བགྲོད་བཞིན་གྲུ་བོ་ཆེ་མཚོ་ཐོག་ཏུ་ངེས་མེད་སྒྱུལ་བཞིན་སྐྱོན་མེད་པར་ཉིན་བཅུ་ཙམ་བརྒྱུད་རྗེས་ཡ་བ་དྭི་པའི་ཡུལ་དུ་སླེབས། ཞེས་འཁོད་པའི་ཉིན་བཅུ་ནི་སྐབས་བབ་ལམ་ཡིག་ལས་སིནྡྷ་ལ་ནས་ཡ་བ་དྭི་པ་བར་ཉིན་དགུ་བཅུ་ལྷག་འགོར་ཟེར་བ་དང་ཐ་དད་པར་མངོན། དེའི་རྒྱུ་མཚན་གང་ཡིན་པའི་ཐད་ཀྱང་ཤུན་གྱི་མཆན་དུ། ལམ་ཡིག་ཕྱི་མོར་རྒྱ་མཚོའི་གླིང་དུ་ཇག་རྐུན་མང་བས་དེ་རྣམས་དང་འཕྲད་ཙ་ན་ཐར་ཟེར་བ་ཕལ་ཆེར་མེད་ཅེས་འཁོད་པ་དེ་ལྟར་དུ་ཕྱི་གླིང་ཞིབ་འཇུག་པ་སེ་ལ་མན་(R.R.Sellman/塞尔曼)གྱི་ཤར་ཕྱོགས་པའི་ལོ་རྒྱུས་ས་ཁྲ་རགས་བསྡུས་(An Outlina Atlas of Eastern History/东方历史简要地图)ཞེས་པའི་པར་རིས་ཨང་བཅུ་གཉིས་པར་མཚན་བཏབ་པ་ལས། སྤྱི་ལོའི་དུས་རབས་ལྔ་པར་ད་ལྟའི་སུ་མ་ཏྲ་རའི་(苏门答腊岛)གླིང་དང་མ་ལེ་སི་ཡའི་(马来西亚)བར་དུ་ཆགས་པའི་མ་གླིའུ་ཙ་མཚོ་ཁུག་(马六甲海峡)ཏུ་མ་ལའི་མཚོ་ཇག་(马来海盗)གིས་རྟག་ཏུ་མཚོ་ལམ་བཀག་པས་འགྲུལ་པ་ཐམས་ཅད་མཚོ་གྲུ་ཁ་བསྐོར་ཏེ་སུ་མ་ཏྲ་རའི་གླིང་གི་ཕྱིའམ་ལྷོ་ཕྱོགས་

---

① 足立喜六著，何建民、张小柳译，《〈法显传〉考证》贵州大学出版社，2014年，第220页。

ནས་དེད་དེ་ཤར་ཕྱོགས་སུ་ད་ལྟའི་ཤུན་ཐ་མཚོ་ཁུག་(巽他海峡)བརྒྱུད་སྟོད་བྱང་གི་ཕྱོགས་སུ་བསྐྱོད་དགོས་ཞེས་གསལ། དེས་ན་བཙུན་པ་ཧྥ་ཤན་སོགས་དེ་རྒྱུད་ལ་འཁྱོར་བའི་སྐབས་གོང་དུ་བརྗོད་པ་ལྟར་སྤྱི་ལོའི་དུས་རབས་ལྔ་པར་འཁྱིལ་བས་ཁོང་དག་མཚོ་ཐག་གི་འཇིགས་ཉེན་ལ་གཡོལ་ཆེད་གྲུ་ཁ་བསྐོར་ནས་ཆས་པས་དུས་ཚོད་རིང་པོ་འགྱངས་པ་ལགས། དེའི་ཕྱིར་ཉིན་དགུ་བཅུ་ལྷག་ཙམ་བགྲོད་དགོས་པའང་གནས་ཚུལ་དངོས་དང་མཐུན་པའོ་①ཞེས་གསུངས་སོ། །

[288]ཡ་བ་དྭི་པའི་ཡུལ། ཡུལ་དེར་ལམ་ཡིག་ཕྱི་མོར་耶婆提国ཞེས་འཁོད་ཅིང་ཨ་ཧྲ་ཆེ་གི་རོ་ཀུ་ཡི་མཚན་ལས། རྒྱའི་ཡིག་ཚང་སུའི་ཧྲུའུ་《隋书》རུ་赤土国དང་ཐང་ཡིག་རྙིང་མར་《旧唐书》堕婆登国དང་སློབ་དཔོན་ཨི་ཅིང་གིས་མཛད་པའི་ལྷོ་ཡི་རྒྱ་མཚོ་ནས་ཕྱིར་ལོག་ནང་ཆོས་བཤད་སྲོལ་《南海寄归内法传》དུ་室利佛逝国ཞེས་བྱ་བ་ལས། དེའི་རྗེས་ཤུལ་ད་ལྟའི་སུ་མ་ཏྲ་རའི་(苏门答腊岛)གླིང་གི་ཤར་རྒྱུད་དུ་ཡོད་②ཅེས་གསལ། ཀྲང་ཤུན་གྱི་མཚན་དུ། དེ་ཡང་སྤྱི་ལོ་གོང་འོག་ཙམ་ན་བྱུང་བའི་རྒྱ་གར་གྱི་ལོ་རྒྱུས་སྙན་ངག་རིང་མོ་རཱ་མཱ་ཡ་ཎའི་རྩོམ་བརྗོད་ལས་ཤར་གྱི་ཕྱོགས་སུ་ཡ་བ་དྭི་པ་(Yava-dvīpa/大麦岛)ཞེས་པའི་ས་ཆ་ཞིག་ཡོད་ཅེས་འཁོད་ཅིང་། དེར་སྤྱི་ལོའི་དུས་རབས་གཉིས་པའི་སྐབས་ཀྱི་ཨེ་ཛིབ་ཨ་ལེ་ཤན་དའི་གྲོང་(埃及亚力山大城)གི་ས་ཁམས་རིག་པ་མཁས་ཅན་ཕྟོ་ལེ་མི་(Ptolemy/托勒密)ཡིས་མཛད་པའི་ས་ཁམས་དཔེ་དེབ་ཏུ་Iabadiouདང་། རྒྱའི་ཡིག་ཚང་ཧན་ཕྱི་མའི་《后汉书》བམ་པོ་དྲུག་པ་དང་། བམ་པོ་བརྒྱ་དང་བཅུ་དྲུག་ལ་ཧྲུན་ཏི་ཡུང་ཅན་ཁྲི་ལོ་དྲུག་པར་[顺帝永建六年(公元131年)]叶调国ཞེས་གསལ། ཡ་བ་དྭི་པ་དང་། Iabadiouདང་། 叶调གསུམ་ནི་དོན་གཅིག་མིང་གི་རྣམ་གྲངས་

① 张巽校注:《佛国记》, 中国旅游出版社, 2016年, 第156页。

② 足立喜六著, 何建民、张小柳译:《〈法显传〉考证》, 贵州大学出版社, 2014年, 第224页。

ང་ཚོ་ཡུལ་གཅིག་ཕོ་ནར་གོ་བ་དང་། དེའི་རྗེས་ཤུལ་ད་ལྟ་གང་དུ་ཡོད་མེད་ཐད་བཞེད་པ་མི་མཐུན་ཞིང་། ཁ་ཅིག་གིས་ད་ལྟའི་ཨིན་དོ་ནེ་ཤི་ཨའི་ཛ་ཝ་གླིང་ཕྲན་(印度尼西亚爪哇岛)དུ་ཡིན་ཟེར་བ་དང་། ལ་ལས་ད་ལྟའི་སུ་མ་ཏྲ་རའི་(苏门答腊岛)གླིང་དུ་ངོས་འཛིན། ས་ཁྲར་བལྟས་ཚེ་ཛ་ཝ་དང་སུ་མ་ཏྲ་ར་གླིང་གཉིས་སྦྲེལ་ཏེ་ཆགས་ཤིང་། གནའ་དུས་སུ་དེ་གཉིས་ལ་ཐུན་མོང་ཐོག་叶调འམ་ཡ་བ་དྭི་པའམ། Iabadiou 耶婆提སོགས་ཟེར་ཏེ། འདིར་ལམ་ཡིག་ཏུ་བཙུན་པ་ཐྲ་ཤན་སོགས་ཡ་བ་དྭི་པ་ནས་སླར་གྲུར་ཞུགས་ཏེ་ཀོང་ཀྲོའུ་(广州)རུ་ཕྱིན་པར་གསལ་བ་གཞིར་བཟུང་ཚེ་ཁ་ཕྱོགས་བྱང་ཤར་དུ་ངེས་པས་དེས་ན་ཕལ་ཆེར་སུ་མ་ཏྲ་རའི་གླིང་ཤར་ནས་ཕེབས་ཐོན་མཛད་པར་སྣམ།① ཅེས་གསུངས་སོ། །གཞན་ཡང་ད་ལྟའི་སུ་མ་ཏྲ་རའི་(苏门答腊岛)གླིང་ནི་སྔོན་ཇོ་བོ་རྗེ་བོད་དུ་མ་ཕེབས་གོང་དགུང་ལོ་ཉེར་བརྒྱད་ལ་རབ་ཏུ་བྱུང་རྗེས་སོ་གཅིག་སྟེང་ཕ་ཡུལ་རྒྱང་ག་ལ་ནས་མཚོ་ཐོག་ལ་ཟླ་བ་བཅུ་གསུམ་བསྐྱོད་དེ་ཡུལ་གསེར་གླིང་དུ་ཕེབས་ནས་བླ་མ་གསེར་གླིང་པའི་ཞབས་ལ་གཏུགས་ཚུལ་གསུངས་པའི་གསེར་གླིང་ཞེས་པ་དེ་ཡིན་པར་དེང་གི་ཞིབ་འཇུག་པ་དུ་མས་བཞེད།

[289]དབྱར་གནས་མཛད། ཚོང་གྲུའི་ཐོག་དབྱར་གནས་འདི་བཞིན་མཛད་པའི་དུས་ནི་བཙུན་པ་ཐྲ་ཤན་རྒྱ་གར་དུ་གཤེགས་རྗེས་ཀྱི་ལོ་བཅུ་བཞི་སྟེ་དབྱིན་ཞིའི་ཕྱི་ལོ་བརྒྱད་པ་སྤྱི་ལོ་༤༡༢འཁེལ་བའོ། །

[290]ལའོ་ཧྲན། ས་ཆ་དེར་ལམ་ཡིག་ཕྱི་མོར་长广郡界牢山ཞེས་འཁོད་པ་ལ་ཀྲང་ཀོན་གྱི་མཆན་དུ། ཅིན་ཤར་མའི་གྲང་ཀོང་ཙུན་ནི་ཡུལ་ཆེན་ཀྲོའུ་བྱང་མའི་(北青州)ཁོངས་སུ་གཏོགས་ཤིང་དེང་གི་ཐུང་ཏུང་ཞིང་ཆེན་ལའོ་ཧྲན་རྫོང་

① 张巽校注：《佛国记》，中国旅游出版社，2016年，第156页。

(山东省崂山县)གི་བྱང་དུ་ཆགས། 牢山ནི་ད་ལྟའི་崂山སྟེ་ཧྲན་ཏུང་ཞིང་ཆེན་ལའོ་ཧྲན་རྫོང་ཡིན་①ཞེས་གསལ།

[291]**ཅིན་རྒྱལ་རབས་ཀྱི་མངའ་རིས་སུ་གཏོགས།** དེར་ལམ་ཡིག་ཕྱི་མོར་统属刘家ཞེས་ལེའུ་རྒྱལ་རབས་ཀྱི་ཆབ་འོག་ཡིན་ཚུལ་གསུངས་མོད། ལམ་ཡིག་དེའི་རྒྱ་ཡིག་དཔར་མ་གཞན་ཁ་ཅིག་ཏུ་统属晋家ཞེས་ཅིན་རྒྱལ་རབས་ཀྱི་མངའ་ཞབས་ཡིན་ཚུལ་གསལ། ཀྲང་ཤུན་གྱི་མཆན་དུ་བསྟན་པར་གཞིགས་ན།② དོན་དོ་མར་བཙུན་པ་ཧྭ་ཤན་ས་ཆ་དེར་ཕེབས་འབྱོར་བྱུང་བའི་དུས་ནི་རྒྱ་ནག་ཅིན་ཤར་མའི་སྐབས་རང་ཡིན་པར་ཐེ་ཚོམ་མ་མཆིས་ཞིང་། གོང་དུ་ལེའུ་རྒྱལ་རབས་ཞེས་འཁོད་པའང་ཅིན་ཤར་མའི་སྲིད་དབང་མཇུག་སྒྲིལ་རྗེས་ལེའུ་རྒྱལ་རབས་སྐབས་སུ་ཐོན་པའི་ཧྭ་ཤན་ལམ་ཡིག་ཁ་ཅིག་ཏུ་དེ་ལྟར་བྱུང་བའི་རྒྱུ་མཚན་གྱིས་ཡིན་ཞེས་འགྲེལ་བརྗོད་མཛད་པར་སྣང་། དེས་ན་འདིར་བཙུན་པ་ཧྭ་ཤན་崂山སྟེ་ད་ལྟའི་ཧྲན་ཏུང་ཞིང་ཆེན་ལའོ་ཧྲན་རྫོང་ལ་འབྱོར་སྐབས་ཡུལ་དེ་ཅིན་ཤར་མའི་(东晋)ཆབ་འོག་ཏུ་གནས་པས་བོད་སྐད་དུའང་དེ་བཞིན་བསྒྱུར་བ་ལགས།

[292]**ལི་དབྱི།** དེའི་མིང་ལ་ལམ་ཡིག་ཕྱི་མོའི་རྒྱ་ཡིག་ཏུ་李嶷ཞེས་གསལ།

[293]**ཡང་ཀྲོའུ།** ཀྲང་ཤུན་གྱི་མཆན་ལ་ཡང་ཀྲོའུ་ནི་ད་ལྟའི་ཅང་སུའུ་ནན་ཅིང་གྲོང་ཁྱེར་(江苏南京市)དུ་ཡིན་པར་བསྟན་ཅིང་འདིར་བཙུན་པ་ཧྭ་ཤན་གྱི་ལམ་རོགས་ཚོང་པ་དག་ཆུ་ཐོག་ནས་ལྷོ་ཕྱོགས་ཡང་ཀྲོའུ་ལ་བསྐྱོད་ཚུལ་བརྗོད་པ་རེད་③ཅེས་གསུངས།

[294]**ཇེ་དཔོན་ལིའུ་ཧྲོ་ལས།** ཇེ་དཔོན་དེར་ལམ་ཡིག་ཕྱི་མོར་刘沇青州ཞེས་

① 张巽校注:《佛国记》, 中国旅游出版社, 2016年, 第158页。

② 张巽校注:《佛国记》, 中国旅游出版社, 2016年, 第159页。

③ 同上

གསལ་ཞིང་། ཨ་རྡ་ཆི་ཀི་རོ་ཀུ་ཡི་མཆན་[1]དུ། 刘沇青州ཡི་沇དེ་兖ཡིན་པར་འགྲེལ་བ་དང་། ཀྲང་ཤུན་གྱི་མཆན་[2]ལས། རྒྱའི་ཡིག་ཚང་སྲིད་སྐྱོང་མེ་ལོང་《资治通鉴》དུ། དབྱིན་ཞིའི་ཕྱི་ལོ་བརྒྱད་པ་སྤྱི་ལོ་༤༡༢གྱི་ཟླ་དགུ་པར་བྱང་ཤུའི་ཀྲོའུ་(北徐州)ཡི་རྟོགས་ཞིབ་དཔོན་ལིའུ་ཏའོ་ལན་(刘道怜)གྱིས་ཡོན་(兖)དང་། ཆིང་ཀྲོའུ་(青、州)གཉིས་ཀྱི་རྗེ་བོར་མངགས། ཞེས་བྱུང་བས་刘沇青州ནི་ལིའུ་ཏའོ་ལན་ལ་བརྗོད་པ་རེད་ཅེས་གསལ་བས་འདིར་བོད་འགྱུར་གྱི་མིང་དེ་རང་དྲངས་པའོ། །

[295]དབྱར་གནས། ཀྲང་ཤུན་གྱིས་[3]དབྱིན་ཞིའི་ཕྱི་ལོ་བརྒྱད་པ་སྤྱི་ལོ་༤༡༢གྱི་དགུན་གང་དང་། དབྱིན་ཞིའི་ཕྱི་ལོ་དགུ་པ་སྤྱི་ལོ་༤༡༣གྱི་དབྱར་རྫོགས་པར་རྒྱའི་ནང་བསྟན་ཞིབ་འཇུག་པ་ཆེ་མོ་ཐང་དབྱུང་དུང་(汤用彤)གི་དགོངས་པ་ལྟར་སྐབས་དེ་ཤེད་ཀྱི་སྙིང་ཡུལ་(彭域)ཏེ་ད་ལྟའི་ཅང་སུའུ་ཞུའི་ཀྲོའུ་(江苏徐州)རུ་བཞུགས་པ་དང་། ཨ་རྡ་ཆི་ཀི་རོ་ཀུ་ཡི་མཆན་ཤོག་ངོས་༢༣༡ཏུ་ལམ་ཡིག་ཕྱི་མོར་དབྱར་གནས་གྲོལ་རྗེས་ཞེས་གསུངས་པའི་ཞིབ་ཕྲའི་དུས་ཚོད་ནི་དབྱིན་ཞིའི་ཕྱི་ལོ་དགུ་པ་སྤྱི་ལོ་༤༡༣གྱི་ཟླ་བདུན་པའི་ཚེས་༡༥ཡིན་པར་བསྟན།[4]

[296]ཤང་ཏུ། ས་དེར་ལམ་ཡིག་ཕྱི་མོར་向都བྱ་ཞིང་། དེ་ནི་སྐབས་དེ་ཤེད་ཀྱི་ཅིན་ཤར་མའི་ལྟེ་བའི་གྲོང་ཁྱེར་ཅན་ཁང་(建康)སྟེ་ད་ལྟའི་ཅང་སུའུ་ནན་ཅིན་(江苏南京)ལ་རེད་[5]ཅེས་ཀྲང་ཤུན་གྱི་མཆན་དུ་གསུངས།

[297]རྒྱ་གར་ནས་ཕྱིན་པའི་སློབ་དཔོན། བཙུན་པ་ཧྲ་ཤན་དེའི་དུས་ན་ཁྲང་ཀོང་ཅུན་གྱི་ལོའོ་ཧྲན་ཏེ། ད་ལྟའི་ཧྲན་ཏུང་ཞིང་ཆེན་ལའོ་ཧྲན་རྫོང་གི་ལྷོ་ངོགས་ནས་

① 足立喜六著，何建民、张小柳译：《〈法显传〉考证》，贵州大学出版社，2014年，第230页。

② 张巽校注：《佛国记》，中国旅游出版社，2016年，第160页。

③ 同上

④ 足立喜六著，何建民、张小柳译：《〈法显传〉考证》，贵州大学出版社，2014年，第231页。

⑤ 张巽校注：《佛国记》，中国旅游出版社，2016年，第161页。

རྐམ་སར་ཞབས་བཅགས་ཏེ་ཇོན་པ་གཉིས་དང་འཕྲད་པའི་མཇུག་ཏུ། སྟེ་སྟོང་གསུམ་ཀའི་ཆོས་ཀྱི་རྣམ་གྲངས་ཀྱི་བརྗེད་བྱང་ཆེན་པོའི་བམ་པོ་བཅོ་ལྔ་བཙུན་པ་རྩ་ཤན་གྱི་རྣམ་ཐར་ལས། ཇོན་པ་ཡོག་ནས་ཡུལ་དཔོན་ལི་དབྱི་ལ་ཞུས། ལི་དབྱི་ སྤར་ནས་ནང་པར་མོས་པས་སྙོ་བུར་དགེ་སྦྱོང་རིང་མོ་ནས་འདིར་གཤེགས་འོང་བ་ཐོས་འཕྲལ་གུས་པ་ཆེན་པོས་བསུ་བར་བཅར། བཙུན་པ་རྩ་ཤན་མདོ་སྡེ་དང་སྐུ་བརྙན་བསྣམས་ཤིང་མྱུར་བར་ལྕོ་ཕྱོགས་སུ་ཕྱིན་པར་དགོངས་སྐབས་ཡུལ་དཔོན་གྱིས་བཤོལ་བཏབ་པར་གསོལ་ཡང་། བདག་ཐག་རིང་འཕགས་པའི་ཡུལ་ནས་འདིར་ལྷགས་པའང་བསྟན་པ་ཁོ་ནའི་སླད་དུ་ལགས། དུས་མི་རྟག་པས་ཡུན་རིང་འདུག་པར་མི་ཐུབ་གསུངས་ནས་དེ་མྱུར་ནན་ཅིང་ལ་ཕྱིན་པ་དང་། དེར་རྒྱ་གར་གྱི་སློབ་དཔོན་བུདྡྷ་བྷ་དྲ་སངས་རྒྱས་བཟང་པོ་དང་ལྷན་དུ་ཏོའུ་ཁྲང་དགོན(道场寺)དུ་སྒྱུར་འདས་ཀྱི་མདོ་བམ་པོ་དྲུག་དང་། དགེ་འདུན་ཕལ་ཆེན་པའི་འདུལ་བ་དང་། ཤིན་ཏུ་རྒྱས་པའི་སྒྱུར་འདས་ཀྱི་མདོ་དང་། མདོ་པོད་དང་། ཆོས་མངོན་པའི་ཡང་དག་ལྡན་པའི་སྙིང་པོ་སོགས་བསྒྱུར། ད་དུང་འཕྲོར་ལུས་པ་ཡིག་འབྲུ་ཁྲི་བ་བཅུ་ཙམ་ཟིན་ནོ། །ཞེས་གསུངས་པ་ལས་ལམ་ཡིག་ཕྱི་མོར་འཁོད་པའི་རྒྱ་གར་ནས་ཕྱིན་པའི་སློབ་དཔོན་ནི་བུདྡྷ་བྷ་དྲ་སངས་རྒྱས་བཟང་པོ་(佛陀跋陀罗359～429)ཡིན་པར་ཤེས་སོ། །

[298]ལོ་གསུམ་འགྱངས་མཐར་ཆིང་ཀྲོའུ་རུ་འབྱོར། ལོ་ཚིགས་དེ་དག་ནི་བཙུན་པ་རྩ་ཤན་ཐོག་མར་སྤྱི་ལོ་༣༩༨ཡོར་ཁྲང་ཨན་ནས་ཞལ་གྱིས་ཏེ་ལོ་དྲུག་སོང་མྱུར་ཕལ་ཆེར་སྤྱི་ལོ་༤༠༤ཙམ་ལ་རྒྱ་གར་ཡུལ་དབུས་ཀྱི་མ་ཐུ་ར་བཅོམ་བརྒྱག་ཏུ་ཞབས་སོར་འཁོད་པ་དང་། དེ་ནས་སྤྱི་ལོ་༤༠༨ཡོར་ཏཱ་མྲ་ལིཔྟིའི་ཡུལ་གྱི་མཚོ་ཁ་ནས་ཕེབས་ཐོན་མཛད་དེ་ཕ་ཡུལ་དུ་བཀློག་པའི་ལམ་དུ་ལོ་དྲུག་འདས། དེ་ཧིང་སིནྡྷ

ལར་ལོ་གཉིས་བཞུགས་འཆག་མཛད་མུར་དེ་ནས་བྱོན་ཏེ་མཚོ་ཐོག་ལ་ལོ་གཅིག་སོང་མཐར་སྤྱི་ལོ་༤༡༢ལོར་བྱང་ཆིང་ཀྲོའུ་ཁྲང་ཀོང་ཅུན་གྱི་ས་ཁོངས་ལའོ་ཧྲན་ལྷོ་ངོགས་(北青州长广郡界牢山南岸)ལ་ཕེབས་འཁྱོར་བྱུང་བའི་བར་ལོ་གསུམ་འགྱངས་པ་བཅས་ཡིན་ནོ། །

[299]**ཡུལ་སུམ་ཅུ་མ་ཟིན་ཙམ།** ཧྭ་ཤན་ལམ་ཡིག་ལས་བསྟན་པ་ལྟར་ན། བཙུན་པ་ཧྭ་ཤན་ཅེ་གླུང་ནུབ་སྟེ་ད་ལྟའི་ཀན་སུའུ་ཏུན་ཧོང་ནུབ་མཐའ་ནས་དབུ་བརྩམས་ཏེ་རིམ་པར་བྱོན་པའི་ཡུལ་དེ་དག་ནི། ༡ ཤིང་ཤན་ཡུལ། ༢ ཡན་དབྱིའི་ཡུལ། ༣ ཁི་ཡུལ། ༤ ཛཱ་ཏའི་ཡུལ། ༥ ཡུད་ཏུལ་ཡུལ། ༦ ཅེ་ཁྲའི་ཡུལ། ༧ ད་ར་ཊའི་ཡུལ། ༨ ཨོ་རྒྱན་ཡུལ། ༩ སྭ་ཏའི་ཡུལ། ༡༠ དྲི་ཟའི་ཡུལ། ༡༡ ཏཀྵ་ཤི་ལའི་ཡུལ། ༡༢ ཕུ་རུ་ཥ་ཕུ་རའི་ཡུལ། ༡༣ ན་ག་ར་ཧཱ་རའི་ཡུལ། ༡༤ ལོ་ཏ་ནའི་ཡུལ། ༡༥ ཕཛྷུའི་ཡུལ། ༡༦ པཉྫབ་ཀྱི་ཡུལ། ༡༧ བཅོམ་བརླག་གི་ཡུལ། ༡༨ སཾ་ཀཱ་ཤྱའི་ཡུལ། ༡༩ སྣ་ཀེ་ཏའི་ཡུལ་ཆེན། ༢༠ ཀོ་ས་ལའི་ཡུལ། ༢༡ རཱ་མའི་ཡུལ། ༢༢ ཡངས་པ་ཅན་གྱི་ཡུལ། ༢༣ མ་ག་དྷའི་ཡུལ། ༢༤ ཀཱ་ཤིའི་ཡུལ། ༢༥ ཀཽ་ཤཱམྦིའི་ཡུལ། དཀྵི་ཎའི་ཡུལ། ༢༦ ཡུལ་ཆེན་ཙམྤཱ། ༢༧ ཏཱ་མྲ་ལིཔྟིའི་ཡུལ། ༢༨ སིངྒ་ལའི་ཡུལ། ༢༩ ཡ་བ་དྭཱི་པའི་ཡུལ། བཅས་ཡིན་པ་དེ་རྣམས་ལས་ལམ་ཡིག་ཕྱི་མོར་བསྟན་པ་བཞིན་དཀྵི་ཎའི་ཡུལ་ལ་བཙུན་པ་ཧྭ་ཤན་དངོས་སུ་བྱོན་མེད་པས་དེ་ཕུད་ཡུལ་ཉེར་དགུ་ནི་ལམ་ཡིག་ཕྱི་མོར་གསུངས་པ་ལྟར་ཡུལ་སུམ་ཅུ་མ་ཟིན་ཙམ་ཞེས་འཁོད་པ་དང་གོ་མཐུན་པའོ། །

[300]**ཤིང་སྟག་ལོ།** ལམ་ཡིག་ཕྱི་མོར་དེར་甲寅年ཞེས་གསལ་བའི་甲ནི་ཁམས་ལྔའི་ཐོག་མ་ཤིང་ལ་གོ་དགོས་ཤིང་། 寅ནི་སྟག་ཡིན་པར་ཐེ་ཚོམ་མེད་པས་ཨ་ཧྲ་ཆེ་ཀི་རོ་ཀུ་ཡི་མཆན་དུ་ལོ་ཚིགས་དེ་ནི་དབྱིད་ཞིའི་ཁྲི་ལོ་བཅུ་པ་སྟེ་སྤྱི་ལོ་༤༡༤ཡིན་

པར་གསུངས།[①] དེ་དང་ཏུང་དཀར་ཚིག་མཛོད་དུ་ཤིང་སྟག་སྤྱི་ལོ་༤༡༤ལོར་ཏྭ་ཤང་ཧྥ་ཤན་གྱིས་རྒྱ་གར་ལམ་ཡིག་བརྩམས་[②]ཞེས་འཁོད་པ་གོ་མཐུན་ནོ། །

[301]དབྱིད་ཤིའི་ཁྲི་ལོ་བཅུ་གཉིས་པ་མེ་འབྲུག་ལོ། ལོ་དེ་ནི་སྤྱི་ལོ་༤༡༦ལ་འཁེལ་ཞིང་། སུ་སྡོད་གསུམ་གའི་ཆོས་ཀྱི་རྣམ་གྲངས་ཀྱི་བརྗེད་བྱང་ཆེན་པོའི་བམ་པོ་གསུམ་པའི་གནས་མ་བུ་བའི་སྡེའི་འདུལ་བའི་(Vātsīputravinaya/婆粗富罗律)དཀར་ཆག་ཏུ། དགེ་སློང་ཧྥ་ཤན་རྒྱ་གར་དུ་བཞུགས་འཚག་མཛད་པའི་དུས་ཡུལ་མ་ག་དྷའི་གྲོང་ཁྱེར་སྐྱ་ནར་བུར་རྒྱལ་པོ་མྱ་ངན་མེད་ཀྱིས་བཞེངས་པའི་མཆོད་རྟེན་ཆེན་པོའི་གཙུག་ལག་ཁང་ནས་འདུལ་བའི་རྒྱ་དཔེ་དེ་ཉིད་ཕྱག་ལ་སོན་པ་དང་། དུས་ཕྱིས་རྒྱ་ནག་ལ་ཕྱིན་རྗེས་ཡུལ་ནན་ཅིན་དུ་དབྱིད་ཤིའི་ཁྲི་ལོ་བཅུ་གཉིས་པ་མེ་འབྲུག་ལོའི་ཟླ་བཅུ་གཅིག་པར་རྒྱ་གར་གྱི་སློབ་དཔོན་བུདྡྷ་ཛཱི་ཝ་དང་ལྷན་དུ་ཏའོ་ཁྲང་དགོན་(道场寺)དུ་བསྒྱུར་ཅིང་དབྱིད་ཞིའི་ཁྲི་ལོ་བཅུ་བཞིའི་(སྤྱི་ལོ་༤༡༨)ཟླ་གཉིས་པར་རྫོགས་པར་གྲུབ། ཅེས་འཁོད་པ་ལས་དབྱིད་ཞིའི་ཁྲི་ལོ་བཅུ་གཉིས་ཀྱི་དགུན་གྱི་བསྙེན་གནས་སྐབས་བཙུན་པ་ཧྥ་ཤན་ནན་ཅིན་གྱི་ཏའོ་ཁྲང་དགོན་དུ་ཆོས་བསྒྱུར་མུས་ཡིན་པས། ལམ་ཡིག་ཕྱི་མོར་བྱུང་བའི་སྐབས་བབ་མཇུག་བྱང་ནི་ཏའོ་ཁྲང་དགོན་གྱི་དགེ་འདུན་ཆེ་གེ་མོས་མཛད་པའམ་ཡང་ན་མཇུག་བྱང་གི་ཡིག་འགྲོས་ལ་གཞིགས་ཚེ་བཙུན་པ་ཧྥ་ཤན་གྱི་ཡོན་བདག་གིས་བྲིས་པར་མཐོང་།

[302]ཏྭ་ཤང་ཙུད་ཡོན། གྲང་ཤུན་གྱི་མཚན་ཤོག་ངོས་༡༨༣དུ་ད་ཕན་ཧྥ་ཤན་ལམ་ཡིག་མཆིས་སོ་ཅོག་ལས་ཉེ་ཚོང་དུ་དར་བའི་དཔར་མའི་ཡ་གྱལ་ཉེ་ཚོང་ལན་ཚང་དུས་འགོ་(镰仓初期)སྟེ་དུས་རབས་བཅུ་གཉིས་པའི་མཇུག་ནས་བཅུ་

① 足立喜六著，何建民、张小柳译：《〈法显传〉考证》，贵州大学出版社，2014年，第232页。

② ཏུང་དཀར་བློ་བཟང་འཕྲིན་ལས། 《ཏུང་དཀར་ཚིག་མཛོད་》ཀྲུང་གོའི་བོད་རིག་པ་དཔེ་སྐྲུན་ཁང་། ༢༠༡༥ལོ། ཤ་༢༢༧༠

གསུམ་པའི་འགོར་ཐོན་པའི་བྲིས་མ། བསྟུས་མིང་ལ་རྒྱ་ཡིག་ཏུ་镰本འབོད་པ་པོ་ནར་སྐབས་བབ་ཧྭ་ཤང་ཧྭུད་ཡོན་(慧远334～416)གྱི་མཚན་གསལ་①ཞེས་འཕོད། རྒྱ་ནག་གི་ནང་པའི་བྱུང་རབས་སུ་ཧྭུད་ཡོན་ཞེས་མཚན་གཅིག་པའི་ཧྭ་ཤང་སྔ་ཕྱི་གཉིས་བྱོན་པ་ལས་འདིར་བརྗོད་པ་ནི་སྔ་མ་ཡིན། ཁོང་སྐྱེ་བོའི་སྐབས་ཀྱི་ཏུས་མིང་ལ་ཀྲ་(贾)བྱ་ཞིང་། ཅིན་ཤར་མའི་ཡན་མན་(雁门)ཧེ་ད་ལྷའི་ཧྲན་ཤིའི་ཞིང་ཆེན་ཀོའི་རྫོང་གི་ཤར་རྒྱུད་(山西省崞县东部)]ས་ཆར་འཁྲུངས་པ་དང་། དགུང་ལོ་ཉེར་གཅིག་ལ་རབ་ཏུ་བྱུང་། དཔྱིད་ཞིའི་ཁྲི་ལོ་བཅུ་གཉིས་པར་(ཁ་ཅིག་གིས་བཅུ་གསུམ་དུ་འདོད་)སྐུ་མྱ་ངན་ལས་འདས། ཁོང་གི་ལོ་རྒྱུས་ཞིབ་པ་བླ་ཆེན་རྣམ་ཐར་གྱི་བམ་པོ་དྲུག་པའི་ཧྭུད་ཡོན་གྱི་རྣམ་ཐར་ཞེས་པར་གསལ་བས་ཞིབ་ཏུ་མཁྱེན་འདོད་ན་དེར་གཟིགས་པར་འཚལ། གཞན་ཡང་གོང་དུ་བརྗོད་པའི་ཀྲང་ཤུན་གྱི་མཆན་དེ་རང་དུ་གཏམ་དུ་གྲགས་པར་ཧྭ་ཤང་ཧྭུད་ཡོན་རི་བོ་ལུའུ་ཧྲན་(庐山)གྱི་སྟེང་དུ་ལོ་སུམ་ཅུ་ལྷག་རི་དྭགས་རྣལ་མ་ཇི་བཞིན་དབེན་པ་ཁོ་ན་བསྟེན་པ་ལས། ས་ཕྱོགས་གཞན་དུ་ལན་གཅིག་ཀྱང་ཕེབས་མ་མྱོང་བས་ལམ་ཡིག་ཕྱི་མོར་ཧྭ་ཤང་དེ་པས་བཙུན་པ་ཧྥ་ཤན་གདན་དྲངས་ཞེས་པའང་སྐུ་དངོས་མིན་པར་སྙམ་ཞེས་ཀྱང་གསུངས་སོ།། ||

① 张巽校注：《佛国记》，中国旅游出版社，2016年，第163页。

རབ་བྱེད་ལྔ་པ། བཙུན་པ་ཧྭ་ཤན་གྱི་འགྲུལ་བཞུད་ལོ་ཚིགས་དང་། ས་མིང་། གནས་དང་རྟེན་སོགས་མཛལ་ཚུལ་གྱི་རེའུ་མིག

ལོ་ཚིགས།	ས་མིང་།	རྗེས་ཤུལ་སོགས་མཛལ་ཚུལ།
སྤྱི་ལོ་༣༩༩ དགུང་ལོ་༦༡	ཁྲང་ཨན། དེང་ཧྲན་ཤིའི་ཞིང་ཆེན་ཤི་ཨན་གྲོང་ཁྱེར་ནུབ་བྱང་མཚམས།	
	ཆན་ཀོས་ཡུལ། དེང་ཀན་སུའུ་ཞིང་ཆེན་ལན་ཀྲུ་གྲོང་ཁྱེར་གྱི་ནུབ་ཕྱོགས།	
	ནོའུ་དན་ཡུལ། དེང་མཚོ་སྔོན་ཞིང་ཆེན་ཟི་ལིང་གྲོང་ཁྱེར།	
སྤྱི་ལོ་༤༠༠ དགུང་ལོ་༦༢	ཀྲང་ཡེ་གྲོང་རྡལ། དེང་ཀན་སུའུ་ཀྲང་ཡེ་རྫོང་(甘肃张掖县)གི་ནུབ་བྱང་ལེ་དབར་བཞི་བཅུའི་མཚམས།	
	ཏུན་ཧོང་། དེང་ཀན་སུའུ་ཏུན་ཧོང་རྫོང་གི་ནུབ་མཚམས།	བཙན་རྫོང་།
	བྱེ་གླིང་། དེང་ཤིན་ཅང་མིན་ཧྥོང་རྫོང་(新疆民丰县)དུ་གནས་པའི་གནའ་བོའི་ནི་ན་བྱ་བའི་གྲོང་(尼壤城)གི་ཤར་ཕྱོགས།	
	ཤིང་ཤན་ཡུལ།ད་ལྟ་ཤིན་ཅང་རོ་ཆང་རྫོང་(若羌县)ཤར་ཁོངས་ཀྱི་མིའི་ལན་(米兰)ཞེས་པའི་ས་ཆ།	རྒྱལ་པོ་ནང་པར་དད་ཅིང་དགེ་འདུན་བཞི་སྟོང་ལྷག་བཞུགས་པ་ཐམས་ཅད་ཐེག་པ་ཆུང་ངུར་འཇུག

སྤྱི་ལོ་༩༠༧ དགུང་ལོ་ ༤༣	ཡན་དབྱིའི་ཡུལ། དེང་གི་ཤིན་ཅང་ཡན་ཆི་རྫོང་། (新疆焉耆县)	དགེ་འདུན་བཞི་སྟོང་ལྷག་བཞུགས་པ་ཐམས་ཅད་ཐེག་པ་ཆུང་ངུར་འཇུག།
	བྱེ་ཐང་གྲོལ་བ། དེང་གི་ཤིན་ཅང་ཐ་ཁེ་ར་མ་ཀན་བྱེ་ཐང་།(塔克拉玛干沙漠)	
	ལི་ཡུལ། དེང་ཤིན་ཅང་ཧོ་དན་རྫོང་གྲོང་(和田县城)གི་ཤར་ལྷོའི་ལེ་དབར་༢༩ མཚམས་ཀྱི་ཧྲེ་སི་པིར་(什斯比尔རམ་སྨད་ཁུ་མ་ཐི་(下库马提)ཡང་ཟེར་བའི་སའི་ཆ་སྟེ་ཡུས་ལུང་ཁ་ཤི་ཆུ་བའི་(玉珑喀什河)ནུབ་མཚམས།	དགེ་འདུན་ཁྲི་འགའ་མཆིས་པ་ཕལ་ཆེར་ཐེག་པ་ཆེན་པོར་འཇུག །ཙར་མའི་གཙུག་ལག་ཁང་དང་། ས་མ་ཛྙའི་གཙུག་ལག་ཁང་། སངས་རྒྱས་ཀྱི་སྐུ་རྟེན་སྤྱན་འདྲེན་ཚུལ་རྣམས་མཇལ།
	ཛི་ཧའི་ཡུལ། དེང་ཤིན་ཅང་ཡད་ཁྲིང་རྫོང་། (叶城县)	རྒྱལ་པོ་ནང་ཆོས་ལ་ལྷག་པར་དད་ཅིང་དགེ་འདུན་ཆིག་སྟོང་ལྷག་བཞུགས་པ་ཕལ་མོ་ཆེ་ཐེག་པ་ཆེན་པོར་འཇུག །
	ཡུད་རུལ་ཡུལ། དེང་ཤིན་ཅང་ཐ་ཧྲི་ཁུར་ཀན་རྫོང་། (塔什库尔干县)	
	ཅེ་ཁྲའི་ཡུལ། དེང་ཤིན་ཅང་ཁ་ཧྲི་ས་ཁུལ་ཐ་ཧྲི་ཁུར་ཀན་ཐ་ཅི་ཁེ་རང་སྐྱོང་རྫོང་།(塔什库尔干塔吉克自治县)	དགེ་འདུན་ཆིག་སྟོང་ལྷག་བཞུགས་པ་ཐམས་ཅད་ཐེག་པ་ཆུང་ངུར་འཇུག ལོ་ལྔར་ལན་རེ་འཚོགས་པའི་སྨོན་ལམ་ཆེ་མོར་ཞུགས། སྟོན་པའི་མཆིལ་སྣོད་དང་།ཚེམས་གསོལ་བའི་མཆོད་རྟེན་མཇལ།
	རི་བོ་ཙོང་ལ། དེང་གི་ཤིན་ཅང་ནུབ་རྒྱུད་ཀྱི་ཕ་མིར་མཐོ་སྒང་(帕米尔高原)དང་དེའི་ལྷོ་བྱང་མཐའ་གཉིས་པོའི་ཉེ་འགྲམ་དུ་ཆགས་པའི་རི་བོ་ཡོད་དོ་ཅོག །	

	ད་ར་ཊའི་ཡུལ།(རྒྱ་གར་བྱང་ཁོངས།) དེང་ཀཤྨི་རའི་(克什米尔)ནུབ་བྱང་རྒྱུད་སིནྡྷུ་ཆུ་བོའི་བྱང་ངོགས་དར་དི་ས་ཏན་(Dardistan\达地斯坦)གྱི་དཱ་རེལ་(Dārel\达丽尔)ཁུལ།	དགེ་འདུན་བཞུགས་པ་ཐམས་ཅད་ཐེག་དམན་པར་འཇུག །རྒྱ་ཞིང་ལས་བྱས་པའི་བྱམས་མགོན་གྱི་སྐུ་བརྙན་མཇལ།
ཕྱི་ལོ་༤༠༢ དགུང་ལོ་ ༥༨	ཆུ་བོ་སིནྡྷུ་བརྒལ་བ། གངས་ཏི་སེའི་བྱང་ངོས་ནས་འབབ་པའི་ཆུ་བོ་སིནྡྷུ་ཞེས་པ་བོད་སྐད་དུ་སེང་གེ་ཁ་འབབ་དང་རྒྱ་ནག་གི་སྐད་དུ་狮泉河ཟེར། དེ་མངའ་རིས་ཀྱི་ཡུལ་བརྒྱུད་ནས་ཐོག་མར་བྱང་ཕྱོགས་དང་། དེ་ནས་པ་ལི་ཙ་སེའི་ལྷོ་ངོས་ནས་རེ་ཞིག་བར་ནུབ་དང་། དེ་རྗེས་ཀཤྨི་རའམ་ཀཤྨིར་གྱི་ཤར་ངོས་ནས་ནུབ་བྱང་བར་འཁྱོག་ནས་འབབ་ཅིང་མཐར་པ་ཀི་སི་ཐན་གྱི་རྒྱལ་ས་ཁ་ར་ཆིའམ་གནའ་དུས་སུ་ཐར་འབོད་པའི་ཉེ་འདབས་ནས་ཨ་རབ་ཀྱི་རྒྱ་མཚོར་འབབ།	
	ཨོ་རྒྱན་ཡུལ།(རྒྱ་གར་བྱང་ཁོངས།) དེང་ཀཤྨི་རའི་(克什米尔)ས་ཁུལ་གྱི་སྭ་ཏ་(Swāt/斯瓦特)ཆུ་བོའི་རྒྱུགས་ཁུལ་དུ་ཡོད་པ་ལ་མངའ་ཁོངས་སུ་ད་ལྟའི་པང་ཀོ་ར་(Pangkora)དང་བི་ཛཱ་ཝར།(Bijāwar) སི་ལྭ་ཐེ། བུ་ན་(Buna)བཅས་ཇོང་བཞི་འདུས།	གཙུག་ལག་ཁང་ལྔ་བརྒྱ་ཙམ་མཆིས་པ་ཐམས་ཅད་ཐེག་དམན་པར་འཇུག སྟོན་པའི་ཞབས་རྗེས་དང་ཆོས་གོས་ཉེ་མར་ལྡེ་བའི་ཕ་བོང་མཇལ།
	སྭ་ཏའི་ཡུལ།(རྒྱ་གར་བྱང་ཁོངས།) དེང་པ་ཀི་སི་ཐན་བྱང་ཁོངས་ཀ་བུལ་ཆུ་བོའི་(喀布尔河)ཡན་ལག་ཆུ་བོ་སྭ་ཏ་(Swat)རྒྱུགས་ཁུལ།	སངས་རྒྱས་ཀྱི་བསྟན་པ་ཆེས་ཆེར་དར། སྔོན་སྟོན་པས་སྐུ་ལུས་བཏང་ནས་ཕུག་རོན་གྱི་སྲོག་བསྐྱབས་པའི་གསེར་གྱི་མཆོད་རྟེན་མཇལ།

	དྲི་ཟའི་ཡུལ།(རྒྱ་གར་བྱང་ཕྱོགས།) དེང་སུ་ཏ་ཚུ་བོ་ཀ་བུལ་ཆུ་བོར་ཞུགས་སའི་ཉེ་ཁུལ། སུ་ཏ་ཚུ་བོའི་རྒྱུགས་ཁུལ་སྨད་ཀྱི་ཤར་ངོགས། ཀ་བུལ་ཆུ་བོའི་བྱང་ངོགས་ཏེ་དེང་པ་ཀི་སི་ཐན་པེ་ཤཱ་ཝར་(Peshāwar\白沙瓦)བྱང་ཤར་ལི་དབར་༡༧ཀྱི་མཚམས་ལ་ཡུལ་དེའི་ལྟེ་བའི་གྲོང་ཡོད།	སྔོན་སྟོན་པས་སྦྱིན་སྦྱིན་པའི་གསེར་དངུལ་གྱི་མཆོད་རྟེན་མཇལ།
	ཏཀྴ་ཤི་ལའི་ཡུལ།(རྒྱ་གར་བྱང་ཕྱོགས།) དེང་པ་ཀི་སི་ཐན་བྱང་རྒྱུད་དམ་དེའི་རྒྱལ་ས་ཨི་སི་ལམ་སྦྱོའི་ནུབ་ཕྱོགས་ར་ཝལ་པིན་དི་(Rawalpindi/拉瓦尔品第)ཞེས་པའི་ས་ཆ།	སྔོན་སྟོན་པས་དབུ་གཞན་ལ་སྦྱིན་པ་དང་། ལུས་སྟག་ལྟོགས་པར་སྦྱིན་པའི་མཆོད་རྟེན་གཉིས་མཇལ།
	པུ་རུ་ཥ་པུ་རའི་ཡུལ།(རྒྱ་གར་བྱང་ཕྱོགས།) དེང་པ་ཀི་སི་ཐན་ཕྱོགས་སུ་བཞུར་བའི་ཀ་བུལ་ཆུ་བོའི་ལྷོ་རྒྱུད་གྲོང་ཁྱེར་པེ་ཤ་ཝའི་(Peshawar/白沙瓦) ནུབ་བྱང་ས་ཁུལ།	རྒྱལ་པོ་ཀ་ནི་ཥྐས་བཞེངས་པའི་མཆོད་རྟེན་དང་། སྟོན་པའི་ལྷུང་བཟེད་གསོལ་བའི་གཙུག་ལག་ཁང་དུ་ཕེབས་ཤིང་ལྷུང་བཟེད་ལ་མཇལ་ཁ་ཞུས།
	ན་ག་ར་ཧཱ་རའི་ཡུལ།(རྒྱ་གར་བྱང་ཕྱོགས།) དེང་ཨབ་ཧྒ་ནི་སི་ཐན་ནན་གེ་ཧར་ཞིང་ཆེན་(楠格哈尔省)གྱི་གྲོང་ཁྱེར་ལྟེ་བ་ཇེ་ལཱ་ལཱ་བཱ་ད།(Jelālābāda/贾拉拉巴德)	སྟོན་པའི་དབུ་ཐོད་ཀྱི་རིང་བསྲེལ་གསོལ་བའི་གཙུག་ལག་ཁང་དུ་ཕེབས་ནས་རིང་བསྲེལ་ལ་མཇལ་ཁ་ཞུས་ཤིང་ཙཎྜན་གྱིས་བཞེངས་པའི་སྟོན་པའི་འཁར་གསིལ་བཞུགས་པའི་གཙུག་ལག་ཁང་དང་། ནམ་སྦྱར་བཞུགས་པའི་གཙུག་ལག་ཁང་། ཆོས་གསོལ་བའི་མཆོད་རྟེན། སྟོན་པའི་གྲིབ་བརྙན་ཕུག་པ། རང་སངས་རྒྱས་ཀྱི་མཆོད་རྟེན་སྟོང་བཅས་མཇལ།

	གངས་རི་ཆུང་ངུ་བཀྲལ་བ།(རྒྱ་གར་བྱང་ཁོངས།) གངས་རི་དེ་དེང་གི་ཨབ་ཧྥ་ནི་སི་ཐན་གྱི་གྲོང་ཁྱེར་ལྟེ་བ་ཛེ་ལཱ་ལཱ་བཱ་དའི་ལྷོ་ཕྱོགས་ཀྱི་སེ་ཧྥེ་དེ་ཁེ་རི་རྒྱུད་(Safed Koh/塞费德科山脉)ཡིན།	
སྤྱི་ལོ་༦༠༣ དགུང་ལོ་༦༥	ལོ་ཧ་ནིའི་ཡུལ།(རྒྱ་གར་བྱང་ཁོངས།) དེང་ཨབ་ཧྥ་ནི་སི་ཐན་གྱི་ཤར་རྒྱུད་སོ་ལི་མཱ་ནི་རི་ཚོགས་(Solimāni hills/苏来曼诸山)ནས་ཆུ་བོ་སིནྡྷུའི་བར།	དགེ་འདུན་སུམ་སྟོང་ཙམ་བཞུགས་པ་ཐེག་པ་ཆེ་ཆུང་གཉིས་ཀར་འཇུག
	ཕནྣུའི་ཡུལ། (རྒྱ་གར་བྱང་ཁོངས།) དེང་པ་ཀི་སི་ཐན་བྱང་ཕྱོགས་ཀྱི་བནྣུ།(Bannu/邦努)	ཐེག་དམན་པའི་དགེ་འདུན་སུམ་སྟོང་ལྷག་བཞུགས།
	པརྣུ་ཀྱི་ཡུལ།(རྒྱ་གར་བྱང་ཁོངས།) དེང་བནྣུ་(Bannu/邦努)དང་མ་ཐུ་རཱའི་(Mathurā/摩头罗)ས་ཆ་གཉིས་བར།	ནང་པའི་བསྟན་པ་རྒྱས་ཤིང་ཐེག་པ་གཉིས་ཀར་འཇུག །
	བཅོམ་བརླག་གི་ཡུལ། (རྒྱ་གར་དབུས་ཁོངས།) དེང་རྒྱ་གར་བྱང་ཕྱོགས་མངའ་སྡེའི་(Uttar Pradesh/北方邦)མུ་ཏྲ་(Muttra/马土腊)ས་ཆའི་ལྷོ་ནུབ་ལེ་དབར་ལྔ་ཡི་མཚམས་མ་ཧོ་ལི་(Maholi/马霍里)ཞེས་པར་ཡིན།	གཙུག་ལག་ཁང་ཉི་ཤུ་གདའ་བར་དགེ་འདུན་སུམ་སྟོང་ཙམ་བཞུགས།

ཕྱི་ལོ་༤༠༤ དགུང་ལོ་༦༦	སཾ་ཀཱ་ཤྱའི་ཡུལ།(རྒྱ་གར་དབུས་ཁོངས།) ཡུལ་དེའི་ལྷོ་བའི་གྲོང་གི་རྗེས་ཤུལ་དེང་རྒྱ་གར་བྱང་ཕྱོགས་མངའ་སྡེའི་ཌར་རུ་ཁཱ་བཱ་ད་(Ḍarrukhābād/法鲁迦巴德)རྫོང་གི་སན་ཀཱི་ས་(Sank´sa/桑吉沙村)གྲོང་ཚོར་མཆིས།	སྟོན་པ་ལྷ་ཡུལ་ནས་མི་ཡུལ་དུ་གཤེགས་པའི་གནས་དང་། དགེ་སློང་མ་ཨུཏྤལ་མདོག་གིས་ཐོག་མར་སྟོན་པར་ཕྱག་མཚོད་འབུལ་བའི་མཆོད་རྟེན། སྟོན་པའི་དབུ་ལོ་བྲི་སྐེ་ཕྱག་སེན་བྲེགས་པའི་གནས། འདས་པའི་སངས་རྒྱས་རྣམ་གསུམ་དང་སྟོན་པ་ཉིད་བཞུགས་འཆག་མཛད་པའི་གནས་ཀྱི་མཆོད་རྟེན། ལྷའི་དབང་པོ་བརྒྱ་བྱིན་དང་ཚངས་པས་སྟོན་པའི་ཕྱི་བཞིན་འབྲངས་ཏེ་ས་ལ་བབས་པའི་གནས་ཀྱི་མཆོད་རྟེན། སྐུ་སྙན་དཀར་བཞུགས་པའི་གཙུག་ལག་ཁང་། མཆོད་རྟེན་ཆུང་དུ་བརྒྱ་ཙམ། རང་སངས་རྒྱས་ཀྱི་ངན་ལས་འདའ་བའི་ས་གཞི་དང་། ཆོས་གོས་ཉི་མར་སྐེ་བའི་གནས་སོགས་མཇལ།
	ཀཱནྱ་ཀུབྫའི་གྲོང་ཁྱེར།(རྒྱ་གར་དབུས་ཁོངས།) དེང་རྒྱ་གར་བྱང་ཕྱོགས་མངའ་སྡེའི་ནུབ་རྒྱུད་ཀྱི་ཀ་ནའུ་ཛི་གྲོང་། (Kanauj/卡瑙季城)	གཙུག་ལག་གཉིས་མཆིས་པ་ཀུན་ཐེག་པ་དམན་པར་འཇུག །སྟོན་པ་བཞུགས་འཆག་མཛད་པའི་གནས་དང་ཆོས་གསུངས་པའི་གནས་ཀྱི་མཆོད་རྟེན་རྣམས་མཇལ།
	སཱ་ཀེ་ཏའི་ཡུལ་ཆེན།(རྒྱ་གར་དབུས་ཁོངས།) དེང་རྒྱ་གར་བྱང་ཕྱོགས་མངའ་སྡེའི་དབུས་རྒྱུད་ཀྱི་ཧྥ་ཛ་པ་དྷའི་(Fyzabad/法扎巴德)ཤར་ཕྱོགས་ལེ་དབར་དྲུག་ཙམ་གྱི་གོ་ག་ར་ཆུ་བོའི་(Gogra R./哥格拉河)ཉེ་འགྲམ་གྱི་ཨ་ཛོ་དྷྱཱ་(Ajodhyā/阿约底)ཞེས་པའི་ས་ཆར་ཡོད།	སྔོན་སྟོན་པས་ཚེམས་ཤིང་འཕངས་ཏེ་ལོངས་པའི་ལྗོན་པ་དང་། འདས་པའི་སངས་རྒྱས་རྣམ་བཞི་བཞུགས་འཆག་མཛད་པའི་གནས་ཀྱི་མཆོད་རྟེན་རྣམས་མཇལ།

	ཀོ་ས་ལའི་ཡུལ་གྱི་མཉན་ཡོད་གྲོང་།(རྒྱ་གར་དབུས་ཁོངས།) ཀོ་ས་ལའི་ཡུལ་ནི་དེང་རྒྱ་གར་ན་ག་པུར་(纳格浦尔)གྱི་ལྷོ་ཕྱོགས་ཚན་དྣ་(Chandā/钱达)ས་ཁུལ་བྱིངས་དང་། ཁུལ་དེའི་ཤར་རྒྱུད་ཀྱི་ཀན་ཀེར་(Ka-nker/康克尔)ས་ཆའི་རྒྱུད་དུ་ཡིན་ཞིང་། ཡུལ་དེའི་ལྟེ་བའི་གྲོང་ཁྱེར་མཉན་ཡོད་ནི་དེང་རྒྱ་གར་བྱང་ཕྱོགས་མངའ་སྡེའི་བྱང་རྒྱུད་ཀྱི་བལ་རྣམ་པུར་(Balrāmpur/巴耳蓝普尔)ས་ཆའི་ནུབ་བྱང་ལི་དབར་བཅུ་གཉིས་མཚམས་ཀྱི་རཔྟི་ཆུ་བོའི་(RāptīR./腊普提河)ལྷོ་ངོགས་ཀྱི་སྷ་ཧེ་ཏ་དང་མྷ་ཧེ་ཏར་(Sāhet-M het/沙海脱-马海脱)ཡོད།	སྐྱེ་དགུའི་བདག་མོའི་ཁང་སྟེང་དང་། ཁྱིམ་བདག་མགོན་མེད་ཟས་སྦྱིན་གྱི་ཁྲོན་ཤུལ། སོར་འཕྲེང་ཅན་མྱ་ངན་ལས་འདས་ཏེ་ཞུགས་འབུལ་མཛད་པའི་གནས། རྒྱལ་པོ་གསལ་རྒྱལ་གྱིས་ཙནྡན་གོ་ཤཱིརྵ་བཞེངས་པའི་ཙནྡན་ཇོ་བོའི་སྐུ་བརྙན། མིག་གསོས་པའི་སྐྱིད་ཚལ། རྒྱད་མོ་ཕྱི་ཤཱ་ཁས་སྟོན་པར་བཞེངས་པའི་དྲི་གཙང་ཁང་། སྨད་འཚོང་མ་སུན་ད་རཱི་བཀུམ་ཞིང་མུ་སྟེགས་མོ་ཙིཉྩཱ་མཱ་ན་བི་ཀས་སྦྲུམ་འཁོར་བས་བརྫུས་ནས་སྟོན་པར་བསྐྱོན་བཏབ་པའི་གནས། སྟོན་པས་མུ་སྟེགས་པའི་ལྷ་བ་གོ་དྲུག་དང་རིག་པ་འགྲན་པའི་གནས། ལྷས་བྱིན་གྱིས་དུག་ངན་སེན་མོར་བསྐུས་ཏེ་སྟོན་པའི་སྐུ་ལ་འཚེ་བ་བརྩམས་པའི་གནས། ཕྱི་རོལ་པའི་ལྷ་ཁང་གྲིབ་མས་བསྒྲིབས་པ། མགོན་མེད་ཟས་སྦྱིན་གྱི་གཙུག་ལག་ཁང་འགྲམ་དུ་ཆགས་པའི་གཙུག་ལག་ཁང་གོ་དགུ། རྒྱལ་པོ་འཕགས་སྐྱེས་པོས་ཡུལ་སེར་སྐྱར་དམག་དྲངས་པའི་གནས་ཀྱི་མཆོད་རྟེན་སོགས་མཇལ།
	ཏཱ་དང་ནྲྀ་ཀྲི་ཀ་སོགས་གྲོང་རྡལ་གསུམ། ཏཱ་ནི་དེང་སྷ་ཧེ་ཏ་མྷ་ཧེ་ཏ་(SŒhet-M het/沙海脱-马海脱)ས་ཆའི་ནུབ་རོལ་ལི་དབར་༡མཚམས་ཀྱི་ཏཱ་(Tad a)གྲོང་ཚོ་ཡིན། ནྲྀ་ཀྲི་ཀ་ནི་དེང་ཡུལ་སེར་སྐྱའི་རྒྱལ་པོའི་མཁར་གྲོང་རྗེས་ཤུལ་གྱི་ལྷོ་ཕྱོགས་ལི་དབར་༥༠མཚམས་ན་མཆིས།	འདས་པའི་སངས་རྒྱས་འོད་སྲུང་སྐུ་བལྟམས་པ་དང་མྱ་ངན་ལས་འདས་པའི་གནས་དང་། སྐུ་ལུས་རྫིལ་པོའི་རིང་བསྲེལ་བཞུགས་པའི་མཆོད་རྟེན། འདས་པའི་སངང་རྒྱས་གསེར་ཐུབ་དང་འཁོར་བ་འཇིག་སྐུ་བལྟམས་པའི་གནས་དང་། ཡབ་དང་མཇལ་ཞིང་མྱ་ངན་ལས་འདས་པའི་གནས་དང་མཆོད་རྟེན་རྣམས་མཇལ།

	སེར་སྐྱའི་གནས་ཀྱི་གྲོང་ཁྱེར།(རྒྱ་གར་དབུས་ཕོངས།) དེང་རྒྱ་གར་བྱང་ཕྱོགས་མངའ་སྡེའི་བྱང་རྒྱུད་བ་སི་ཏི་ས་ཁུལ་(Basti/巴斯提区)བྱང་རོལ་གྱི་པི་པྲཱ་ཝཱ་(Piprāwā/帕台利亚)ཡིན།	རྒྱལ་པོ་ཟས་གཙང་གི་ཕོ་བྲང་རྗེས་ཤུལ་དང་། རྒྱལ་སྲས་ཕོ་བྲང་ནས་ཕྱིར་ཐེབས་ཏེ་སྐྱེ་ཀ་ན་འཆི་གཟིགས་པའི་གནས། དྲང་སྲོང་ཨ་སི་ཏས་རྒྱལ་སྲས་ལ་མཚན་མ་གཟིགས་པའི་གནས། རྒྱལ་སྲས་ཀྱིས་གཞུང་དགའ་བོ་སོགས་དང་ཤེད་ཤུགས་འགྲན་པའི་གནས། རྒྱལ་སྲས་སངས་རྒྱས་ཏེ་ཡབ་རྒྱལ་པོ་མཇལ་བའི་གནས། ཤཱཀྱའི་བརྒྱུད་པ་ལྔ་བརྒྱ་རབ་ཏུ་བྱུང་སྟེ་འཕགས་པ་ཉེ་བར་འཁོར་ལ་ཕྱག་མཛད་པའི་གནས། སྟོན་པས་ལྷ་རྣམས་ལ་ཆོས་གསུངས་པའི་གནས། སྟོན་པ་ཤིང་ཉ་གྲོ་དྷའི་འོག་ཏུ་ཏིང་འཛིན་ལ་བཞུགས་པའི་སྐབས་སྟོན་པའི་ཨ་སྲུ་སྐྱེ་དགུའི་བདག་མོས་ན་བཟའ་ཕུལ་བའི་གནས། ཤཱཀྱའི་རིགས་རྒྱུད་ལ་རྒྱུན་ཞུགས་ཀྱི་འབྲས་བུ་ཐོབ་པའི་གནས། རྒྱལ་སྲས་ཀྱིས་ཞིང་རྨོ་བར་གཟིགས་པའི་གནས། ལུམ་བི་ནིའི་ཚལ་དུ་སྟོན་པ་སྐུ་བལྟམས་པ་དང་། གོམ་པ་བདུན་སྤོས་པ། སྐུ་རྒྱལ་བྲུང་གིས་ཁྲུས་གསོལ་ཞུས་པའི་གནས་སོགས་མཇལ།
	རྣ་མའི་ཡུལ། (རྒྱ་གར་དབུས་ཕོངས།) དེང་བ་སི་ཏཱི་རྫོང་(Bastī/巴斯提)གི་རམ་པུར་དེ་ཨོ་རི་ཡ།(Rampur Deoriya/拉姆浦尔·德奥里亚)	སྟོན་པའི་རིང་བསྲེལ་གསོལ་བའི་རྣ་མའི་མཆོད་རྟེན་དང་གཙུག་ལག་ཁང་མཇལ།

	ཀུ་མཆོག་གྲོང་།(རྒྱ་གར་དབུས་ཁོངས།) དེང་ཁ་ཅིག་གིས་རྒྱ་གར་བྱང་མངའ་སྡེའི་ཁོངས་གོ་ར་ཁ་པུར་(Gorakhpur/戈勒克布尔) གྱི་བྱང་ཕྱོགས་དབྱིང་ལི་༣༥ཡི་མཚམས་ཀ་སི་ཡའི་(Kasia/迦西亚)གྲོང་ཚོར་ཡོད་ཅེས་པ་དང་། གཞན་དག་གིས་བལ་ཡུལ་ཀ་ཏ་མན་དུའི་ཤར་ཕྱོགས་དབྱིང་ལི་༣༠ཡི་རཱ་པ་ཏྲི་ཆུང་ངུ་(Little Rāpti/小拉普特)དང་གན་ད་ཀ་(Gandak/甘达克)གཙང་པོ་གཉིས་བསྡོལ་མཚམས་སུ་ཡོད་པར་འདོད།	སྟོན་པ་ཤིང་ས་ལ་ཟུང་གི་བར་མཚམས་ཆུ་བོ་གསེར་ལྡན་ངོགས་སུ་སྐུ་མྱ་ངན་ལས་འདས་པའི་གནས་དང་། ཀུན་ཏུ་རྒྱུ་རབ་བཟང་གྲོལ་བ་ཐོབ་པའི་གནས། སྟོན་པའི་སྐུ་གདུང་ཉིན་བདུན་མཆོད་པ་དང་། རྡོ་རྗེ་འཆང་ཕྱག་ནས་རྡོ་རྗེ་ཤོར་བ། རྒྱལ་པོ་བརྒྱད་ཀྱིས་སྟོན་པའི་རིང་བསྲེལ་བགོས་པ། ཝིཥྞུ་བི་རྣམས་ཀྱིས་སྟོན་པ་མྱ་ངན་འདའ་ཁར་ཕྱི་བཞིན་འབྲངས་པའི་གནས་རྣམས་ལ་བཞེངས་པའི་གཙུག་ལག་ཁང་དང་མཆོད་རྟེན་དག་མཇལ།
	ཡངས་པ་ཅན་གྱི་ཡུལ། (རྒྱ་གར་དབུས་ཁོངས།) དེང་རྒྱ་གར་བི་ཧཱར་མངའ་སྡེའི་(Bihār/比哈尔邦)བྱང་རྒྱུད་མུ་ཛ་ཧྥ་པུ་ར་(Muzaffarpur/木札法普尔)ས་ཁུལ་གྱི་བ་སཱར་ཧ།(Basārh/比沙尔)	གྲོང་ཁྱེར་བྱང་ཕྱོགས་ནགས་སྟུག་པོའི་ཁྲོད་ཀྱི་གཙུག་ལག་ཁང་ཐོག་བརྩེགས་ཅན་དང་། ཀུན་དགའ་བོའི་སྐུ་ཕྱེད་ཀྱི་རིང་བསྲེལ་གསོལ་བའི་མཆོད་རྟེན། བུ་མོ་ཨཱ་མ་སྐྱོང་གི་ཁང་ཁྱིམ་དང་སྐྱིད་ཚལ་ཡོད་སར་བཞེངས་པའི་མཆོད་རྟེན། སྟོན་པ་སྐུ་མྱ་ངན་འདའ་ཁར་ཡངས་པ་ཅན་གྲོང་གི་ནུབ་སྒོ་ནས་བྱོན་པའི་གནས། རང་སངས་རྒྱས་གཉིས་ཀྱི་མཆོད་རྟེན་དང་སྟོན་པས་སྐུ་མྱ་ངན་འདའ་བར་ལུང་བསྟན་པ་དང་ཀུན་དགའ་བོ་བདུད་ཀྱིས་བསླུས་པའི་གནས། དགྲ་བཅོམ་པ་དང་དགེ་སློང་བདུན་བརྒྱས་བཀའ་བསྡུ་མཛད་པའི་གནས་རྣམས་མཇལ།

	ཆུ་ཀླུང་རྣམ་ལྔའི་མདོ།(རྒྱ་གར་དབུས་ཁོངས།) ཆུ་ཀླུང་དེ་དག་ནི་དེང་གི་ཀན་ད་ཀ་(Kandak/干达克) དང་། རཱ་པྟི་(Rāptī/腊普提)དང་། གོ་གྲ་(Gogra/哥格拉)དང་། གངྒཱ་དང་། སོན་ཆུ་(Son/宋河)བཅས་ཡིན་ཞིང་། དེ་རྣམས་གཅིག་ཏུ་ཆུ་བོ་གངྒཱ་སྨད་དུ་འདྲེས་ནས་བཞུར་བའི་རྒྱུ་མཚན་གྱིས་ཆུ་ཀླུང་རྣམ་ལྔའི་མདོ་བྱའོ། །	ཀུན་དགའ་བོ་མྱ་ངན་ལས་འདས་ཤིང་ཕུང་པོ་གཉིས་སུ་གྱེས་ཏེ་སོ་སོར་མཆོད་རྟེན་བཞེངས་པ་མཇལ།
	ཡུལ་མ་ག་དྷའི་གྲོང་ཁྱེར་སྐྱ་ནར་བུ།(རྒྱ་གར་དབུས་ཁོངས།) དེང་རྒྱ་གར་བི་ཧར་མངའ་སྡེའི་པ་ཏ་ན་(Patna/巴特那)ནུབ་བྱང་ཁུལ།	རྒྱལ་པོ་མྱ་ངན་མེད་ཀྱི་ཕོ་བྲང་དང་མཆོད་རྟེན། རྡོ་རིང་། ཐེག་ཆེན་གྱི་སློབ་དཔོན་ནཱ་ཛ་སྣཱ་མིནྲ། མྱ་ངན་མེད་ཀྱི་ནུ་བོའི་རི་ཁྲོད། སངས་རྒྱས་ཀྱི་སྐུ་རྟེན་སྤྱན་འདྲེན་ཚུལ། སྔོན་པའི་རིང་བསྒྲིལ་མཆོད་རྟེན་བཅས་མཇལ།
	རི་ཆུང་ཅིག་རྒྱུད་དང་ཀཱ་ལ་པི་ནཱ་ཀའི་གྲོང་སྡེ།	སྔོན་པས་བྲག་ལྲེབས་སུ་བརྒྱ་བྱིན་གྱིས་ཞུས་པའི་ཐེ་ཚོམ་གྱི་དོན་བཞི་བཅུ་རྩ་གཉིས་བཀྲལ་བའི་རྗེས་ཤུལ། ཤྲཱ་རིའི་བུ་སྐྱུ་བལྟམས་པ་དང་མྱ་ངན་ལས་འདས་པའི་གནས་རྣམས་མཇལ།

	གྲོང་ཁྱེར་རྒྱལ་པོའི་ཁབ་གསར་རྙིང་།(རྒྱ་གར་དབུས་ཁོངས།) བི་ཧར་མངའ་སྡེའི་ལྷོ་ནུབ་ལེ་དབར་བཅོ་ལྔ་ཙམ་གྱི་མཚམས་སུ་ཆགས་པའི་རཱ་ཛ་གིར་(Rājgir/腊季吉尔) ཡིན།	གྲོང་སྔོ་ནུབ་མའི་ཕྱི་རུ་བཞེངས་པའི་སྟོན་པའི་རིང་བསྲེལ་མཆོད་རྟེན། རྒྱལ་པོ་གཟུགས་ཅན་སྙིང་པོའི་ཁབ་སྙིང་། ཤཱ་རིའི་བུ་དང་མོའུ་འགལ་གྱི་བུ་དགྲ་བཅོམ་པ་ཧ་ཐུལ་དང་འཕྲད་པའི་གནས། དཔལ་སྦས་ཀྱིས་མེ་དོང་དྲུས་ནས་ཟས་ལ་དུག་བཏབ་སྟེ་སྟོན་པ་སྤྱན་དྲངས་པའི་གནས། རྒྱལ་པོ་མ་སྐྱེས་དགྲས་གླང་ཆེན་ནག་པོ་ཆང་གིས་མྱོས་པར་བྱས་ནས་སྟོན་པར་འཚེ་བ་བརྩམས་པའི་གནས། འཚོ་བྱེད་གཞོན་ནུས་སྟོན་པ་བུ་སློབ་ཆིག་སྟོང་ལྔ་བརྒྱ་ལྷག་བཅས་སྤྱན་དྲངས་ནས་བསྙེན་བཀུར་ཞུས་པའི་གནས། བྱ་རྒོད་ཕུང་པོའི་རི། ཀ་རནྡ་ཀ་འོད་མའི་ཚལ། ལོ་མ་བདུན་པའི་ཕུག་ཏུ་བཀའ་བསྡུ་དང་པོ་མཛད་ཚུལ། ལྷས་བྱིན་གྱི་བསམ་གཏན་ཕུག་པ་བཅས་མཇལ།
	གཱ་ཡའི་གྲོང་ཁྱེར། (རྒྱ་གར་དབུས་ཁོངས།) དེང་ས་ཧེབ་གན་ཇི་(Saheb-ganj/ 萨希布甘吉)དང་དེའི་ལྷོ་ངོས་ཀྱི་ག་ཡཱའི་གྲོང་རྙིང་།	སྟོན་པ་ལོ་དྲུག་དཀའ་བ་སྤྱད་པ་དང་། ཁྲུས་ལ་ཞུགས་པ། བུ་མོ་ལེགས་སྐྱེས་མས་འོ་ཐུག་ཕུལ་བ། པིཔྤ་ལ་བྱང་ཆུབ་ལྗོན་ཤིང་། བརྒྱ་བྱིན་གྱིས་རྩྭ་ཀུ་ཤའི་གདན་ཕུལ་བ། སྟོན་པ་ཛེ་ལྟར་འཚང་རྒྱ་ཚུལ། རྒྱལ་ཆེན་རིགས་བཞིས་ལྷུང་བཟེད་དང་། ཚོང་པ་ལྷ་བརྒྱུས་འབྲས་ཡོས་དང་སྦྲང་རྩི་གསོལ་བ། རྒྱལ་པོ་མྱ་ངན་མེད་ཀྱི་བཙོན་ར་སོགས་གནས་དང་མཆོད་རྟེན་མཇལ།

	རི་བོ་བྱ་རྐང་།(རྒྱ་གར་དབུས་ཁོངས།) དེང་བི་ཧ་ར་མངའ་སྡེའི་ཙ་ཡ་(加雅)གྲོང་ཁྱེར་གྱི་བྱང་ཤར་དབྱིང་ལེ་༡༨གི་མཚམས་ཁུར་ཅི་ཧར་(库尔基哈尔)ཞེས་པའི་བྱང་ཝོགས་དབྱིང་ལེ་གཅིག་གི་རི་གསུམ་རྩེ་མོར་ཡིན།	འོད་སྲུང་ཆེན་པོ་སྐུ་མྱ་ངན་ལས་འདས་པའི་གནས།
	ཀཱ་ཤིའི་ཡུལ་གྱི་གྲོང་ཁྱེར་ཝཱ་རཱ་ཎ་སཱི།(རྒྱ་གར་དབུས་ཁོངས།) དེང་རྒྱ་གར་བྱང་མངའ་སྡེའི་ཨ་ལཱ་ཧ་བཱ་ད་ཆུ་བོའི་སྨད་རྒྱུད་དབྱིང་ལེ་༤༠ས་སྟེ། ཆུ་བོ་གངྒཱའི་གཡོན་ཕྱོགས་སུ་ཡོད།	དྲང་སྲོང་ལྷུང་བ་རི་དྭགས་ཀྱི་ནགས་དང་། འཁོར་ལོ་སྡེ་བཟང་པོ་གྲོལ་བ། བྱམས་པར་ལུང་བསྟན་པ། ཀླུ་ཨེ་ལ་པཏྲ་གྲོལ་བའི་གནས་རྣམས་ཀྱི་མཆོད་རྟེན་མཛལ།
	ཀཽ་ཤཱམྦིའི་ཡུལ།(རྒྱ་གར་དབུས་ཁོངས།) དེང་བ་ཀྷེལ་ཁན་ད་དམིགས་བསལ་ཁུལ་(Baghelkhand Agency/巴格尔甘德特区)གྱི་ཏོན་ས་(Tons/东斯)ཆུ་བོའི་ངོགས། ཨཛཱ་བཱ་ད་དང་ཛ་བལ་པུ་ར་(Jabalpur/贾巴尔浦尔)བར་གྱི་རྒྱ་གར་ཤར་མའི་མེ་འཁོར་ལྕགས་ལམ་ལམ་ཐིག་དང་མི་རིང་བའི་མཚམས་ས་ཏ་ནཱ་(Satnā/莎特纳)འབབ་ཚུགས་འགྲམ་དུ་ཡིན།	རྗོ་ཥི་ལའི་སྐྱིད་ཚལ་གཙུག་ལག་ཁང་དུ་དགེ་འདུན་བརྒྱ་ལྷག་བཞུགས་པ་དང་། སྟོན་པས་ཡི་དྭགས་འདྲེན་པའི་མཆོད་རྟེན་མཛལ།
	དཀྲི་ཎའི་ཡུལ།(རྒྱ་གར་དབུས་ཁོངས།) ཡུལ་དེར་བཙུན་པ་རྒྱ་ཤར་དངོས་སུ་ཕྱིན་མེད། དེའི་རྗེས་ཤུལ་དེང་གི་རྒྱ་གར་དབུས་ཁོངས་ཀྱི་མ་ཧ་ན་དི་(Mahanadi/马哈纳迪)དང་གོ་ད་ཝ་རིའི་(Govavari/哥达瓦里)ཆུ་རྒྱུད་ཀྱི་སྟོད་ཁུལ་ལ་ཡིན།	འདས་པའི་སངས་རྒྱས་འོད་སྲུང་གི་གཙུག་ལག་ཁང་ཡོད་ཚུལ་ཐོས།

ཕྱི་ལོ་༡༠༥ ནས་༡༠༧ བར་ལོ་ གསུམ། དགུང་ལོ་ ༦༧ནས་ ༦༩བར།	ཡུལ་མ་ག་དྷའི་གྲོང་ཁྱེར་སྐྱ་ནར་བུར་ཕྱིར་ བཞུག་ནས་འདུལ་བའི་གསུང་རབ་ཡི་གེར་ ཕབ་པ།	བཙུན་པ་ཛྷ་ཤན་ལ་མ་དྷ་ཡཱ་ནའི་ གཙུག་ལག་ཁང་ནས་དགེ་འདུན་ ཕལ་ཆེན་པའི་སྡེའི་འདུལ་བ་པོད་ གཅིག་དང་། ཐམས་ཅད་ཡོད་སྨྲའི་ སྡེའི་འདུལ་བ་ཤློ་ཀ་བདུན་སྟོང་ མངའ་བ་གཅིག་དང་། འདུས་ཚོགས་ ཀྱི་ཁྲོད་ནས་ཆོས་མངོན་པའི་ཡང་ དག་ལྡན་པའི་སྙིང་པོ་ཤློ་ཀ་དྲུག་ སྟོང་མཆིས་པ་གཅིག་དང་། མདོ་ སྡེའི་པོད་ཤློ་ཀ་ཉིས་སྟོང་ལྔ་བརྒྱ་ ཡོད་པ་གཅིག་དང་། ཡོངས་སུ་མྱ་ ངན་ལས་འདས་པའི་མདོ་ཤློ་ཀ་ ལྔ་སྟོང་ཡོད་པ་གཅིག་དང་། དགེ་ འདུན་ཕལ་ཆེན་པའི་མངོན་པ་ བཅས་ཀྱི་རྒྱ་དཔེ་ཕྱག་ལ་སོན།
	ཙམྤའི་ཡུལ་ཆེན།(རྒྱ་གར་དབུས་ཁོངས།) དེང་རྒྱ་གར་བི་ཧ་ར་མངའ་སྡེའི་བྷཱ་གལ་ པུར་(Bhāgalpur/巴迦尔普尔) ཉེ་འགྲམ་ གྱི་ཙམྤ་ན་ག་ར་(Campānagara)དང་ཙམྤ་ པུ་རཱི་(Campāpurī)ཞེས་པའི་གྲོང་ཚོ་གཉིས་ ཀྱི་བར་ན་ཡོད།	སྔོན་པའི་གཙུག་ལག་ཁང་དང་ ཞབས་བཅག་པའི་གནས་དང་། སངས་རྒྱས་རྣམ་བཞིའི་བཞུགས་ གནས་བཅས་ལ་མཆོད་རྟེན་བཞེངས་ ཡོད་ཅིང་། ད་ལྟ་དགེ་འདུན་བཞུགས་ བཞིན་པ་མཇལ།
ཕྱི་ལོ་༡༠༨ ནས་༡༠༩ བར་ལོ་ གཉིས། དགུང་ལོ་ ༧༠ནས་ ༧༡བར།	ཏཱ་མྲ་ལིཔྟིའི་ཡུལ།(རྒྱ་གར་ཤར་ཁོངས།) དེང་རྒྱ་གར་ནུབ་བྷཾ་ག་ལའི་མངའ་སྡེའི་ (West Bengala deshe/西孟加拉邦)མི་ ད་ན་པུར་རྫོང་(Midnapur/米的纳浦耳) གི་ཏ་མ་ལུ་ཀ་(Tamluk/塔姆鲁克) ཞེས་པའི་ས་ཆར་ཡིན།	གཙུག་ལག་ཁང་ཉི་ཤུ་རྩ་བཞི་ མཆིས་པ་ཐམས་ཅད་ལ་དགེ་འདུན་ བཞུགས་ཤིང་སངས་རྒྱས་ཀྱི་བསྟན་ པ་ལྷག་པར་དར། བཙུན་པ་ཛྷ་ཤན་ གྱིས་ཡུལ་དེ་རུ་མདོ་སྡེ་ཡི་གེར་ཕབ་ ཅིང་སངས་རྒྱས་ཀྱི་སྐུ་བརྙན་འབྲི་ བཞིན་བཞུགས།

ཕྱི་ལོ་༤༡༠ ནས་༤༡༡ བར་ལོ་གཉིས། དགུང་ལོ་༧༢ནས་༧༣བར།	སེང་ག་ལའི་ཡུལ།(རྒྱ་ནག་ཏུ་ཕྱིར་བཟློག་པའི་ལམ།)དེང་སི་རི་ལང་ཀ་(斯里兰卡)ཡིན།	མུ་ཏིག་སོགས་རིན་པོ་ཆེ་སྣ་ཚོགས་དང་། གྲོང་མཁར་བྱང་གི་མཆོད་རྟེན་ཆེན་པོ། འཇིགས་མེད་རིའི་གཙུག་ལག་ཁང་ལ་དགེ་འདུན་ལྔ་སྟོང་ལྷག་བཞུགས་པ། ཏ་ལའི་ཤིང་། སྟོན་པའི་ཚེམས་གསོལ་བའི་གཙུག་ལག་ཁང་། གྲོང་ཁྱེར་གྱི་ལམ་མདོར་ཆགས་པའི་བཤད་གྲྭ། མཆོད་རྟེན་རི་བོའི་གཙུག་ལག་ཁང་། མ་ཧཱ་བི་ཧཱ་རའི་གཙུག་ལག་ཁང་དུ་དགེ་འདུན་སུམ་སྟོང་བཞུགས་ཤིང་དགྲ་བཅོམ་པའི་སྐུ་གདུང་བཞུས་ཚུལ། རྒྱ་གར་ནང་པའི་སློབ་དཔོན་གྱི་ཆོས་བསྟན་ཚུལ་བཅས་མཇལ། སློབ་དཔོན་ཐ་ཤན་ལ་ཡུལ་དེ་ནས་ས་སྟོན་པའི་འདུལ་བ་དང་། མདོ་སྡེ་ལུང་རིང་པོ། ཡང་དག་པར་ལྡན་པའི་ལུང་། ལུང་ཕྲན་ཚེགས་འདུས་པའི་མདོ་བཅས་རྒྱ་དཔེ་འགའ་ཕྱག་ལ་སོན།
	མཚོ་ཐོག་ཏུ་ཉིན་དགུ་བཅུ་ལྷག་བསྐྱོད་པ།	
ཕྱི་ལོ་༤༡༢ དགུང་ལོ་༧༤	ཡ་བ་དྭི་པའི་ཡུལ། དེང་སུ་མ་ཏ་རའི་(苏门答腊岛)གླིང་གི་ཤར་རྒྱུད་དུ་ཡོད། ཡུལ་དེར་བྲམ་ཟེ་ལྷ་ཙམ་བཞོལ་བཏབ།	ཕྱི་རོལ་པ་དང་བྲམ་ཟེས་ཁྱབ་སྟེ་ནང་ཆོས་ཀྱི་སྐབས་མ་མཆིས།
	མཚོ་ཐོག་ཏུ་ཉིན་བདུན་ཅུ་ལྷག་བསྐྱོད་པ།	
	གྲང་ཀོང་ཙུན་གྱི་ལའོ་ཧྲན་ལྷོ་ངོགས།(长广郡牢山南岸) དེང་ཧྲང་ཏུང་ཞིང་ཆེན་ལའོ་ཧྲན་རྫོང་(山东省崂山县)གི་བྱང་དུ་ཡིན།	

སྤྱི་ལོ་༡༧༣ དགུང་ལོ་༧༥	ལྷོ་ཕྱོགས་ཤང་ཧུར་(向都)བསྐྱོད་པ། ཤང་ཧུ་ནི་དེང་གི་ཅང་སུའུ་ནན་ཅིང་(南京)ལ་ཟེར་ཞིང་། དེར་མ་སླེབས་གོང་བར་ལམ་དུ་ད་ལྟའི་ཅང་སུའུ་ཞུའི་ཀྲོའུ་(徐州)ལ་དབྱར་གནས་མཛད་ཐར་ལོ་དེའི་ཟླ་བ་བདུན་པའི་ཟླ་མཇུག་ཏུ་ནན་ཅིང་ལ་ཕེབས་འབྱོར་བྱུང་།	

དཔྱད་གཞིའི་ཡིག་ཆ།

བོད་ཡིག

༡ ཀུང་མགོན་པོ་སྐྱབས། «རྒྱ་ནག་ཆོས་འབྱུང་» སི་ཁྲོན་མི་རིགས་དཔེ་སྐྲུན་ཁང་། ༡༩༨༣ལོ།

༢ «བཀའ་འགྱུར་»སྡེ་དགེ་དཔར་མ། ཞིང་དཔར།

༣ «བསྟན་འགྱུར་»སྡེ་དགེ་དཔར་མ། ཞིང་དཔར།

༤ «ཀློང་བརྫོལ་ངག་དབང་བློ་བཟང་གི་གསུང་འབུམ་» སྟོད་ཆ། སེར་གཙུག་ནང་བསྟན་དཔེ་རྙིང་འཚོལ་བསྡུ་ཕྱོགས་སྒྲིག་ཁང་། དཔེ་ཨང་༤༥༤

༥ སྟག་ཚང་དཔལ་འབྱོར་བཟང་པོ། «རྒྱ་བོད་ཡིག་ཚང་ཆེ་མོ་» བོད་ལྗོངས་བོད་ཡིག་དཔེ་རྙིང་དཔེ་སྐྲུན་ཁང་། ༢༠༡༩ལོ།

༦ ཛེ་ཏུ་ཚེ་རིང་དོན་གྲུབ། «ཐང་སན་ལམ་ཡིག་གསར་བསྒྱུར་དང་ཞིབ་འཇུག་» བོད་ལྗོངས་བོད་ཡིག་དཔེ་རྙིང་དཔེ་སྐྲུན་ཁང་། ༢༠༡༨ལོ།

༧ ཀུ་ཝན་དབྱིད།(古文义) མ་ཧུང་ཝུའུ།(马宏武) ཧྥིང་ཡིན་ཧྥུ་(冯迎福) བསྒྲིགས། «སྐད་ལྔ་ཤན་སྦྱར་གྱི་མཆུའི་སྐད་གསལ་བའི་མེ་ལོང་ལས་རྒྱ་བོད་སྐད་གཉིས་ཟུར་དུ་བཏོན་པ་»མཚོ་སྔོན་མི་རིགས་དཔེ་སྐྲུན་ཁང་། ༡༩༩༠ལོ།

༨ པ་ཚབ་པ་སངས་དབང་འདུས། «བོད་ཀྱི་གནའ་བོའི་རྒྱལ་ཕྲན་དང་། རྒྱལ་ཕྲན་སིལ་མ། སྟོང་སྡེ། ཡུལ་དཔོན་ཚན་བཅས་ཀྱི་ཞིབ་འཇུག་» བོད་ལྗོངས་མི་དམངས་དཔེ་སྐྲུན་ཁང་། ༢༠༢༠ལོ།

༩ «དགེ་འདུན་ཆོས་འཕེལ་གྱི་གསུང་རྩོམ་» བོད་ལྗོངས་བོད་ཡིག་དཔེ་རྙིང་

དཔེ་སྐྲུན་ཁང་། ༢༠༡༧ལོ།

༡༠ མཁྱེན་རབ་དབང་ཕྱུག །《གྲུབ་མཐའ་རིན་ཆེན་ཕྲེང་བའི་ཚིག་འགྲེལ་ཐོར་བུ་》 མི་རིགས་དཔེ་སྐྲུན་ཁང་། ༢༠༠༩ལོ།

༡༡ དུང་དཀར་བློ་བཟང་འཕྲིན་ལས། 《དུང་དཀར་ཚིག་མཛོད་》ཀྲུང་གོའི་བོད་རིག་པ་དཔེ་སྐྲུན་ཁང་། ༢༠༡༥ལོ།

༡༢ ཚེ་ཏན་ཞབས་དྲུང་། 《བསྟན་རྩིས་ཀུན་ལས་བཏུས་པ་》མཚོ་སྔོན་མི་རིགས་དཔེ་སྐྲུན་ཁང་། ༡༩༨༢ལོ།

༡༣ ཁང་དཀར་ཚུལ་ཁྲིམས་སྐལ་བཟང་། 《རྒྱ་གར་ནང་པའི་ལྷ་གྲུབ་ཆོས་འབྱུང་ལེགས་བཤད་དགའ་གནད་མདུད་དགྲོལ་》 གསུང་འབུམ་པོད་ལྔ་པ། སྟོད་ཆ། སི་ཁྲོན་མི་རིགས་དཔེ་སྐྲུན་ཁང་། ༢༠༡༩ལོ།

༡༤ རབ་འབྱོར་ཟླ་བས་མཛད། ཡར་ལོ་སོགས་ཀྱིས་བསྒྱུར། ཁྲུང་བདག་གིས་དག་སྒྲིག་ཞུས། 《མངོན་བརྗོད་འཆི་མེད་མཛོད་ཀྱི་རྒྱ་ཆེར་འགྲེལ་པ་འདོད་འཇོའི་བ་མོ་》བོད་ལྗོངས་མི་དམངས་དཔེ་སྐྲུན་ཁང་། ༢༠༡༢ལོ།

༡༥ བུ་ཆུང་ཚེ་རིང་གིས་བསྒྱུར་སྒྲིག་ཞུས། 《སྦྲ་བྱེ་བྲག་རྟོགས་བྱེད་ཆེན་མོ་སྐད་བཞི་ཤན་སྦྱར་མ་》བོད་ལྗོངས་མི་དམངས་དཔེ་སྐྲུན་ཁང་། ༢༠༡༥ལོ།

༡༦ གནས་བརྟན་སློ་རི་རྣམ་རྒྱས་མཛད། ངེས་དོན་རྒྱ་མཚོས་བསྒྱུར། 《སྟོན་པའི་མཛད་རྣམ་གསལ་བའི་མེ་ལོང་》སེར་གཙུག་ནང་བསྟན་དཔེ་སྙིང་འཚོལ་བསྡུ་ཕྱོགས་སྒྲིག་ཁང་། དཔེ་ཨང་༩༠

༡༧《ལྷུང་སྐྱ་རོལ་པའི་རྡོ་རྗེའི་གསུང་འབུམ་》 ཛ་པ། བོད་ལྗོངས་མི་དམངས་དཔེ་སྐྲུན་ཁང་། ༢༠༡༥ལོ།

༡༨ 《སំ་བོད་སྐད་གཉིས་ཤན་སྦྱར་གསེར་གྱི་ཕྲེང་མཛེས་》 སི་ཁྲོན་ཞིང་ཆེན་

ཛ་བ་བོད་རིགས་ཆའང་རིགས་རང་སྐྱོང་ཁུལ་བོད་ཡིག་རྩོམ་སྒྱུར་ཚུས་ཀྱིས་རྩོམ་སྒྲིག་བྱས། ཀན་སུའུ་མི་རིགས་དཔེ་སྐྲུན་ཁང་། ༡༩༥༥ལོ།

༡༩ དཀོན་མཆོག་འཇིགས་མེད་དབང་པོ། 《གྲུབ་མཐའ་རིན་ཆེན་ཕྲེང་བ་》 ཤིང་དཔར།

༢༠ ལྕང་སྐྱ་རོལ་པའི་རྡོ་རྗེ། 《གྲུབ་མཐའ་ལྷུན་པོའི་མཛེས་རྒྱན་》 ཤིང་དཔར།

༢༡ ཀུན་མཁྱེན་འཇམ་དབྱངས་བཞད་པ། 《གྲུབ་མཐའ་ཀུན་བཟང་ཞིང་གི་ཉི་མ་ལུང་རིགས་རྒྱ་མཚོ་སྐྱེ་དགུའི་རེ་སྐོང་》 ཤིང་དཔར།

༢༢ འཇུ་བ་ཆོས་དཔལ་དར་བྱང་། 《ཆག་ལོ་ཙཱ་བའི་རྣམ་ཐར་》 མཚོ་སྔོན་མི་རིགས་དཔེ་སྐྲུན་ཁང་། ༢༠༡༨ལོ།

༢༣ བཙན་པོ་བསྟན་འཛིན་འཕྲིན་ལས། 《འཛམ་གླིང་རྒྱས་བཤད་》 བོད་ལྗོངས་བོད་ཡིག་དཔེ་རྙིང་དཔེ་སྐྲུན་ཁང་། ༢༠༡༡ལོ།

༢༤ མཁས་པ་ལྡེའུ། 《རྒྱ་བོད་ཆོས་འབྱུང་རྒྱས་པ་》 བོད་ལྗོངས་བོད་ཡིག་དཔེ་རྙིང་དཔེ་སྐྲུན་ཁང་། ༡༩༨༧ལོ།

༢༥ གློང་ཆེན་རབ་འབྱམས་པ་དྲི་མེད་འོད་ཟེར། 《གློང་ཆེན་ཆོས་འབྱུང་》 བོད་ལྗོངས་བོད་ཡིག་དཔེ་རྙིང་དཔེ་སྐྲུན་ཁང་། ༢༠༡༣ལོ།

༢༦ རྟ་ཚག་ཚེ་དབང་རྒྱལ། 《ལྷོ་རོང་ཆོས་འབྱུང་》 བོད་ལྗོངས་བོད་ཡིག་དཔེ་རྙིང་དཔེ་སྐྲུན་ཁང་། ༡༩༩༦ལོ།

༢༧ ལྡེའུ་ཇོ་སྲས། 《ལྡེའུ་ཆོས་འབྱུང་》ཤིང་དཔར།

༢༨ བུ་སྟོན་རིན་ཆེན་གྲུབ། 《བུ་སྟོན་ཆོས་འབྱུང་》 ཀྲུང་གོའི་བོད་ཀྱི་ཤེས་རིག་དཔེ་སྐྲུན་ཁང་། ༡༩༩༡ལོ།

༢༩ ཡེ་ཤེས་རྒྱ་མཚོ། 《སྟོན་པ་ཤཱཀྱ་ཐུབ་པའི་རྣམ་ཐར་》 སི་ཁྲོན་མི་རིགས་

དཔེ་སྐྲུན་ཁང་། ༢༠༡༥ལོ།

༣༠ 《མདོ་རྒྱུད་རིན་པོ་ཆེའི་མཛོད་》དཔེ་པོད། ཞིང་དཔར།

༣༡ ཛོ་ནང་ཏཱ་ར་ནཱ་ཐ། 《རྒྱ་གར་ཆོས་འབྱུང་》ཞིང་དཔར།

༣༢ འགོས་ལོ་གཞོན་ནུ་དཔལ། 《མཁས་པ་ཆེན་པོ་ནགས་ཀྱི་རིན་ཆེན་གྱི་རྣམ་ཐར་》 ལོ་པཎ་རྣམ་ཐར་ཕྱོགས་བསྒྲིགས། ཀྲུང་གོའི་ཤེས་རིག་དཔེ་སྐྲུན་ཁང་། ༢༠༡༨ལོ།

༣༣ 《ཏུན་ཧོང་ཤོག་དྲིལ།》 P.T.1257 P.T.1288

༣༤ ཆོས་རྒྱལ་དགེ་བའི་དབང་པོ། 《དཔག་བསམ་འཁྲི་ཤིང་》ཤོང་སྟོན་ལོ་ཙཱ་བ་རྡོ་རྗེ་རྒྱལ་མཚན་གྱིས་བསྒྱུར། བོད་ལྗོངས་མི་དམངས་དཔེ་སྐྲུན་ཁང་། ༢༠༡༣ལོ།

༣༥ འགོས་ཆོས་གྲུབ། 《མཛངས་བླུན་ཞེས་བྱ་བ་ཐེག་པ་ཆེན་པོའི་མདོ་》ཞིང་དཔར།

༣༦ ཡོངས་འཛིན་ཡེ་ཤེས་རྒྱལ་མཚན། 《ལམ་རིམ་བླ་མ་བརྒྱུད་པའི་རྣམ་ཐར་》 བོད་ལྗོངས་མི་དམངས་དཔེ་སྐྲུན་ཁང་། ༡༩༩༠ལོ།

༣༧ 《ཚིག་མཛོད་ཆེ་མོ་》 ལག་ཐོར་ཁ་པར་APPདཔར་མ།

རྒྱ་ཡིག

1.《法显传》载南宋《思溪圆觉藏本》

2.《法显传》载《大正藏》

3. 张巽校注《佛国记》中国旅游出版社，2016年。

4. 吴玉贵释译《佛国记》东方出版社，2018年。

5. 杨维中注释《佛国记》三民书局，2004年。

6. 足立喜六著，何建民、张小柳译《〈法显传〉考证》贵州大学出版社，2014年。

7. 梁僧祐《出三藏记集》

8. 梁慧皎《高僧传》

9. 唐智升《开元释教录》

10. 唐圆照《贞元新定释教目录》

11. 馮承鈞《西域南海史地考證論著彙輯》中華書局出版社，1957年。

12. 马雍《法显传中之苻行堂公孙》载《文史》第二十四辑，中华书局，1985年。

13. 季羡林等校注《大唐西域记》中华书局，2012年。

14. 贡布嘉《汉区佛教源流记》洛桑旦增译，中国藏学出版社，2005年。

15. 巴桑旺堆《吐蕃历史文明研究论集》上海古籍出版社，2018

年。

16. 董志翘释译《大唐西域记》中华书局，2012年。

17. 汤用彤《汤用彤论著集—汉魏及南北朝佛教史》（上册），中华书局，2020年。

18. 任继愈主编《中国佛教史》（第二卷），中国社会科学出版社，2016年。

19. 梁慧皎《高僧传》朱恒夫、王学钧、赵益注译，陕西人民出版社，2010年。

20. 丁谦《晋释法显佛国记地理考证一卷》载《浙江图书馆丛书》第二集，1915年。

21. 冯承钧原编《西域地名》陆峻岭增订，中华书局，1982年。

22. 冯承钧《正法念处经阎浮提洲地志勘校录》商务印书馆，民国二十四年

23. 〔意〕图齐《翻天佛地》魏正中、萨尔吉译，第一册第四卷，上海古籍出版社，2018年。

24. 多罗那它《印度佛教史》张健木译，四川民族出版社，1988年。

25. 韩廷杰译《岛史》中国藏学出版社，2020年。

26. 《楞严经》载《大正藏》

27. 《大智度论》载《大正藏》

28. 〔日〕平川彰著，庄昆木译《印度佛教史》北京联合出版公

司，2018年。

29. 钟兴麒《西域地名考录》国家图书馆出版社，2008年。

30. 慧立、彦悰《大慈恩寺三藏法师传》孙毓棠、谢方点校，中华书局，2008年。

31. 吕澂《印度佛学源流略讲》上海世纪出版集团，2014年。

32. 黄明信《汉藏大藏经目录异同研究〈至元法宝勘同总录〉及其藏译本笺证》中国藏学出版社，2003年。

33. 义净《南海寄归内法传》王邦维校注，中华书局，1995年。

34. 郑炳林、黄维忠主编《敦煌吐蕃文献选辑社会经济卷》民族出版社，2013年。

དབྱིན་ཡིག

1.James Legge : A Record of Buddhiistic Kingdoms. Beings An Account By The Chinese Monk Fâ-Hien, His Travels In Iindia And Celon (A.D. 399-414) . Clarendon press, 1886.

ཧྭ་ཤན་ལམ་ཡིག་ཀྱི་མིང་ཐོན་པའི་གལ་ཆེའི་ཐ་སྙད་རྒྱ་བོད་ཤན་སྦྱར།

A

阿阇世王　རྒྱལ་པོ་མ་སྐྱེས་དགྲ།

阿那含　ཕྱིར་མི་འོང་བ།

阿那律　མ་འགགས་པ།

阿难　ཀུན་དགའ་བོ།

阿毗昙　མངོན་པ།

阿夷　དྲང་སྲོང་ཨ་སི་ཏ།

阿育王　རྒྱལ་པོ་མྱ་ངན་མེད།

安居　དབྱར་གནས།

安石榴　པར་སིག་གི་སེ་འབྲུ།

庵婆罗女　བུ་མོ་ཨཱ་མྲ་སྐྱོང་།

B

八斋　བསྙེན་གནས་ཡན་ལག་བརྒྱད།

巴连弗邑　གྲོང་ཁྱེར་སྐྱ་ནར་བུ།

跋那国　ཕ་ཧྣུའི་ཡུལ།

跋提精舍　མཆོད་རྟེན་རི་བོའི་གཙུག་ལག་ཁང་།

白氎　དཀར་འཇམ་དར།

白净王　རྒྱལ་པོ་ཟས་གཙང་།

般泥洹　མྱང་འདས།

般涅槃　མྱང་འདས།

般若婆罗蜜 ཤེས་རབ་ཀྱི་ཕ་རོལ་ཏུ་ཕྱིན་པ།

般遮越师　སྨོན་ལམ་ཆེ་མོ།

宝云　པའོ་ཡུན།(རིན་ཆེན་སྤྲིན།)

贝多树　པིཏྲ་ལའི་ལྗོན་པ།(ཏ་ལའི་ཤིང་།)

比丘　དགེ་སློང་།

比丘尼 དགེ་སློང་མ།

宾波罗窟　པིཏྲ་ལའི་རྫོ་ཁང་།

波罗棕城　གྲོང་ཁྱེར་ཝཱ་རཱ་ཎ་སི།

波罗越　ཕུག་རོན།

波斯匿王　རྒྱལ་པོ་གསལ་རྒྱལ།

C

葱岭　རི་བོ་ཙོང་ལ།

车帝窟　ལོ་མ་བདུན་པའི་ཕུག །

沉水　ཨ་ག་རུ།

尺 ཁྲུ།

长阿含　ལུང་རིང་པོ།

长安　ཁྲང་ཨན།

D

达儭国　དཀྲི་ཎའི་ཡུལ།

达摩瞿谛　དྷརྨ་ཀ་ཐིན།

大乘 ཐེག་ཆེན།

大爱道 སྐྱེ་དགུའི་བདག་མོ།

大迦叶 འོད་སྲུང་ཆེན་པོ།

忉利天 ལྷ་གནས་སུམ་ཅུ་རྩ་གསུམ།

道整 ཏའོ་ཀྲེང་།

得眼榛 མིག་གསོས་པའི་སྐྱེད་ཚལ།

定光佛 སངས་རྒྱས་མར་མེ་མཛད།

都维 ཏཝེ།

兜术天 དགའ་ལྡན་གནས།

毒龙 ཀླུ་གདུག་པ་ཅན།

敦煌 ཏུན་ཧོང་།

多摩梨帝国 ཏཱ་མྲ་ལིཔྟིའི་ཡུལ།

E

额鞞 ཧ་ཐུལ།

恶鬼 མི་བསྲུན་འབྱུང་པོ།

恶龙 ཀླུ་མ་རུང་བ།

F

法益 དྷརྨ་ཤི་བརྡྷ་ན།

幡盖 གདུགས་བ་དན།

梵天王 ལྷ་ཆེན་ཚངས་པ།

方等般泥洹经 ཡོངས་སུ་མྱ་ངན་ལས་འདས་པའི་མདོ།

佛白耳龙 ཀླུ་སྙན་དཀར།

佛钵 སྟོན་པའི་ལྷུང་གཟེད།

佛齿及顶骨 སྟོན་པའི་ཚེམས་དང་དབུ་ཐོད།

佛国记 སངས་རྒྱས་ཞིང་གི་དཀར་ཆག །

佛唾壶 སྟོན་པའི་མཆིལ་སྣོད།

佛影窟 སྟོན་པའི་གྲིབ་བརྙན་ཕུག་པ།

佛足跡 སྟོན་པའི་ཞབས་རྗེས།

弗楼沙国 པུ་རུ་ཥ་པུ་རའི་ཡུལ།

苻行堂公孙 ཧྥུ་ཧོའོ་ཡི་ཚ་བོ།

G

伽耶城 གཱ་ཡའི་གྲོང་ཁྱེར།

甘英 ཀན་དབྱིང་།

高昌 ཀའོ་ཁྲང་།

供养 བསྙེན་བཀུར།

穀 སོ་ཏོག །

观世音 སྤྱན་རས་གཟིགས་དབང་ཕྱུག །

广州 ཀྭང་ཀྲོའུ།

鬼王阎罗 བདུད་གཤིན་རྗེ་རྒྱལ་པོ།

过去三佛 འདས་པའི་སངས་རྒྱས་རྣམ་གསུམ།

过去四佛 འདས་པའི་སངས་རྒྱས་རྣམ་བཞི།

H

汉明帝 ཧན་གུར་མིང་དྷི་རྒྱལ་པོ།

呵梨村 ཧ་རི་གྲོང་ཚོ།

恒水 ཆུ་སྲུང་གཙྭ།

火境 ཚ་བའི་དུར་ཁྲོད།

弘始元年 ཧུང་ཧྲི་ཁྲི་ལོ་དང་པོ།

斛 སྒྲུ་ཆུང་།

慧达 ཧུད་ཏཱ།

慧简 ཧུད་ཛན།

慧景 ཧུད་ཛིང་།

慧嵬 ཧུད་ཝའེ།

慧应 ཧུད་དབྱིང་།

慧远 ཧུད་ཡོན།

J

鸡足山 རི་བོ་བྱ་རྐང་།

吉祥草 རྩྭ་བཟང་ཀུ་ཤ།

罽宾 ཁ་ཆེའི་ཡུལ།

罽腻伽王 རྒྱལ་པོ་ཀ་ནིཥྐ།

罽饶夷城 ཀནྱ་ཀུབྫའི་གྲོང་།

迦兰陀竹园 ཀ་རནྡ་ཀ་འོད་མའི་ཚལ།

迦尸国 ཀཱ་ཤཱིའི་ཡུལ།

迦维罗卫城 སེར་སྐྱའི་གནས་ཀྱི་གྲོང་ཁྱེར།

迦叶佛僧珈蓝　སངས་རྒྱས་འོད་སྲུང་གི་གཙུག་ལག་ཁང་།

迦叶兄弟　འོད་སྲུང་སྤུ་ཉ།

甲寅年　ཤིང་སྟག་ལོ།

犍槌　གཎྜི།

犍陀卫国　དྲི་ཟའི་ཡུལ།

竭叉国　ཅེ་ཁྲའི་ཡུལ།

解脱塔　སྒྲུང་འདས་མཆོད་རྟེན།

金杵　རྡོ་རྗེ།

金刚力士　རྡོ་རྗེ་འཆང་།

晋义熙十二年岁寿　ཅིན་རྒྱལ་རབས་དབྱིད་ཤིའི་ཁྲི་ལོ་བཅུ་གཉིས་པ་མེ་འབྲུག་ལོ།

九十六种外道　མུ་སྟེགས་པའི་རིགས་གོ་དྲུག །

拘驎　ཀུན་ཤེས་ཀཽཎྜི་ནྱ།

拘楼秦佛　སངས་རྒྱས་འཁོར་བ་འཇིག །

拘那含牟尼佛　སངས་རྒྱས་གསེར་ཐུབ།

拘萨罗国　ཀོ་ས་ལའི་ཡུལ།

拘睒弥国　ཀཽ་ཤཱམྦིའི་ཡུལ།

拘夷那竭城　རྩྭ་མཆོག་གྲོང་།

居士　དགེ་བསྙེན།

君墀　རིལ་ཚགས།

K

龛 མཆོད་སྒྲོམ།

旷野精舍 འབྲོག་དགོན་པའི་གཙུག་ལག་ཁང་།

蓝莫国 རཱ་མའི་ཡུལ།

蓝莫塔 རཱ་མའི་མཆོད་རྟེན།

L

牢山 ལའོ་ཧྲན།

梨车 ལིཙྪ་བི།

李嶷 ལི་དབྱི།

刘沇青州ཛེ་དཔོན་ལིའུ་ཏའོ་ལན།

琉璃 བཻཌཱུརྻ།

瑠璃王 རྒྱལ་པོ་འཕགས་སྐྱེས་པོ།

龙王 ཀླུ་རྒྱལ།

陇 རི་བི་ལུང་ཧྲན།

论民 ལུམ་བི་ནི།

罗汉 དགྲ་བཅོམ་པ།

罗夷国 ལོ་ཏ་ནིའི་ཡུལ།

罗云 སྒྲ་གཅན་འཛིན།

律藏 འདུལ་བའི་སྡེ་སྣོད།

M

弥家女 ལེགས་སྐྱེས་མ།

弥勒菩萨 བྱང་ཆུབ་སེམས་དཔའ་བྱམས་པ་མགོན།

弥勒受记处 བྱམས་པར་ལུང་བསྟན་པའི་གནས།

弥沙塞律 ས་སྟོན་པའི་འདུལ་བ།

摩诃毗诃罗精舍 མ་ཧཱ་བི་ཧཱ་རའི་གཙུག་ལག་ཁང་།

摩诃僧祇阿毗昙 དགེ་འདུན་ཕལ་ཆེན་པའི་སྡེའི་མངོན་པ།

摩诃僧祇众律 དགེ་འདུན་ཕལ་ཆེན་པའི་སྡེའི་འདུལ་བ།

摩诃衍人 ཐེག་ཆེན་པ།

摩诃衍僧伽蓝 མ་ཧཱ་ཡཱ་ནའི་གཙུག་ལག་ཁང་།

摩竭提国 ཡུལ་མ་ག་དྷ།

摩尼珠 མུ་ཏིག་རིགས་མ་ཎི།

摩头罗国 བཅོམ་བརླག་གི་ཡུལ།

目连 མོའུ་འགལ་གྱི་བུ།

N

那揭国 ན་ག་ར་ཧཱ་རའི་ཡུལ།

那罗聚落 ཀཱ་ལ་པི་ནཱ་ཀའི་གྲོང་སྡེ།

那毗伽 ནཱ་ཧྲི་ཀ།

尼犍子 དཔལ་སྦས།

尼拘律树 ཤིང་ཉ་གྲོ་དྷ།

泥梨城 དམྱལ་བའི་གྲོང་ཁྱེར།

涅槃 མྱ་ངན་ལས་འདས།

牛头旃檀 ཙནྡན་གོ་ཤིརྵ།

耨檀国　ནོའུ་དན་ཡུལ།

P

毗舍离国　ཡངས་པ་ཅན་གྱི་ཡུལ།

毗舍佉母　ཀད་མོ་ཝི་ཤཱ་ཁཱ།

毗荼国　པཉྫབ་ཀྱི་ཡུལ།

辟支佛　རང་སངས་རྒྱས།

频那山　རི་བོ་ཝི་ན་ཏ་ཀ།

蓱沙王旧城　རྒྱལ་པོ་གཟུགས་ཅན་སྙིང་པོའི་གྲོང་ཁྱེར་རྙིང་པ།

婆罗门　བྲམ་ཟེ།

婆罗门沃私婆迷　བྲམ་ཟེ་རཱ་ཛ་སྭཱ་མིན།

菩萨　བྱང་ཆུབ་སེམས་དཔའ།

Q

耆阇崛山　བྱ་རྒོད་ཕུང་པོའི་རི།

耆旧　འཚོ་བྱེད་གཞོན་ནུ།

乾归国　ཆན་ཀོས་ཡུལ།

青州　ཆིང་ཀྲོའུ།

屈茨国　ཀུ་ཟན་ཡུལ།

瞿摩帝僧伽蓝　གོ་མ་ཏིའི་གཙུག་ལག་ཁང་།

瞿师罗园　གྷོ་ཥི་ལའི་སྐྱེད་ཚལ།

瞿昙沙门　དགེ་སྦྱོང་གོ་ཏ་མ།

R

入火光三昧　མེའི་དཀྱིལ་འཁོར་ལ་མཉམ་པར་བཞག །

S

萨博商人　ཤ་རབ་ཀྱི་ཚོང་པ།

萨婆多众律　ཐམས་ཅད་ཡོད་སྨྲའི་སྡེའི་འདུལ་བ།

三阿僧祇劫　བསྐལ་ཆེན་གྲངས་མེད་གསུམ།

三归　སྐྱབས་གསུམ།

僧伽梨　སྣམ་སྦྱར།

僧伽施国　སཾ་ཀཱ་ཤྲུའི་ཡུལ།

僧景　སིང་ཇིང་།

僧绍 སིང་ཧྲའོ།

四部众　འཁོར་རྣམ་པ་བཞི།

四天王　རྒྱལ་ཆེན་རིགས་བཞི།

宿呵陀国 སྭ་ཏའི་ཡུལ།

孙陀利　སྨད་འཚོང་མ་སུན་ད་རི།

沙河　བྱེ་ཀླུང་།

沙门　དགེ་སྦྱོང་།

沙弥　དགེ་ཚུལ།

沙祇大国　སཱ་ཀེ་ཏའི་ཡུལ་ཆེན།

晒衣石　ཆོས་གོས་ཉི་མར་ལྡེ་བའི་ཕ་བོང་།

睒变　ཟླ་མ་ཀ།

鄯善国 ཤིང་ཤན་ཡུལ།

舍利 རིང་བསྲེལ།

舍利弗 ཤཱ་རིའི་བུ།

舍卫城 མཉན་ཡོད་གྲོང་།

神足力 རྫུ་འཕྲུལ་གྱི་ཞབས།

尸摩赊那 དུར་ཁྲོད།

师子国 སེང་ག་ལའི་ཡུལ།

十八部 སྡེ་པ་བཅོ་བརྒྱད།

十事 རུང་བ་མ་ཡིན་པའི་གཞི་བཅུ།

石室 རྫོའི་ཕུག་པ།

世尊 སྟོན་པ།

释法显 བཙུན་པ་ཧྥ་ཤན།

首楞严 དཔའ་བར་འགྲོ་བའི་ཏིང་ངེ་འཛིན།

受岁 དགག་དབྱེར་འཇུག །

T

太守李暠 ཡུལ་དཔོན་ལིའི་ཧའོ།

檀越 སྦྱིན་བདག

炭塔 གདུང་ཐལ་མཆོད་རྟེན།

天帝释 ལྷའི་དབང་པོ་བརྒྱ་བྱིན།

天乐般遮 ལྷའི་རོལ་མོ་མཁན་ཟུར་ཕུད་ལྔ་པ།

天魔波旬 བདུད་པི་ཤུ་ན།

天竺　རྒྱ་གར།

调达　ལྷས་བྱིན།

铜杆　ཟངས་ཕོར།

徒铣　ཞབས་སྒྲིན་མོ།

陀历国　ད་ར་ཊའི་ཡུལ།

W

外道女旃柘摩那　མུ་སྟེགས་མོ་ཙིཉྩ་མཱ་ན་བི་ཀ།

王舍新城　གྲོང་ཁྱེར་རྒྱལ་པོའི་ཁབ་གསར་མ།

王新寺　ཕང་ཤིན་དགོན།

文麟盲聋　སྦྲུལ་ལོང་བ་མུ་ཅི་ལིན་ད།

文殊师利　འཇམ་དཔལ།

乌苌国　ཨོ་རྒྱན་ཡུལ།

无畏山僧伽蓝　འཇིགས་མེད་རི་བོའི་གཙུག་ལག་ཁང་།

五百贾客　ཚོང་པ་ལྔ་བརྒྱ།

五河河口　ཆུ་ཀླུང་རྣམ་ལྔའི་མདོ།

五戒　གཏན་ཁྲིམས་ལྔ།

五茎华　པདྨ་སྡོང་བུ་ལྔ་ལྡན།

X

西月氏国　ནུབ་ཟློ་གར་ཡུལ།

希连河　ཆུ་བོ་གསེར་ལྡན།

锡杖　འཁར་གསིལ།

醯罗城 གྲོང་ཁྱེར་ཧཌྜ།

仙人鹿野苑 དྲང་སྲོང་ལྷུང་བ་རི་དྭགས་ཀྱི་ནགས།

贤劫千佛 བསྐལ་བཟང་སངས་རྒྱས་སྟོང་།

相好 མཚན་དཔེ།

向都 ཤང་ཏུ།

小乘 ཐེག་པ་ཆུང་ངུ།(ཐེག་དམན།)

小孤石山 རི་ཆུང་ཅིག་རྐྱང་།

小雪山 གངས་རི་ཆུང་ངུ།

新头河 ཆུ་ཀླུང་སིནྡྷུ།

宿呵多国 སྭ་ཏའི་ཡུལ།

须跋 ཀུན་ཏུ་རྒྱུ་རབ་བཟང་།

须达长者 ཁྱིམ་བདག་མགོན་མེད་ཟས་སྦྱིན།

须大拿 རྒྱལ་བུ་སུ་དྣ་ན།

须陀洹 རྒྱུན་ཞུགས།

Y

焉夷国 ཡན་དབྱིའི་ཡུལ།

阎浮提 ཛམ་བུའི་གླིང་།

綖经 མདོ་སྡེའི་ཐོད།

鸯掘魔 སོར་འཕྲེང་ཅན།

杨楼山 རོ་བོ་ཡང་ལུ།

杨州 ཡང་ཀྲོའུ།

遥捕那河　ཙུ་བྲུང་ཡ་ཎུ་ནཱ།

耶婆提国　ཡ་བ་དྭི་པའི་ཡུལ།

一丈　འདོམ་གཉིས།

翳罗钵龙　གླུ་ཨེ་ལཱ་པཏྲ།

鹰བྱ་ཁྲ།

优波离　ཉེ་བར་འཁོར།

优钵罗比丘尼　དགེ་སློང་མ་ཨུཏྤལ་མདོག །

由延　དཔག་ཚད།

於麾国　ཡུད་རུལ་ཡུལ།

于阗国　ལི་ཡུལ།

月氏　ཀུ་ཥཱ་ཎ།

Z

杂阿含　ལུང་དག་ལྡན།

杂阿毗昙心　ཆོས་མངོན་པའི་ཡང་དག་ལྡན་པའི་སྙིང་པོ།

杂藏　ཕྲན་ཚེགས་འདུས་པའི་མདོ།

子合国　ཛི་ཧའི་ཡུལ།

坐夏　དབྱར་གནས་ལ་བཞུགས།

斋法　བསྙེན་པར་གནས།

斋日　བསྙེན་གནས།

旃檀像　ཙནྡན་ཇོ་བོ།

旃荼罗　རིགས་ངན་ཙཎྜ་ལ།

氈褐 འཕྱིང་རྩུབ།

瞻波大国 ཡུལ་ཆེན་ཙམྤ།

张骞 ཀྲང་ཆན།

张掖镇 ཀྲང་ཡེ་གྲོང་རྫལ།

长者 ཁྱིམ་བདག །

祇洹精舍 མགོན་མེད་ཟས་སྦྱིན་གྱི་ཀུན་དགའ་ར་བའི་གཙུག་ལག་ཁང་།

智严 ཀྲི་ཡན།(ཡེ་ཤེས་རྒྱན།)

中国 ཡུལ་དབུས།

中天竺 ཡུལ་དབུས།

肘 ཁྲུ།

竺刹石罗国 ཏཀྵ་ཤི་ལའི་ཡུལ།

转法轮 ཆོས་འཁོར་བསྐོར་བ།

转轮圣王 འཁོར་ལོས་བསྒྱུར་བའི་རྒྱལ་པོ།

ཟུར་བཀོལ་དཀར་ཆག

ཐ

མཇུག་བསྡུའི་གཏམ།

བགྲང་བྱ་བཅོ་ལྔ་ཅམ་གྱི་སྔ་རོལ་དུ་ཁོ་བོ་བོད་ལྗོངས་སློབ་ཆེན་རིག་གཞུང་སློབ་གླིང་དུ་ཡིག་སྒྱུར་ཆེད་ལས་ཀྱི་ཤེས་རམས་ཞིབ་འཇུག་སློབ་མའི་སློབ་གཉེར་བྱེད་རིང་། རྒྱ་ནག་གི་མཁས་དབང་ཅིད་ཤན་ལིན་(季羡林)གྱིས་མཛད་པའི་རྒྱ་དཀར་ནག་གི་རིག་གནས་འབྲེལ་བའི་ལོ་རྒྱུས་སྐོར་གྱི་དཔྱད་རྩོམ་གཅེས་བཏུས་《中印文化关系史论文集》ཞེས་པའི་དཔེ་དེབ་དེ་ཉིད་ལྟ་ཀློག་བྱ་སྐབས། ཐང་སན་བླ་མའི་ལམ་ཡིག་དང་། བཙུན་པ་ཧྭ་ཤན་གྱི་ལམ་ཡིག་གི་སྐོར་ལ་ཐོག་མར་ཡིད་འཇོག་བྱུང་། དེ་རྗེས་རིམ་བཞིན་རང་རེའི་བོད་ཀྱི་ཆག་ལོའི་ལམ་ཡིག་དང་། རྒྱ་གར་ཆོས་འབྱུང་། གཏམ་རྒྱུད་གསེར་ཐང་སོགས་སངས་རྒྱས་ཆོས་ལུགས་དང་འབྲེལ་བའི་རྒྱ་གར་གྱི་སྟོད་བཅུད་སྐོར་འགོད་པའི་ཡིག་ཚང་ལམ་ཡིག་ཁ་ཅིག་མཇལ་བའི་དུས། བོད་ཀྱི་ཡིག་ཚང་ལམ་ཡིག་ཁག་དང་། རྒྱ་ནག་གི་བཙུན་པ་ཆེན་པོ་རྣམ་གཉིས་ཀྱིས་མཛད་པའི་གནའ་བོའི་རྒྱ་གར་ལམ་ཡིག་དེ་གཉིས་པོ་དཔྱར་བསྡུར་བགྱིས་པས། རྒྱ་ནག་གི་ལམ་ཡིག་གཉིས་པོ་མཛད་པའི་ལོ་དུས་སྔ་ལ་བརྗོད་བྱའི་ནང་དོན་ཕུན་སུམ་ཚོགས་པ་སོགས་དགེ་མཚན་དུ་མ་མངའ་ཞིང་། རང་རེའི་ཡིག་ཚང་ལ་ཁ་སྐོང་མཛད་ནུས་པའི་རིགས་མང་དུ་འདུག་སྙམ་པའི་ངེས་པ་གཤའ་མ་ཞིག་བློ་ལ་ངམ་ཤུགས་སུ་ཤར་བྱུང་། དེ་ལྟར་གོ་ལ་ཕྱིལ་པོའི་སངས་རྒྱས་ཆོས་ལུགས་ཀྱི་ལོ་རྒྱུས་ཐོག་ཕལ་མོ་ཆེས་ཚད་མར་བྱེད་པའི་གནའ་བོའི་རྒྱ་གར་ལམ་ཡིག་དེ་གཉིས་པོ་དེང་གི་རིག་ཚན་ཞིབ་འཇུག་གི་ལུགས་ལྟར་བོད་ཀྱི་སྐད་ལ་ཕབ་ཐུབ་ན་ཅི་མ་རུང་སྙམ་པའི་འདུན་པ་དྲག་པོ་ཞིག་རྒྱུན་པར་

གྲིབ་མ་བཞིན་འགྲོགས་པར་སྣང་། རང་ཉིད་ཤེས་རམས་ཞིབ་འཇུག་སློབ་མ་སློབ་མཐར་ཕྱིན་ནས་ཅང་མ་སོང་བར་ལས་སྨན་བཟང་པོའི་མཐུ་ལས་སྤྱི་ཚོགས་ཚན་རིག་ཁང་དུ་ལས་སྒྱུར་ཐུབ་པ་བྱུང་སྟེ་སྤྱི་ལོ་༢༠༡༥ལོར་གོང་འབུལ་ཞུས་པའི་བོད་རང་སྐྱོང་ལྗོངས་སྤྱི་ཚོགས་ཚན་རིག་ཐེབས་རྩའི་ལས་གཞི་སྟེ་ཐང་སན་ལམ་ཡིག་གསར་བསྒྱུར་དང་ཞིབ་འཇུག་ཅེས་པའི་སྙན་ཞུའི་རྣམ་གྲངས་ལ་ཆོག་མཆན་ཐོབ། སྐབས་དེར་ལས་རོགས་དང་མཆེད་གྲོགས་དུ་མས་བསྐུལ་ཚོར། རང་ངོས་ནས་ཀྱང་བགྲང་བྱ་གསུམ་ཙམ་ངལ་བ་ཁྱད་དུ་བསད་མཐར། སྤྱི་ལོ་༢༠༡༨ལོའི་ཟླ་༡༠པར་ཐང་སན་ལམ་ཡིག་གསར་བསྒྱུར་དང་ཞིབ་འཇུག་ཅེས་པའི་དཔྱད་འབྲས་དཔེ་དེབ་དེ་ཉིད་རྒྱ་ཆེའི་ཀློག་པ་པོའི་སྤྱན་སྔར་བསྟར་ཐུབ་པ་བྱུང་སོང་། དུས་ནི་སེ་གོལ་ཡུན་ལ་སྐར་མདའ་བཞིན་རྒྱུགས་འགྲོ་ཞིང་། ནམ་འཆི་ཆ་མེད་ཀྱི་འཛིག་རྟེན་ཆོས་ཉིད་ནི་སུས་ཀྱང་བཟློག་ཏུ་མེད་པས་ཐོག་མའི་ཀུན་སློང་མངོན་དུ་འགྱུར་སྐད་འཕྲལ་མར་ཐང་སན་ལམ་ཡིག་འདི་ཡང་བོད་ཀྱི་སྐད་ལ་ཕབ་ཚོ། དེ་བས་ཀྱང་ཕན་བསྐྱེད་ཆེ་བར་སྙམ་ནས་ལོ་དེ་རང་ལ་སྙན་ཞུ་ཕུལ་བའི་རྟེན་འབྲེལ་ལས་རྒྱལ་ཁབ་རིམ་པའི་སྤྱི་ཚོགས་ཚན་རིག་ཐེབས་རྩའི་ལས་གཞི་ཐང་སན་ལམ་ཡིག་གསར་བསྒྱུར་དང་ཞིབ་འཇུག་ཅེས་པའི་རྣམ་གྲངས་ལའང་སྔར་བཞིན་ཆོག་མཆན་ཐོབ། དོན་ཏེ་དེ་ནས་བརྩམས་པའི་ཐོག་མའི་ལོ་གཅིག་ནང་འབུམ་རམས་པའི་རྒྱུགས་གཏོང་གི་སྟ་གོན་དང་། ལས་ཁུངས་ཀྱི་ལས་གཞི་སོགས་རྐྱེན་དུ་མས་བསླད་དེ་བཤོལ་བཏབ་རྐྱེན་བསམ་དོན་ལམ་དུ་མ་ལྷོངས་པར་རེ་ཞིག་ལུས། གཞིས་ནིང་ལོ་དཀྱིལ་ནས་དབུ་ཚུགས་ཏེ་ད་གཟོད་སྐབས་བབ་ཞིབ་འཇུག་གི་བྱ་བར་འཇུག་པའི་མཐུན་རྐྱེན་འཛོམས་གཤིས། ད་ལྟ་ལ་ཐུག་གེགས་བར་གྱི་འཚེ་བས་མ་བསླད་ཅིང་། ཡང་སྐོས་སྟོན་ཐང་སན་ལམ་ཡིག་བསྒྱུར་བའི་སྦྱོང་བ་ཙུང་ཟད་ཀྱི་མཐུ་ལས་

ད་ལམ་དངོས་སུ་ཟླ་ཤན་ལམ་ཡིག་གསར་བསྒྱུར་དང་ཞིབ་འཇུག་ཅེས་པའི་རྣམ་གྲངས་ཀྱི་རྩོམ་མཇུག་རྫོགས་པར་བསྒྲིལ་བ་ལགས།

ཟླ་ཤན་ལམ་ཡིག་འདིའི་རིན་ཐང་དང་ཁྱད་ཆོས། གལ་ཆེའི་རང་བཞིན་སོགས་གོང་དུ་གླེང་གཞིར་སློས་ཟིན་པ་ལྟར་བསྒྱུར་དུ་སྤྲོས་པའི་ངལ་བ་མ་བསྡེན་ཅིང་། འདི་རུ་བརྗོད་འདོད་པ་ནི་ད་ཕན་མཇལ་བའི་ལམ་ཡིག་འདིའི་བོད་འགྱུར་མ་གཉིས་པོའི་བསྒྱུར་བྱའི་མ་ཡིག་གཅིག་ནི་སོག་ཡིག་དང་གཞན་ཞིག་ནི་དབྱིན་ཡིག་ཡིན་ཐོག །འགྱུར་དེ་གཉིས་པོར་སྤྱིར་ས་མིང་དང་མི་མིང་སོགས་ཀྱི་ཐ་སྙད་དུ་མ་ཞིག་དོགས་གཞིའི་རྒྱུར་ཚུད་ཅིང་། དེང་གི་རིག་གཞུང་ཞིབ་འཇུག་གི་སྤྱི་འགྲོས་བཞིན་ཚད་ལྡན་གྱི་མཆན་འགྲེལ་མཛད་པ་མི་སྣང་ལ། ལྷག་ཏུ་ན་ཕྱི་མ་བཀྲས་མཐོང་ཆེ་དབང་ཆོས་རྒྱལ་དང་། རཀཿཐུབ་བསྟན་ཆོས་དར་གཉིས་ཀྱིས་སྤྱི་ལོ་༢༠༠༨ལོར་དབྱིན་ཡིག་ནས་ཐད་ཀར་བོད་སྐད་དུ་ཕབ་པའི་འགྱུར་མ་དེ་ཉིད་ནི་རྒྱ་ཡིག་ཕྱི་མོའི་བསྟན་དོན་རྣམས་ཤིན་ཏུ་ཁ་བསྡུས་སུ་མཛད་ནས་བསྒྱུར་འདུག་པས། དེར་ཕྱི་མོའི་ནང་དོན་ཆད་པ་ཕོན་ཆ་ཅང་ཆེ་བས་ཟླ་ཤན་ལམ་ཡིག་གི་བརྗོད་བྱ་རྫོགས་པོ་ཇི་མ་ཇི་བཞིན་རྒྱ་ཆེའི་གློག་པ་པོའི་སྤྱན་ལམ་དུ་བསྟར་མེད་པར་སྣང་། དེས་ན། ལམ་ཡིག་གི་ཁྱད་ཆོས་པའི་ཐེ་ཚོམ་གྱི་དོན་གནད་དེ་དག་སེལ་ཅི་ནུས་དང་། བོད་ཀྱི་ཡིག་སྒྱུར་བྱ་གཞག་ལ་རང་ནུས་ཀྱི་སྲི་ཞུ་ཙུང་ཟད་བསྒྲུབ་སླད་དུ་གཤོག་ཆུང་ཕྱིའུས་ནམ་འཕང་གཅོད་པའི་བརྟུལ་ཞུགས་ལྟར་ལེན་གྱིས་ད་ལན་ཟླ་ཤན་ལམ་ཡིག་འདི་ཉིད་གསར་དུ་བོད་བསྒྱུར་དང་ཞིབ་འཇུག་གི་བགྱི་བ་དང་དུ་བླངས་ཁུལ་ལོ། །

འདིར་གསལ་ཁ་གཏོད་རྒྱུར། བོད་འགྱུར་མ་འདིའི་ནང་བཙུན་པ་ཟླ་ཤན་ཁྲང་ཨན་ནས་ཞལ་གྲོས་ཏེ་ལི་ཡུལ་དུ་མ་ཐོན་བར་དང་། ལི་ཡུལ་ནས་རི་བོ་ཙོང་

ལ་བར། དེ་བཞིན་ཡུལ་ཡ་བ་དྲི་པ་ནས་ནན་ཅིང་དུ་ལོག་པའི་བར་དུ་བྱུང་བའི་ས་མིང་དང་མི་མིང་ཕལ་ཆེར་རྒྱ་གར་གྱི་ཁོངས་སུ་མ་གཏོགས་པས་རྒྱ་ནག་གི་སྐད་དུ་འཕོད་པ་མང་ཞིང་། གུ་ཟན་དང་ཤིང་ཤན་ལྟ་བུ་རང་རེའི་ཡིག་ཆར་བོད་རང་གི་ཐ་སྙད་མཆིས་པ་དེ་ལྟ་བུ་ཡོད་མེད་ཆ་མི་འཚལ་ཞིང་། བཙལ་བས་ཀྱང་མ་རྙེད་པས་དེ་དག་གི་རིགས་རྒྱ་ཡིག་གི་སྒྲ་རང་སོར་བཞག་ཡོད། རྒྱ་ཡིག་ཕྱི་མོར་ལན་དུ་མར་བྱུང་བའི་精舍དང་僧伽蓝གཉིས་ལམ་ཡིག་གི་བརྗོད་བྱའི་ནང་དོན་ལ་ཞིབ་མོར་མཇལ་ཚེ་精舍ལ་ལའི་གཞི་ཁྱོན་ཏ་ཅང་ཆེ་ཞིང་། བཀོད་པ་ཕུན་སུམ་ཚོགས་པ་དང་། 僧伽蓝ཁ་ཅིག་གི་ཁོར་ཡུག་རྒྱ་ཁྱོན་ཆུང་ཞིང་། དེའི་སྤྲོས་པ་精舍འགའ་ཞིག་ལྟར་ཞིབ་ཅིང་རྒྱས་པ་མེད། འོན་ཏེ་གཉིས་ཀའི་ངོ་བོ་དང་ཁྱད་ཆོས་མཚུངས་གཤིས། བོད་ཀྱི་སྐད་ལ་གོ་བདེ་ཞིང་མི་འཛིངས་པའི་ཆེད་རྒྱ་ཡིག་གི་ཐ་སྙད་དེ་ཟུང་རང་དགར་མ་དབྱེ་བར་དཀྱུས་ཅིག་ཏུ་གཙུག་ལག་ཁང་ཞེས་བསྒྱུར་བ་ལགས། གཞན་ཡང་རྒྱ་ཡིག་གི་རིང་ཚད་ཐ་སྙད་由廷ལ་དཔག་ཚད་དང་། 里ལ་ལི་དཔར་དང་། 丈ལ་འདོམ་དོ་དང་། 步ལ་གོམ་པ་དང་། 寸ལ་སོར་དོ་དང་། 尺ལ་ཁྲུ་ཞེས་བསྒྱུར་མོད་ཀྱི་肘ལ་བོད་དུ་གོ་མཐུན་ཐ་སྙད་གང་ཡིན་ཆ་མི་འཚལ་ཞིང་། དེ་ཡི་ཚད་尺དང་ཁྱད་པར་མི་སྣང་བས་ཁྲུ་ཞེས་པར་ཕབ་ཡོད། དེ་བཞིན་དུ་འདིགས་འཇལ་ཐ་སྙད་斛ལ་སྐྱི་ཚུང་དང་། 斗ལ་འབོ་དང་། 升ལ་བྲེ་ཞེས་བསྒྱུར་ཅིང་། དེ་ཕུད་མིང་གི་ཐ་སྙད་ཕལ་ཆེར་སྒྲ་བྱེ་བྲག་རྟོགས་བྱེད་ཆེ་མོ་དང་། གཏམ་རྒྱུད་གསེར་ཐང་། ཀན་སུའུ་མི་རིགས་དཔེ་སྐྲུན་ཁང་གིས་དཔར་དུ་བཏབ་པའི་སཾ་བོད་སྐད་གཉིས་ཤན་སྦྱར་སོགས་སུ་བོད་ཀྱི་སྐད་དུ་མཆིས་སོ་ཅོག་རང་སོར་དྲངས་ཐོག །མེད་པ་རྣམས་རྒྱའི་མཁས་པ་ཀྲང་ཤུན་(章巽)དང་། ཉི་ཧོང་གི་ཞིབ་འཇུག་པ་ཨ་དྷ་ཆི་ཀི་རོ་ཀུ་(足立喜六) སོགས་ཀྱིས་མཛད་པའི་ཧྥ་ཤན་

ལམ་ཡིག་གི་མཆན་དང་། ཅིད་ཤན་ལིན་གྱིས་མཛད་པའི་ཐང་སན་ལམ་ཡིག་གི་མཆན་བཅས་ལ་གསལ་བའི་ལ་ཧིན་གཟུགས་འགྱུར་རྣམས་ལེགས་སྦྱར་གྱི་སྒྲ་བཞིན་བོད་ཡིག་གི་གཟུགས་སུ་ཕབ་ཡོད། གཞན་ཡང་ལམ་ཡིག་ཕྱི་མོར་ཐོན་པའི་受岁དང་縱经ཞེས་པའི་ཐ་སྙད་གཉིས་པོ་བོད་ཀྱི་བཀའ་བསྟན་ན་གང་ཟེར་མིན་མི་ཤེས་ཤིང་། མཁས་པ་གཞན་ལ་དྲིས་པས་ཀྱང་སྒྲོ་དོགས་མ་ཆོད་པས་དོན་གྱི་ངོ་བོར་གཞིགས་ནས་ཡིག་དོན་དུ་གང་གོ་བའི་ཚུལ་བཞིན་དོན་བསྒྱུར་བགྱིས་པའོ། །

མདོར་ན་ད་ཐེངས་ཁོ་བོས་སྤྱ་དེང་འབྲེལ་ཡོད་ཡིག་ཚང་མཛལ་རིགས་དཔྱད་གཞིར་བགྱིས་ཐོག་དོན་གཉེར་ཅན་དུ་མར་དགོངས་སྐོར་ཞུས་ཏེ་ཧྲ་ཤན་ལམ་ཡིག་འདི་ཉིད་རང་ནུས་ཡོད་རྒུས་བོད་ཀྱི་སྐད་ལ་ཕབ་བསྒྱུར་དང་ཆབས་ཅིག་ཞིབ་འཇུག་གི་བགྱི་བ་དང་དུ་བླངས་མོད། ཕྲན་རང་སྐྱེས་སྦྱངས་ཀྱི་ཤེས་རབ་དམན་ཞིང་། ཕྲ་ཞིབ་རིག་པར་དཔྱོད་པའི་རྣམ་དཔྱོད་ཤིན་ཏུ་ཕྲ་བས་འགྱུར་དང་ཞིབ་འཇུག་གི་ཁྲོད་ནོར་འཁྲུལ་དང་དོགས་གཞིའི་ཆ་ཏན་ཏན་ཡོད་སྲིད་ན། གཟུར་གནས་མཁས་པའི་སྤྱན་སྔར་བཤག་ཅིང་བཟོད་པར་གསོལ་ཞུ་རྒྱུ་དང་ཅིག་ཅར་དུ་དོན་གཉེར་ཅན་རྣམས་ཀྱིས་སླད་མར་རིན་ཐང་གྱི་བཀའ་སློབ་ཅི་མང་སྩོལ་སྩོལ་ཡོད་པའི་རེ་བ་བཅངས་བཞིན་ཡོད།

མཇུག་ཏུ་དྲིན་གཟོའི་སྐད་དུ་གསོལ་དོན། ཐོག་མར་བཀའ་དྲིན་སྲིད་པའི་མཐར་ཡང་གཞལ་བར་མ་ནུས་པའི་བདག་གི་དྲིན་ཅན་བླ་མ། དགེ་བའི་བཤེས་གཉེན་དམ་པ་འཕྲིན་ལས་ཆོས་གྲགས་མཆོག་གི་ཟབ་མོའི་བཀའ་སློབ་རྟག་ཏུ་ཡིད་ལ་དྲན་བཞིན། ད་ལྟའི་འབུམ་རམས་པའི་སློབ་དཔོན་དགེ་རྒན་ཆེ་མོ་པ་དབང་སྟོབས་མཆོག་དང་། དེབ་ཆུང་འདི་ཉིད་ཐོག་མར་འབྲི་འགོ་བཙམས་པ་ནས་ད་བར་ཕྲན་ལ་སློབ་སྟོན་གནང་མཁན་མཁྱེན་ལྡན་པ་སྤྱི་དང་། ལྷག་པར་དུ་བོད་ལྗོངས་སྤྱི་ཚོགས་

ཚན་རིག་ཁང་ཏ་ལའི་ལོ་མའི་ཕྲུག་དཔེ་ཞིབ་འཇུག་ཚན་ཁག་གི་ཞིབ་འཇུག་པ་ཆེ་མོ་ཀན་དངོས་གྲུབ་ཚེ་རིང་ལགས་ནས་ཁོ་བོར་སྐུལ་མ་གནང་བ་དང་སྒྲུགས། སྐབས་བབ་ལས་གཞིར་མགོ་བའི་དཔྱད་གཞིའི་ཡིག་ཆ་ཕངས་མེད་དུ་བསྐུལ་ཅིང་། མཐའ་མཇུག་གི་བཙམས་དེབ་ལ་ཞུ་དག་མཛད་རོགས་གནང་བ་དང་། པེ་ཅིང་སློབ་གྲྭ་ཆེ་མོའི་ཕྱི་རྒྱལ་སྐད་ཡིག་སློབ་གླིང་གི་དགེ་རྒན་ཆེ་མོ་བ་སྐུ་གཞོན་གསར་བརྗེ་མཆོག་གིས་ལམ་ཡིག་འདིའི་རྒྱ་ཡིག་དཔར་མ་མགོ་དོན་གནང་ཞིང་། ལེགས་སྦྱར་གྱི་སྒྲ་རང་སོར་བཞག་པའི་རྒྱ་ཡིག་གི་ཐ་སྙད་རེ་འགའི་དཀའ་གནད་གསལ་དགྲོལ་མཛད་པ་དང་། གཞན་ཡང་བོད་ལྗོངས་སྤྱི་ཚོགས་ཚན་རིག་ཁང་གི་ལས་རོགས། མི་རིགས་ཞིབ་འཇུག་ཚན་ཁག་གི་ཞིབ་འཇུག་པ་ཆེ་མོ་སྐུ་གཞོན་འབུམ་རམས་པ་ཕྱི་ཚར་ཀན་ཅིན་ལེའི་(金雷)ཡིས་བླ་ཆེན་རྣམ་ཐར་《高僧传》ནང་བྱུང་བའི་རྒྱ་ཡིག་གི་བརྡ་རྙིང་རེ་ཟུང་ལ་ཐེ་ཚོམ་སེལ་རོགས་མཛད་པ་དང་། མི་རིགས་ཞིབ་འཇུག་ཚན་ཁག་གི་ཞིབ་འཇུག་པ་ཆེ་མོ་འབུམ་རམས་པ་པད་གཞུང་ཟླ་ཚུང་ལགས་ཀྱིས་རྒྱ་ཡིག་གི་ས་མིང་རེ་འགའ་ཏུན་ཧོང་ནས་ཐོན་པའི་སྤུ་རྒྱལ་བོད་ཡིག་ཤོག་དྲིལ་དུ་ཅི་ཟེར་མིན་བཙལ་འཚོལ་གནང་སྟེ་མགོ་དོན་མཛད་པ་དང་། 《བོད་ལྗོངས་ཞིབ་འཇུག》རྩོམ་སྒྲིག་ཁང་གི་ཞིབ་འཇུག་པ་ཆེ་མོ་ཀན་མིག་དམར་ཚེ་རིང་ལགས་དང་། ཀན་ལྷག་ཚུང་ལགས། ཞིབ་འཇུག་པ་ཆེ་མོ་སྐུ་གཞོན་ཀན་སྤེན་པ་ལགས་དང་། ཀན་ཨེ་ཕུར་བཀྲ་ལགས། དེ་བཞིན་བོད་ལྗོངས་དཔེ་རྙིང་དཔེ་སྐྲུན་ཁང་གི་རྩོམ་སྒྲིག་པ་ཆེ་མོ་སྐུ་གཞོན་འབུམ་རམས་པ་ཀན་ལྷག་པ་བཀྲིས་ལགས་བཅས་ནས་མཐའ་མཇུག་གི་བཙམས་དེབ་ལ་དག་བཅོས་གནང་རོགས་དང་། བོད་ལྗོངས་སློབ་གྲྭ་ཆེ་མོའི་ཤེས་རམས་ཞིབ་འཇུག་སློབ་མ་ཚེས་སྐྱོང་དང་། འབུམ་རམས་པའི་སློབ་གྲོགས་བཀྲིས་ཟླ་བ་གཉིས་ནས་གློག་ཀླད་ནང་ལམ་ཐིག་ས་བཀྲར་བོད་ཡིག་གི་ཡུལ་མིང་བཙུག་

རོགས་མཛད་པ་བཅས་ལ་ད་ལན་ཁོ་བོས་དཀྲུས་གཅིག་ཏུ་སྒོ་གསུམ་གུས་པ་སྟོན་ཏུ་བཏང་ནས་ལག་པད་སྙིང་གར་ཟུམ་སྟེ་ཐུགས་རྗེ་ཆེ་ཡང་ཡང་ཞུ་རྒྱུ་ལགས།། ༎

སྨྲས་པ།

འཛམ་དཔལ་ཞིང་གི་དགེ་སྦྱོང་རྣམ་རོལ་བ། །
ཚུལ་ཁྲིམས་བསྟན་པའི་ཉིན་བྱེད་འདྲེན་སྣད་དུ། །
ཐག་རིང་རྒྱལ་ཁམས་དཀའ་ཐུབ་ཞབས་ཀྱིས་འཛལ། །
ཛྙཱ་ཤྲཱིའི་ཞེས་བྱའི་གནས་བརྟན་འདུལ་བ་འཛིན། །
མི་བསྲུན་སྐྱེ་བོའི་མུན་པ་དྲུངས་ནས་འབྱིན། །

ཁྱེད་ཀྱི་འཕགས་ཡུལ་དཀར་ཆག་བདུད་རྩིའི་རོས། །
ཡོངས་ཚིམས་འགྲོ་ལ་དགའ་བདེའི་དབུགས་དབྱུང་བསྩལ། །
ཙྪ་ནའི་བཟ་དང་ཐ་སྙད་མ་ཧཱིའི་ཕྲེང་། །
ཨྱོ་ཏའི་སྐད་ཀྱི་སྲད་བུར་ལེགས་བརྒྱུས་ནས། །
དཔྱད་གསུམ་རིག་པའི་དོ་ཤལ་ཐང་མར་བརྣལ། །

དགེ་བ་འདི་ཡིས་བསོད་ནམས་གཟི་བྱིན་མཐུས། །
གླང་དོར་མིག་གི་ཡོལ་བ་རབ་ཕྱེ་ནས། །
ཤེས་བྱའི་དེ་ཉིད་གཟིགས་པའི་རྒྱུ་རུ་བསྔོ། །
དེ་ཡི་དྲིན་ལས་བདག་མཉམ་སྐལ་ལྡན་ཀུན། །
གཞན་ཕན་སྙིང་པོས་མི་ཚེ་འདའ་བར་ཤོག །

ཤུ་བྷཾ། །

ཧྥ་ཤན་ལམ་ཡིག་གི་མ་ཡིག་ཕབ་བཤུས།①
法顯傳一卷

東晉沙門釋法顯自記遊天竺事

法顯昔在長安慨律藏殘缺於是遂以弘始二年歲在己亥與慧景道整慧應慧嵬等同契至天竺尋求戒律初發跡長安度隴至乾歸國夏坐夏坐訖前行至褥檀國度養樓山至張掖鎮張掖大亂道路不通張掖王慇勤遂留為作檀越於是與智嚴慧簡僧紹寶雲僧景等相遇欣於同志便共夏坐夏坐訖復進到燉煌有塞東西可八十里南北四十里共停一月餘日法顯等五人隨使先發復與寶雲等別燉煌太守李浩供給度沙河沙河中多有惡鬼熱風遇則皆死無一全者上無飛鳥下無走獸遍望極目欲求度處則莫知所擬唯以死人枯骨為幖幟耳耳行十七日計可千五百里得至鄯鄯國其地崎嶇薄瘠俗人衣服粗與漢地同但以氈褐為異其國王奉法可有四千餘僧悉小乘學諸國俗人及沙門盡行天竺法但有精麁從此西行所經諸國類皆如是唯國國胡語不同然出家人皆習天竺書天竺語住此一月日復西北行十五日到烏夷國烏夷國僧亦有四千餘人皆小乘學法則齊整秦土沙門至彼都不預其僧例法顯得符行當公孫經理住二月餘日於是還與寶雲等共烏夷國人

① ཧྥ་ཤན་ལམ་ཡིག་གི་རྒྱ་ཡིག་ཕྱི་མོ་འདི་ཉིད་དེང་པེ་ཅིང་རྒྱལ་ཁབ་དཔེ་མཛོད་ཁང་དུ་བཞུགས་པའི་རྒྱ་ནག་སུང་རྗེ་མའི་དུས་སུ་བྱུང་བའི་སི་ཤི་ཡོན་ཇོད་དཔར་མ་《思溪圆觉藏本》ཞེས་བྱ་བར་བཏུས་པ་དེ་ཡིན། དཔར་མ་དེའི་དཔར་སློག་ཆ་ཚང་ཁོ་བོའི་ལག་ཏུ་སོན་མེད། དཔར་དབང་པེ་ཅིང་རྒྱལ་ཁབ་དཔེ་མཛོད་ཁང་ལ་ཡོད་པས། རང་འདོད་ལྟར་གང་བྱུང་དུ་དཔར་སློག་བྱ་མི་ཆོག་པས་འདིར་དཔེ་སྙིང་ལ་གང་འཁོད་པ་ཇི་བཞིན་རང་སོར་ཕབ་བཤུས་བགྱིས་ཡོད།

不修禮儀遇客甚薄智嚴慧簡慧嵬遂返向高昌欲求行資法顯等蒙符公孫供給遂得直進西南行路中無居民涉行艱難所經之苦人理莫比在道一月五日得到于闐其國豐樂人民殷盛盡皆奉法以法樂相娛眾僧乃數萬人多大乘學皆有眾食彼國人民星居家家門前皆起小塔最小者可高二丈許作四方僧房供給客僧及餘所須國主安堵法顯等於僧伽藍僧伽藍名瞿摩帝是大乘寺三千僧共揵搥食入食堂時威儀齊肅次第而坐一切寂然器鉢無聲淨人益食不得相喚但以手指麾慧景道整慧達先發向竭叉國法顯等欲觀行像停三月日其國中十四大僧伽藍不數小者從四月一日城裏便掃灑道路莊嚴巷陌其城門上張大幃幕事事嚴飾王及夫人婇女皆住其中瞿摩帝僧是大乘學王所敬重最先行像離城二四里作四輪像車高三丈餘狀如行殿七寶莊校懸繒幡蓋像立車中二菩薩侍作諸天侍從皆金銀彫瑩懸於虛空像去門百步王脫天冠易著新衣徒跣持華香翼從出城迎像頭面禮足散華燒香像入城時門樓上夫人婇女遙散眾華紛紛而下如是莊嚴供具車車各異一僧伽藍則一日行像四月一日為始至十四日行像乃訖行像訖王及夫人乃還宮耳其城西七八里有僧伽藍名王新寺作來八十年經三王方成可高二十五丈雕文刻鏤金銀覆上眾寶合成塔後作佛堂莊嚴妙好梁柱戶扇窻牖皆以金薄別作僧房亦嚴麗整飾非言可盡嶺東六國諸王所有上價寶物多作供養人用者少既過四月行像僧韶一人隨胡道人向罽賓法顯等進向子合國在道二十五日便到其國國王精進有千餘僧多大乘學住此十五日已於是南行四日至葱嶺山到於麾國安居安居已止行二十五日到竭叉國與慧景等合值其國王作般遮越師般遮越師漢言五年大會也會時

請四方沙門皆來雲集集已莊嚴眾僧坐處懸繒幡蓋作金銀蓮華著僧座後鋪淨坐具王及群臣如法供養或一月二月或三月多在春時王作會已復勸諸群臣設供供養或一日二日三日五日供養都畢王以所乘馬鞍勒自副使國中貴重臣騎之并諸白縶種種珎寶沙門所須之物共諸群臣發願布施布施已還從僧贖其地山寒不生餘穀唯熟麥耳眾僧受歲已其晨輒霜故其王每讚眾僧令麥熟然後受歲其國中有佛唾壺以石作色似佛鉢又有佛一齒國人為佛齒起塔有千餘僧盡小乘學自山以東俗人被服粗類秦土亦以氈褐為異沙門法用轉轉勝不可具記其國當葱嶺之中自葱嶺已前草木果實皆異唯竹及安石榴甘蔗三物與漢地同耳從此西行向北天竺在道一月得度葱嶺葱嶺山冬夏有雪又有毒龍若失其意則吐毒風雨雪飛沙礫石遇此難者萬無一全彼土人人即名為雪山人也度嶺已到北天竺始入其境有一小國名陀歷亦有眾僧皆小乘學其國昔有羅漢以神足力將一巧匠上兜率天觀彌勒菩薩長短色貌還下刻木作像前後三上觀然後乃成像長八丈足趺八尺齋日常有光明諸國王競興供養今故現在於此順嶺西南行十五日其道艱岨崖岸嶮絕其山唯石壁立千仞臨之目眩欲進則投足無所下有水名新頭河昔人有鑿石通路施傍梯者凡度七百度梯已躡懸絙過河河兩岸相去減八十步九譯所記漢之張騫甘英皆不至眾僧問法顯佛法東過其始可知耶顯云訪問彼土人皆云古老相傳自立彌勒菩薩像後便有天竺沙門齎經律過此河者像立在佛泥洹後三百許年計於周氏平王時由茲而言大教宣流始自此像非夫彌勒大士繼軌釋迦孰能令三寶宣通邊人識法固知冥運之開本非人事則漢明之夢有由而然矣度河便到烏長國烏長國是正

北天竺也盡作中天竺語中天竺所謂中國俗人衣服飲食亦與中國同佛法甚盛名眾僧住止處為僧伽藍凡有五百僧伽藍皆小乘學若有客比丘到悉供養三日三日過已乃令自求所安常傳言佛至北天竺即到此國已佛遺足跡於此跡或長或短在人心念至今猶介及曬衣石度惡龍處亦悉現在石高丈四闊二丈許一邊平慧景道整慧達三人先發向佛影那竭國法顯等住此國夏坐坐訖南下到宿呵多國其國佛法亦盛昔天帝釋試菩薩化作鷹鴿割肉貿鴿處佛既成道與諸弟子遊行語云此本是吾割肉貿鴿處國人由是得知於此處起塔金銀校飾從此東下五日行到揵陀衛國是阿育王子法益所治處佛為菩薩時亦於此國以眼施人其處亦起大塔金銀校飾此國人多小乘學自此東行七日有國名竺刹尸羅竺刹尸羅漢言截頭也佛為菩薩時於此處以頭施人故因以為名復東行二日至投身餧餓虎處此二處亦起大塔皆眾寶校飾諸國王臣民競興供養散華然燈相繼不絕通上二塔彼方人亦名為四大塔也從揵陀衛國南行四日到弗樓沙國佛昔將諸弟子遊行此國語阿難云吾般泥洹後當有國王名罽膩伽於此處起塔後膩伽王出世出行遊觀時天帝釋欲開發其意化作牧牛小兒當道起塔王問言汝作何等答曰作佛塔王言大善於是王即於小兒塔上起塔高四十餘丈眾寶校飾凡所經見塔廟壯麗威嚴都無此比傳云閻浮提塔唯此為上王作塔成已小塔即自傍出大塔南高三尺許佛鉢即在此國昔月氏王大興兵眾來伐此國欲取佛鉢既伏此國已月氏王篤信佛法欲持鉢去故興供養供養三寶畢乃校飾大象置鉢其上象便伏地不能得前更作四輪車載鉢八象共牽復不能進王知與鉢緣未至深自愧歎即於此處起塔及僧伽藍并留鎮守種種供養可有七

百餘僧日將中眾僧則出鉢與白衣等種種供養然後中食至暮燒香時復爾可容二斗許雜色而黑多四際分明厚可二分瑩徹光澤貧人以少華投中便滿有大富者欲以多華供養正復百千萬斛終不能滿寶雲僧景只供養佛鉢便還慧景慧達道整先向那竭國供養佛影佛齒及頂骨慧景病道整住看慧達一人還於弗樓沙國相見而慧達寶雲僧景遂還秦土慧景應在佛鉢寺無常由是法顯獨進向佛頂骨所西行十六由延便至那竭國界醯羅城城中有佛頂骨精舍盡以金薄七寶校飾國王敬重頂骨慮人抄奪乃取國中豪姓八人人持一印印封守護清晨八人俱到各視其印然後開户開户已以香汁洗手出佛頂骨置精舍外高座上以七寶圓碪碪下瑠璃鍾覆上皆珠璣校飾骨黃白色方圓四寸其上隆起每日出後精舍人則登高樓擊大鼓吹螺敲銅鈦王聞已則詣精舍以華香供養供養已次第頂戴而去從東門入西門出王朝朝如是供養禮拜然後聽國政居士長者亦先供養乃修家事日日如是初無懈倦供養都訖乃還頂骨於精舍中有七寶解脫塔或開或閇高五尺許以盛之精舍門前朝朝恒有賣華香人凡欲供養者種種買焉諸國王亦恒遣使供養精舍處方四十步雖復天震地裂此處不動從此北行一由延到那竭國城是菩薩本以銀錢貿五莖華供養定光佛處城中亦有佛齒塔供養如頂骨法城東北一由延到一谷口有佛錫杖亦起精舍供養杖以牛頭旃檀作長丈六七許以木筒盛之正復百千人舉不能移入谷口四日西行有佛僧伽梨精舍供養彼國土亢旱時國人相率出衣禮拜供養天即大雨那竭城南半由延有石室博山西南向佛留影此中去十餘步觀之如佛真形金色相好光明炳著轉近轉微髣髴如有諸方國王遣工畫師摹寫莫能及彼國人傳云千佛盡當

於此留影影西四百步許佛在時剃髮剪爪佛自與諸弟子共造塔高七八丈以為將來塔法今猶在邊有寺寺中有七百餘僧此處有諸羅漢辟支佛塔乃千數住此冬三月法顯等三人南度小雪山雪山冬夏積雪山北陰中過寒風暴起人皆噤戰慧景一人不堪復進口出白沫語法顯云我亦不復活便可時去勿得俱死於是遂終法顯撫之悲號本圖不果命也奈何復自力前得過嶺南到羅夷國近有三千僧兼大小乘學住此夏坐坐訖南下行十日到跋那國亦有三千許僧皆小乘學從此東行三日復渡新頭河兩岸皆平地過河有國名毘茶佛法興盛兼大小乘學見秦道人往乃大憐愍作是言如何邊地人能知出家為道遠求佛法悉供給所須待之如法從此東南行減八十由延經歷諸寺甚多僧眾萬數過是諸處已到一國國名摩頭羅又經捕那河河邊左右有二十僧伽藍可有三千僧佛法轉盛凡沙河已西天竺諸國國王皆篤信佛法供養眾僧時則脫天冠共諸宗親群臣手自行食行食已鋪氊於地對上座前坐於眾僧前不敢坐床佛在世時諸王供養法式相傳至今從是以南名為中國中國寒暑調和無霜雪人民殷樂無戶籍官法唯耕王地者乃輸地利欲去便去欲住便住王治不用刑罔有罪者但罰其錢隨事輕重雖復謀為惡逆不過截右手而已王之侍衛左右皆有供祿舉國人民悉不殺生不飲酒不食葱蒜唯除旃荼羅旃荼羅名為惡人與人別居若入城市則擊木以自異人則識而避之不相搪揬國中不養猪雞不賣生口市無屠估及估酒者貨易則用貝齒唯旃荼羅獵師賣肉耳自佛般泥洹後諸國王長者居士為眾僧起精舍供養供給田宅園圃民戶牛犢鐵券書録後王王相傳無敢廢者至今不絕眾僧住止房舍床蓐飲食衣服都無闕乏處處皆尒眾僧常以作功德為業及誦

經坐禪客僧往到舊僧迎逆代檐衣鉢給洗足水塗足油與非時漿須臾息已復問其臘數次第得房舍臥具種種如法眾僧住處作舍利弗塔目連阿難塔并阿毘曇律經塔安居後一月諸希福之家勸化供養僧作非時漿眾僧大會說法說法已供養舍利弗塔種種香華通夜然燈使彼人作舍利弗本婆羅門時詣佛求出家大目連大迦葉亦如是諸比丘尼多供養阿難塔以阿難請世尊聽女人出家故諸沙彌多供養羅云阿毘曇師者供養阿毘曇律師者供養律年年一供養各自有日摩訶衍人則供養般若波羅蜜文殊師利觀世音等眾僧受歲竟長者居士婆羅門等各持種種衣物沙門所須以布施眾僧僧亦自各各布施佛泥洹已來聖眾所行威儀法則相承不絶自度新頭河至南天竺迄于南海四五萬里皆平坦無大山川正有河水從此東南行十八由延有國名僧迦施佛上忉利天三日為母說法來下處佛上忉利天以神通力都不使諸弟子知來滿七日乃放神足阿那律以天眼遙見世尊即語尊者大目連汝可往問訊世尊目連即往頭面禮足共相問訊問訊已佛語目連吾却後七日當下閻浮提目連既還于時八國大王及諸臣民不見佛久咸皆渴仰雲集此國以待世尊時優鉢羅比丘尼即自心念今日國王臣民皆當奉迎佛我是女人何由得先見佛即以神足化作轉輪聖王最前禮佛佛從忉利天上來向下下時化作三道寶階佛在中道七寶階上行梵天王亦化作白銀階在右邊執白拂而侍天帝釋化作紫金階在左邊執七寶蓋而侍諸天無數從佛下佛既下三階俱沒于地餘有七級現後阿育王欲知其根際遣人掘看下至黃泉根猶不盡王益信敬即於階上起精舍當中階作丈六立像精舍後立石柱高三十肘上作師子柱內四邊有佛像內外映徹淨若琉璃有外道論師與沙門

靜此住處時沙門理屈於是共立誓言此處若是沙門住處者今當有靈驗作是言已柱頭師子乃大鳴吼見證於是外道懼怖心伏而退佛以受天食三月故身作天香不同世人即便浴身後人於此處起浴室浴室猶在優鉢羅比丘尼初禮佛處今亦起塔佛在世時有剪髮爪作塔及過去三佛并釋迦文佛坐處經行處及作諸佛形像處盡有塔今悉在天帝釋梵天王從佛下處亦起塔此處僧及尼可有千人皆同眾食雜大小乘學住處一白耳龍與此眾僧作檀越令國內豐熟雨澤以時無諸災害使眾僧得安眾僧感其惠故為作龍舍敷置坐處又為龍設福食供養眾僧日日眾中別差三人到龍舍中食每至夏坐訖龍輒化形作一小虵兩耳邊白眾僧識之銅盂盛酪以龍置中從上座至下座行之似若問訊遍便化去年年一出其國豐饒人民熾盛最樂無比諸國人來無不經理供給所須寺北五十由延有一寺名火境火境者惡鬼名也佛本化是惡鬼後人於此處起精舍以精舍布施阿羅漢以水灌手水瀝滴地其處故在正復掃除常現不滅此處別有佛塔善鬼神常掃灑初不須人功有邪見國王言汝能如是者我當多將兵眾住此益積糞穢汝復能除不鬼神即起大風吹之令淨此處有百枚小塔人終日數之不能得知若至意欲知者便一塔邊置一人已復計數人人或多或少其不可得知有一僧伽藍可六七百僧此中有辟支佛食處泥洹地大如車輪餘處生草此處獨不生及曬衣地處亦不生草衣條著地跡今故現在法顯住龍精舍夏坐坐訖東南行七由延到罽饒夷城城接恒水有二僧伽藍盡小乘學去城西六七里恒水北岸佛為諸弟子說法處傳云說無常苦說身如泡沫等此處起塔猶在度恒水南行三由延到一村名呵梨佛於此中說法經行坐處盡起塔從此東南行十由延到沙祇大

國出沙祇城南門道東佛本在此嚼楊枝刺土中即生長七尺不增不減諸外道婆羅門嫉妬或斫或拔遠棄之其處續生如故此中亦有四佛經行坐處起塔故在從此南行八由延到拘薩羅國舍衛城城內人民希曠都有二百餘家即波斯匿王所治城也大愛道故精舍處須達長者井壁及鴦掘魔得道般泥洹燒身處後人起塔皆在此城中諸外道婆羅門生嫉妬心欲毀壞之天即雷電霹靂終不能得壞出城南門千二百步道西長者須達起精舍精舍東向開門門戶兩廂有二石柱左柱上作輪形右柱上作牛形池流清淨林木尚茂眾華異色蔚然可觀即所謂祇洹精舍也佛上忉利天為母說法九十日波斯匿王思見佛即刻牛頭栴檀作佛像置佛坐處佛後還入精舍像即避出迎佛佛言還坐吾般泥洹後可為四部眾作法式像即還坐此像最是眾像之始後人所法者也佛於是移住南邊小精舍與像異處相去二十步祇洹精舍本有七層諸國王人民競興供養懸繒幡蓋散華燒香燃燈續明日日不絕鼠銜燈炷燒花幡蓋遂及精舍七重都盡諸國王人民皆大悲惱謂栴檀像已燒却後四五日開東邊小精舍戶忽見本像皆大歡喜共治精舍得作兩重還移像本處法顯道整初到祇洹精舍念昔世尊住此二十五年自傷生在邊夷共諸同志遊歷諸國而或有還者或有無常者今日乃見佛空處愴然心悲彼眾僧出問顯等言汝從何國來答云從漢地來彼眾僧歎曰奇哉邊地之人乃能求法至此自相謂言我等諸師和上相承以來未見漢道人來到此也精舍西北四里有榛名曰得眼本有五百盲人依精舍住此佛為說法盡還得眼盲人歡喜刺杖著地頭面作禮杖遂生長大世人重之無敢伐者遂成為榛是故以得眼為名祇洹眾僧中食後多往彼榛中坐禪祇洹精舍東北六七里毘舍佉母作精

舍請佛及僧此處故在祇洹精舍大援落有二門一門東向一門北向此園即須達長者布金錢買地處也精舍當中央佛住此處最久說法度人經行坐處亦盡起塔皆有名字及孫陀利殺身謗佛處出祇洹東門北行七十步道西佛昔共九十六種外道論議國王大臣居士人民皆雲集而聽時外道女名旃遮摩那起嫉妬心及懷衣著腹前似若妊身於眾會中謗佛以非法於是天帝釋即化作白鼠嚙其腰帶斷所懷衣墮地地即劈裂生入地獄及調達毒爪欲害佛生入地獄處後人皆標識之又於論議處起精舍高六丈許裏有坐佛其道東有外道天寺名曰影覆與論議處精舍夾道相對亦高六丈許所以名影覆者日在西時世尊精舍影則映外道天寺日在東時外道天寺影則北映終不得映佛精舍也外道常遣人守其天寺掃灑燒香然燈供養至明旦其燈輒移在佛精舍中婆羅門恚言諸沙門取我燈自供養佛為尒不止婆羅門於是夜自伺候見其所事天神持燈繞佛精舍三帀供養佛已忽然不見婆羅門乃知佛神大即捨家入道傳云近有此事繞祇洹精舍有九十八僧伽藍盡有僧住處唯一處空此中國有九十六種外道皆知今世後世各有徒眾亦皆乞食但不持鉢亦復求福於曠路側立福德舍屋宇床臥飲食供給行路人及出家人來去客但所期異耳調達亦有眾在供養過去三佛唯不供養釋迦文佛舍衛城東南四里琉璃王欲伐舍夷國世尊當道側立立處起塔城西五十里到一邑名都維是迦葉佛本生處父子相見處般泥洹處皆悉起塔迦葉如來全身舍利亦起大塔從舍衛城東南行十二由延到一邑名那毘伽是拘樓秦佛所生處父子相見處般泥洹處亦有僧伽藍起塔從此北行減一由延到一邑是拘那含牟尼佛所生處父子相見處般泥洹處亦皆起塔從此東行減一由延

到迦維羅衛城城中都無王民甚如丘荒止有眾僧民戶數十家而已白淨王故宮處作太子母形像乃太子乘白象入母胎時太子出城東門見病人迴車還處皆起塔阿夷相太子處與難陀等撲象捔射處箭東南去三十里入地令泉水出後世人治作井令行人飲之佛得道還見父王處五百釋子出家向優波離作禮地六種震動處佛為諸天說法四天王守四門父王不得入處佛在尼拘律樹下東向坐大愛道布施佛僧伽梨處此樹猶在瑠璃王殺釋種子釋種子先盡得須陀洹立塔今亦在城東北數里有王田太子樹下觀耕者處城東五十里有王園園名論民夫人入池洗浴出池北岸二十步舉手攀樹枝東向生太子太子墮地行七步二龍王浴太子身浴處遂作井及上洗浴池今眾僧常取飲之凡諸佛有四處常定一者成道處二者轉法輪處三者說法論議伏外道處四者上忉利天為母說法來下處餘則隨時示現焉迦維羅衛國大空荒人民希疎道路怖畏白象師子不可妄行從佛生處東行五由延有國名藍莫此國王得佛一分舍利還歸起塔即名藍莫塔塔邊有池池中有龍常守護此塔晝夜供養阿育王出世欲破八塔作八萬四千塔破七塔已次欲破此塔龍便現身持阿育王入其宮中觀諸供養具已語王言汝供若能勝是便可壞之持去吾不與汝諍阿育王知其供養具非世之有於是便還此中荒蕪無人灑掃常有群象以鼻取水灑地取雜華香而供養塔諸國有道人來欲禮拜塔遇象大怖依樹自翳見象如法供養道人大自悲感此中無有僧伽藍可供養此塔乃令象灑掃道人即捨大戒還作沙彌自挽草木平治處所使得淨潔勸化國王作僧住處已為寺主今現有僧住此事在近自尒相承至今恒以沙彌為寺主從此東行三由延太子遣車匿白馬還處亦起塔從此東行四由延

到炭塔亦有僧伽藍復東行十二由延到拘夷那竭城城北雙樹間希連河邊世尊於此北首而般泥洹及須跋最後得道處以金棺供養世尊七日處金剛力士放金杵處八王分舍利處諸處皆起塔有僧伽藍今悉現在其城中人民亦希曠止有眾僧民戶從此東南行十二由延到諸梨車欲逐佛般泥洹處而佛不聽戀佛不肯去佛化作大深塹不得度佛與鉢作信遣還其家立石柱處上有銘題自此東行五由延到毘舍離國毘舍離城北大林重閣精舍佛住處及阿難半身塔其城裏本菴婆羅女家為佛起塔今故現在城南三里道西菴婆羅女以園施佛作佛住處佛將般泥洹與諸弟子出毘舍離城西門迴身右轉顧看毘舍離城告諸弟子是吾最後所行處後人於此處起塔城西北三里有塔名放弓仗以名此者恒水上流有一國王王小夫人生一肉胎大夫人妬之言汝生不祥之徵即盛以木函擲恒水中下流有國王遊觀見水上木函開看見千小兒端正殊特王即取養之遂使長大甚勇健所往征伐無不摧伏次伐父王本國王大愁憂小夫人問王何故愁憂王曰彼國王有千子勇健無比欲來伐吾國是以愁耳小夫人言王勿愁憂但於城東作高樓賊來時置我樓上則我能却之王如其言至賊到時小夫人於樓上語賊言汝是我子何故作反逆事賊曰汝是何人云是我母小夫人曰汝等若不信者盡仰向張口小夫人即以兩手搆兩乳乳各作五百道墮千子口中賊知是我母即放弓仗二父王於是思惟皆得辟支佛二辟支佛塔猶在後世尊成道告諸弟子是吾昔時放弓仗處後人得知於此立塔故以名焉千小兒者即賢劫千佛是也佛於放弓仗塔邊告阿難言我却後三月當般泥洹魔王嬈固阿難使不得請佛住世從此東行三四里有塔佛般泥洹後百年有毘舍離比丘錯行戒律十事證言

佛說如是尒時諸羅漢及持律比丘凡夫者有七百僧更撿校律藏後人於此處起塔今亦在從此東行四由延到五河合口阿難從摩竭國向毘舍離欲般涅槃諸天告阿闍世王阿闍世王即自嚴駕將士眾追到河上毘舍離諸梨車聞阿難來亦復來迎俱到河上阿難思惟前則阿闍世王致恨還則梨車復怨則於河中央入火光三昧燒身而般泥洹分身作二分一分在一岸邊於是二王各得半身舍利還歸起塔度河南下一由延到摩竭提國巴連弗邑巴連弗邑是阿育王所治城中王宮殿皆使鬼神作累石起牆闕彫文刻鏤非世所造今故現在阿育王弟得羅漢道常住耆闍崛山志樂閑靜王敬心請於家供養以樂山靜不肯受請王語弟言但受我請當為汝於城裏作山王乃具飲食召諸鬼神而告之曰明日悉受我請無座席各自齎來明日諸大鬼神各持大石來壁方四五步坐訖即使鬼神累作大石山又於山底以五大方石作一石室可長三丈廣二丈高丈餘有一大乘婆羅門子名羅汰私婆迷住此城裏爽悟多智事無不達以清淨自居國王宗敬師事若往問訊不敢並坐王設以愛敬心執手執手已婆羅門輒自灌洗年可五十餘舉國瞻仰賴此一人弘宣佛法外道不能得加陵眾僧於阿育王塔邊造摩訶衍僧伽藍甚嚴麗亦有小乘寺都合六七百僧眾威儀庠序可觀四方高德沙門及學問人欲求義理皆詣此寺婆羅門子師亦名文殊師利國內大德沙門諸大乘比丘皆宗仰焉亦住此僧伽藍凡諸中國唯此國城邑為大民人富盛競行仁義年年常以建卯月八日行像作四輪車縛竹作五層有承攎偃戟高二丈餘許其狀如塔以白氎纏上然後彩畫作諸天形像以金銀琉璃莊校其上懸繒幡蓋四邊作龕皆有坐佛菩薩立侍可有二十車車車莊嚴各異當此日境內道俗皆集作倡伎樂華

香供養婆羅門子來請佛佛次第入城入城內再宿通夜然燈伎樂供養國國皆尒其國長者居士各於城中立福德醫藥舍凡國中貧窮孤獨殘跛一切病人皆詣此舍種種供給醫師看病隨宜飲食及湯藥皆令得安差者自去阿育王壞七塔作八萬四千塔最初所作大塔在城南三里餘此塔前有佛脚跡起精舍戶北向塔南有一石柱圍丈四五高三丈餘上有銘題云阿育王以閻浮提布施四方僧還以錢贖如是三反塔北三四百步阿育王本於此作泥梨城中央有石柱亦高三丈餘上有師子柱上有銘記作泥梨城因緣及年數日月從此東南行九由延至一小孤石山山頭有石室石室南向佛坐其中天帝釋將天樂般遮彈琴樂佛處帝釋以四十二事問佛一一以指畫石畫跡故在此中亦有僧伽藍從此西南行一由延到那羅聚落是舍利弗本生村舍利弗還於此村中般泥洹即此處起塔今亦現在從此西行一由延到王舍新城新城者是阿闍世王所造中有二僧伽藍出城西門三百步阿闍世王得佛一分舍利起塔高大嚴麗出城南四里南向入谷至五山裏五山周圍狀若城郭即是蓱沙王舊城城東西可五六里南北七八里舍利弗目連初見頞鞞處尼揵子作火坑毒飯請佛處阿闍世王酒飲黑象欲害佛處城東北角曲中耆舊於菴婆羅園中起精舍請佛及千二百五十弟子供養處今故在其城中空荒無人住入谷搏山東南上十五里到耆闍崛山未至頭三里有石窟南向佛本於此坐禪西北三十步復有一石窟阿難於中坐禪天魔波旬化作鵰鷲住窟前恐阿難佛以神足力隔石舒手摩阿難肩怖即得止鳥迹手孔今悉存故曰鵰鷲窟山窟前有四佛坐處又諸羅漢各各有石窟坐禪處動有數百佛在石室前東西經行調達於山北嶮巇間橫擲石傷佛足指處石猶在佛說法堂已毀壞

止有塼壁基在其山峯秀端嚴是五山中最高法顯於新城中買香華油燈倩二舊比丘送法顯上耆闍崛山華香供養然燈續明慨然悲傷收淚而言佛昔於此住說首楞嚴法顯生不值佛但見遺跡處所而已即於石窟前誦首楞嚴停止一宿還向新城出舊城北行三百餘步道西迦蘭陀竹園精舍今現在眾僧掃灑精舍北二三里有尸磨賒那尸磨賒那者漢言棄死人墓田搏南山西行三百步有一石室名賓波羅窟佛食後常於此坐禪又西行五六里山北陰中有一石室名車帝佛泥洹後五百阿羅漢結集經處出經時鋪三高座莊嚴校飾舍利弗在左目連在右五百數中少一阿羅漢大迦葉為上座時阿難在門外不得入其處起塔今亦在搏山亦有諸羅漢坐禪石窟甚多出舊城北東下三里有調達石窟離此五十步有大方黑石昔有比丘在上經行思惟是身無常苦空得不淨觀猒患是身即捉刀欲自殺復念世尊制戒不得自殺又念雖尒我今但欲殺三毒賊便以刀自刎始傷再得須陀洹既半得阿那含斷已成阿羅漢果般泥洹從此西行四由延到伽耶城城內亦空荒復南行二十里到菩薩本苦行六年處處有林木從此西行三里到佛入水洗浴天案樹枝得攀出池處又北行二里得彌家女奉佛乳糜處從此北行二里佛於一大樹下石上東向坐食糜樹石今悉在石可廣長六尺高二尺許中國寒暑均調樹木或數千歲乃至萬歲從此東北行半由延到一石窟菩薩入中西向結加趺坐心念若我成道當有神驗石壁上即有佛影現長三尺許今猶明亮時天地大動諸天在空中白言此非是過去當來諸佛成道處去此西南行減半由延貝多樹下是過去當來諸佛成道處諸天說是語已即便在前唱導導引而去菩薩起行離樹三十步天授吉祥草菩薩受之復行十五步五百青雀飛來繞菩

薩三帀而去菩薩前到貝多樹下敷吉祥草東向而坐時魔王遣三玉女從北來試魔王自從南來試菩薩以足指案地魔兵退散三女變老自上苦行六年處及此諸處後人皆於中起塔立像今皆在佛成道已七日觀樹受解脫樂處佛於貝多樹下東西經行七日處諸天化作七寶堂供養佛七日處文鱗盲龍七日繞佛處佛於尼拘律樹下方石上東向坐梵天來請佛處四天王奉鉢處五百賈人授麨蜜處度迦葉兄弟師徒千人處此諸處亦起塔佛得道處有三僧伽藍皆有僧住眾僧民戶供給饒足無所乏少戒律嚴峻威儀坐起入眾之法佛在世時聖眾所行以至于今佛泥洹已來四大塔處相承不絕四大塔者佛生處得道處轉法輪處般泥洹處阿育王昔作小兒時當道戲遇釋迦佛行乞食小兒歡喜即以一掬土施佛佛持還泥經行地因此果報作鐵輪王王閻浮提乘鐵輪案行閻浮提見鐵圍兩山間地獄治罪人即問群臣此是何等答言是鬼王閻羅治罪人王自念言鬼王尚能作地獄治罪人我是人主何不作地獄治罪人耶即問臣等誰能為我作地獄主治罪人者臣答言唯有極惡人能作耳王即遣臣遍求惡人見池水邊有一人長壯黑色髮黃眼青以脚鉤魚兼口呼禽獸禽獸來便射殺無得脫者得此人已將來與王王密勅之汝作四方高牆內植種種華果作好浴池莊嚴校飾令人渴仰牢作門戶有人入者輒捉種種治罪莫使得出設使我入亦治罪莫放今拜汝作地獄王有比丘次第乞食入其門獄卒見之便欲治罪比丘惶怖求請須臾聽我中食俄頃復有人入獄卒內置碓臼中擣之赤沫出比丘見已思惟此身無常苦空如泡如沫即得阿羅漢既而獄卒捉內鑊湯中比丘心顏欣悅火滅湯冷中生蓮華比丘坐上獄卒即往白王獄中奇怪願王往看王言我前有要今不敢往獄卒言此非

小事王宜疾往更改先要王即隨入比丘為說法王得信解即壞地獄悔前所作眾惡由是信重三寶常至貝多樹下悔過自責受八齋王夫人問王常遊何處群臣答言恒在貝多樹下夫人伺王不在時遣人伐其樹倒王來見之迷悶躄地諸臣以水灑面良久乃蘇王即以塼累四邊以百甖牛乳灌樹根身四布地作是誓言若樹不生我終不起誓已樹便即根上而生以至于今今高減十丈從此南三里行到一山名雞足大迦葉今在此山中擘山下入入處不容人下入極遠有旁孔迦葉全身在此中住孔外有迦葉本洗手土彼方人若頭痛者以此土塗之即差此山中即日故有諸羅漢住彼方諸國道人年年往供養迦葉心濃至者夜即有羅漢來共言論釋其疑已忽然不現此山榛木茂盛又多師子虎狼不可妄行法顯還向巴連弗邑順恒水西下十由延得一精舍名曠野佛所住處今現有僧復順恒水西行十二由延到迦尸國波羅㮈城城東北十里許得仙人鹿野苑精舍此苑本有辟支佛住常有野鹿栖宿世尊將成道諸天於空中唱言白淨王子出家學道却後七日當成佛辟支佛聞已即取泥洹故名此處為仙人鹿野苑世尊成道已後人於此處起精舍佛欲度拘驎等五人五人相謂言此瞿曇沙門六年苦行日食一麻一米尚不得道況入人間恣身口意何道之有今日來者慎勿與語佛到五人皆起作禮處復北行六十步佛於此東向坐始轉法輪度拘驎等五人處其北二十步佛為彌勒授記處其南五十步翳羅鉢龍問佛我何時當得免此龍身此處皆起塔見在中有二僧伽藍悉有僧住自鹿野苑精舍西北行十三由延有國名拘睒彌其精舍名瞿師羅園佛昔住處今故有眾僧多小乘學從東行八由延佛本於此度惡鬼處亦常在此住經行坐處皆起塔亦有僧伽藍可百餘僧從此南行二百由

延有國名達嚫是過去迦葉佛僧伽藍穿大石山作之凡有五重最下重作象形有五百間石室第二層作師子形有四百間第三層作馬形有三百間第四層作牛形有二百間第五層作鴿形有百間最上有泉水循石室前繞房而流周圍迴曲如是乃至下重順房流從戶而出諸層室中處處穿石作窻牖通明室中朗然都無幽闇其室四角頭穿石作梯蹬上處今人形小緣梯上正得至昔人一脚所躡處因名此寺為波羅越波羅越者天竺名鴿也其寺中常有羅漢住此土丘荒無人民居去山極遠方有村皆是邪見不識佛法沙門婆羅門及諸異學彼國人民常見飛人來入此寺于時諸國道人欲來禮此寺者彼村人則言汝何以不飛耶我見此間道人皆飛道人方便答言翅未成耳達嚫國幽嶮道路艱難而知處欲往者要當賫錢貨施彼國王王然後遣人送展轉相付示其逕路法顯竟不得往承彼土人言故說之耳從彼波羅㮈國東行還到巴連弗邑法顯本求戒律而北天竺諸國皆師師口傳無本可寫是以遠步乃至中天竺於此摩訶衍僧伽藍得一部律是摩訶僧祇眾律佛在世時最初大眾所行也於祇洹精舍傳具本自餘十八部各有師資大歸不異於小小不同或用開塞但此最是廣說備悉者復得一部抄律可七千偈是薩婆多眾律即此秦地眾僧所行者也亦皆師師口相傳授不書之於文字復於此眾中得雜阿毘曇心可六千偈又得一部經經二千五百偈又得一卷方等般泥洹經可五千偈又得摩訶僧祇阿毘曇故法顯住此三年學梵書梵語寫律道整既到中國見沙門法則眾僧威儀觸事可觀乃追歎秦土邊地眾僧戒律殘缺誓言自今已去至得佛願不生邊地故遂停不歸法顯本心欲令戒律流通漢地於是獨還順恒水東下十八由延其南岸有瞻波大國佛精舍經行處及四佛坐

處悉起塔現有僧住從此東行近五十由延到多摩梨帝國即是海口其國有二十四僧伽藍盡有僧住佛法亦興法顯住此二年寫經及畫像於是載商人大舶泛海西南行得冬初信風晝夜十四日到師子國彼國人云相去可七百由延其國本在洲上東西五十由延南北三十由延左右小洲乃有百數其間相去或十里二十里或二百里皆統屬大洲多出珍寶珠璣有出摩尼珠地方可十里王使人守護若有採者十分取三其國本無人民正有鬼神及龍居之諸國商人共市易市易時鬼神不自現身但出寶物題其價直商人則依價直直取物因商人來往住故諸國人聞其土樂悉亦復來於是遂成大國其國和適無冬夏之異草木常茂田種隨人無有時節佛至其國欲化惡龍以神足力一足躡王城北一足躡山頂兩跡相去十五由延於王城北跡上起大塔高四十丈金銀莊校眾寶合成塔邊復起一僧伽藍名無畏山有五千僧起一佛殿金銀刻鏤悉以眾寶中有一青玉像高二丈許通身七寶焰光威相嚴顯非言所載右掌中有一無價寶珠法顯去漢地積年所與交接悉異域人山川草木舉目無舊又同行分披或流或亡顧影唯己心常懷悲忽於此玉像邊見商人以晉地一白絹扇供養不覺悽然淚下滿目其國前王遣使中國取貝多樹子於佛殿傍種之高可二十丈其樹東南傾王恐倒故以八九圍柱柱樹樹當柱處心生遂穿柱而下入地成根大可四圍許柱雖中裂猶裹畏其外人亦不去樹下起精舍中有坐像道俗敬仰無倦城中又起佛齒精舍皆七寶作王淨修梵行城內人敬信之情亦篤其國立治已來飢荒喪亂眾僧庫藏多有珍寶無價摩尼其王入僧庫遊觀見摩尼珠即生貪心欲奪取之三日乃悟即詣僧中稽首悔前罪心告白僧言願僧立制自今已後勿聽王入其庫看比丘

滿四十臘然後得入其城中多居士長者薩薄商人至宇嚴麗巷陌平整四衢道頭皆作說法堂月八日十四日十五日鋪施高座道俗四眾皆集聽法其國人云都可六萬僧悉有眾食王別於城內供五六千人眾食須者則持本鉢往取隨器所容皆滿而還佛齒常以三月中出之未出十日王莊校大象使一辯說人著王衣服騎象上擊鼓唱言菩薩從三阿僧衹劫苦行不惜身命以國妻子及挑眼與人割肉貿鴿截頭布施投身餓虎不悋髓腦如是種種苦行為眾生故成佛在世四十五年說法教化令不安者安不度者度眾生緣盡乃般泥洹泥洹已來一千四百九十七年世間眼滅眾生長悲却後十日佛齒當出至無畏山精舍國內道俗欲殖福者各各平治道路嚴飾巷陌辨眾華香供養之具如是唱已王便夾道兩邊作菩薩五百身已來種種變現或作須大拏或作睒變或作象王或作鹿馬如是形像皆彩畫莊校狀若生人然後佛齒乃出中道而行隨路供養到無畏精舍佛堂上道俗雲集燒香然燈種種法事晝夜不息滿九十日乃還城內精舍城內精舍至齋日則開門戶禮敬如法無畏精舍東四十里有一山中有精舍名跋提可有二千僧僧中有一大德沙門名達摩瞿諦其國人民皆共宗仰住一石室中四十許年常行慈心能感蛇鼠使同止一室而不相害城南七里有一精舍名摩訶毘可羅有三千僧住有一高德沙門戒行清潔國人咸疑是羅漢臨終之時王來省視依法集僧而問比丘得道耶其便以實答言是羅漢既終王即按經律以羅漢法葬之於精舍東四五里積好大薪縱廣可三丈餘高亦尒近上著栴檀沈水諸香木四邊作階上持淨好白氎周帀蒙積上作大輿床似此間轜車但無龍魚耳當闍維時王及國人四眾咸集以華香供養從輿至墓所王自華香供養供養訖舉著積上酥油

遍灌然後燒之火然時人人敬心各脱上服及羽儀傘蓋遙擲火中以助闍維闍維已收斂取骨即以起塔法顯至不及其生存唯見葬時王篤信佛法欲為眾僧作新精舍先設大會飯食僧供養已乃選好上牛一雙金銀寶物莊校角上作好金犁王自耕頃四邊然後割給民戶田宅書以鐵券自是已後代代相承無敢廢易法顯在此國聞天竺道人於高座上誦經云佛鉢本在毘舍離今在揵陀衛竟若干百年(法顯聞誦之時有定歲數但今忘耳)當復至西月氏國若干百年當至于闐國住若干百年當至屈茨國若干百年當復來到漢地住若干百年當復至師子國若干百年當還中天竺到中天已當上兜術天上彌勒菩薩見而歎曰釋迦文佛鉢至即共諸天華香供養七日七日已還閻浮提海龍王持入龍宮至彌勒將成道時鉢還分為四復本頞那山上彌勒成道已四天王當復應念佛如先佛法賢劫千佛共用此鉢鉢去已佛法漸滅佛法滅後人壽轉短乃至五歲十歲之時粳米酥油皆悉化滅人民極惡捉草木則變成刀杖共相傷割殺其中有福者逃避入山惡人相殺盡已還復來出共相謂言昔人壽極長但為惡甚作諸非法故我等壽命遂尒短促乃至十歲我今共行諸善起慈悲心修行仁義如是各行信義展轉壽倍乃至八萬歲彌勒出世初轉法輪時先度釋迦遺法中弟子出家人及受三歸五戒齋法供養三寶者第二第三次度有緣者法顯尒時欲寫此經其人云此無經本我止口誦耳法顯住此國二年更求得彌沙塞律藏本得長阿含雜阿含復得一部雜藏此悉漢土所無者得此梵本已即載商人大船上可有二百餘人後係一小船海行艱嶮以備大船毀壞得好信風東下二日便值大風船漏水入商人欲趣小船小船上人恐人來多即斫絙斷商人大怖命在須臾恐船水漏即取麁

財貨擲著水中法顯亦以君墀及澡罐并餘物棄擲海中但恐商人擲去經像唯一心念觀世音及歸命漢地衆僧我遠行求法願威神歸流得到所止如是大風晝夜十三日到一島邊潮退之後見船漏處即補塞之於是復前海中多有抄賊遇輒無全大海彌漫無邊不識東西唯望日月星宿而進若陰雨時為逐風去亦無准當夜闇時但見大浪相搏晃然火色黿鼉水性怪異之屬商人荒遽不知那向海深無底又無下石住處至天晴已乃知東西還復望正而進若值伏石則無活路如是九十日許乃到一國名耶婆提其國外道婆羅門興盛佛法不足言停此國五月日復隨他商人大船上亦二百許人賷五十日糧以四月十六日發法顯於船上安居東北行趣廣州一月餘日夜鼓二時遇黑風暴雨商人賈客皆悉惶怖法顯尒時亦一心念觀世音及漢地衆僧蒙威神祐得至天曉曉已諸婆羅門議言坐載此沙門使我不利遭此大苦當下比丘置海島邊不可為一人令我等危嶮法顯本檀越言汝若下此比丘亦并下我不尒便當殺我如其下此沙門吾到漢地當向國王言汝也漢地王亦敬信佛法重比丘僧諸商人躊躇不敢便下于時天多連陰海師相望僻誤遂經七十餘日糧食水漿欲盡取海鹹水作食分好水人可得二升遂便欲盡商人議言常行時政可五十日便到廣州尒今已過期多日將無僻耶即便西北行求岸晝夜十二日到長廣郡界牢山南岸便得好水菜但經涉險難憂懼積日忽得至此岸見藜藿菜依然知是漢地然不見人民及行跡未知是何許或言未至廣州或言已過莫知所定即乘小船入浦覓人欲問其處得兩獵人即將歸令法顯譯語問之法顯先安慰之徐問汝是何人答言我是佛弟子又問汝入山何所求其便詭言明當七月十五日欲取桃臘佛又問此是何國答言此青

州長廣郡界統屬劉家聞已商人歡喜即乞其財物遣人往長廣太守李嶷敬信佛法聞有沙門持經像乘船泛海而至即將人從至海邊迎接經像歸至郡治商人於是還向揚州劉法青州請法顯一冬一夏夏坐訖法顯遠離諸師久欲趣長安但所營事重遂便南下向都就禪師出經律法顯發長安六年到中國停六年還三年達青州凡所遊歷減三十國沙河已西迄于天竺眾僧威儀法化之美不可詳說竊惟諸師來得備聞是以不顧微命浮海而還艱難具更幸蒙三尊威靈危而得濟故竹帛疏所經歷欲令賢者同其聞見是歲甲寅晉義熙十二年歲在壽星夏安居末迎法顯道人既至留共冬齋因講集之際重問遊歷其人恭順言輒依實由是先所略者勸令詳載顯復具敘始末自云顧尋所經不覺心動汗流所以乘危履險不惜此形者蓋是志有所存專其愚直故投命於不必全之地以達萬一之冀於是感歎斯人以為古今罕有自大教東流未有忘身求法如顯之比然後知誠之所感無窮否而不通志之所將無功業而不成成夫功業者豈不由忘失所重重夫所忘者哉

༄། །ཧྭ་ཤན་ལམ་ཡིག་གསར་བསྒྱུར་དང་ཞིབ་འཇུག །

རྩོམ་པ་པོ།	ཚེ་རིང་དོན་གྲུབ།
རྩོམ་སྒྲིག་འགན་འཁུར་བ།	ལྷག་པ་བཀྲ་ཤིས།
མཐའ་ཤུས།	དངོས་གྲུབ་ཚེ་རིང་།
ཁ་ཤོག་རྩིས་འགོད།	སྐལ་བཟང་ནོར་བུ།
པར་སྐྲིག་པ།	བསོད་ནམས་རྡོ་རྗེ།
དཔེ་སྐྲུན་འགྲེམས་སྤེལ།	བོད་ལྗོངས་བོད་ཡིག་དཔེ་རྙིང་དཔེ་སྐྲུན་ཁང་།
པར་འདེབས་ཚན་པ།	སི་ཁྲོན་འཇའ་ཚོན་པར་འདེབས་ཚད་ཡོད་ཀུང་སི།
དེབ་ཚད།	787mm×1092mm 1/16
པར་ཤོག	29.75
ཡིག་གྲངས།	ཁྲི་31.6
པར་གཞི།	2023ལོའི་ཟླ་11པར་པར་གཞི་དང་པོ་བསྒྲིགས།
པར་ཐེངས།	2023ལོའི་ཟླ་11པར་པར་ཐེངས་དང་པོ་བཏབ།
དཔེ་རྟགས།	ISBN 978-7-5700-0765-3
པར་གྲངས།	01–2, 000
རིན་གོང་།	སྒོར་59.00